AutoCAD 2022

김재수 | 권철현 공저

세진사

Preface
머리말

CAD(Computer Aided Design)는 1950년대 미국 MIT에서 컴퓨터를 이용하여 CRT 디스플레이를 사용하면서부터 시작되었다. 그 후 Autodesk사에서 각종 설계 도면을 작성할 수 있게 나온 것이 바로 AutoCAD이다. 이러한 AutoCAD는 초창기에는 3~4년 주기로 나오다가, 현재는 빠른 기술의 진보와 가속화되는 사회의 경향에 따라 AutoCAD도 1년마다 새로운 버전이 출시되고 있다.

AutoCAD는 전 세계에서 가장 많이 사용되어지는 S/W 중의 하나로써 거의 모든 학문 분야에서 이용되고 있다. 기술의 향상으로 본래 기능인 제작·수정·편집 기능을 포함하여 사용자 인터페이스 환경, 공동작업을 위한 기능, 3차원 기능, 동영상 제작 기능, 각종 출력 기능 등에 이르기까지 다양한 기능을 지원하고 있어 최고의 프로그램이라 할 수 있다.

AutoCAD 2022버전이 새롭게 등장하면서 상당부분의 기능이 개선 및 신설되었다. 특히 외부 참조 비교, 그래픽 성능 등의 기능이 개선되어 사용자들을 위한 편의성 측면에서 더 나아진 서비스를 제공하게 되었다. 더불어 CAD 초보자들과 기존 사용자들을 위해 시간 절약과 편의성에 중점을 두어 사용자 인터페이스가 향상되었다. 따라서 도면작업에 있어서 속도를 좀 더 높일 수 있게 되었으며, 이 책을 통해 AutoCAD 2022의 여러 기능을 쉽게 따라 배울 수 있도록 모든 과정을 상세하게 구성하였다.

또한 이 책은 AutoCAD를 처음 접하는 사람들도 빠른 시간 내에 습득이 가능한 가이드 역할을 하고, 기존 이용자들도 새로운 버전에 대한 이해도를 높여 각 분야에서 유용하게 활용할 수 있도록 하였다. 특히 초보자의 경우에도 이 책에 소개된 대로 명령어의 입력부터 차근차근 따라하면 AutoCAD를 쉽게 다룰 수 있도록 배려하였다. 또한 새로운 기능에 대한 내용을 언급하여 좀 더 진보된 AutoCAD를 만나 볼 수 있게 하였다.

끝으로 이 책은 원광대학교 건축음향연구실 졸업생 및 재학생들의 도움 없이는 불가능하였다. 이들의 노고에 감사드린다.

저자 씀

Contents

차 례

제1편 AutoCAD의 기초

제2편 2차원 작업요소

제3편 2차원 도면 실습

제4편 3차원 작업요소

제1편

AutoCAD의 기초

Chapter 1 AutoCAD란

AutoCAD란?

CAD란 Computer Aided Design의 약자로 AutoDesk사에서 만든 CAD의 소프트웨어로서 컴퓨터를 이용하여 각종 설계 도면을 작성하는 프로그램이다. 1982년 미국 컴텍스쇼에서 처음 선을 보인 초기 AutoCAD는 DOS 운영 체계에서 운용과 사용상의 불편한 점이 많아서 많은 디자이너들이 그 필요성을 실감하지 못하였다. 그러나 Windows 운영체계의 출현과 더불어 AutoDesk사에서 AutoCAD Release 14로 다시금 출현하면서부터 사용상의 편리함과 막강한 기능을 무기로 디자이너들에게 강하게 어필하였으며, Windows의 운영 체계를 기본으로 프로그램을 발전시켜 현재의 AutoCAD 2022버전이 출시되었다.

CAD의 이용효과

CAD를 이용하여 얻을 수 있는 효과는 헤아릴 수 없을 만큼 많다. 그중에서도 몇 가지를 들어보면 CAD를 이용하여 도면을 작성함으로써 도면의 표준화에 기여할 수 있고, 생산성 향상과 경쟁력 강화는 물론 원가절감의 효과를 거둘 수 있다. 또한 한번 작성된 도면을 다시 편집하거나 재생하여 사용함으로써 노동력을 절감하고 시간적·경제적인 이익 또한 얻을 수 있다. 따라서 필요에 따른 기능의 학습을 통해 자신만의 합리적이고 효과적인 데이터베이스 구축이 가능할 것이다.

CAD의 이용분야

CAD는 과거의 경우 기계설계나 제도, 건축 등에 한정되어 있었으나, AutoCAD의 대중화로 인해 현재는 기계설계나 제도, 건축, 토목, 환경, 전산, 군사·과학, 의류 디자인, 홈 인테리어 등 매우 광범위하게 사용되고 있으며, 이러한 추세는 앞으로 더욱 가속화될 전망이다.

1.1 시스템 권장사항

자신의 컴퓨터에서 AutoCAD 2022를 사용하기 위해서는 이에 적절한 시스템 환경이 갖추어져야 한다. 만약 이러한 요구 사항을 충족하지 않을 경우 AutoCAD 및 운영체제 모두에서 문제가 발생할 수 있다.

AutoCAD 2022에서는 Windows 운영체제가 64bit에만 제공되며 AutoCAD 2022에서 요구하는 권장사항에 맞춰 설치를 하면 된다.

AutoCAD 2022 System Requirements

• Operation	• 64 bit OS
• CPU	• 기본: 2.5~2.9GHz 프로세서 • 권장: 3GHz 이상 프로세서
• RAM	• 기본: 8GB • 권장: 16GB
• Video	• 일반 디스플레이: 1,920×1,080 트루컬러 • 고해상도 4K 디스플레이: Windows 10에서 지원되는 최대 3840×2160 해상도(디스플레이 카드 지원)
• Hard Disk	• 10.0GB
• Display Card	• 기본: 1GB GPU (29GB/s 대역폭 및 DirectX 11 호환) • 권장: 4GB GPU (106GB/s 대역폭 및 DirectX 12 호환)
• .NET Framework	• .NET Framework 버전 4.8 이상

AutoCAD 2022 System Requirements (3D 모델링을 위한 추가 사양)

• RAM	• 8.0GB 이상
• Hard Disk	• 설치 용량 외 6GB의 사용 가능한 하드 디스크 여유 공간
• Display Card	• 3840~2160(4k) 이상 트루컬러 비디오 디스플레이어 어댑터 • 4G VRAM 이상 • Pixel Shader 3.0 이상 • DirectX 지원 워크스테이션급 그래픽 카드

1.2 AutoCAD의 기본사항

1.2.1 AutoCAD 2022의 첫 화면

AutoCAD 2022를 실행하면 첫 메인화면이 아래 그림과 같이 나타난다.

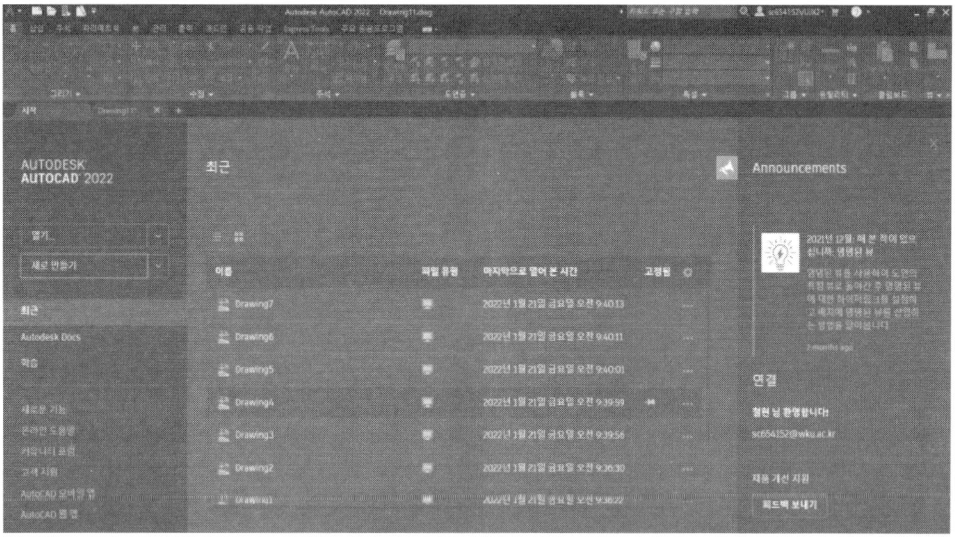

AutoCAD 2022의 첫 메인화면

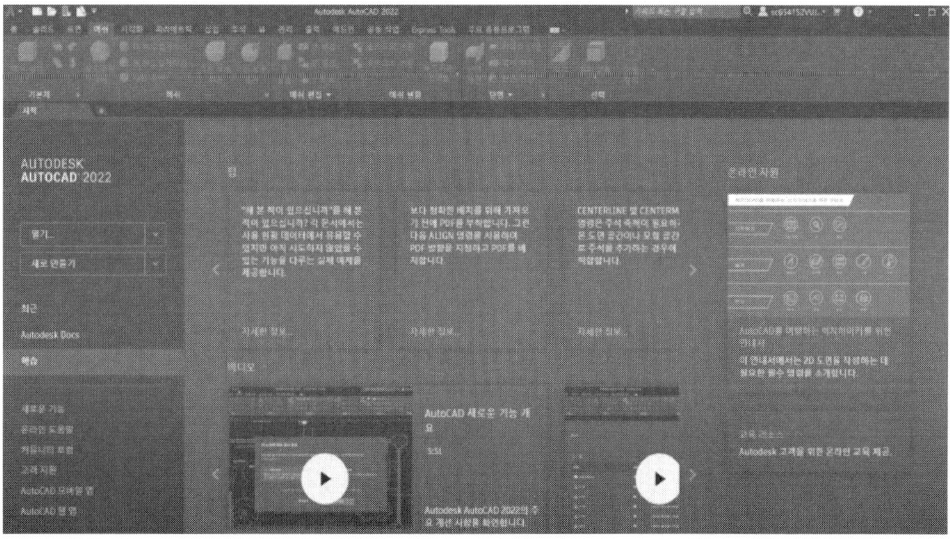

AutoCAD 2022의 학습화면

AutoCAD 2022에서는 AutoCAD 2021과는 다르게 Autodesk 제품에 대해 일관된 시작 환경을 제공하도록 시작 탭이 재설계되었습니다. AutoCAD 2021에 있던 작성과 알아보기를 합쳐서 설계되어 있습니다.

1.2.2 AutoCAD 2022의 화면구성

AutoCAD 2022를 실행하고 그리기 시작 아이콘을 클릭하면 아래의 그림과 같은 기본 화면이 나타난다. 각 항목에 대해 알아보자.

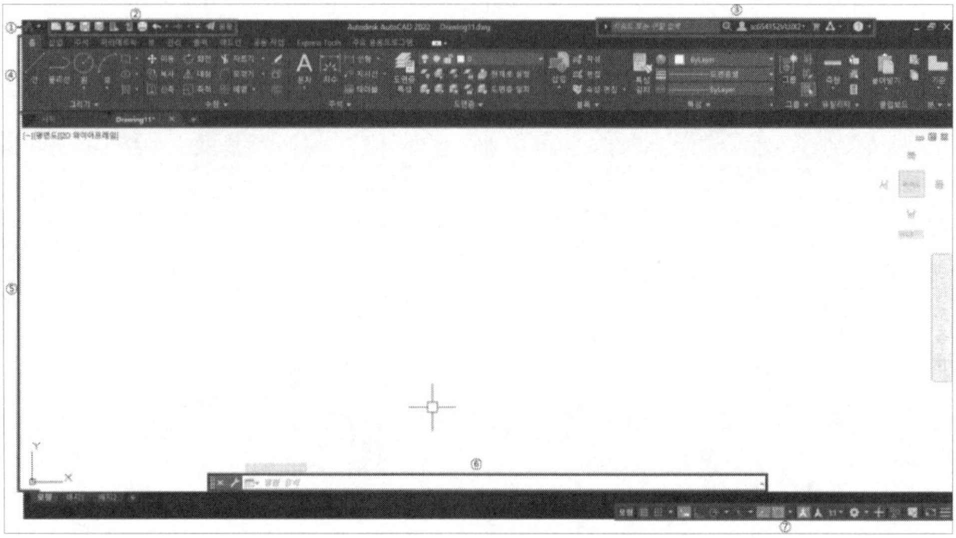

AutoCAD 2022의 기본 화면구성

① 메뉴 검색기 ② 신속 접근 도구막대 ③ 정보센터 ④ 리본 메뉴 ⑤ 작업 공간 ⑥ 명령 행 ⑦ 상태 막대

(1) **메뉴 검색기**(Menu Browser)

메뉴 검색기는 메뉴 및 메뉴 동작을 실시간으로 검색할 때 사용된다.

메뉴 검색기

	메뉴 검색기 : 사용할 메뉴를 찾을 때 사용한다.
	최근문서 : 최근에 작업한 도면을 표시한다.
	열린 문서 : 현재 열린 도면을 표시한다.
새로 만들기	도면을 새로 만들 때 사용한다.
열기	기존 작성된 도면을 열 때 사용한다.
저장	현재 작업 중인 도면을 저장할 때 사용한다.
다른 이름으로 저장	현재 작업 중인 도면을 다른 이름으로 저장할 때 사용한다.
가져오기	다양한 형식의 파일을 현재 도면으로 가져올 때 사용한다.
내보내기	작업 중인 도면을 다른 형식으로 바꿀 때 사용한다.
게시	도면을 시트 파일로 작성할 때 사용한다.
인쇄	도면을 인쇄한다.
도면 유틸리티	도면을 복구 및 유지 관리할 때 사용한다.
닫기	현재 작업 중인 도면을 종료할 때 사용한다.

따라해보세요

① 화면 좌측 상단에 메뉴 검색기 아이콘(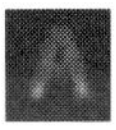) 클릭.

② 메뉴 검색에 찾을 단어를 검색한다. (본 책에서는 "Cir"를 입력했다.)

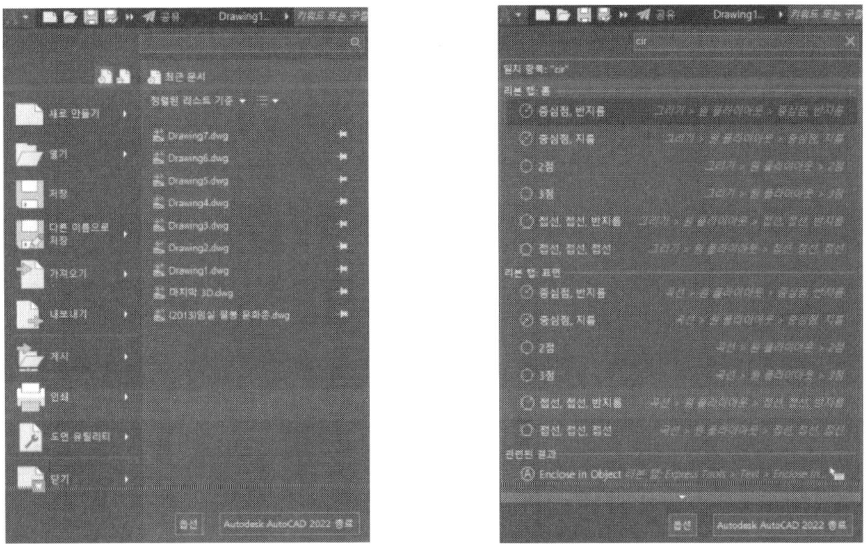

메뉴 검색기 이용방법

(2) 신속 접근 도구막대(Quick Access Toolbar)

신속 접근 도구막대는 자주 사용하는 도구를 표시하며 주요 기능으로는 저장 및 명령복구 등이 있다.

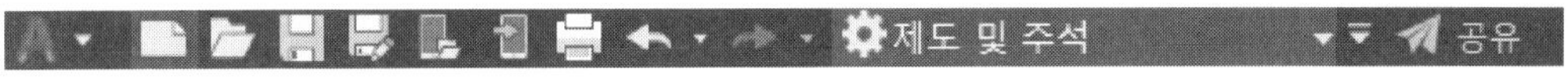

신속 접근 도구막대(QAT)

아이콘	기능	아이콘	기능
	새로 만들기		플롯
	열기		명령 취소
	저장		명령 복구
	다른 이름으로 저장	제도 및 주석	작업전환 창
	웹 및 모바일에서 열기		사용자화(옵션)
	웹 및 모바일에 저장	공유	공유

신속 접근 도구막대 아이콘

따라해보세요

① 신속 접근 도구막대의 사용자화 아이콘(▼)을 클릭 ▶ '메뉴 막대 표시'를 선택.

순서① 메뉴 막대 표시

② 신속 접근 도구막대 아래에 메뉴 막대가 나타난다.

순서② 메뉴막대 표시 완료

(3) **정보센터**(Info Center)

정보센터는 도움말, 새로운 기능 워크숍, 웹 위치, 지정된 파일 등을 한 번에 검색하거나 하나의 파일 또는 위치를 검색할 수 있다. 간단한 키워드 입력만으로 검색이 가능하다.

정보센터

정보센터 아이콘

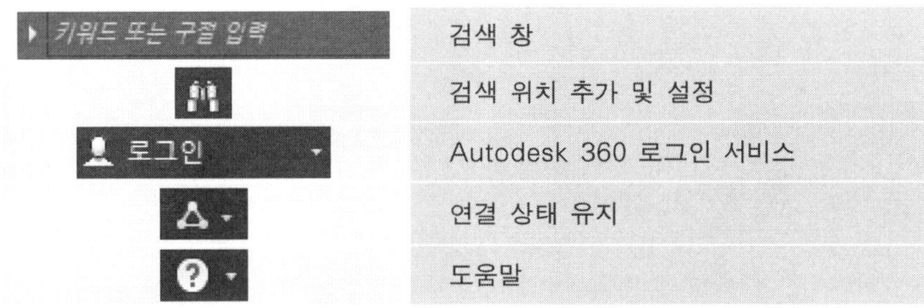

(4) **리본**(RIBBON)

리본 인터페이스는 AutoCAD 2009부터 추가되었다. 그 후 AutoCAD 버전이 올라가며 기능도 향상되어 리본 메뉴를 사용하면 여러 개의 도구막대를 배치할 필요 없이 화면이 간결하게 정리된다. 리본은 탭(Tab)과 패널(Panel)로 구성되며, 리본 탭은 순서를 변경할 수 있기 때문에 이동할 탭을 클릭하고 원하는 위치로 드래그 앤 드롭 후에 사용할 수 있다. 또한 패널도 제목 부분을 클릭하여 드래그 앤 드롭으로 탭에서 끌어내어 사용할 수도 있다.

리본 구성

① 탭(Tab) ② 패널(Panel)

리본 순환 탭을 이용하여 리본 메뉴의 보기를 조정할 수 있다. 기본 설정이 모두 순환으로 선택되어있기 때문에 리본 순환 탭을 누를 때마다 탭으로 최소화, 패널 제목으로 최소화, 패널 버튼으로 최소화하여 보기를 조정할 수 있다.

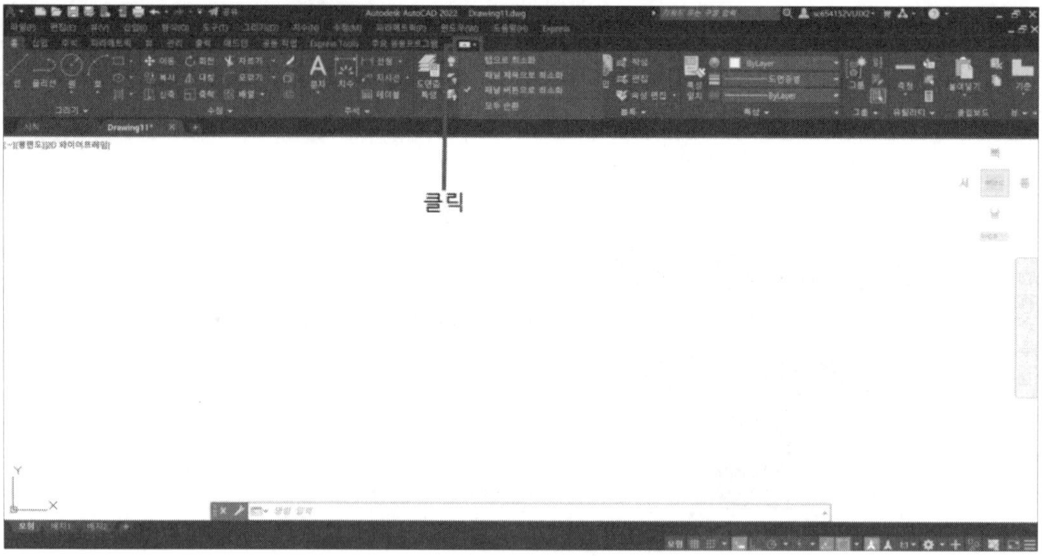

리본 탭 조정 옵션

리본 탭 옵션 아이콘

 리본 순환 탭  리본 순환 옵션

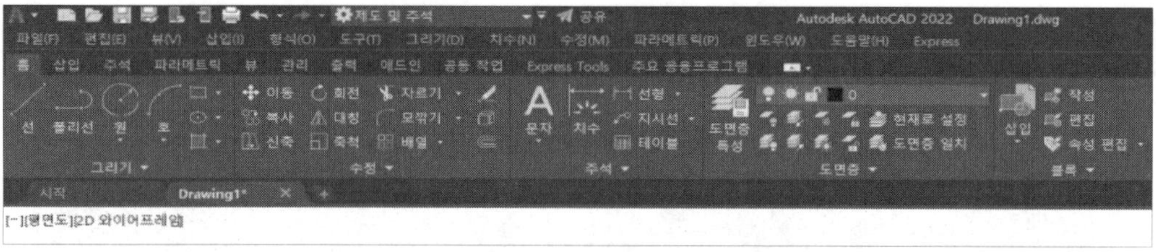

보기① 리본 기본

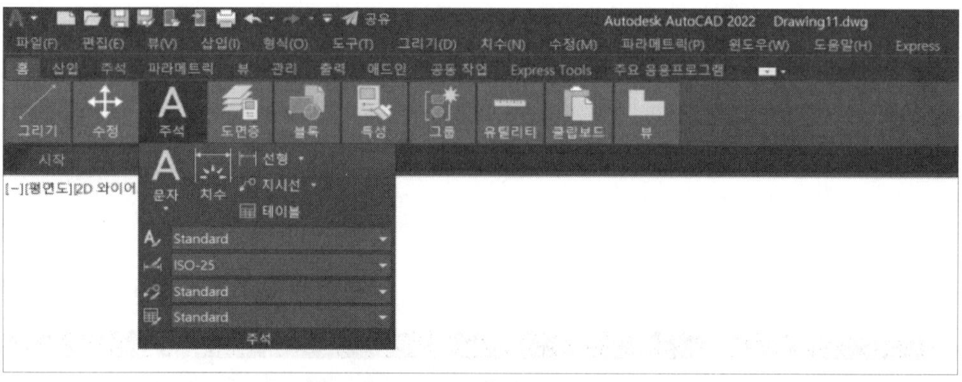

보기② 패널버튼으로 최소화

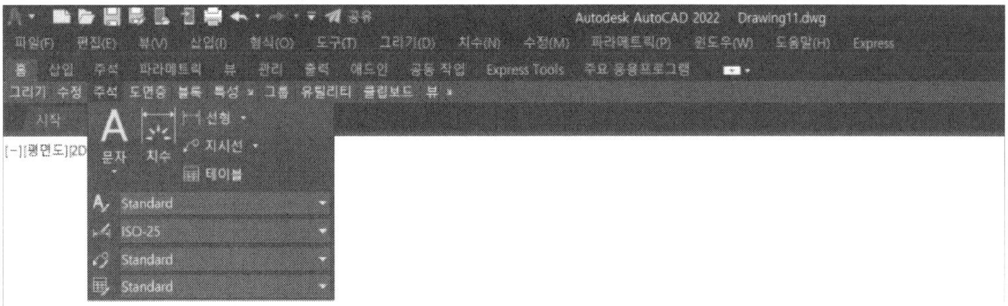

보기③ 패널 제목으로 최소화

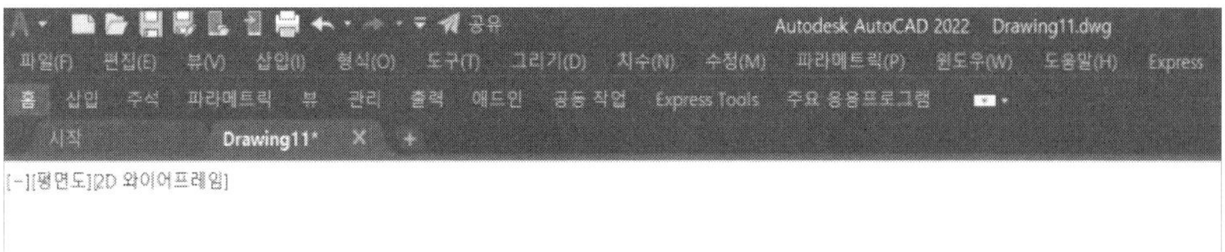

보기④ 패널 탭으로 최소화

(5) 작업공간(Drawing Window)

작업창(Drawing Window)은 말 그대로 AutoCAD의 실제 작업이 이루어지는 공간을 말한다. 사용자가 명령을 내려 드로잉 및 편집을 하게 되면 모든 명령들이 이 작업창에서 실행된다. 작업공간은 AutoCAD 2006부터 생긴 개념으로써 사용자의 작업환경에 맞도록 메뉴 및 리본 컨트롤 패널을 그룹화 하여 배치 구성한 것으로 AutoCAD 2014에서는 클래식을 포함한 4개의 작업공간을 지원하였지만 현재 AutoCAD 2015부터 AutoCAD 2022에서는 클래식을 제외한 3개의 정의된 작업공간을 지원하고 있다.

(1.2.5를 참고하여 AutoCAD 2022에서도 클래식 버전을 사용할 수 있다.)

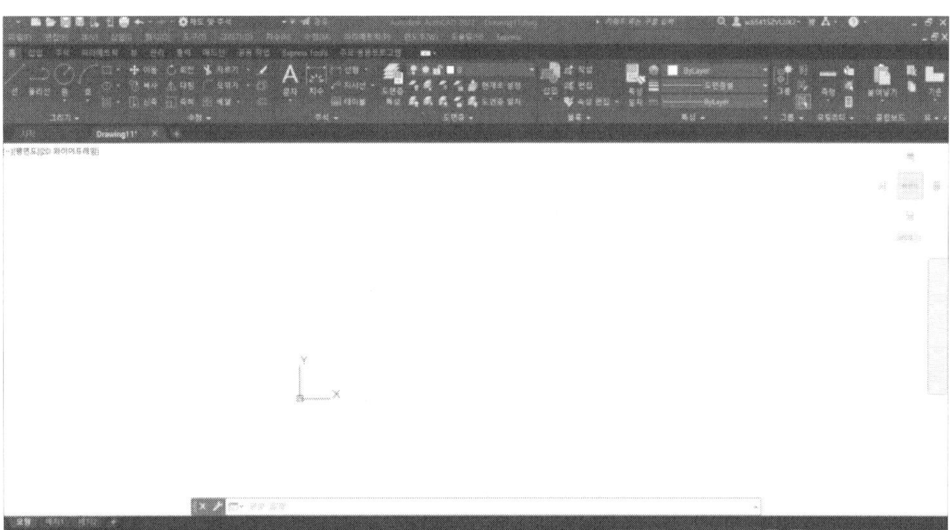

※ 작업공간

작업공간은 신속접근도구막대를 이용하여 추가할 수 있다. AutoCAD 2014에는 지원되었던 클래식버전이 AutoCAD 2015부터 현재 AutoCAD 2022는 지원하지 않는다.

② 3D 기본 사항

AutoCAD 2011에서 새롭게 추가된 작업공간으로 3D 모델링에 비해서 기본적인 메뉴들로 배치되어 3D 작업을 위한 솔리드 기본체를 모델링하고 편집하는 메뉴들로 구성되어 있다.

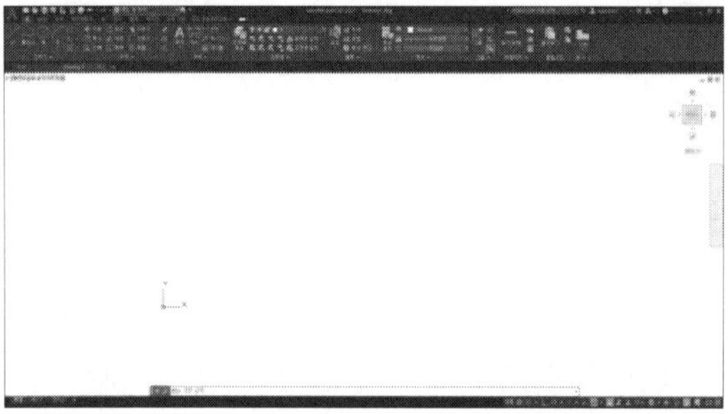

① 제도 및 주석

프로그램 설치 후 처음 실행하면 나오는 작업공간으로 AutoCAD 2009에서 리본 인터페이스로 새롭게 바뀌어 2D 작업이 가능한 도구들로 구성되어 있다.

③ 3D 모델링

AutoCAD 2007부터 추가된 작업공간으로 3D 모델링 및 편집 명령의 도구막대, 팔레트로 구성되어 있다.

따라해보세요

① 화면 좌측 상단에 있는 신속 접근 도구막대의 [작업공간 전환 창] 클릭 ▶ 작업공간 선택

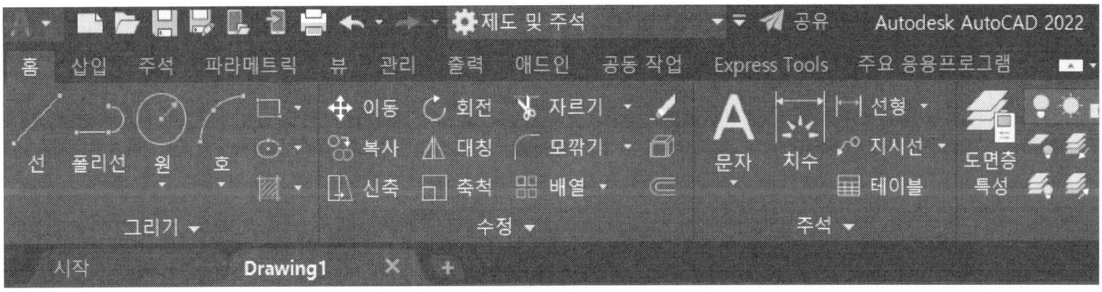

방법 ①

② 화면 하단에 있는 상태막대에서 작업 전환 아이콘( ) 클릭 ▶ 작업공간 선택

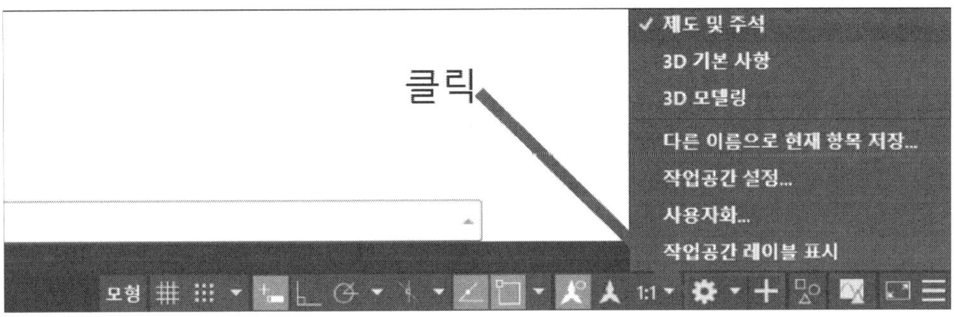

방법 ②

③ 메뉴 막대의 [도구] 선택 ▶ 작업공간 선택 (메뉴 막대 표시는 1.2.1 (2)를 참고)

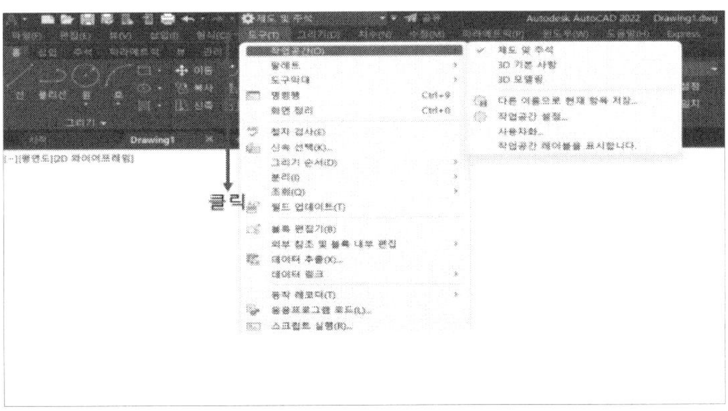

방법 ③

(6) 명령 행(Command Line)

명령 행은 사용자가 리본메뉴 및 아이콘을 사용하지 않고 직접 명령어를 입력하여 작업을 수행하는 상태표시 줄이다. 단축키를 알고 있다면 리본메뉴나 아이콘을 사용하는 것보다 명

령 행에 단축 명령어를 입력하여 사용하는 것이 훨씬 빠르고 편리하다. 따라서 정확한 단축 명령어에 익숙해져야 하고, AutoCAD 명령어에 대한 숙달이 필요하다.

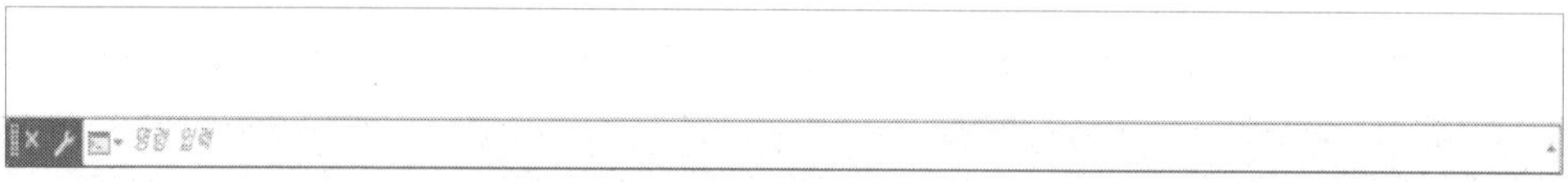

명령 행

따라해보세요

① 명령 행의 On/Off 방법의 경우, 메뉴 막대의 [도구]▶ 명령 행을 누른다. (단축키 Ctrl+9)

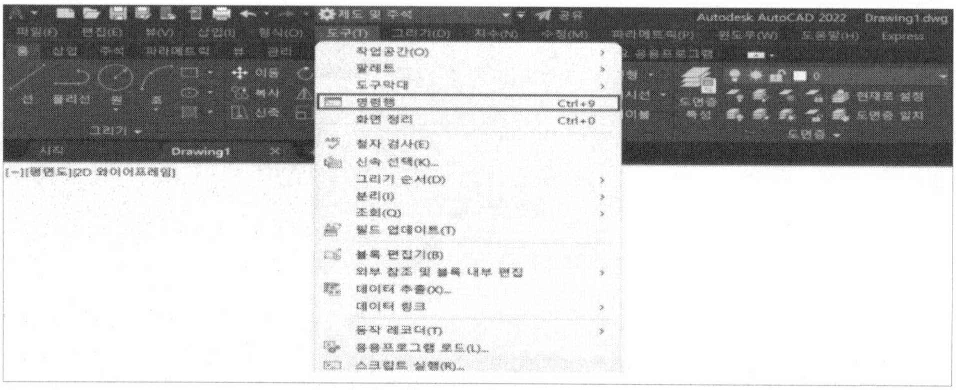

방법① 명령 행의 On/Off

(7) 상태 막대(Status Bar)

현재 작업 중인 CAD의 상태를 표시하는 영역으로 좌표값, 그리기 도구, 빠른 보기도구, 주석 도구, 기타 도구로 구성되어 있다.

상태 막대

상태 막대 아이콘

아이콘	기능	아이콘	기능
1750.5062, 994.2840, 0.0000	도면 좌표		활성 솔리드 평면으로 UCS스냅
모형	모형 공간 또는 도면 공간		필터 객체 선택
	도면 그리드 표시		장치 표시
	스냅모드		주석 객체 표시
	구속조건 추정		주석 축척 변경 시 주석 객체에 축척 추가

	동적 입력	1:1	현재 뷰의 주석 축적
	커서를 직교로 제한		작업 공간 전환
	커서를 지정된 각도로 제한		주석 감시
	등각투영 제도	십진	현재 도면 단위
	스냅 참조선 표시		빠른 특성
	2D 참조점으로 커서 스냅		사용자 인터페이스
	선가중치 표시		객체 분리
	투명도		하드웨어 가속
	선택 순환		화면 정리
	3D 참조점으로 커서 스냅		사용자화

▌상태막대에 표시할 항목 만들기

상태 막대의 오른쪽 끝 하단에 위치해 있는 사용자화를 이용하여 표시할 항목을 선택할 수 있다.

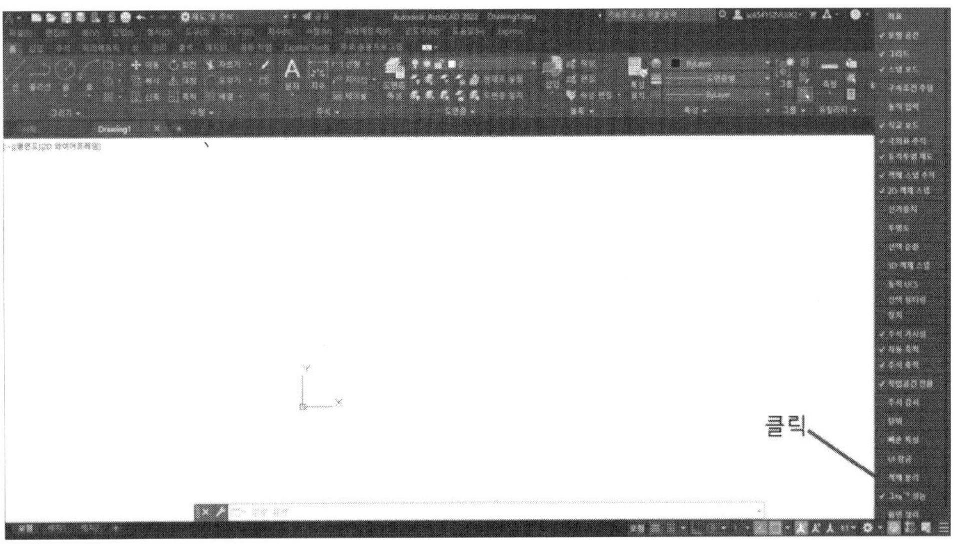

1.2.3 AutoCAD 명령실행

AutoCAD의 명령어를 실행하는 방식에는 크게 6가지가 있다.

(1) 명령 행을 이용하는 방법

(2) 리본 패널에서 선택하는 방법

(3) 바로가기 메뉴(마우스 오른쪽 클릭)에서 선택하는 방법

(4) 메뉴막대 (Full-Down Toolbar)에서 선택하는 방법

(5) 도구막대에서 명령 아이콘 선택하는 방법

(6) 메뉴 검색기에서 검색하는 방법

(7) 도구 패널에서 선택하는 방법

전항에서도 기술하였듯이 명령을 실행하는 방법은 사용자의 기호에 따라서 다를 수 있으므로 이후의 장에서 차차 다루어보자.

1.2.4 UI 색상

AutoCAD 2019에서 AutoCAD 2020로 넘어오면서 색상이 크게 변화하여 어색할 수도 있으나, 전체적으로 색상이 어두워져서 장시간 작업하는 사용자들에게는 눈의 피로를 덜 수 있다. AutoCAD 2022는 AutoCAD 2020과 동일한 UI 색상을 유지하고 있다.

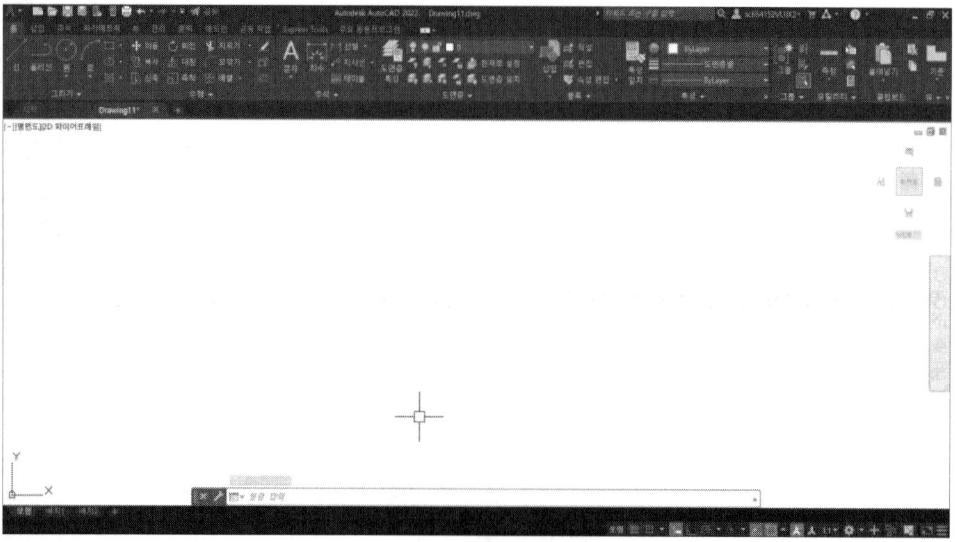

AutoCAD 2022의 화면

기존의 밝은 색상을 원할 경우, 옵션(OPTIONS, OP, CONFIG)의 화면표시 탭 → 색상구성표를 [어두움] → [경량]으로 변경하면 AutoCAD 2014와 유사한 색상의 UI 사용이 가능하다.

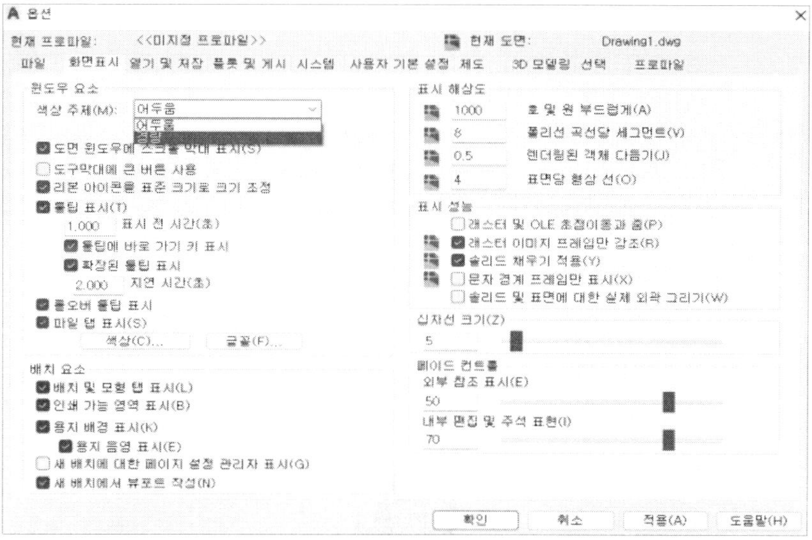

옵션 대화창

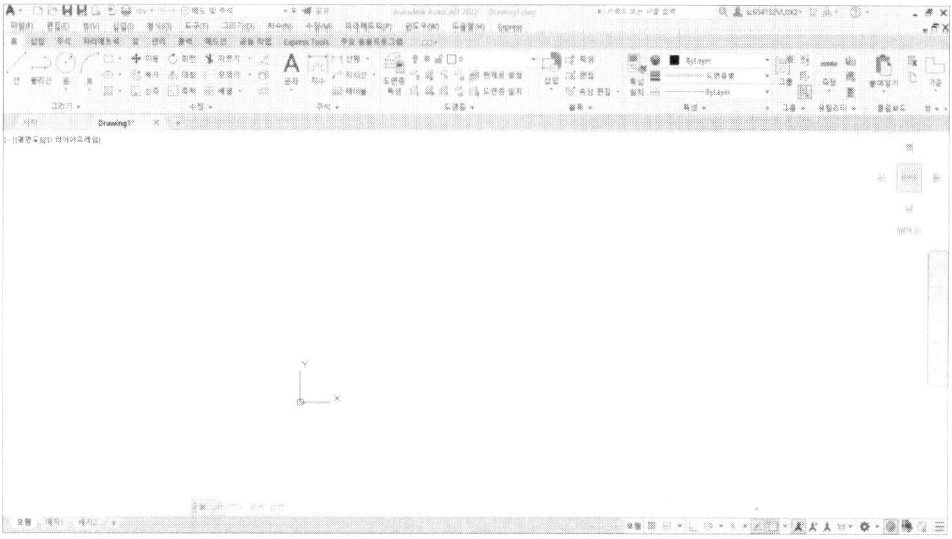

경량으로 변경된 AutoCAD 2022의 화면

1.2.5 AutoCAD 클래식 메뉴

AutoCAD 2015부터 현재 AutoCAD 2022는 [AutoCAD클래식] 메뉴의 사용이 불가능하다. AutoCAD 클래식 메뉴에서는 향상된 기능들(연관 배열, 경로 배열 등)을 사용할 수 없지만 메뉴 구성이 익숙하기 때문에 기존 클래식 사용자들에게 많은 호응을 받았다. 그러나 갑작스러운 UI 미지원으로 인해 사용자 입장에서는 불편할 수 있다는 것이 저자의 생각이다.

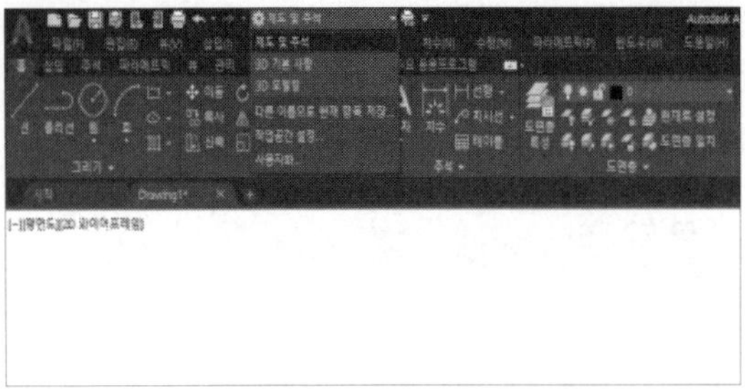

AutoCAD 2022의 작업공간

위와 마찬가지로 작업 공간에 클래식 메뉴가 사라진 것을 확인할 수 있다. 그러나 AutoCAD 2022에서 [AutoCAD클래식] 메뉴를 사용하지 못하는 것은 아니다. 클래식 메뉴를 사용하려면 먼저 AutoCAD 2014의 사용자 환경 저장 파일(*.CUIX)을 로드해야 한다. AutoCAD/AutoCAD LT 2014의 사용자 환경 저장 파일은 인터넷에서 쉽게 찾을 수 있다.

사용자 환경 저장 파일 AutoCAD_Ciassic

다운로드한 파일은 다음과 같이 적용한다.

AutoCAD 2022 명령창 → 'CUI' 입력

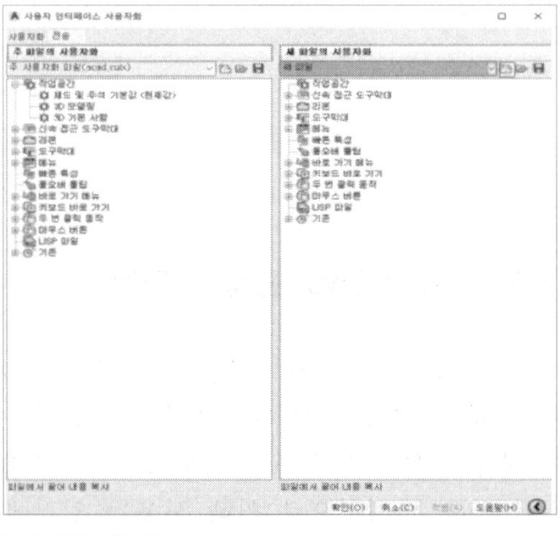

전송 탭 → 불러오기 아이콘 클릭

다운로드한 (*.CUIX)파일 열기

파일을 불러오면 AutoCAD 클래식 작업공간이 생긴다.

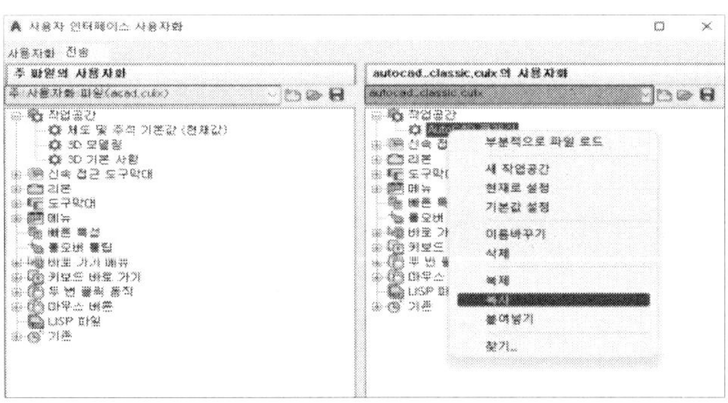

AutoCAD 클래식 항목에서 오른쪽 마우스 클릭 → 복사

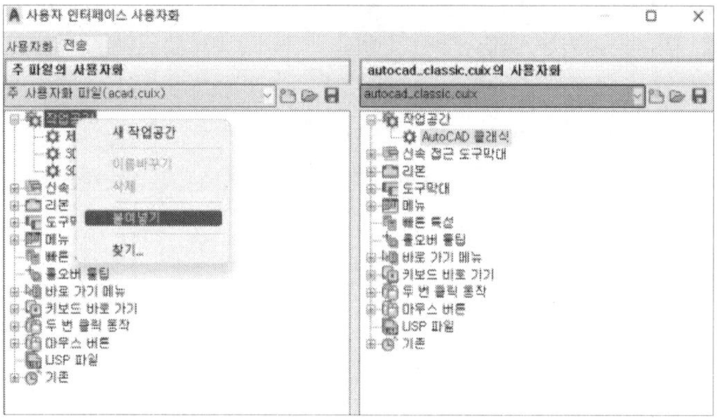

주 파일의 사용자화에 작업공간에 붙여넣기를 한다.

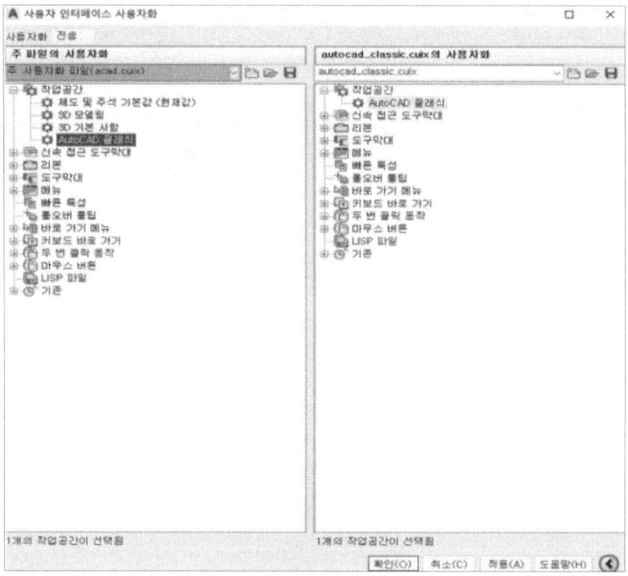

붙여넣기를 완료했으면 확인을 누른다.

좌측 상단의 작업 공간 설정 메뉴가 AutoCAD 2014와 동일하게 생성되었으며, 우측 하단에서도 생성되었으며 편한 곳을 선택해서 설정하면 된다. 클래식 메뉴로 변경하기 위해서 [AutoCAD클래식]을 클릭한다.

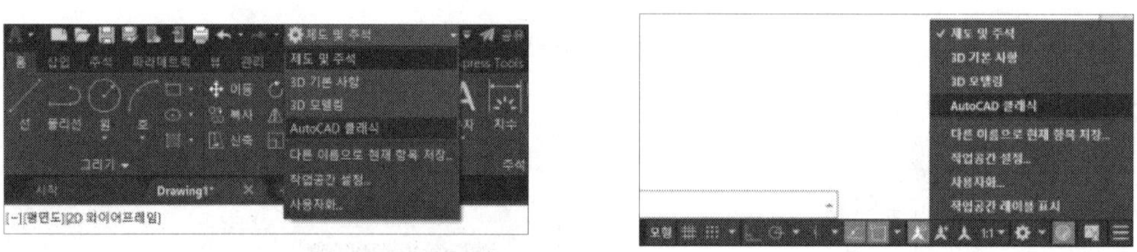

[AutoCAD 클래식] 메뉴 클릭

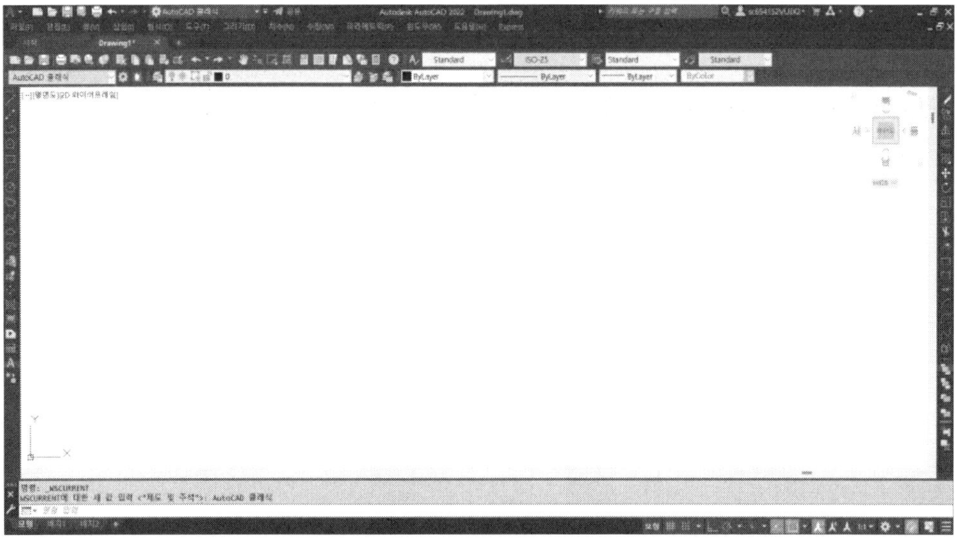
AutoCAD 2022에서 AutoCAD 클래식 메뉴를 설정한 화면

1.2.6 도움말

AutoCAD 2022의 도움말(?)은 AutoCAD 2021과 같은 방법으로 필요한 도구를 찾을 수 있다.

AutoCAD 2021의 검색창

AutoCAD 2022의 검색창

도움말(?)에서는 버튼 아이콘이나 찾기 링크를 클릭하면 리본에 해당 도구를 가리키는 애니메이션 화살표가 표시된다.

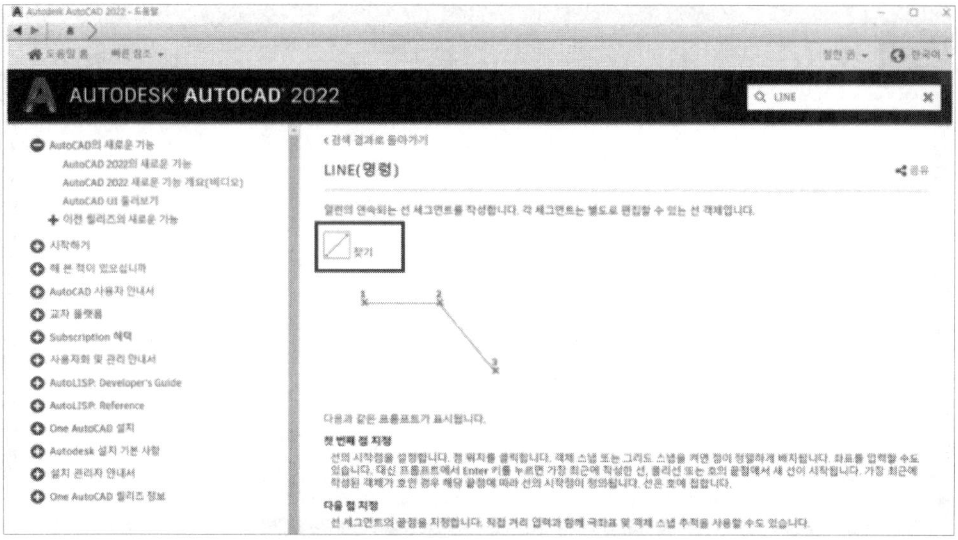

찾기 링크 클릭

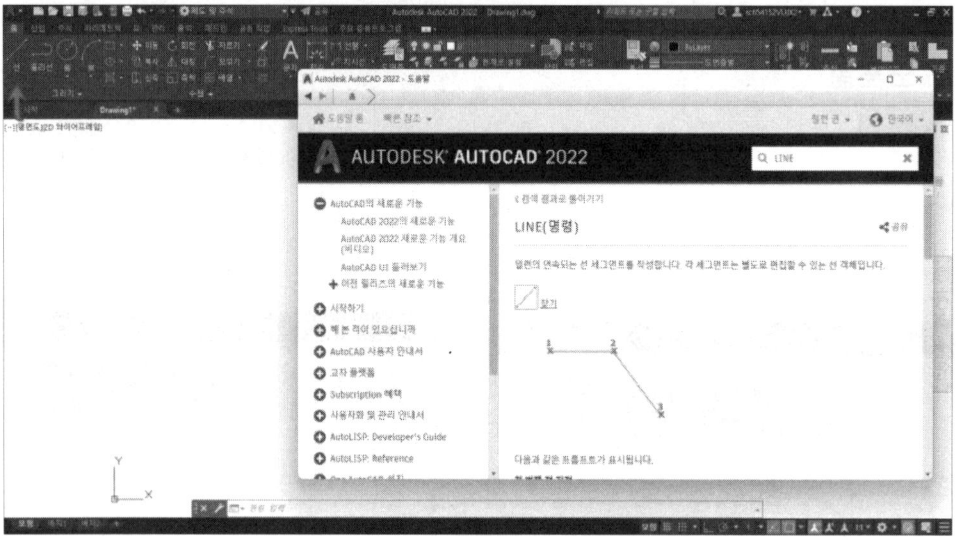

애니메이션 화살표 표시 완료

1.3 AutoCAD 2022의 새로운 기능

- **개수** : 도면에 있는 객체 인스턴스의 개수를 빠르고 정확하게 계산합니다. 개수 데이터가 있는 테이블을 현재 도면에 삽입할 수 있습니다.

개수 기능을 사용하면 시각적 개수 결과를 확인하고 개수 기준을 보다 잘 제어할 수 있습니다. 개수 팔레트를 사용하여 현재 도면에서의 개수가 계산된 블록을 표시하고 관리할 수 있습니다.

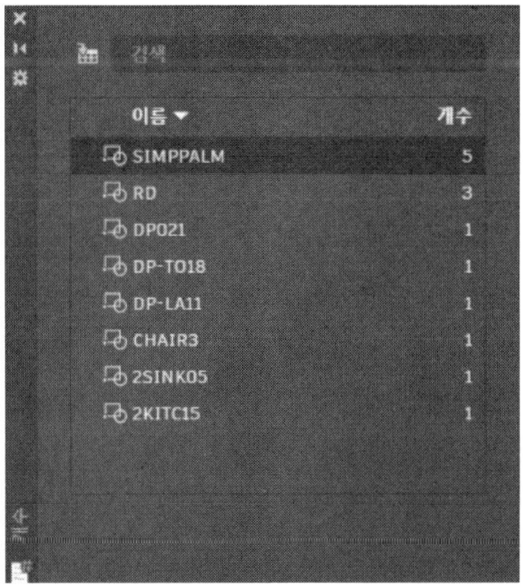

COUNTLIST를 사용하여 생긴 창

개수가 활성화 되어 있으면 개수 도구막대가 도면 영역의 맨 위에 표시됩니다. 개수 도구막대에는 개수가 계산된 객체를 관리하기 위한 기타 컨트롤과 함께 문제 및 객체 수가 포함되어 있습니다.

개수 도구 막대	
	개수 상세 정보
	개수에서 다음 또는 이전 객체를 줌
	개수 필드 삽입
	개수 종료

COUNT를 사용하여 선택한 객체의 개수와 관리하기 위한 창

개수 상세정보 아이콘은 현재 개수에 오류가 포함되어 있는지에 따라 변경됩니다.

ⓘ	개수가 계산된 객체의 일반 특성, 모든 사용자 정의 블록 속성 및 매개변수를 포함한 개수 기준을 표시합니다.
⚠	개수가 계산된 객체의 문제 보고서, 일반 특성, 사용자 정의 블록 속성 및 매개변수를 포함한 개수 기준을 표시합니다. 문제에는 겹치는 객체, 분해된 객체 또는 이름이 바뀐 객체가 포함될 수 있습니다.

▌ **부동 도면 윈도우** : 도면 파일 탭을 Auto CAD 응용 프로그램 윈도우 밖으로 끌어서 부동 윈도우를 만들거나 명령어를 입력해서 만들 수 있다.

SYSFLOATING를 명령 후 내가 원하는 부동 도면 윈도우 수를 명령한다.

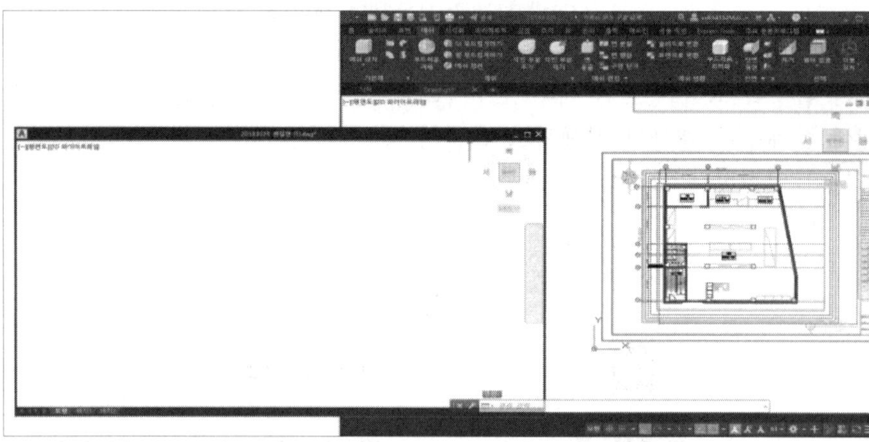

부동 도면 윈도우 수를 1로 하면 그림과 같이 한 개의 도면이 따로 보인다.

부동도면 윈도우 기능의 몇 가지 이점은 다음과 같습니다.

- 탭 간을 전환하지 않고도 여러 도면 파일을 동시에 볼 수 있습니다.
- 하나 이상의 도면 파일을 다른 모니터로 이동할 수 있습니다.

▌**현재 도면 공유** : Auto CAD 웹 앱에서 보거나 편집할 현재 도면의 사본에 대한 링크를 공유합니다. 관련된 모든 DWG 외부 참조 및 이미지가 포함되어 있습니다.

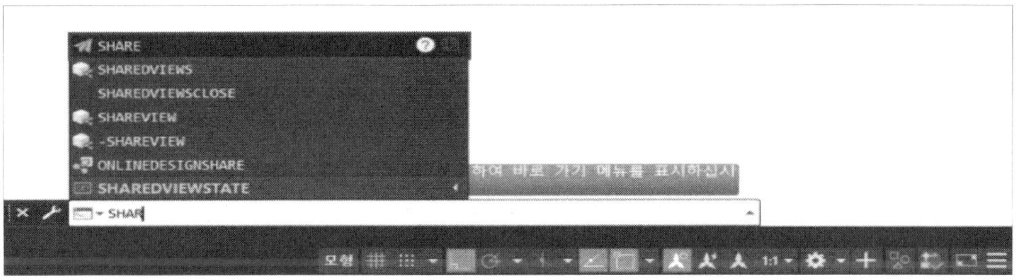

도면을 저장하고 SHARE를 입력한다.

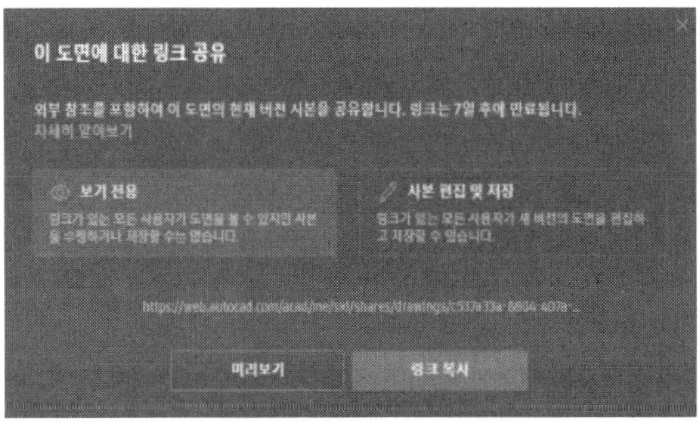

보기 전용

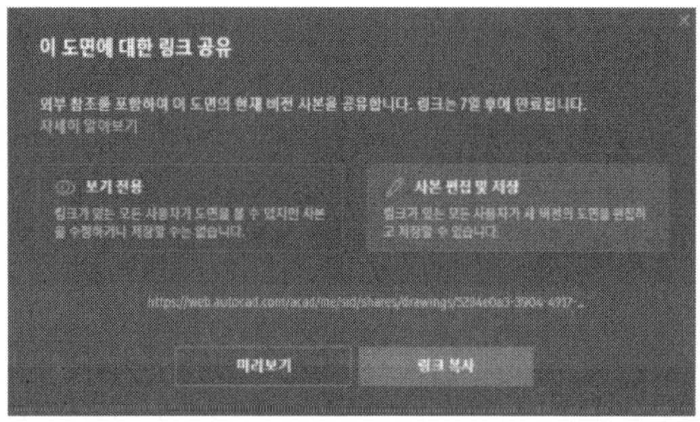

사본 편집 및 저장

내가 공유하려고 하는 도면(DWG)파일을 미리보기를 누르면 그림과 같이 나오게 된다.

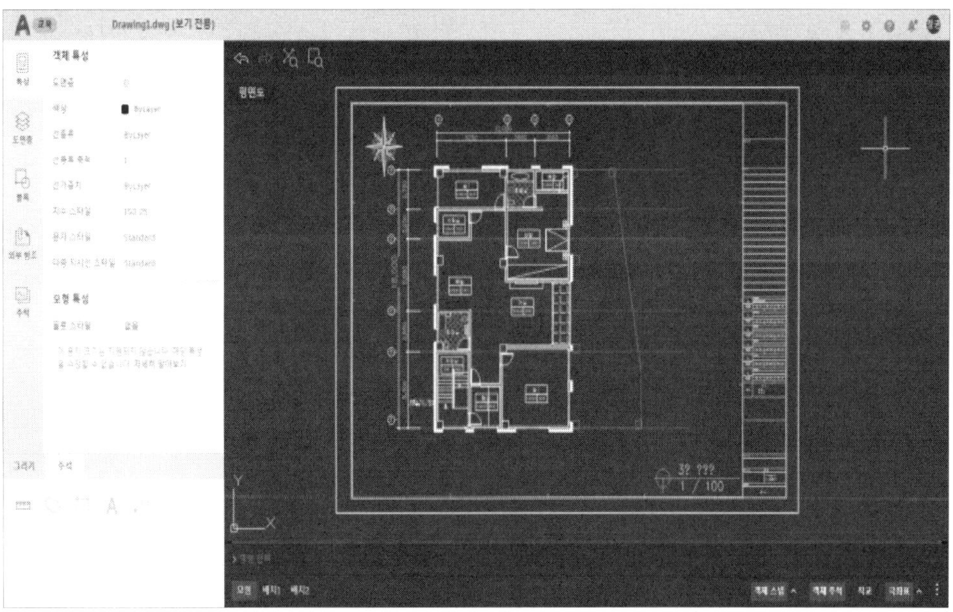

■ **3D 그래픽 기술 미리보기 :** 이 릴리즈에는 Auto CAD용으로 개발 중인 완전히 새로운 교차 플랫폼 3D 그래픽 기술 미리보기가 포함되어 있습니다. 이 그래픽 시스템에서는 최신 GPU와 다중 코어 CPU의 모든 기능을 활용하여 이전 릴리즈 보다 훨씬 더 대규모의 도면을 보다 원활하게 탐색 할 수 있습니다.

이 미리보기는 기본적으로는 꺼져있으며 활성화 하면 음영처리 비주얼 스타일을 사용하는 뷰포트 대신 최신 그래픽 시스템을 사용됩니다.

신규 기능을 실행하기 전에 먼저 요구사항을 확인해야 한다. Windows 검색기에 DXDIAG를 검색한다.

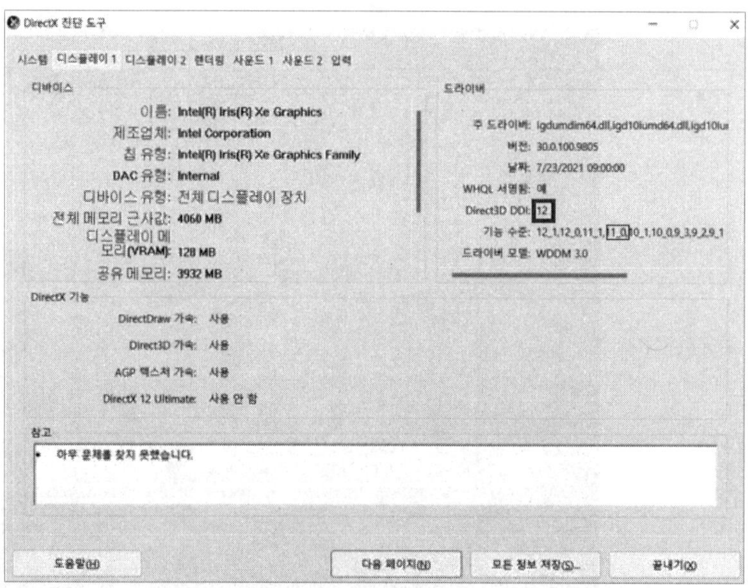

DXDIAG명령을 실행하여 요구사항이 충족하는지 확인한다.

요구사항이 충족하면 CAD로 돌아와 3DTECHPREVIEW를 입력하고 ON을 입력한다.

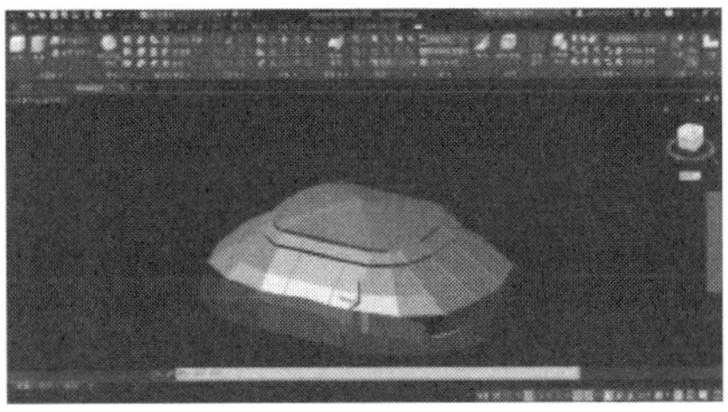

비활성화

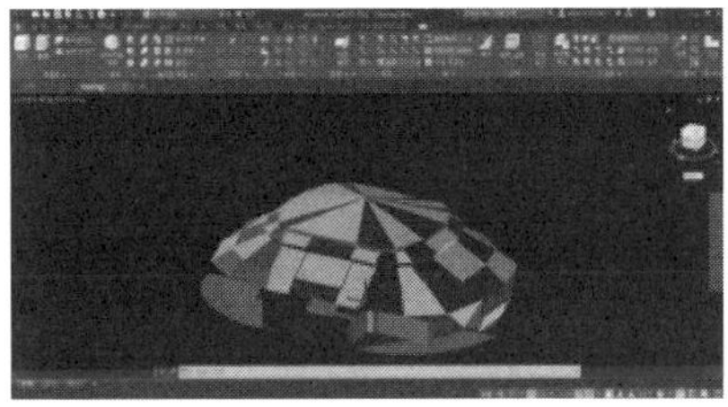

활성화

명령어를 입력 후 CAD를 껐다 켜면 그림과 같이 기술 미리보기가 활성화 되어있다.

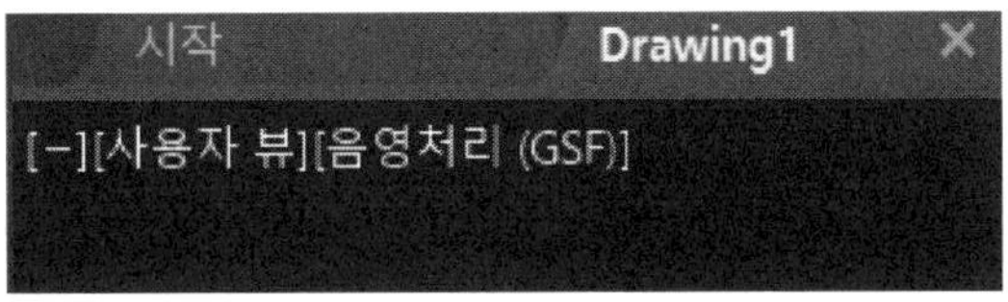

좌측 상단에 음영처리 뒤에 GSF가 표시되어 있으면 활성화 상태이고
최신 그래픽 시스템을 사용하고 있음을 나타냅니다.

Chapter 2 AutoCAD의 기본설정

2.1 도면단위(UNIT) 설정하기

도면의 단위에는 많은 것들이 있는데, 경우에 따라 사용자의 용도에 맞도록 단위를 설정해야 한다. 도면 단위를 설정하기 위해서는 명령행에서 Units를 입력한 후 Enter↵를 치면 된다. 여기에서 사용자의 용도에 맞도록 설정을 변경하여 사용한다. 그러나 기본 설정값으로 작업을 할 수 있기 때문에 고급 사용자가 아니라면 특별히 이 부분을 설정할 필요는 없다.

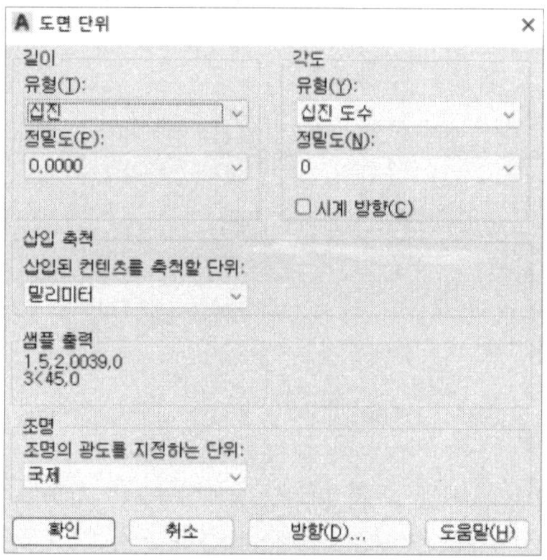

도면단위설정 대화상자

2.2 도면한계(LIMITS) 설정하기

전항에서도 기술하였듯이 AutoCAD는 무한대의 영역을 가지고 있다. 다시 말해 도면의 한계가 없으므로 사용자의 용도에 맞도록 한계(Limits)를 설정해주어야 한다. 명령행에 Limits를 입력 후 Enter↵를 치면 된다.

따라해보세요

① 명령: LIMITS Enter↵

② 모형 공간 한계 재설정

왼쪽 아래 구석 지정 또는 [켜기(ON)/끄기(OFF)] <0.0000,0.0000>: Enter↵

오른쪽 위 구석 지정 <0.0000,0.0000>: 420, 297

한계설정

오른쪽 위 구석의 좌표값을 입력하라는 메시지가 나타난다. 이 경우 사용자의 선택에 따라서 좌표값을 입력하면 된다. 그림에서와 같이 만약 A3 사이즈에 도면을 그리고 싶다면 좌표값을 '420,297'이라고 입력해주면 된다. 이렇게 하면 가로가 420mm이고 세로가 297mm인 A3 사이즈의 도면 한계가 설정된 것이다. 도면 한계를 설정한 후 반드시 Zoom-All을 실행해야 한다. 명령행에 Zoom(단축키 Z)을 입력 후 Enter↵를 친 후, 다시 All(단축키 A)이라고 쓴 후 Enter↵를 치면 된다. 이제 작업창은 A3 사이즈의 상태로 된 것이다.

2.3 옵션(OPTION) 설정하기

AutoCAD는 매우 다양한 팁을 가지고 있으므로 사용자의 기호에 맞도록 옵션에서 환경설정을 할 수 있다. 명령행에 Options(단축키 OP)을 입력하면 다음과 같은 옵션 대화상자가 나타난다.

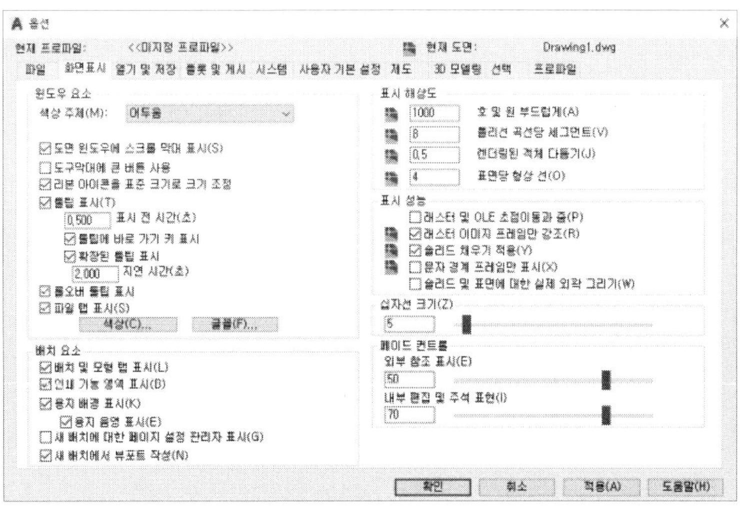

옵션 설정

2.3.1 파일(FILES)

[옵션]에서 [파일]은 AutoCAD에서 사용되는 지원 파일의 위치를 확인할 수 있으며, 그 위치를 수정할 수 있다.

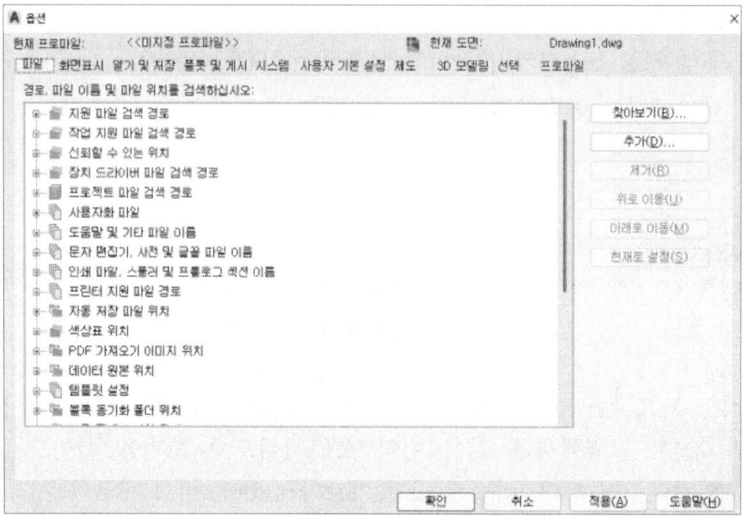

옵션의 파일

여기에서 AutoCAD가 비정상적인 종료를 대비하여 자동으로 저장되는 파일의 위치를 확인할 수 있다. 자동 저장 파일 위치를 확인하는 방법은 [옵션] - [파일] 탭에서 '자동 저장 파일 위치' 아이콘을 더블 클릭해보면 자동 저장된 파일 위치 경로를 확인할 수 있다.

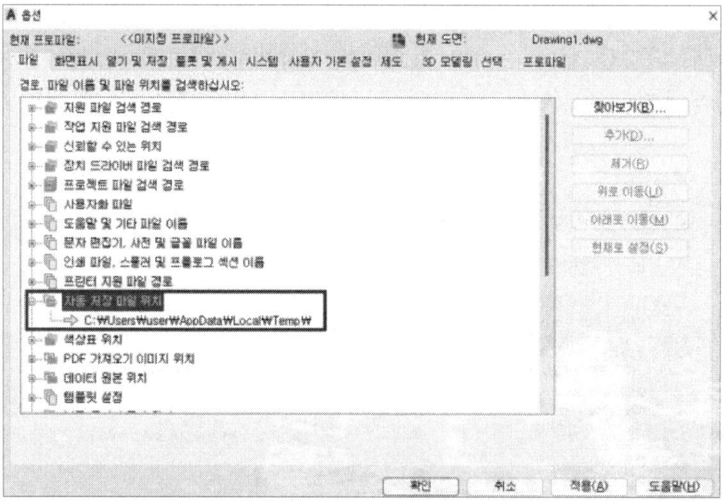

자동 저장 파일 위치

2.3.2 화면표시(Display)

대화상자의 [화면표시] 탭을 클릭해 보면 아래의 그림과 같은 여러 가지 옵션이 나타난다. 이 중에서 [색상(C)...]은 작업창의 배경색을 바꿀 수 있는 기능이다.

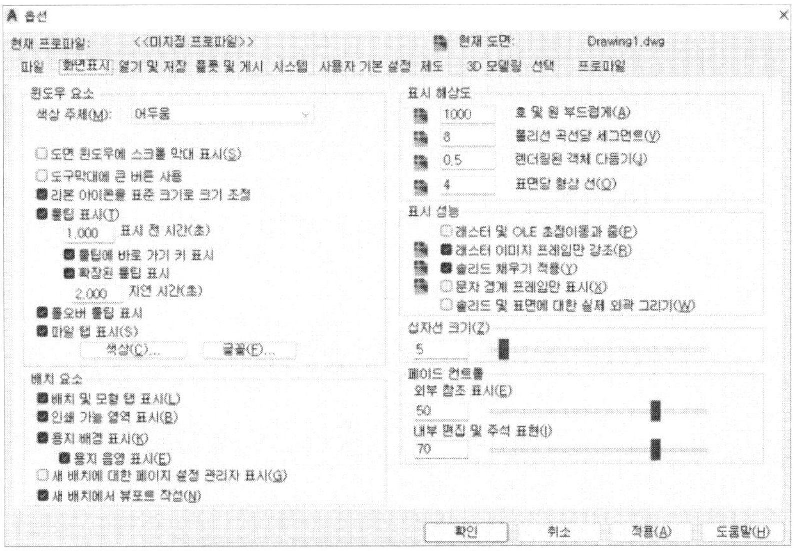

옵션의 화면표시

AutoCAD 2022를 처음 실행하면 작업 영역의 배경색은 검은색으로 지정되어 있다. 작업 영역의 색상을 바꾸기 위해서는 아래와 같은 방법으로 변경하면 된다. 이러한 배경색뿐만 아니라 다양한 인터페이스 요소의 색상 변경도 가능하다. 바로 [색상(C)...] 옆의 [글꼴(F)...] 부분은 사용자가 작업창에 문자를 기입할 때의 글꼴을 나타낸다. 이것 역시 기호에 따라서 변경할 수 있다.

따라해보세요

① [옵션] 대화상자 열기 ▶ [화면표시]에서 [색상] 클릭

② [도면 윈도우 색상] 대화상자에서 [컨텍스트]가 '2D 모형공간', [인터페이스 요소] '균일한 배경' 선택 ▶ 색상을 '검은색'에서 '흰색'으로 변경 ▶ [도면 윈도우 색상] 대화상자 '적용 및 닫기' 클릭 ▶ [옵션] 확인 클릭

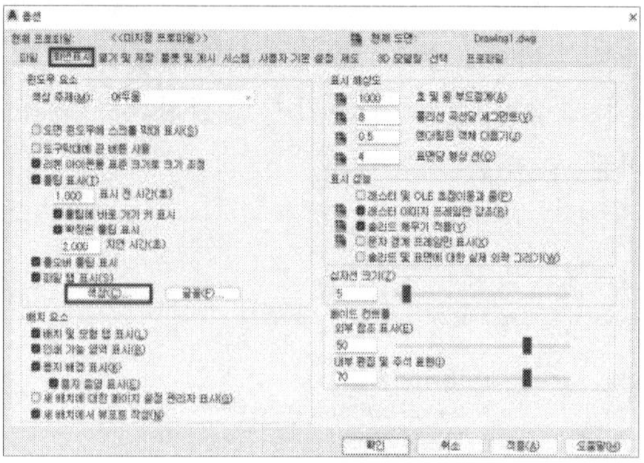

순서 ①

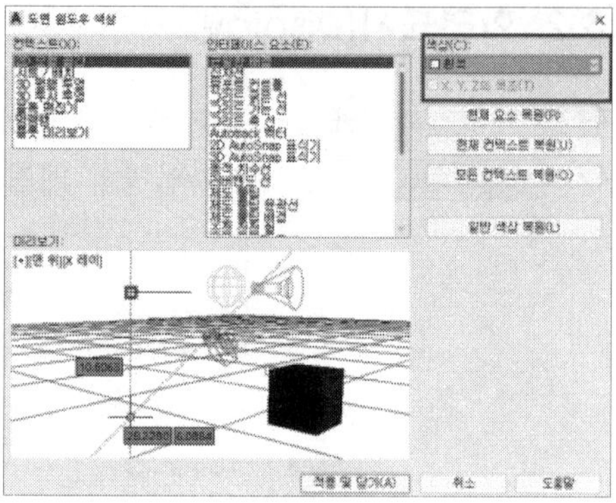

순서 ②

2.3.3 열기 및 저장(OPEN AND SAVE)

[열기 및 저장]은 저장되는 파일의 확장자 및 파일 열기의 개수 그리고 '자동 저장' 항목 등을 수정할 수 있다.

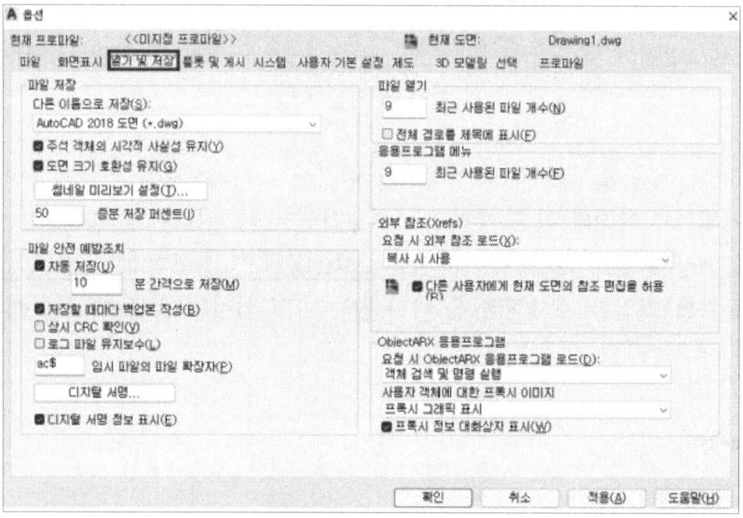

옵션의 열기 및 저장

자동 저장이란, AutoCAD에서 제공하는 기능 중의 하나로 불의의 사고나 정전, 시스템의 다운 등의 갑작스러운 프로그램 종료 및 그 밖의 예기치 못한 상황에 대비하여, 일정 시간이 경과하면 자동으로 저장되는 기능이다. 위 그림에서 보이는 '자동 저장' 입력란에 시간 간격을 분 단위로 입력하면 정해진 시간마다 작업 중인 도면이 자동 저장되며, 저장 위치를 확인할 수 있는 곳은 [옵션]-[파일]-[자동 저장 파일 위치]이다. 자동 저장된 파일을 사용하고 싶다면, 해당 폴더로 가서 가장 최근 저장된 파일을 선택하여 그림과 같이 확장자 'SV$(또는 AC$)'를 'dwg'로 바꾸어 주면 자동 저장 파일을 사용할 수 있다.

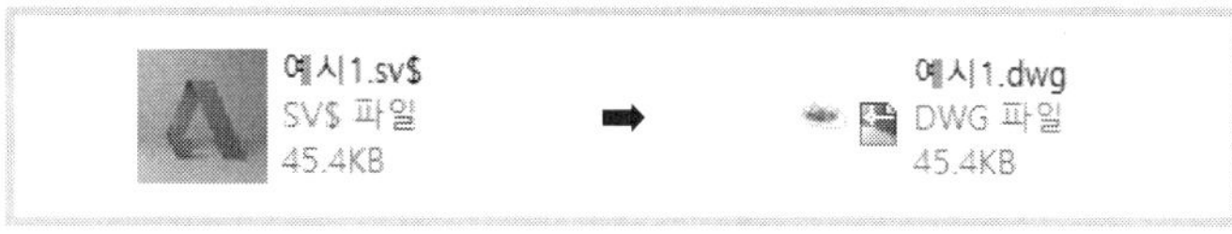

또한, 'dwg' 도면 파일을 저장하면 저장 위치에 확장자가 'bak'인 파일 하나가 더 생성되는데, 이건 저장 전의 백업파일이다. 이 파일을 사용하고 싶다면 백업파일의 확장자를 'dwg'로 바꾸어 주면 그림과 같이 파일이 살아난다.

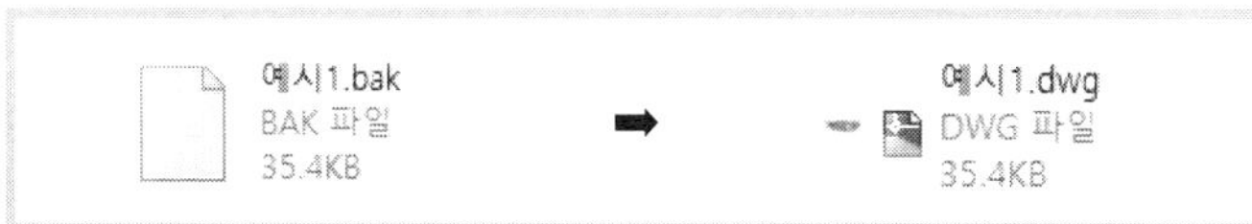

2.3.4 플롯 및 게시(PLOT AND PUBLISH)

대화상자의 [플롯 및 게시] 탭을 클릭하면 아래와 같이 여러 가지 옵션이 나타난다.

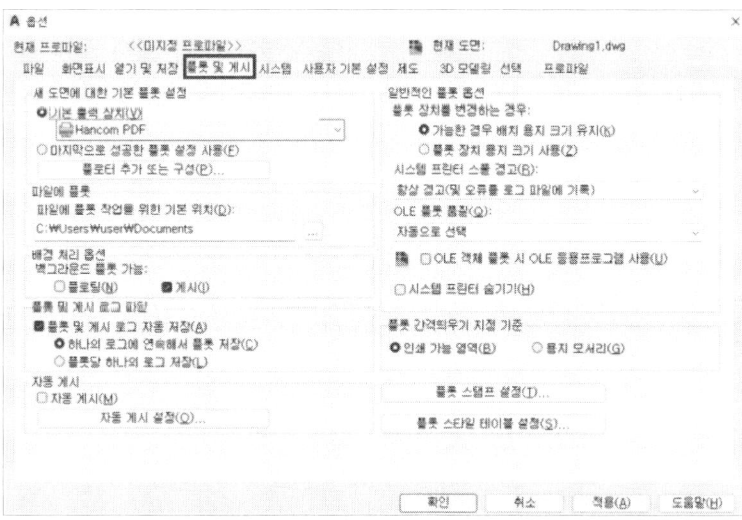

옵션의 플롯 및 게시

첫 번째 항목의 경우 나중에 작업을 끝내고 플로팅할 때 유효하므로 지금 변경해도 되지만, 일반적으로 AutoCAD는 현재 사용하고 있는 컴퓨터의 기본 프린터를 Default로 사용하고 있으므로 자신의 컴퓨터에 있는 프린터로 출력을 원할 경우에는 특별히 변경할 필요가 없다. 플로팅에 관한 사항은 이후에 자세히 설명하도록 한다. 플롯의 기본 저장 위치는 옵션에서도 변경이 가능하다.

2.3.5 사용자 기본설정

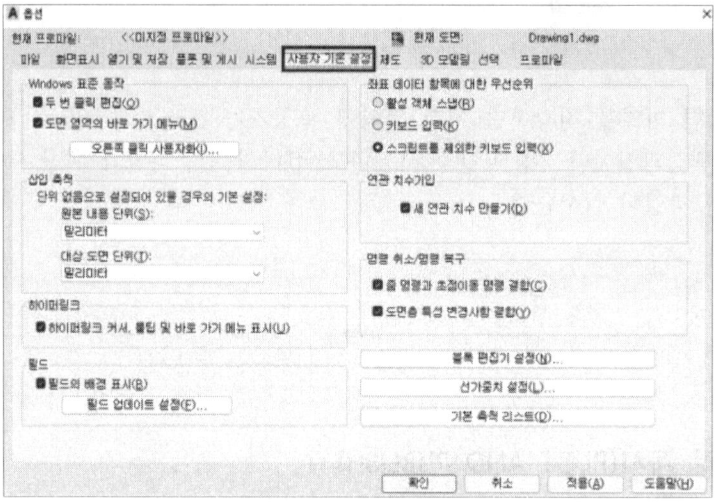

옵션의 사용자 기본설정

여기에서는 초보자의 경우 특별히 건드릴 것은 없으나, 나중에 도면을 그리다 보면 점점 더 숙달되어서 Space Bar 나 Enter↵ 만으로는 명령을 내리기에 답답할 수가 있다. 이러한 경우 대화상자의 [오른쪽 클릭 사용자화(I)...] 를 클릭해 보자. 그러면 다음과 같은 항목이 나타난다.

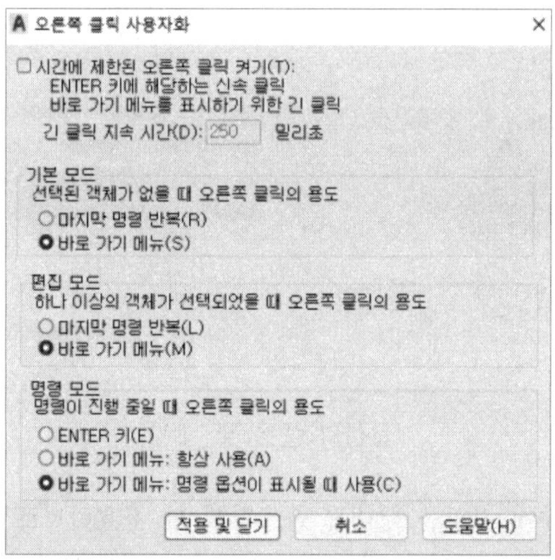

옵션의 사용자 기본설정에서 오른쪽 클릭 사용자화

맨 하단 항목 중에서 [ENTER 키(E)] 부분을 선택하면 마우스 오른쪽 버튼을 ENTER 키로 사용하겠다는 것이다. 또한 이 창에서는 마우스 오른쪽 버튼을 클릭할 경우 맨 마지막에 사용했던 명령어를 반복 실행할 것인지, 바로 가기 메뉴를 실행할 것인지 등의 설정이 가능하다. 참고로 이러한 기능은 사용자에 따라서 편리하게 느낄 수도 있고 아닐 수도 있으므로 자신에게 적절하게 사용하는 것이 중요하다.

2.3.6 십자선과 그립의 크기 및 색상 결정하기

십자선은 사용자의 취향에 맞게 크기를 조정할 수 있다. 먼저 십자선의 크기는 [옵션] - [화면 표시]의 오른쪽 하단에서 크기를 조정할 수 있고 그립 크기 및 색상 또한 [옵션] - [선택] 탭에서 조절해주면 된다.

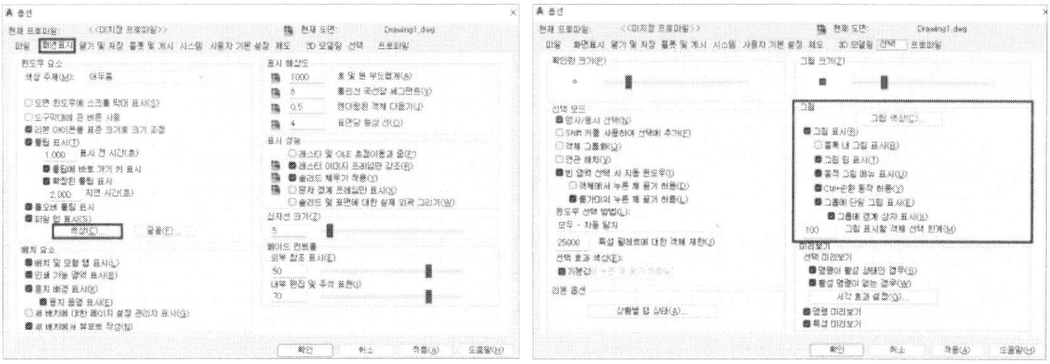

옵션 대화상자의 십자선 및 그립 크기, 색깔 정하기

2.4 유용한 각종 기능키(Function Key)

AutoCAD의 기능키(Function Key)는 상태 막대의 그리기 도구의 단축키라고도 할 수 있으며, 다양한 편의를 제공하고 있다. 이러한 기능키의 용도만 제대로 익혀둔다면 훨씬 편리하게 AutoCAD을 사용할 수 있을 것이다.

F1	F2	F3	F4	F5	F6
도움말	확장된 사용내역	OSNAP	3DOSNAP	ISO PLANE	DUCS
HELP		CTRL+F			CTRL+D

① F1 키는 도움말을 실행하는 기능으로 사용자 안내서 및 명령 참조서 등에 대한 설명이 되어 있어 명령어를 실행하거나 막히는 부분이 있을 때 유용하게 사용할 수 있다.

② F2 키는 명령 윈도우에 확장된 명령 사용 내역을 표시하며 On/Off하는 기능을 한다.

③ F3 키는 객체 스냅(Object Snap)에 대한 명령을 On/Off하는 기능을 한다.

④ F4 키는 3D 객체 스냅(3D Object Snap)을 On/Off하는 기능을 한다.

⑤ F5 키는 ISO PLANE의 전환하는 기능을 한다.

⑥ F6 키는 동적 UCS(DUCS)를 On/Off하는 기능으로 3D 작업 시 매우 유용하다. 이 기능을 사용하는 동안 UCS(사용자 좌표계)의 XY 평면과 솔리드 모형 평면을 임시로 자동 정렬할 수 있다.

F7	F8	F9	F10	F11	F12
GRID	ORTHO	SNAP	POLAR	OTRACK	DYN
CTRL+G	CTRL+L	CTRL+B			

⑦ F7 키는 격자 표시(Grid Display)를 On/Off하는 기능으로 화면에 격자를 표시하는 기능이다. 정밀한 작업이나 눈금을 필요로 하는 작업 시에 유용하다.

⑧ F8 키는 직교모드(Ortho Mode)로 드로잉 할 때 십자선의 움직임을 수직과 수평으로만 고정시키거나 해제하는 기능을 한다. 수직 또는 수평의 선을 드로잉 할 때 유용하다.

⑨ F9 키는 커서의 움직임을 지정된 그리드 간격으로 제한하며 On/Off하는 기능을 한다.

⑩ F10 키는 지정된 각도로 커서가 이동되도록 하며 On/Off하는 기능을 한다.

⑪ F11 키는 객체 스냅 위치에서 수평 및 수직으로 커서를 추적하며 On/Off하는 기능을 한다.

⑫ F12 키는 커서 주위에 거리와 각도를 표시하고 탭을 사용하여 필드 간을 이동하면 입력한 내용이 적용되며 On/Off하는 기능을 한다.

AutoCAD의 기초

3.1 새로운 파일 만들기(NEW)

새로운 도면(템플릿)을 만들 때 사용하는 명령어이다.

- 명령어 : NEW
- 단축키 : Ctrl + N
- 메뉴 : A → 새로 만들기
- 신속접근도구막대 :

템플릿(.dwt)는 AutoCAD와 함께 설치되어 사용자가 자유롭게 쓸 수 있는 표준 스타일과 설정이 정의되어 있는 기본도면이다. 대부분의 기본도면 템플릿은 인치(inch)와 밀리미터(mm) 두 가지 단위 유형으로 제공되지만 우리나라에서는 보통 인치(inch)단위를 사용하지 않기 때문에 밀리미터(mm) 단위가 정의되어 있는 기본적으로 acadiso(.dwt)를 사용해야 한다.

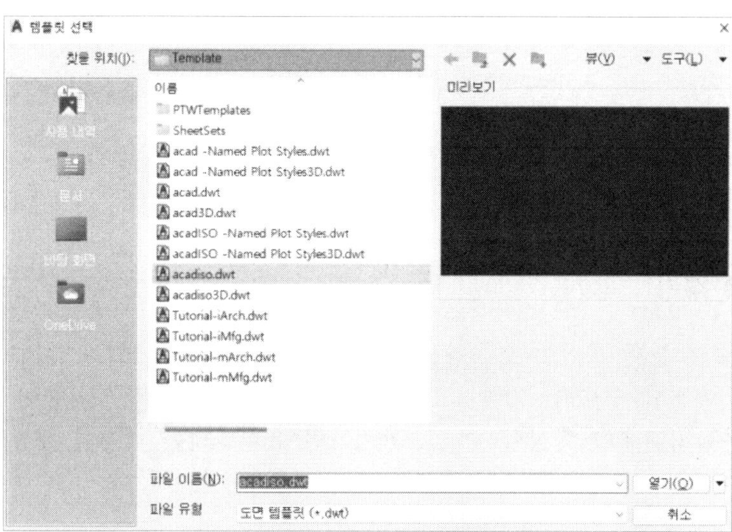

신규(N)

만약 템플릿 선택에서 위와 같은 화면으로 설정이 되지 않는다면 다음과 같은 경로(C:/사용자/[윈도우 로그인 계정]/AppData/Local/Autodesk/AutoCAD2022/R24.1/kor/)를 선택하여 Template으로 변경한 후 [파일 유형]을 도면 템플릿(*.dwt)으로 바꿔주면 위와 같은 그림의 형태로 변경된다. 또한 AppData의 폴더가 없다면 숨겨져 있기 때문에 보이지 않을 수 있다. 이 경우, 숨긴 폴더가 보이도록 설정해야 한다.

3.2 기존 파일 열기(OPEN)

기존에 작업했던 도면을 열 때 사용한다.

- 명령어 : OPEN
- 단축키 : Ctrl + O
- 메뉴 : A → 열기
- 신속접근도구막대 :

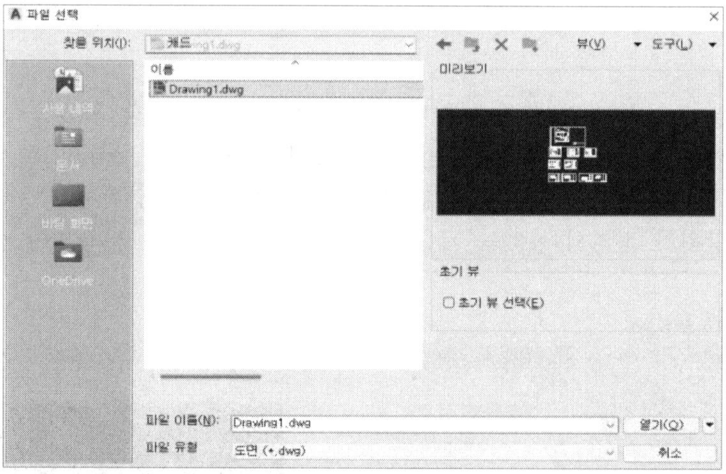

열기(O)

▌오류 도면 열기

AutoCAD에는 도면 파일이 오류가 생겨 명령 및 기능이 실행되지 않거나 도면이 열리지 않는 경우에 해결할 수 있는 기능으로 도면의 오류 감사 및 복구 기능이 있다. 이러한 기능은 도면 유틸리티에서 확인할 수 있으며, 도면 유틸리티는 메뉴와 메뉴막대의 파일에서 찾을 수 있다.

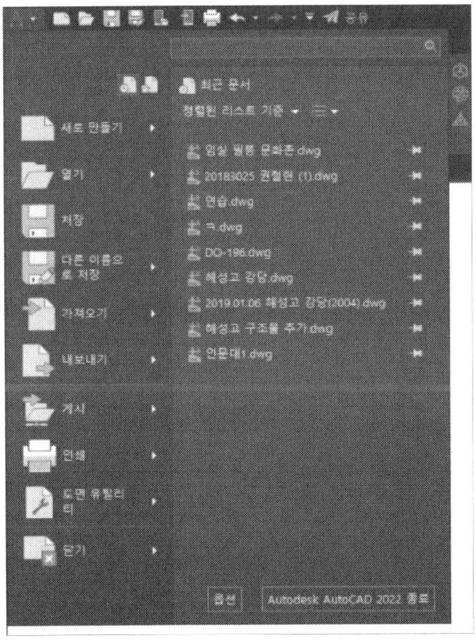

방식 ①

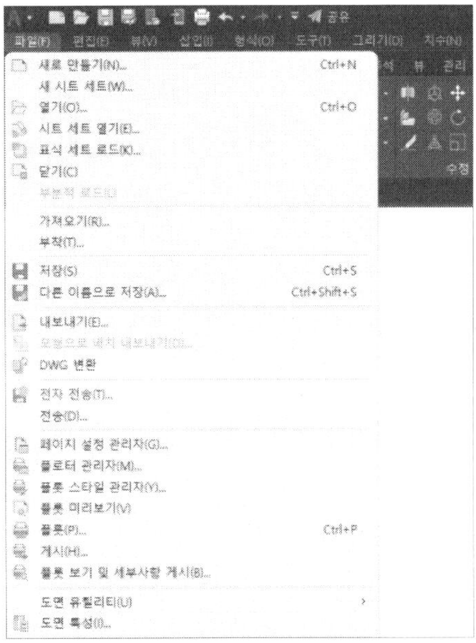

방식 ②

도면 유틸리티 위치

따라해보세요

① 오류가 생긴 도면을 복구 한다면 [도면 유틸리티] - [복구]를 선택 또는 명령어

: Recover Enter↵ 후에 오류가 생긴 도면을 열면 자동으로 복구가 진행된다.

② 현재 열린 도면에 대한 오류를 검사하고 싶다면 [도면 유틸리티] - [감사]를 클릭 또는 명령어

: Audit Enter↵ 실행 후 y Enter↵를 입력하면 도면에 대한 감사가 진행된다.

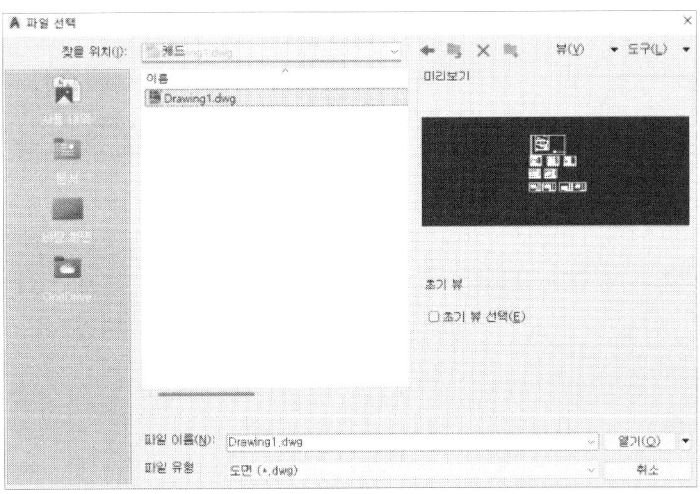

방식 ①

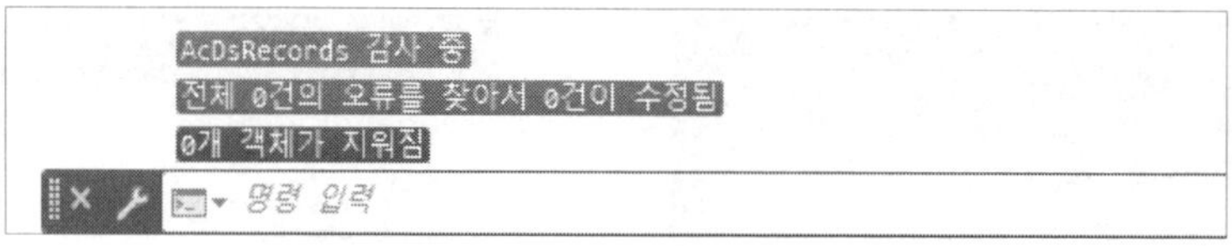

방식 ②

3.3 파일 저장하기(SAVE)

현재 작업하고 있는 파일을 저장하는 명령어이다. 기존에 있던 파일을 저장하는 경우 불러온 파일에 그대로 저장된다. AutoCAD의 파일 확장자는 기본적으로 *.dwg로 저장이 된다.

- 명령어 : Save
- 단축키 : Ctrl + S
- 메뉴 : → 저장
- 신속접근도구막대 : 

3.4 다른 이름으로 저장하기(Save As...)

파일의 확장자를 *.dwg가 아닌 다른 확장자로 저장하고 싶거나 기존에 있던 도면을 수정한 후 다른 이름으로 저장하고 싶을 때 사용하는 명령어이다.

- 단축키 : Ctrl + Shift + S
- 메뉴 : → 다른 이름으로 저장
- 신속접근도구막대 : 

다른 이름으로 저장을 선택한 후 나타나는 대화상자의 '파일 형식'을 보면 다양한 확장자를 제공하고 있음을 알 수 있다. 사용자가 원하는 확장자를 선택한 다음 '저장(S)'을 누르면 된다.

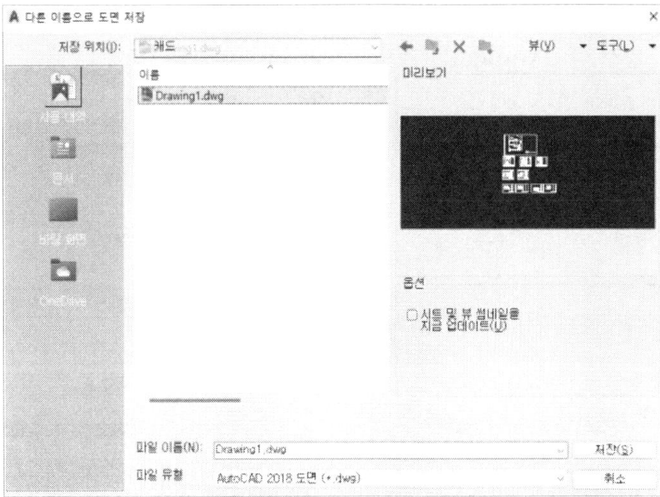

다른 이름으로 저장하기

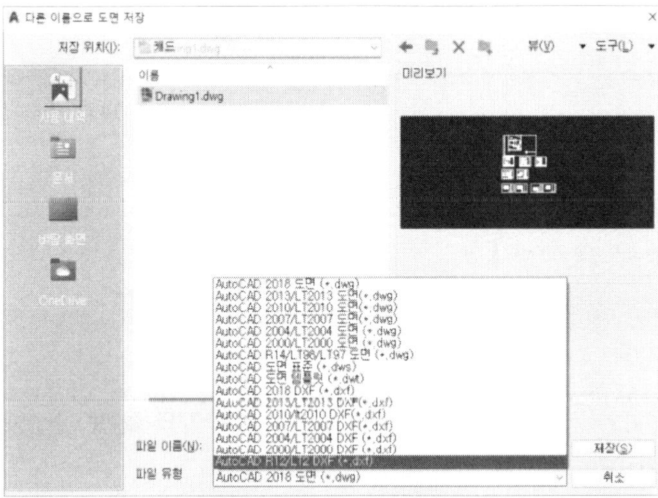

도면 확장자 변경하기

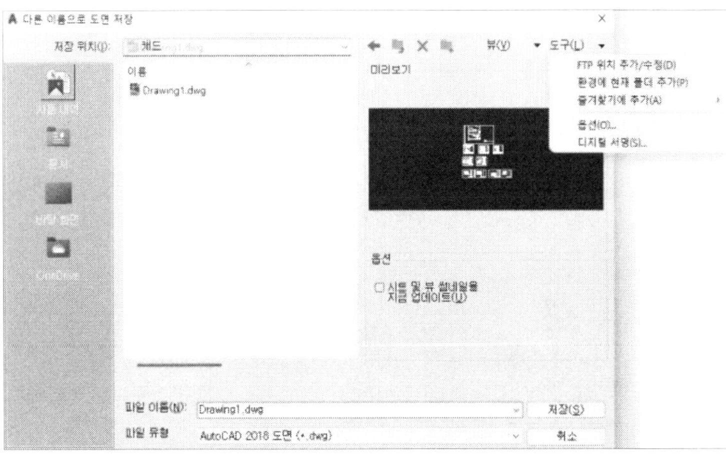

다른 이름으로 저장 시에는 도구를 이용하여 옵션을 설정할 수 있다. 그러나 이전 AutoCAD 2015에 있던 [보안옵션]은 AutoCAD 2016으로 넘어오면서 도면파일에 암호를 추가하는 기능이 제거되었으며 AutoCAD 2022에도 이와 같이 적용된다. 따라서 도면을 암호화하고 싶다면 아래 설명을 참고하자.

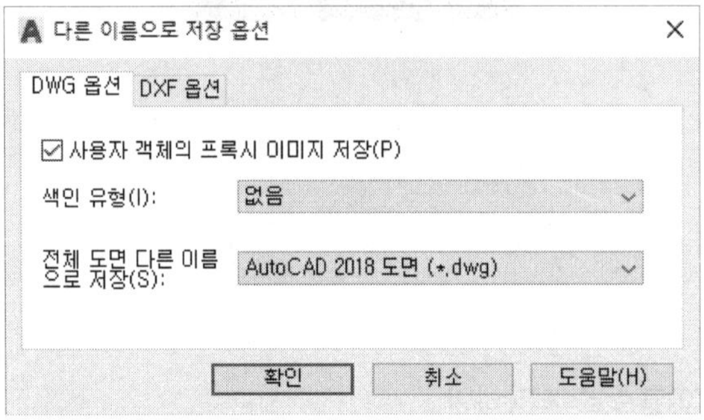

① DWG 옵션

도면을 저장할 기본 파일 형식을 지정하고, 도면 색인과 사용자 객체의 표시를 조정한다.

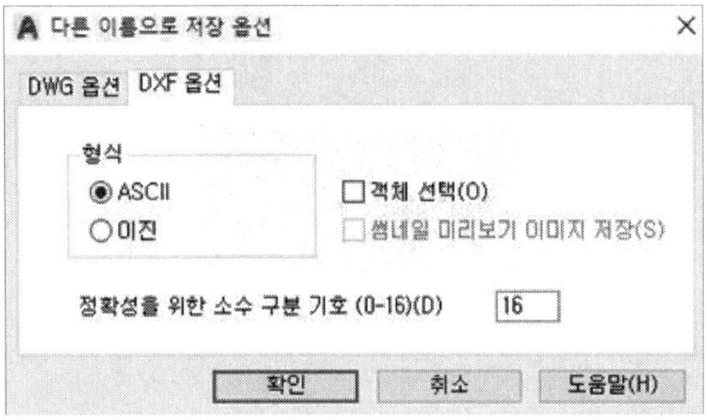

② DXF 옵션

도면 교환 파일 출력 옵션을 조정한다.

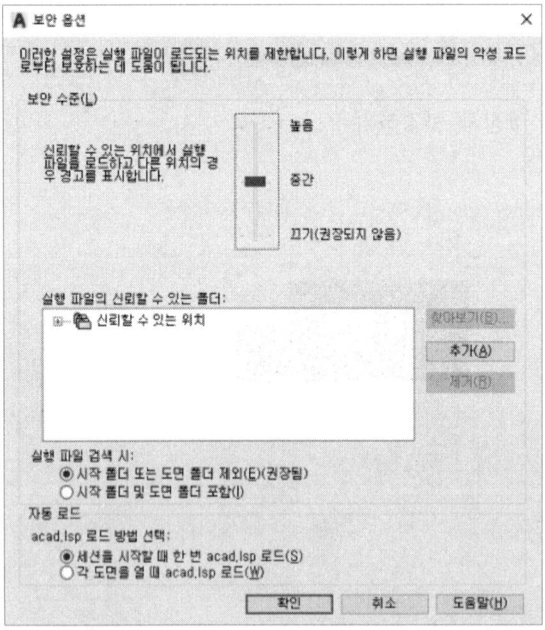

③ 보안 옵션

보안 옵션을 실행시키려면 명령 행에 /SECURITYOPTIONS를 입력하면 옆 그림과 같이 화면이 나타난다.

다른 이름으로 저장 옵션 및 보안 옵션

도면을 암호화하고 싶다면 저자는 다음과 같은 방법을 추천한다.

□ 도면을 PDF 파일로 출력한 다음 PDF파일을 암호화. (PDF출력 방법은 **11.2 도면의 PDF 변환**에서 자세한 설명 참고.)

□ 도면은 ZIP 파일로 패키지화하여 ZIP파일에 암호화.

□ Autodesk 360 또는 기타 클라우드 공급자 권한으로 도면 보호.

3.5 AutoCAD 끝내기

· 명령어 : QUIT
· 단축키 : Ctrl + Q
· 메뉴 : → Autodesk AutoCAD 2022 종료

AutoCAD를 끝내고 저장을 원한다면 [예(Y)] 를 누르고, 저장할 필요가 없을 경우에는 [아니요(N)] 를 누르면 된다. 또는 AutoCAD 종료를 원치 않는 경우에는 [취소] 를 누르면 된다.

3.6 ZOOM 명령

도면을 드로잉할 때 도면이 모니터의 화면보다 작은 경우 세밀한 작업을 하기가 매우 어렵게 된다. 뿐만 아니라 어느 특정부분을 상세하게 작업해야 하거나, 세밀한 부분을 편집해야할 필요가 있을 때에는 매우 난감하다. 이럴 때 사용자가 원하는 특정부위를 확대시킬 수 있는 명령이 바로 Zoom 명령이다.

· 명령어 : ZOOM
· 단축키 : Z
· 리본 : [뷰] 탭 → [2D 탐색] 패널 → 범위
· 메뉴 : 뷰 → 줌

3.6.1 ZOOM-W

Zoom-W 명령은 윈도우상의 작업영역에서 P1점과 P2점을 잡아 그 부분을 확대하여 보여준다. 이 명령은 AutoCAD 작업 시 자주 사용하는 명령어이다.

따라해보세요

아래의 그림을 확대해보자.

① 명령 : Zoom Enter↵ (단축키는 Z)

[전체(A)/중심(C)/동적(D)/범위(E)/이전(P)/축척(S)/윈도우(W)/객체(O)] <실시간> : W 또는 마우스 휠 버튼 업(UP)

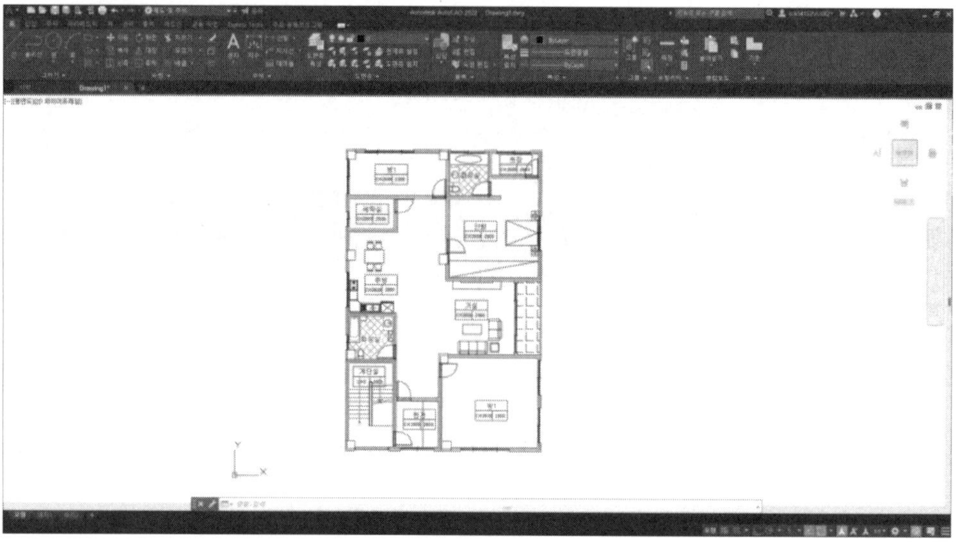

순서① Zoom-W 명령 전

② 확대해서 보고 싶은 구역을 클릭한다.

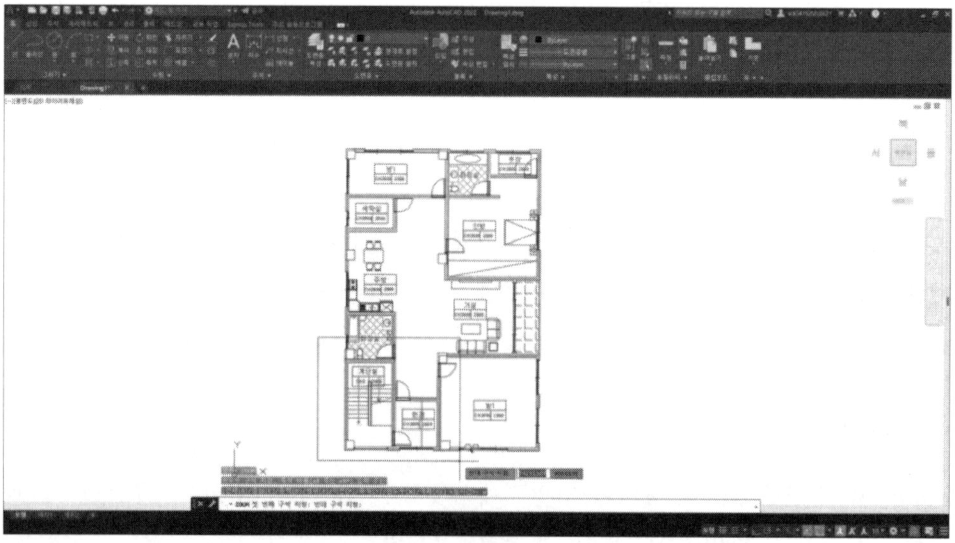

③ 블록으로 설정한 부분이 확대되어 보임을 알 수 있다.

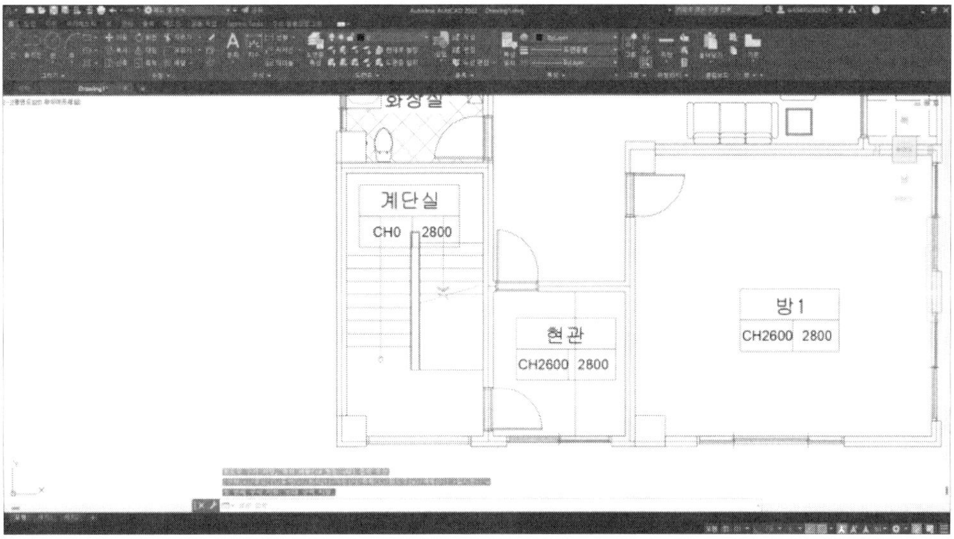

순서③ Zoom-W 명령 후

3.6.2 ZOOM-P

Zoom-P 명령은 Zoom에 관한 어떠한 명령을 실행 후 다시 이전의 Zoom 상태를 보고 싶을 때 사용하는 명령어이다. 이 명령어도 AutoCAD 작업 시 자주 사용하는 명령어이다.

따라해보세요

방금 윈도우 확대해본 객체를 원상태로 복귀해보자.

① 명령 : Zoom [Enter↵] (단축키는 Z)

[전체(A)/중심(C)/동적(D)/범위(E)/이전(P)/축척(S)/윈도우(W)/객체(o)] <실시간> : P

② 본래 상태로 되돌아감을 확인할 수 있다.

3.6.3 ZOOM-D

Zoom-D 명령은 동적 뷰로 도면이 복잡할 때 자주 사용하는 명령어이다.

따라해보세요

① 명령 : Zoom [Enter↵] (단축키는 Z)

[전체(A)/중심(C)/동적(D)/범위(E)/이전(P)/축척(S)/윈도우(W)/객체(o)] <실시간> : D

② 마우스의 왼쪽 버튼을 클릭하면 박스 크기를 조정할 수 있다.

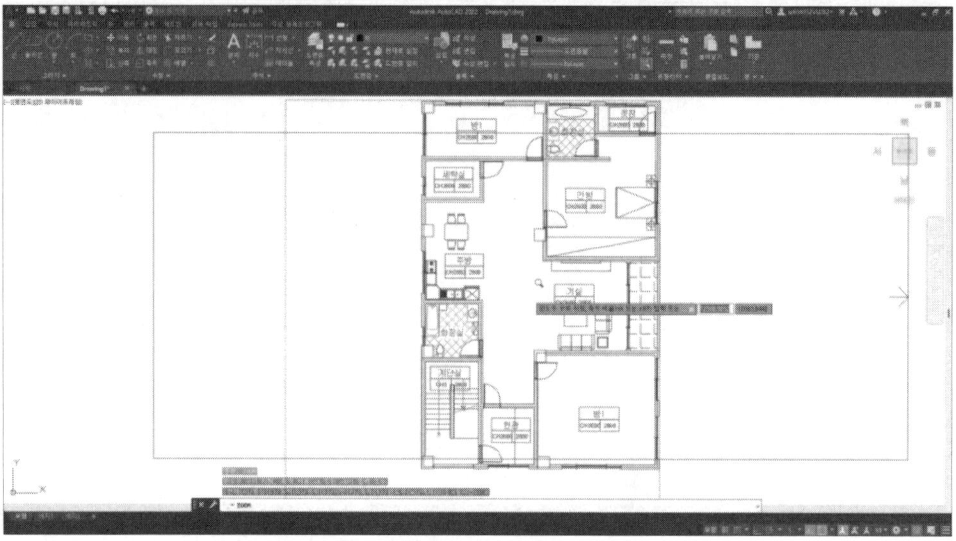

순서② 크기 조정

③ 마우스의 왼쪽 버튼을 한 번 더 클릭하면 박스 크기가 고정된다.

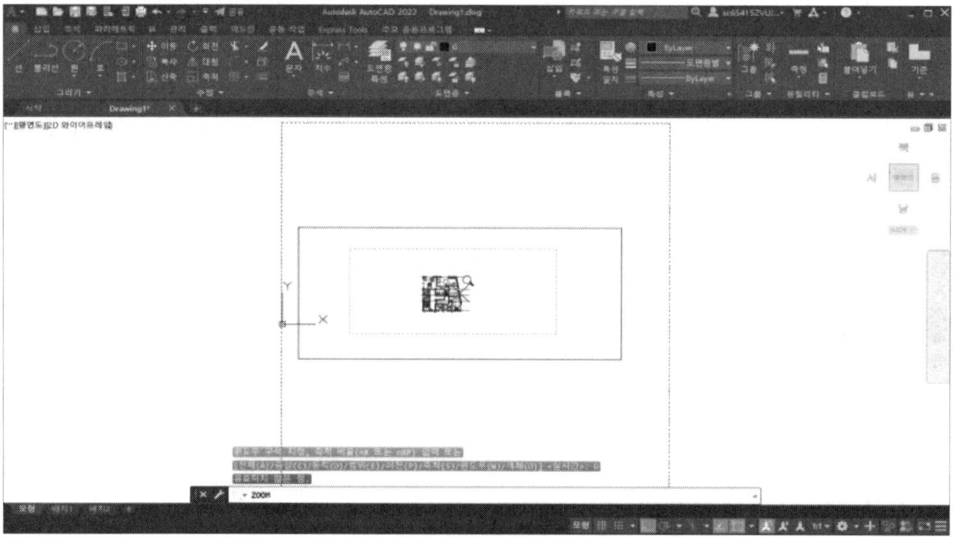

순서③ 크기 고정

④ 고정된 박스를 원하는 위치에 놓고 Enter↵를 치면 그 부분이 확대되어 보인다.

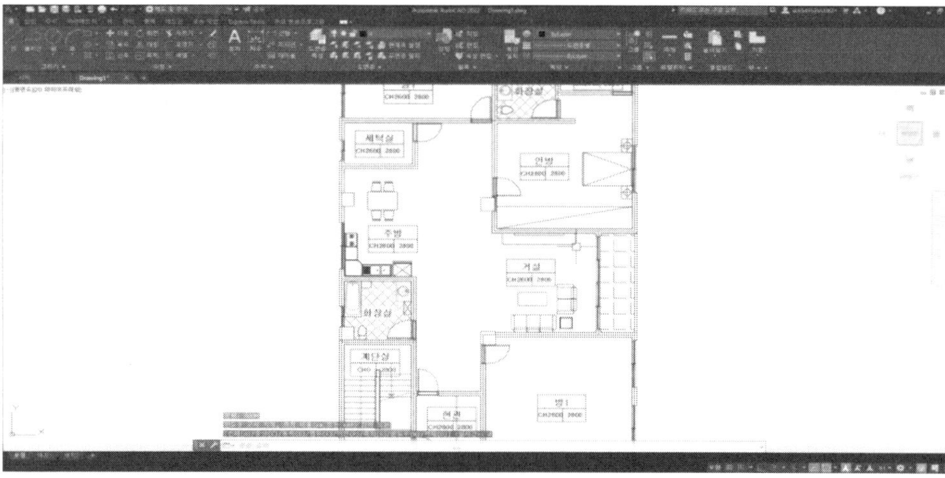

순서④ Zoom-D 명령 후

3.6.4 ZOOM-E

Zoom-E 명령은 화면상에 있는 물체가 화면에 꽉 차보이도록 하는 명령어이다. 가장 큰 화면으로 볼 수 있다.

따라해보세요

아래와 같이 그림을 확대해보자.

① 명령 : Zoom Enter↵ (단축키는 Z)
[전체(A)/중심(C)/동적(D)/범위(E)/이전(P)/축척(S)/윈도우(W)/객체(o)] <실시간> : E
또는 마우스 휠 버튼 더블 클릭

순서① Zoom-E 명령 전

② 물체가 화면에 꽉 차보임을 알 수 있다.

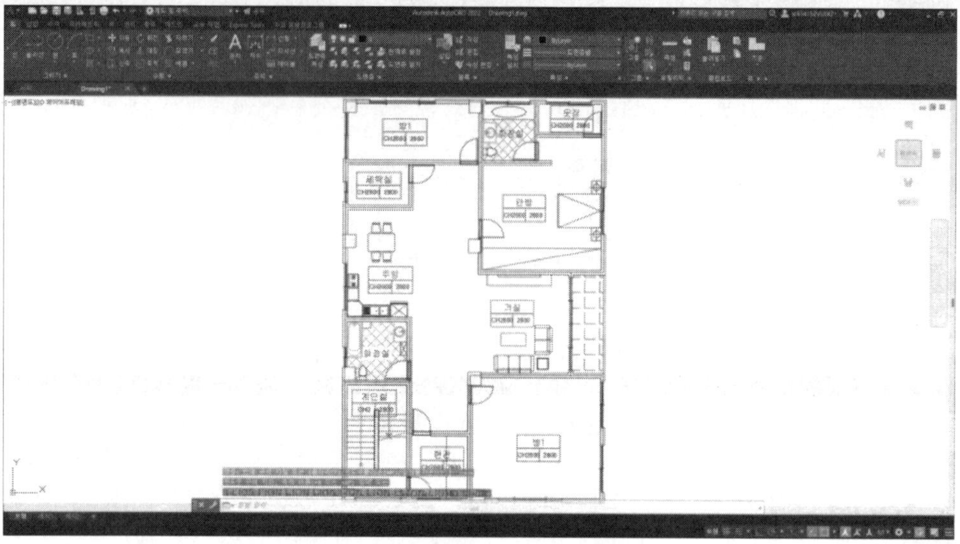

순서② Zoom-E 명령 후

이외에도 많은 Zoom 옵션들이 있으나 위에 언급된 Zoom 옵션들이 가장 많이 사용하는 명령들이므로, 이 옵션만 제대로 알면 도면 작성 시 매우 유용하게 사용할 수 있을 것이다. 또한, 위에서 소개한 명령어를 이용한 방법 말고 간편하게 마우스의 휠을 이용하는 방법도 있다. 마우스의 휠을 업(Up)·다운(Down)에 따라서 작업영역 창이 확대 및 축소된다. 사용방식은 여러 가지이므로 경우에 따라 적절한 방법을 사용해보길 바란다.

Zoom의 여러 가지 옵션들

Zoom 명령은 카메라의 줌 원리처럼 화면을 확대하거나 축소하는 것이지, 도면을 확대하거나 축소하는 것이 아니다.

Command : Zoom 명령상태에서

- 전체(A) : 도면 전체를 표시한다.
- 중심(C) : 지정한 점을 화면의 중심으로 해서 지정높이의 영역 내 도면요소만 표시한다.
- 동적(D) : Viewer 상자를 이용하여 도면영역의 특정부분을 자유롭게 선택하여 표시한다.
- 범위(E) : 도면크기에는 상관없이 실제 그려진 도면요소만 화면에 가득 차게 표시한다.
- 이전(P) : 이전상태의 화면으로 돌아간다.
- 축척(S) : 도면요소를 지정 배율만큼 확대 또는 축소하여 표시한다.
- 윈도우(W) : 블록으로 지정한 부분만 확대되어 나타난다. 일반적으로 이 명령은 생략하고 블록만 지정해도 된다.
- 객체(O) : 선택한 객체가 화면에 가득 차게 표시한다.

3.7 PAN 명령

PAN 명령은 도면의 크기를 변경하지 않고 화면을 이동시키는 명령어이다. 스크롤바와 비슷한 역할을 하지만 스크롤바를 사용하는 것보다는 Pan 명령어를 사용하는 것이 훨씬 편리하다.

- 명령어 : PAN
- 단축키 : P
- 메뉴 : 뷰 → 탐색막대 → 실시간
- 리본 : [뷰] 탭 → [탐색] 패널 → 초점이동

Pan 명령을 주게 되면 다음과 같이 십자선 표시( )가 손바닥 모양( )으로 바뀐다. 그 상태에서 자신이 원하는 곳으로 화면을 이동시키면 된다. Pan 명령을 종료하고 싶을 때에는 ESC 또는 엔터키를 눌러 종료하는 방법과 마우스의 오른쪽 버튼을 눌러서 "종료"를 선택하여 종료하는 방법이 있다. 따라서 여러 가지 방법 중 가장 편하고 쉬운 방법은 마우스의 휠을 누른 상태에서 작업영역 위에서 드래그하는 것으로, 화면이 마우스의 움직임에 따라서 같이 움직인다.

따라해보세요

① 명령 : P Enter↵ (PAN) 또는 마우스 휠

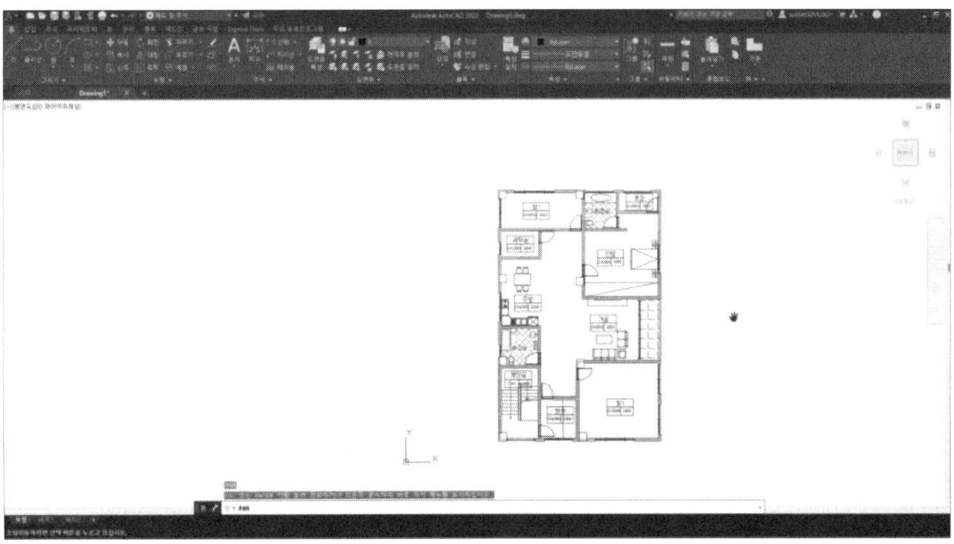

순서 ①

② 작업영역 창에서 마우스 왼쪽을 누른 상태에서 드래그하면 화면이 이동되는 것을 확인할 수 있다.

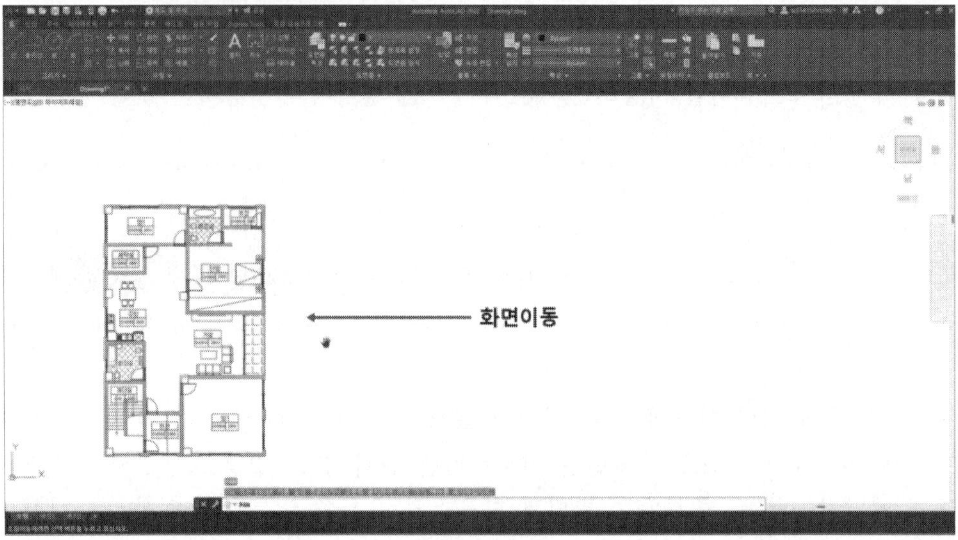

순서 ②

3.8 각종 정보 표시 명령어

AutoCAD에서는 화면상의 객체에 대하여 다양한 정보를 제공하고 있다.

3.8.1 STATUS 명령

STATUS 명령은 현재 도면의 각종 설정 및 시스템의 상태를 보여준다.

·명령어 : STATUS

```
모형 공간 한계        X:     0.0000   Y:     0.0000  (끄기)
                      X:   420.0000   Y:   297.0000
모형 공간 사용      X: 69225.5198   Y: 6364.6429
                      X: 93238.3873   Y: 26392.7173 **초과
디스플레이 보기      X: 96679.2156   Y: -8061.9550
                      X: 215224.1405   Y: 43615.2924
삽입 기준             X:     0.0000   Y:     0.0000   Z:     0.0000
스냅 해상도           X:    10.0000   Y:    10.0000
그리드 간격           X:    10.0000   Y:    10.0000
현재 공간:            모형 공간
현재 배치:            Model
현재 도면층:          "0"
현재 색상:        BYLAYER -- 7 (흰색)
현재 선종류:     BYLAYER -- "Continuous"
현재 재료:     BYLAYER -- "Global"
현재 선가중치:   BYLAYER
현재 고도:             0.0000  두께:         0.0000
채우기 켜기  그리드 끄기  직교 켜기  Qtext 끄기  스냅 끄기  타블렛 끄기
STATUS 계속하려면 Enter 키를 누르십시오:
```

STATUS 명령

3.8.2 LIST 명령

List 명령은 선택된 객체들의 데이터 리스트를 보여준다.

·명령어 : LIST

따라해보세요

① 명령 : LIST `Space Bar`

② 객체 선택 : 객체 선택 후 `Space Bar` 로 명령 종료.

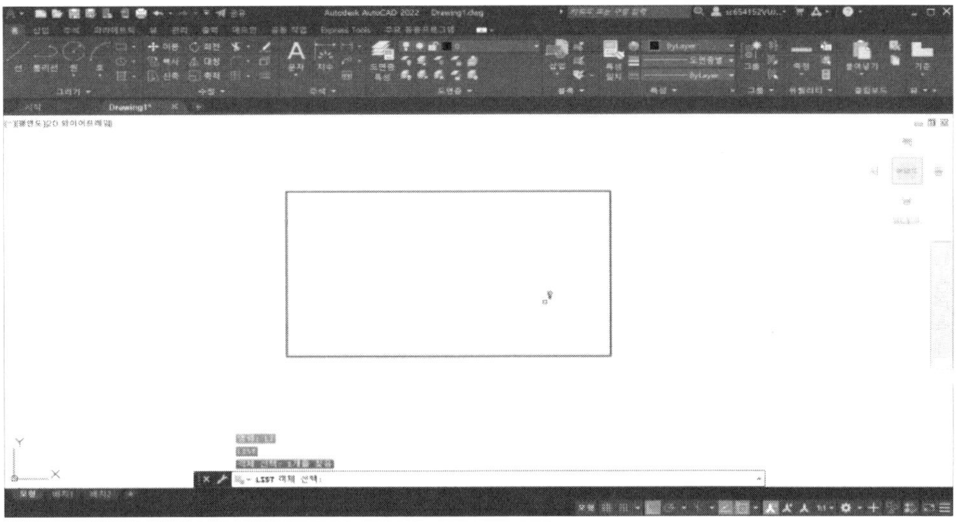

순서① LIST `Space Bar`

③ 선택한 객체의 각종 데이터 리스트를 확인한다.

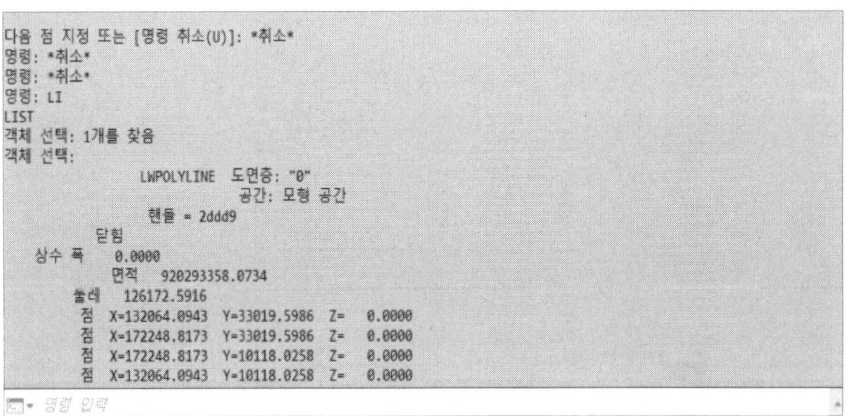

```
다음 점 지정 또는 [명령 취소(U)]: *취소*
명령: *취소*
명령: *취소*
명령: LI
LIST
객체 선택: 1개를 찾음
객체 선택:
                  LWPOLYLINE  도면층: "0"
                              공간: 모형 공간
                     핸들 = 2ddd9
          닫힘
    상수 폭     0.0000
              면적    920293358.0734
          둘레    126172.5916
            점  X=132064.0943  Y=33019.5986  Z=   0.0000
            점  X=172248.8173  Y=33019.5986  Z=   0.0000
            점  X=172248.8173  Y=10118.0258  Z=   0.0000
            점  X=132064.0943  Y=10118.0258  Z=   0.0000
명령 입력
```

순서② 리스트 확인

3.8.3 AREA 명령

Area 명령은 면적을 계산하는 명령어로서 면적끼리의 연산도 가능하다는 장점을 가지고 있다.

·명령어 : AREA

따라해보세요

아래 그림과 같은 사각형(200*130)의 면적을 구해보자.

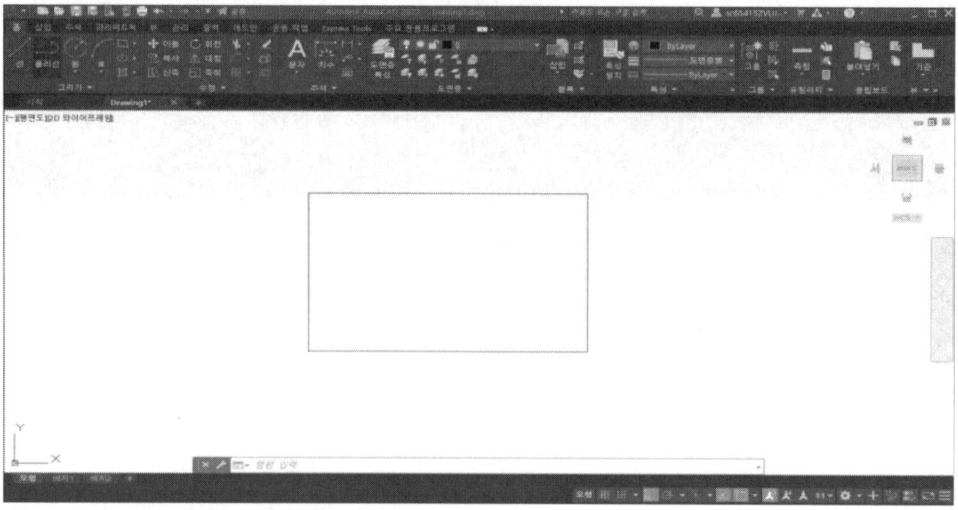

① 명령 : AREA [Space Bar]
② 첫 번째 구석점 지정 또는 [객체(O)/추가(A)/빼기(S)] : O [Space Bar]

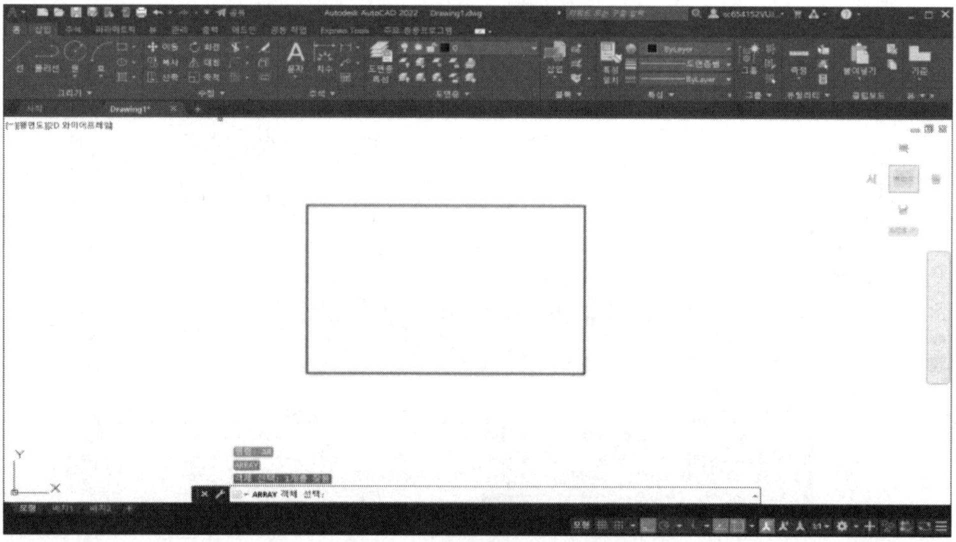

순서② 객체 선택

③ 객체 선택 후 바로 명령 창에 정보가 나온다.

순서③ AREA 명령 실행완료

3.8.4 ID 명령

ID 명령은 좌표점의 정보를 알려주는 명령어이다.

· 명령어 : ID

따라해보세요

① 명령 : ID Space Bar
② 점 지정 : 좌표를 알고자 하는 점을 클릭한다.

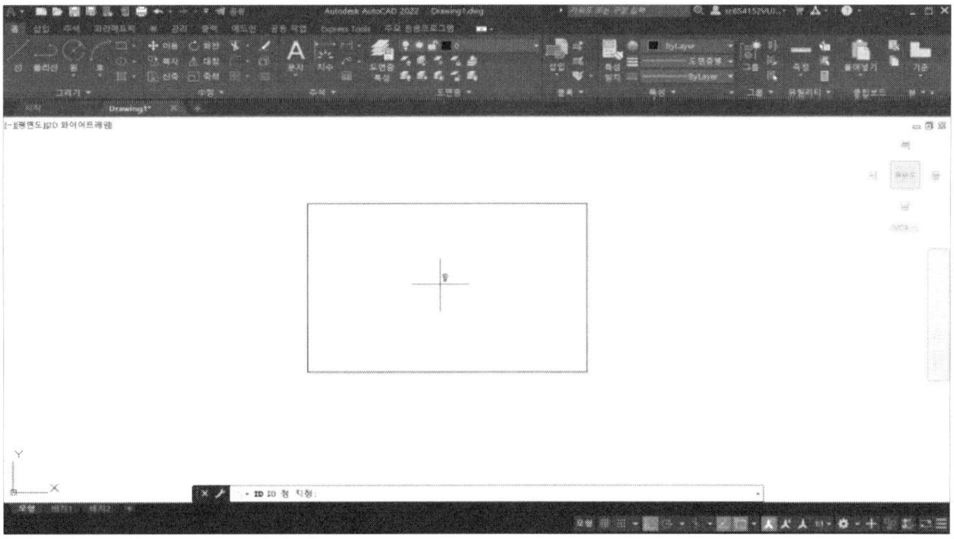

순서① 좌표 지정 후 클릭

순서② 좌표 확인

3.8.5 DIST 명령

Dist 명령은 두 점 사이의 거리와 각도를 계산해주는 명령어이다.

· 명령어 : DIST　　　　　· 단축키 : DI

따라해보세요

① 명령 : DI [Space Bar] (DIST)

② 대각선 길이를 알기 위해서 (P1→P2) 지점을 클릭한다.

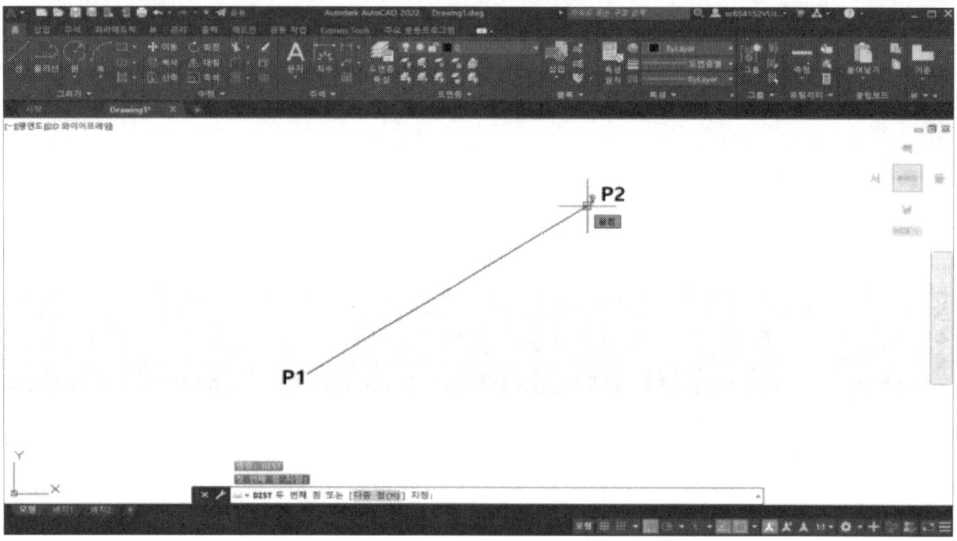

순서② 지점 선택

③ 두 지점의 클릭 완료되면 즉시 명령 창에 거리 및 각도의 정보가 표시된다.

순서③ DIST 명령 완료

3.8.6 TIME 명령

Time 명령은 현재의 시간 및 현재 도면의 시간적인 데이터를 보여주는 명령어이다.

·명령어 : TIME

```
명령: *취소*
명령: 반대 구석 지정 또는 [울타리(F)/윈도우폴리곤(WP)/걸침폴리곤(CP)]:
명령:
명령:
명령: _erase 1개를 찾음
명령: TI
TILEMODE
TILEMODE에 대한 새 값 입력 <1>: *취소*
명령: *취소*
명령: *취소*
명령: TIME
현재 시간:                   2022년 2월 1일 화요일  오후 4:52:56:000
이 도면의 시간:
  작성:                     2021년 10월 28일 목요일  오후 7:51:31:000
  최종 업데이트:               2021년 12월 2일 목요일  오후 11:00:39:000
  전체 편집 시간:              0일 07:24:58:000
  경과 타이머 (켜기):           0일 07:24:58:000
  다음 자동 저장:              0일 00:09:13:224
TIME 옵션 입력 [표시(D) 켜기(ON) 끄기(OFF) 재설정(R)]:
```

3.8.7 CAL 명령

Cal은 계산기의 기능을 가진 명령으로 기본적인 산술연산에서 복잡한 공학계산뿐 아니라 좌표점간의 연산도 가능하다.

· 명령어 : CAL　　　· 리본 : 뷰 탭 → 팔레트 패널 → (빠른 계산기)

(1) 산술연산

• 산술기호

( )	: 구분괄호	* , /	: 곱하기, 나누기
^	: 자승표시	+, -	: 더하기, 빼기

(2) 공학용연산

• 표준 수학함수

sin(angle)	: 각도의 sin값
cos(angle)	: 각도의 cosine값
tang(angle)	: 각도의 tangent값
asin(real)	: 숫자의 arcsine값
acos(real)	: 숫자의 arccosine값
atan(real)	: 숫자의 arctangent값
In(real)	: 숫자의 자연 log값
log(real)	: 숫자의 Base-10 log값
exp(real)	: 숫자의 Nature exponent값
exp10(real)	: 숫자의 Base-10 exponent값
sqr(real)	: 숫자의 제곱
sqrt(real)	: 숫자의 제곱근
abs(real)	: 숫자의 절대값
round(real)	: 숫자의 가까운 정수값 round(2.7)=3
trunc(real)	: 숫자의 정수값 trunc(2.7)=2
r2d(angle)	: 라디안을 각도값으로 바꿈.
d2r(angle)	: 각도를 라이안으로 바꿈.
pi(angle)	: pi=3.14...=180°

(3) 좌표연산

좌표연산은 객체 스냅을 활용할 수 있으며 길이, 각도 등도 편리하게 구할 수 있다.

dist(P1, P2)	: 두 점 사이의 거리를 측정
dpl(P, P1, P2)	: 점 P와 선(P1, P2)의 수직거리를 측정
dpp(P, P1, P2, P3)	: 점 P와 면(P1, P2, P3)의 수직거리를 측정
rad	: 물체의 반지름을 측정

제2편

2차원 작업요소

Chapter 4

드로잉(Drawing)

4.1 선(LINE) 그리기

선(LINE)은 AutoCAD에서 가장 기본이 되는 명령어다. 초보자들은 선을 많이 연습함으로써 AutoCAD에 쉽게 접근할 수 있도록 하는 것이 중요하다.

· 명령어 : LINE	· 리본 : 홈 탭 → 그리기 패널 → (선)
· 단축키 : L	· 메뉴 : 그리기 → 선

4.1.1 좌표 무시하고 선 그리기

따라해보세요

① 명령 : L Space Bar (LINE)
② Line 첫 번째 점 지점 : 첫 번째 점(P1)을 클릭한다.
③ 다음 점 지정 또는 [명령취소(U)] : 두 번째 점(P2)을 클릭한다.
④ Space Bar 를 눌러서 라인(Line) 명령어를 빠져 나온다.

AutoCAD에서 명령 실행 및 종료 단축키는 Space Bar 및 Enter↵ 그리고 마우스의 오른쪽 버튼이다.
이 버튼은 모두 같은 기능이므로 사용자가 그때그때 편리한 방법으로 골라 사용하면 된다.
(저자는 Space Bar 를 주로 사용한다.)

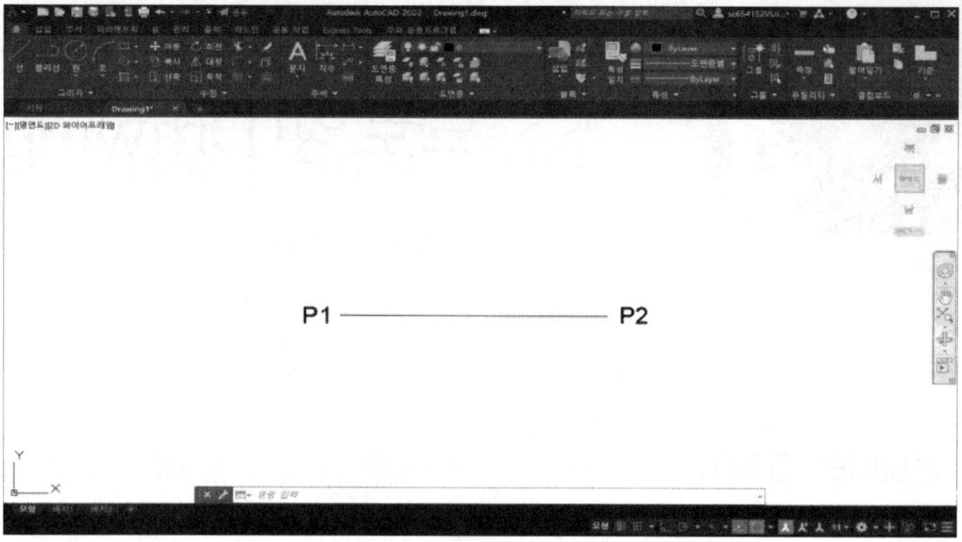

좌표 무시하고 선 그리기

4.1.2 좌표 입력 후 선 그리기

AutoCAD의 좌표 입력방식으로는 절대좌표, 상대좌표, 상대극좌표로 이 3개의 좌표가 사용된다. 그러나 AutoCAD 2007 이후로 상대좌표의 사용이 편리하게 되면서 절대좌표의 사용이 많이 줄어들었다.

절대 좌표	: (0,0)을 좌표계 기준으로 한 절대적인 점	ex> 10,10
상대 좌표	: 마지막 점에서 X, Y의 변위 입력	ex> @10,10
상대 극좌표	: 마지막 점에서 길이와 각도를 입력	ex> @10< ('<'표시는 각도각)

AutoCAD 2021과 같이 AutoCAD 2022에서도 동적 입력(DYN)의 기본 옵션이 상대 좌표로 설정되어 있기 때문에 좌표 입력 시 '@'를 붙이지 않고 DYN(단축키 : F12)을 활성화시키면 상대 좌표로 입력된다. 만약 '@'를 이용해서만 상대좌표를 입력하고 싶다면 아래 그림과 같이 DYN 제도 설정의 '포인터 입력' 설정을 '상대좌표'에서 '절대좌표'로 바꾸어 주면 DYN이 활성화된 상태에서도 '@' 기호를 붙여 줄 때만 상대 좌표로 인식한다.

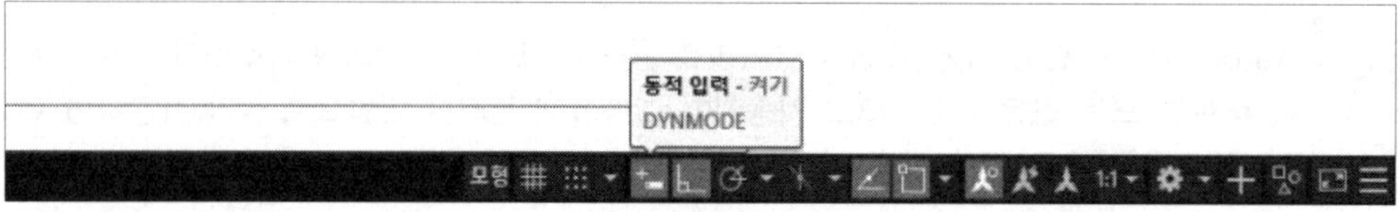

DYN의 설정 들어가기

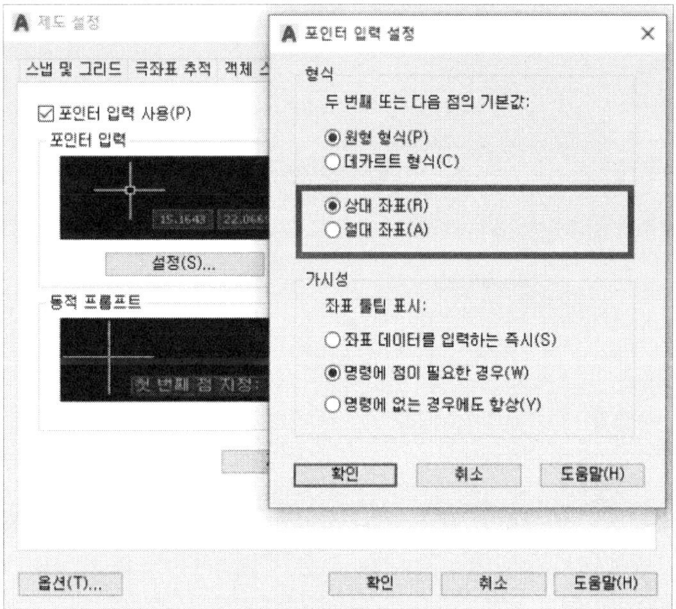

DYN의 포인터 입력 설정 들어가기

(1) 절대 좌표

좌표계의 기준(0,0)에서 시작하는 절대적인 좌표이다.

따라해보세요

① 명령 : L Space Bar (LINE)

② 첫 번째 점 지점 : 10,10 Space Bar (0,0에서 X축으로 10, Y축으로 10에서 시작된다.)

③ 다음 점 지정 또는 [명령취소(U)] : 0,10 Space Bar (②에서 X축으로 0, Y축으로 10까지 선 그리기)

④ 다음 점 지정 또는 [닫기(C)/명령취소(U)] : -10,0 Space Bar
(③에서 X축으로 -10, Y축으로 0까지 선 그리기)

⑤ 다음 점 지정 또는 [닫기(C)/명령취소(U)] : 0,-10 Space Bar
(④에서 X축으로 0, Y축으로 -10까지 선 그리기)

※ DYN의 포인터 입력 설정에서 절대 좌표로 되어있는지 확인한다.

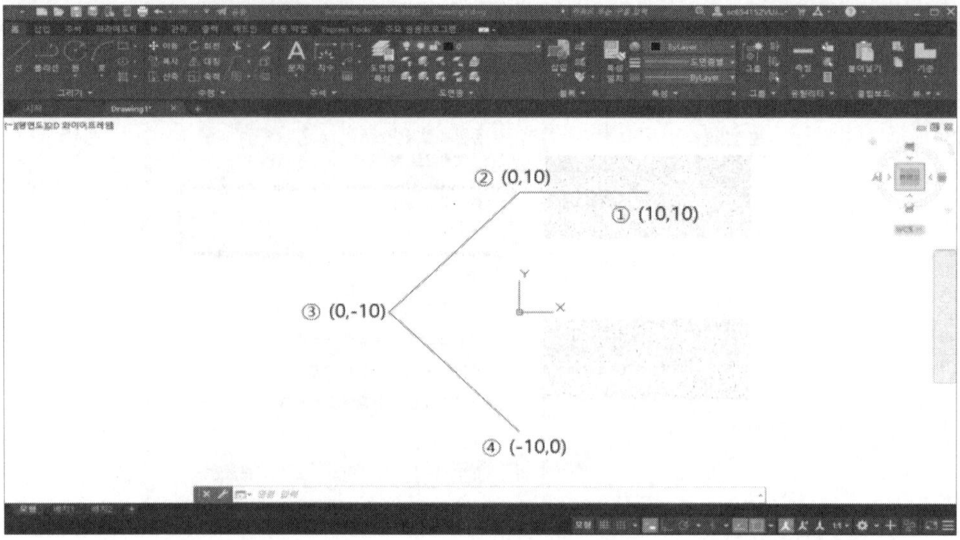

(완료 후 그림이 크기가 화면에 맞지 않을 경우에는 마우스 휠을 더블 클릭해보자!)

(2) 상대좌표

상대좌표는 바로 이전에 입력했던 좌표를 (0,0)으로 생각하고 상대 값만으로 좌표값을 입력하며, AutoCAD 2022에서는 동적입력(DYN)의 기본 옵션이 상대 좌표로 설정되어 있기 때문에 동적입력(DYN)이 활성화가 된 상태에서 마우스를 처음 포인팅한 곳(P1)을 (0,0)으로 생각하면 된다.

따라해보세요

① 명령 : L [Space Bar] (LINE)

② 첫 번째 점 지점 : 화면 중앙에 어느 한 곳을 마우스의 왼쪽 버튼으로 클릭(P1)한다.

③ 다음 점 지정 또는 [명령취소(U)] : 10,0 [Space Bar]
(P1에서 X축으로 10, Y축으로 0까지 선 그리기)

④ 다음 점 지정 또는 [명령취소(U)] : 0,10 [Space Bar]
(③에서 X축으로 0, Y축으로 10까지 선 그리기)

⑤ 다음 점 지정 또는 [닫기(C)/명령취소(U)] : -10,0 [Space Bar]
(④에서 X축으로 -10, Y축으로 0까지 선 그리기)

⑥ 다음 점 지정 또는 [닫기(C)/명령취소(U)] : 0,-10 [Space Bar]
(⑤에서 X축으로 0, Y축으로 -10까지 선 그리기)

⑦ 아래 그림과 같이 정사각형 모양으로 그려진다.

※ DYN의 포인터 입력 설정에서 상대 좌표로 되어있는지 확인한다.

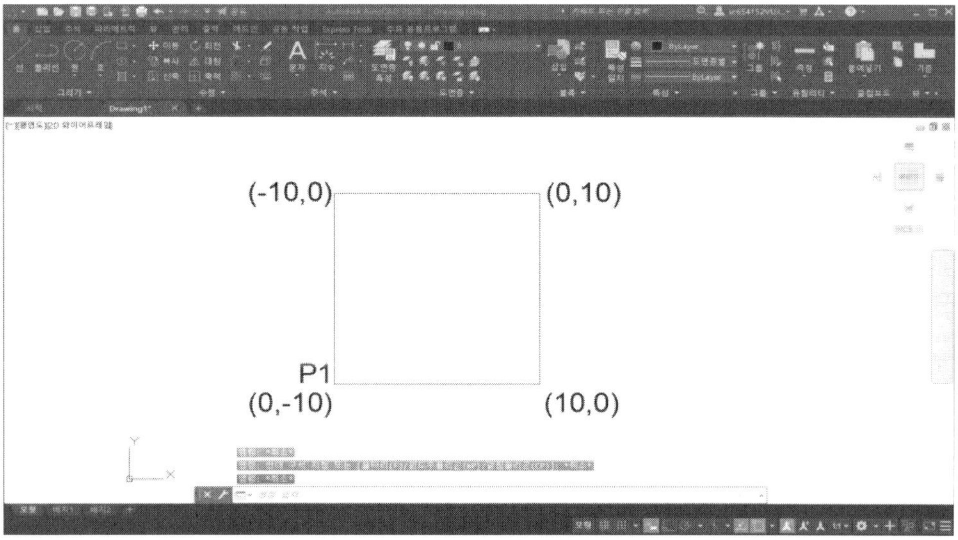

상대좌표를 이용한 선 그리기 완료

(3) 상대극좌표

상대극좌표는 마지막에 입력된 점을 원점으로 하여 거리와 각도를 이용한 좌표를 말한다.

따라해보세요

① 명령 : L Space Bar (LINE)

② 칫 빈째 점 지점 . 화면에 임의의 점(P1)을 클릭한다.

③ 다음 점 지정 또는 [명령취소(U)] : 10< 0 Space Bar

(P1에서 X축으로 0°로 10까지 선 그리기)

④ 다음 점 지정 또는 [명령취소(U)] : 10<90 Space Bar

(③에서 X축으로 90°로 10까지 선 그리기)

⑤ 다음 점 지정 또는 [닫기(C)/명령취소(U)] : 10<180 Space Bar

(④에서 X축으로 180°로 10까지 선 그리기)

⑥ 다음 점 지정 또는 [닫기(C)/명령취소(U)] : 10<270 Space Bar

⑦ 아래 그림과 같은 정사각형이 완성된다.

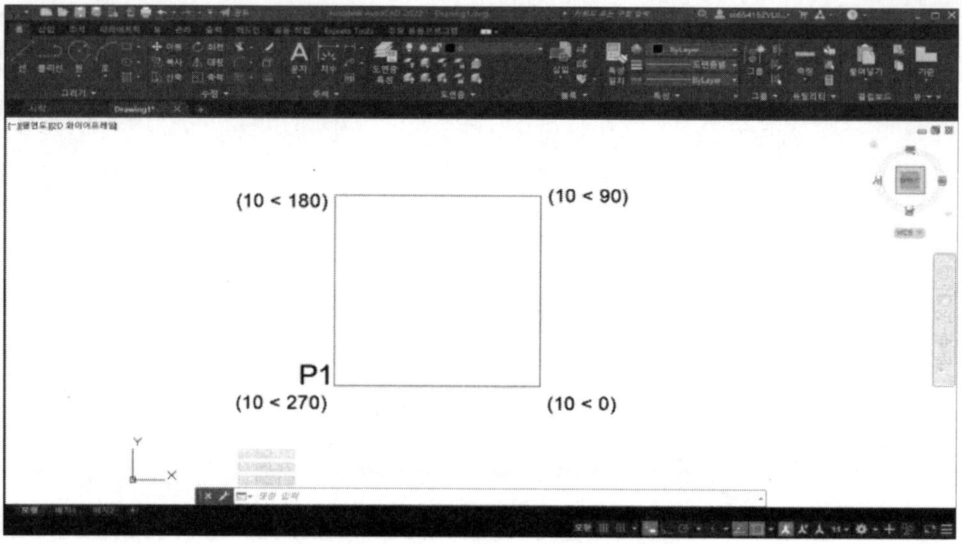

상대극좌표를 이용한 선 그리기 완료

각도에 대한 설명

상대극좌표는 좌표를 X와 Y로 나누지 않고 X좌표만을 이용하여 원하는 각도로 선을 그릴 수 있다. X축의 좌표는 아래와 같다.

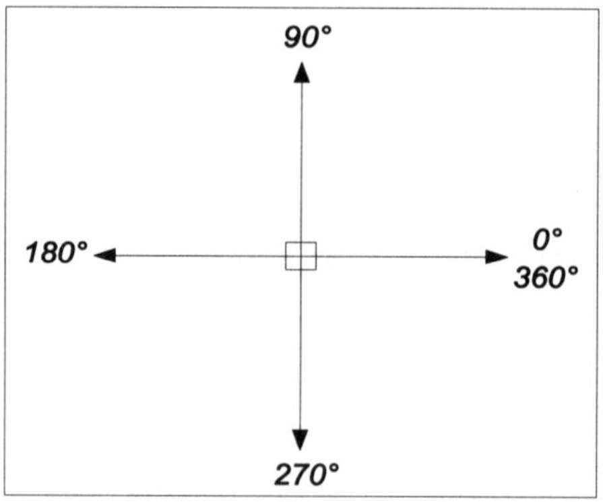

X축 좌표

ex> @10<90 : 길이가 10만큼 이동하되, 시작점을 중심으로 90° 각도로 이동한다는 뜻이다.
쉽게 말해, 시작점에서 X축으로 이동 없이 Y축으로 10만큼 이동한다는 말이다.

이 좌표의 개념은 매우 중요한 부분이며, 특히 3D 작업을 할 때 매우 유용하게 사용되므로 좌표의 개념을 확실히 이해해야 한다. 만약 좌표의 개념을 이해하지 못하면 2D는 물론, 3D 또한 매우 곤란함을 겪게 되므로 많은 연습을 통하여 완전히 숙달한 후 다음 단계로 넘어갈 수 있도록 해야 한다.

예제 그려보기

다음과 같은 도면을 직접 그려보자.

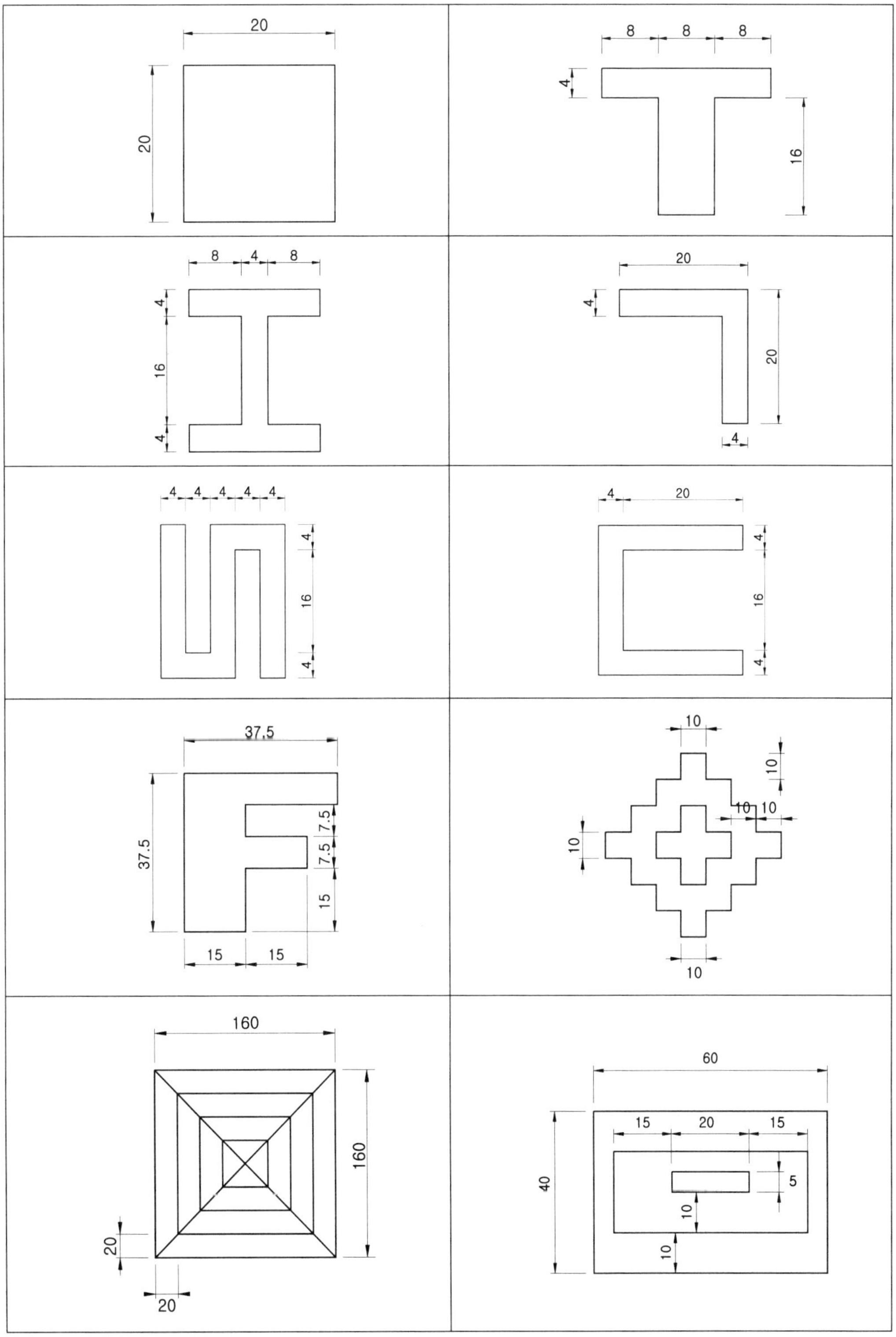

4.2 무한대의 선(XLINE, RAY) 그리기

4.2.1 XLINE

XLINE 명령은 한 중심점에서 양 끝점이 없이 무한대로 발산하는 직선을 그리는 명령이다. (투시도형이나 도면 작도 시 기준선으로 활용한다.)

· 명령어 : XLINE	· 리본 : 홈 탭 → 그리기 → (구성선)
· 단축키 : XL	· 메뉴 : 그리기 → 구성선

따라해보세요

① 명령어 : XL Space Bar (Xline)
② XLINE 점을 지정 또는 [수평(H)/수직(V)/각도(A)/이등분(B)/간격띄우기(O)] : 임의의 점을 클릭한다.
③ 통과점 지정 : 임의의 점을 클릭한다.
④ 명령 종료 전까지 반복실행이 가능하다.

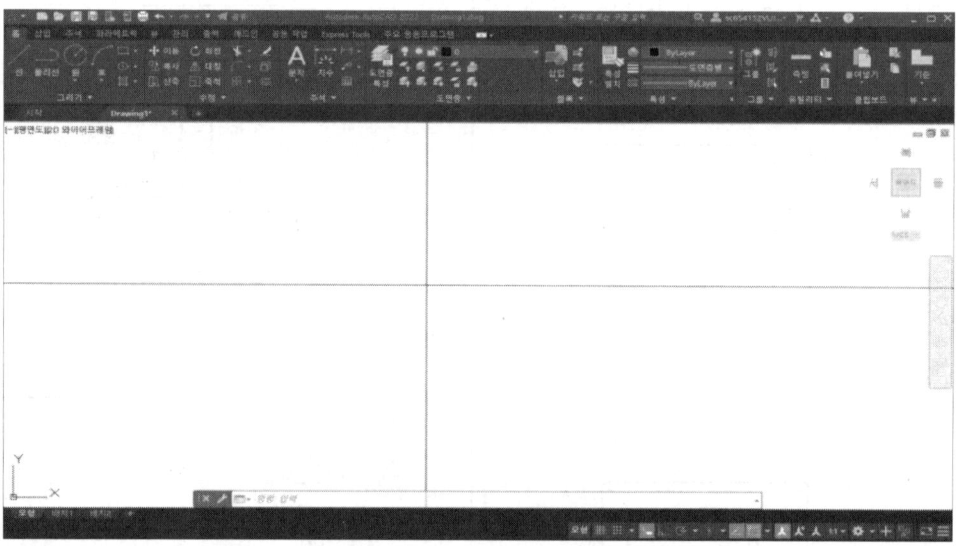

XLINE으로 선 그리기 (반복)

▌XLINE의 여러 가지 옵션들

- 수평(H) : 수평 무한선
- 수직(V) : 수직 무한선

- 각도(A) : 지정한 각도의 사선
- 이등분(B) : 선의 중점에서 지정한 두 점이 이루는 각을 양분하는 선을 그린다.
- 간격띄우기(O) : 선택한 선과 평행한 선을 그린다.

XLINE의 옵션의 수평 무한선과 수직 무한선은 도면의 단면도를 그릴 때 유용하게 사용된다. 옵션을 사용할 때에는 임의의 점 대신에 단축명령어(H 또는 V)를 쓰고 필요한 지점에 대고 클릭해주면 된다.

4.2.2 RAY

RAY는 시작은 있고 끝은 없는 무한선이다.

· 명령어 : RAY

· 리본 : 홈 탭 → 그리기 패널 → (광선)

· 메뉴 : 그리기 → 광선

따라해보세요

① 명령 : Ray [Space Bar]
② 시작점을 지정 : 임의의 시작점(P1) 클릭한다.
③ 통과점을 지정 : 다음 점(P2) 클릭한다.
④ 통과점을 지정 : 다음 점(P3) 클릭한다.
⑤ 작성 후 [Space Bar]로 명령을 종료한다.

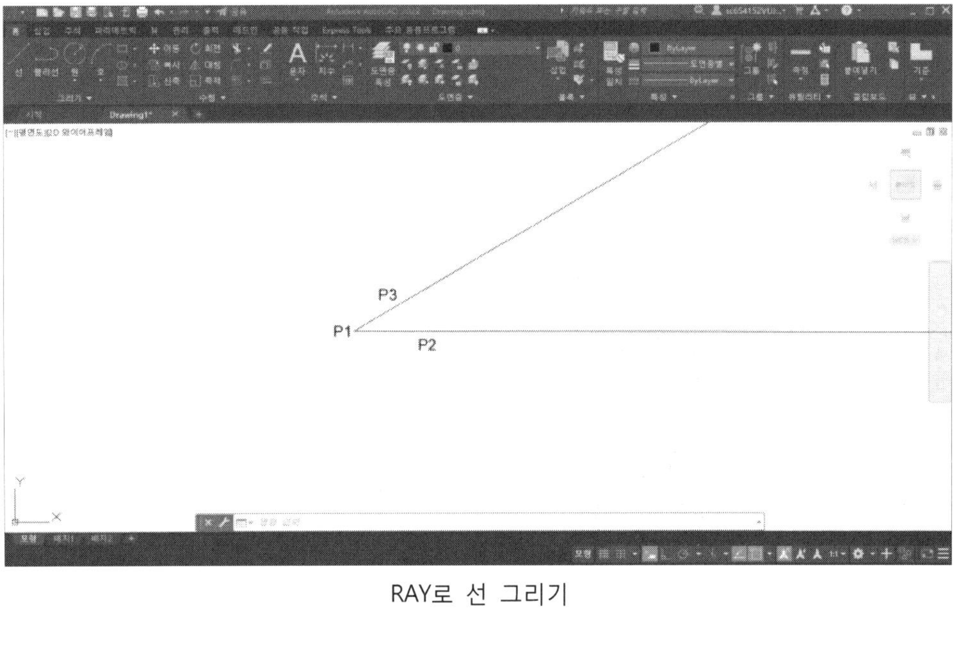

RAY로 선 그리기

4.3 원(CIRCLE) 그리기

CIRCLE은 원을 그리는 명령어로 LINE과 더불어 가장 기초적이고 많이 사용하는 명령어 중 하나이다.

· 명령어 : CIRCLE
· 단축키 : C
· 리본 : 홈 탭 → 그리기 패널 →  (원)
· 메뉴 : 그리기 → 원

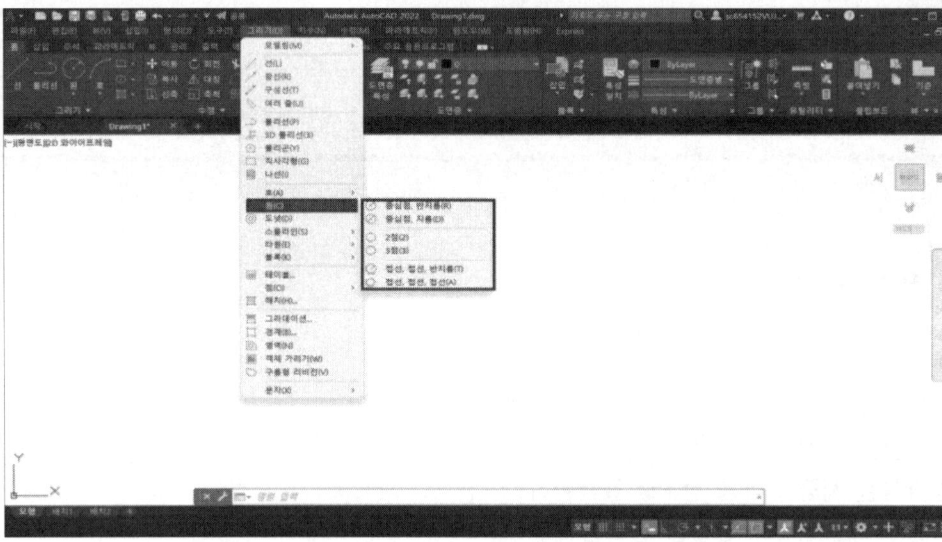

메뉴막대

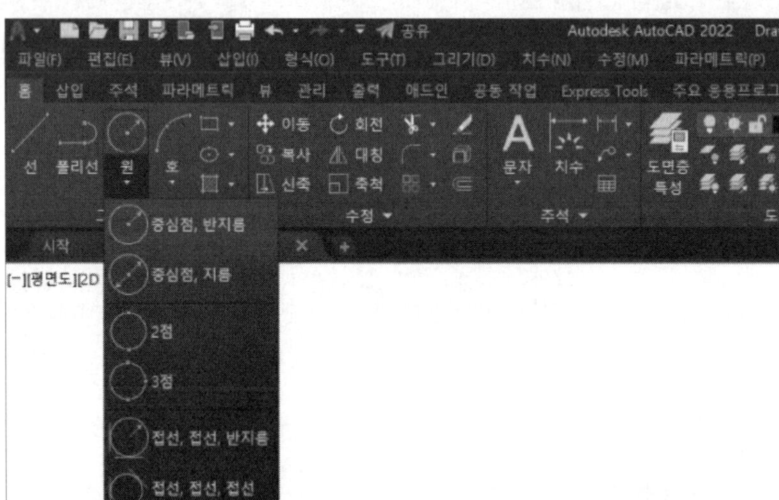

리본 메뉴

4.3.1 치수선 무시하고 원 그리기

따라해보세요

① 명령 : C [Space Bar] (Circle)

② Circle 원에 대한 중심점 지정 또는 [3점(3P)/2점(2P)/Ttr-접선 접선 반지름(T)]
 : 첫 번째 점(P1)을 클릭한다. (P1은 원의 중심이 된다.)

③ 원의 반지름 지정 또는 [지름(D)] : 원하는 곳에 두 번째 점(P2)을 클릭한다.

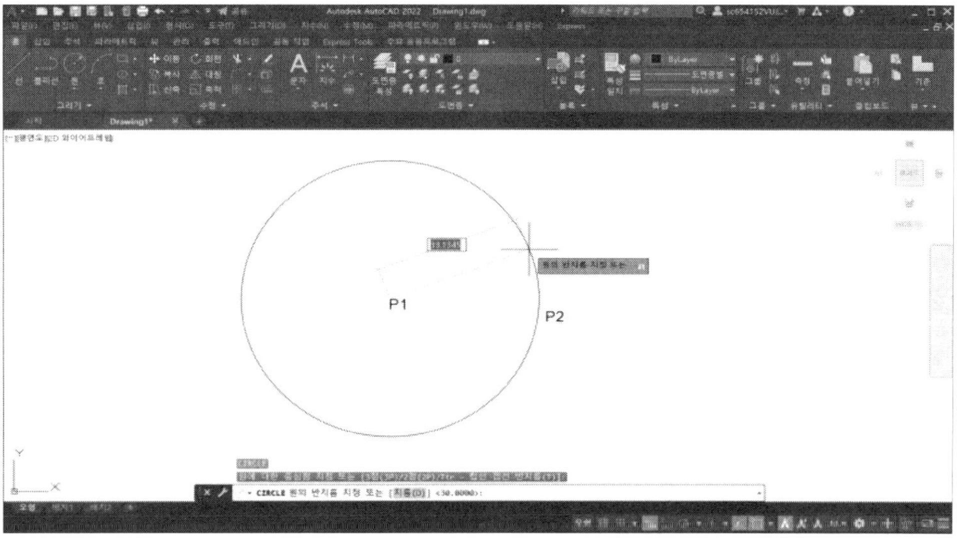

원(Circle) 그리기

4.3.2 중심과 반지름을 이용하여 원 그리기

따라해보세요

① 명령 : C [Space Bar] (Circle)

② circle 원에 대한 중심점 지정 또는 [3점(3P)/2점(2P)/Ttr-접선 접선 반지름(T)] :
 첫 번째 점(P1)을 클릭한다. (P1은 원의 중심이 된다.)

③ 원의 반지름 지정 또는 [지름(D)] : 100 (반지름 입력)

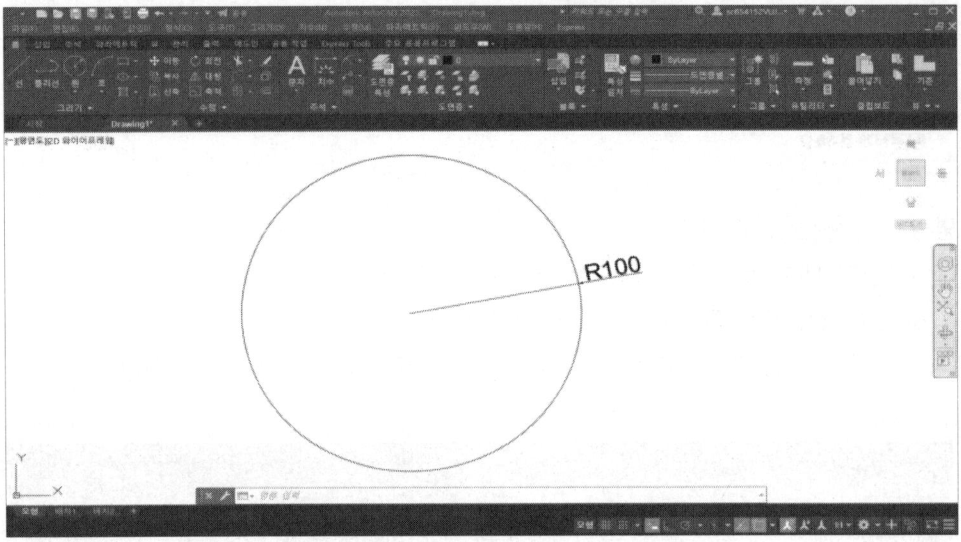

중심과 반지름을 이용하여 원 그리기

4.3.3 중심과 지름을 이용하여 원 그리기

따라해보세요

① 명령 : C Space Bar (Circle)
② circle 원에 대한 중심점 지정 또는 [3점(3P)/2점(2P)/Ttr-접선 접선 반지름(T)]
  : 첫 번째 점(P1)을 클릭한다. (P1은 원의 중심이 된다.)
③ 원의 반지름 지정 또는 [지름(D)] : D
④ 원의 지름을 지정함 : 100 (지름 입력)

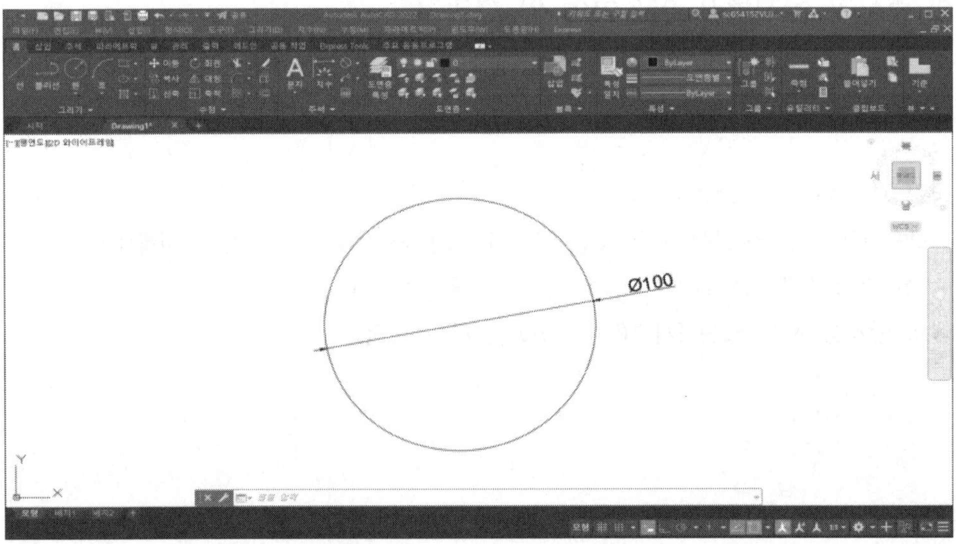

중심과 지름을 이용하여 원 그리기

4.3.4 두 점을 이용하여 원 그리기

따라해보세요

① 명령 : C Space Bar (Circle)
② circle 원에 대한 중심점 지정 또는 [3점(3P)/2점(2P)/Ttr-접선 접선 반지름(T)] : 2P
③ 원 지름의 첫 번째 끝점을 지정 : P1점을 클릭한다.
④ 원 지름의 두 번째 끝점을 지정 : P2점을 클릭한다.

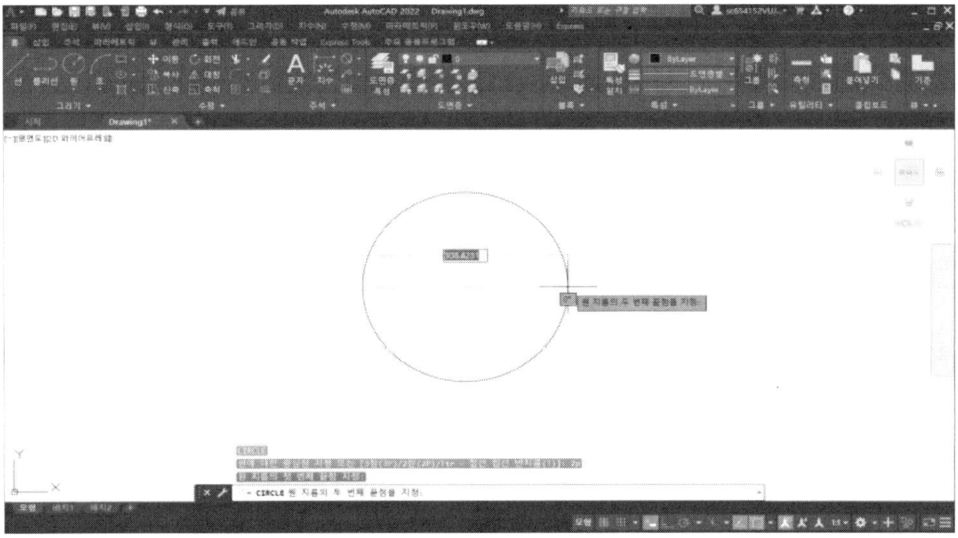

두 점을 이용하여 원 그리기

4.3.5 세 점을 이용하여 원 그리기

따라해보세요

① 명령 : C Space Bar (Circle)
② circle 원에 대한 중심점 지정 또는 [3점(3P)/2점(2P)/Ttr-접선 접선 반지름(T)] : 3P
③ 원 위의 첫 번째 점 지정 : P1점을 클릭한다.
④ 원 위의 두 번째 점 지정 : P2점을 클릭한다.
⑤ 원 위의 세 번째 점 지정 : P3점을 클릭한다.

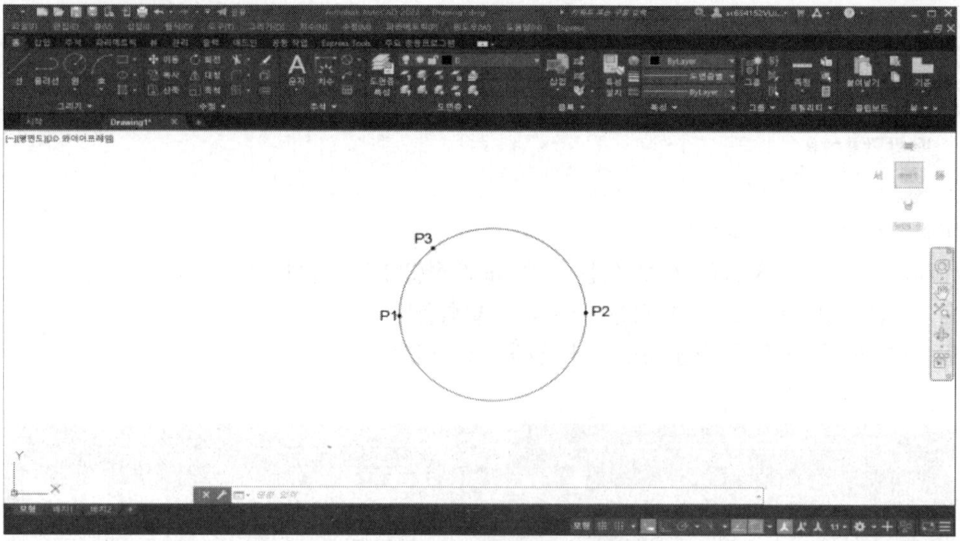

세 점을 이용하여 원 그리기

4.3.6 두 접선과 반지름을 이용하여 원 그리기

두 접선과 반지름(접선, 접선, 반지름)은 두 접선을 이용하여 사용자가 반지름을 입력하여 원하는 크기의 원을 그릴 수 있다.

따라해보세요

아래와 같은 객체에 원을 그려보자.

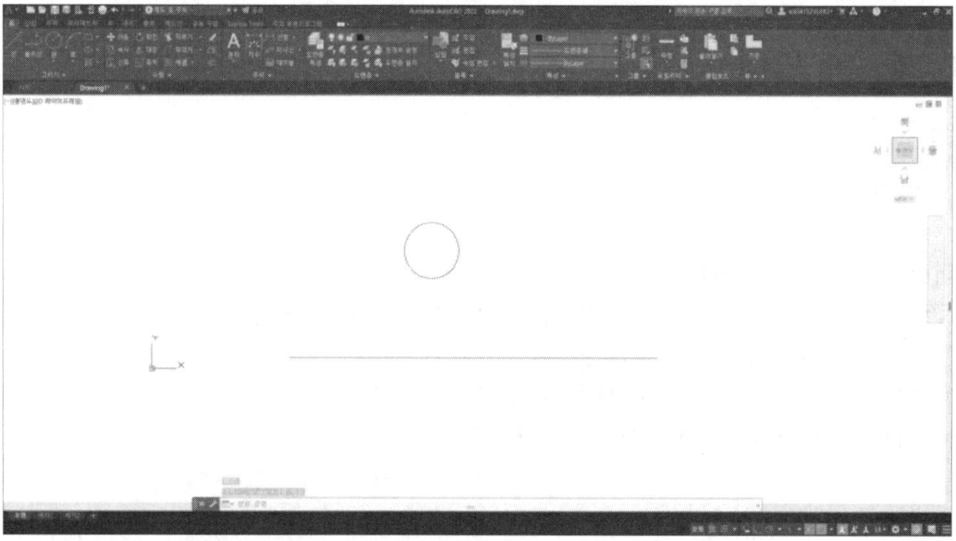

① 명령 : C Space Bar (Circle)

② circle 원에 대한 중심점 지정 또는 [3점(3P)/2점(2P)/Ttr-접선 접선 반지름(T)] : T

③ 원의 첫 번째 접선에 대한 객체 위의 점 지정 : P1점을 선택한다.

④ 원의 두 번째 접선에 대한 객체 위의 점 지정 : P2점을 클릭한다.

⑤ 원의 반지름 지정 : 700 (자신이 그리고자 하는 원의 반지름 입력)

이 옵션은 접점을 이용하여 그리는 방법이기 때문에 접하여 그릴 객체를 정확히 포인팅한다는 의미보다 선택의 의미가 가깝다.

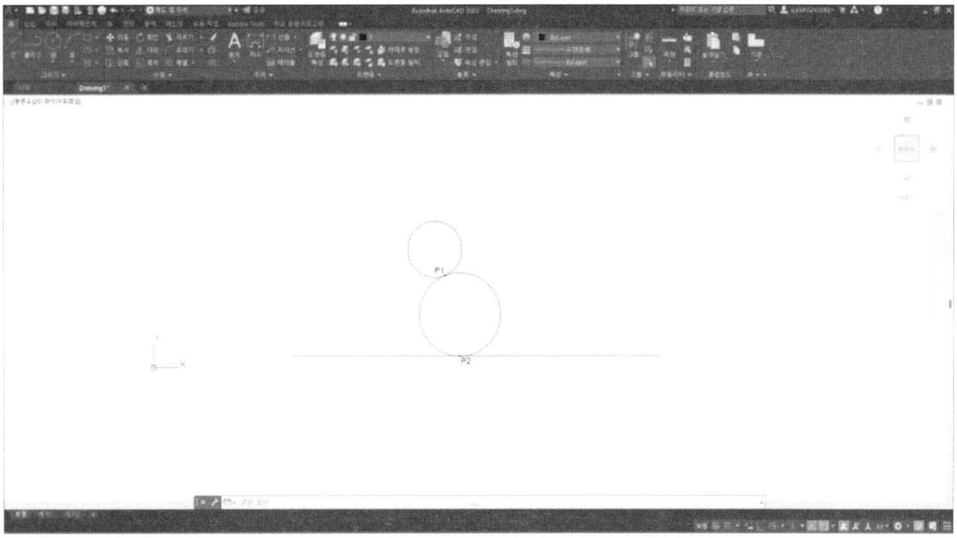

두 접선과 반지름을 이용하여 원 그리기

각각의 접선을 지정할 때는 정확한 위치를 지정하는 것이 아니라 반지름을 입력하여 원을 그릴 때 원이 접해야 할 대략의 근처부분을 지정하는 것이다.

4.3.7 세 접선을 이용하여 원 그리기

세 접점(접선, 접선, 접선)은 이용한 원 그리기는 원(Circle) 단축키에는 나오지 않는다. 그래서 리본메뉴 및 메뉴막대에서 실행해야 원 그리기가 가능하다.

따라해보세요

아래와 같은 3개의 선으로 이루어진 객체 안에 딱 맞는 원을 그려보자.

3개의 접선에 접하는 원을 그리기 위한 명령어는 따로 없기 때문에 리본 메뉴에서 직접 접선, 접선, 접선을 선택해 주어야 한다.

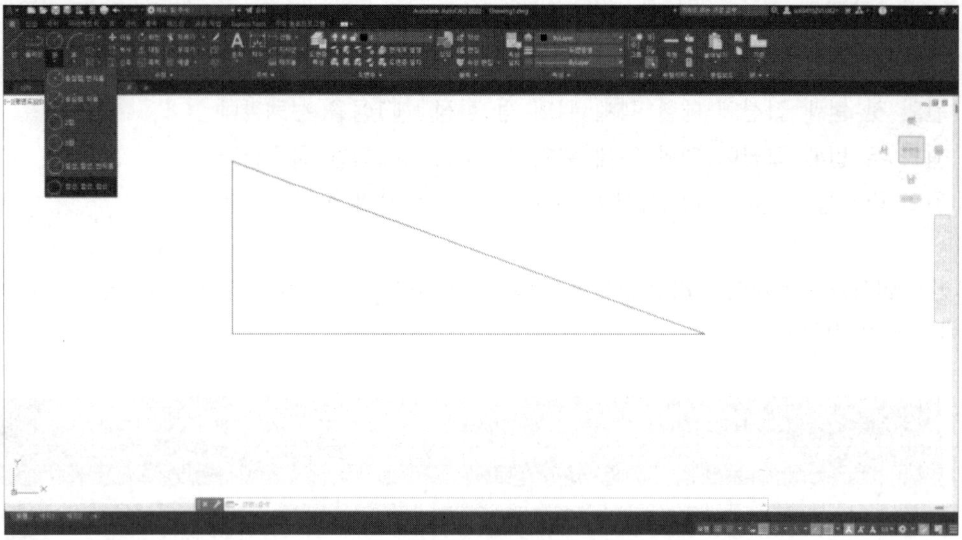

① 원 위의 첫 번째 지정 : P1 접선을 선택한다.
② 원 위의 두 번째 지정 : P2 접선을 클릭한다.
③ 원 위의 세 번째 지정 : P3 접선을 클릭한다.
세 접선 선택 순서는 바뀌어도 상관없다.

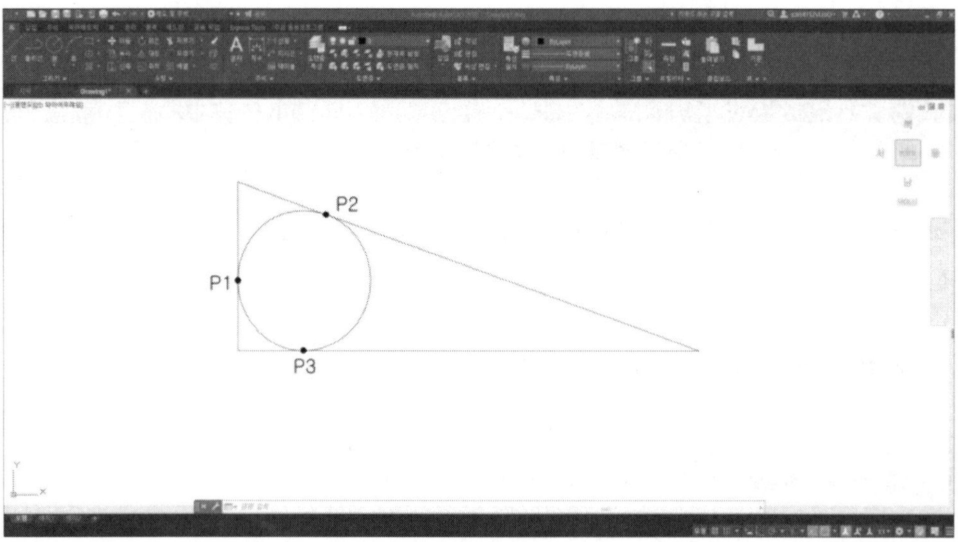

세 접선을 이용한 원 그리기

▌원의 여러 가지 옵션들

- 중심점, 반지름 : 중심점과 반지름으로 원을 그린다.
- 중심점, 지름 : 중심점과 지름으로 원을 그린다.
- 2점 : 지정한 두 점의 거리를 지름으로 하고, 두 점 위를 지나는 원을 그린다.
- 3점 : 지정한 세 점을 지나는 원을 그린다.
- 접선, 접선, 반지름 : 지정한 두 접선에 접하여 반지름을 지정하여 원을 그린다.
- 접선, 접선, 접선 : 지정한 세 접선에 접하는 원을 그린다.

4.4 호(ARC) 그리기

ARC는 원의 일부분인 호를 그리는 명령어로서 Line, Circle과 더불어 가장 기초적이고 중요한 명령어라고 할 수 있다.

· 명령어 : ARC
· 단축키 : A
· 리본 : 홈 탭 → 그리기 패널 → 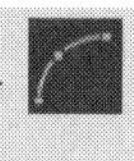 (3점)
· 메뉴 : 그리기 → 호

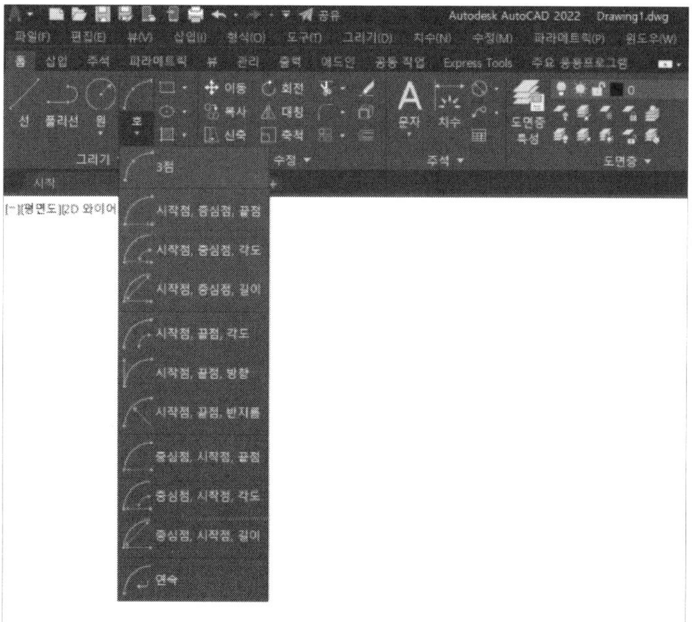

호(ARC)의 리본메뉴

4.4.1 세 점을 이용한 호 그리기

따라해보세요

① 명령 : A Space Bar (Arc)
② ARC 호의 시작점 또는 [중심(C)] 지정 : 첫 번째 점(P1)을 클릭한다.
③ 호의 두 번째 점 또는 [중심(C)/끝(E)] 지정 : 두 번째 점(P2)을 클릭한다.
④ 호의 끝점 지정 : 마지막 점(P3)을 클릭한다.

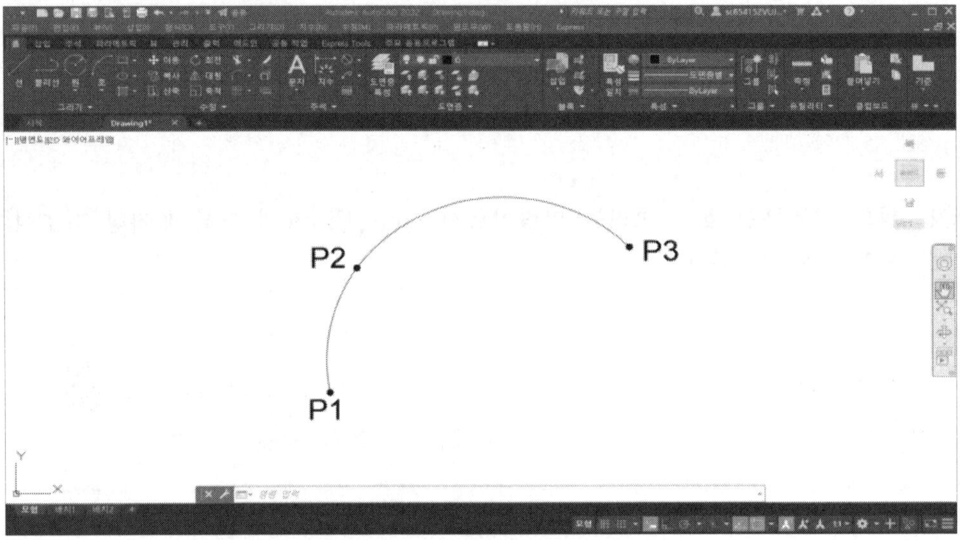

세 점을 이용한 호(Arc) 그리기

4.4.2 중심점으로부터 호 그리기

따라해보세요

① 명령 : A Space Bar (Arc)
② ARC 호의 시작점 또는 [중심(C)] 지정 : C (대·소문자 구분 안한다.) Space Bar
③ 호의 중심점 지정 : 중심축(P1)을 잡는다.
④ 호의 시작점 지정 : 다른 점(P2)을 클릭한다.
⑤ 호의 끝점 지정 또는 [각도(A)/현의 길이(L)]
: 마우스를 왼쪽으로 돌리면 원이 생성되고 오른쪽으로 돌리면 원이 지워지는 것을 확인할 수 있다. 마지막 점(P3)을 클릭한다.

P2와 P3의 순서를 바꿔 점을 찍으면 호와 반대방향의 호가 그려진다.

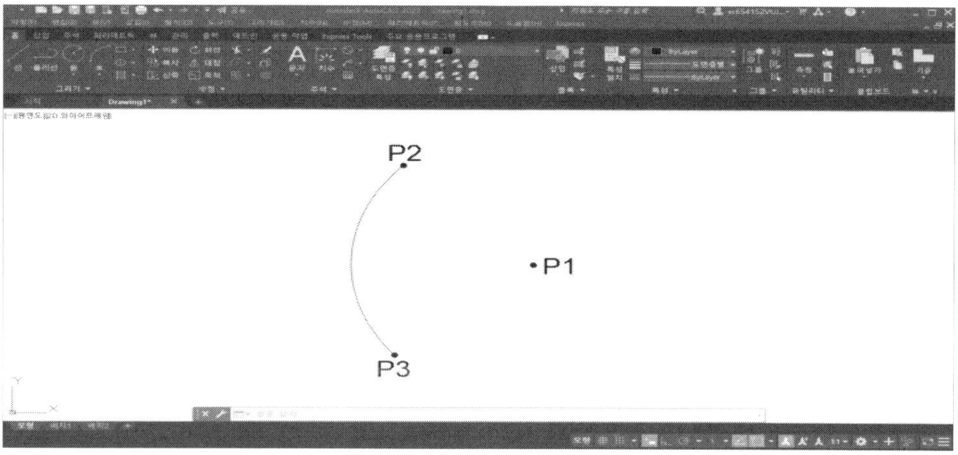

중심점으로부터 호 그리기

4.4.3 상대극좌표를 입력하여 호 그리기

따라해보세요

반지름 100인 1/4 원을 그려보자.

① 명령 : A [Space Bar] (Arc)

② ARC 호의 시작점 또는 [중심(C)] : 시작점 (마우스 왼쪽 클릭)

③ 호의 두 번째 또는 [중심(C)/끝(E)] 지정 : C [Space Bar]

④ 호의 중심점 지정 : @100 < 180 [Space Bar] (중심점)

⑤ 호의 끝점 지정 또는 [각도(A)/현의 길이(L)] : A [Space Bar]

⑥ 각도 지정 : 90 [Space Bar]

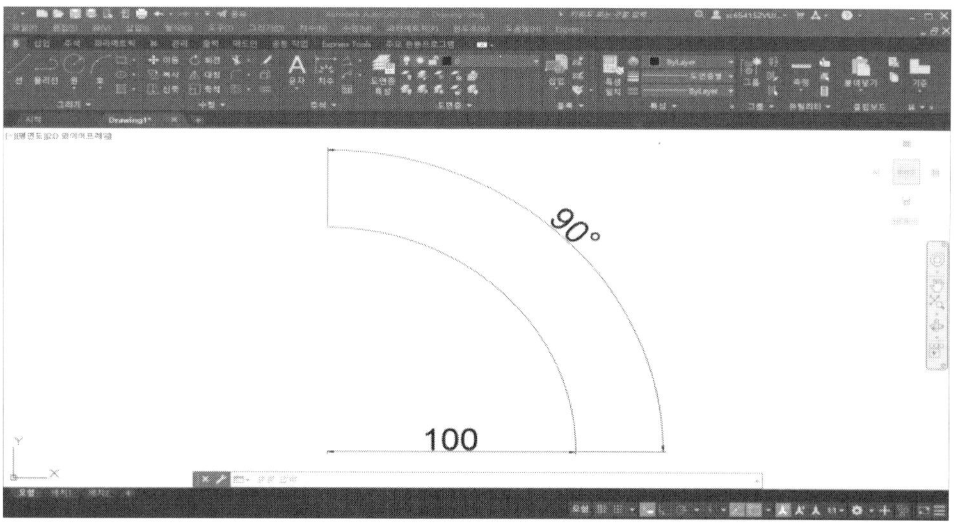

상대극좌표를 입력하여 호 그리기

예제 그려보기

다음과 같은 원과 호를 직접 그려보자.

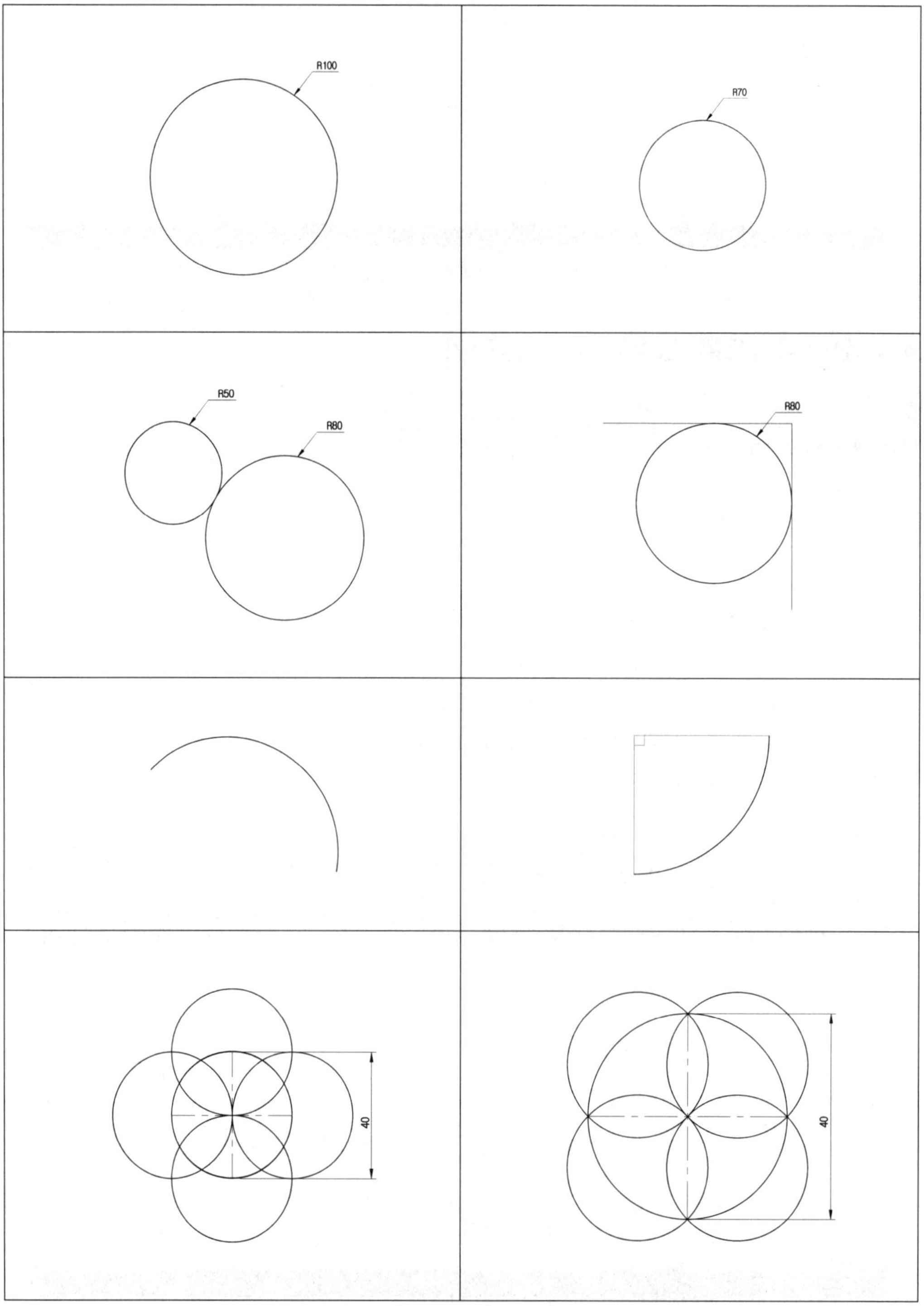

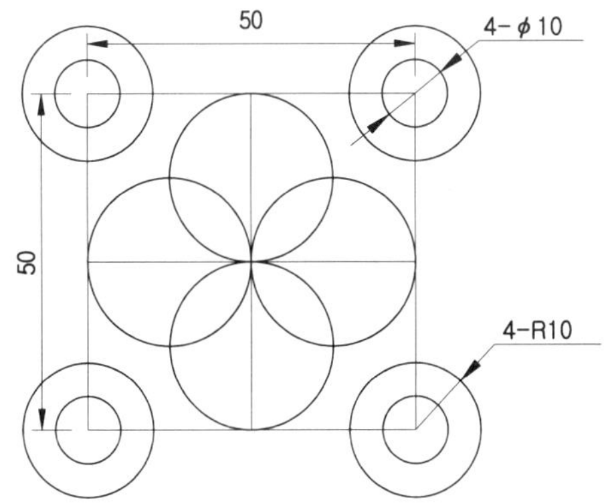
50
4-φ10
50
4-R10

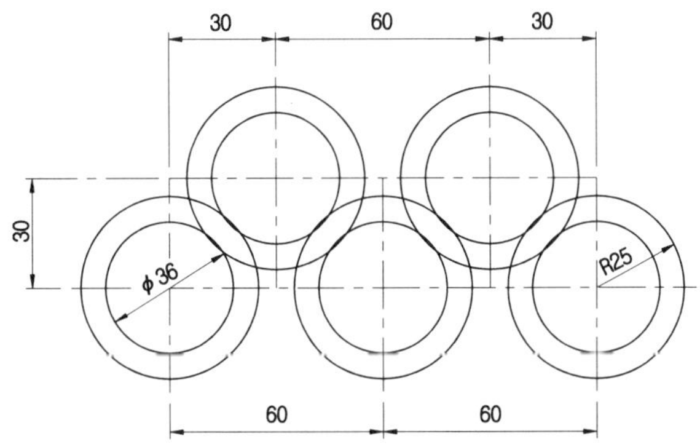
30
60
30
30
φ36
R25
60
60

4.5 사각형(RECTANGLE) 그리기

RECTANGLE은 하나의 도면 요소로 구성된 폴리라인이다.

· 명령어 : RECTANG
· 단축키 : REC
· 리본 : 홈 탭 → 그리기 패널 → (직사각형)
· 메뉴 : 그리기 → 직사각형

4.5.1 임의의 사각형 그리기

따라해보세요

① 명령 : REC [Space Bar] (RECTANG)

② 첫 번째 구석점 지정 또는 [모따기(C)/고도(E)/모깎기(F)/두께(T)/폭(W)]
: 첫 번째 점(P1)을 클릭한다.

③ 다른 구석점 지정 또는 [영역(A)/치수(D)/회전(R)] : 두 번째 점(P2)을 클릭한다.
결국은 두 점을 이용하여 사각형을 그리는 것이다.

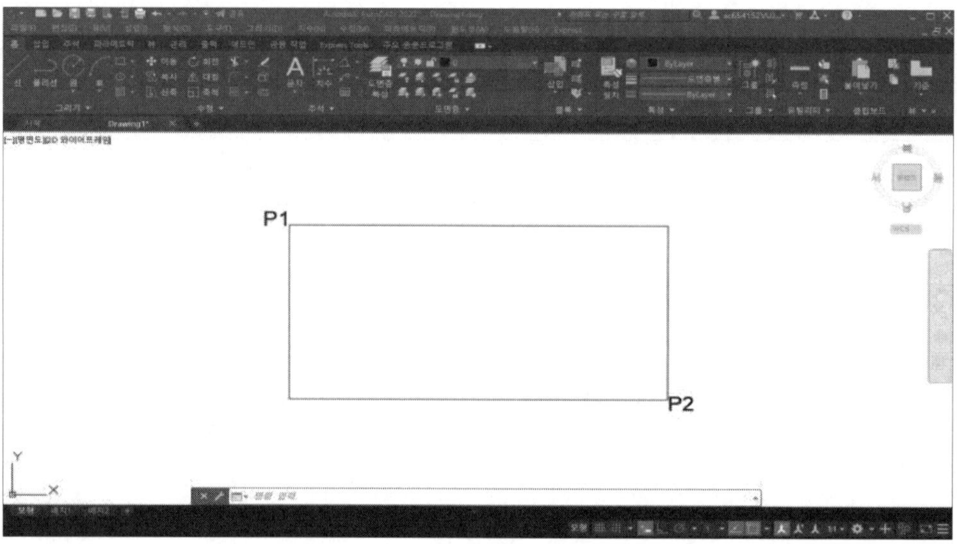

RECTANGLE을 이용해서 사각형 그리기

4.5.2 일정한 두께를 가진 사각형 그리기

따라해보세요

① 명령 : REC `Space Bar` (RECTANG)
② 첫 번째 구석점 지정 또는 [모따기(C)/고도(E)/모깎기(F)/두께(T)/폭(W)] : W
③ 직사각형의 선 폭 지정 <0.0000> : 3 (폭을 3으로 입력한다.)
④ 첫 번째 구석점 지정 또는 [모따기(C)/고도(E)/모깎기(F)/두께(T)/폭(W)]
  : 첫 번째 점(P1)을 클릭한다.
⑤ 다른 구석점 지정 또는 [영역(A)/치수(D)/회전(R)] : 두 번째 점(P2)을 클릭한다.

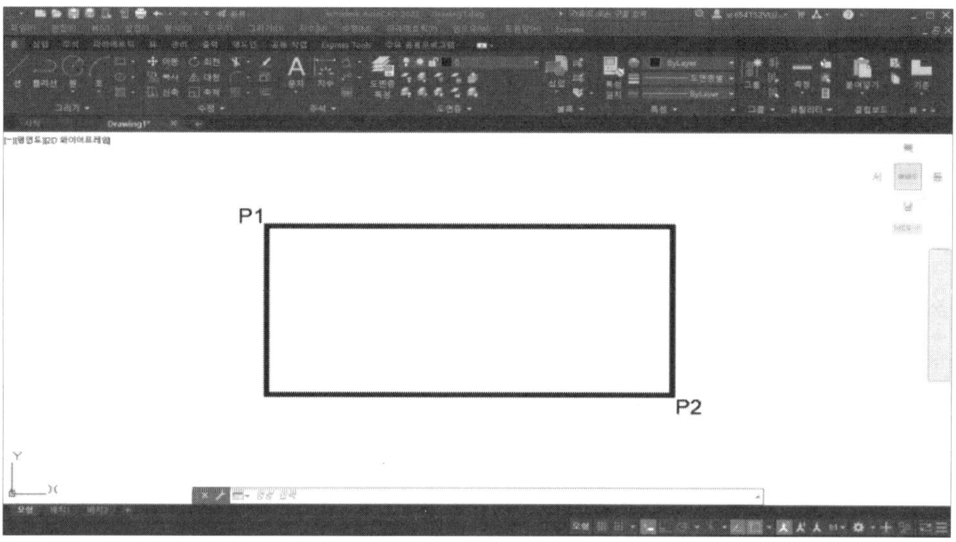

두께를 가진 사각형 그리기

사각형 명령어 내에서 계속해서 자신이 원하는 옵션을 사용하여 다양한 방법으로 사각형 그리기가 가능하다.

4.5.3 일정한 영역을 갖는 사각형 그리기

따라해보세요

① 명령 : REC `Space Bar` (Rectangle)
② 첫 번째 구석점 지정 또는 [모따기(C)/고도(E)/모깎기(F)/두께(T)/폭(W)] : 첫 번째 점(P1)을 클릭
③ 다른 구석점 지정 또는 [영역(A)/치수(D)/회전(R)] : A
④ 현재 단위에 직사각형 영역 입력 : 30000
⑤ [길이(L)/폭(W)] <길이(L)>를 기준으로 직사각형 치수계산 : L
  (여기서 폭을 기준으로 그리고 싶다면 W를 입력한다.)
⑥ 직사각형 길이 입력 : 300

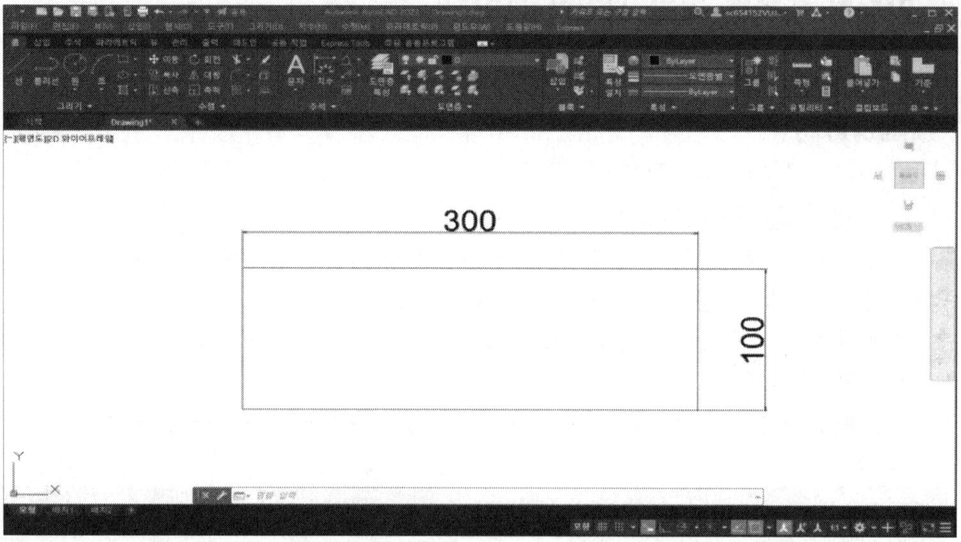

일정한 영역을 갖는 사각형 그리기

▌ 사각형의 여러 가지 옵션들

※ 첫 번째 구석점을 지정하고 점을 지정하거나 옵션을 입력합니다.

- 모따기(C) : 모서리가 깎인 사각형을 그린다.
- 고도(E) : Z축 높이를 설정한다.
- 모깎기(F) : 라운딩이 된 사각형을 그린다.
- 두께(T) : Z축 두께를 설정한다.
- 폭(W) : 선의 두께를 설정한다.

위에서 예시한 것처럼 옵션을 한 번만 이용하여 그릴 수 있는 것이 아니라 계속해서 옆의 옵션을 사용하여 사각형 그리기가 가능하다.

4.6 도넛(DONUT) 그리기

DONUT 명령은 2개의 원으로 이루어진 도넛을 그리는 명령이다.

· 명령어 : DONUT
· 단축키 : DO
· 리본 : 홈 탭 → 그리기 패널 → (도넛)
· 메뉴 : 그리기 → 도넛

4.6.1 안쪽 지름을 갖는 도넛 그리기

따라해보세요

① 명령 : DO [Space Bar] (DONUT)
② 도넛의 내부 지름 입력 <0.5000> : 50 (안쪽 지름)
③ 도넛의 외부 지름 입력 <1.0000> : 70 (바깥쪽 지름)
④ 도넛의 중심 지정 또는 <나가기> : 도넛을 그리려는 지점에 클릭한다.
⑤ 명령을 종료하지 않는 이상 두께가 20인 도넛을 계속해서 그릴 수 있다.
⑥ 그리기를 종료하고 싶다면 [Space Bar]를 클릭하여 종료한다.

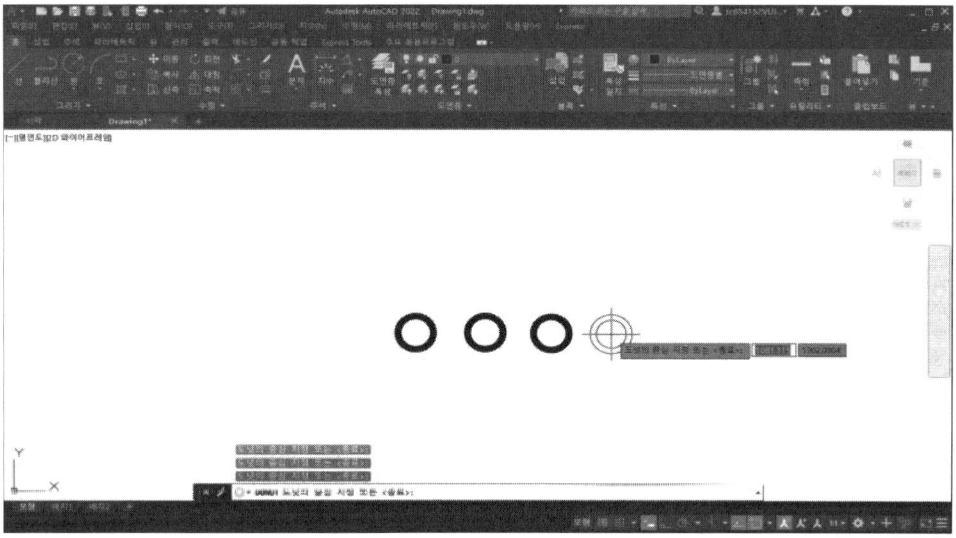

도넛(DONUT) 그리기

4.6.2 안쪽 지름이 없는 도넛 그리기

따라해보세요

① 명령 : DO [Space Bar] (DONUT)
② 도넛의 내부 지름 입력 <50.000> : 0 (안쪽 지름)
③ 도넛의 외부 지름 입력 <50.000> : 70 (바깥쪽 지름)
④ 도넛의 중심 지정 또는 <나가기> : 도넛을 그리려는 지점에 클릭한다.
⑤ 계속해서 클릭으로 도넛을 그릴 수 있다.
⑥ 그리기가 끝나면 [Space Bar]를 클릭하여 종료한다.

〈50.000〉과 같이 숫자가 쓰여 있는 것은 바로 전의 수치를 기억하고 있는 것이므로, 같은 수치를 그릴 경우에는 숫자를 또 써 줄 필요 없이 바로 [Space Bar]를 누르면 된다.

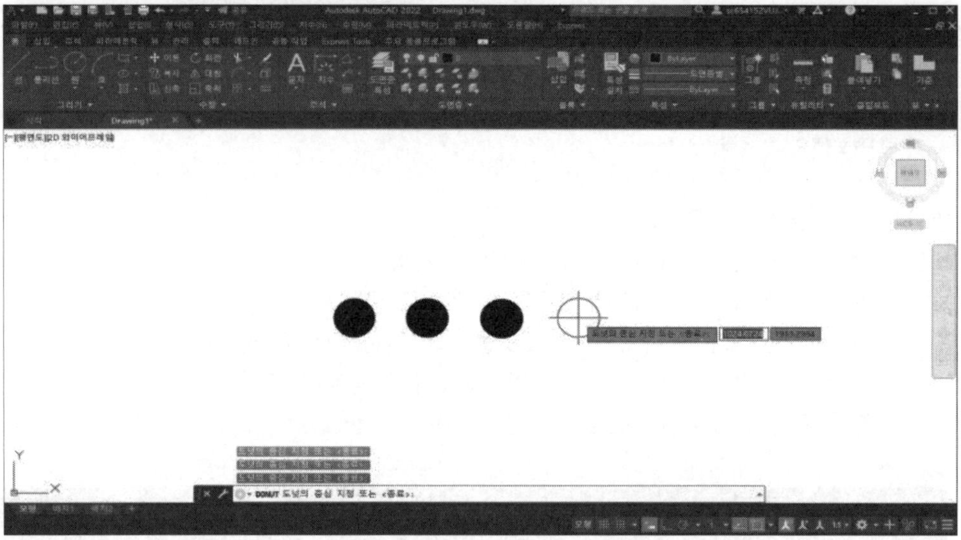

안쪽 지름 없는 도넛 그리기

4.6.3 FILL을 이용한 도넛 그리기

FILL은 Polyline, Donut, Solid, Trace의 내부를 채우거나, 채우지 않는 형태를 조정하는 기능이다. AutoCAD에서는 기본으로 ON으로 설정이 되어있으며, Fill 모드를 OFF로 설정해 놓으면 현재 작성중인 도면을 종료하지 않는 이상 다음 사용 시에도 Fill모드가 꺼진 상태로 진행된다.

따라해보세요

① 명령 : FILL [Space Bar]
② FILL 모드 입력 [켜기(ON)/끄기(OFF)] : Off [Space Bar]
③ 다시 명령상태로 되돌아온다.
④ DO [Space Bar] (DONUT)
⑤ 도넛의 내부 지름 입력 <50.000> : 50 (안쪽 지름)
⑥ 도넛의 외부 지름 입력 <50.000> : 70 (바깥쪽 지름)
⑦ 도넛의 중심 지정 또는 <나가기> : 도넛을 그리려는 지점에 클릭한다.
⑧ 명령을 종료하기 전까지는 클릭시마다 두께 20인 도넛이 그려진다. 종료하고 싶다면 [Space Bar]를 클릭한다.

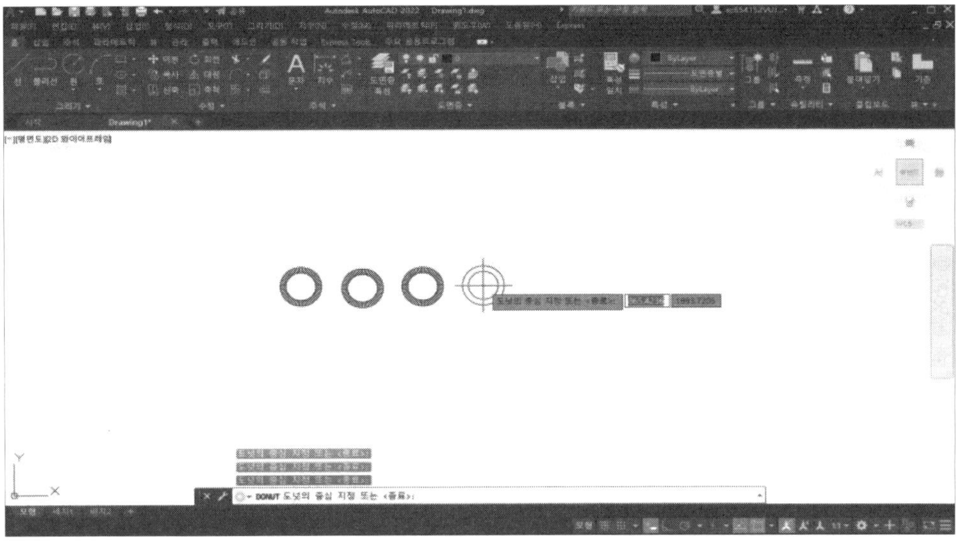

Fill을 이용한 도넛 그리기

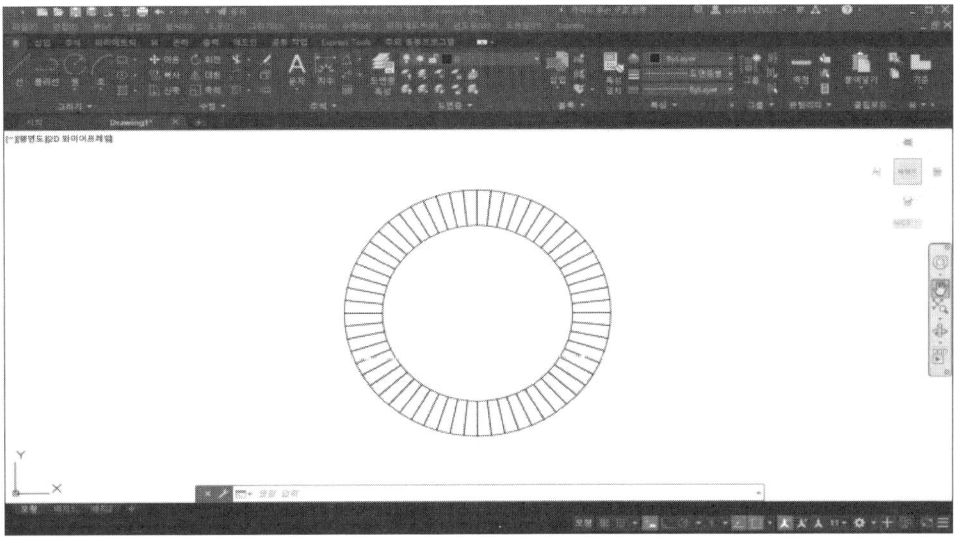

Fill을 이용한 도넛 그리기(확대한 모습)

4.7 타원(ELLIPSE) 그리기

ELLIPSE 명령은 타원을 그리는 명령어이다.

· 명령어 : ELLIPSE
· 단축키 : EL
· 리본 : 홈 탭 → 그리기 패널 →  (중심점)
· 메뉴 : 그리기 → 타원

4.7.1 축, 끝점을 이용한 타원 그리기

따라해보세요

① 명령 : EL Space Bar (ELLIPSE)

② 타원의 축 끝점 지정 또는 [호(A)/중심(C)] : 임의의 점(P1)을 클릭한다.

③ 축의 다른 끝점 지정 : 다른 점(P2)을 클릭한다.

④ 다른 축으로 거리를 지정 또는 [회전(R)] : 마우스를 움직여서 원하는 타원형을 만든 후 왼쪽 버튼을 클릭(P3)한다.

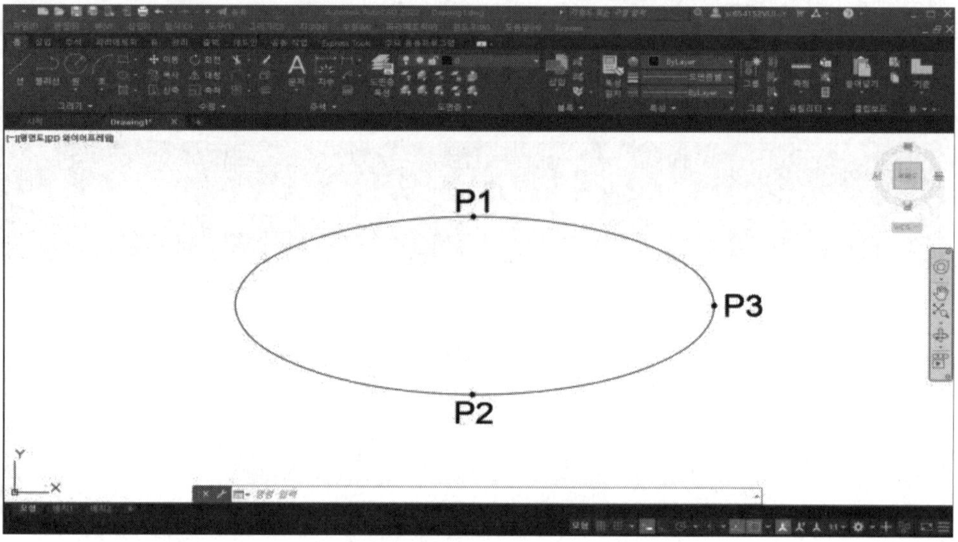

타원(Ellipse) 그리기

4.7.2 좌표와 거리를 이용한 타원 그리기

따라해보세요

① 명령 : EL Space Bar (ELLIPSE)

② 타원의 축 끝점 지정 또는 [호(A)/중심(C)] : 100,300 (P1, 첫 번째 좌표를 입력한다.)

③ 축의 다른 끝점 지정 : 700,500 (P2, 두 번째 좌표를 입력한다.)

④ 다른 축으로 거리를 지정 또는 [회전(R)] : 50 (거리를 입력한다.)

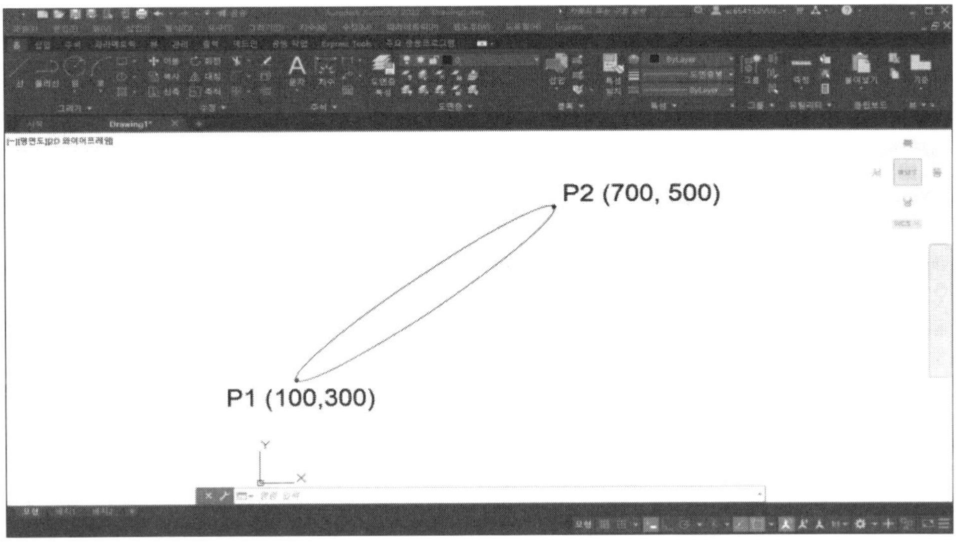

좌표와 거리를 이용한 타원 그리기

4.7.3 중심과 끝점, 거리를 이용한 타원 그리기

따라해보세요

① 명령 : EL Space Bar (ELLIPSE)

② 타원의 축 끝점 지정 또는 [호(A)/중심(C)] : C Space Bar (중심이 되는 점(P1)을 클릭한다.)

③ 축의 다른 끝점 지정 : 두 번째 점(P2)을 클릭한다.

④ 다른 축으로 거리를 지정 또는 [회전(R)] : 50 (거리를 입력)

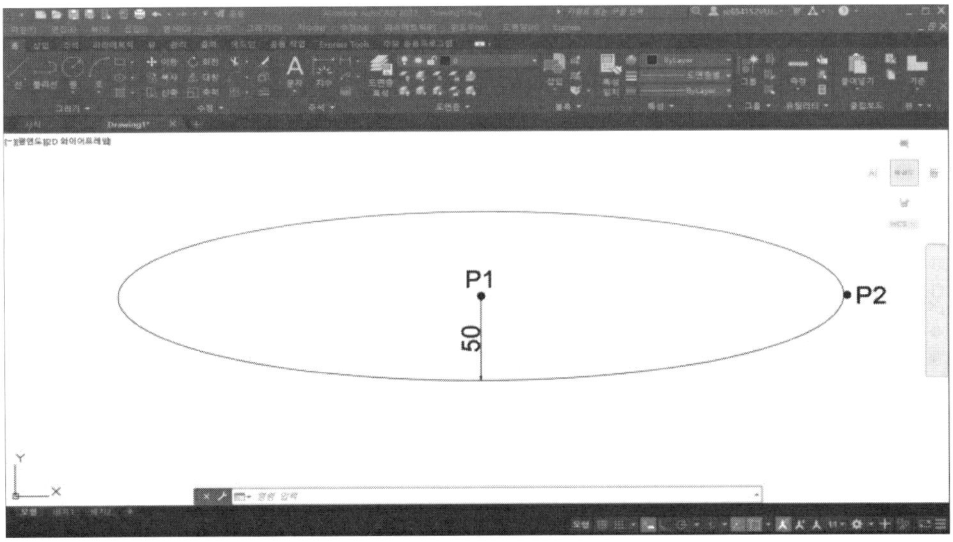

중심과 끝점, 거리를 이용한 타원 그리기

예제 그려보기

다음과 같은 타원(Ellipse)을 직접 그려보자.

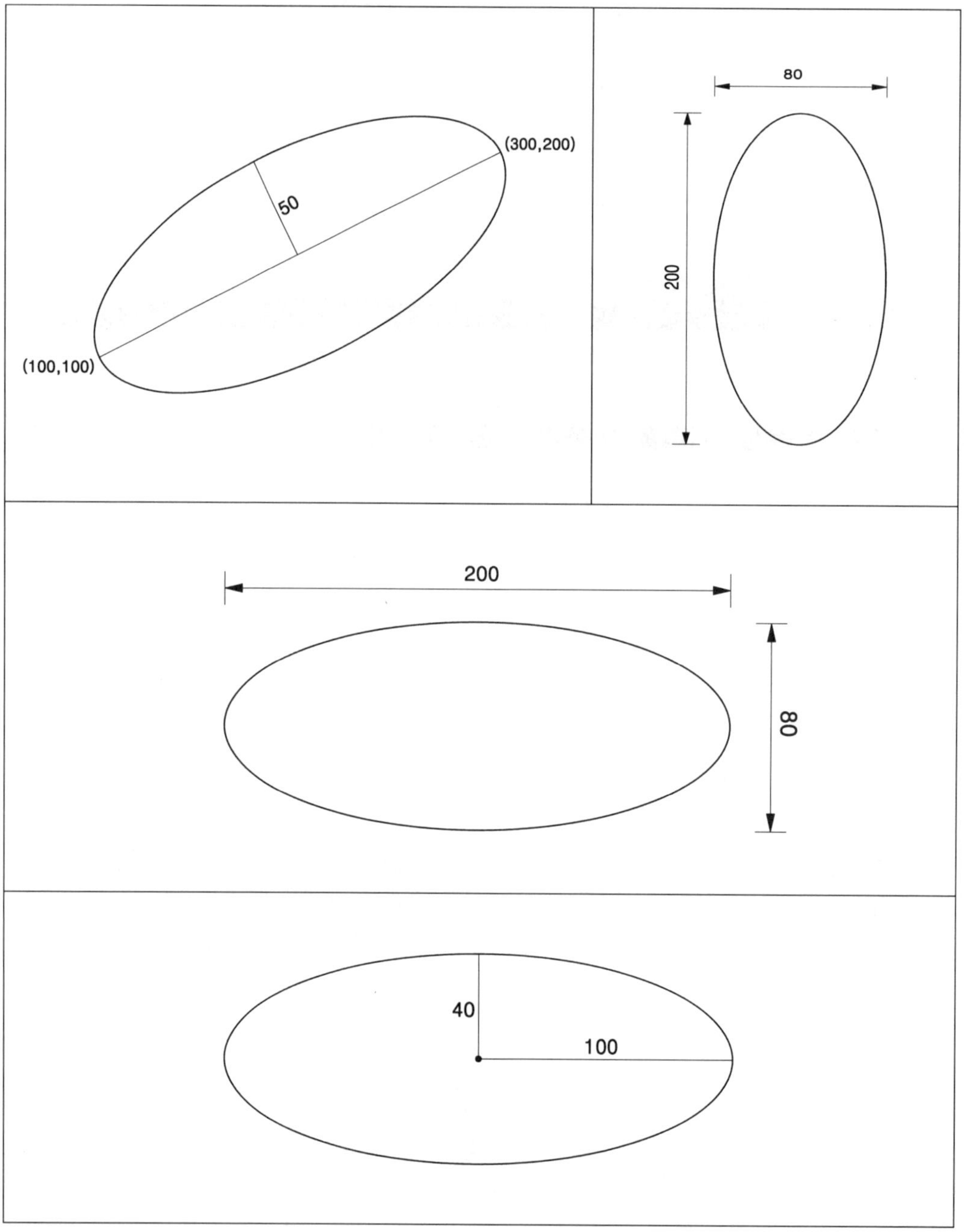

4.8 스플라인(SPLINE) 명령

스플라인은 지정된 점 세트를 통과하거나 가까이 지나는 부드러운 곡선을 말한다.

· 명령어 : SPLINE　　　　· 리본 : 홈 탭 → 그리기 패널 → (스플라인)
· 단축키 : SPL　　　　　· 메뉴 : 그리기 → 스플라인

따라해보세요

① 명령 : SPL Space Bar (SPLINE)
② 첫 번째 점 지정 또는 [매서드(M)/매듭(K)/객체(O)] : 임의 시작점(P1)을 클릭한다.
③ 다음 점 입력 또는 [시작 접촉부(T)/공차(L)] : 두 번째 점(P2)을 클릭한다.
④ 다음 점 입력 또는 [끝 접촉부(T)/공차(L)/명령 취소(U)/닫기(C)] : 세 번째 점(P3)을 클릭한다.
⑤ 다음 점 입력 또는 [끝 접촉부(T)/공차(L)/명령 취소(U)/닫기(C)] : 네 번째 점(P4)을 클릭한다.
⑥ Space Bar 를 클릭하여 종료한다.

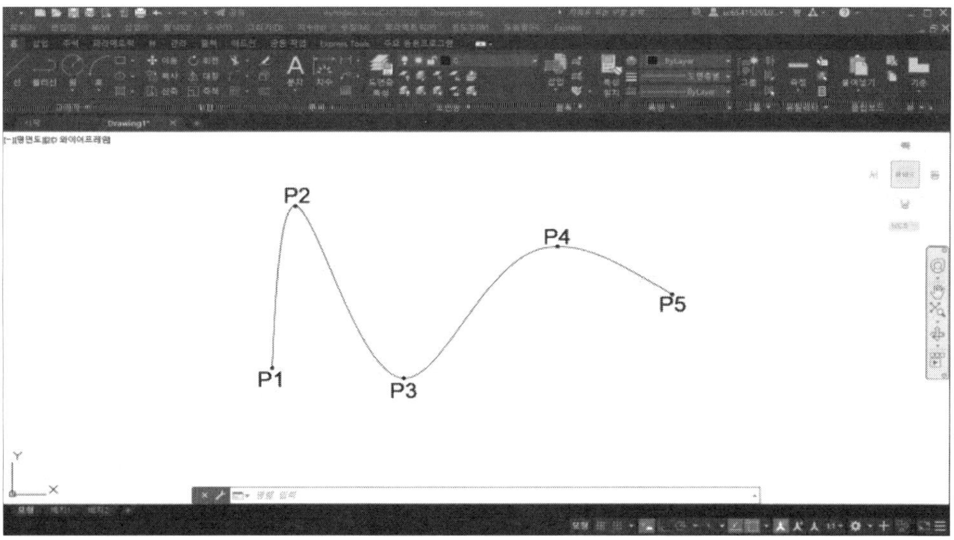

스플라인(SPLINE)으로 선 그리기

▌스플라인의 수정

따라해보세요

① 스플라인으로 그린 객체를 선택
② 신축점 지정 또는 [기준점(B)/복사(C)/명령 취소(U)/종료(X)] :
수정하고 싶은 점을 클릭하여 드래그하면 예상 스플라인이 그려진다.
③ Space Bar 를 클릭하여 종료한다.

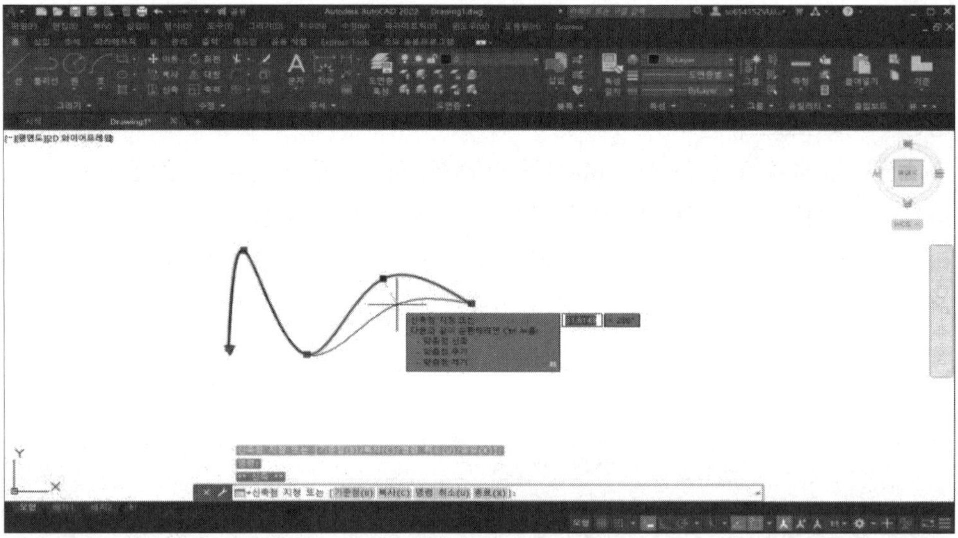

순서 ①

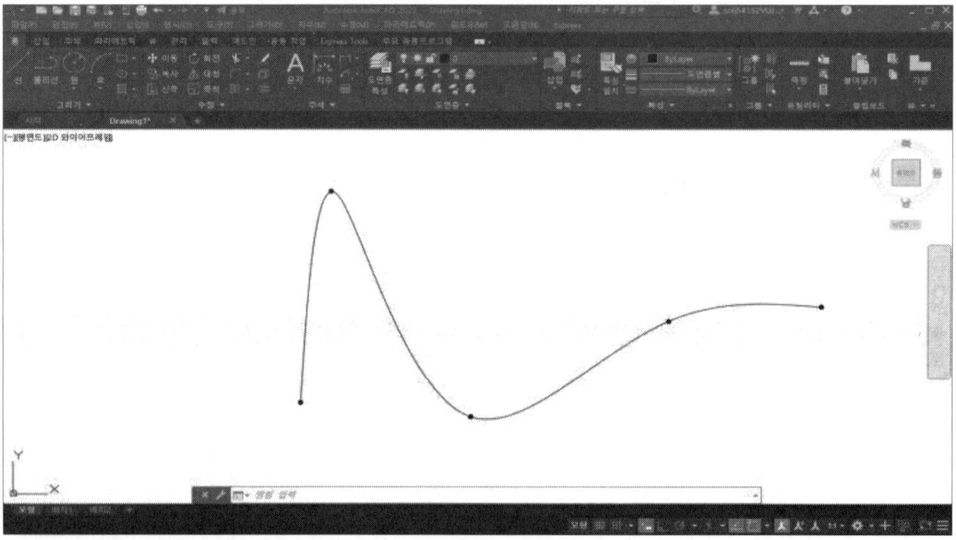

순서 ②

4.9 SOLID 명령

SOLID 명령은 각진 부분에 색을 칠한다. 점을 찍을 때 순서를 잘 찍어야 하는데, 자칫 다른 모양으로 나타날 수도 있다. 사각형 또는 삼각형으로 내부에 색을 칠하며 속을 채우는 명령어이다.

·명령어 : SOLID

따라해보세요

① 칠하고 싶은 지점의 모서리를 지그재그로 찍어준다.

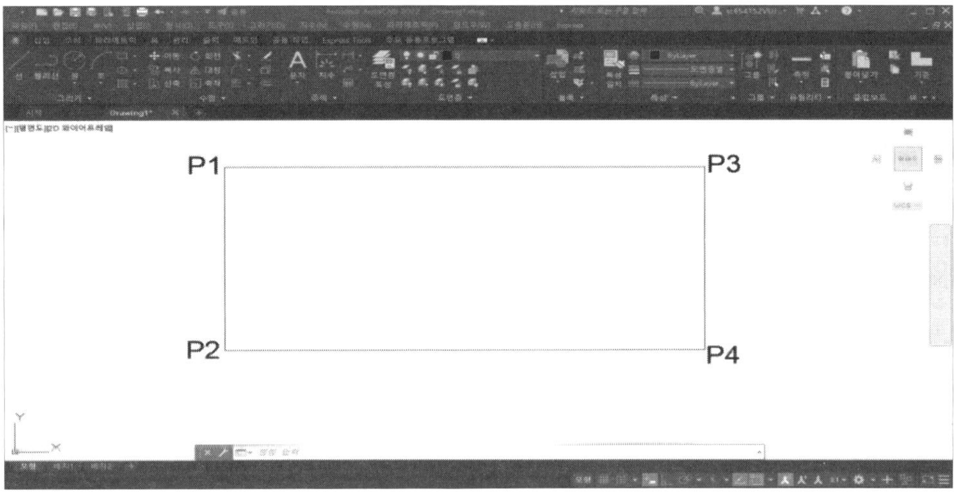

순서①

② 클릭 완료시 바로 색이 칠해지는 것을 알 수 있다.

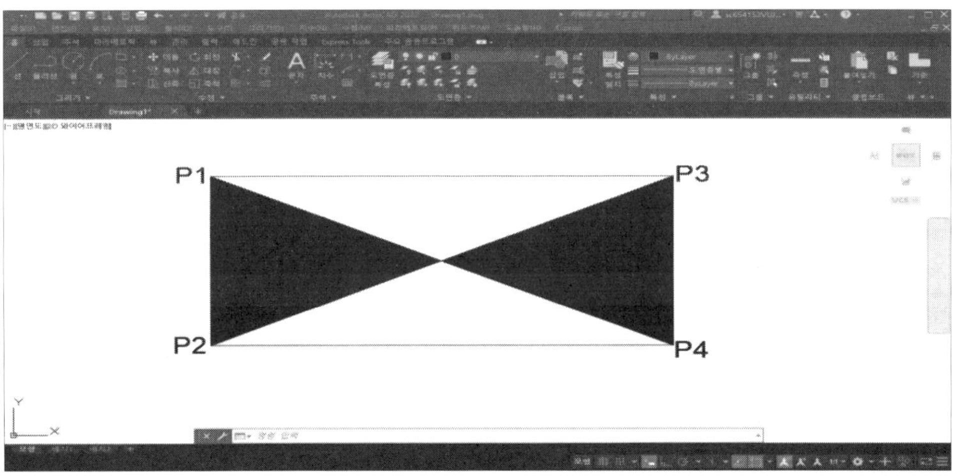

순서②

③ 순서를 다르게 하면 색의 모양이 변하게 된다.

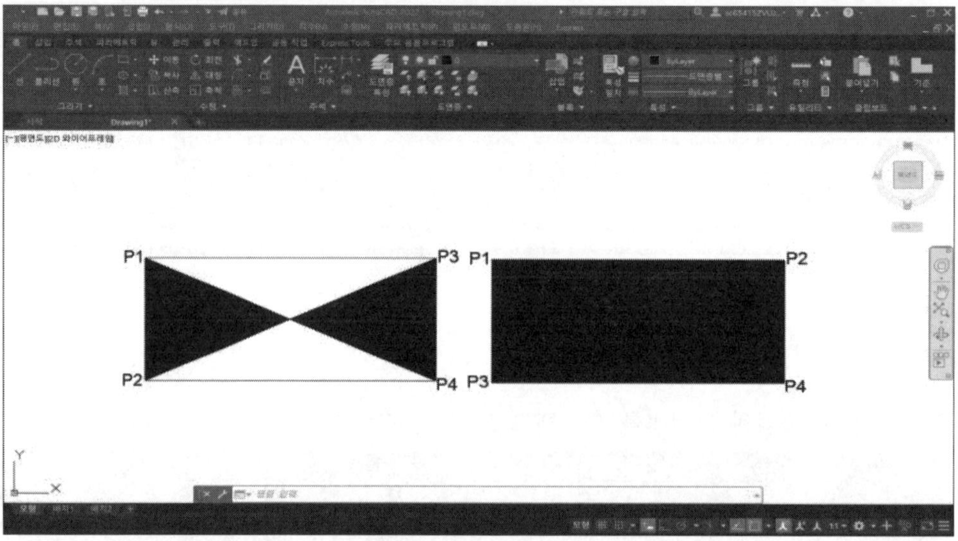

순서③

4.10 나선(HELIX) 그리기

HELIX는 여러 개의 회전을 가진 나선모형을 만드는 명령어이다.

· 명령어 : HELIX

· 리본 : 홈 탭 → 그리기 패널 → (나선)
· 메뉴 : 그리기 → 나선

따라해보세요

① 명령 : HELIX Space Bar
② HELIX 기준 중심점 지정 : 임의의 위치에 클릭
③ HELIX 밑면 반지름 지정 또는 [지름D] : 200
④ HELIX 상단 반지름 지정 또는 [지름D] : 0
⑤ HELIX 나선 높이 지정 또는 [축 끝점(A) 회전(T) 회전 높이(H) 비틀 기(W)] : 0을 주면 완성된다.
[회전(T)을 변경해주면 회전수가 늘어나거나 줄어들며, 회전 높이(H)를 주게 되면 3D 나선모형을 만들 수 있다.]

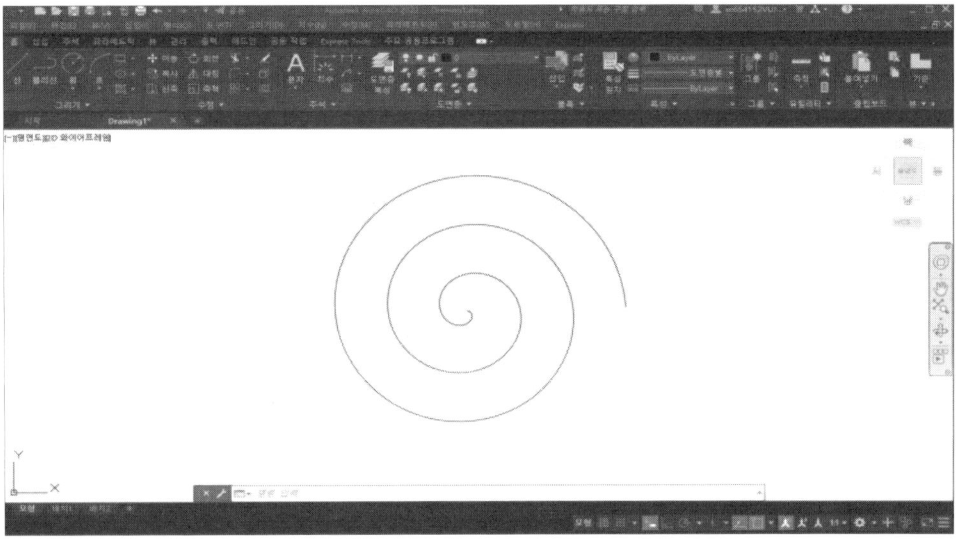

순서⑤ 나선(HELIX) 완성

⑥ HELIX 의 회전수는 ⑤에서 설명한 회전(T)로 변경하거나 특성 창에서 변경이 가능하다.

[저자는 회전수를 3번 → 15번으로 변경해 보았다.]

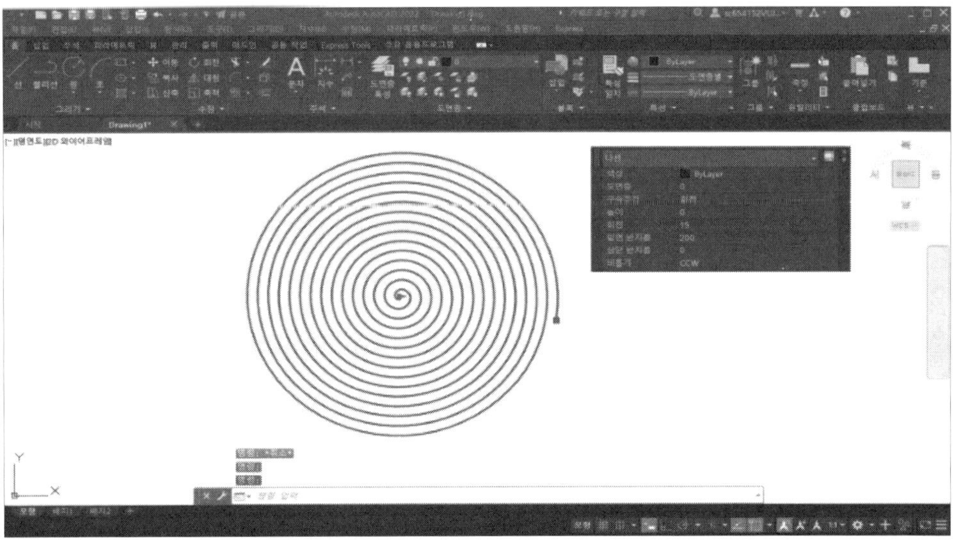

순서⑥ 15번 회전한 나선

4.11 다각형(POLYGON) 그리기

POLYGON은 여러 개의 면을 가진 다각형을 만드는 명령어이다.

· 명령어 : POLYGON　　　　· 리본 : 홈 탭 → 그리기 패널 → (폴리곤)
· 단축키 : POL　　　　· 메뉴 : 그리기 → 폴리곤

따라해보세요

① 명령 : POL Space Bar (POLYGON)
② POLYGON 면의 수 입력 <4> : 6 (원하는 다각형 면의 개수 입력) Space Bar
③ 다각형의 중심을 지정 또는 [모서리(E)] : 다각형의 중심점(P1)을 클릭한다.
④ 옵션을 입력 [원에 내접(I)/원에 외접(C)] : I
　(원과 내접하는 다각형을 그릴 때 : I, 원과 외접하는 다각형을 그릴 때 : C)
⑤ 원의 반지름 지정 : 200 (또는 다각형의 모양이 나타나므로 원하는 지점(P2)을 클릭한다.)

이해하기 쉽게 원을 그려 넣었다. 실제 다각형을 그릴 때는 원이 그려지진 않는다.

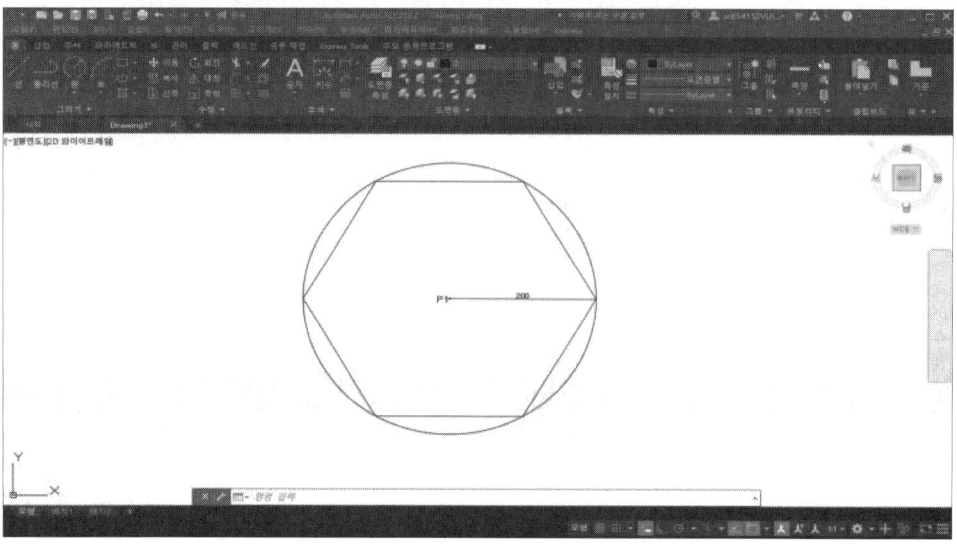

다각형(POLYGON)을 이용하여 객체 그리기

예제 그려보기

다음과 같은 다각형을 직접 그려보자.

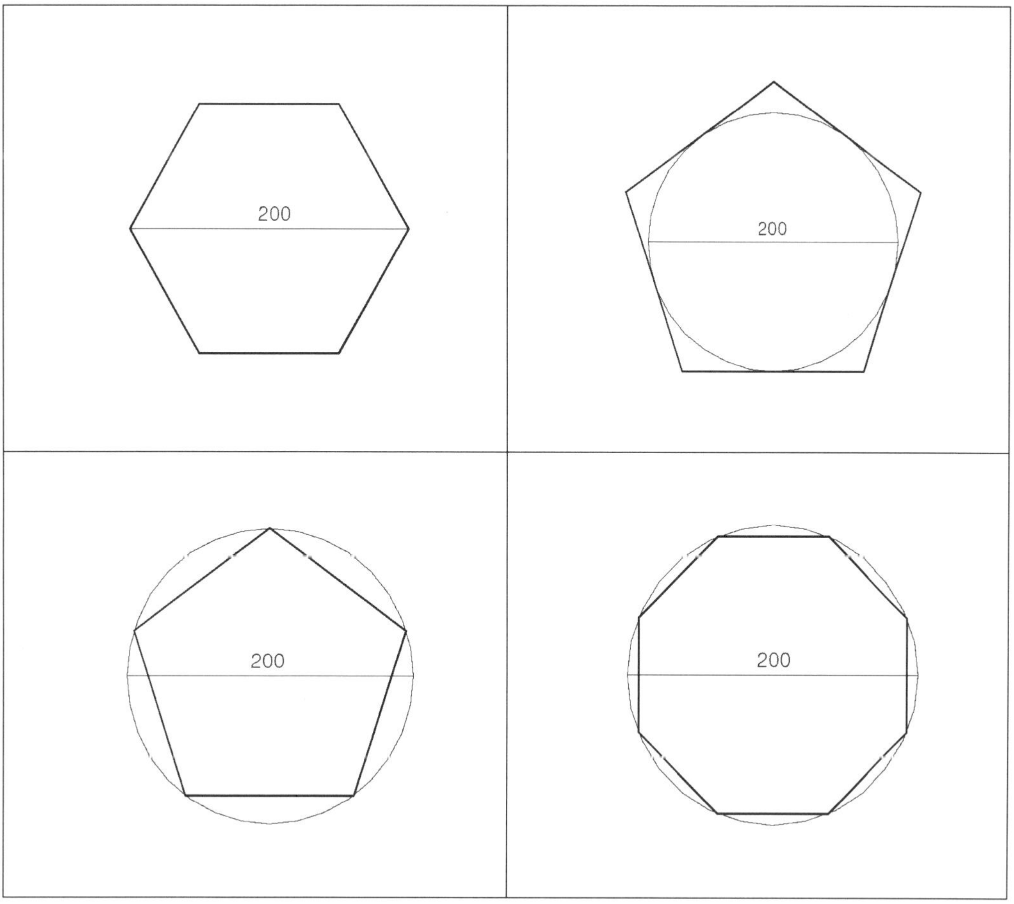

4.12 폴리선(POLYLINE) 그리기

폴리선(POLYLINE)은 취소를 하거나 다 폴리선(POLYLINE)을 다 그리기 전까지 계속 해서 그리는 선들은 모두 하나의 객체로 인식하며, 직선이나 호(Arc)를 그릴 수 있으며 조합하거나 두께를 조절 할 수 있다.

· 명령어 : POLYLINE
· 리본 : 홈 탭 → 그리기 패널 →  (폴리선)
· 단축키 : PL
· 메뉴 : 그리기 → 폴리선

따라해보세요

시작점의 두께가 1이고, 끝점의 두께가 15인 선을 그려보자.

① 명령 : PL [Space Bar] (POLYLINE)
② 시작점 지정 : 임의의 시작점(P1)을 클릭한다.
현재의 선 폭 : 0.0000
③ 다음 점 지정 또는 [호(A)/반폭(H)/길이(L)/명령취소(U)/폭(W)] : W (두께 변경)
④ 시작 폭 지정 <0.0000> : 1 [Space Bar] (시작점의 두께 지정)
⑤ 끝 폭 지정 <3.0000> : 15 [Space Bar] (끝점의 두께 지정)
⑥ 다음 점 지정 또는 [호(A)/반폭(H)/길이(L)/명령취소(U)/폭(W)] : P2를 클릭한다.
⑦ 다음 점 지정 또는 [호(A)/반폭(H)/길이(L)/명령취소(U)/폭(W)] : [Space Bar]

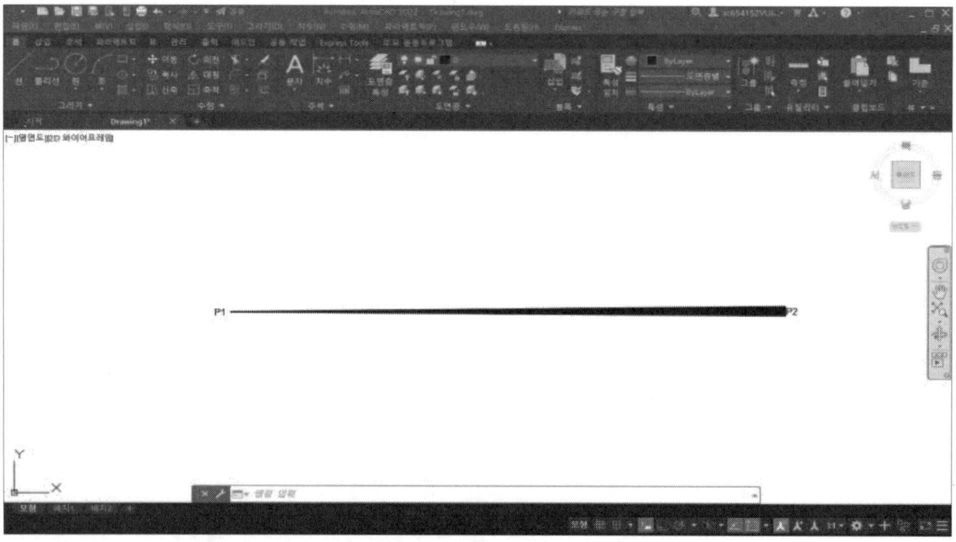

폴리선(POLYLINE)을 이용한 선 그리기

▌ 폴리선의 응용

따라해보세요

① 명령 : PL Space Bar (Polyline)
② 시작점 지정 : 임의의 시작점(P1)을 클릭한다.
③ 다음 점 지정 또는 [호(A)/반폭(H)/길이(L)/명령취소(U)/폭(W)] : W
④ 시작 폭 지정 <15.0000> : 3 (시작선의 폭 입력) Space Bar
⑤ 끝 폭 지정 <3.0000> : 3 (끝선의 폭 입력) Space Bar
⑥ 다음 점 지정 또는 [호(A)/반폭(H)/길이(L)/명령취소(U)/폭(W)] : A Space Bar
⑦ 다음 점 지정 또는 [호(A)/반폭(H)/길이(L)/명령취소(U)/폭(W)] : 원하는 점(P2)을 클릭
⑧ 다음 점 지정 또는 [호(A)/반폭(H)/길이(L)/명령취소(U)/폭(W)] : 원하는 점(P3)을 클릭
⑨ [호(A)/반폭(H)/길이(L)/명령취소(U)/폭(W)] : L Space Bar
⑩ 다음 점 지정 또는 [호(A)/반폭(H)/길이(L)/명령취소(U)/폭(W)] : 원하는 점(P4)을 클릭
⑪ Space Bar 로 종료

※ 이러한 방법으로 다양한 모양의 폴리라인을 응용할 수 있다.

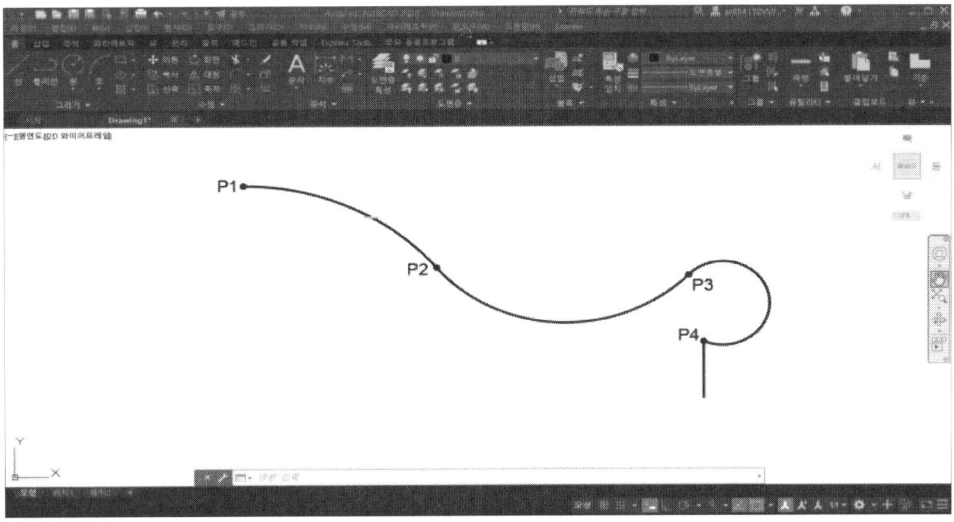

폴리선(POLYLINE)을 응용한 그리기

▌ 폴리선의 여러 가지 옵션들

- 호(A) : 호를 그린다.
- 반폭(H) : 두께를 입력한다.
- 길이(L) : 마지막에 그렸던 선과 동일한 각도로 선을 그린다.
- 명령취소(U) : 직전의 선을 취소한다.
- 폭(W) : 선의 두께를 입력한다.

예제 그려보기

폴리선(POLYLINE)으로 여러 가지 형태의 선이나, 호, 원 등을 그릴 수 있다. 다음의 그림들을 하나씩 그려보자. (선의 두께는 임의이다)

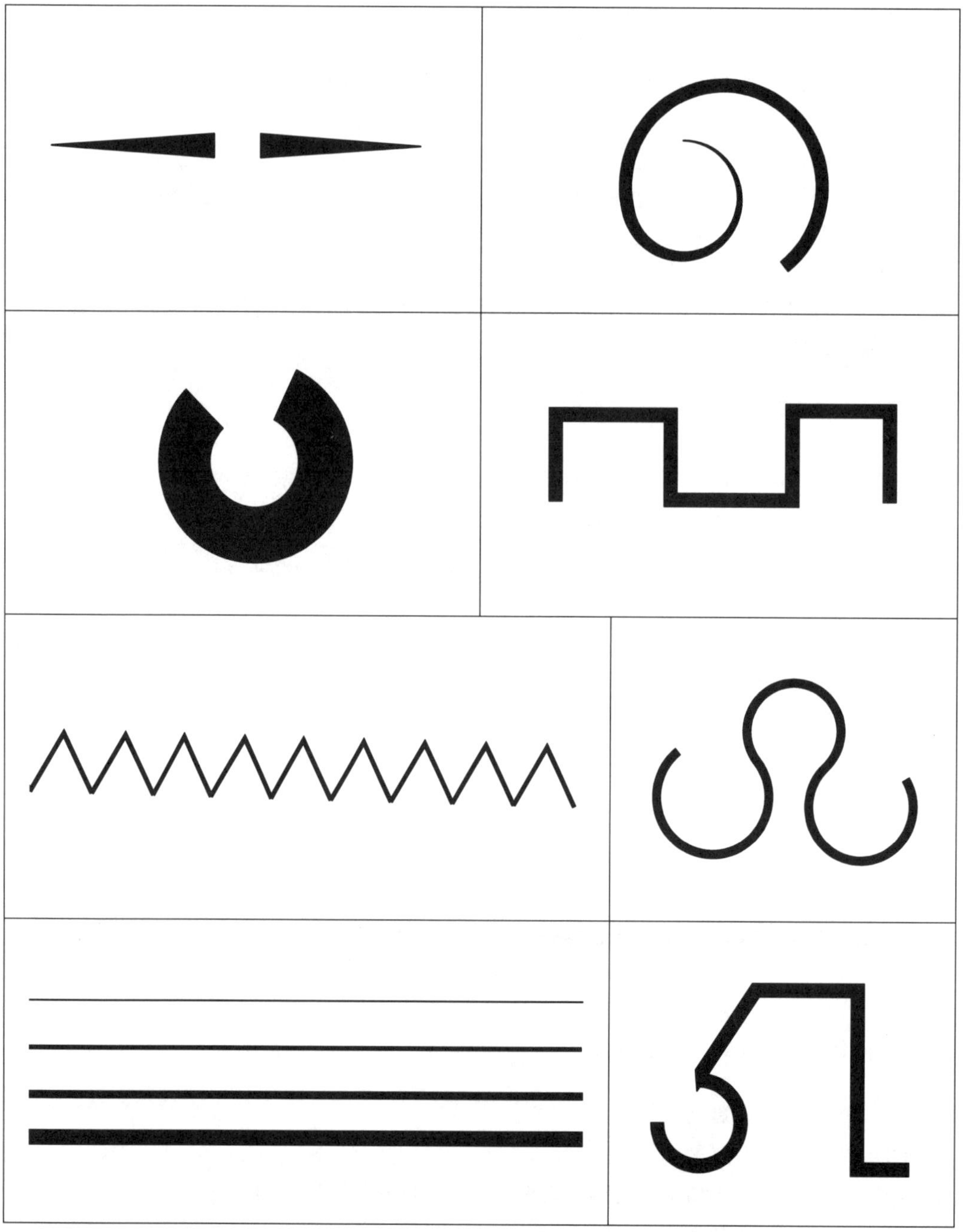

4.13 스케치(SKETCH) 명령

도면을 그리다보면 Line이나 Arc, Circle 등을 이용하여 그리기가 힘든 작업 또는 도면에서 자유롭게 선을 표현해야 하는 경우가 종종 생기게 된다. 이때 사용하는 명령이 SKETCH이다. 이 명령을 사용하면 백지 위에 연필로 자연스럽게 그리는 자유로운 선을 그릴 수 있다.

· 명령어 : SKETCH

따라해보세요

① 명령 : SKETCH [Space Bar]

② 스케치 지정 또는 [유형(T)/증분(I)/공차(L)] : I

스케치 증분 <1.0000> : 0.1 (선분들의 간격 입력)

※ 값이 작을수록 미세하게 그려지고, 값이 커질수록 거칠게 그려진다.

③ 스케치 지정 또는 [유형(T)/증분(I)/공차(L)] : 스케치를 시작할 부분을 찍은 후 마우스를 움직여 그리면 된다.

④ 멈추고 싶으면 마우스의 왼쪽 버튼을 클릭한다. 다시 그리고 싶으면 마우스의 왼쪽 버튼을 다시 클릭한다. (이 과정을 반복하여 그린다.)

※ 표시되는 선의 색이 녹색으로 나올 것이다. 이것은 아직 완성된 명령이 아니라는 말이다.

⑤ 명령을 종료하고 싶으면 [Space Bar]를 누른다.

([Space Bar]를 누르면 색들이 검정색으로 바뀌면서 명령이 종료된다.)

※ 주의 : 여기서 마우스의 오른쪽 버튼은 관계가 없다.

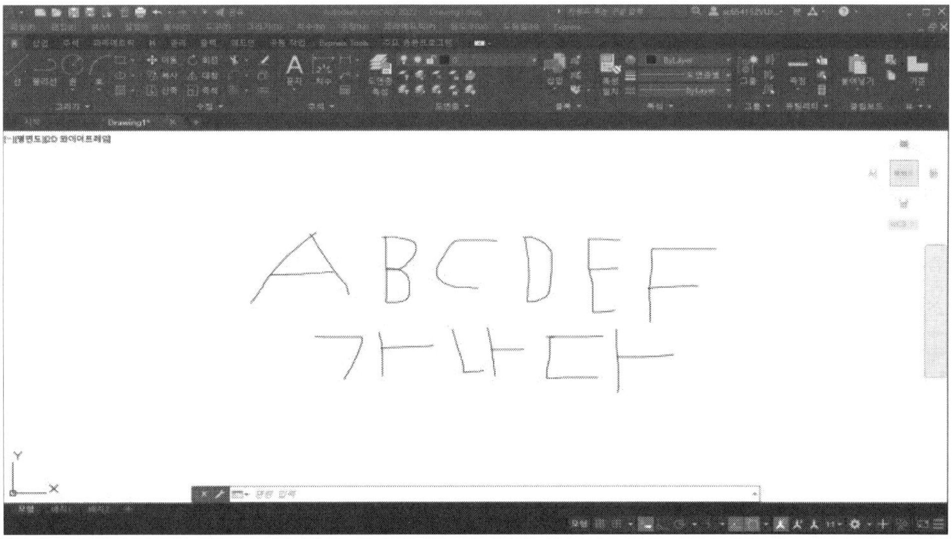

SKETCH를 이용하여 그리기

SKETCH를 이용하여 그리기(완성)

4.14 다중선(MLINE) 그리기

다중선(MLINE)은 건축도면에서 벽체 및 이중창 등의 다중선을 그릴 때 매우 편리하게 사용할 수 있다.

4.14.1 다중선 그리기

다중선의 기본설정은 이중선이며, 다중선은 하나의 블록으로 인식되므로 편집을 위해서는 Explode 명령으로 개별 선으로 분해하거나 Mledit 명령을 사용해야 한다.

· 명령어 : MLINE　　　　　　　　　· 단축키 : ML

따라해보세요

① 명령 : ML Space Bar (MLINE)
② 시작점 지정 또는 [자리 맞추기(J)/축척(S)/스타일(ST)] : S (선 간격 설정) Space Bar
여러 줄 축척 입력 : 50 Space Bar
③ 시작점 지정 또는 [자리 맞추기(J)/축척(S)/스타일(ST)] : J (정렬점 설정)
자리 맞추기 유형 입력 [맨 위(T)/중앙(Z)/맨 아래(B)] <맨 위> : Z (중앙으로 설정)
④ 시작점 지정 또는 [자리 맞추기(J)/축척(S)/스타일(ST)] : 시작점(P1)을 클릭한다.

⑤ 다음 점 지정 또는 [명령취소(U)]: 두 번째 점(P2)을 클릭한다.
⑥ 다음 점 지정 또는 [닫기(C)/명령취소(U)] : 세 번째 점(P3)을 클릭한다.
⑦ 다음 점 지정 또는 [닫기(C)/명령취소(U)] : 네 번째 점(P4)을 클릭한다.
⑧ Space Bar 로 다중선 명령을 종료한다.

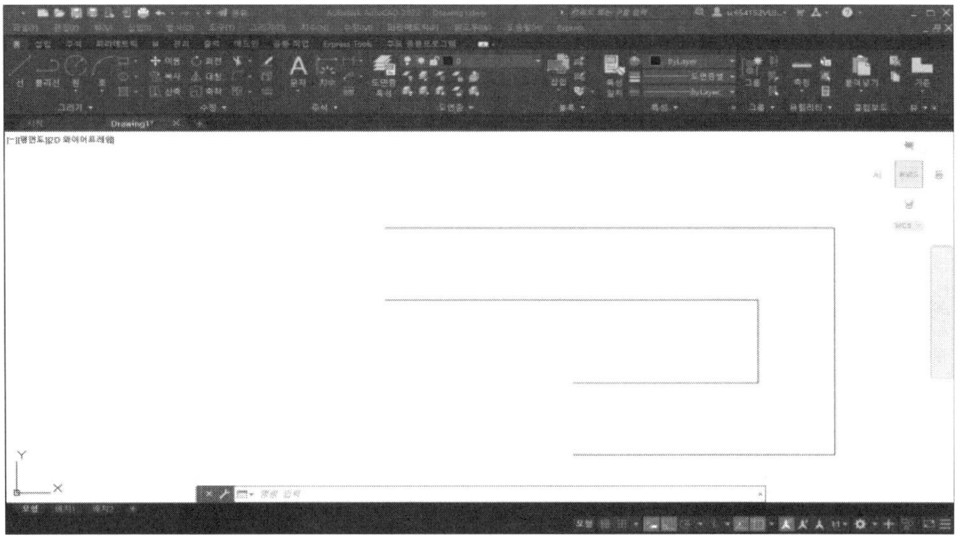

Mline을 이용한 선 그리기

▌다중선의 여러 가지 옵션들

- 자리 맞추기(J) : 선을 그릴 때의 정렬 점으로 초기값은 Top으로 되어 있고 Top(위)/Zero(중앙)/Bottom(아래)의 세 가지 정렬점이 있다.
- 축척(S) : 선의 간격(스케일)을 설정한다.
- 스타일(ST) : 다중선의 스타일을 설정한다.

4.14.2 다중선 만들기

다중선을 그리는 Mline 명령에 사용할 Mline의 스타일을 만드는 방법에 대해서 알아보자. Mline의 초기 값은 이중선으로 되어 있으므로 이 이중선을 그리고자 할 때에는 특별히 다중선을 만들 필요가 없으나, 다양한 스타일의 다중선을 자신의 기호에 맞도록 만들어보자.

·명령어 : MLSTYLE

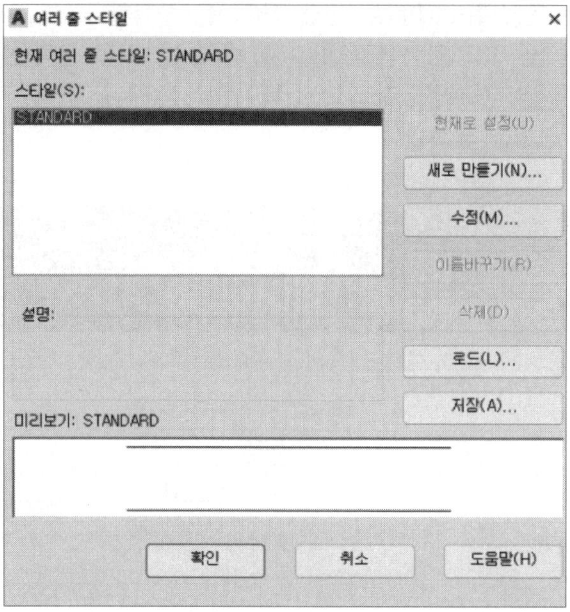

여러 줄 스타일 대화창

▌Mlstyle의 대화창 설명

- 현재로 설정(U) : 현재 다중선 스타일을 의미한다.
- 새로 만들기(N) : 새로운 스타일의 다중선을 만든다.
- 수정(M) : 만들어진 다중선을 편집한다.
- 이름 바꾸기(R) : 다중선의 이름을 변경한다.
- 삭제(D) : 스타일에서 선택된 다중선을 삭제한다.
- 로드(L) : 저장된 다중선을 불러온다.
- 저장(A) : 다중선을 저장한다.

따라해보세요

① 신규(N)를 클릭하면 아래와 같은 창이 뜬다. 여기에서 새 스타일 이름을 입력한다.

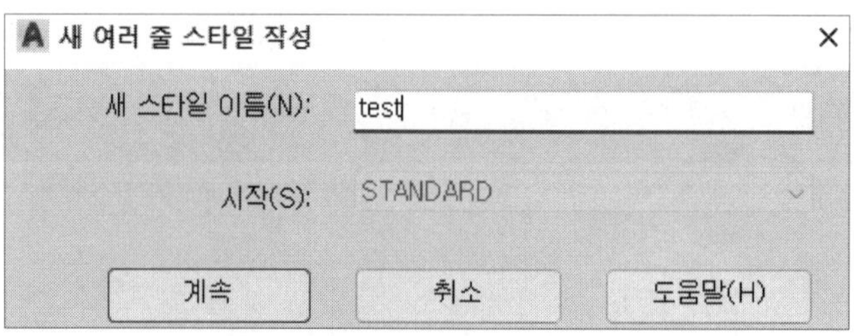

순서 ①

② 계속 을 클릭하여 아래 그림과 같은 대화창이 뜨면 외부 호 시작을 체크한 후 확인 버튼을 클릭한다.

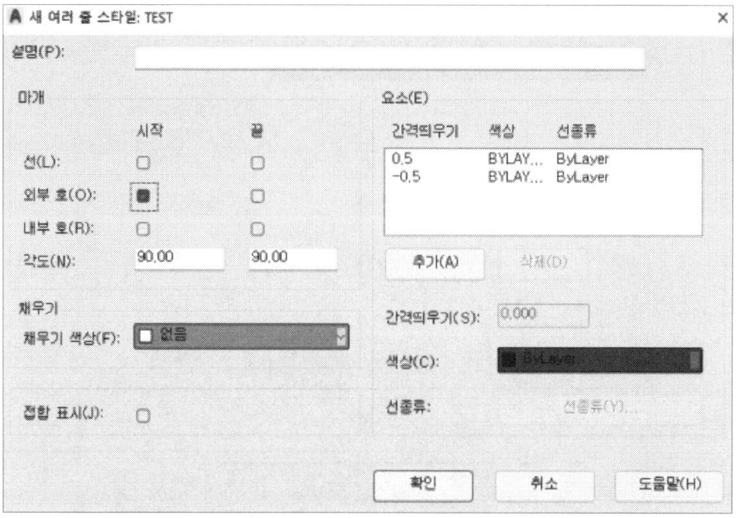

순서 ②

▌ 새 여러 줄 스타일 대화상자 설명

- 설명 : 간단한 설명을 입력한다. (입력하지 않아도 무방하다.)
- 마개 : 시작과 끝부분의 처리를 조절한다.
- 선(L) : 끝부분을 직선으로 막는다.
- 외부 호(O) : 외부선의 시작과 끝을 호로 막는다.
- 내부 호(R) : 내부선의 시작과 끝을 호로 막는다.
- 각도(N) : 선의 각도를 조절한다. (처음과 끝을 90°로 조절한다)
- 요소 : 현재의 선을 보여준다.
  아래쪽 박스를 보면 중심선으로부터 간격이 0.5와 -0.5인 2종류의 선이 있다.
  세줄 이상의 선을 그리고 싶다면 추가를 눌러서 선을 추가하면 된다.
- 추가/삭제 : 선을 추가하거나 지운다.
- 간격띄우기 : 선의 간격을 지정한다.
- 선 종류 : 선택한 선의 Linetype을 결정한다.
  Linetype에 들어가서 Load를 클릭한 후 원하는 선을 선택하여 불러온다.

③ 원하는 다중선을 만든 후 저장해 놓으면 다음에도 사용이 가능하다.

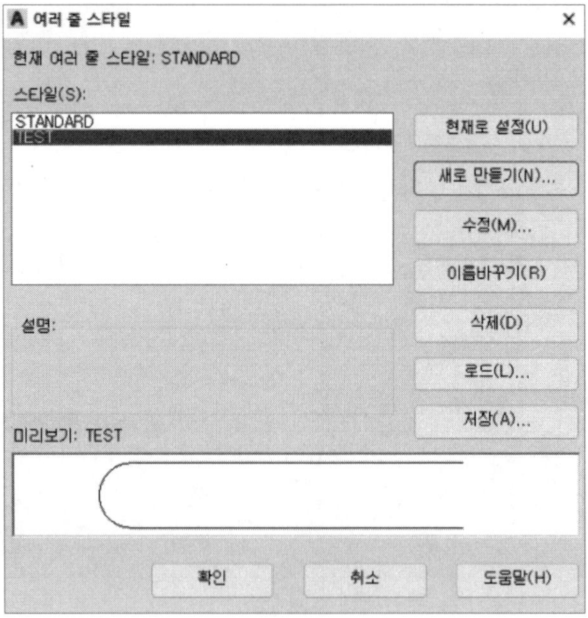

순서 ③

④ 저장(A)... 을 클릭하면 아래 그림과 같은 대화상자가 뜬다. 이름을 'TEST1'로 저장한다.

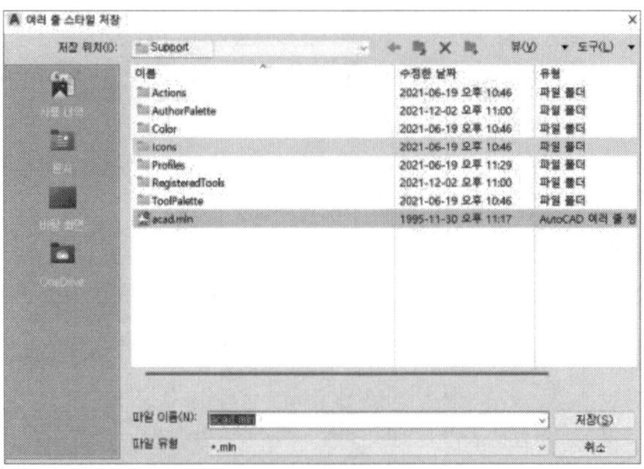

순서 ④

⑤ 이후에도 계속해서 'TEST1'이라는 스타일을 사용하기 위해서는 Mlstyle에서 로드(L)... 버튼을 클릭 후, 저장된 스타일에서 'TEST1'을 선택하여 불러와 사용할 수 있다.

4.14.3 다중선 사용하기

지금까지 다중선을 만드는 법을 배워봤다. 그렇다면 앞에서 만든 다중선을 사용해보자.

따라해보세요

① 명령 : ML [Space Bar] (Mline)

② 시작점 지정 또는 [자리 맞추기(J)/축척(S)/스타일(ST)] : ST (스타일 선택)
여러 줄 스타일 입력 또는 [?] : TEST1

③ 시작점 지정 또는 [자리 맞추기(J)/축척(S)/스타일(ST)] : J
자리 맞추기 유형 입력 [맨 위(T)/중앙(Z)/맨 아래(B)] <맨 위> : Z

④ 시작점 지정 또는 [자리 맞추기(J)/축척(S)/스타일(ST)] : 시작점(P1)을 클릭한다.

⑤ 다음 점 지정 : 두 번째 점(P2)을 클릭한다.

⑥ [Space Bar]를 클릭하여 종료한다.

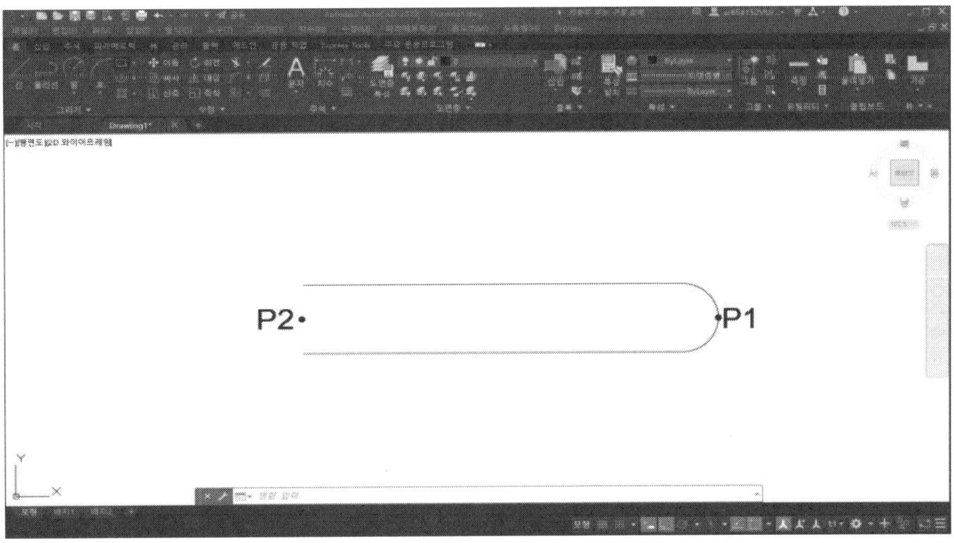

저장된 다중선 스타일을 이용한 선 그리기

4.14.4 다중선 편집하기

다중선은 하나의 블록으로 인식되며 편집이 가능하다. 교차된 다중선을 편집하는데 사용하는 명령어가 MLEDIT이다.

·명령어 : MLEDIT

따라해보세요

아래와 같이 Mline를 이용한 선이 있다고 할 때 Mledit 명령어를 사용하여 편집해보자.

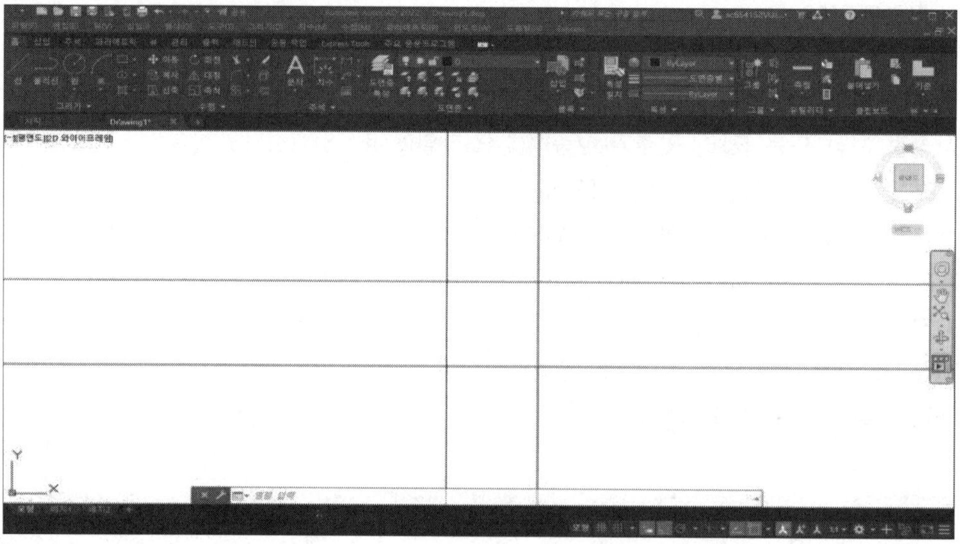

Mline으로 그려진 선 (미리 Mline으로 그려진 교차하는 선을 준비한다.)

① 명령 : Mledit [Space Bar]

② 열린 십자형을 클릭한다.

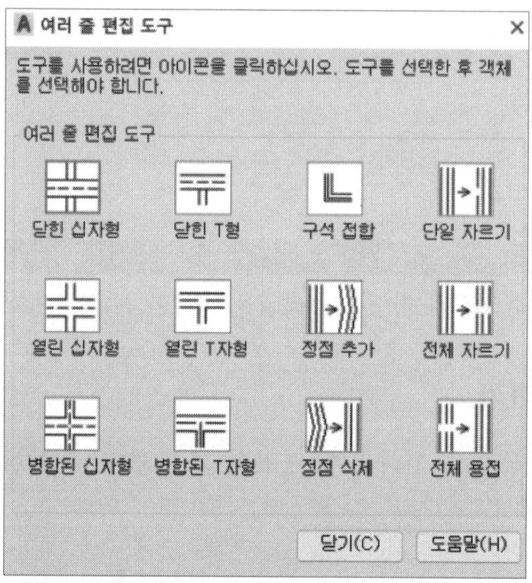

순서 ② Mledit 편집도구의 열린 십자형 선택

③ 첫 번째 여러 줄 선택 : P1 클릭
두 번째 여러 줄 선택 : P2 클릭

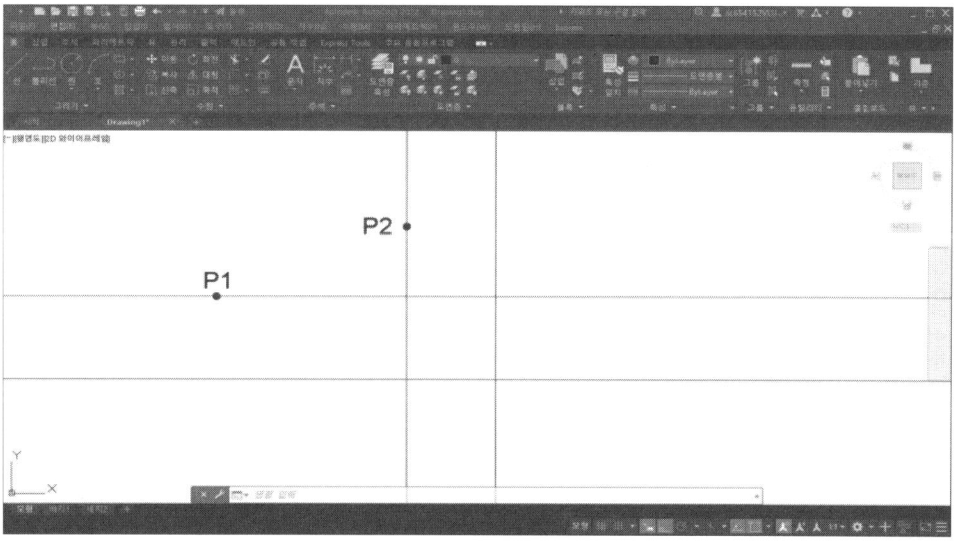

순서 ③ 가로축과 세로축의 다중선 선택

④ 교차된 다중선이 열린 십자 형태로 바뀌는 걸 확인할 수 있다.

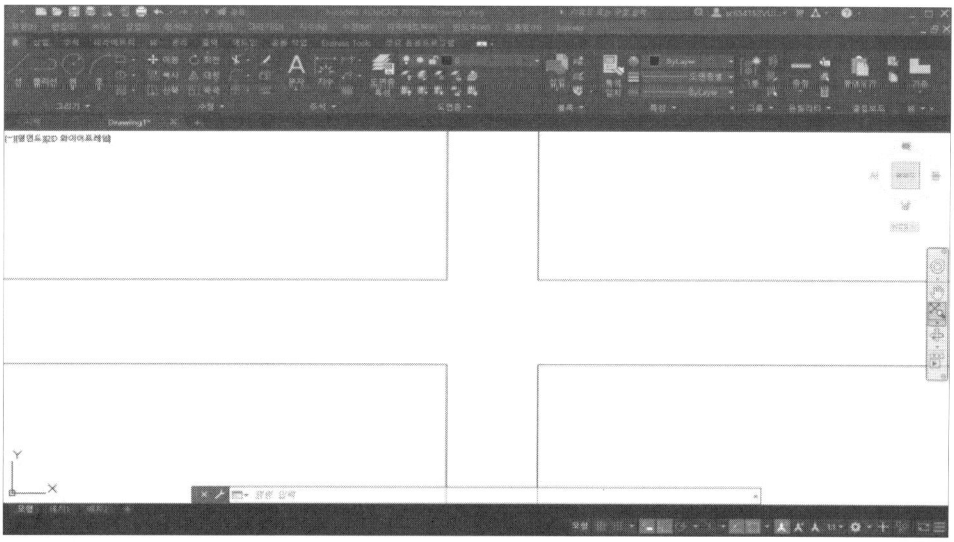

④ 완성

다중선을 편집에는 여러 가지가 있는데, 각각의 설명은 다음과 같다. 작업할 때 적절한 편집 방법을 찾기 위해서는 많은 연습이 필요하다.

EDIT TOOL	설 명	
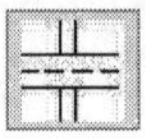	닫힌 십자형	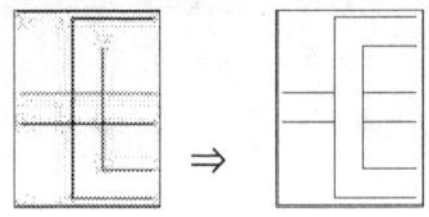
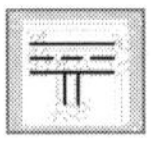	닫힌 T형	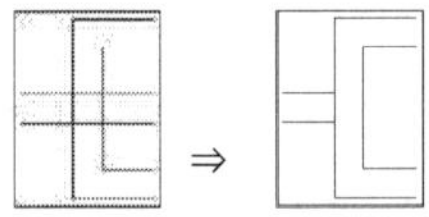
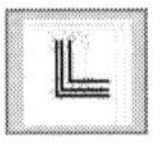	구석 접합	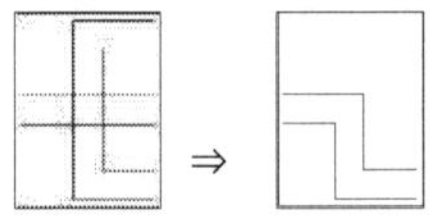
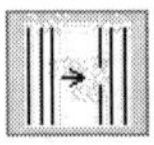	단일 자르기	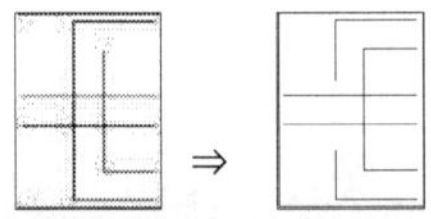
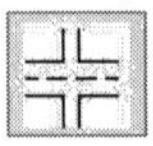	열린 십자형	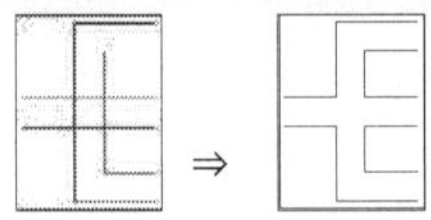
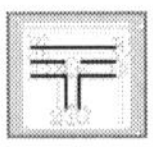	열린 T자형	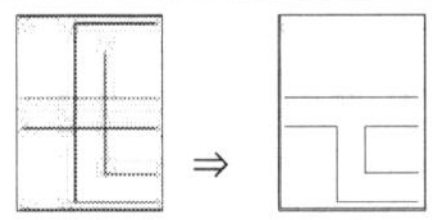
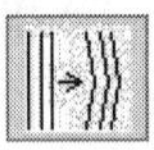	정점 추가	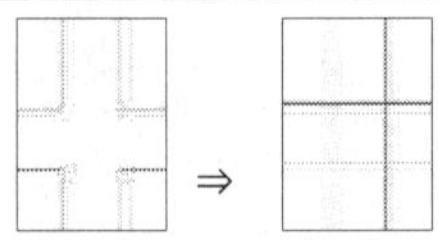
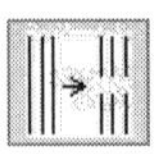	전체 자르기	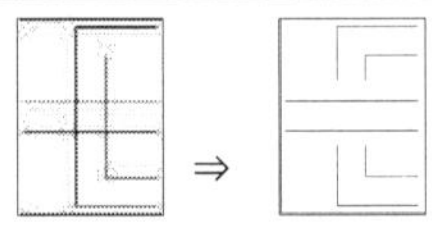
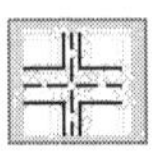	병합된 십자형	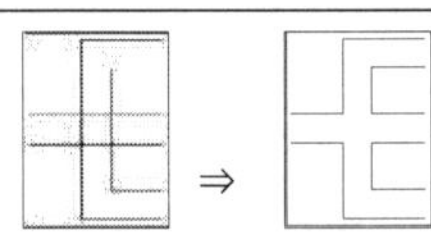
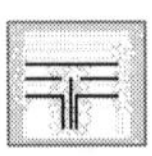	병합된 T자형	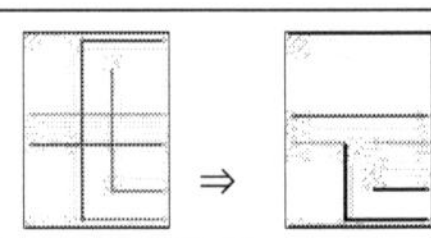
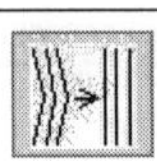	정점 삭제	
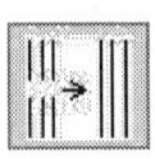	전체 용접	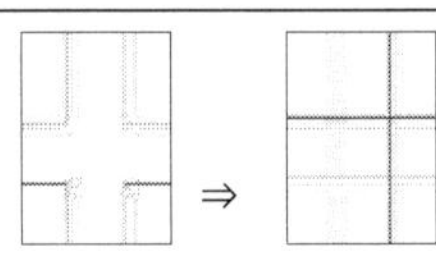

예제 그려보기

다중선을 이용하면 사용자 기호에 맞는 다양한 형태의 선 종류를 만들어 사용할 수 있을 뿐만 아니라, 건축 드로잉 시 벽체나 창문 등 이중선 이상의 선이 들어가는 부분에 매우 효율적으로 사용할 수 있다. 다음의 그림들을 하나씩 그려보자.

4.15 구름형 수정 기호

AutoCAD 2022에서는 기존 다각형뿐만 아니라 직사각형, 폴리곤, 프리핸드와 같은 향상된 기능으로 구름형 수정기호를 사용할 수 있다.

· 명령어 : REVCLOUD	· 리본 : 홈 탭 → 그리기 패널 → · 메뉴 : 그리기 → 구름형 리비전

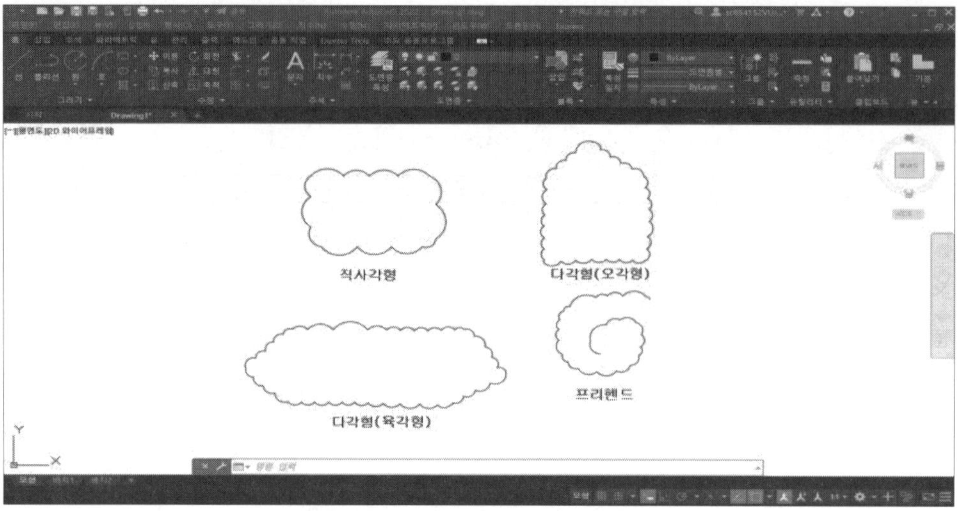

한층 더 향상되고 다양한 구름형 수정기호

객체 선택 후 구름형 수정기호의 크기 및 모양을 수정할 수 있다.

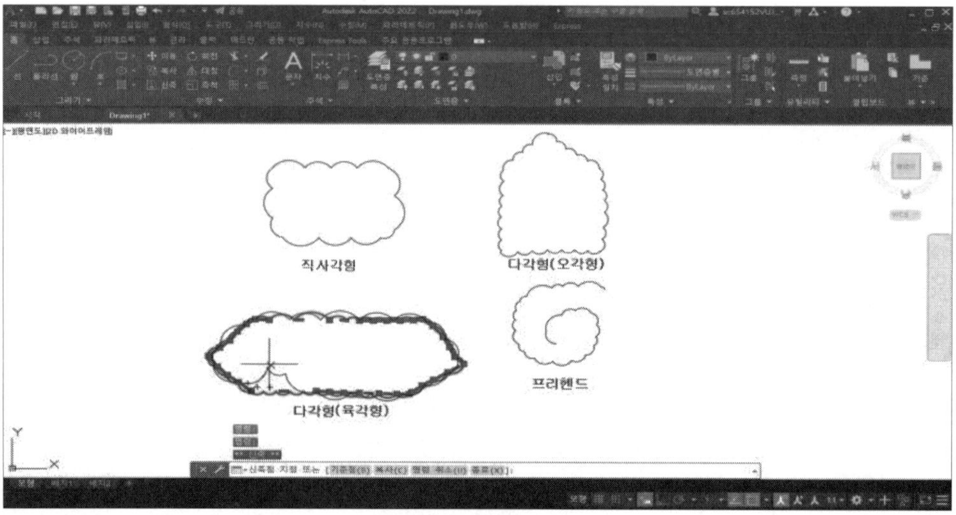

구름형 수정기호 변경

구름형 수정기호의 모양을 좀 더 둥글둥글하게 하고 싶다면 명령어 'REVCLOUD' 입력 후 [호 길이(A)] (A) 입력 → 저자는 최소 호 길이를 300 → 최대 호 길이를 300을 입력한 후 직사각형을 그려 보았다. 구름형 수정기호의 모양이 달라진 것을 확인할 수 있다.

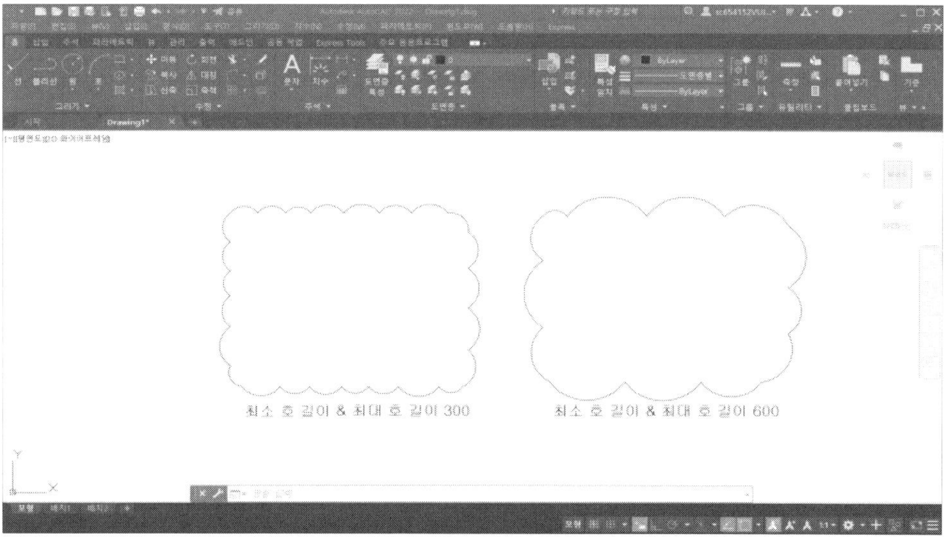

4.16 객체 스냅(OSNAP) 사용법

OSNAP은 객체의 어떤 특정부분을 정확하게 찾을 수 있도록 도와주는 도구이다. 선이나, 원, 호 등의 접점이나 교차점 등은 스냅과 그리드 등의 기능만으로는 정확한 위치에 포인팅하기가 매우 어렵다. 특히 도면이 복잡해질수록 점, 호, 각도 있는 선의 교차점들은 더 이상 스냅점에 맞지 않게 된다. 얼핏 봐서는 구분이 가지 않으나, 작업영역을 확대해서 보면 맞지 않는 경우가 대부분이다. 따라서 AutoCAD에서는 OSNAP 도구를 이용하여 정확한 지점을 포인팅할 수 있도록 해주고 있다. OSNAP 도구는 정확한 드로잉을 하는데 매우 유용하게 사용하므로 많은 연습을 통해 반드시 숙지하기 바란다.

4.16.1 객체 스냅 이용

객체 스냅을 사용하기 위한 방법으로는 객체 스냅 툴바를 화면에 불러들여 사용하는 방법과 툴바에서 스냅 메뉴를 사용하는 방법이 있다. 객체 스냅 이용에 대해서 자세하게 알아보자. 또한 AutoCAD 2022에서도 AutoCAD 2016에서 추가된 기하학적 중심을 이용하여 원과 다각형에서 쉽게 중심점을 찾을 수 있도록 하였다.

▌ 객체 스냅의 설정 방법

① 명령어 사용하기

· 명령어 : OSNAP　　　　　　　　　　　· 단축키 : OS

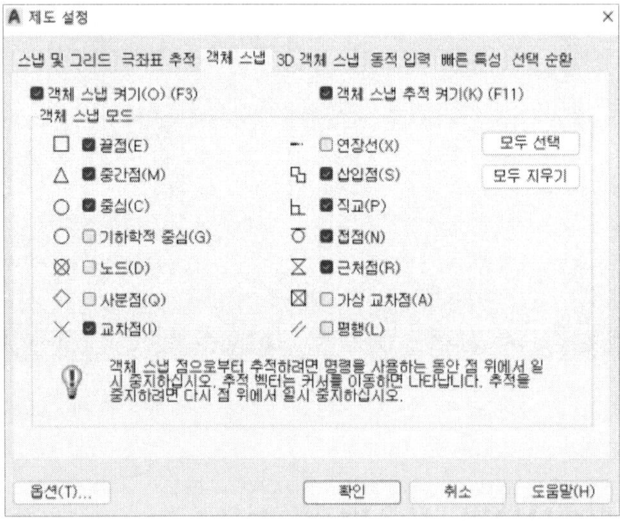

방법 ①

② Shift 또는 Ctrl 키를 누른 상태에서 마우스의 오른쪽 버튼을 클릭하면 객체 스냅 툴바를 화면에 불러올 수 있다.

방법 ②

③ 그리기 도구에서 객체스냅 아이콘에서 오른쪽 마우스를 클릭하면 설정 툴바가 나타난다.

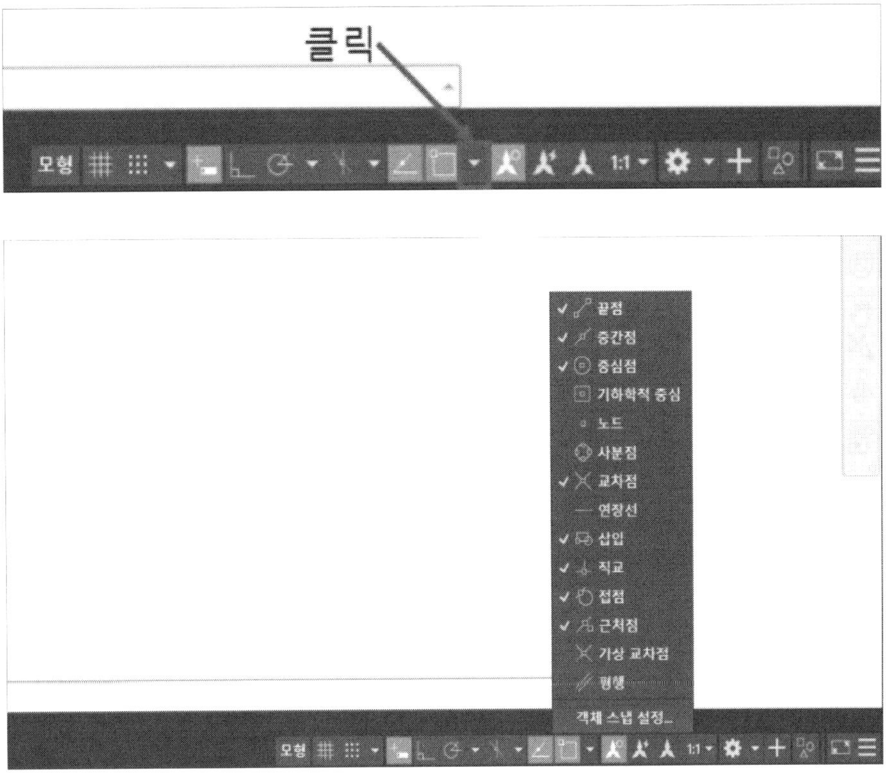

방법 ③

④ 메뉴막대 : [도구(T)] → [제도 설정]을 클릭하면 객체스냅 대하 상자가 나타난다.

방법 ④

객체 스냅의 여러 가지 옵션들

	끝점	호, 선, 영역 또는 광선의 끝점을 스냅 한다.
	중간점	호, 타원, 원, 선 의 중간점을 스냅 한다.
	중심점	원이나 호의 중심점을 스냅 한다.
	기하학적 중심	폴리선, 2D 폴리선 및 2D 스플라인의 기하학적 중심점으로 스냅 한다.
	노드	점 객체, 치구 정의점 또는 치수 문자 삽입 점을 스냅 한다.
	사분점	타원 및 원이나 호의 1/4지점을 스냅 한다.
	교차점	선이나 호, 원의 교차점을 스냅 한다.
	연장선	선택한 객체의 연장선상의 한 점을 찾아준다.
	삽입	속성, 블록, 쉐이프 또는 문자의 삽입 점을 스냅 한다.
	직교	선이나 원, 호 등의 수직인 점을 스냅 한다.
	접점	호, 원, 타원 또는 스플라인의 접점을 스냅 한다.
	근처점	객체의 가장 근접한 점을 스냅 한다.
	가상 교차점	실제로는 교차하지 않으나 화면상의 두 선이 교차되는 지점을 스냅 한다.
	평행	선택한 선형 객체와 평행이 되도록 한다.

자주 사용하는 객체 스냅의 옵션 연습해보기

(1) 끝점(E)

따라해보세요

아래 그림과 같은 선분이 있다.

① 명령 : OS [Space Bar] (OSNAP)

② 끝점(E)을 선택한 후 확인 버튼을 누른다.
(여러 가지 옵션을 같이 선택해주어도 되지만, 너무 많은 옵션을 선택하면 드로잉을 할 때 오히려 불편하므로 꼭 필요한 옵션만을 선택하여 사용하도록 한다.)

③ 명령 : L [Space Bar] (LINE)

④ 선의 끝 근처에 마우스를 갖다 대면 자동으로 선분의 끝점을 찾아준다.

OSNAP 끝점(E) 선택 후

(2) 중간점(M)

따라해보세요

아래 그림과 같은 선분이 있다.

① 명령 : OS [Space Bar] (OSNAP)

② 중간점(M)을 선택한 후 확인 버튼을 누른다.
③ 명령 : L [Space Bar] (LINE)
④ 선의 중간점 근처에 마우스를 가져가면 선분의 중간지점을 자동으로 찾아준다.

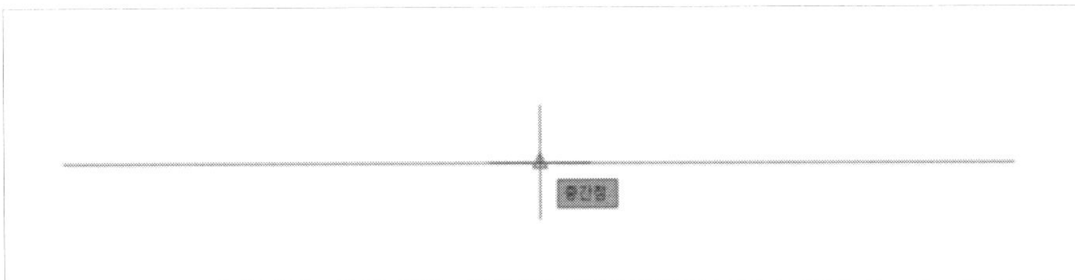

OSNAP 중간점(M) 선택 후

(3) 교차점(I)

따라해보세요

아래 그림과 같은 교차된 선분이 있다.

① 명령 : OS [Space Bar] (OSNAP)
② 교차점(I)을 선택한 후 확인 버튼을 누른다.
③ 명령 : L [Space Bar] (LINE)
④ 두 선분 근처에 마우스를 가져가면 선분의 교차점을 자동으로 찾아준다.

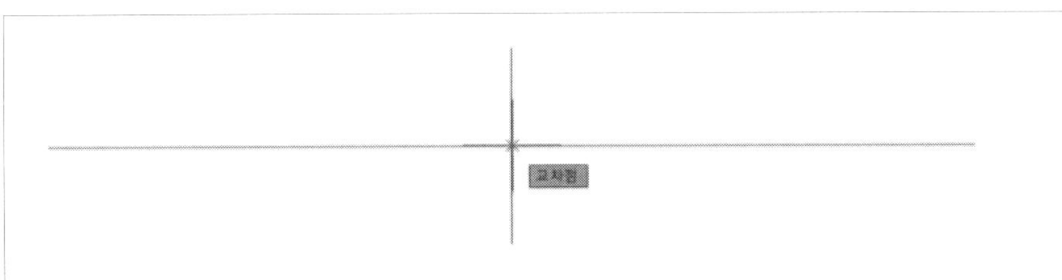

OSNAP 교차점(I) 선택 후

(4) 중심점(C)

따라해보세요

아래 그림과 같은 원이 있다.

① 명령 : OS Space Bar (OSNAP)
② 중심점(C)을 선택한 후 확인 버튼을 누른다.
③ 명령 : L Space Bar (LINE)
④ 원 근처에 마우스를 갖다 대면 원의 중심점을 자동으로 찾아준다.
(만약 원의 중심점이 잡히지 않는다면, 원의 선 위를 십자선 으로 대고 나면 원의 중심점이 잡힌다.)

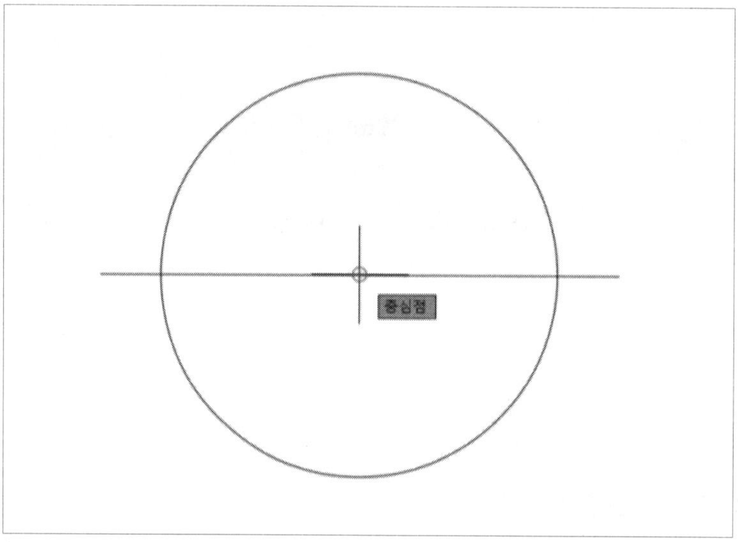

OSNAP 중심점(C) 선택 후

(5) 사분점(Q)

따라해보세요

다음과 같은 원이 있다.

① 명령 : OS Space Bar (OSNAP)
② 사분점(Q)을 선택한 후 확인 버튼을 누른다.
③ 명령 : L Space Bar (LINE)
④ 원 근처에 마우스를 가져가면 원의 1/4지점을 자동으로 찾아준다.

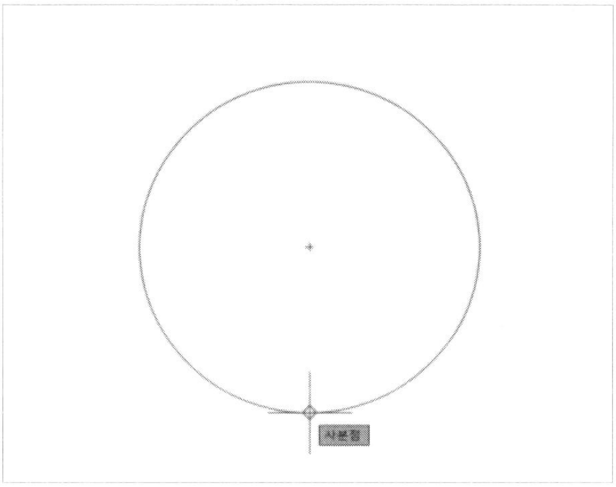

OSNAP 사분점(Q) 선택 후

(6) 기하학적 중심(G)

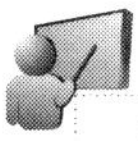

따라해보세요

다음과 같은 다각형이 있다.

① 명령 :OS Space Bar (OSNAP)
② 기하학적 중심(G)을 선택한 후 확인 버튼을 누른다.
③ 명령 : L Space Bar (LINE)
④ 원 근처에 마우스를 갖다 대면 원의 1/4지점을 자동으로 찾아준다.

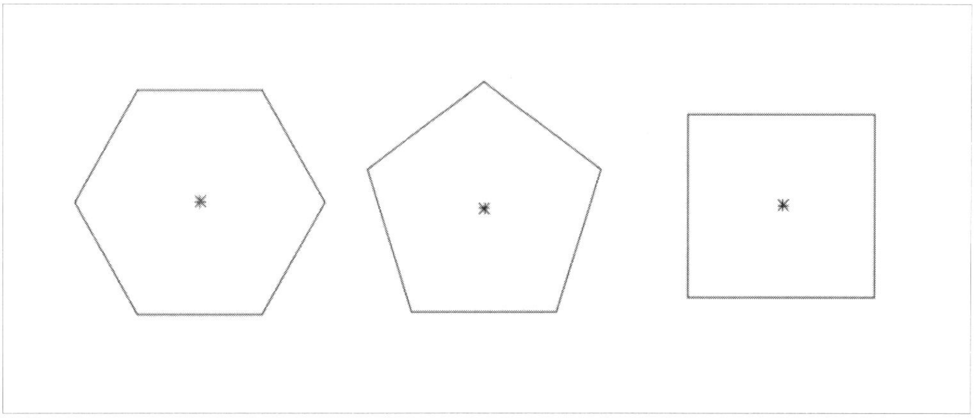

OSNAP 기하학적 중심(G) 선택 후

객체 스냅 크기 조절하기

도면의 크기에 맞지 않게 객체 스냅 표시가 작거나 클 경우 객체스냅 옵션을 통해 표시 크기를 조절할 수 있다.

따라해보세요

① 명령 : OS Space Bar (OSNAP)

② 옵션(T)... 클릭한다.

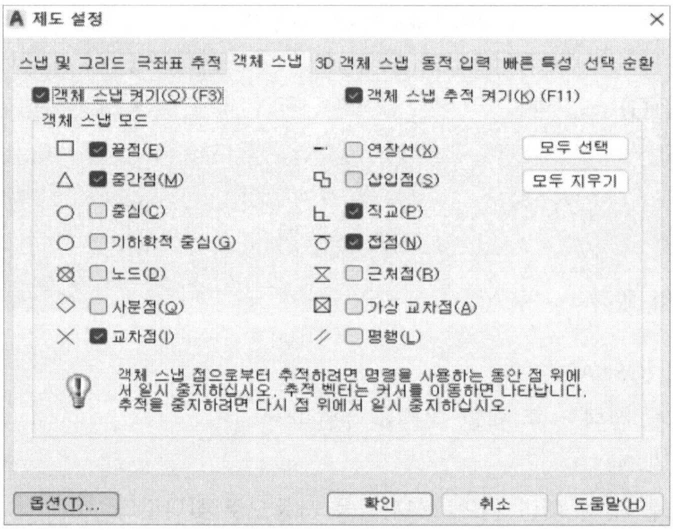

순서② 객체 스냅 대화상자

③ 옵션 대화상자에서 사용자의 기호에 맞도록 포인트 크기 및 색깔을 바꿀 수 있다.

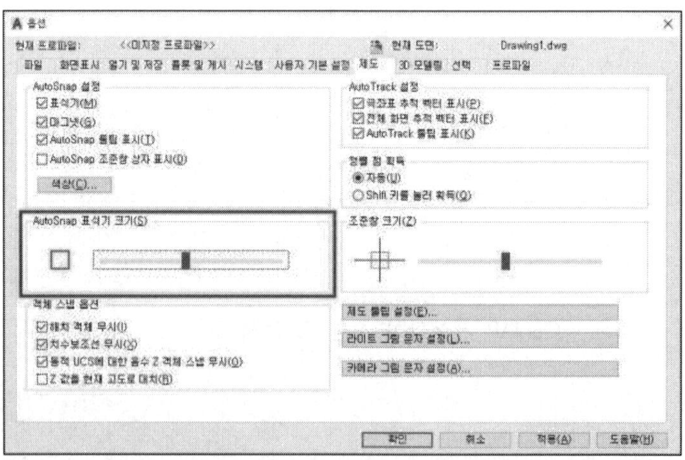

순서③ 포인트의 크기 및 색깔 변경 대화상자

4.16.2 객체 스냅 쉽게 On/Off하기

① 단축키 [F3]키를 눌러주면 객체 스냅이 On/Off 된다.
② 상태 막대에 있는 객체 스냅 아이콘을 클릭으로도 On/Off가 가능하다.

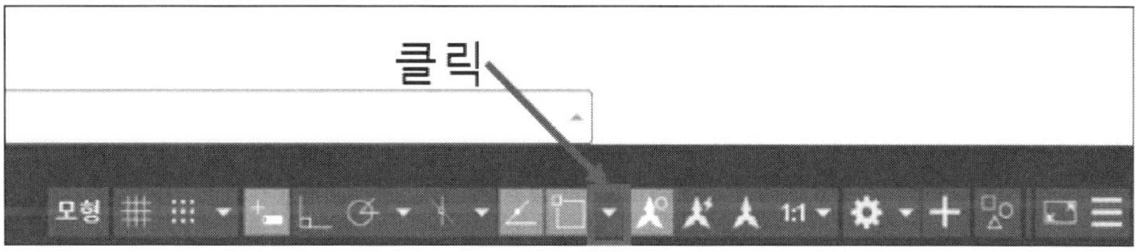

방법 ②

F3 키 또는 상태막대의 아이콘을 누를 때마다 자동으로 객체 스냅을 On/Off하게 되나, 대화상자가 나타나지 않는다. 따라서 객체 스냅의 대화상자를 원할 때에는 "OS(OSNAP)"이라고 명령을 입력해야 한다.

다시 한 번 강조하지만 OSNAP 기능은 정확한 도면을 그릴 때 매우 중요한 항목이므로 많은 연습을 통하여 꼭 숙지하기 바란다.

4.17 PICKBOX 명령

PICKBOX 명령은 객체 선택 메시지 실행 중에 나타나는 박스의 크기를 조절해 주는 명령어이다.

·명령어 : PICKBOX

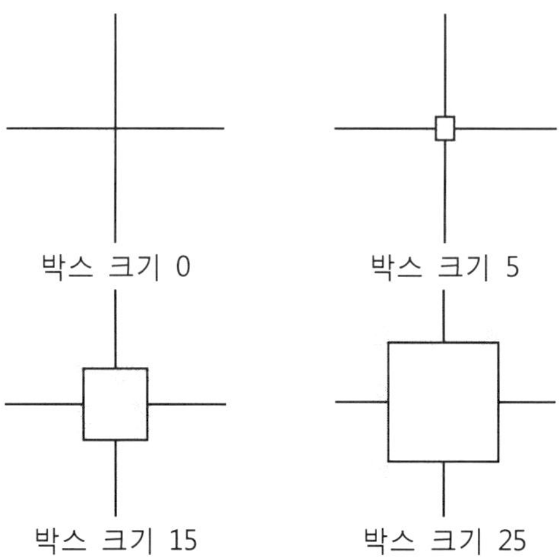

4.18 REDRAW 명령

Redraw 명령은 도면 작업 시 생기는 불필요한 잔상 또는 Erase 명령어 사용 시 Blip이라는 +모양의 흔적들을 도면에서 깨끗이 정리해주며, 편집 등으로 인해 사라진 도면요소를 재드로잉 시켜준다.

· 명령어 : REDRAE　　　　· 단축키 : R

Chapter 5 편집(Edit)

AutoCAD는 막강한 드로잉 기능을 가지고 있음은 물론 그에 따른 막강한 편집(Edit) 기능을 가지고 있다. 따라서 수많은 편집명령어들이 있지만, 이 책에서는 일반적으로 가장 많이 사용하는 몇 가지 편집명령어들에 관하여 공부해보자. 이러한 편집명령들은 단축키로 익혀두면 매우 유용하게 사용할 수 있으니 이 점 숙지하기 바란다.

5.1 객체 선택 방법

객체 선택방법은 원활한 편집 작업을 위해서는 필수로 알아두어야 할 방법이다.

5.1.1 개별 객체 선택하기

선택상자(Pick box)로 객체를 직접 클릭하여 선택하는 방법이다. 일단 선택된 객체는 아래 그림과 같이 하이라이트(highlight) 처리가 되어 선택되지 않은 객체와 구분이 된다.

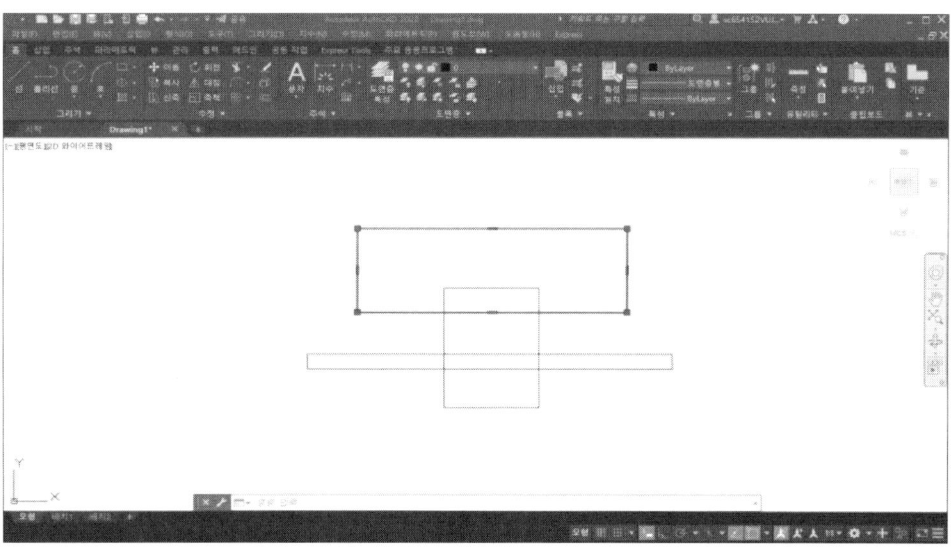

개별 객체 선택

객체 선택 제거

선택된 객체의 선택상태를 해제하려면 Shift키를 누르고 한 번 더 클릭한다.

5.1.2 다중 객체 선택하기

다중 객체 선택으로는 교차(Crossing) 선택과 윈도우(Window) 선택으로 나누어진다.

교차 선택

커서를 오른쪽(P1)에서 왼쪽(P2)으로 끌어 점선 테두리의 사각형으로 객체를 선택하는 방식으로, 점선 테두리(녹색)의 상자 안에 포함되는 객체와 걸쳐진 객체가 모두 선택된다.

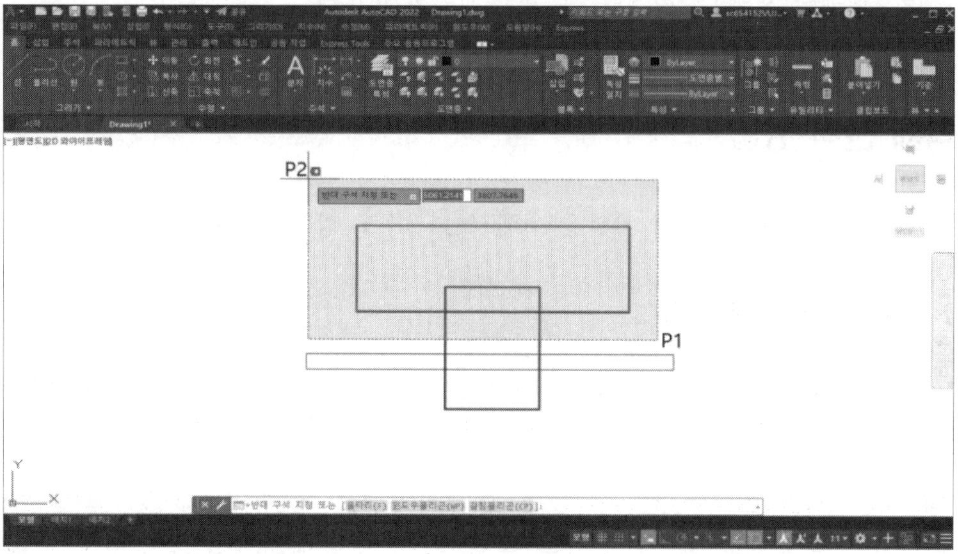

교차 선택 방법

윈도우 선택

커서를 왼쪽(P1)에서 오른쪽(P2)으로 끌어 실선 테두리의 사각형으로 객체를 선택하는 방식으로, 실선 테두리(파란색)의 상자 안에 완전히 포함되는 객체만 선택된다.

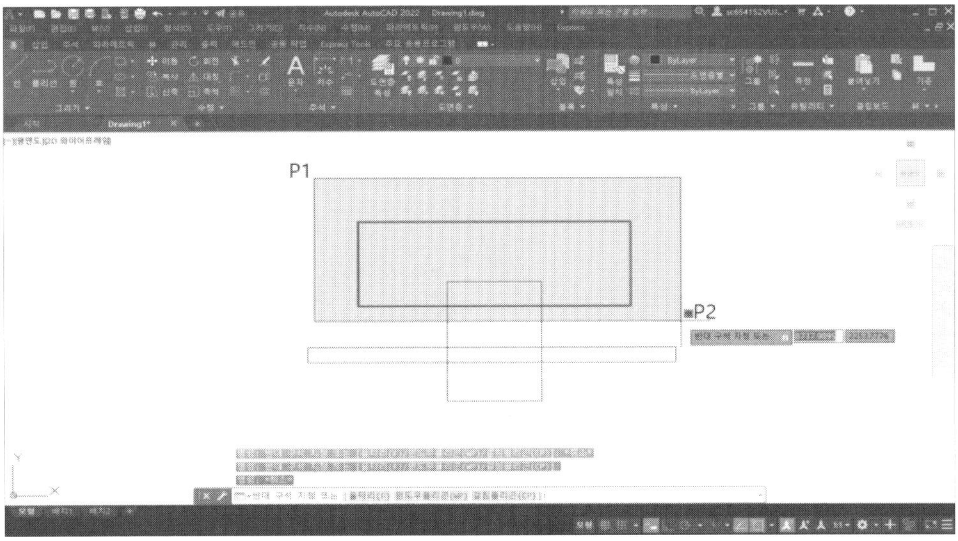

윈도우 선택 방법

5.1.3 올가미 선택하기

AutoCAD 2014에서 다중 객체 선택하는 방법은 윈도우 선택, 교차선택 두 가지 밖에는 지원되지 않았다. 이 두 가지 방법은 모두 사각형의 형태이기 때문에 유연한 객체 선택이 힘들었고, 사선이나 복잡한 객체를 선택해야 하는 경우 나눠서 선택해야 하는 불편함이 있었다. 그래서 AutoCAD 2015에서부터 현재 AutoCAD 2022에서 올가미 선택을 지원하여 마우스를 클릭한 상태에서 드래그 하여 불규칙한 영역까지도 선택이 가능해졌다.

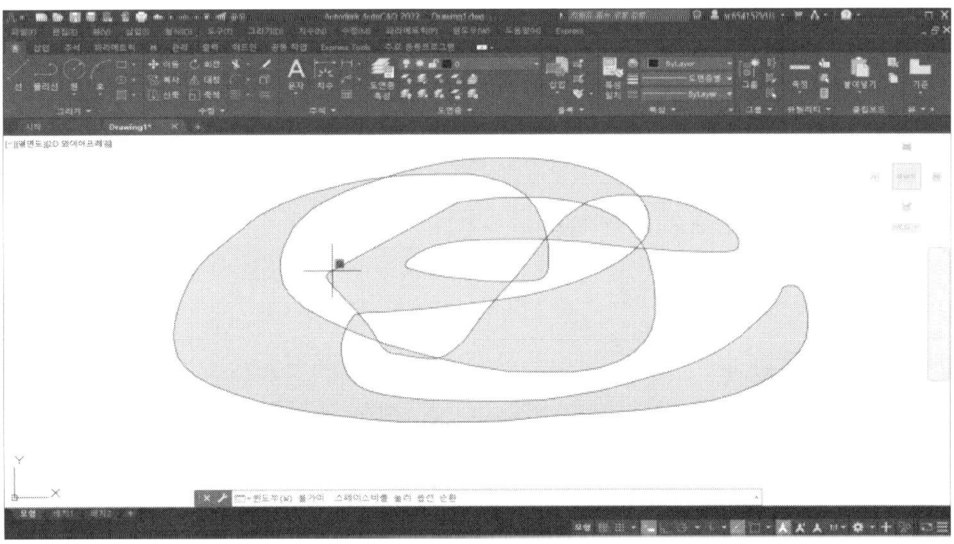

올가미 선택

올가미 선택은 옵션의 선택 탭에서 제어가 가능하다.

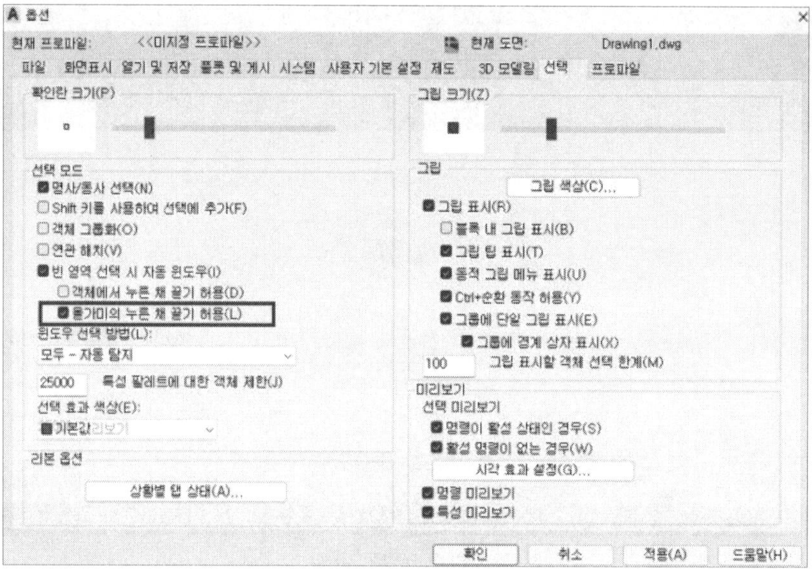

올가미 선택

[옵션] → [선택] → [올가미의 누른 채 끌기 허용]

5.1.4 그 밖의 객체 선택 옵션 사용하기

객체를 선택하는 단계에서는 활성 옵션이 보이지 않지만 '?'를 입력하면 여러 가지 선택 옵션이 보인다.

따라해보세요

① E Space Bar (ERASE)

② 객체 선택: ? Space Bar

아래 그림과 같이 객체 선택 옵션이 나온다.

그 밖의 선택 옵션

- 윈도우(W) : 2점에 의해 정의된 직사각형 내에 완전히 포함된 모든 객체를 선택한다.
- 최종(L) : 가장 최근에 작성된 가시적인 객체를 선택한다.

- 걸치기(C) : 2점에 의해 정의된 면적 내에 포함되거나 교차하는 객체를 선택한다.
- 상자(BOX) : 2점에 의해 정의된 영역 내에 포함되거나 교차하는 모든 객체를 선택한다.
- 모두(ALL) : 동결되거나 잠긴 도면층의 객체를 제외한 모든 객체를 선택한다.
- 울타리(F) : 울타리와 교차하는 모든 객체를 선택한다.
- 윈도우 폴리곤(WP) : 지정한 점들에 의해 정의된 다각형 내에 완전히 포함된 객체를 선택한다.
- 걸침 폴리곤(CP) : 지정한 점들에 의해 정의된 다각형 내에 포함되거나 교차하는 객체를 선택한다.
- 그룹(G) : 지정된 그룹의 모든 객체를 선택한다.
- 추가(A) : 객체를 추가하여 선택한다.
- 제거(R) : 선택된 객체에서 선택을 제거할 수 있다.
- 다중(M) : 객체 선택 중에 객체를 강조하지 않고 개별적으로 선택한다.
- 이전(P) : 가장 최근에 선택했던 객체를 선택한다.
- 명령취소(U) : 가장 최근에 추가 선택한 것을 취소한다.
- 자동(AU) : 객체를 가리키면 객체를 자동으로 선택한다.
- 단일(SI) : 추가 선택에 대한 프롬프트를 표시하지 않고 첫 번째 객체 또는 지정된 객체 세트를 선택한다.
- 하위 객체(SU) : 복합 솔리드나 정점, 모서리 및 3D 솔리드의 면의 일부인 원래 개별 형식을 선택할 수 있다.
- 객체(O) : 기본의 객체 선택 방법으로 복귀한다.

▌관련 시스템 변수

※ PICKFIRST : 명령을 먼저 실행할지 객체를 먼저 선택할지 조정한다.

0: 끄기 명령을 먼저 실행한 후 객체를 선택합니다.

1: 켜기 명령을 실행하기 전 객체를 먼저 선택해도 됩니다.(기본 값)

※ HIGHLIGHT : 선택된 객체에 강조 표시를 조정한다.

0: 끄기 객체를 선택해도 변화가 없어 선택되지 않는 객체와 구분이 안 된다.

1: 켜기 선택된 객체를 강조한다. (기본 값)

※ PICKADD : 객체 선택 시 추가 선택을 할지 마지막 선택만 유지할지 조정한다.

0: 끄기 가장 최근에 선택한 객체만 선택된다.

1: 켜기 선택이 누적된다.

5.1.5 신속 선택

객체의 특성 또는 유형을 기준으로 선택할 수 있다.

· 명령어 : QSELECT
· 메뉴 : 도구 →신속 선택
· 리본 : 홈 탭 → 유틸리티 패널 → (신속 선택)

리본메뉴

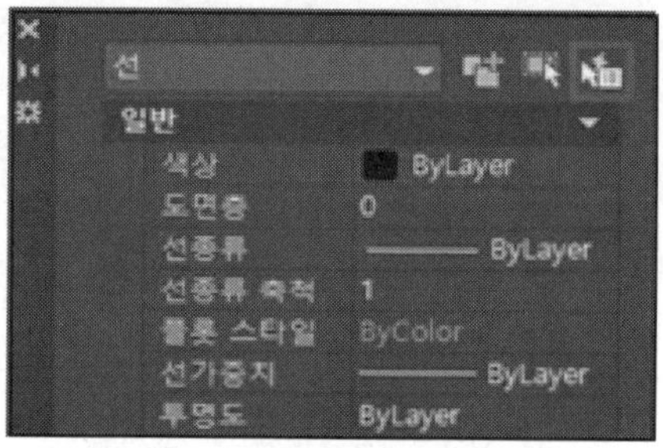

특성 팔레트

신속 선택 메뉴

따라해보세요

작성된 도면을 가지고 신속 선택 명령을 실행한다.

① QSELECT [Space Bar]

② [객체 유형]에서 '선' 선택, [특성]에서 '색상'을 선택, [값]을 '빨간색'으로 맞추고 [확인]을 누른다.

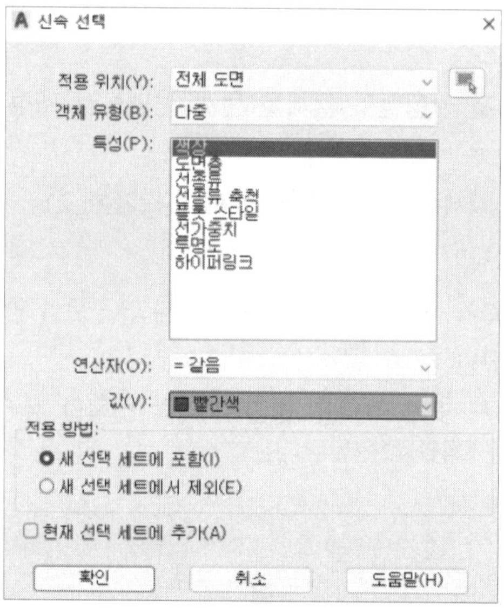

순서② 신속 선택 대화상자

③ 신속 선택을 실행하면 특성에서 객체의 색상이 '빨간색'으로 표시되는 객체들만 선택되는걸 알 수 있다.

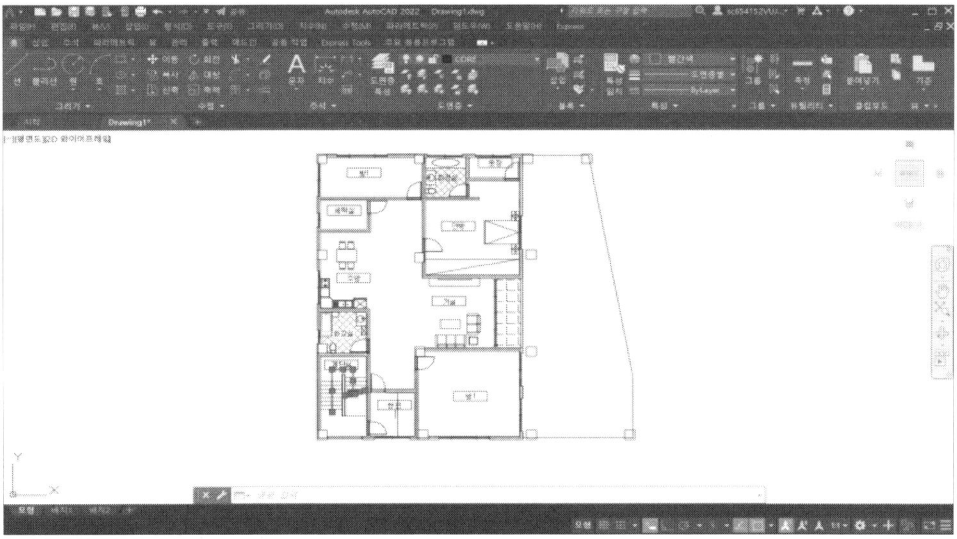

순서③ 신속 선택 완료

▌명령 먼저? 객체 선택 먼저?

AutoCAD에서는 명령을 먼저 실행하고 객체를 선택할 수도 있고 반대로 객체를 먼저 선택한 상태에서 명령을 실행시킬 수도 있다. 이와 같은 설정은 옵션에서 조정할 수 있다.

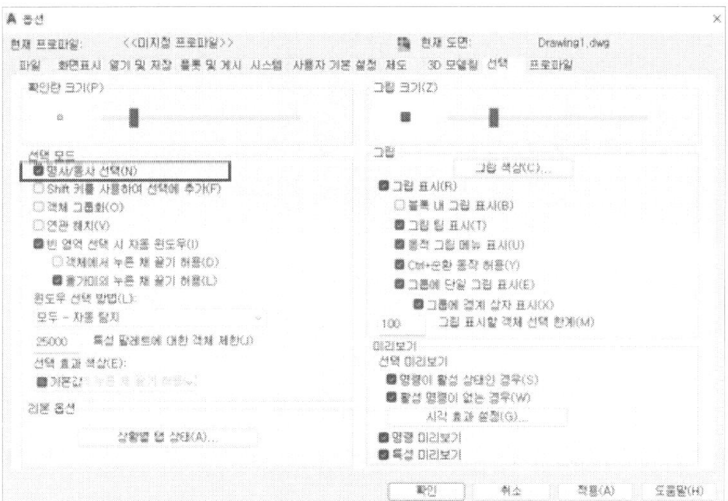

옵션 대화상자

[옵션]의 [선택사항]-선택모드를 보면 기본적으로 체크가 되어있어 객체 선택(동사) 후 명령 실행(명사)이 가능하다.

5.2 객체 수정 방법

5.2.1 명령 취소(UNDO)

Undo 명령은 앞에 실행한 명령을 한 단계씩 취소한다. CAD에서 많이 쓰이는 명령어 중 하나이다.

· 명령어 : UNDO · 신속 접근 막대 :
· 단축키 : U 또는 Ctrl + Z · 메뉴 : 편집 → 명령 취소(U)

따라해보세요

① 아래와 같은 라인을 그려보자.

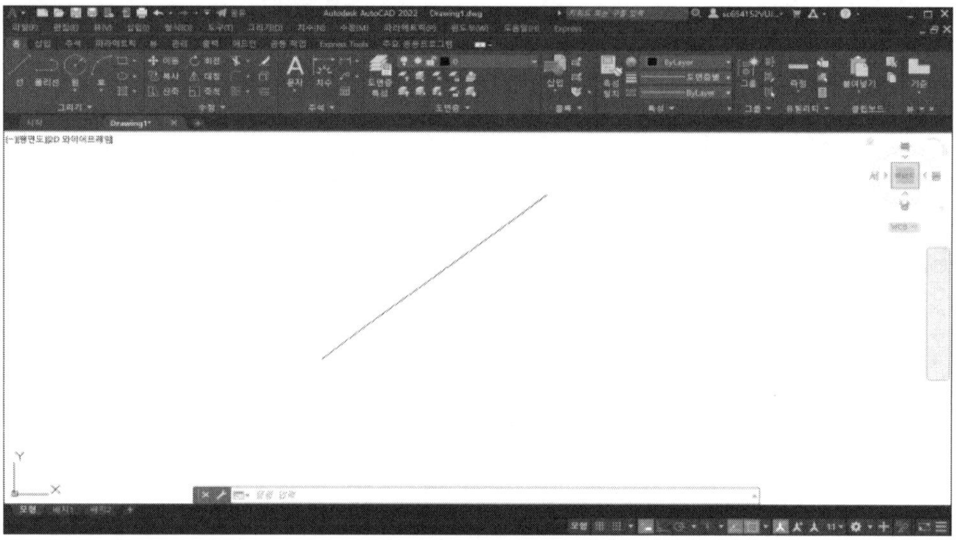

순서① 명령 취소(Undo) 전

② 명령 : U Space Bar (Undo)를 해보자.

③ 아래 그림과 같이 이전에 그렸던 라인이 없어졌음을 확인할 수 있다.

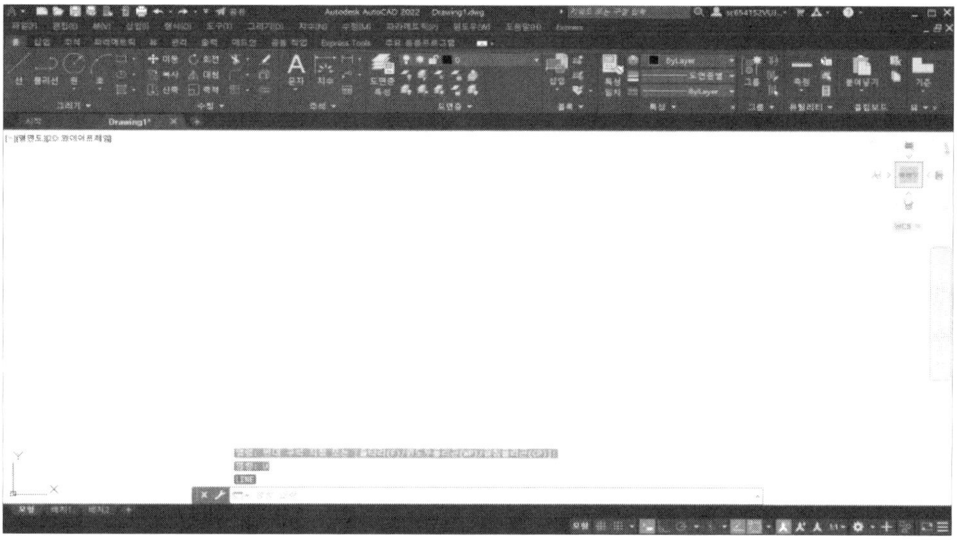

순서② 명령 취소(Undo) 후

이처럼 UNDO는 이전에 작업했던 내용을 취소하는 명령어이다.

5.2.2 명령 복구(Redo)

Redo 명령은 바로 이전에 실행한 하나의 취소작업만 복구할 수 있으며, 2단계 이상은 복구할 수 없다.

- 명령어 : Redo
- 단축키 : Ctrl + Y
- 신속 접근 막대 : 
- 메뉴 : 편집 → 명령 복구(R)

따라해보세요

① 위의 그림과 같은 UNDO명령을 실행한 상태에서 REDO Space Bar를 해보자.

② 없어졌던 라인이 다시 복구된 것을 확인할 수 있다.

이처럼 Redo는 이전에 지웠던 내용을 다시 복구시키는 명령어이다.

5.3 지우기(ERASE)

지우기(ERASE)는 말 그대로 객체를 지우는 명령어이다.

· 명령어 : ERASE · 리본 : 홈 탭 → 수정 패널 → (지우개)
· 단축키 : E 또는 Del · 메뉴 : 편집 → 삭제

Erase는 앞서 설명했던 객체 선택방법에 따라 포인팅(Pointing), 윈도우(Window), 교차(Crossing)의 세 가지로 나눌 수 있다.

5.3.1 포인팅(Pointing)

임의의 두 선이 있다고 가정할 때, 그 중 한 선만 지우고 싶다면 Erase 명령을 입력한 후 지우고 싶은 선을 클릭하여 지우면 된다.

따라해보세요

① 명령 : E Space Bar (ERASE)

② 객체 선택 : 지우고 싶은 선을 클릭한다. (선택된 선은 흐릿하게 표시된다.)

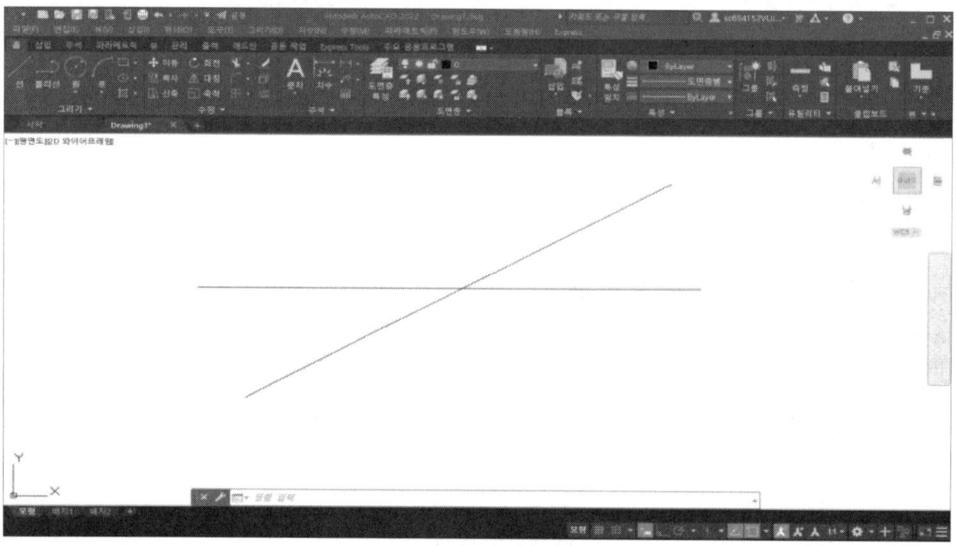

순서① 2개 객체 파악

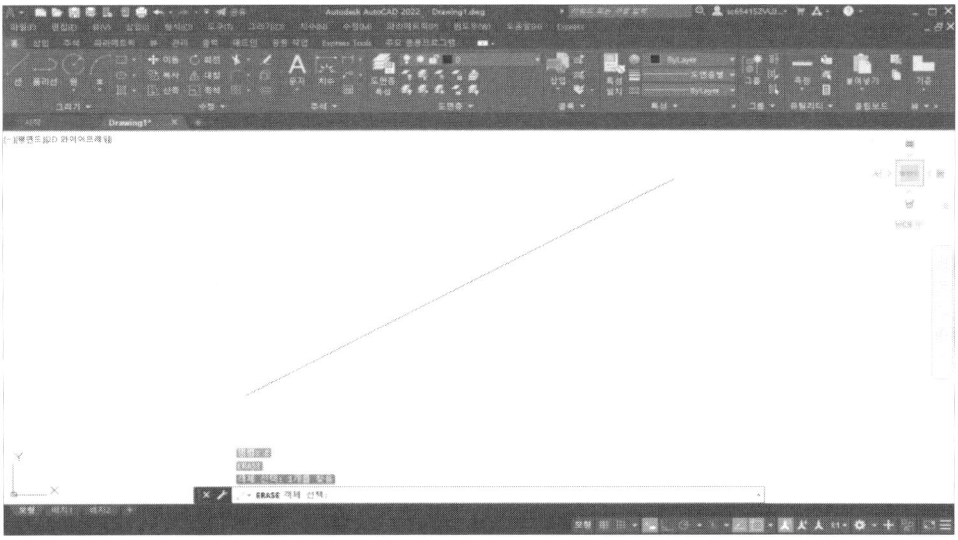

순서② 지우고 싶은 객체 선택

③ 객체를 선택하고 Space Bar 를 치면 선택된 선만 지워진다.

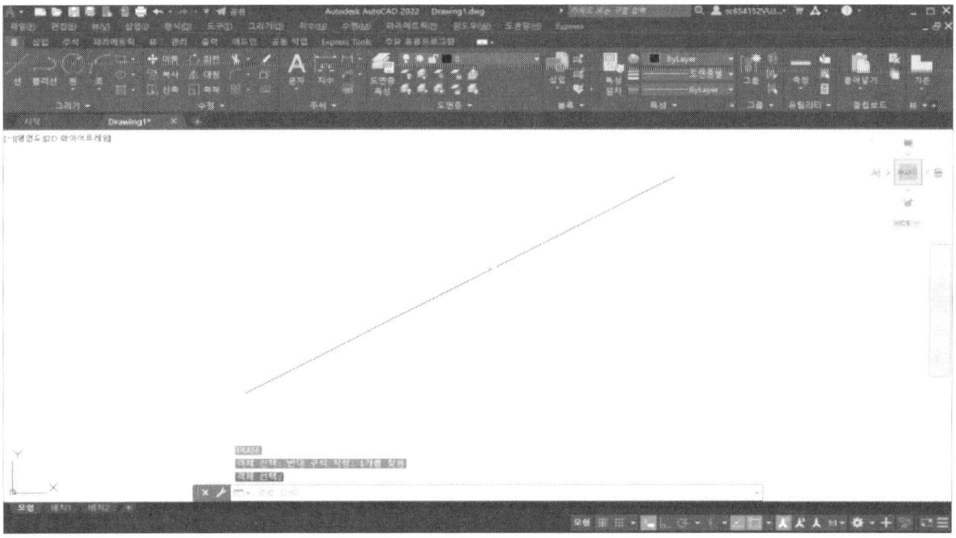

순서③ 명령 실행 후 지워진 선

5.3.2 윈도우(Window)

포인팅의 경우 지우고 싶은 것이 1개 또는 2개일 때 가능하지만 만약에 지울 부분이 많은 경우는 윈도우 방법을 사용한다. 윈도우는 수직을 기준으로 십자선이 왼쪽에서 오른쪽 드래그하며 객체를 선택하는 방법으로써 객체 전체가 윈도우 범위 안에 포함되어야 그 객체가 선택이 된다.

따라해보세요

① 명령 : E [Space Bar] (ERASE)

② 객체 선택 : 왼쪽(P1)에서 오른쪽(P2)으로 마우스를 드래그 하여 블록을 설정해주면 완전히 포함된 아래선만 선택이 된다. (객체가 범위 안에 완전히 포함되어야 한다.)

선택 영역(파란색)에 완전하게 속한 부분이 점선으로 변하는 것을 확인할 수 있다.

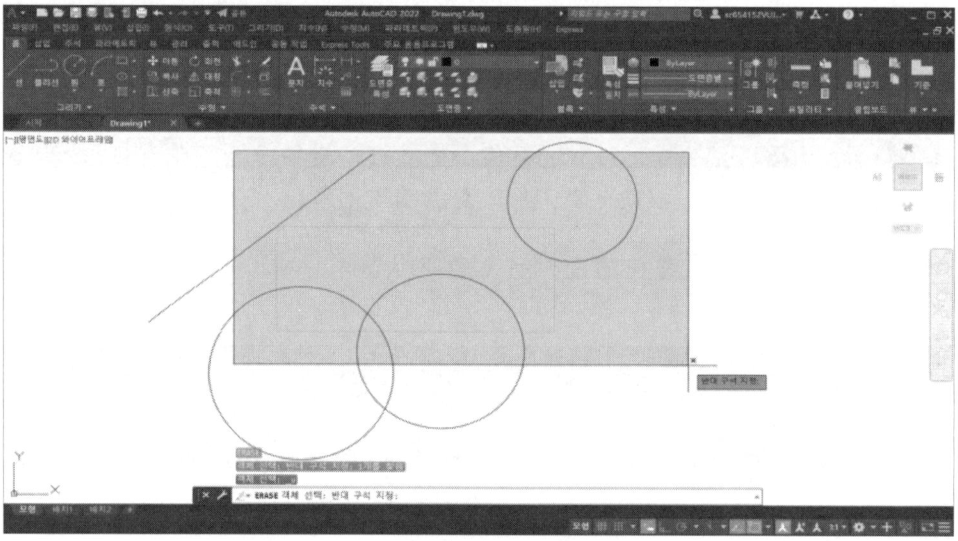

순서① 윈도우로 객체 선택하기

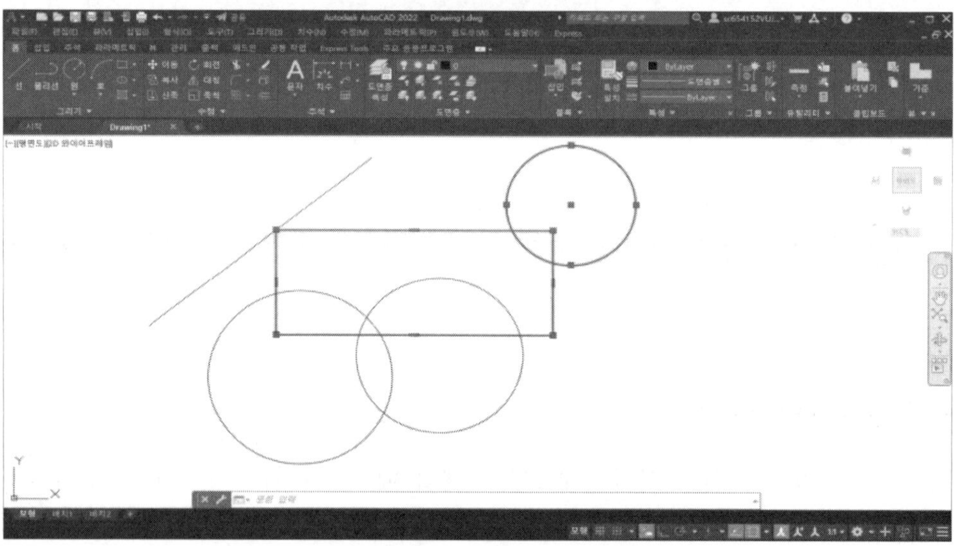

순서② 윈도우로 객체 선택 완료

③ 객체 선택이 완료된 후 단축키 E를 쓰고 [Space Bar]를 치면 선택된 객체만 지워진다.

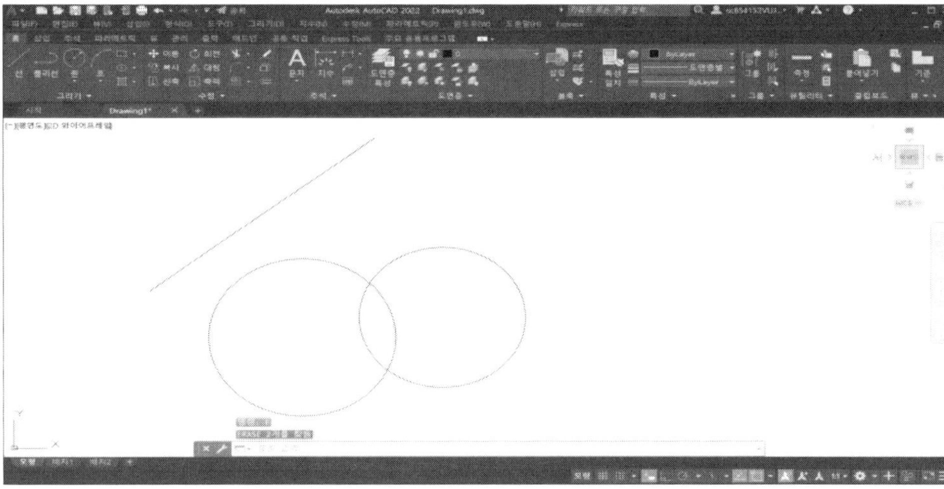

순서③ 명령 실행 후 지워진 객체

5.3.3 교차(Crossing)

교차(Crossing)는 수직을 기준으로 십자선이 오른쪽에서 왼쪽 드래그하며 객체를 선택하는 방법으로서 객체의 일부가 범위 안에 포함이 되어도 그 객체 전체가 선택이 된다.

따라해보세요

① 명령 : E Space Bar (Erase)

② 객체 선택 : 오른쪽(P1)에서 왼쪽(P2)으로 마우스를 움직여 블록을 설정해주면 조금만 포함된 부분도 전체가 선택이 된다. (객체가 완전히 포함되지 않아도 선택된다.)

선택 영역(녹색)에 객체가 완벽히 포함되지 않아도 객체가 점선으로 변하는 것을 확인할 수 있다.

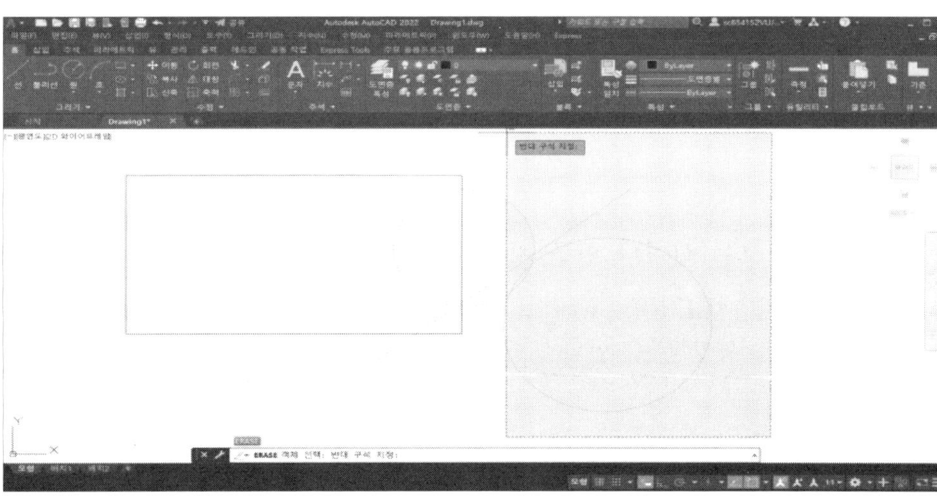

순서① Crossing으로 객체 선택하기

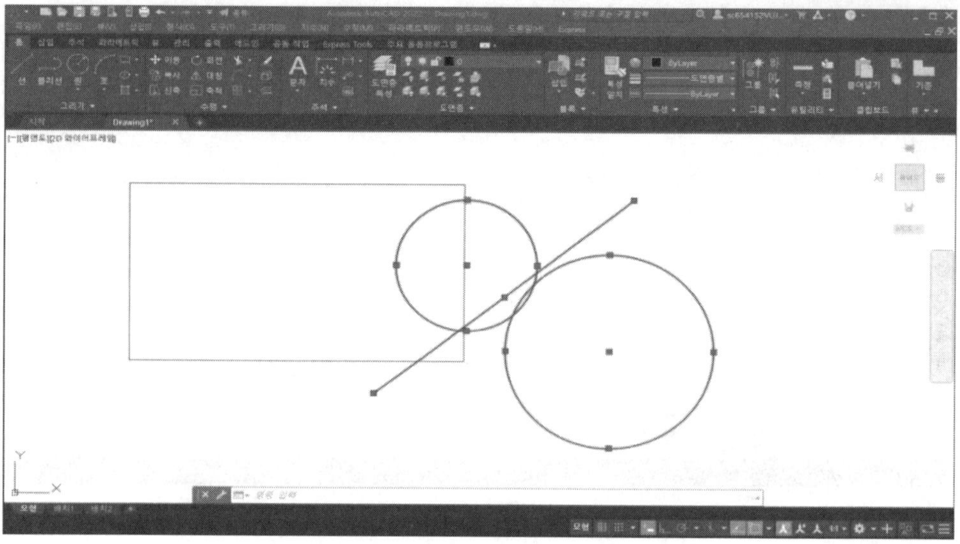

순서② Crossing으로 객체 선택 완료

③ 객체 선택 : 반대 구석 지정 : Space Bar 를 클릭하면 선택된 선들이 모두 지워진다.

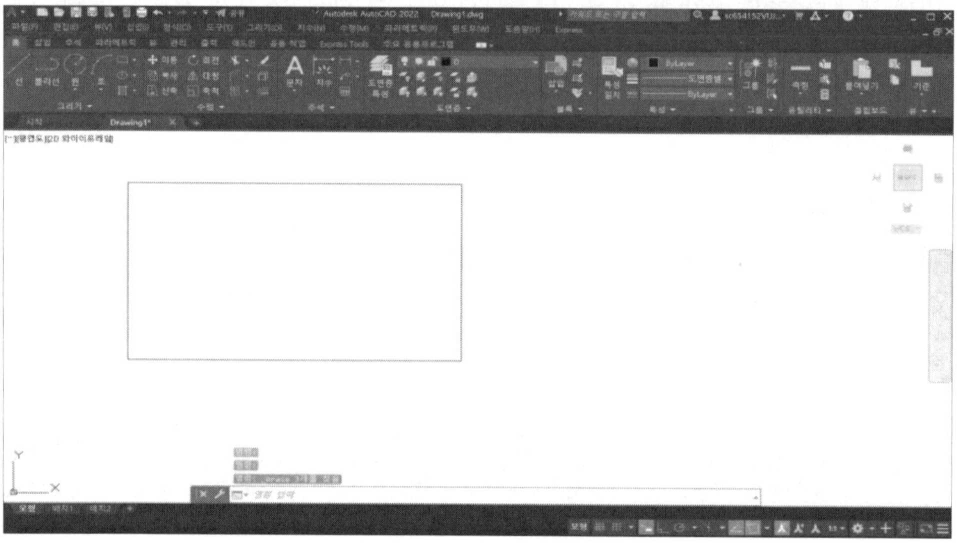

순서③ 명령 실행 후 지워진 객체

▌만약 캐드상의 모든 선이나 면을 지우고 싶다면

Ctrl + A 후에 단축키 E(ERASE) 또는 DEL 명령을 실행하면 화면상의 모든 것들이 깨끗하게 없어지는 것을 확인할 수 있다.

방법① : Ctrl+A 후 단축키 E 또는 Del	방법② : 단축키 E 후 All Space Bar

5.3.4 OOPS

ERASE 명령으로 지워지거나 Block(WBlock) 명령으로 사라진 Object를 복구시킬 수 있다.

· 명령어 : OOPS

따라해보세요

① 명령 : OOPS Space Bar

지워진 객체가 복원되는 것을 확인할 수 있다.

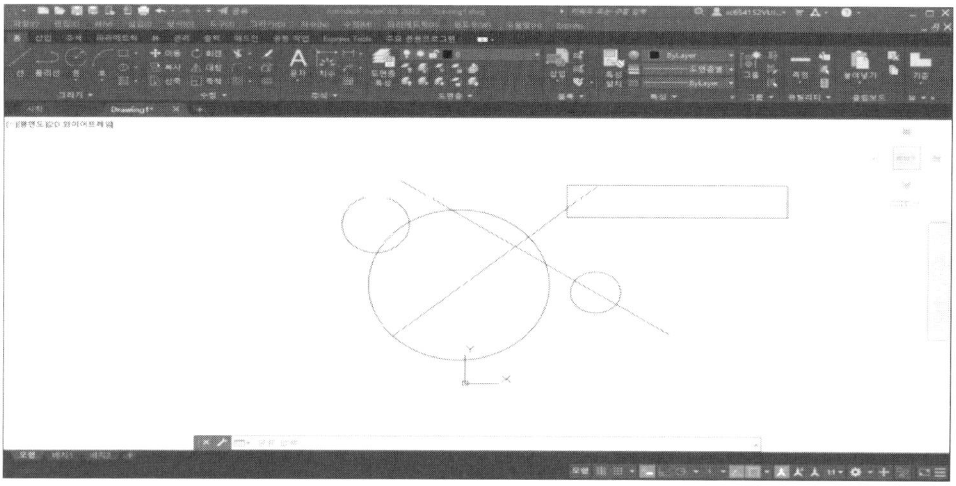

순서① 여러 객체

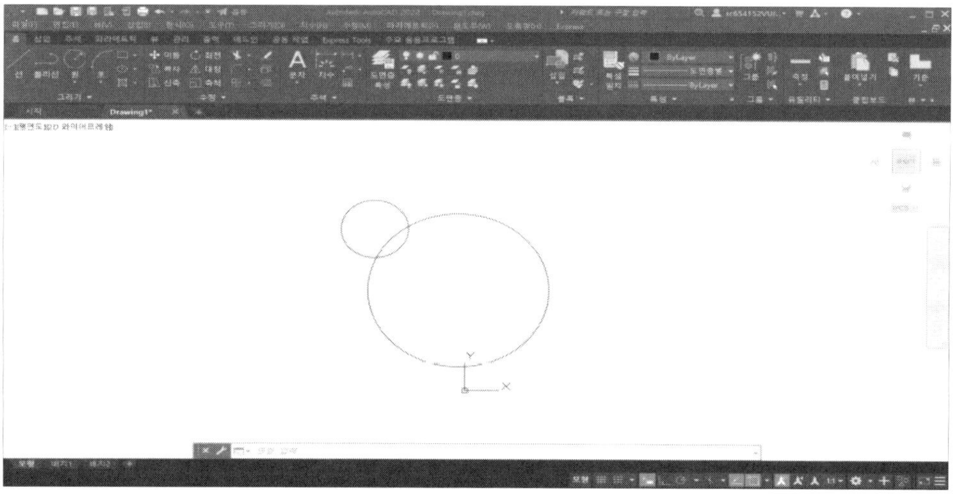

순서② 실수로 지워진 객체

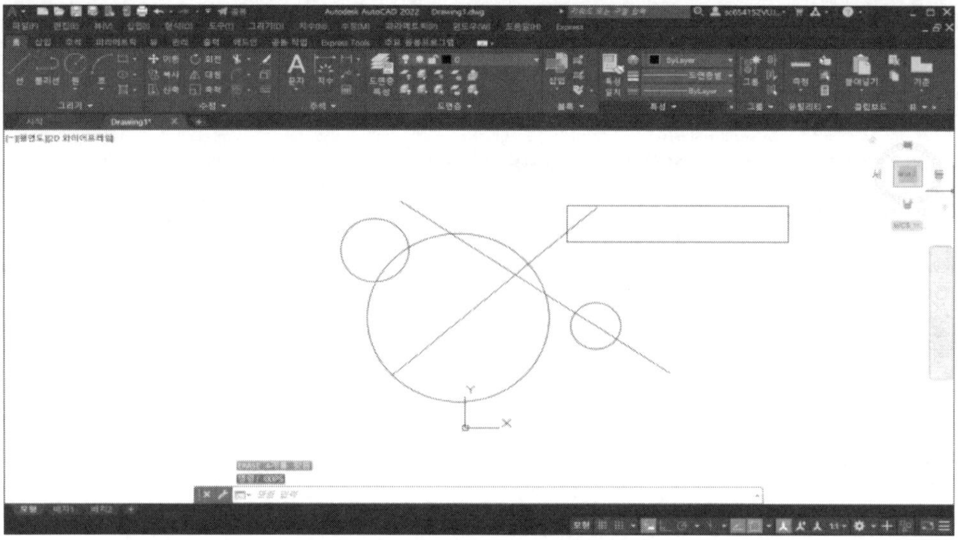

순서③ 명령 실행 후 복원된 객체

5.4 REGEN 명령

REGEN 명령은 화면의 해상도가 실제 그려진 도면들을 정확하게 보여주지 못할 때 사용한다. 쉽게 말해 화면을 재구성한다고 생각하면 된다. 그러나 AutoCAD 2022에서는 이전 버전에 비해 해상도가 높아져 REGEN의 필요성이 줄어들었다.

· 명령어 : REGEN
· 단축키 : RE
· 메뉴 : 뷰(V) → 재생성

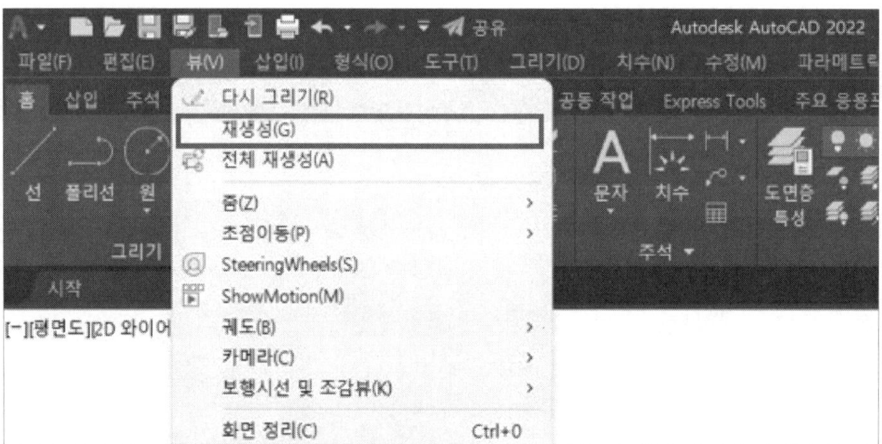

REGEN 메뉴

아래 그림은 실제 원모양의 일부분을 확대해본 것인데, 실제로는 원형의 모습이지만 화면의 해상도상 매끄러운 원형이 아닌 다각형과 같은 형태로 보일 수 있다. 이때 재생성(REGEN) 명령을 사용하면 된다.

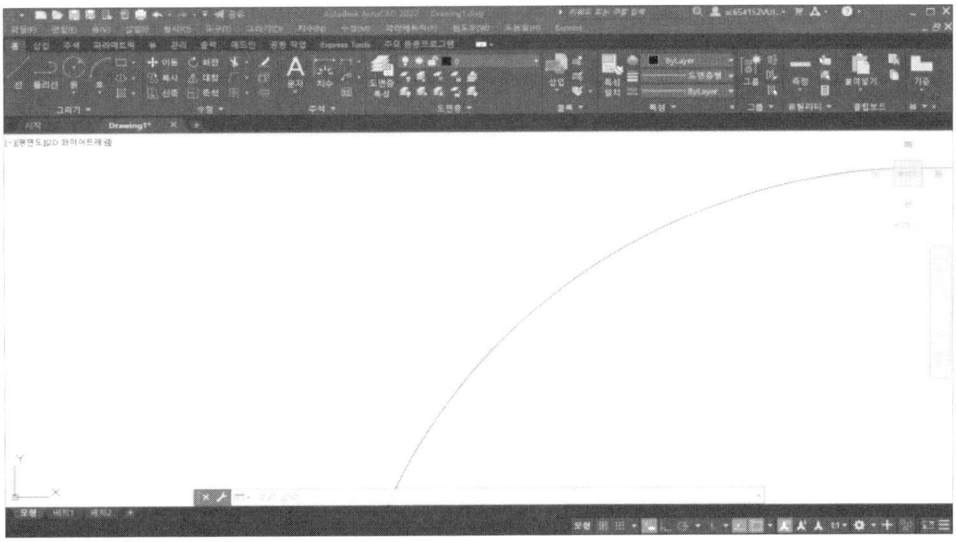

① 객체 확대 모습(재생성 명령 전)

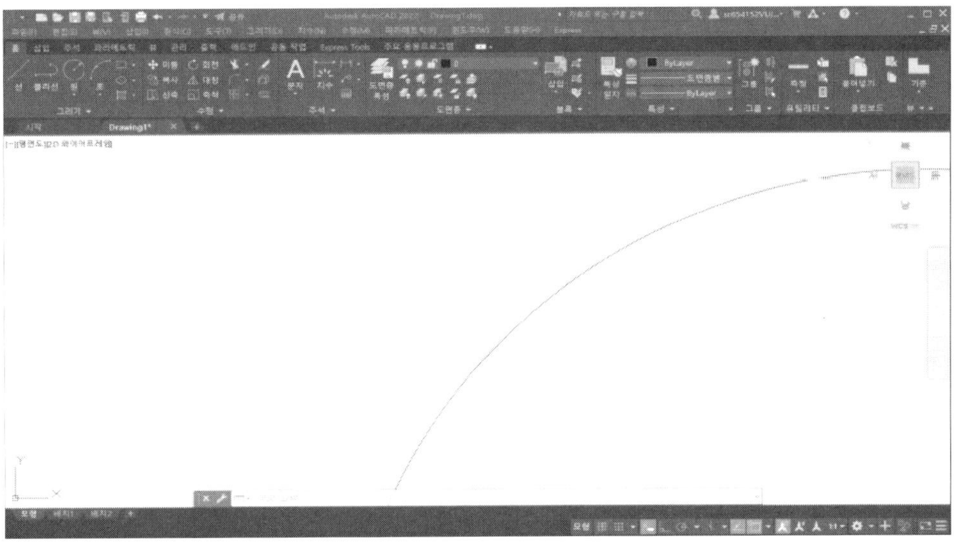

② 재생성(REGEN) 명령 후

위의 그림과 같이 REGEN 명령을 실행하면 훨씬 부드러운 선으로 원형의 모습이 재생성되는 것을 볼 수 있다. 그러니 아주 복잡한 도면에서 REGEN 명령은 모든 요소들의 선을 다시 Reloading시키는데 상당한 시간이 소요될 수도 있다.

5.5 VIEWRES 명령

ZOOM 명령어를 사용하여 어떤 특정한 부분(원이나 호)을 확대했을 때 원이나 호가 부드러운 곡선을 그리지 못하고 각이 져서 보이는 경우가 있다. 이때 REGEN 명령을 실행하여 부드럽게 조정하지만, 매번 실행해야 하는 번거로움이 있기 때문에 화면에 나타나는 곡선의 해상도를 조절하는 명령어이다.

· 명령어 : VIEWRES

값이 클수록 해상도가 높아져 원이나 호가 부드럽게 표현되나 실행속도가 늦어진다. 따라서 되도록 Default 값을 1000정도로 놓고 쓰는 것이 좋다.

5.6 이동(MOVE)

객체를 다른 곳으로 이동시킬 때 사용하는 명령어이다.

· 명령어 : MOVE · 리본 : 홈 탭 → 수정 패널 → (이동)
· 단축키 : M · 메뉴 : 수정 → 이동

따라해보세요

사각형을 다른 곳으로 이동시켜보자.

① 명령 : Move Enter↵
② 객체 선택 : 옮기고자 하는 객체를 윈도우 객체 선택(P1, P2)으로 지정한다.

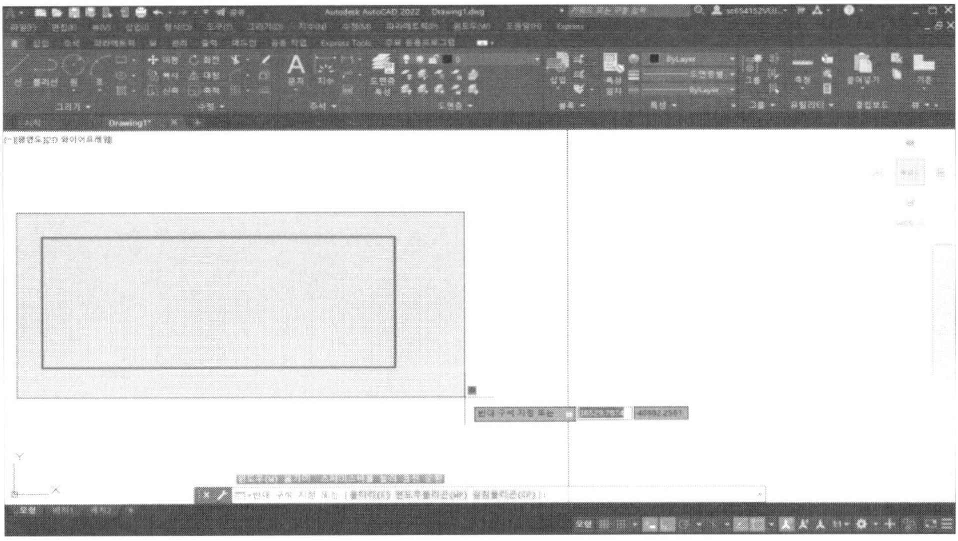

순서① 이동할 객체 선택

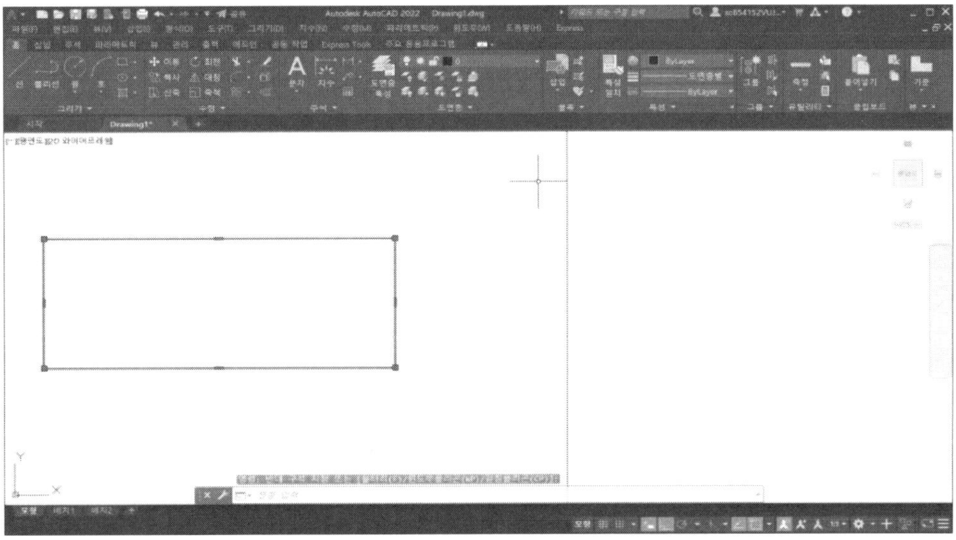

② 이동할 객체 선택 완료

③ 기준점 지정 또는 [변위(D)] <변위> : 기준이 되는 점(P3)을 선택한다.

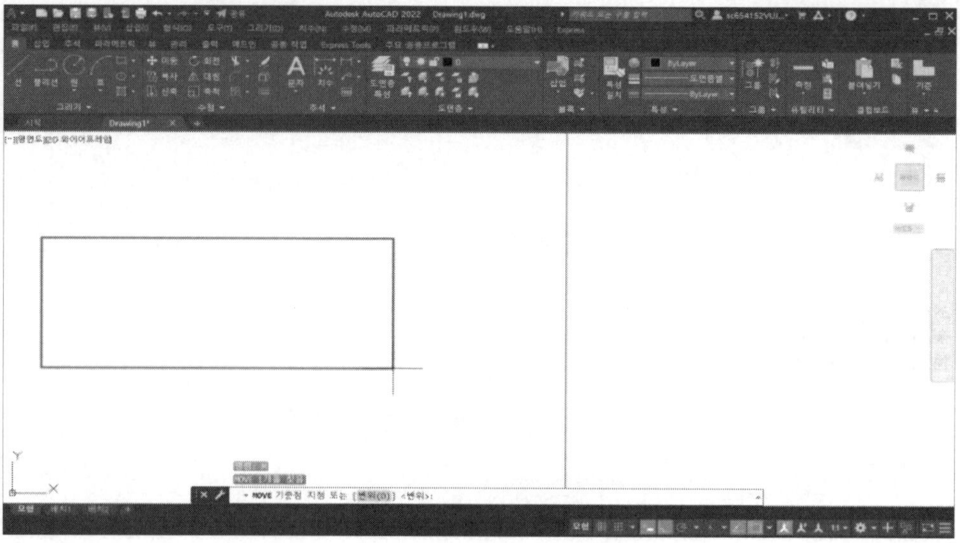

순서③ 기준이 되는 점 선택

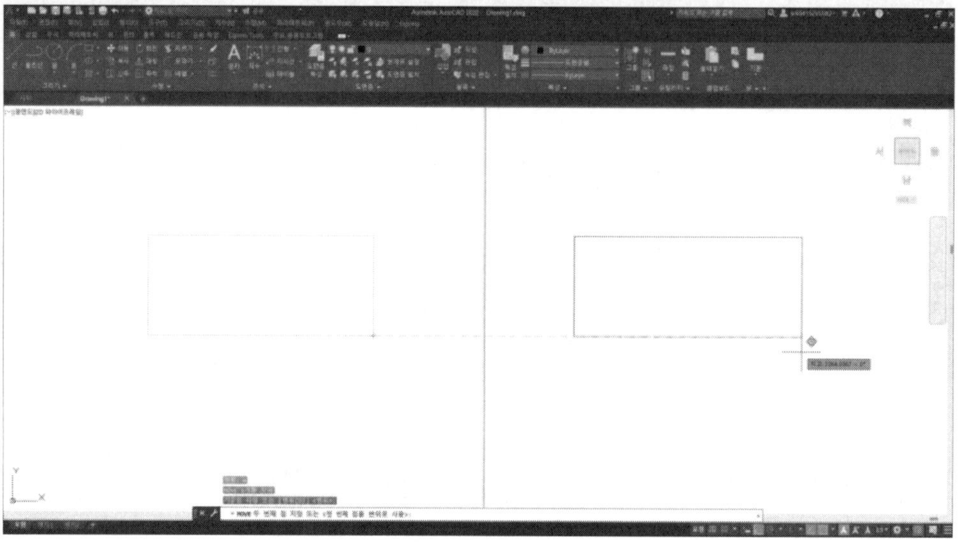

순서④ 객체 이동

④ 두 번째 점 지정 또는 <첫 번째 점을 변위로 사용> : 원하는 곳으로 이동시킨 후 클릭한다.

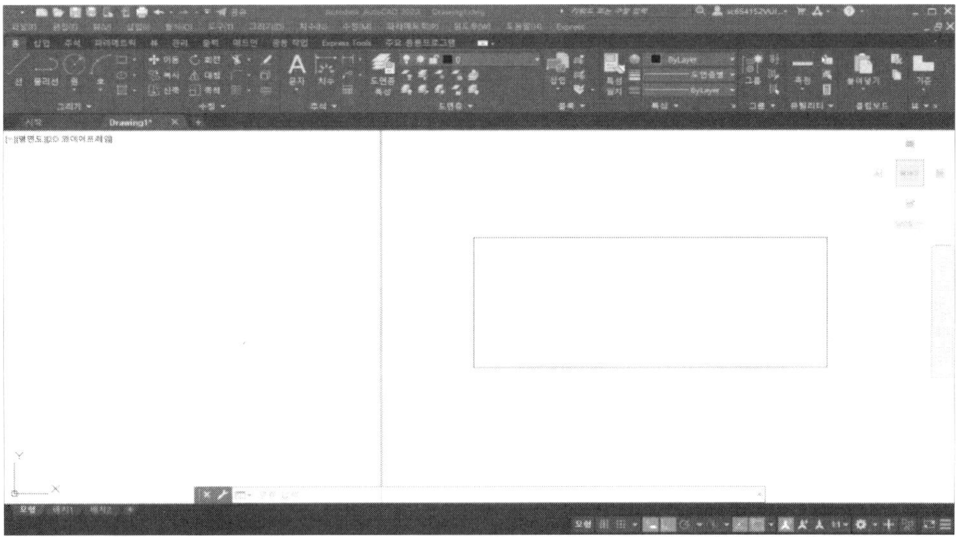

순서⑤ 객체 이동 완료

5.7 복사(COPY)

선택된 객체를 다른 위치로 복사 이동할 때 사용하는 명령어이다.

· 명령어 : COPY	· 리본 : 홈 탭 → 수정 패널 →  (복사)
· 단축키 : CO 또는 CP	· 메뉴 : 수정 → 복사

따라해보세요

사각형을 다른 곳에 복사해보자.

① 명령 : CO [Space Bar] (COPY)

② 객체 선택 : 복사할 도면요소를 윈도우 범위(P1, P2)로 지정한다.

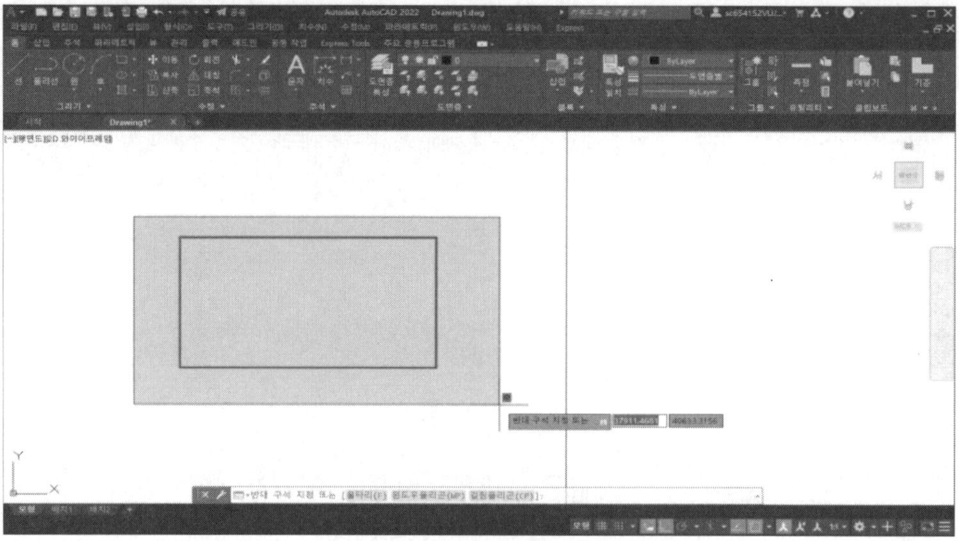

순서① 복사할 객체 선택

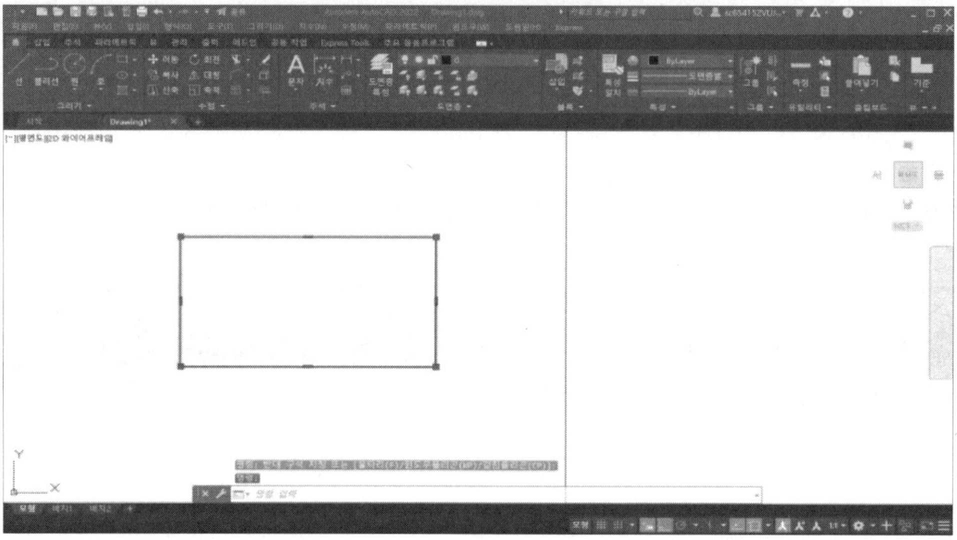

순서② 복사할 객체 선택 완료

③ 기본점 지정 또는 [변위(D)/모드(O)] <변위(D)> : 기준이 되는 점(P3)을 선택한다.

두 번째 지정 또는 <첫 번째 점을 변위로 사용> : 복사하고자 하는 곳(P4, P5)으로 마우스를 클릭하여 원하는 개수만큼 복사할 수 있다.

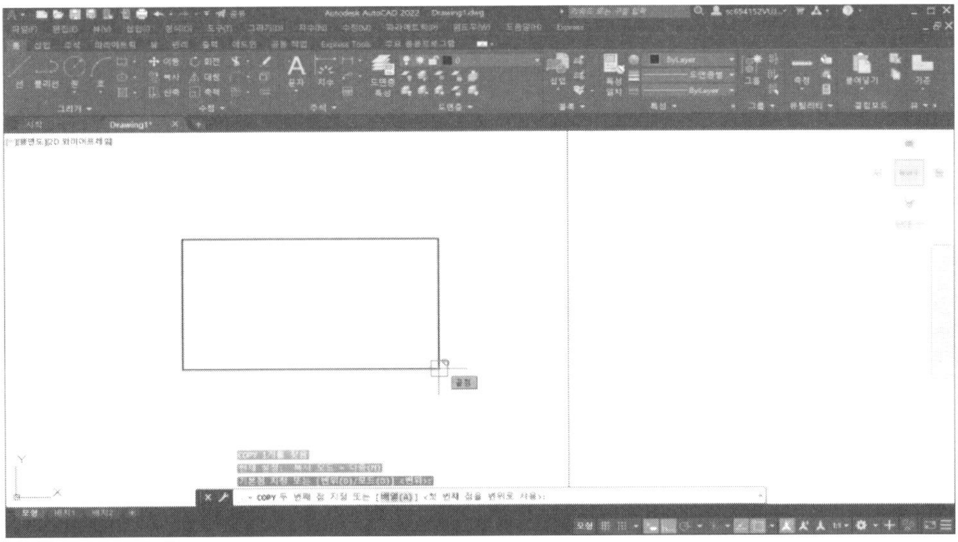

순서③ 기준이 되는 점 선택

복사는 명령을 종료하기 전까지는 클릭시마다 복사가 된다.

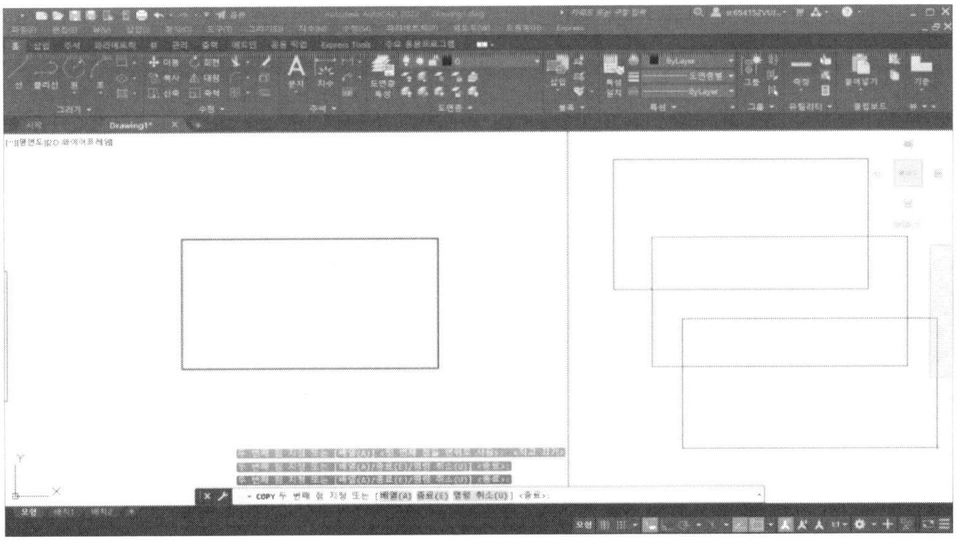

순서④ 복사할 지점을 클릭한다.

④ Space Bar 를 눌러 명령을 종료한다.

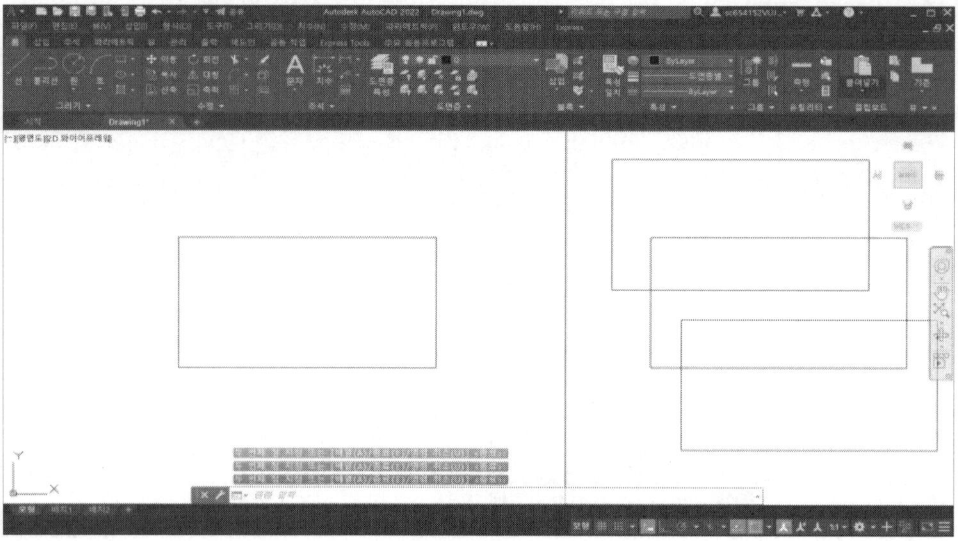

순서⑤ 복사가 완료된 도면

5.8 회전(ROTATE)

기준점을 중심으로 객체를 회전하고자 할 때 사용하는 명령어이다.

· 명령어 : ROTATE　　　　· 리본 : 홈 탭 → 수정 패널 →

· 단축키 : RO　　　　· 메뉴 : 수정 → 회전

따라해보세요

사각형을 회전시켜보자.

① 명령 : RO Space Bar (ROTATE)

② 객체 선택 : 회전시키고자 하는 도면요소를 블록(P1, P2)으로 선택한다.

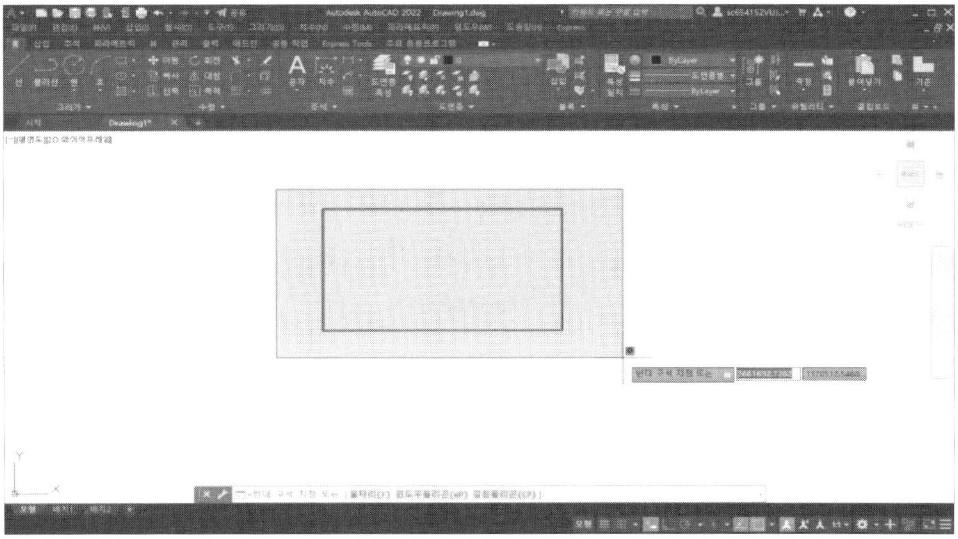

순서① 회전할 객체 선택

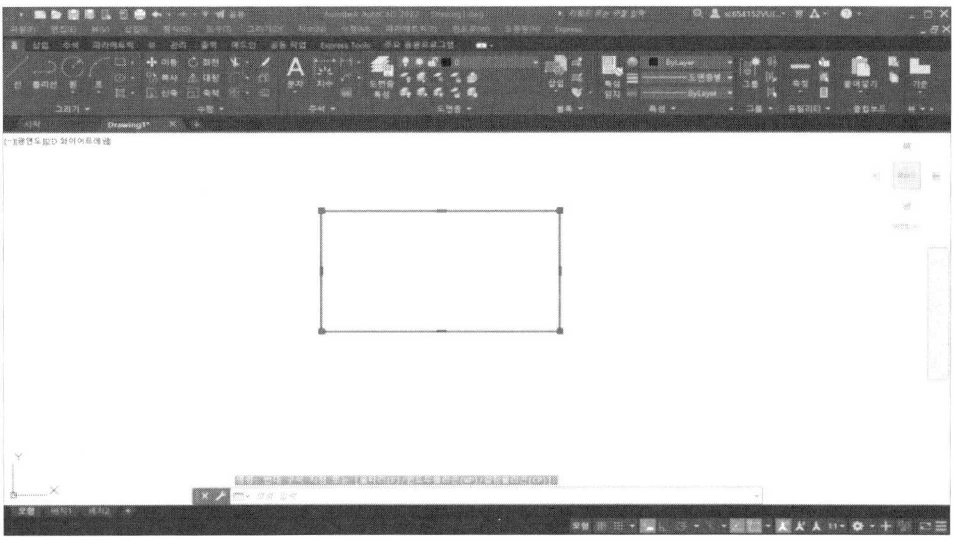

순서② 회전할 객체 선택 완료

③ 기준점 지정 : 기준이 되는 점(P3)을 선택한다.

회전각도 지정 또는 [복사(C)/참조(R)] : 45 또는 임의의 각도(P4)

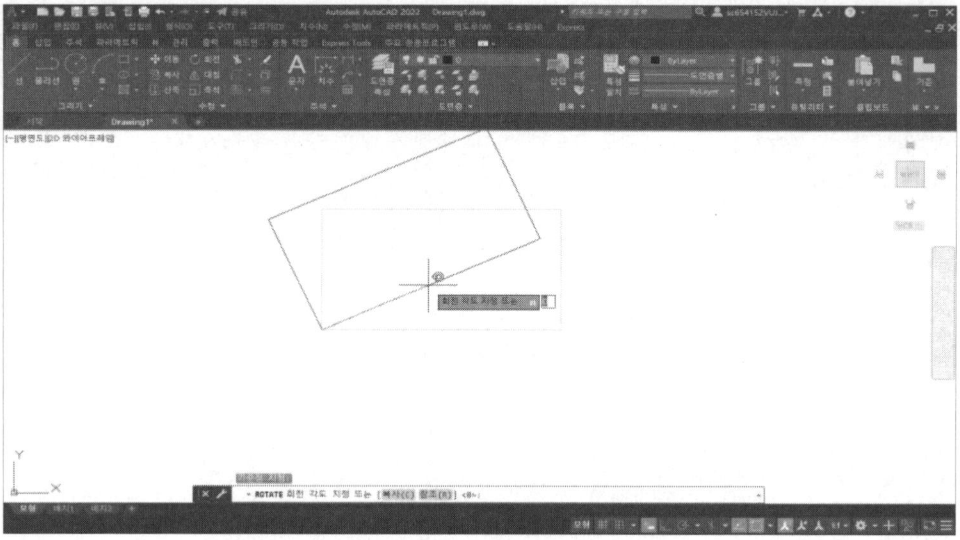

순서③ 기준점 지정 후 회전각도 지정

④ 각도를 입력하면 바로 회전될 것이고, 임의의 마우스 클릭을 하였다면 클릭 즉시 객체는 회전된다.

선택된 객체가 미리보기 되기 때문에 마우스를 움직이면서 원하는 각도로 쉽게 회전시킬 수 있다.

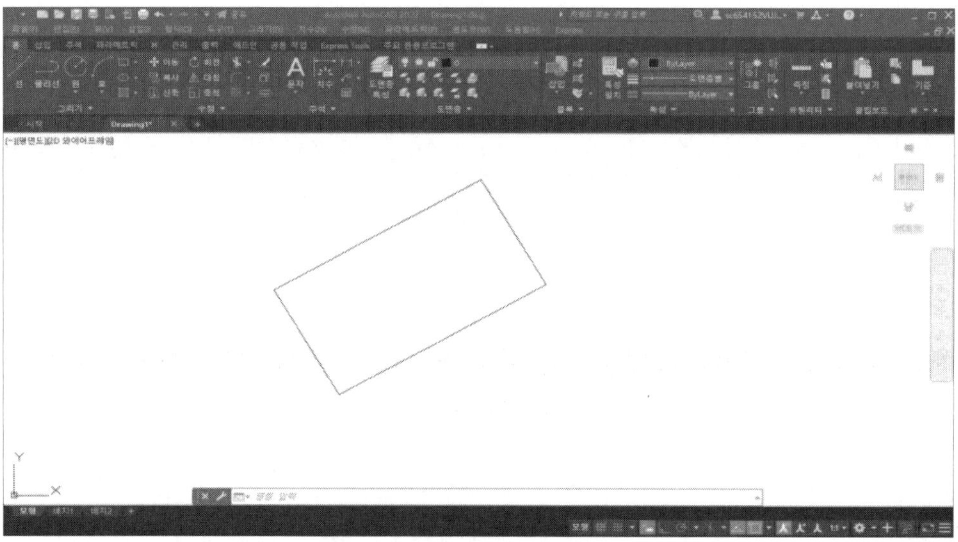

순서④ 회전된 객체

▌회전(ROTATE)의 여러 가지 옵션들

- 회전각도 : 선택한 도면요소를 회전시킬 각도로 지정한다.
- 복사(C) : 선택한 객체를 복사하여 회전시킨다.
- 참조(R) : 선택한 SEHAUS 요소의 지정 기울기를 참조하여 새로 지정한 각도만큼 회전시킨다.

예제 그려보기

지금까지 배운 명령을 이용하여 다음의 그림들을 편집해보자.

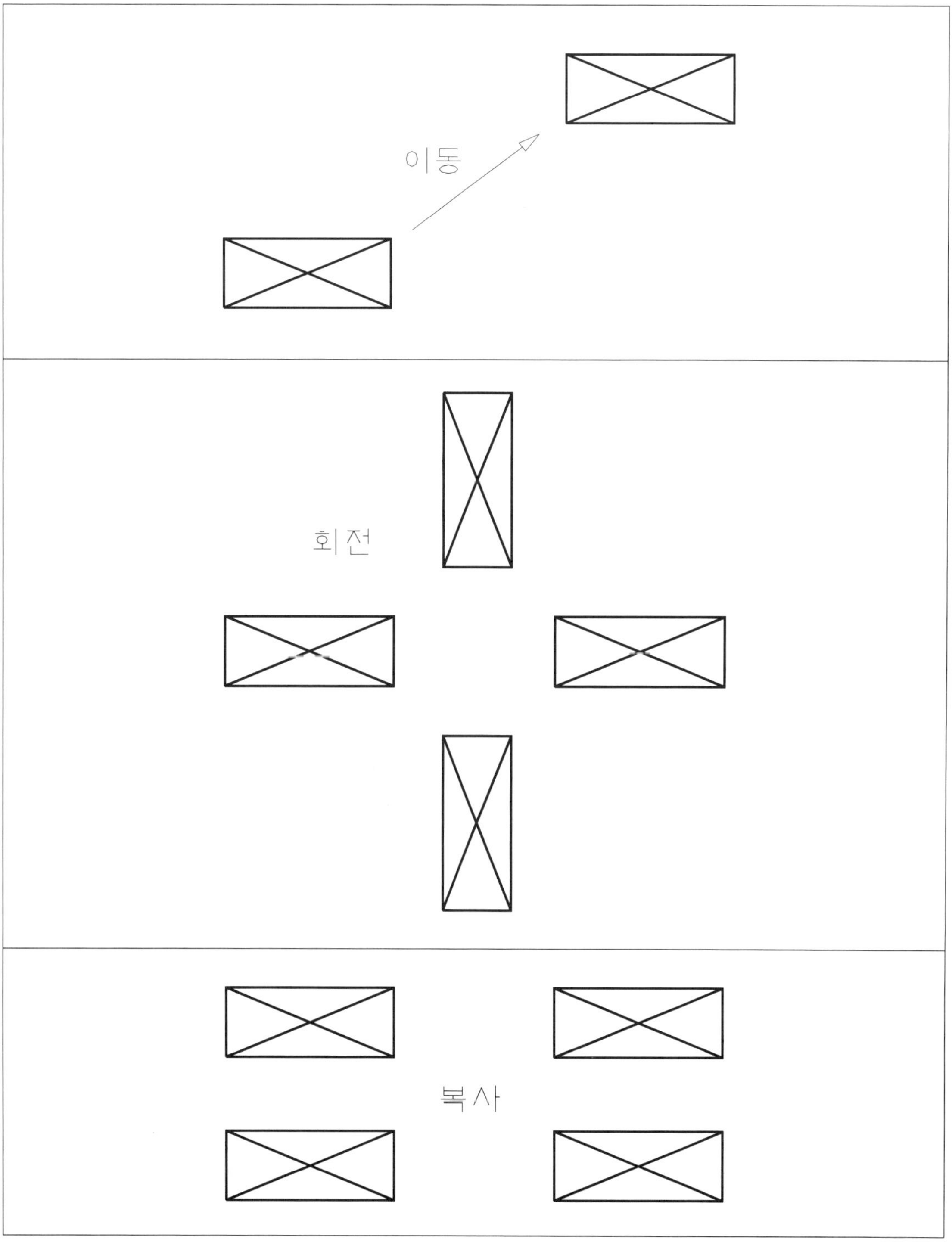

5.9 자르기(TRIM)

선택된 경계를 기준으로 교차하거나 접해있는 객체를 자르는 명령어이다.

· 명령어 : TRIM
· 단축키 : TR
· 리본 : 홈 탭 → 수정 패널 → (자르기)
· 메뉴 : 수정 → 자르기

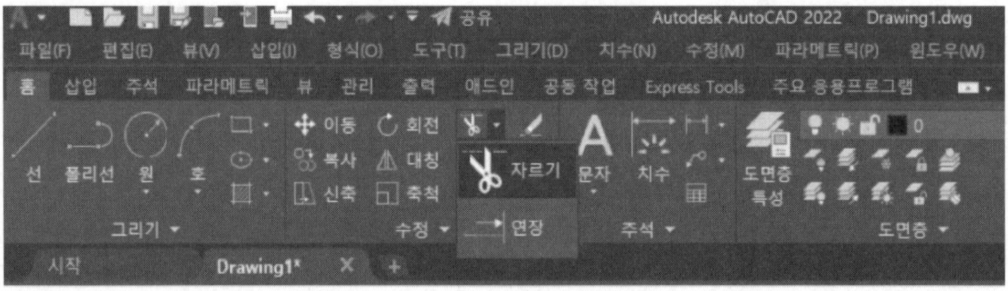

자르기(TRIM) 메뉴

따라해보세요

원 안의 선을 잘라보자.

① 명령 : TR [Space Bar] (TRIM)

② 객체 선택 : 원을 선택 [Space Bar]

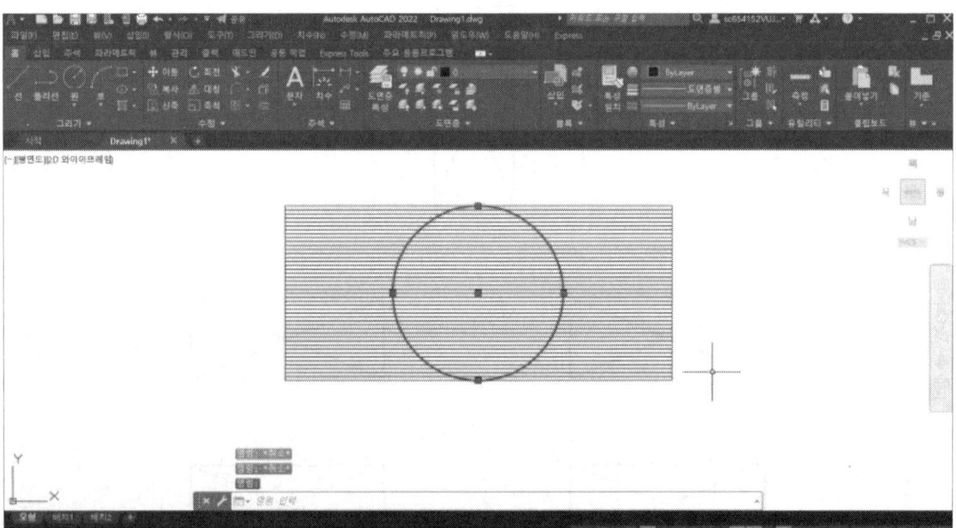

순서② 기준이 되는 객체 선택

③ 자를 객체 선택 또는 Shift 키를 누른 채 선택하여 연장 또는 [울타리(F)/걸치기(C)/프로젝트(P)/모서리(E)/지우기(R)/명령취소(U)] : 자를 선(원 안의 객체)을 차례로 클릭한다.

원을 기준으로 선택한 선들이 잘라져 삭제되는 것을 확인할 수 있다.

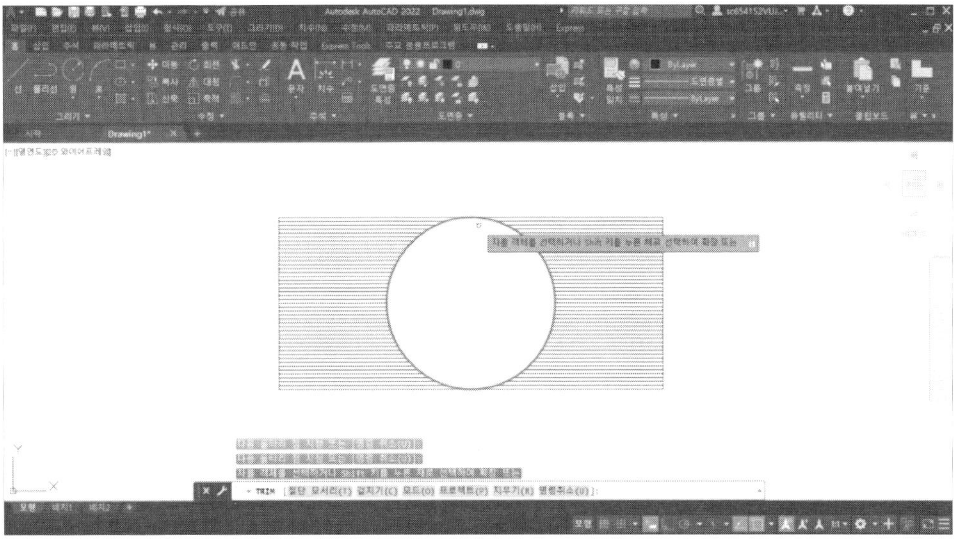

순서③ 자르고자 하는 선 클릭

④ Space Bar 눌러 명령을 종료한다.

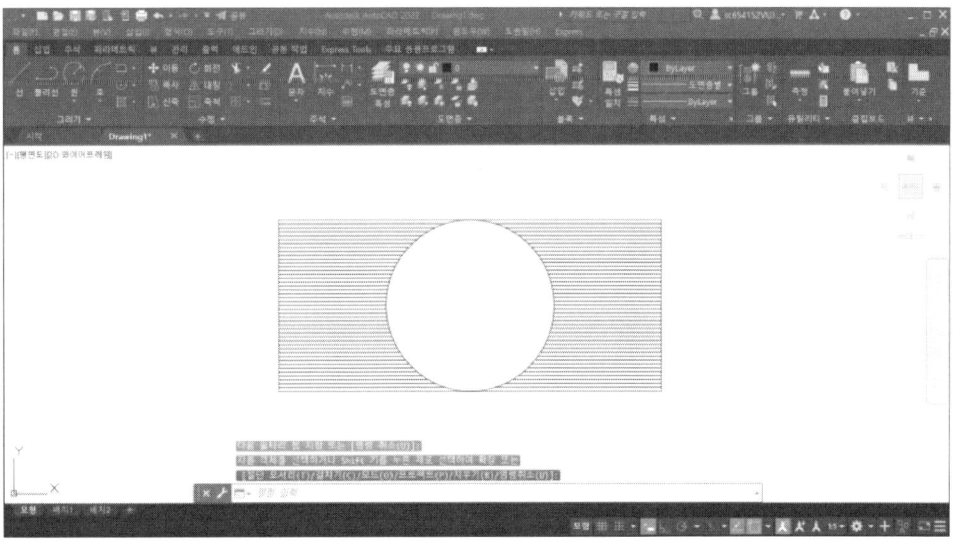

순서④ 자르기 완료 후

예제 그려보기

지금까지 배운 명령을 이용하여 다음의 그림들을 편집해보자.

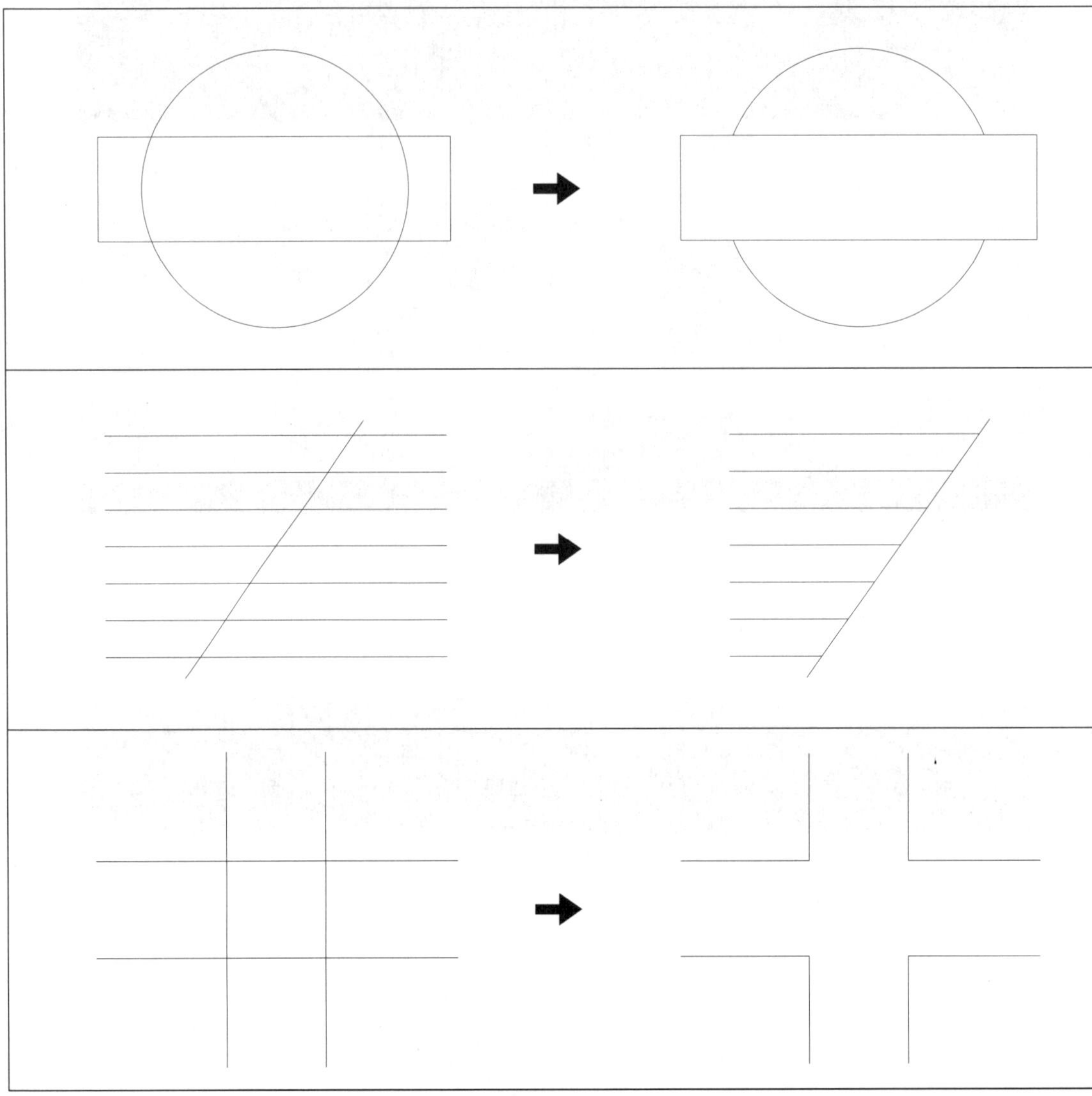

5.10 연장(EXTEND)

자르기와 더불어 많이 사용하는 명령어이며, 선택된 경계를 기준으로 선을 연장하는 명령어이다.

· 명령어 : EXTEND
· 단축키 : EX
· 리본 : 홈 탭 → 수정 패널 → (연장)
· 메뉴 : 수정 → 연장

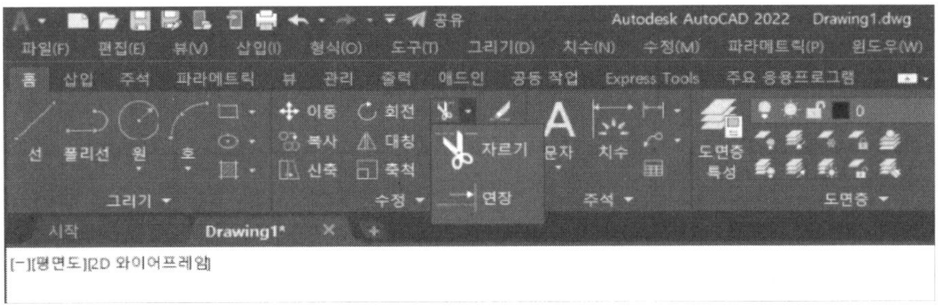

연장(EXTEND) 메뉴

따라해보세요

수평선을 대각선까지 연장해보자.

① 명령 : EX Space Bar (EXTEND)
② 객체 선택 또는 <모두 선택> : 직선을 선택 Space Bar

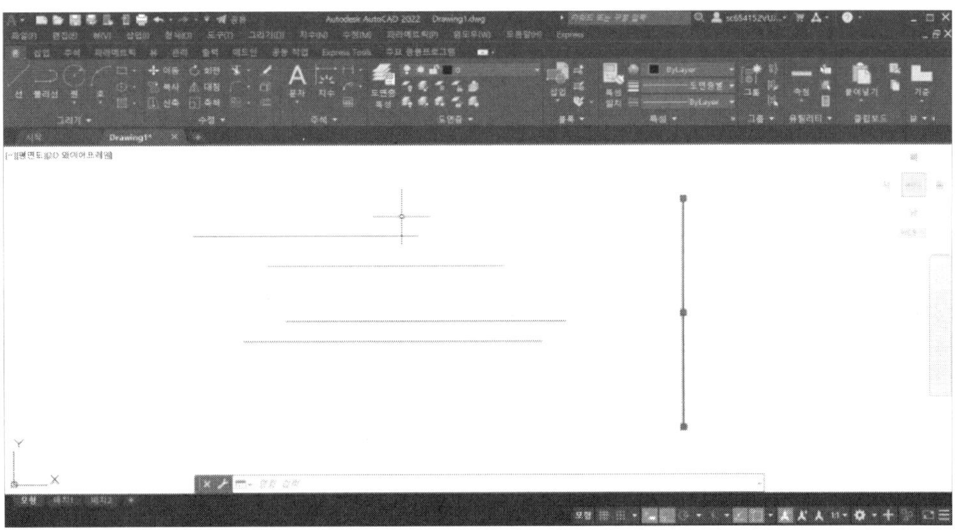

순서①→② 명령어 입력 후, 기준이 되는 객체 선택

③ 연장할 객체 선택 또는 Shift 키를 누른 채 선택하여 연장 또는 [울타리(F)/걸치기(C)/프로젝트(P)/모서리(E)/명령취소(U)] : 연장할 수직선을 차례로 클릭한다.

선택한 선들이 대각선까지 연장되는 것을 확인할 수 있다.

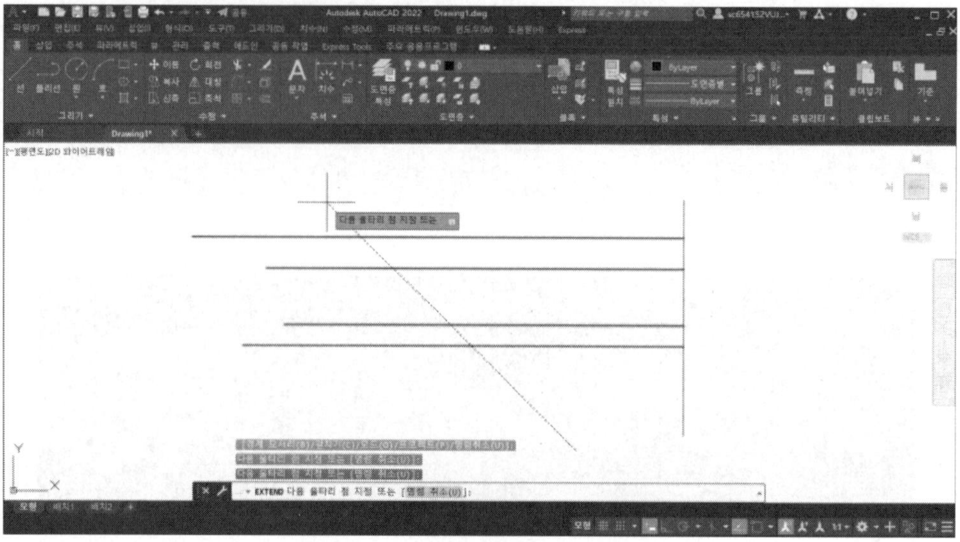

순서③ 연장하고자 하는 선 클릭

④ Space Bar 눌러 명령을 종료한다.

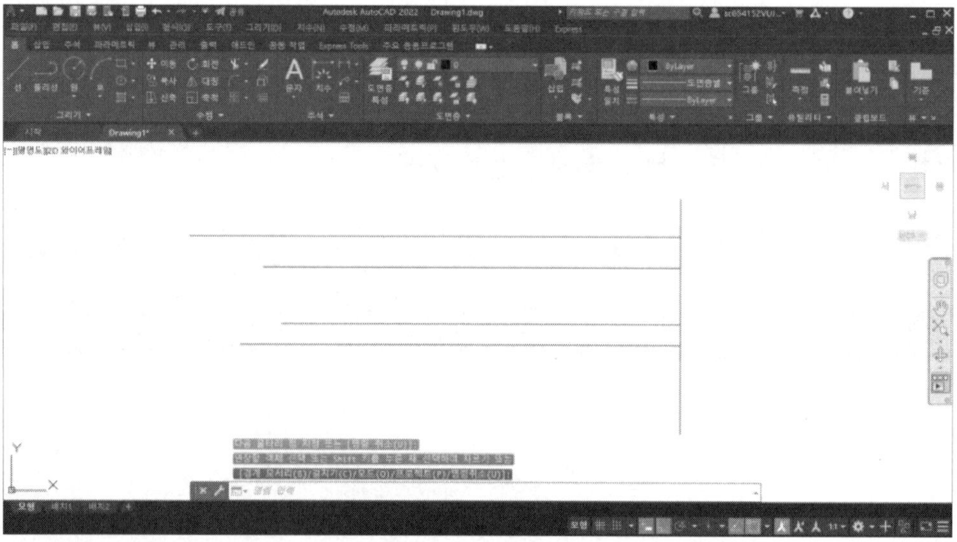

순서④ 연장 완료 후

예제 그려보기

지금까지 배운 명령을 이용하여 다음의 그림들을 그리고 편집해보자.

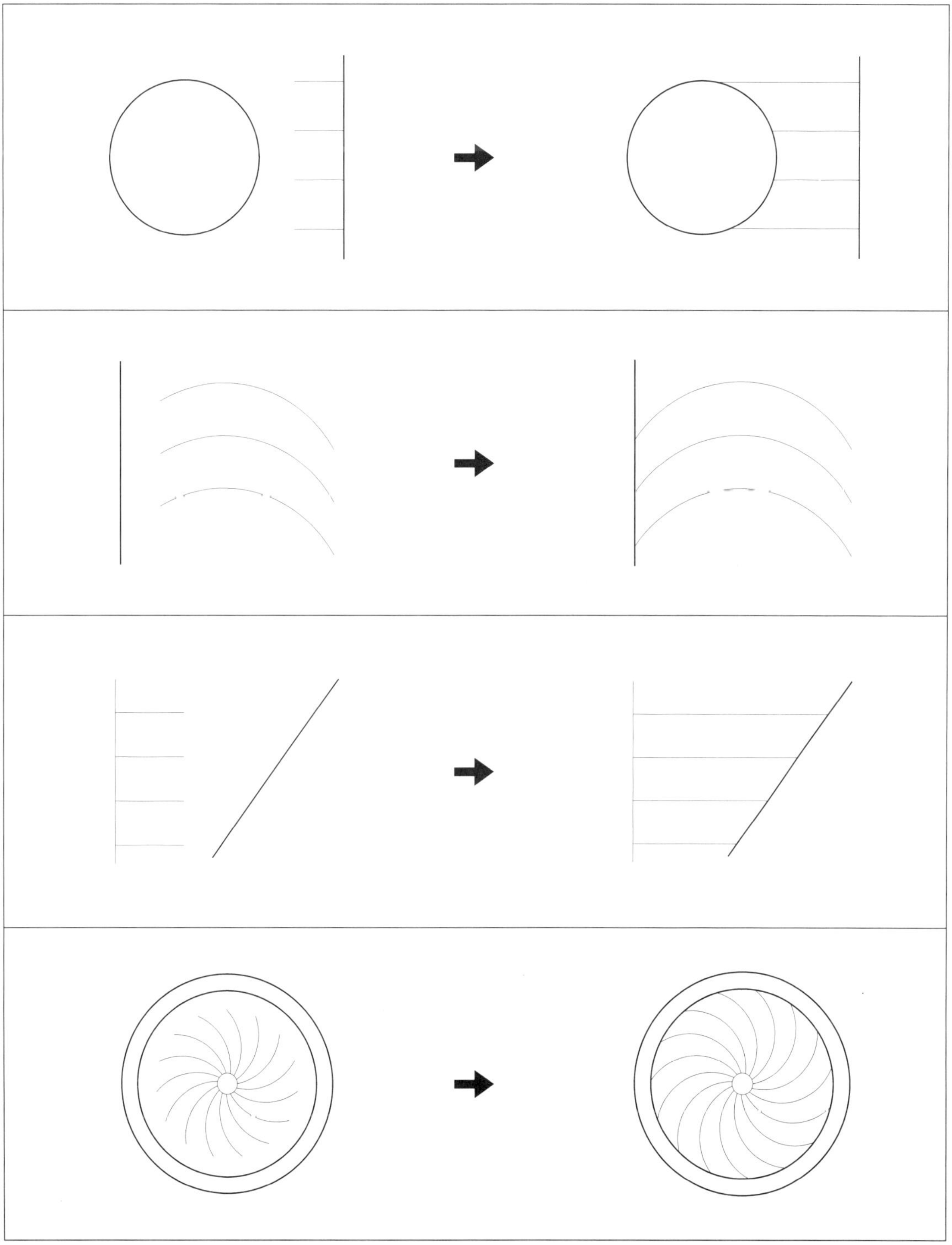

5.11 끊기(BREAK)

BREAK 명령은 선택한 객체의 두 점을 지정하여 일부를 자르고자 할 때 사용하는 명령어이다.

· 명령어 : BREAK　　· 리본 : 홈 탭 → 수정 패널 → (끊기)
· 단축키 : BR　　· 메뉴 : 수정 → 끊기

(1) 선 끊기

따라해보세요

① 명령 : BR Space Bar (BREAK)

② 객체 선택 : 끊기를 실행시킬 객체(P1)를 선택한다.
(선택된 지점이 객체가 끊기는 시작점이 된다.)

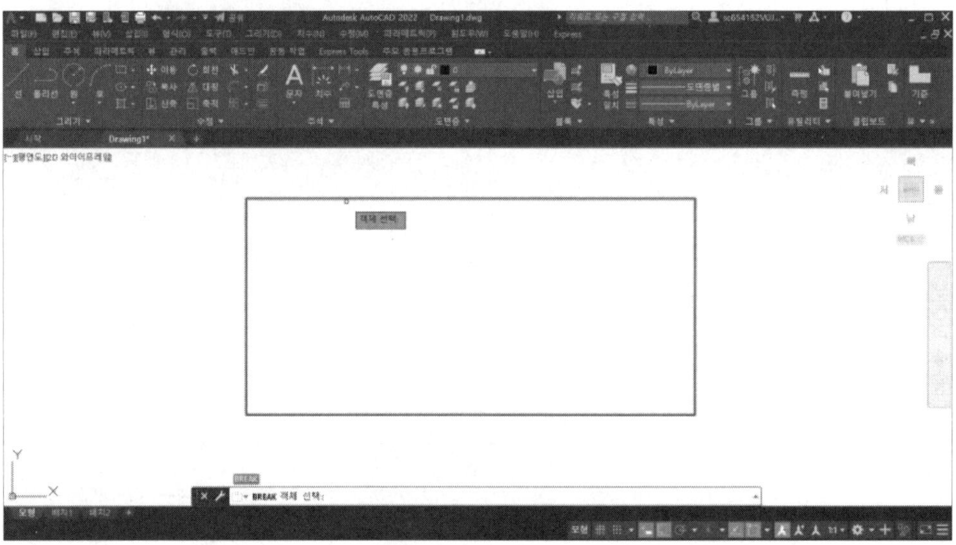

순서② 객체 및 시작점 선택

③ 두 번째 끊기점을 지정 또는 [첫 번째 점(F)] : 두 번째 점(P2)을 클릭한다.
두 번째 점을 클릭할 때 정확한 자리를 클릭하지 않고 적당한 위치만 클릭하면 객체를 향해 수선을 내린 부분이 지정되어 끊기가 실행된다.

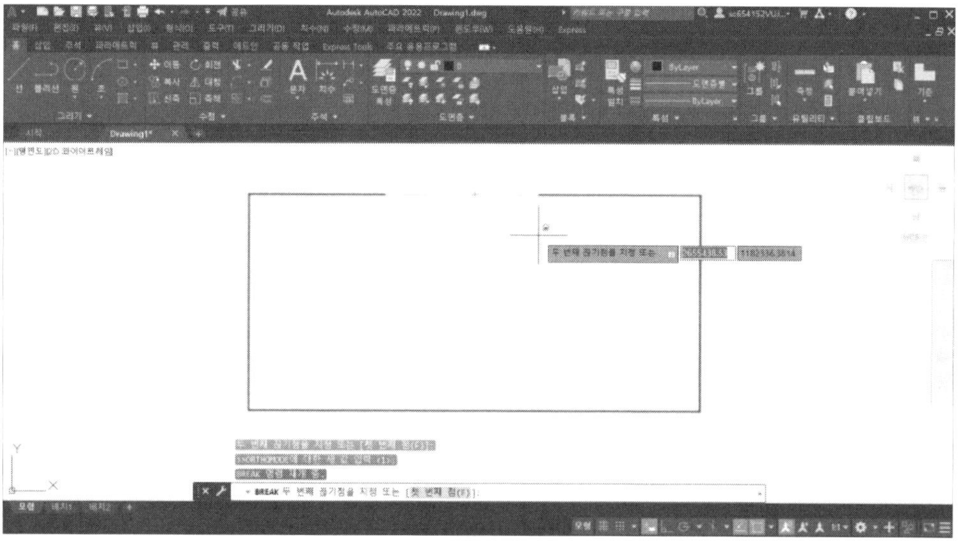

순서③ 끊기는 지점 선택

④ 클릭하는 순간 바로 적용되어 화면에 나타난다.

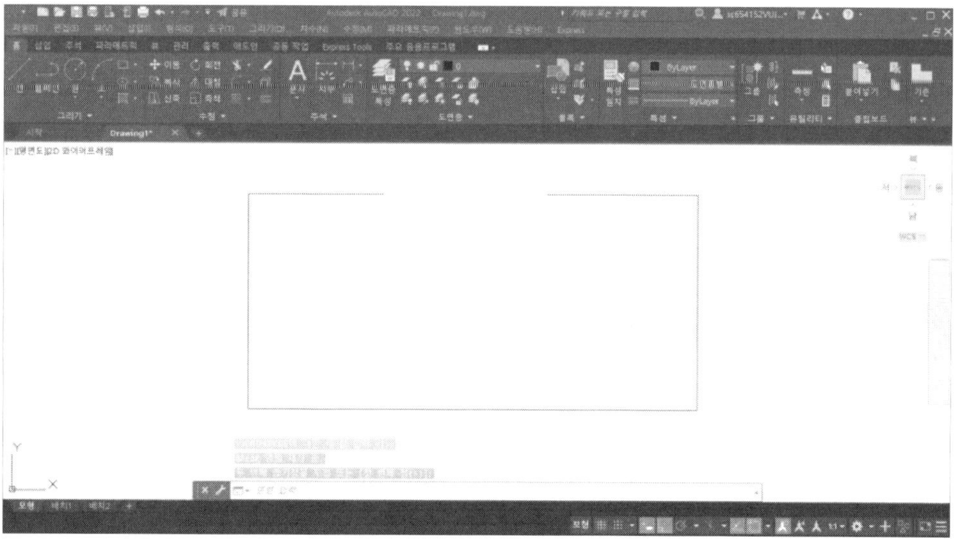

순서④ 끊기 완료

(2) 원일 경우의 끊기

따라해보세요

① 명령 : BR Space Bar

② 객체 선택 : 끊기를 실행시킬 객체(P1)를 선택한다.
(객체의 선택됨 지점이 끊기는 시작점이 된다.)

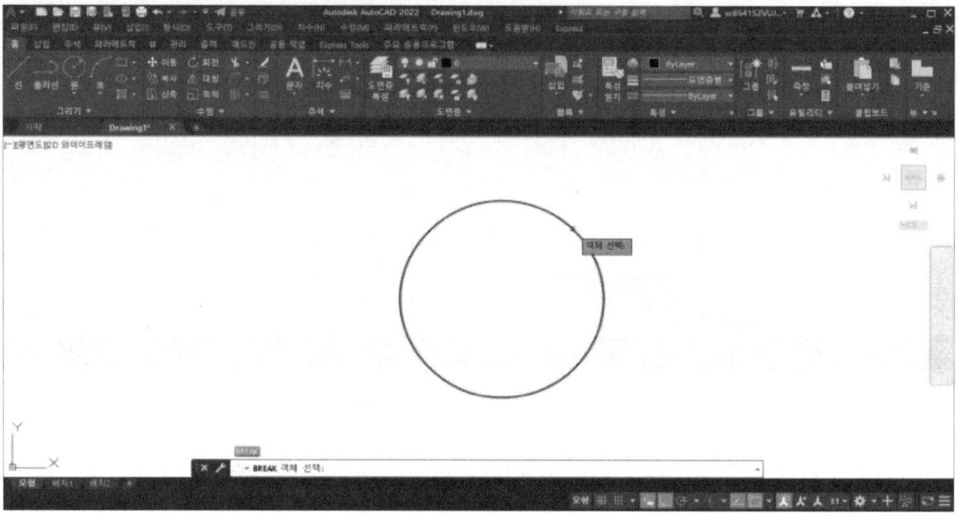

순서② 객체 및 시작점 선택

③ 두 번째 끊기점을 지정 또는 [첫 번째 점(F)] : 두 번째 점(P2)을 클릭하면 바로 적용되어 나타난다.

※ 주의 : 원일 경우의 끊기는 반시계방향으로 진행되는 것을 주의해야 한다.

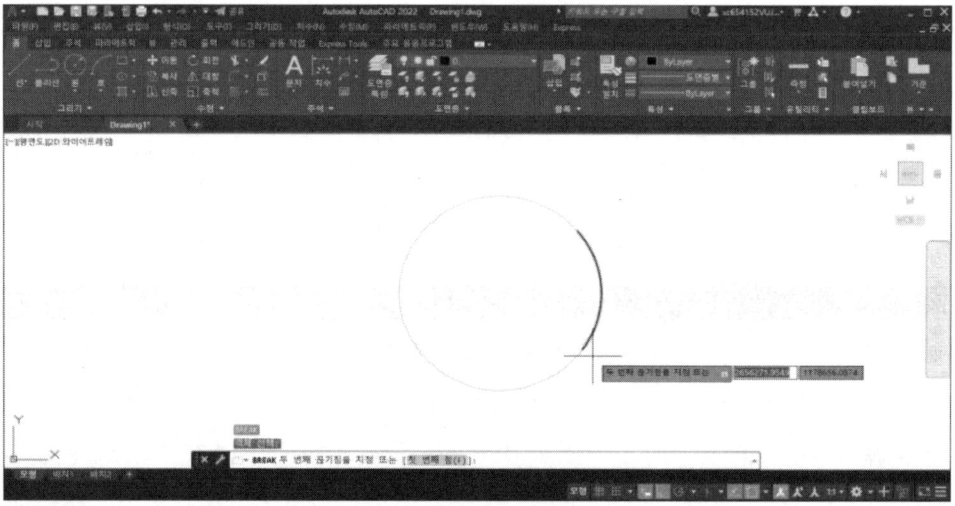

순서③ 끊기는 지점 선택

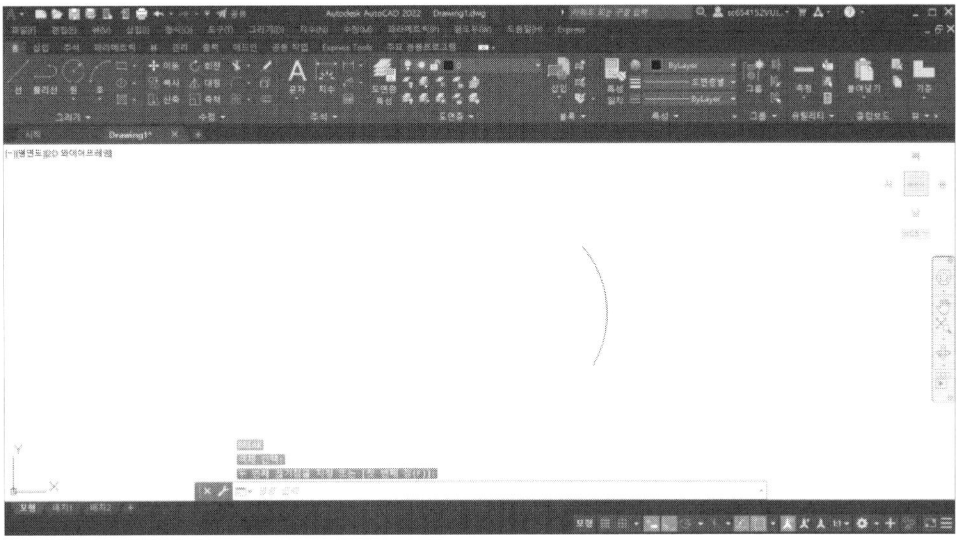

실행 완료

예제 그려보기

지금까지 배운 명령을 이용하여 다음의 그림들을 그리고 편집해보자.

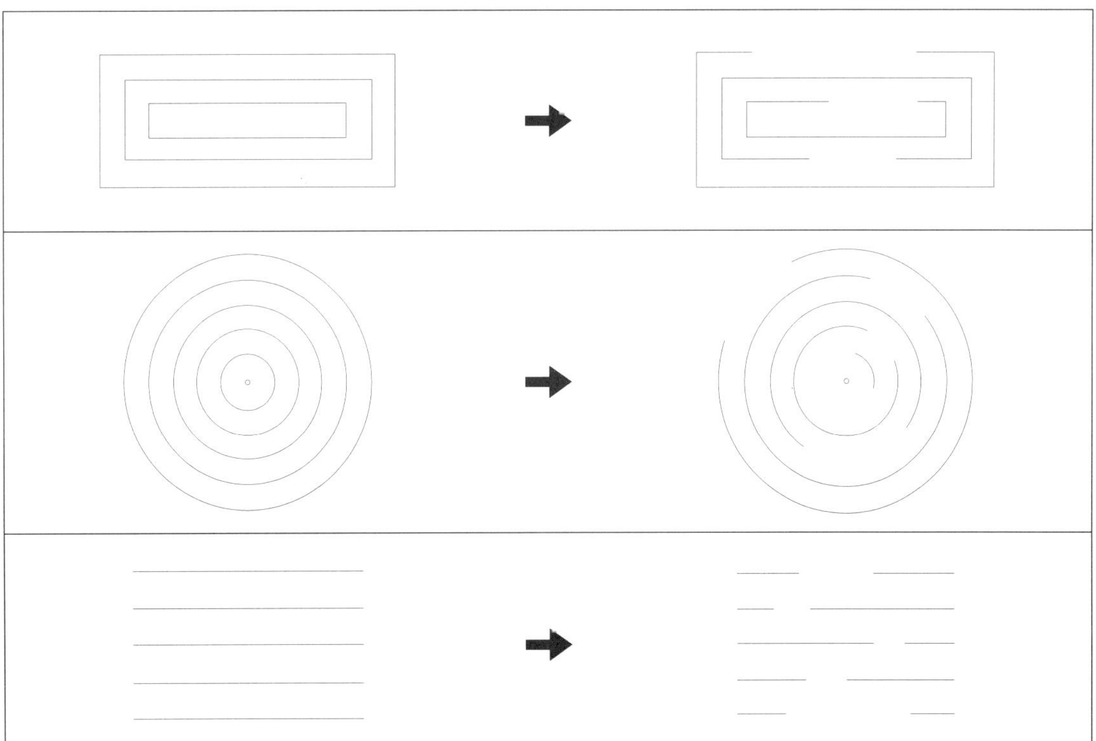

5.12 간격 띄우기(OFFSET)

입력된 특정 값 또는 임의의 지정된 간격으로 평행 복사하는 명령어이다.

· 명령어 : OFFSET
· 단축키 : O
· 리본 : 홈 탭 → 수정 패널 → (간격 띄우기)
· 메뉴 : 수정 → 간격 띄우기

(1) 선 간격띄우기

따라해보세요

길이 500인 선을 윗방향으로 간격을 띄워보자.

① 명령 : O Space Bar (OFFSET)

현재 설정 : 원본지우기 = 아니오, 도면층 = 원본, OFFSETGAPTYPE = 0

간격띄우기 거리 지정 또는 [통과점(T)/지우기(E)/도면층(L)] <통과점> : 50 (복사간격 입력)

② 간격띄우기 할 객체 선택 또는 [종료(E)/명령취소(U)] <종료> : 복사할 객체 선택(P1)

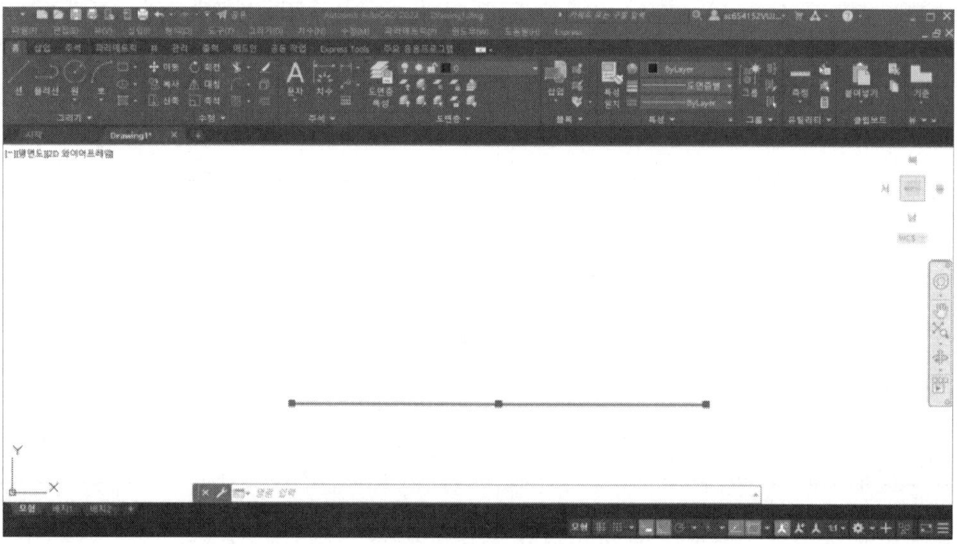

순서② 객체 선택

③ 간격띄우기 할 면의 점 지정 또는 [종료(E)/다중(M)/명령취소(U)] <나가기> : 복사할 방향(P2)으로 마우스 왼쪽 버튼을 클릭한다.

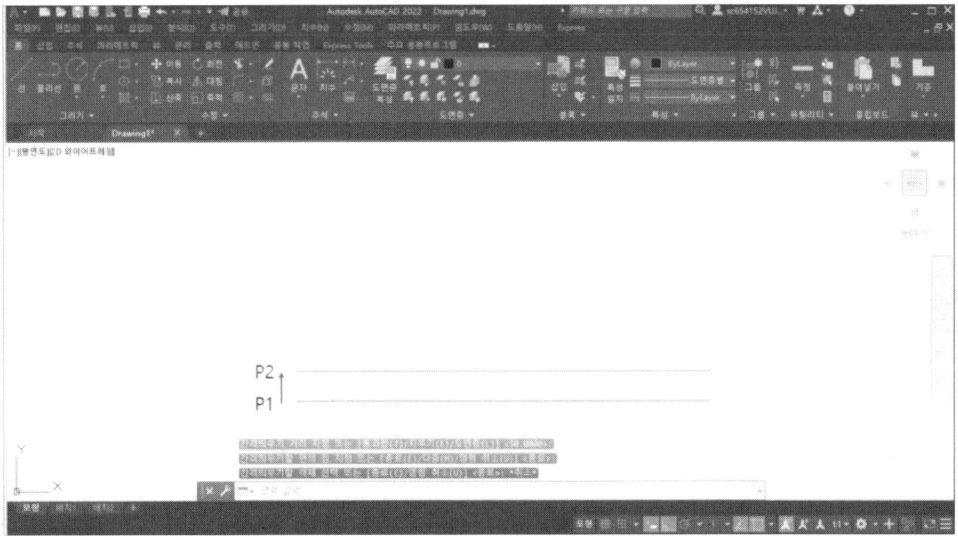

순서③ 복사할 방향으로 클릭

④ Space Bar 로 명령을 종료한다.

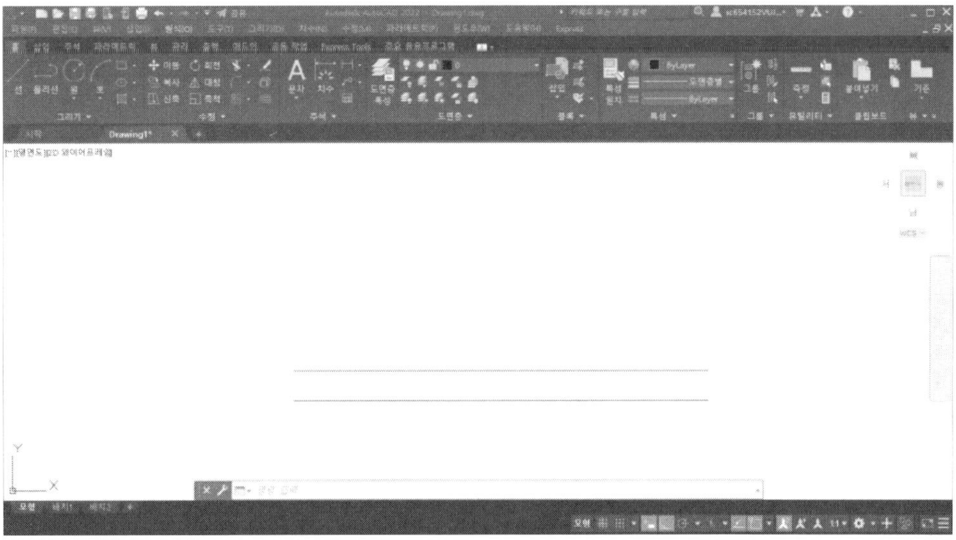

순서④ 완료

OFFSET명령을 종료하지 않는 한 간격이 50인 객체를 선택 객체로부터 연속적으로 그릴 수 있다.

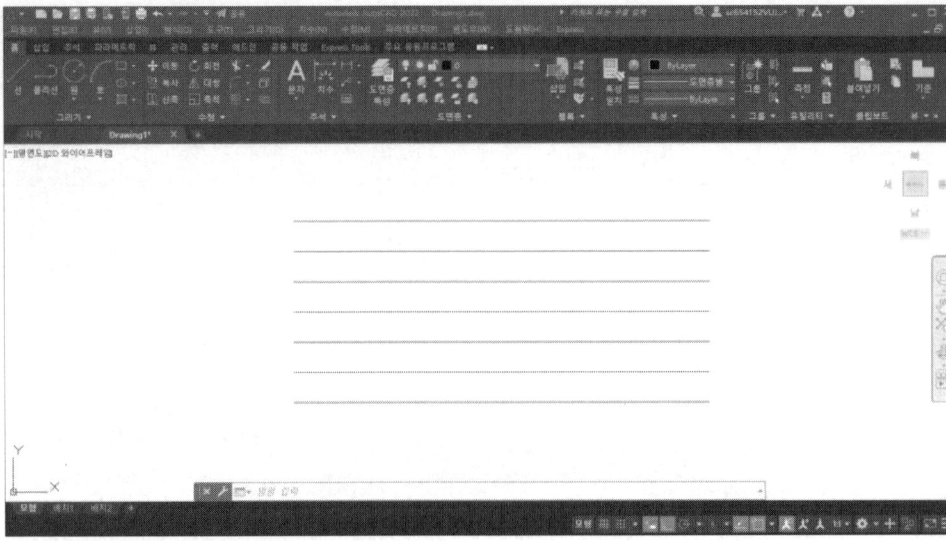

AutoCAD 2022에서는 OFFSET을 할 때 미리보기 기능이 있어 어느 정도 떨어지는지를 미리 볼 수 있다.

(2) 원 간격띄우기

따라해보세요

다음의 원을 일정한 간격으로 띄워보자.

① 명령 : O [Space Bar] (OFFSET)

② 간격 띄우기 거리 지정 또는 [통과점(T)/지우기(E)/도면층(L)]: 50 [Space Bar] (거리 지정)

③ 간격띄우기 할 객체 선택 또는 [종료(E)/명령 취소(U)] <종료>: 간격 띄우기 할 선을 선택한다.

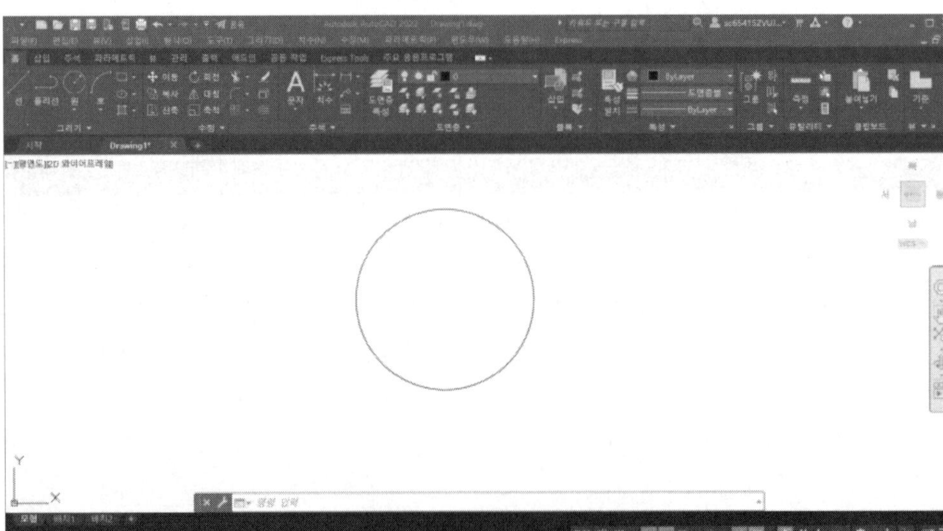

순서 ③ 객체 선택

④ 간격띄우기 할 면의 점 지정 또는 [종료(E)/다중(M)/명령 취소(U) <종료> : 원 밖으로 클릭
기준점으로 잡은 원의 밖으로 간격이 50인 또 다른 원이 그려진다.

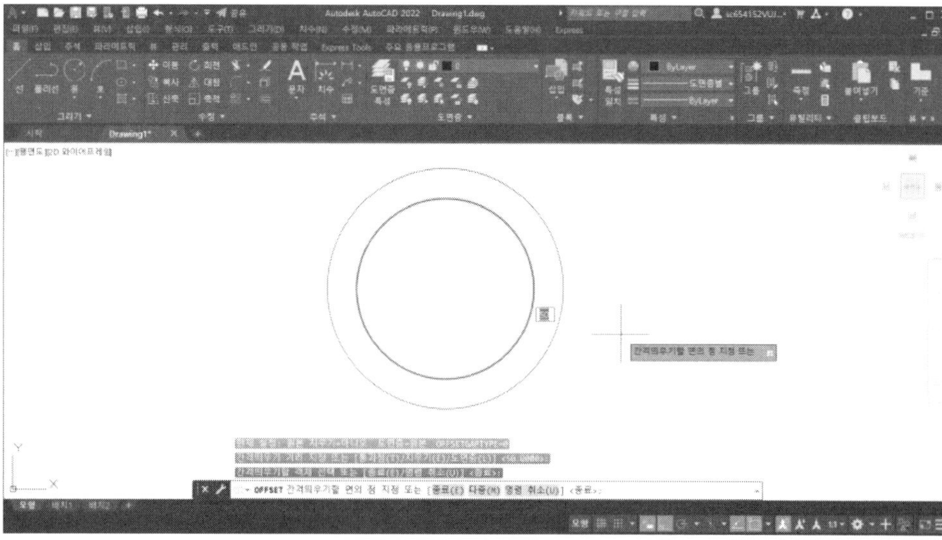

순서 ④ 간격이 50인 원 객체가 그려진다.

⑤ 간격띄우기 할 면의 점 지정 또는 [종료(E)/다중(M)/명령 취소(U) <종료> : Space Bar 로 명령 종료.
OFFSET명령을 종료하지 않는 한 간격이 50인 객체를 선택 객체로부터 그릴 수 있다.

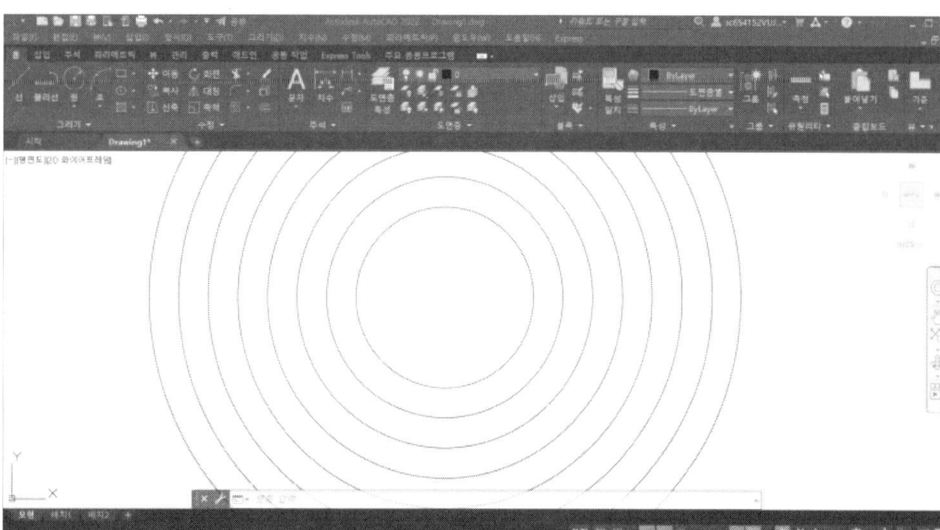

순서⑤ 연속으로 그린 객체

5.13 분해(EXPLODE)

EXPLODE명령은 RECTANGLE 명령이나 POLYGON, POLYLINE 등으로 생성되어 하나의 객체로 되어 있는 도면요소를 각각의 요소로 분해하는 명령어이다.

· 명령어 : EXPLODE · 리본 : 홈 탭 → 수정 패널 → (분해)
· 단축키 : X · 메뉴 : 수정 → 분해

따라해보세요

다음과 같은 직사각형(RECTANGLE)을 분해해보자.

① 명령 : X [Space Bar] (EXPLODE)

② 객체 선택 : 분해할 도면객체를 선택한다.

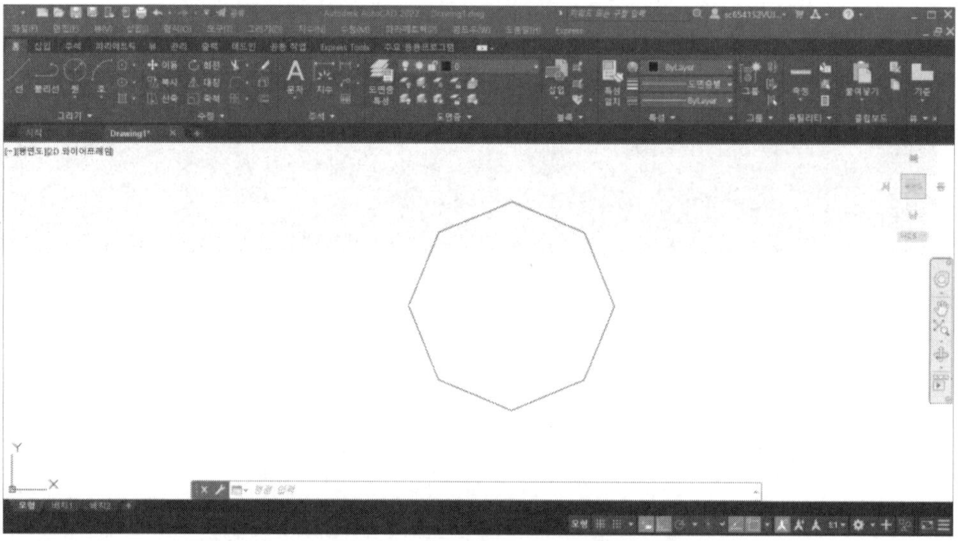

순서② 분해할 객체 선택

③ 객체 선택 : [Space Bar]를 눌러 명령을 종료한다.

분해 후 객체를 선택해보면 하나였던 선분이 각기 따로따로 선택되는 걸 확인할 수 있다.

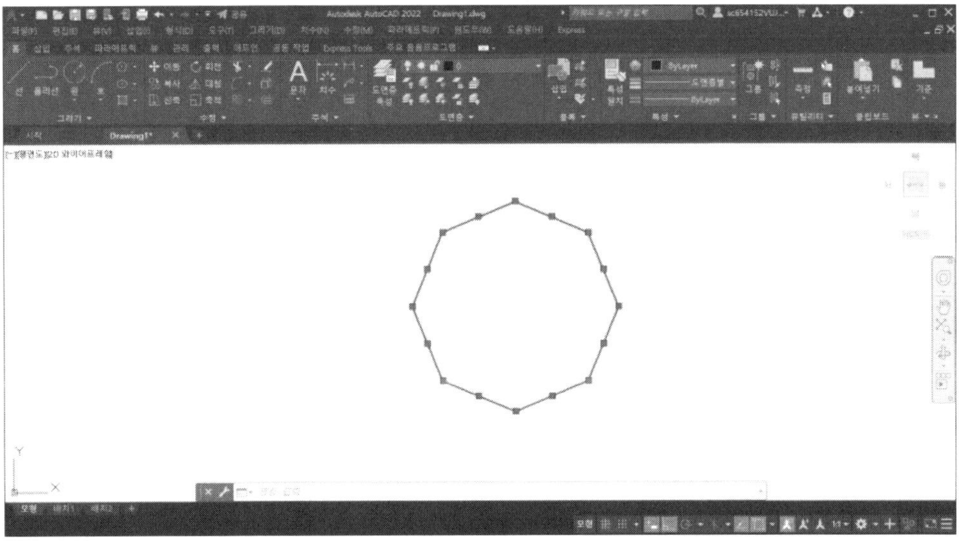

순서③ 분해 완료된 객체

5.14 대칭복사(MIRROR)

MIRROR 명령은 선택된 임의의 객체에 거울을 비춘 것과 같은 효과를 주어서 기준점을 중심으로 객체를 대칭되게 복사해주는 명령어이다.

· 명령어 : MIRROR
· 단축키 : MI
· 리본 : 홈 탭 → 수정 패널 → (대칭)
· 메뉴 : 수정 → 대칭

따라해보세요

다음과 같은 객체를 중심선에 대칭시켜 보자.

① 명령 : MI Enter↵ (MIRROR)

② 객체 선택 : 대칭복사 시키고자 하는 객체를 교차범위(P1→P2)로 선택한 후 Space Bar를 클릭한다.

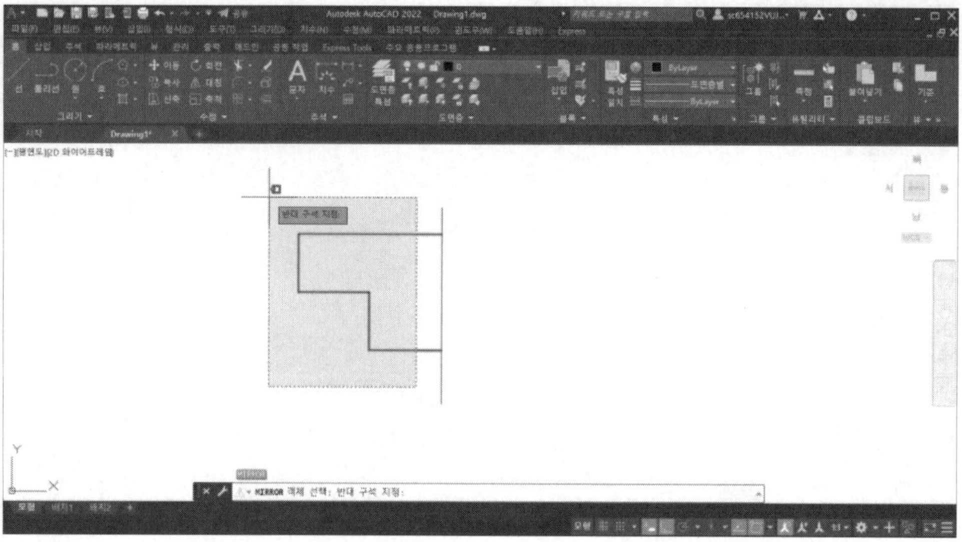

순서② 대칭시킬 객체 선택

③ 대칭선의 첫 번째 점 지정 : 기준이 될 점(P3) 클릭
대칭선의 두 번째 점 지정 : P4 클릭

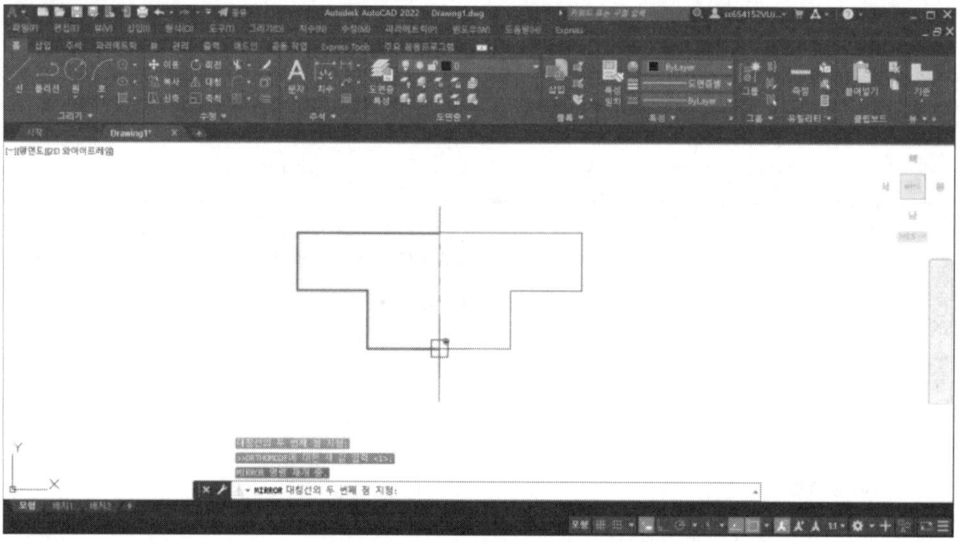

순서③ 기준점 지정

④ 원본 객체를 지우시겠습니까? [예(Y) / 아니오(N)] <N> : 대칭복사를 원한다면 Space Bar 를 눌러 명령을 종료한다.

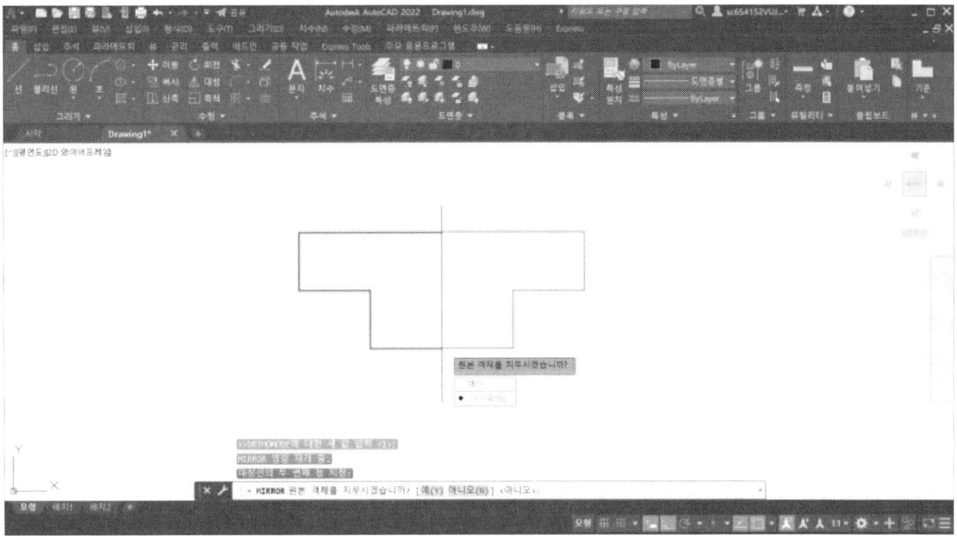

순서④ 대칭 복사된 객체

⑤ 원본을 지우고 싶다면 Y를 누르고 Space Bar 로 명령을 종료하면 된다.

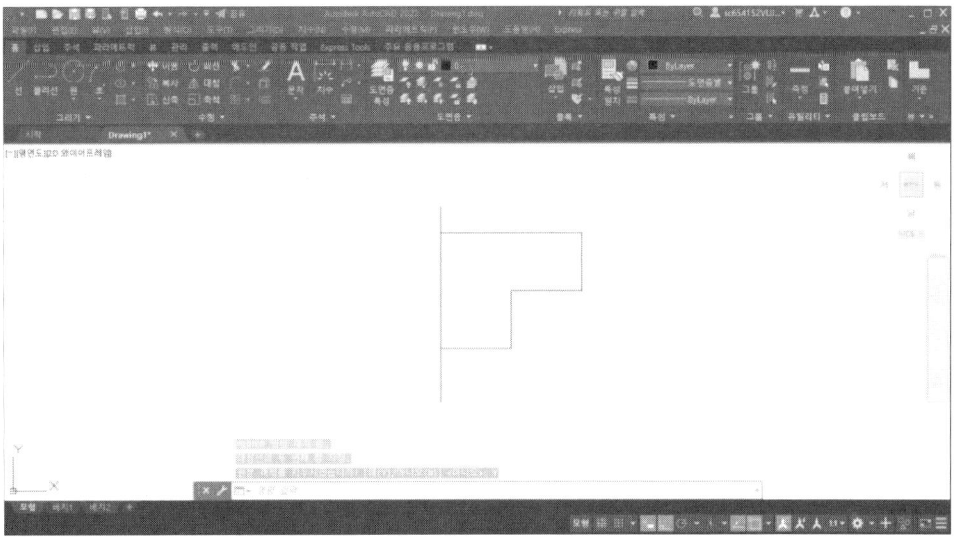

순서⑤ 원본을 삭제한 객체

예제 그려보기

지금까지 배운 명령을 이용하여 다음의 그림들을 그리고 편집해보자.

5.15 스케일(SCALE)

SCALE 명령은 객체의 크기를 조절하는 명령어이다. 가령 어떠한 객체를 그렸는데 그 크기가 너무 크거나, 또는 너무 작거나 할 경우 적절한 크기로 변형시킬 수 있다.

· 명령어 : SCALE · 리본 : 홈 탭 → 수정 패널 → (축척)
· 단축키 : SC · 메뉴 : 수정 → 축척

따라해보세요

① 명령 : SC Space Bar (SCALE)
② 객체 선택 : 크기 조절할 객체를 선택한 후 Space Bar

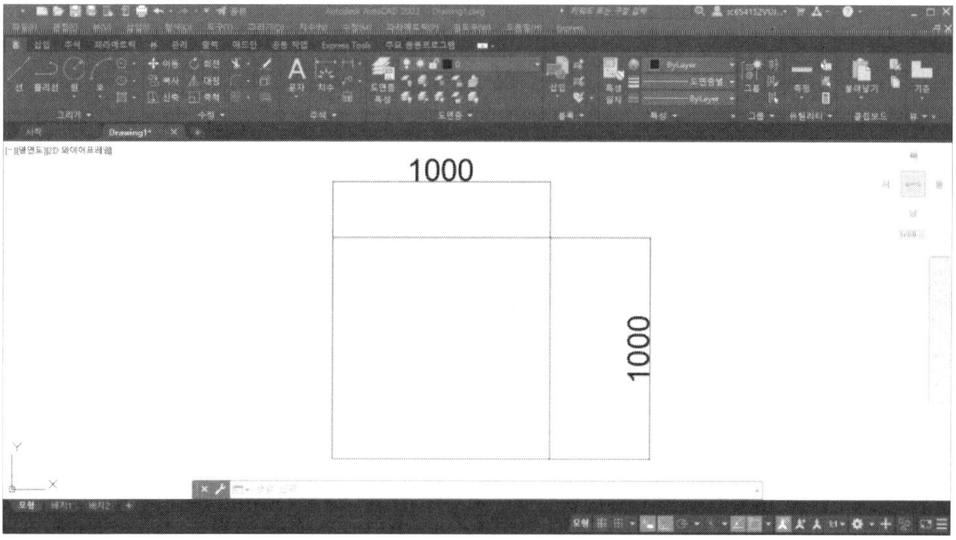

순서② 객체 선택

③ 기준점 지정 : 기준이 될 점(P1)을 마우스 왼쪽 버튼으로 클릭한다.

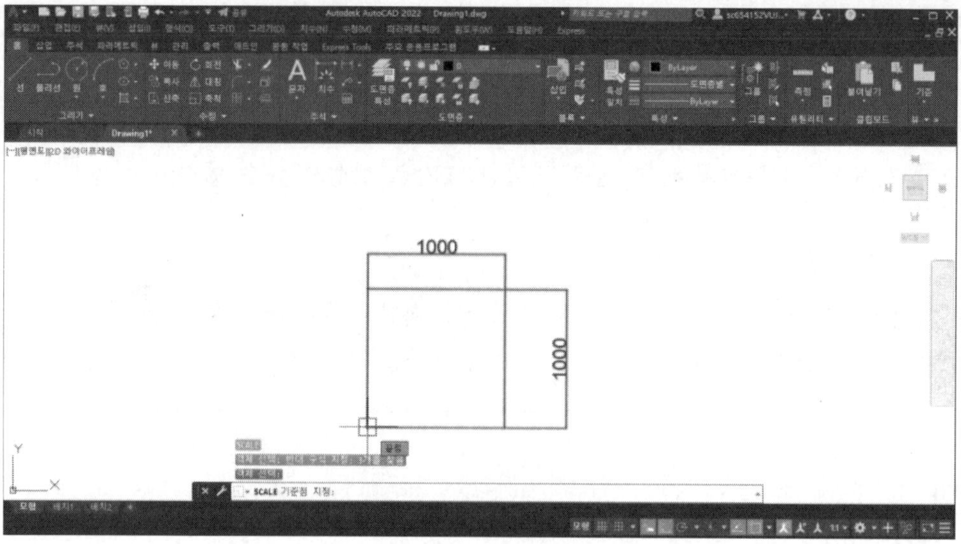

순서③ 기준점 선택

④ 축척 비율 지정 또는 [복사(C)/참조(R)] : 2 `Space Bar` (비율을 말하는 것으로 2배만큼 커진다.)

원하는 배수로 크기를 조절할 수 있으며 마우스로 임의의 조절이 가능하다.

ex> 축척 비율 지정 또는 [복사(C)/참조(R)] : 2 `Space Bar` (2배 확대)
축척 비율 지정 또는 [복사(C)/참조(R)] : 0.5 `Space Bar` (2배 축소)
2배 만큼 커진 객체를 확인할 수 있다.

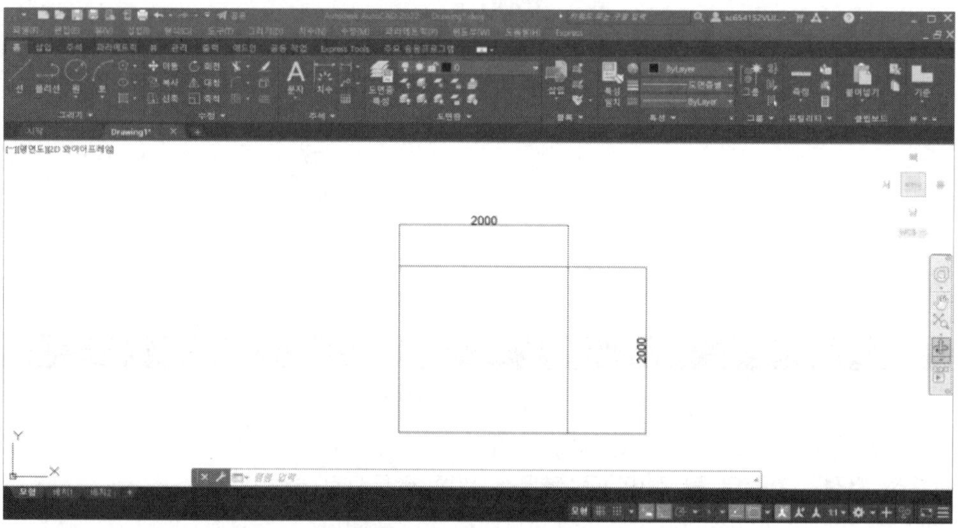

순서④ 크기 조절된 객체

▍스케일(SCALE)의 옵션

- 복사(C) : 원본을 유지한 채 객체의 크기를 줄이거나 늘리면서 복사할 수 있다.
- 참조(R) : 원하는 부분을 기준으로 새로운 길이의 조정이 가능하다.

5.16 신축(STRETCH), 늘리기

STRETCH 명령은 선택한 객체를 한 방향으로 늘이거나 줄이는 명령으로 선택영역 안에 포함되는 것은 이동이 된다. 따라서 신축에서는 객체 선택을 반드시 교차 선택방법으로 해야 한다.

· 명령어 : STRETCH
· 단축키 : S
· 리본 : 홈 탭 → 수정 패널 → (신축)
· 메뉴 : 수정 → 신축

따라해보세요

직사각형 객체를 늘려보자.

① 명령 : S Space Bar (STRETCH)

② 객체 선택 : 늘리거나 줄일 객체를 교차 범위(P1, P2)로 선택 후 Space Bar

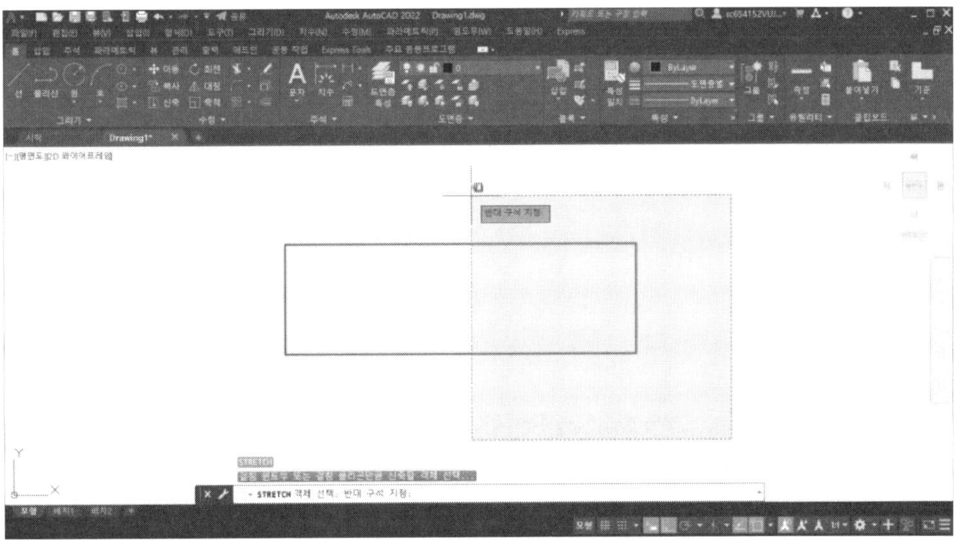

순서② 교차 범위로 객체 선택

③ 기준점 지정 또는 [변위(D)] <변위> : 기준이 될 점(P3)을 마우스의 왼쪽 버튼으로 클릭하면 두 번째 지정 또는 <첫 번째 점을 변위로 사용> : 마우스를 움직여서 원하는 길이(P4)로 조정한다. (또는 원하는 길이만큼 직접 치수를 입력해도 된다.)

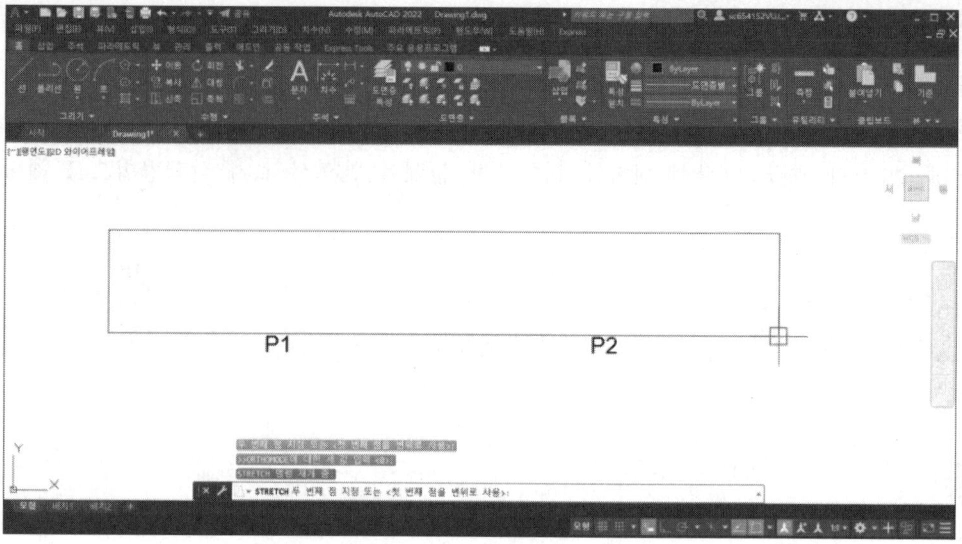

순서③ 객체 선택 후 길이 조정

④ 원하는 길이의 지점에 맞춰 클릭해주면 명령이 종료된다.

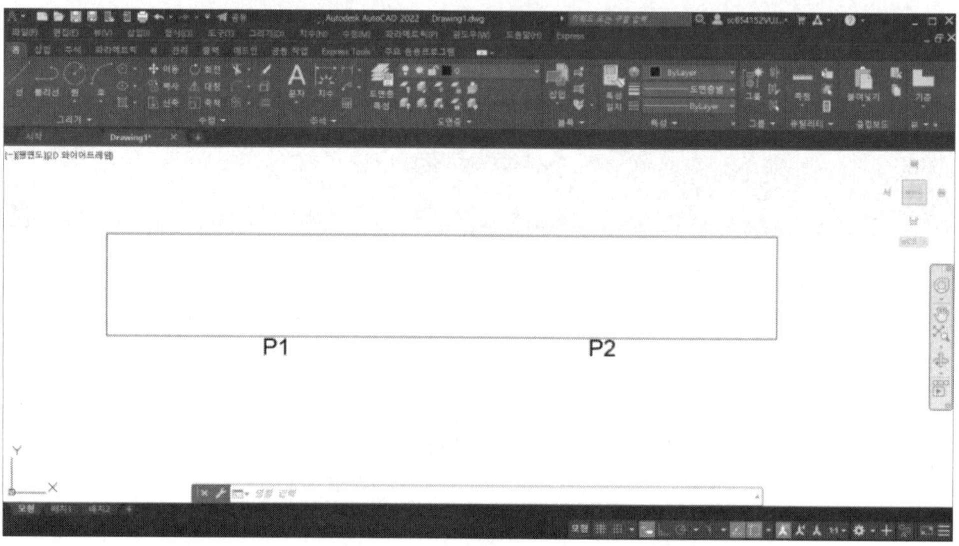

순서④ 신축이 완료된 객체

예제 그려보기

지금까지 배운 명령을 이용하여 다음의 그림들을 그리고 편집해보자.

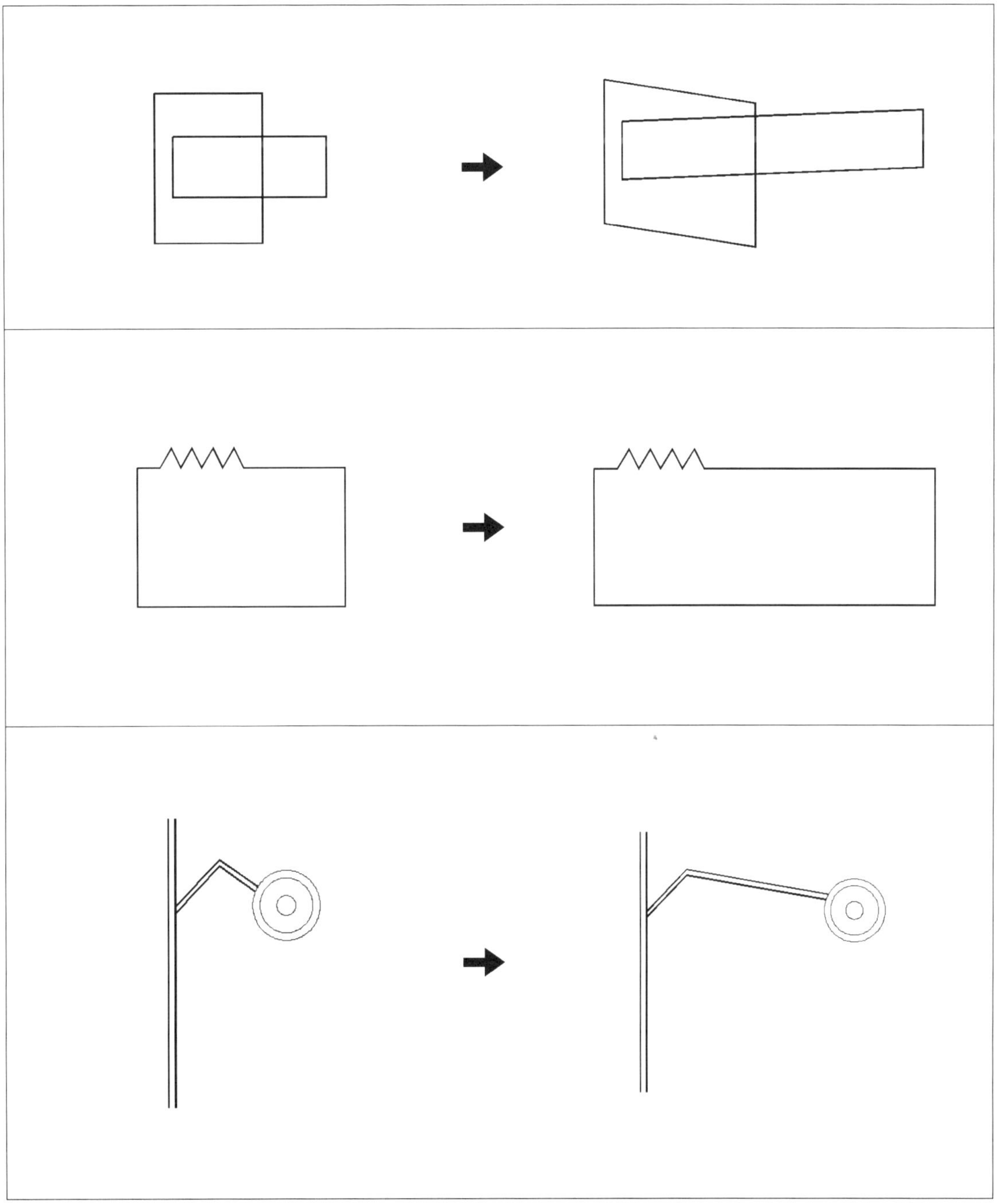

5.17 배열(ARRAY)

ARRAY 명령은 물체를 일정한 간격과 각도, 개수를 선형 배열, 원형 배열로 복사하는 명령어인데, COPY 명령과는 달리 한,두개가 아닌 여러 개의 개수를 한 번에 열과 행을 맞춰 복사할 때 쓰는 명령어이다.

(AutoCAD 2012부터 배열 명령어(AR)로 더 이상 대화상자가 뜨지 않는다. ARRAYCLASSIC이라는 명령어를 입력하면 대화상자가 뜬다.)

· 명령어 : ARRAY	· 리본 : 홈 탭 → 수정 패널 → (배열)
· 단축키 : AR	· 메뉴 : 수정 → 배열

(1) 직사각형 배열(R)

따라해보세요

직사각형(500*500㎜)을 가지고 4행 3열로 배열해보자.

① 명령 : ARRAYCLASSIC Space Bar (ARRAY)

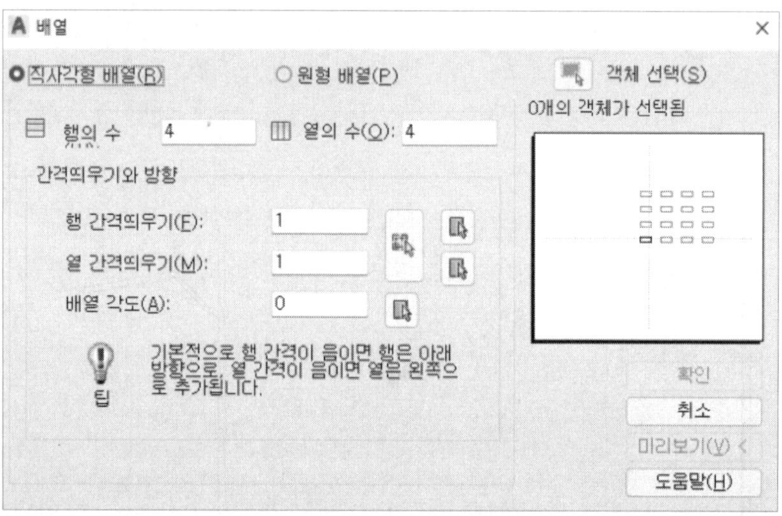

순서① 배열 대화상자

② 객체 선택 아이콘( ) 을 클릭하여 배열을 실행할 객체를 선택한 후 Space Bar 를 클릭하여 대화상자로 돌아온다.

[행의 수]는 '4', [열의 수]는 '3', [행 간격띄우기]는 '800', [열 간격띄우기]는 '1000'을 입력한다.

※ [행 간격]과 [열 간격]은 객체의 크기를 고려하여 입력해야 한다.

예제의 객체의 크기는 가로, 세로 '500'이다. 따라서 만약 [행 간격]과 [열 간격]을 각각 "250"으로 설정하면 객체가 서로 겹쳐진 채로 배열됨을 주의하자.

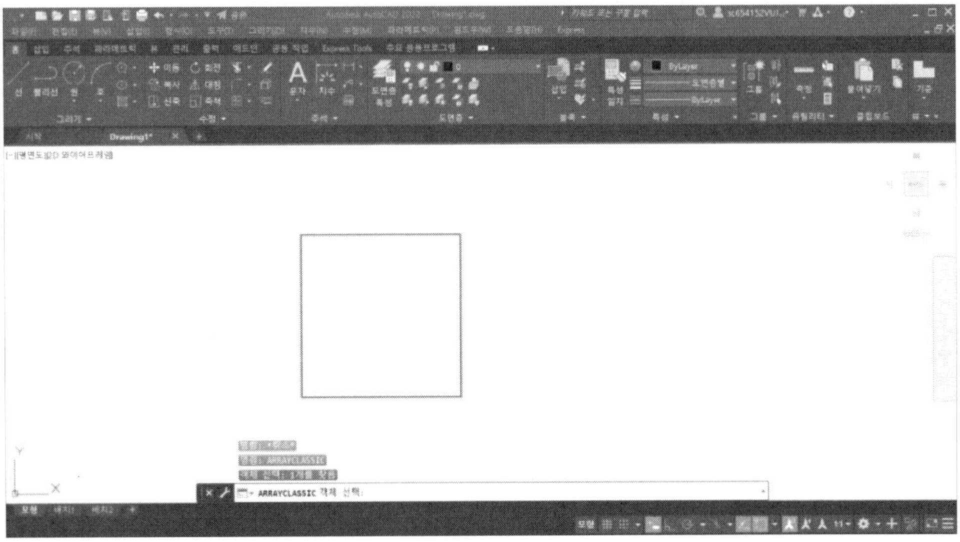

순서② 배열할 객체 선택

③ [확인]을 누르면 아래의 그림과 같이 배열된 것을 확인할 수 있다.

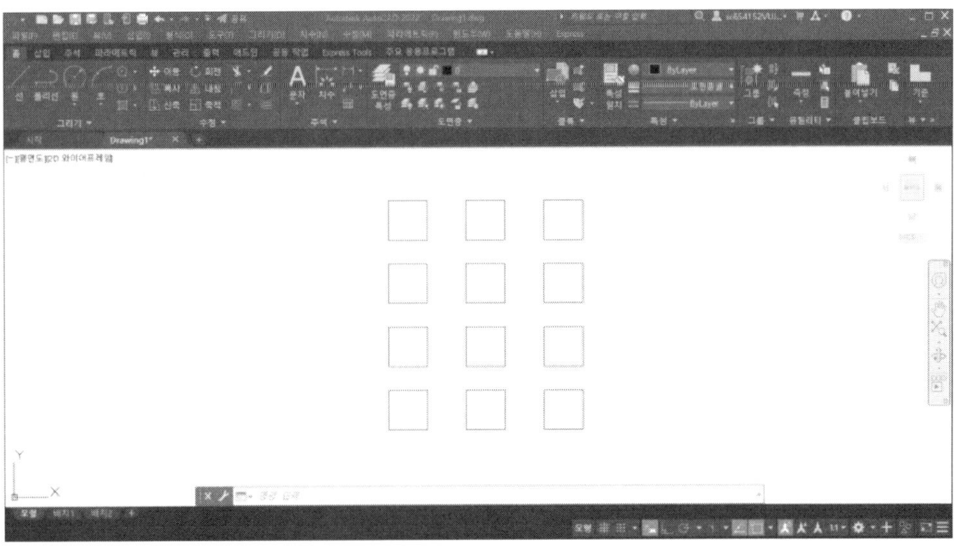

순서③ 배열 완료

배열은 실제 도면에 적용하기 전 [미리보기(V) <]를 눌러 보면 배열이 정확히 되는지 확인할 수 있다.

(2) 원형 배열(P)

따라해보세요

원형 배열을 이용하여 사각형 탁자 주위로 객체를 배열해보자.

① 명령 : ARRAYCLASSIC [Space Bar] (ARRAY)

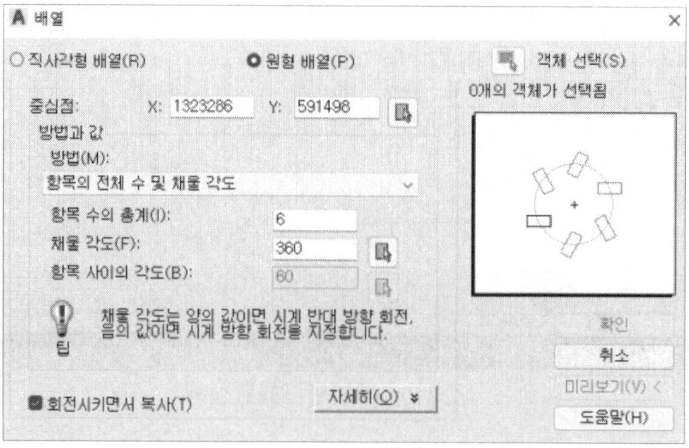

② 객체 선택 아이콘( )을 이용하여 객체를 선택한 후 [Space Bar]를 클릭하여 대화상자로 돌아온다.

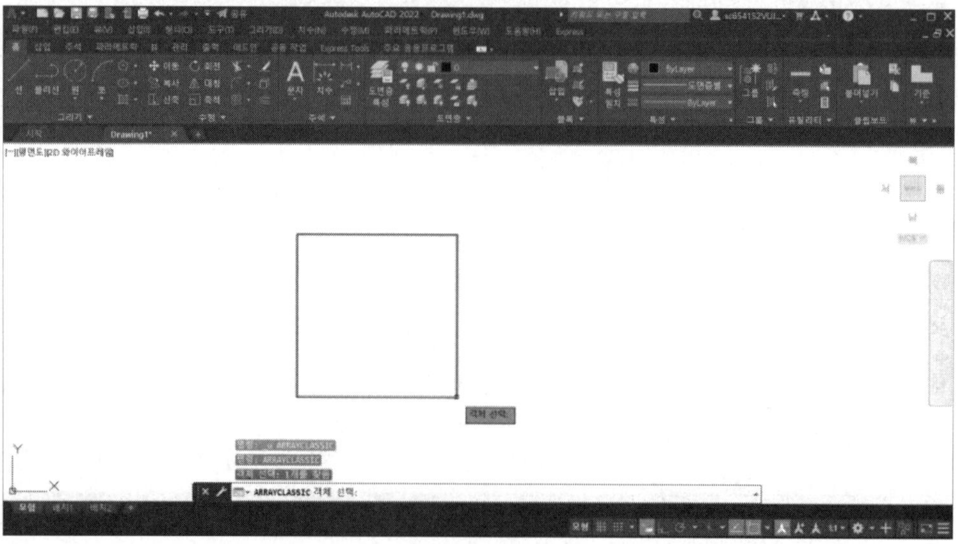

순서② 회전시킬 객체 선택

③ [항목 수의 총계]에는 '6', [항목 사이의 각도]에는 '360'을 입력한 후 회전의 중심을 지정하기 위해 중심점 선택 아이콘( )을 클릭하여 원의 중심점에 맞춘다.

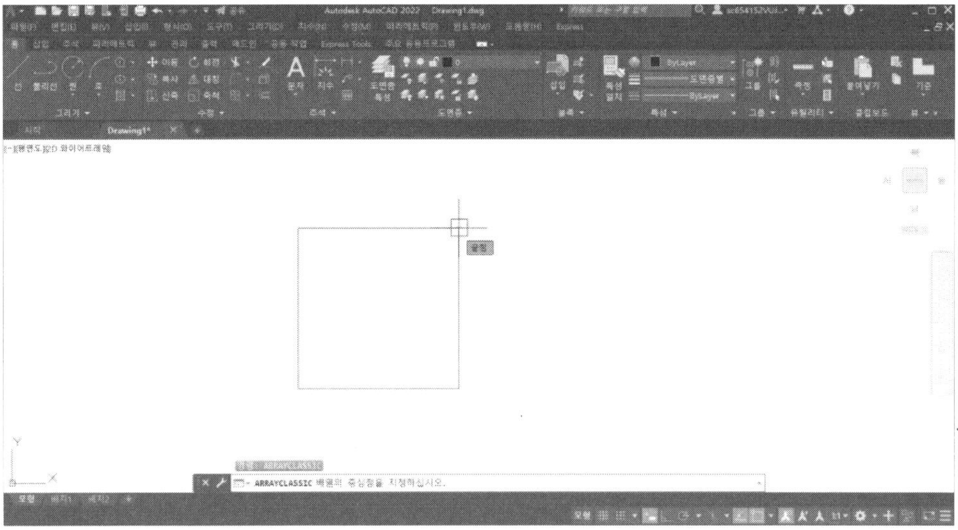

순서③ 회전될 중심점 좌표 지정

③ 중심점까지 지정한 후 [확인]을 누르면 아래의 그림과 같이 배열된 것을 확인할 수 있다.

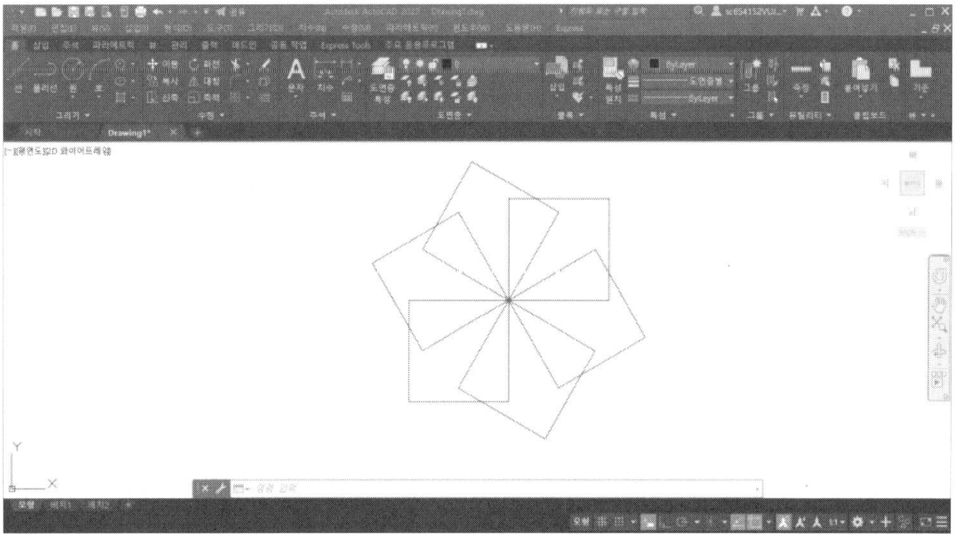

순서④ 회전배열 완료

원의 배열도 실제 도면에 적용하기 전 [미리보기(V) <] 을 눌러 보면 배열이 정확히 되는지 확인할 수 있다.

(3) 선형 배열(PA)

따라해보세요

선형 배열을 이용하여 곡선 주위로 객체를 배열해보자.

① 명령 : AR [Space Bar] (ARRAY)

② 객체 선택한 후 [Space Bar]를 누른다.

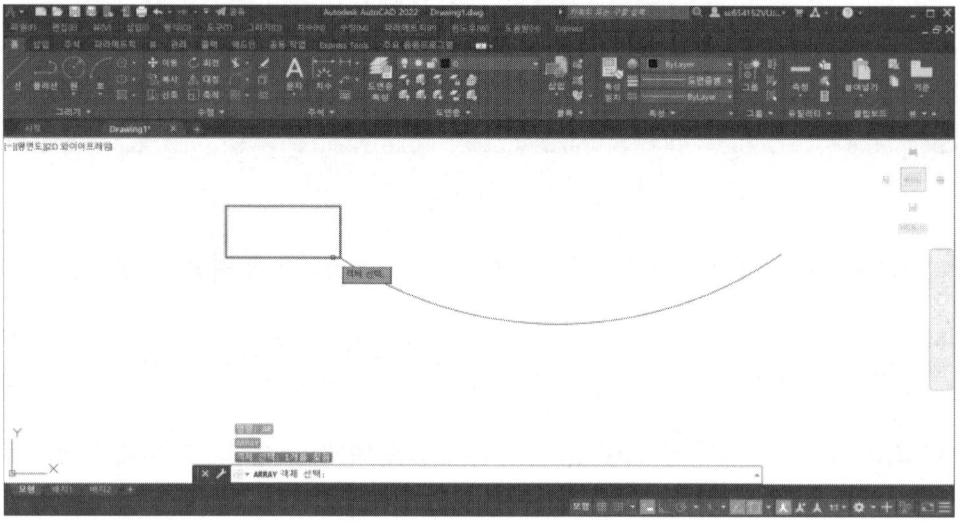

순서② 배열시킬 객체 선택

③ ARRAY 객체 선택 : 배열 유형 입력 [직사각형(R) 경로(PA) 원형(PO) <경로> : PA [Space Bar] 곡선 클릭 [Space Bar]

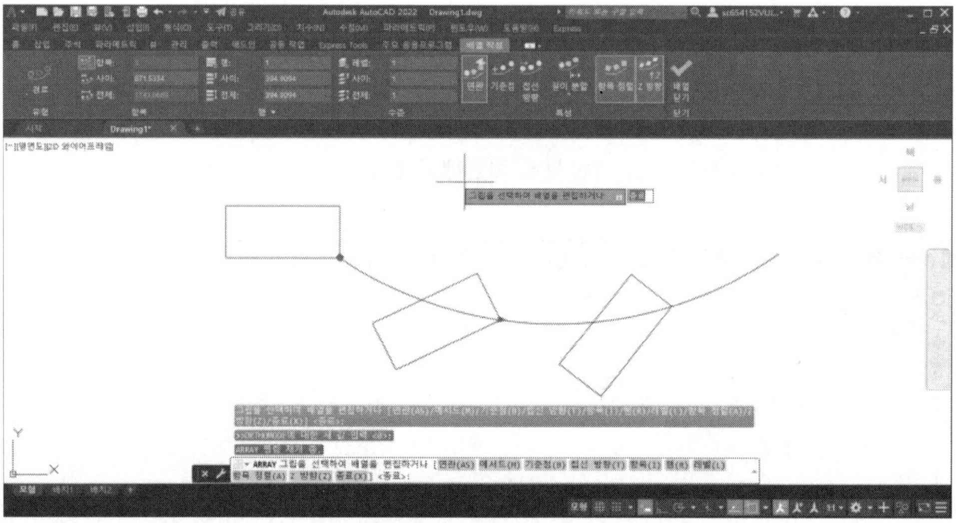

순서③→④ 배열될 곡선 지정

④ 곡선에 따라 배열이 완료된 것을 확인할 수 있다.

⑤ 배열된 개체를 수정하기 위해 그림에 보이는 화살표를 클릭하여 수정한다.

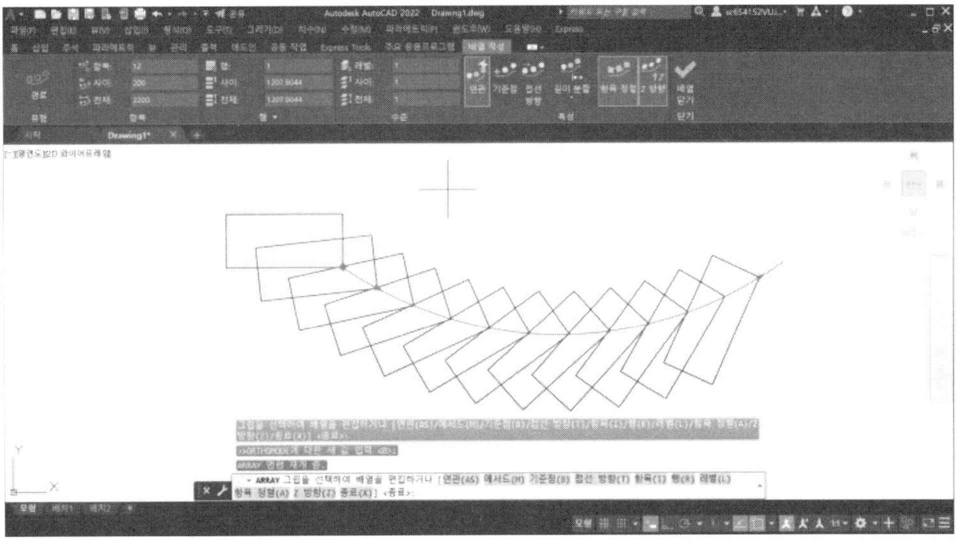

순서⑤ 개체 수 수정

⑥ 화살표를 클릭하여 늘이거나 줄이면 개체수가 수정된다. (참고: 화살표를 원점과 가까이 히면 개체수가 늘어나고 멀리하게 되면 개체수가 줄어들게 된다.)

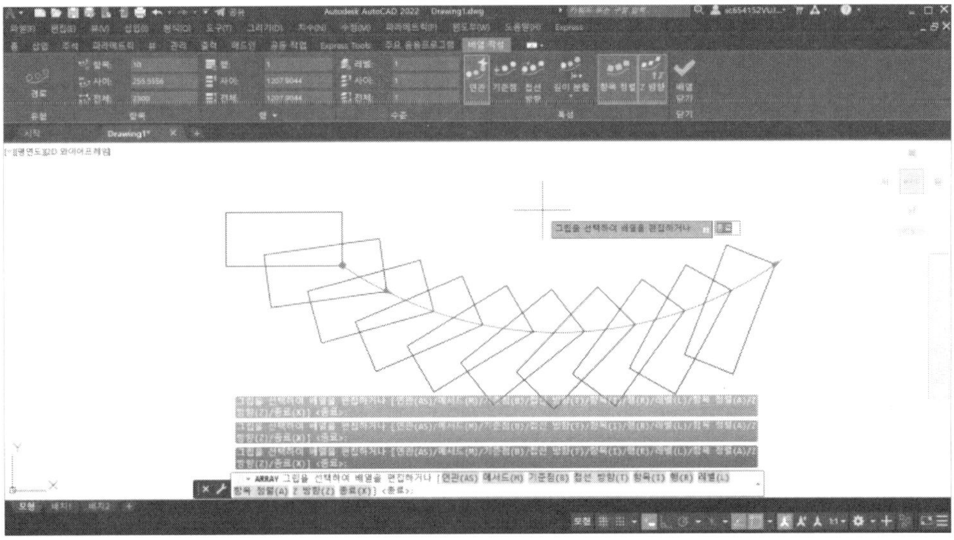

순서⑥ 개체 수 수정 완료

5.18 모깎기(FILLET)

FILLET명령은 물체의 모서리를 부드럽게 라운딩 시키는 명령어이다. 선이 겹치거나 만나지 않아도 라운딩 처리가 가능하다.

- 명령어 : FILLET
- 리본 : 홈 탭 → 수정 패널 → (모깎기)
- 단축키 : F
- 메뉴 : 수정 → 모깎기

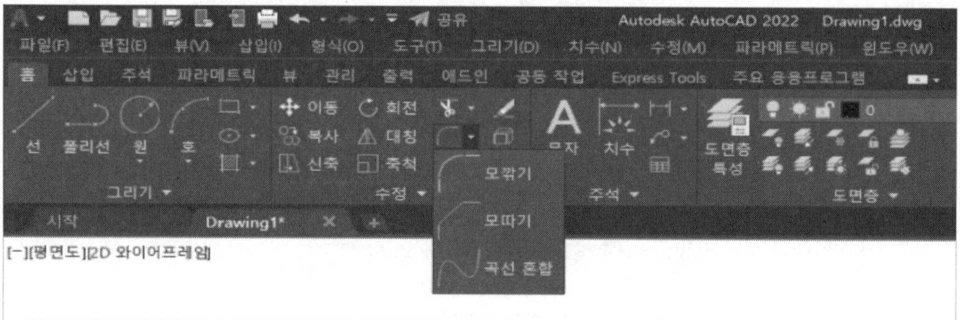

모깎기 리본 메뉴

(1) 일반적인 모깎기

일반적으로 사용하는 모깎기 방식이다.

따라해보세요

모깎기를 이용하여 정사각형(1000*1000㎜)의 모서리를 라운딩 해보자.

① 명령 : F [Space Bar] (FILLET)

② 첫 번째 객체 선택 또는 [명령 취소(U)/폴리선(P)/반지름(R)/자르기(T)/다중(M)] : R [Space Bar]
모깎기 반지름 지정 <0.0000> : 300 [Space Bar]

③ 첫 번째 객체 선택 또는 [명령 취소(U)/폴리선(P)/반지름(R)/자르기(T)/다중(M)]] : P1선과 P2를 클릭한다.

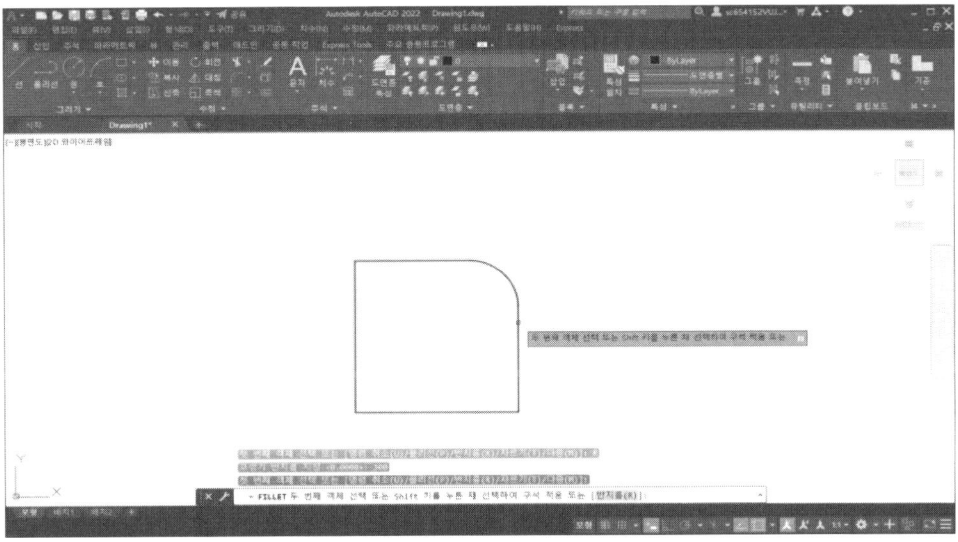

순서③ 모깎기 할 부분 선택

④ 클릭이 완료되면 바로 모깎기가 적용된다.

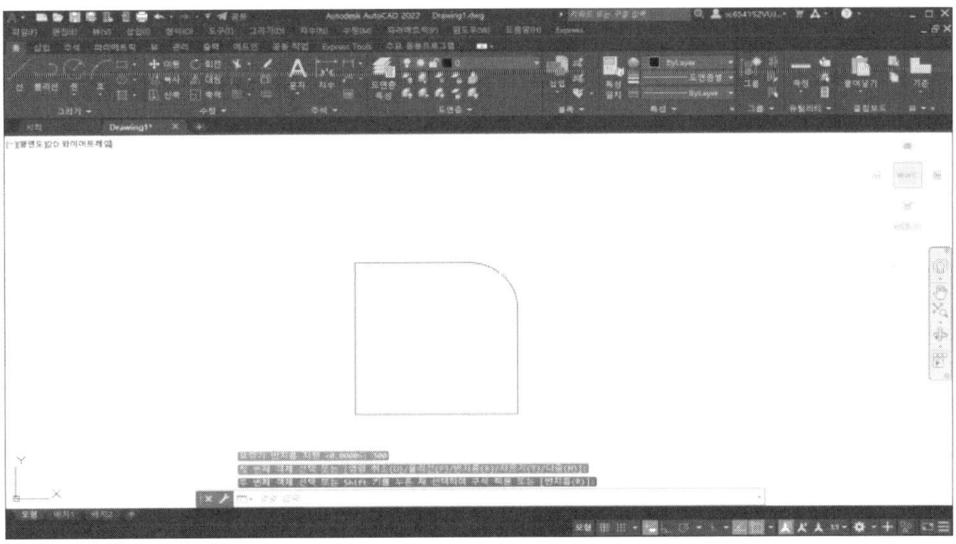

순서④ 모깎기 완료

만약 객체의 선 길이에 비하여 반지름의 크기가 너무 큰 경우에는 에러 메시지가 나오는데, 그럴 때는 반지름의 값을 선의 길이보다 작게 입력하면 모깎기가 된다.

모깎기 오류

(2) 선이 만나지 않는 경우의 모깎기

두 선이 연결되어 있지 않아도 모깎기는 적용된다.

따라해보세요

떨어져 있는 선을 모깎기를 이용해 직각으로 붙여보자.

① 명령 : F Space Bar (FILLET)

첫 번째 객체 선택 또는 [명령취소(U)/폴리선(P)/반지름(R)/자르기(T)/다중(M)]] : R

모깎기 반지름 지정 <300> : 0 (다시 직각으로 만들기 위해 0 입력) Space Bar

첫 번째 객체 선택 또는 [명령취소(U)/폴리라인(P)/반지름(R)/자르기(T)/다중(M)]] : P1과 P2를 클릭해준다.

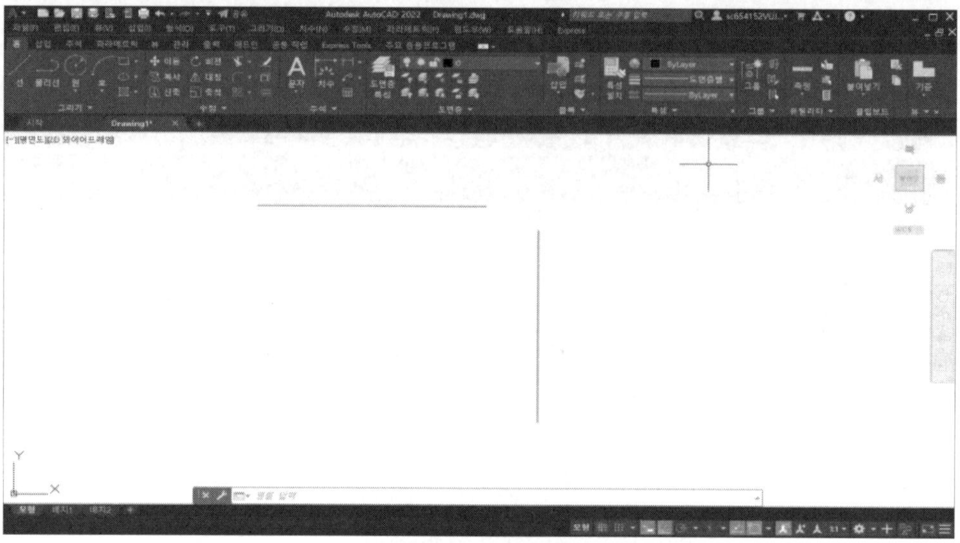

순서① 모깎기 할 객체 선택

② 클릭이 완료되면 바로 모깎기가 적용된다.

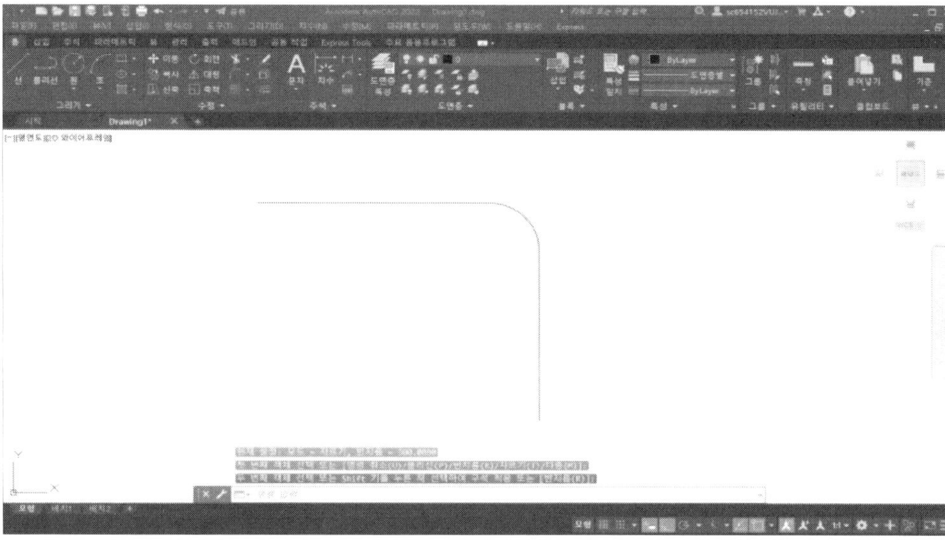

순서② 모깎기 완료

▌모깎기의 여러 가지 옵션

- 반지름(R) : 실행할 모깎기 호의 반지름을 지정한다.
  반지름의 값이 0이면 선이 직각이 되고, 값이 커질수록 호의 반지름이 커지게 된다.

반지름 0 반지름 50 반지름 100

반지름별 모깎기 예

- 자르기(T) : 모깎기가 적용될 가장자리의 원래 객체를 자를 것인지, 자르지 않을 것인지 설정한다.
  (기본적으로 가장자리를 자르고 라운딩 처리가 되기 때문에 T→N으로 설정을 바꿔주면 기존 객체는 삭제되지 않고 라운딩 처리가 된다.)

TRIM한 객체 No TRIM한 객체

가장자리 정리 예

- 폴리라인(P) : 폴리라인 객체의 장점은 한 번에 모깎기를 실행할 수 있다.
- 다중(M) : 연속적으로 모깎기를 실행할 수 있다.
  모깎기 할 첫 번째 객체를 선택 이후 명령 종료까지 두 번째 객체도 반복적으로 선택하여 실행할 수 있다.

예제 그려보기

지금까지 배운 명령을 이용하여 다음의 그림들을 그리고 편집해보자.

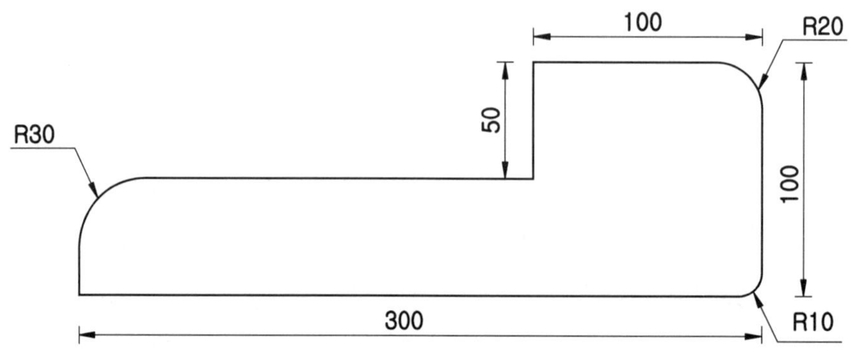

5.19 모따기(CHAMFER)

CHAMFER 명령은 물체의 모서리를 따내는 명령어이다. FILLET 명령과 유사하지만 적용 범위는 조금 다르다.

· 명령어 : CHAMFER	· 리본 : 홈 탭 → 수정 패널 → (모따기)
· 단축키 : CHA	· 메뉴 : 수정 → 모따기

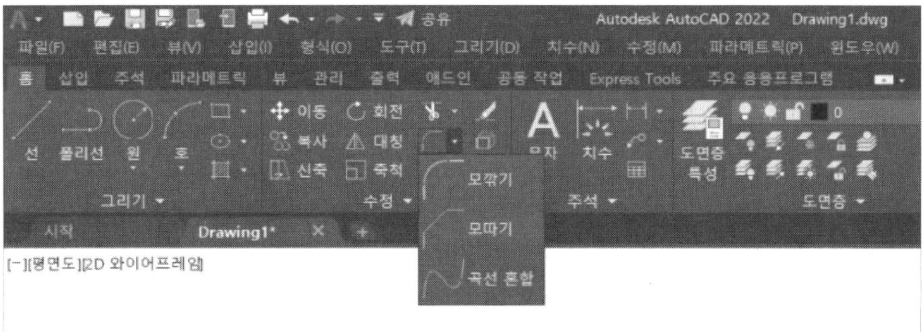

모따기 리본 메뉴

따라해보세요

가로 및 세로가 300인 정사각형으로 모따기 명령어를 익혀보자.

① 명령 : CHA [Space Bar] (CHAMFER)
(자르기 모드) 현재 모따기 거리 1 = 0.0000, 거리 2 = 0.0000

② 첫 번째 선 선택 또는 [명령 취소(U)/폴리선(P)/거리(D)/각도(A)/자르기(T)/메서드(E)/다중(M)]
: D [Space Bar]
첫 번째 모따기 거리 지정 <0.0000> : 50 (모따기할 선분의 길이 입력) [Space Bar]
두 번째 모따기 거리 지정 <50.0000> : 100 (모따기할 선분의 길이 입력) [Space Bar]

③ 첫 번째 선 선택 또는 [명령취소(U)/폴리선(P)/거리(D)/각도(A)/자르(T)/메서드(E)/다중(M)] : P1 클릭
두 번째 선 선택 또는 Shift 키를 누른 채 선택하여 구석 적용 : P2 클릭

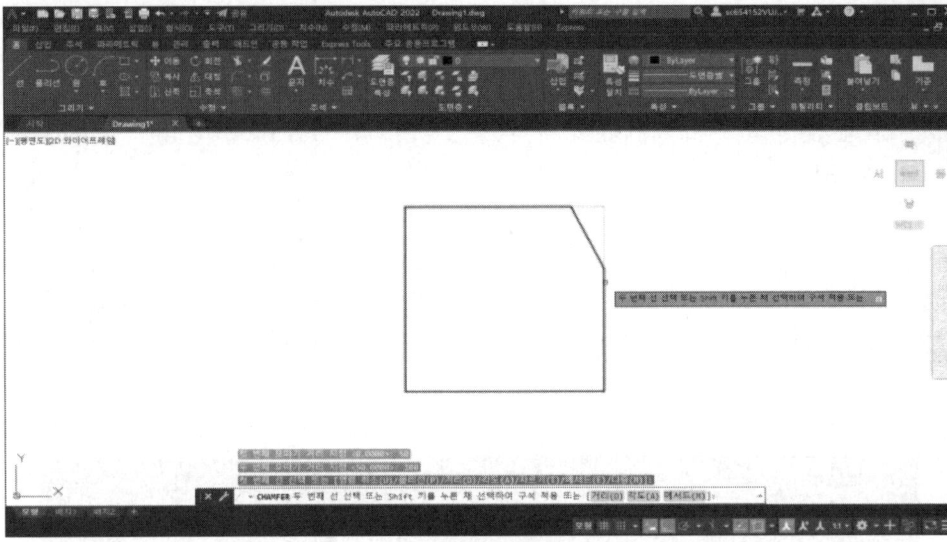

순서③ 객체 선택

④ P1, P2의 클릭 완료하면 즉시 모따기가 적용된다.

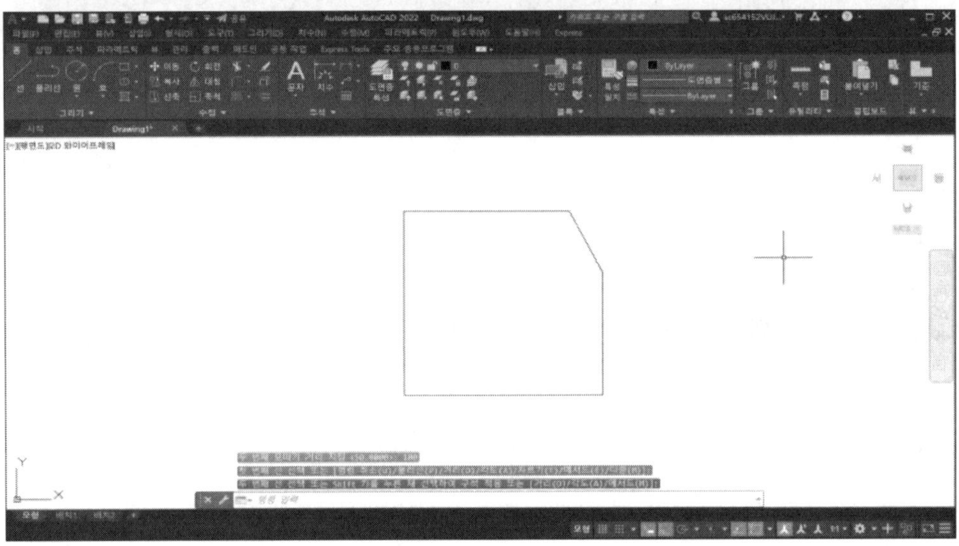

순서④ 모따기 완료

▌ 모따기의 옵션들

- 폴리선(P) : 폴리라인 객체의 정점을 한꺼번에 모따기를 한다.
- 거리(D) : 모따기에 사용될 거리 값을 입력한다.
- 각도(A) : 모따기의 거리를 입력 후 각도를 지정한다.
- 자르기(T) : 모따기 시킬 객체의 가장자리를 자를 것인가 자르지 않을 것인가 결정한다.
  기본적으로 가장자리를 자르고 모따기가 된다.
- 메서드(E) : 현재 지정되어 있는 모따기 방식을 바꾸어 준다.
  거리, 각도를 재지정하는 것이 가능하다.
- 다중(M) : 모따기 명령을 연속적으로 실행할 때 사용한다.

예제 그려보기

지금까지 배운 명령을 이용하여 다음의 그림들을 그리고 편집해보자.

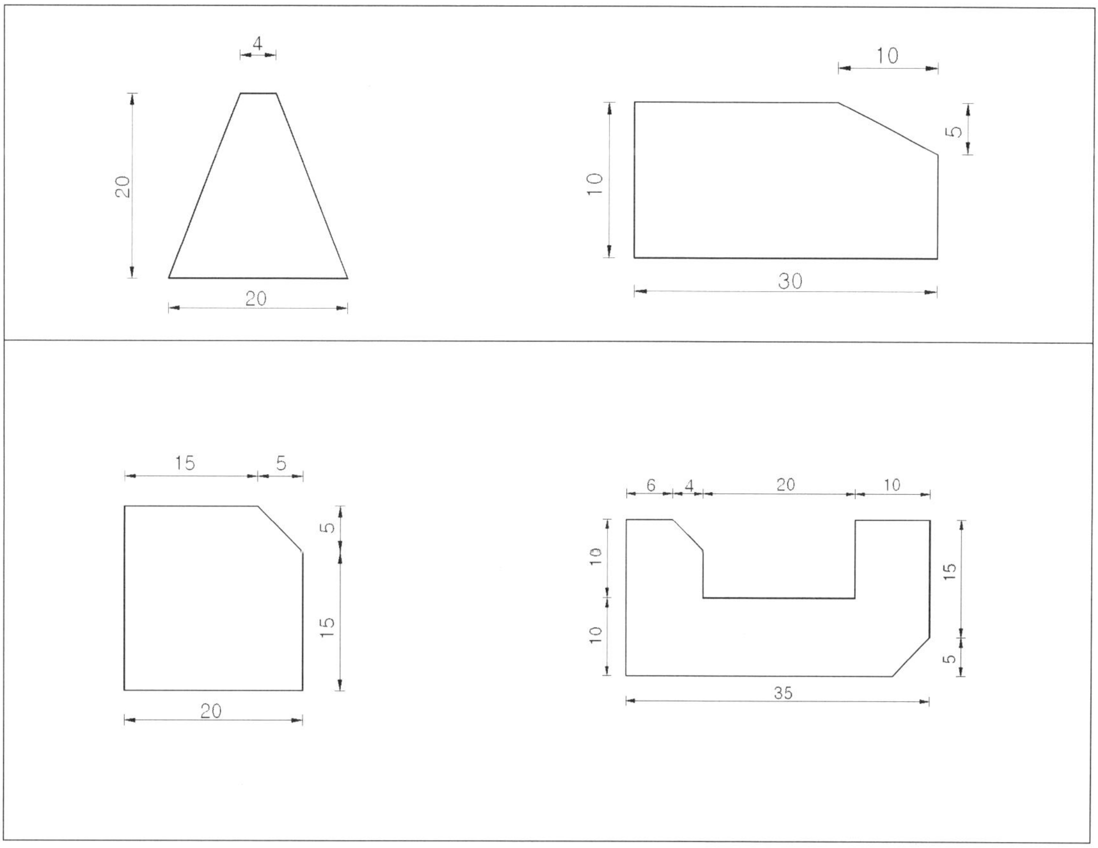

5.20 곡선 혼합(BLEND)

AutoCAD 2012부터 새로 나온 BLEND 명령은 열린 곡선 두 개의 끝점 사이에 부드러운 곡선이나 스플라인을 만들어 주는 기능이다.

· 명령어 : BLEND　　　· 리본 : 홈 탭 → 수정 패널 → (곡선 혼합)
· 단축키 : BLEND　　　· 메뉴 : 수정 → 곡선 혼합

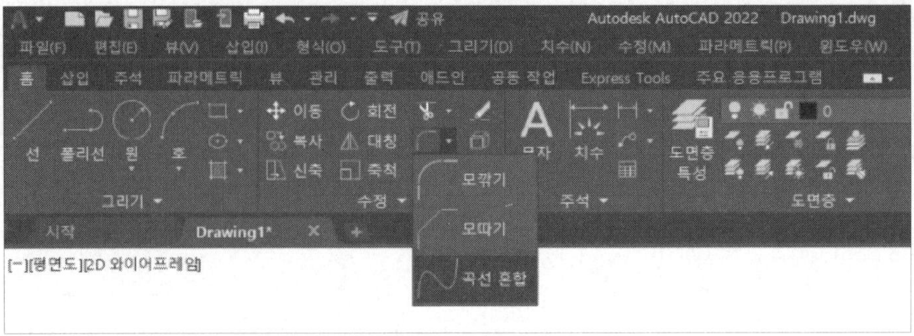

곡선 혼합 리본 메뉴

따라해보세요

임의의 스플라인으로 곡선 혼합 명령어를 익혀보자.

① 명령 : BLEND [Space Bar] (BLEND), 연속성 = 접선

② 첫 번째 객체 선택 또는 [연속성(CON)] : P1 클릭

③ 두 번째 객체 선택 : P2 클릭

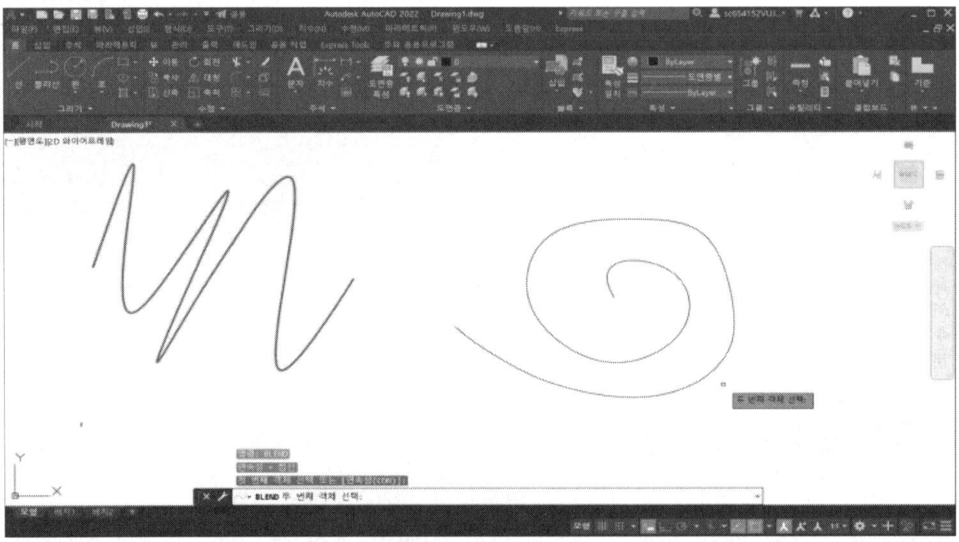

순서②→③ 객체 선택

④ P1, P2의 클릭 완료하면 즉시 곡선 혼합이 적용된다.

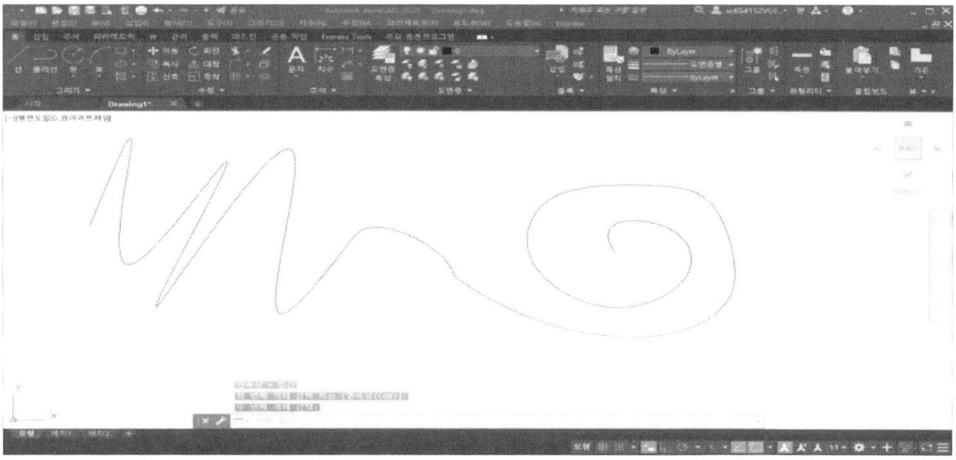

순서④ 곡선 혼합 완료

5.21 폴리선 편집(PEDIT)

PEDIT 명령은 POLYLINE으로 그려진 도면요소를 편집하는 명령어이다.

- 명령어 : PEDIT
- 단축키 : PE
- 리본 : 홈 탭 → 수정 패널 →  (폴리선 편집)

(1) 폴리선 폭 수정하기

따라해보세요

다음과 같은 폴리선을 폴리선 편집(PEDIT)을 이용하여 수정해보자.

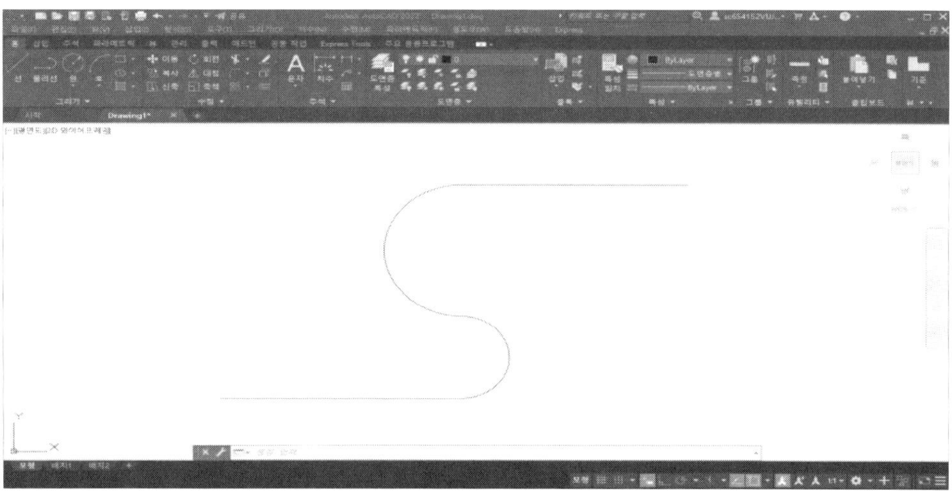

폴리선

① 폴리선 편집 명령을 실행한다.

명령 : PE [Space Bar] (PEDIT)

PEDIT 폴리선 선택 또는 [다중(M)] : 폴리선을 선택 후 [Space Bar]

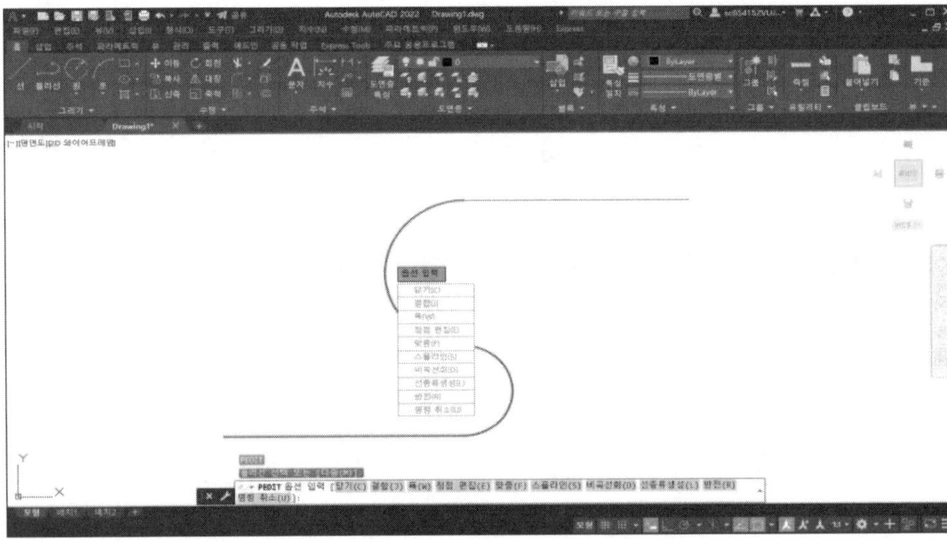

순서① 객체 선택

② 옵션 입력 [닫기(C)/결합(J)/폭(W)/맞춤(F)/스플라인(S)/비곡선화(D)/선종류생성(L)/반전(R)/명령 취소(U)] : W [Space Bar]

③ 전체 세그먼트에 대한 새로운 폭 지정 : 10 [Space Bar] (새로운 선의 폭 입력)

④ 옵션 입력 [닫기(C)/결합(J)/폭(W)/맞춤(F)/스플라인(S)/비곡선화(D)/선종류생성(L)/반전(R)/명령 취소(U)] : [Space Bar] (명령을 종료한다.)

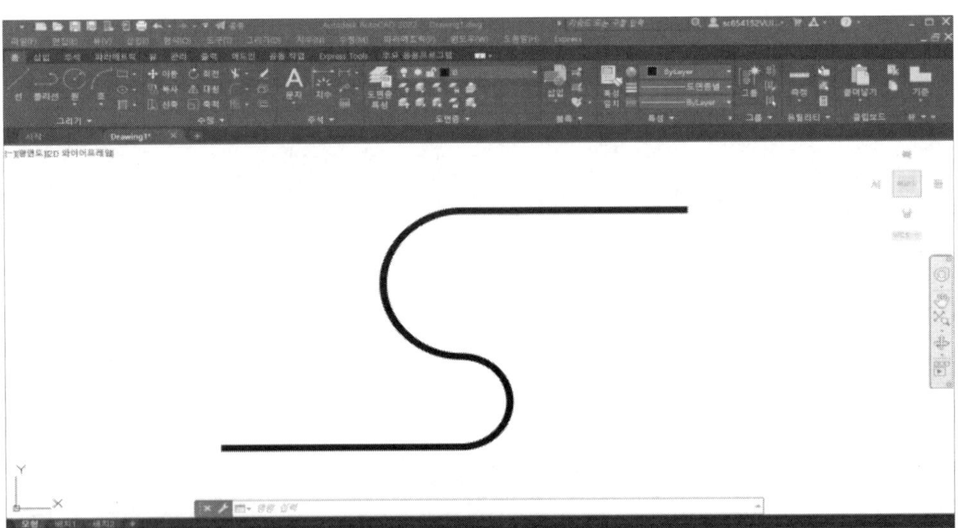

순서② 수정 완료된 폴리선

(2) 여러 개의 객체를 하나의 객체로 만들기

따라해보세요

다음과 같은 여러 개의 선을 하나의 폴리선으로 만들어보자.

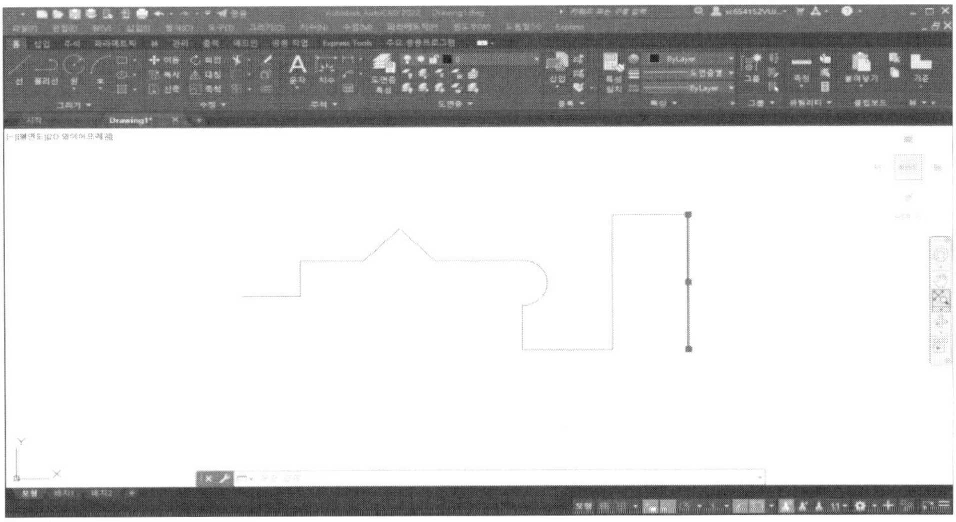

여러 개의 선분 객체

① 폴리선 편집 명령을 실행한다.

명령 : PE [Space Bar] (PEDIT)

PEDIT 폴리선 선택 또는 [다중(M)] : M [Space Bar]

객체 선택 : 결합할 객체를 클릭한 후 [Space Bar]

(객체가 많은 경우 개별 선택이 아닌 그림과 같이 범위선택으로 결합할 객체를 선택해도 된다.)

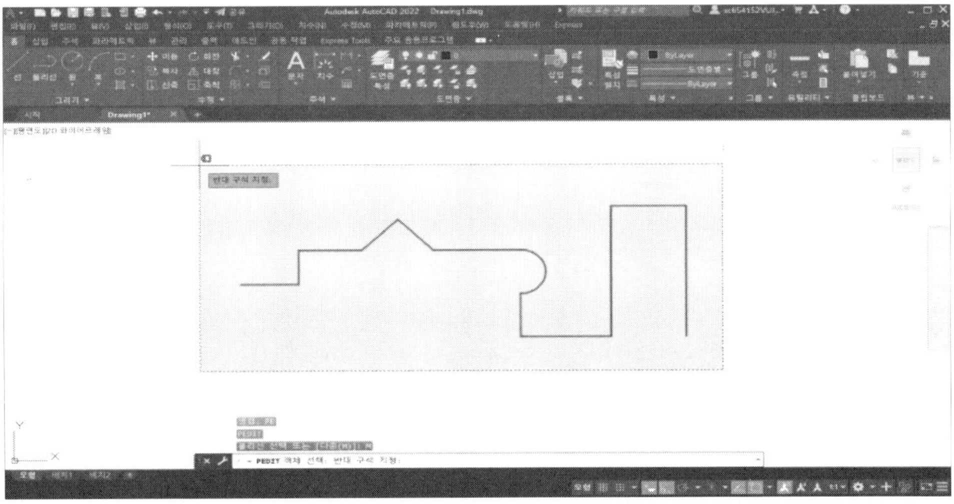

순서① 객체 선택

② 선, 호 및 스플라인을 폴리선으로 변환 [예(Y)/아니오(N)]? <Y> : Space Bar

③ 옵션 입력 [닫기(C)/결합(J)/폭(W)/맞춤(F)/스플라인(S)/비곡선화(D)/선종류생성(L)/반전(R)/명령 취소(U)] : J Space Bar

④ 퍼지 거리 입력 또는 [결합형식(J)] <0.0000> : Space Bar

⑤ 옵션 입력 [닫기(C)/결합(J)/폭(W)/맞춤(F)/스플라인(S)/비곡선화(D)/선종류생성(L)/반전(R)/명령 취소(U)] : Space Bar (명령을 종료한다.)

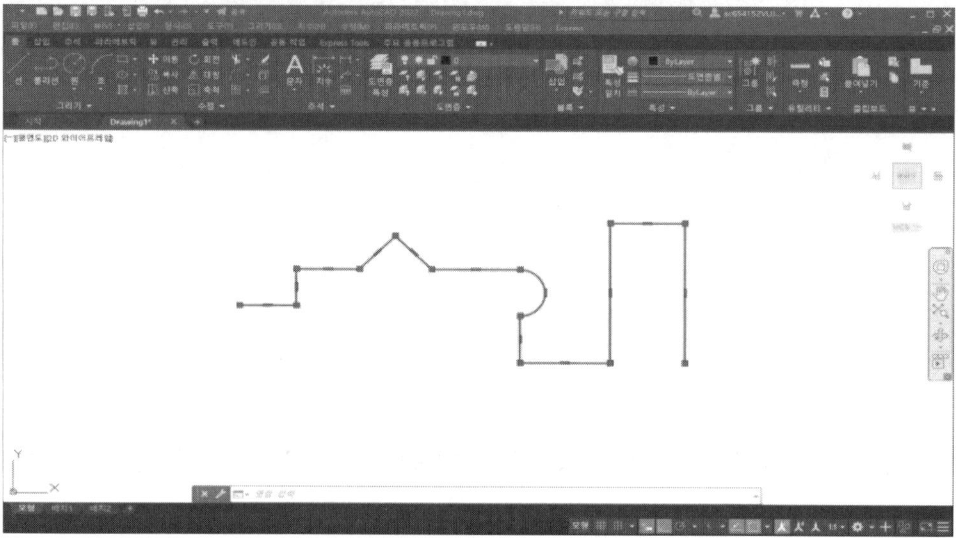

순서⑤ 폴리선으로 결합 완료

5.22 속성변경 대화상자(PROPERTIES)

PROPERTIES 명령은 대화상자를 이용하여 객체의 속성을 변경하는 명령어이다.

- 명령어 : PROPERTIES
- 단축키 : PROPS 또는 CH 또는 Ctrl + 1
- 리본 : 홈 탭 → 특성 패널 →
- 메뉴 : 수정 → 특성
- 객체를 더블 클릭

방법① 리본메뉴

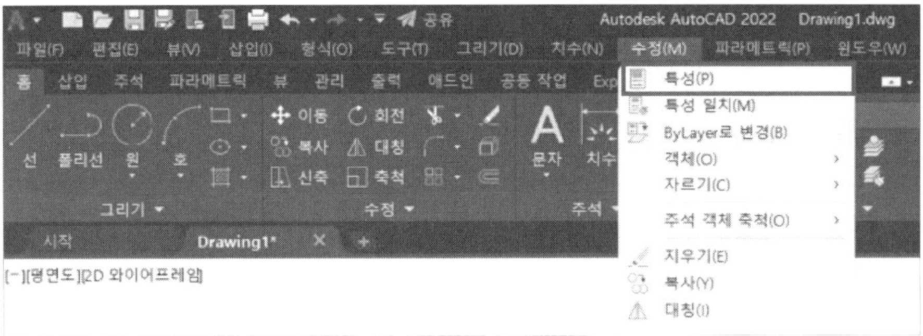

방법② 메뉴막대

따라해보세요

① 명령 : CH Space Bar (PROPERTIES)

② 속성변경 대화상자가 나타난다. (왼쪽 상단에 나타난다.)

③ 변경하고자 하는 객체를 객체 선택( ) 또는 신속 선택( )을 이용하여 선택한다.
(객체를 두 번 클릭해도 ③과 같은 형태가 나온다.)

④ 대화상자에서 원하는 옵션을 선택하여 색상이나 선의 종류, 가중치, 두께 등 그 객체의 속성을 한 번에 쉽게 변경이 가능하다.

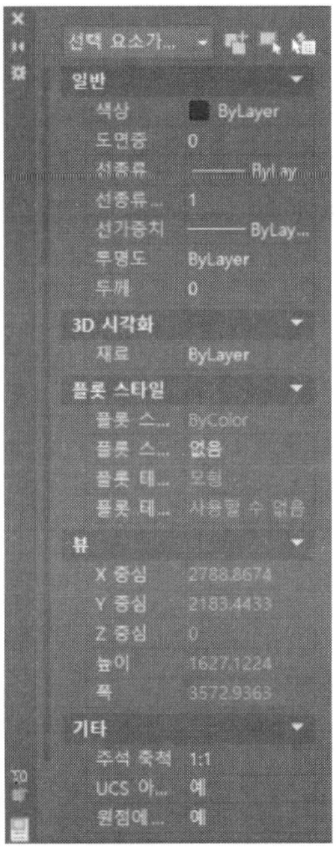

객체 선택 전

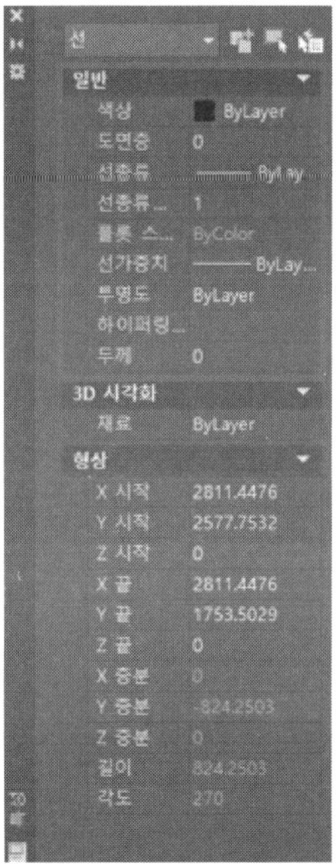

객체 선택 후 일반사항

PROPERTIES를 이용한 객체 수정

5.23 특성 일치(MATCHPROP) 명령

MATCHPROP 명령은 CHANGE, PROPERTIES 명령과 같이 어떤 객체의 특성들을 다른 특정한 객체에 일치시킨다.

· 명령어 : MATCHPROP
· 단축키 : MA
· 리본 : 홈 탭 → 특성 패널 → 
· 메뉴 : 수정 → 특성 일치

따라해보세요

검정색 실선을 빨간색 점선으로 바꾸어보자.

① 명령 : MA Space Bar (MATCHPROP)

② 원본 객체를 선택 하십시오 : 특성의 기준이 되는 선분(P1)을 선택한다.

특성의 기준이 되는 객체를 선택하면 커서가 붓 모양()으로 바뀐다.

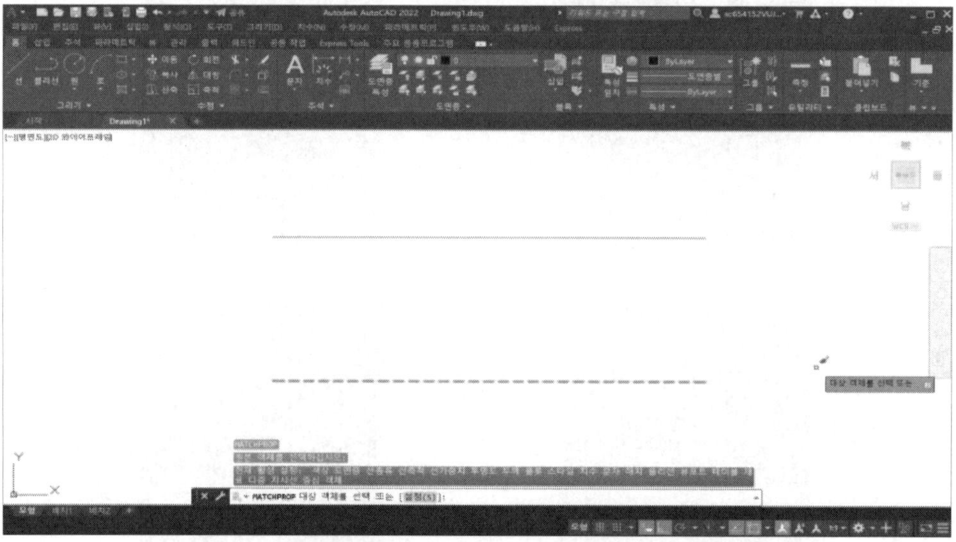

순서② 특성 기준이 되는 객체 선택

③ 대상 객체를 선택 또는 [설정값(S)] : 특성을 바꿀 객체(P2)를 선택한다.

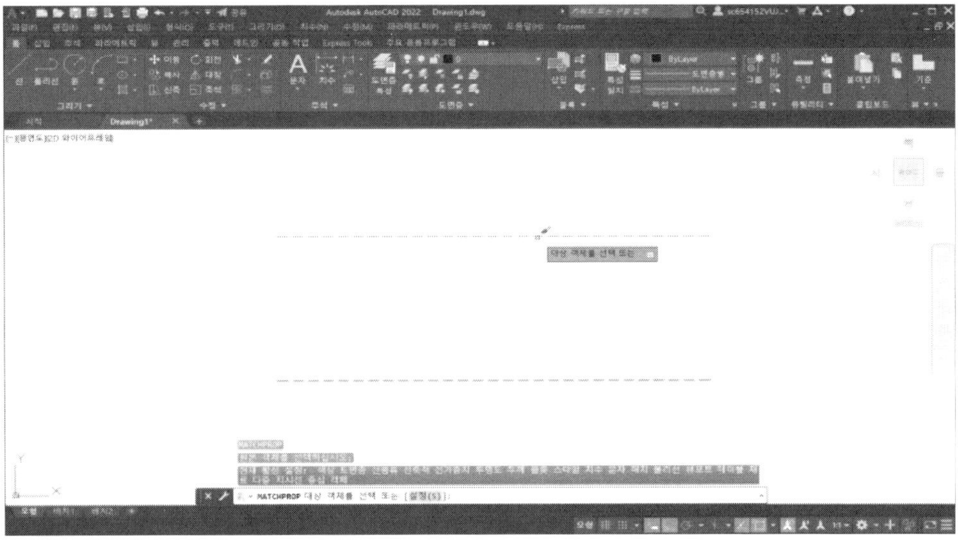

순서③ 특성을 일치시킬 객체 선택

④ Space Bar 를 클릭하여 명령을 종료한다.

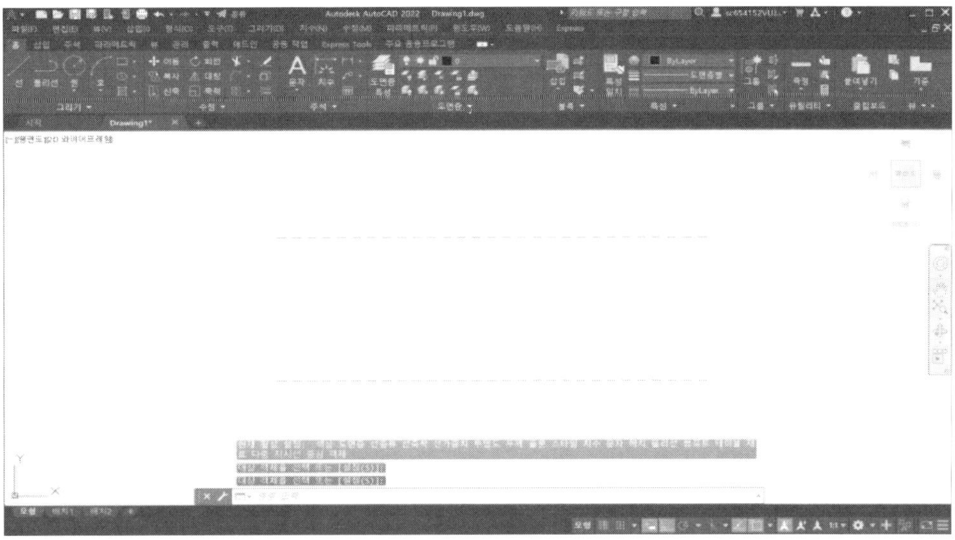

순서④ 특성 일치 완료

P2 선분이 P1 선분과 마찬가지로 점선이 되었다. 이는 선분의 특성이 바뀌는 것으로 선의 길이나 크기 등은 변하지 않고, 선의 색상 및 선의 종류, 레이어 등이 특성의 기준이 되는 객체와 일치되게 바뀐다.

5.24 점 명령 활용하기

5.24.1 점(POINT)

POINT 명령은 도면상에 점을 찍거나 DIVIDE 및 MEASURE 명령을 사용할 때 분할되는 위치를 표시하는데 사용된다.

· 명령어 : POINT
· 단축키 : PO

· 리본 : 홈 탭 → 그리기 패널 →  (다중점)
· 메뉴 : 그리기 → 점

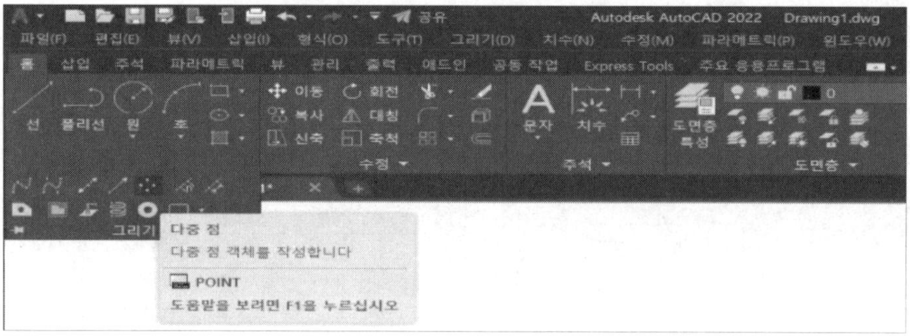

점 리본 메뉴

5.24.2 점 스타일(DDPTYPE)

점 스타일(DDPTYPE)에서는 점의 모양 및 크기를 바꿀 수 있다.

· 명령어 : DDPTYPE

· 리본 : 홈 탭 → 유틸리티 →  (점 스타일)
· 메뉴 : 형식 → 점 스타일

① 리본 메뉴

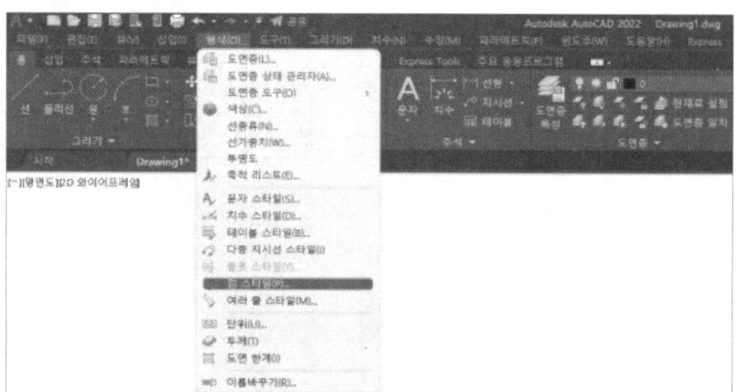

② 메뉴 막대

점 스타일 메뉴위치

DDPTYPE 명령을 실행하면 다음과 같은 점 스타일 대화상자가 나타난다.

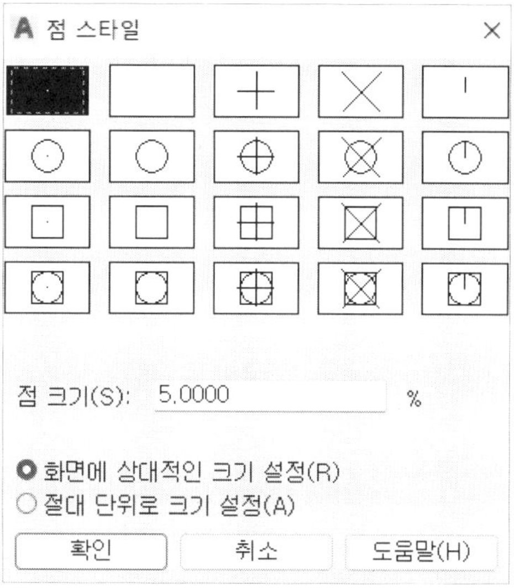

점 스타일

DDPTYPE에서 원하는 점 스타일을 선택하여 사용하면 점 스타일은 현재 작업 중이던 도면이 종료될 때까지 그 스타일을 유지한다. 따라서 도면 종료 시에는 다시 기본 점 스타일로 바뀌므로 점 스타일을 다시 설정해야 한다. 점 크기는 '화면에 상대적인 크기 설정(R)'이 기본 값으로 지정되어 있으며 이는 화면 줌에 따라 REGEN 후 점 크기가 달라진다. 따라서 점 크기를 고정된 크기로 유지하기 위해서는 '절대 단위로 크기 설정(A)'으로 옵션을 바꿔줘야 한다.

5.24.3 등분할(DIVIDE)

DIVIDE 명령은 선택한 객체를 지정한 개수만큼 분할할 때 사용하는 명령어이다.

- 명령어 : DIVIDE
- 단축키 : DIV
- 리본 : 홈 탭 → 그리기 패널 → (등분할)
- 메뉴 : 그리기 → 점 → 등분할

따라해보세요

길이가 1000mm인 객체를 등분해보자.

① 명령 : DIV Space Bar (DIVIDE)

② 대상 객체를 선택 또는 [설정값(S)] : P1 선분을 클릭한다.

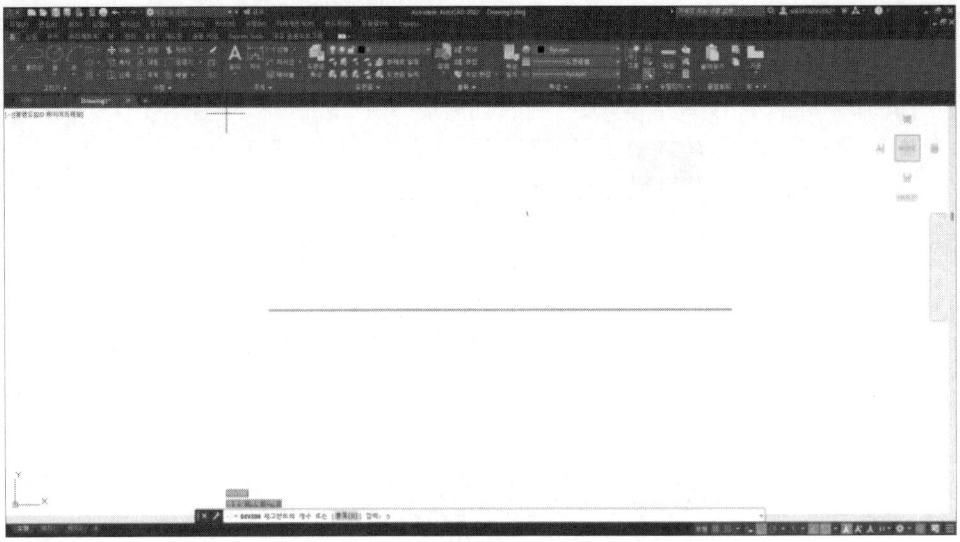

순서② 등분할 객체 선택

③ 세그먼트의 개수 입력 또는 [블록(B)] : 5 Space Bar

④ 선분이 일정한 간격으로 5개로 나누어졌음을 볼 수 있다.

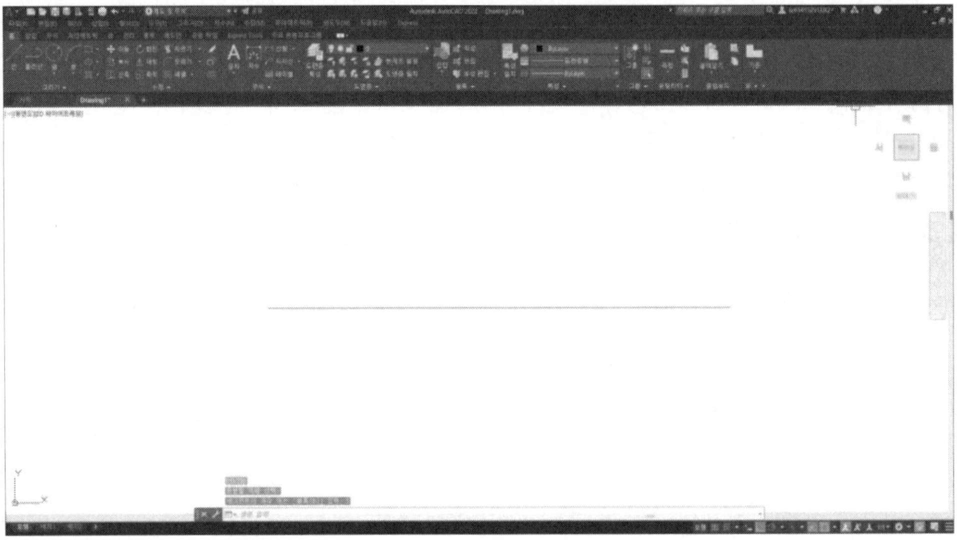

순서④ 등분된 객체

등분된 객체의 표시가 나타나지 않는 이유는 점 스타일이 기본 점으로 되어 있기 때문이다. 따라서 점 스타일을 바꿔줘야 한다.

⑤ DDPTYPE [Space Bar]

점 스타일을 원하는 스타일로 바꿔준다.

ex> 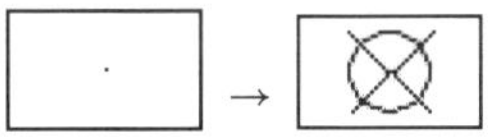

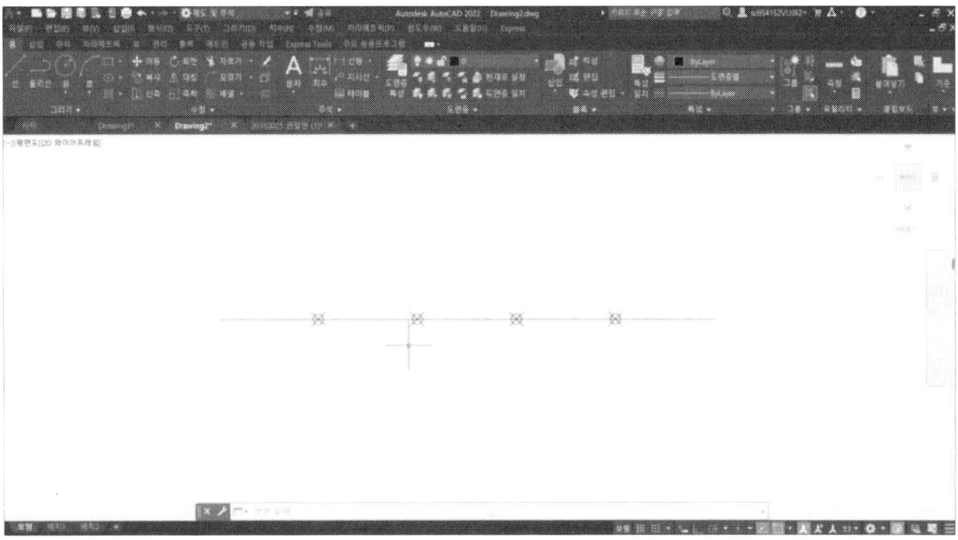

순서⑤ 등분된 객체

5.24.4 측정(MEASURE)

MEASURE 명령은 일정한 간격(길이)으로 포인트를 찍고자 할 때 사용하는 명령어이다. DIVIDE 명령과 혼동될 수 있으나, DIVIDE 명령은 총길이에서 지정한 개수만큼 등분되어 포인트가 표시가 되는 명령어이므로 설정한 길이만큼 포인트를 찍는 MEASURE 명령과는 다르다.

· 명령어 : MEASURE · 리본 : 홈 탭 → 그리기 패널 →  (길이 분할)
· 단축키 : ME · 메뉴 : 그리기 → 점 → 길이 분할

따라해보세요

길이가 1000㎜인 객체를 측정해보자.

① 명령 : ME [Space Bar] (MEASURE)

② 길이분할 객체 선택 : P1 선분을 클릭한다.

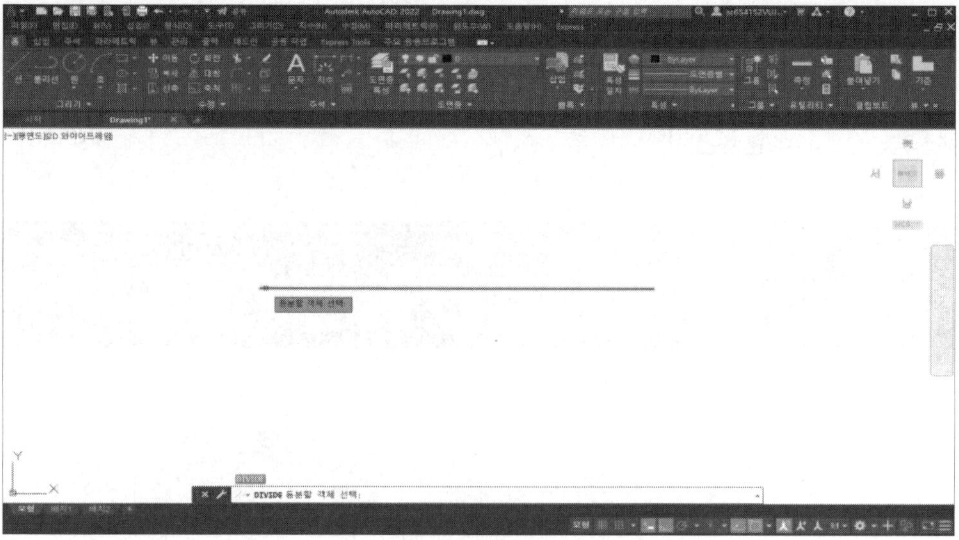

순서② 측정할 객체 선택

③ 세그먼트의 길이 지정 또는 [블록(B)] : 150 Space Bar

④ 총길이 1000㎜ 객체에 150단위 간격으로 포인트가 찍힌다.

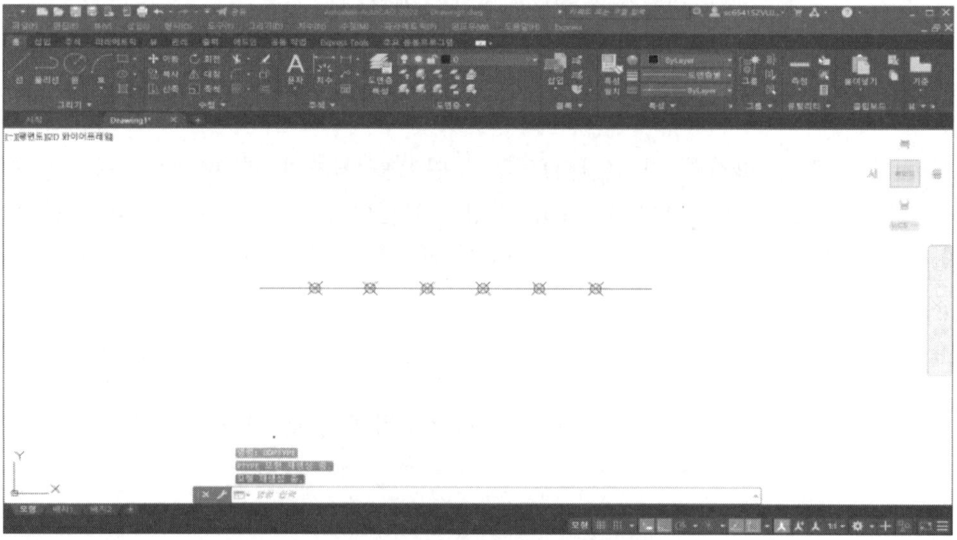

순서④ 측정 표시된 객체

※ 표시가 보이지 않을시 DDPTYPE에서 점 스타일을 바꿔준다.

레이어(Layer)

6.1 도면층(Layer) 개요와 특성

6.1.1 도면층의 정의

레이어(Layer)란 다중의 도면층을 의미하는 것으로서, 투명한 비닐종이라고 생각하면 이해하기 쉬울 것이다. AutoCAD뿐만 아니라 Adobe Photoshop 등 대부분의 그래픽 프로그램은 레이어(Layer)를 사용하는데, 여러 개의 투명한 화면을 겹쳐놓은 효과와 같으며 이 투명한 화면을 레이어라고 한다. AutoCAD에서는 레이어(Layer)에 비슷한 유형의 객체끼리 같은 도면층에 지정함으로써 그룹화 할 수 있다.

그룹화 된 객체들에는 아래와 같은 다양한 사항을 조정할 수 있다.

- 노면층별 가시성 조정
- 도면층별 잠금 기능
- 도면층별 투명도 조정
- 도면층별 색상, 선 종류, 선 가중치 지정 및 변경
- 도면층별 플롯(출력) 여부 조정

작업을 시작하기 전에 반드시 레이어(Layer)를 나누고 시작하는 습관을 들이는 것이 필요하다. 특히, 건축도면의 경우 기본적으로 중심선, 벽선, 문, 창문, 가구, 문자, 해치, 치수, 전기배선, 수도배관 등으로 레이어(Layer)를 나누고 작업에 들어가는 것이 좋다. 이는 도면 작업을 보다 빠르고 효율적으로 하는 것에 필수적인 요소라고 할 수 있다.

6.1.2 도면층의 사용 요령

(1) 도면을 그리기 전에 반드시 작업별 도면층을 나누고 작업을 시작하는 것이 좋다.
(2) 유사한 속성을 가진 객체는 같은 도면층으로 그리는 것이 좋다.

6.1.3 도면층의 목록 복사하기

AutoCAD에서는 실제로 하나의 도면 안에 만들 수 있는 도면층의 개수에 제한이 없으며, 도면요소의 특성에 따라 도면층은 세분화하여 그리는 것이 편리하다. 따라서 하나의 도면을 그릴 때는 많은 수의 도면층이 만들어지게 되는데, 많은 수의 도면층을 일일이 검사하기 어려울 때에는 도면층 목록의 사본을 만드는 것이 편리하다. 이처럼 사본을 만들어 놓으면 도면을 열지 않아도 제작자 자신이 도면을 검증하는데 도움을 받을 수 있을 것이다.

6.1.4 도면층의 기능 설명

▌도면층 특성 관리자

도면층 특성 관리자는 현재 도면에 생성되어 있는 도면층 목록을 한눈에 보여주며 그 특성을 조정할 수 있다. AutoCAD 2011부터 팔레트 형식으로 창을 닫지 않고도 작업을 계속 수행할 수 있다.

· 명령어 : Layer　　· 리본 : 홈 탭 → 도면층 패널 → (도면층 특성)

· 단축키 : LA　　· 메뉴 : 형식 → 도면층

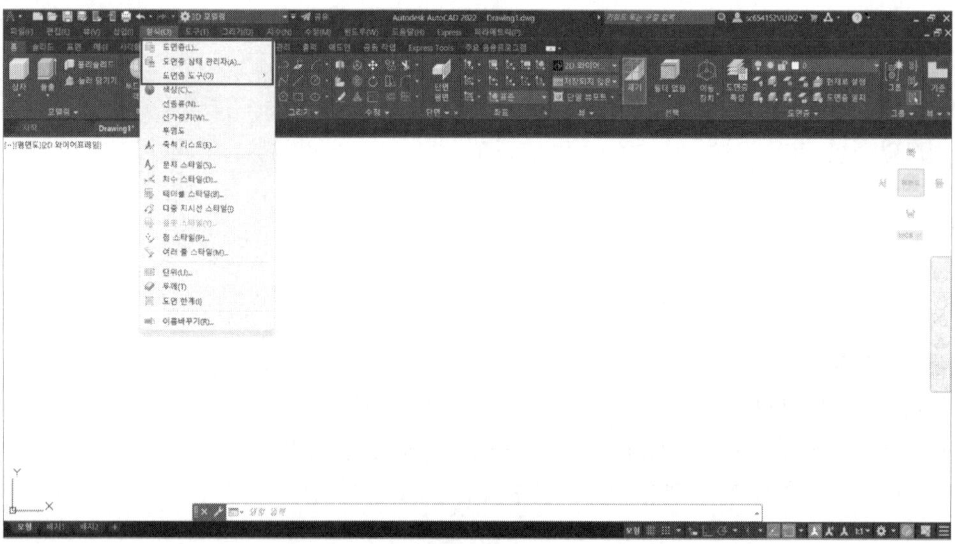

방법① 메뉴 막대

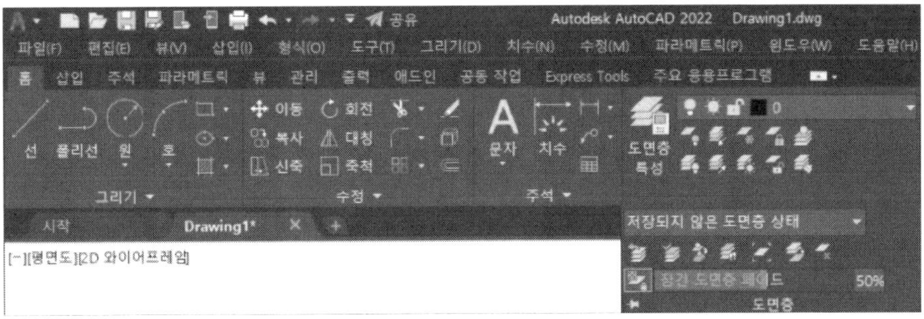

방법② 리본메뉴

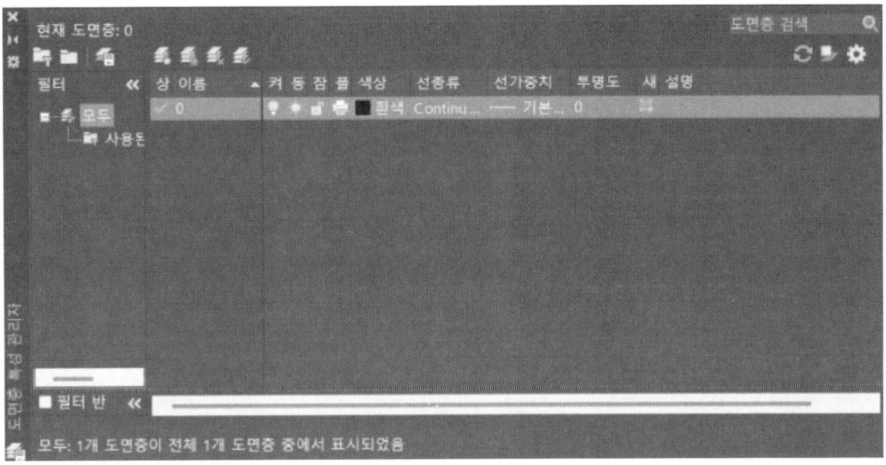

도면층 특성 관리자(Layer)

도면층 특성 관리자 아이콘

아이콘	기능
	새 특성 필터 (Alt + P)
	새 그룹 필터 (Alt + G)
	도면층 상태 관리자 (Alt + S)
	새 도면층 (Alt + N)
	새 도면층 VP가 모든 뷰포트에서 동결됨 (N)
	도면층 삭제 (Alt + D)
	현재로 선택 (Alt + C)
	갱신
	설정

▌도면층 특성

• 상태	: 사용 중인 도면층, 빈 도면층, 현재 도면층 등을 표시한다.
• 이름	: 도면층의 이름을 표시한다.
• 켜기	: 도면층을 켜거나 끌 수 있다.
• 동결	: 모형 탭을 포함하여 모든 배치의 뷰포트를 동결한다.
• 잠금	: 선택한 도면층을 잠그거나 잠금 해제한다.
• 색상	: 도면층별 색상을 지정할 수 있다.
• 선 종류	: 도면층별 선 종류를 지정할 수 있다.
• 선 가중치	: 도면층별 선 가중치를 지정할 수 있다.
• 투명도	: 도면층별 객체의 투명도를 조정할 수 있다.
• 플롯 스타일	: 도면층별 플롯 스타일을 변경한다.
• 플롯	: 도면층별 플롯 여부를 조정한다.
• 새 VP 동결	: 새 배치 뷰포트에서 선택된 도면층을 동결한다.
• 설명	: 도면층 또는 도면층 필터에 대해 설명한다. (선택적)

▌도면층 특성에 관한 추가 설명

(1) 도면층 켜기 / 끄기 (ON / OFF)

전등( )처럼 생긴 아이콘을 클릭하면 켜기/끄기가 설정된다. 도면층을 꺼버리면 그 도면층은 화면에서 보이지 않게 되지만, AutoCAD에서는 꺼진 도면층도 도면요소에 포함시킨다.

(2) 도면층 동결시키거나 해동시키기(Freeze / Thaw)

도면 작업 중에 보이지 않는 도면층 때문에 도면 작업이 느려지는 일을 방지할 때 동결을 사용한다. 도면층이 동결되면 AutoCAD는 그 도면층의 객체가 없는 것으로 간주하여 그 도면층은 어떠한 경우라도 재생성 되지 않고 출력도 되지 않는다. 따라서 장시간 동안 도면층을 보이지 않게 하려면 도면층을 동결하는 것이 좋고, 잠시만 도면층을 보이지 않게 하려면 도면층을 끄는 것이 좋다.

(3) 도면층 잠그기와 해제하기(Lock / Unlock)

도면 작업시 다른 객체를 보면서 작업을 해야 하지만 다른 객체가 작업에 방해가 될 때에는 그 객체가 있는 도면층을 잠글 수 있다. 잠긴 도면층은 화면에서는 보이지만 지우거나 옮기는 등의 작업을 할 수는 없으므로 방해받지 않고 작업할 수 있게 되는 것이다. 하지만 잠긴 도면층을 현재의 도면층으로 설정하면 기존 그려진 객체를 수정할 수 없지만 새로 객체는 그릴 수 있다. 또한 잠긴 도면층의 객체 속성도 변경할 수 있다.

6.2 도면층의 기능 사용하는 방법

6.2.1 새 도면층 생성 및 전환하기

새로운 도면층을 생성하고 특성을 변경할 수 있다.

따라해보세요

① 명령 : LA [Space Bar] (LAYER)

② 도면층 특성 관리자에서 새 도면층 아이콘( )을 클릭하여 새로운 도면층을 만든다. 그 도면층의 이름을 "중심선"이라고 입력한다.

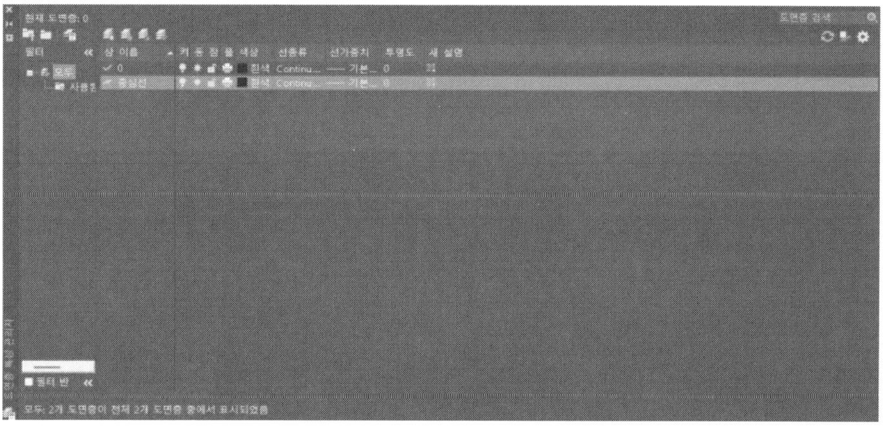

순서② 새 도면층 만들기

③ 해당 도면층의 색상을 바꾸는 방법은 우선 색깔 표시가 되어 있는 [흰색]에 마우스를 클릭하면 색상표가 나온다. 거기서 빨간색[빨간색]으로 지정해준다.

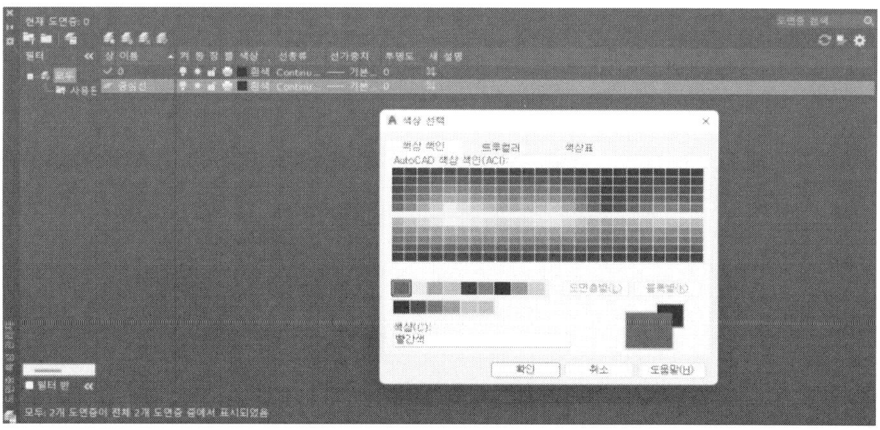

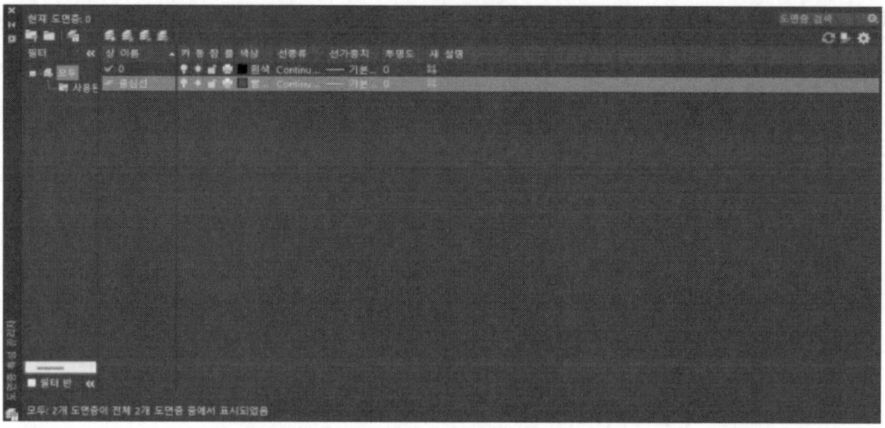

순서③ 새 도면층의 색상 지정하기

④ 해당 도면층의 선 종류를 바꾸는 방법은 순서③과 마찬가지로 바꾸고자 하는 도면층의 선 종류를 클릭한다. 선 종류 선택 창에서 로드(L)... 를 클릭하면 다양한 선의 종류가 나타난다.

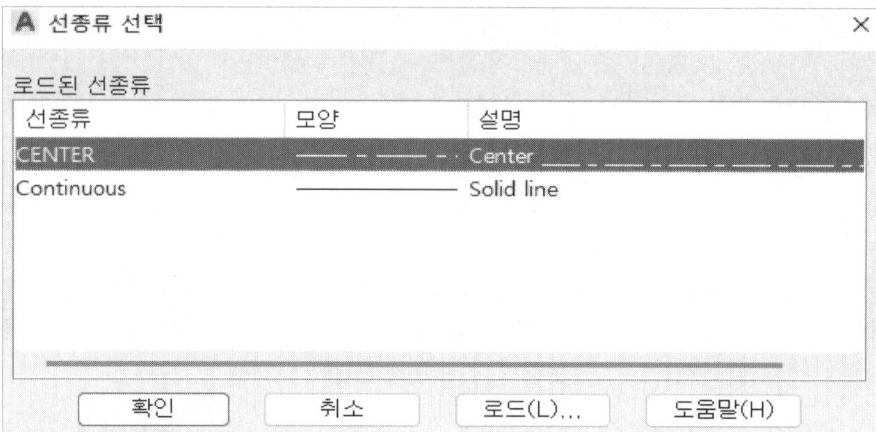

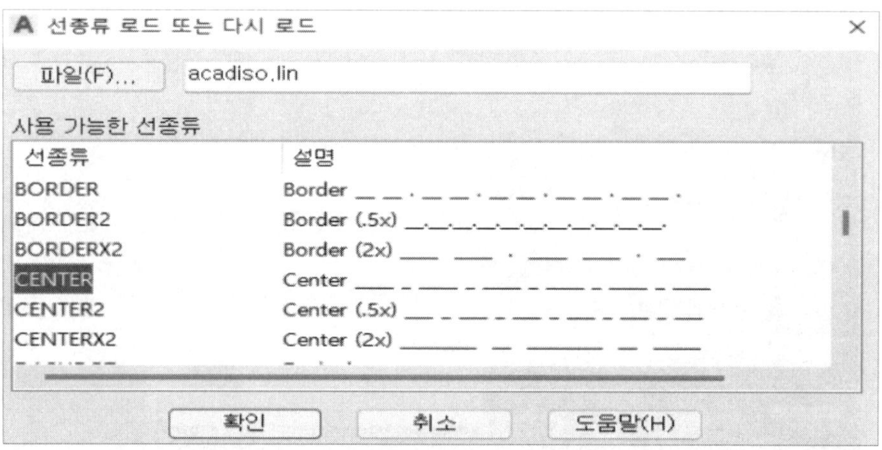

선 종류 로드 창에서 사용할 선 추가하기 (책에서는 CENTER선을 추가함)

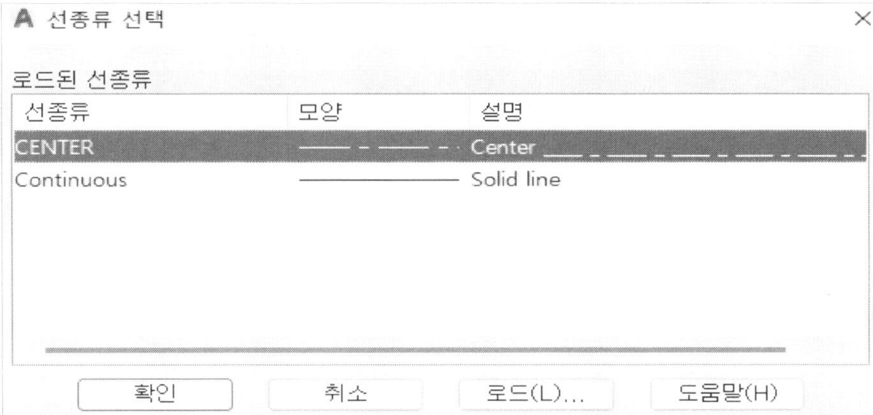

순서④ 선 종류에 (CENTER) 선이 추가된 모습

⑤ 순서④를 통해 CENTER 선이 추가된 것을 확인할 수가 있다.
이렇게 새롭게 추가된 "중심선"이라는 도면층은 CENTER 선만 그려지는 도면층이 되는 것이다.

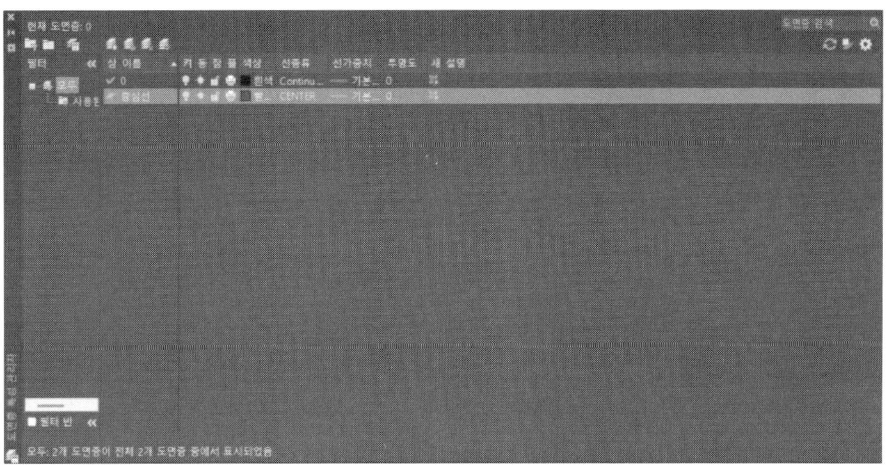

순서⑤ 새 도면층의 색상과 선 종류를 지정한 모습

6.2.2 작업 도면층 지정

도면층에 관한 옵션 설정이 끝났으면 종료버튼을 클릭하여 작업창으로 돌아와서 원하는 도면층으로 변경하여 작업을 진행하면 된다.

따라해보세요

다음 그림에서 보는 것처럼 [홈] 탭 - [도면층] 패널에 있는 '현재 도면층' 창을 클릭하면 새로 만든 도면층(중심선)이 추가되어 있는 것을 확인할 수 있다.

① 중심선을 클릭해보자.

순서① 도면층의 추가 확인창

② 명령 : L Enter↵ (LINE)

첫 번째 점 지정 : 임의의 점(P1)을 클릭한다.

다음 점 지정 또는 [명령취소(U)] : 다른 점(P2)을 클릭한다.

• 선이 CENTER 선으로 그려짐을 알 수 있다.

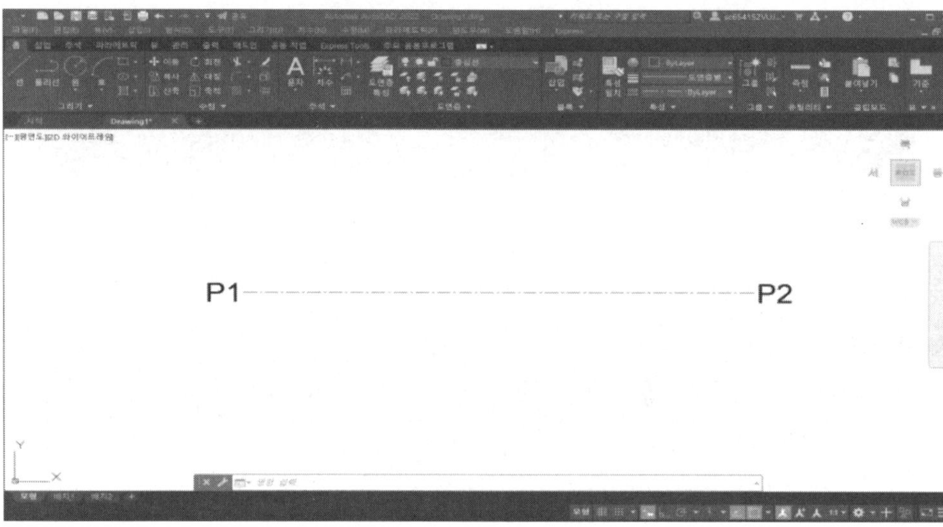

이런 식으로 Layer와 Linetype을 설정하여 작업을 해주면 훨씬 쉽고, 효율적으로 작업을 할 수 있다. 반복해서 연습하고 숙지하기 바란다.

6.2.3 도면층 제거

도면층에서 필요 없는 도면층은 제거할 수 있다.

▌도면층 제거 방법

도면층 제거는 도면층 객체가 없는 상태에서만 삭제가 가능하다. 도면층에 객체 포함 확인 방법은 도면층 특성 관리자에서 '상태'열에 보이는 아이콘이 흐리게 보이므로 그 도면층에 포함된 객체가 없다는 뜻으로 제거가 가능하다.

① 도면층 특성 관리자(LAYER)에서 삭제하고 싶은 도면층을 선택 후에 도면층 삭제 아이콘( )을 누르면 삭제된다.

② 소거(Purge) 명령을 통해 사용하지 않는 도면층을 제거할 수 있다.

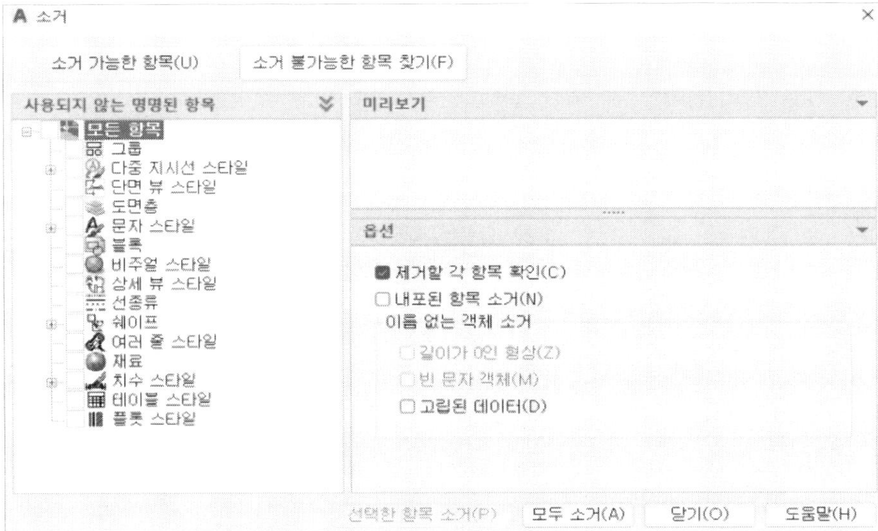

방법② 소거(Purge)명령을 이용한 방법

▌ 제거할 수 없는 도면층

제거할 수 없는 도면층을 삭제하려고 시도하는 경우 다음과 같은 경고가 표시된다. 여기서 정의점은 치수 객체를 작성하면 자동으로 생성되는 defpoints라는 도면층이다.

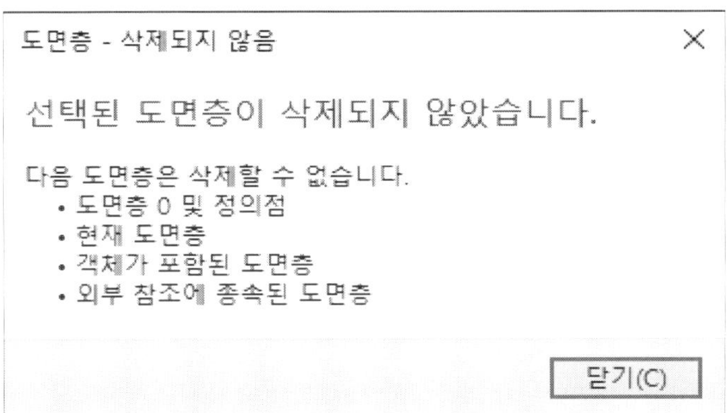

제거할 수 없는 도면층 경고문

6.2.4 도면층 필터

AutoCAD 2022에서는 도면층을 그룹으로 나누어 관리할 수 있으며 이러한 관리방식은 특성필터와 그룹필터로 나눌 수 있다.

▌ 새 특성 필터

하나 이상의 특성을 지정하여 도면층 필터를 작성한다.

따라해보세요

① [도면층 특성 관리자]에서 새 특성 필터(단축키 Alt+P)를 클릭한다.

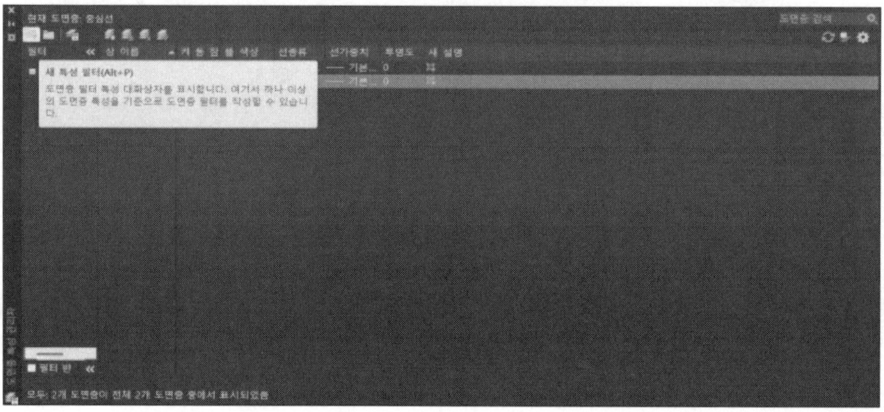

순서①

② 도면층 필터를 특성 대화상자가 열린다.
- 필터 이름을 '벽체'로 지정한다.
- 필터링 조건으로 이름을 'A*'라고 입력한다.
- 필터 미리보기에 해당되는 도면층이 검색된다.

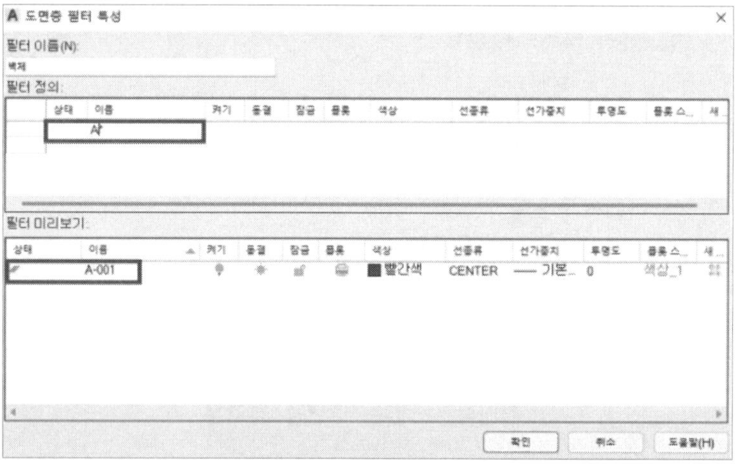

순서②

- 필터 이름 : 특성의 이름을 정한다.
- 필터링 조건 : 도면층에 저장되어 있는 공통된 특성의 이름을 지정한다.
- 필터 미리보기 : 모든 도면층의 필터 대상이 조회된다.

③ 필터 영역에 '벽체'라는 이름의 특성 필터가 생성되고 'A'로 시작하는 모든 도면층이 필터링되는 것을 확인할 수 있다.

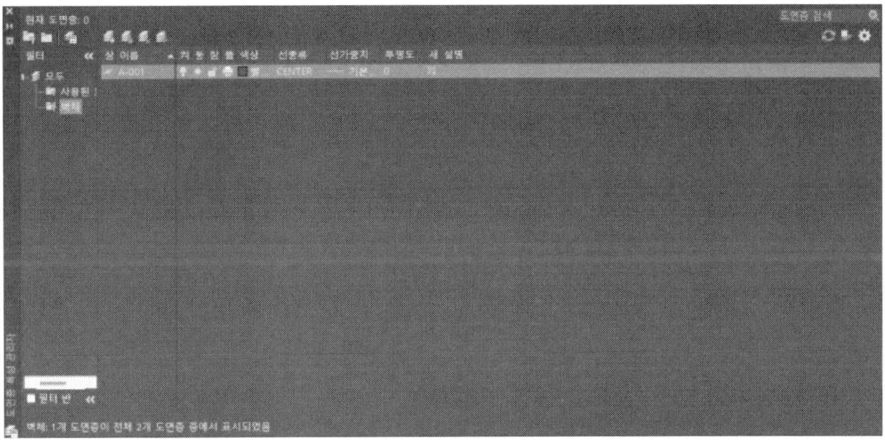

순서③ 벽체에 대한 특성 필터 생성 완료

▌새 그룹 필터

전체 도면층 중 원하는 도면층을 선택하여 그룹 필터를 작성한다.

따라해보세요

그룹 필터를 작성하는 방법을 알아보자.

① [도면층 특성 관리자]에서 새 그룹 필터(단축키 Alt+G)를 클릭하여 그룹의 이름을 입력한다.

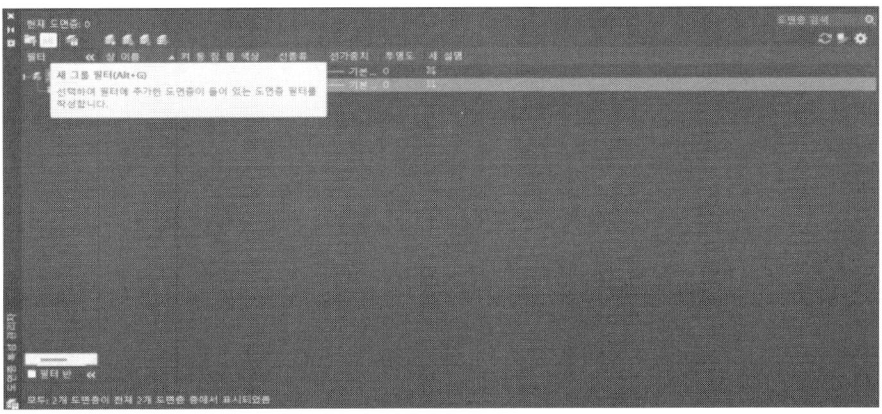

순서①

② 필터영역에서 '사용된 모든 도면층'을 선택하여 이동시킬 도면층을 '그룹 필터1'로 마우스를 드래그 하여 이동시킨다.
(Ctrl 키를 누른 상태에서 마우스 왼쪽을 클릭하면 도면층을 연속적으로 선택할 수 있다.)

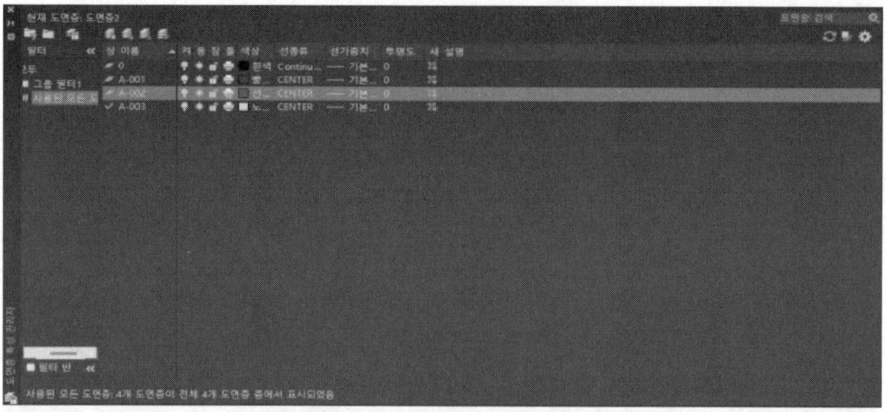

순서②

③ 필터 영역의 '그룹 필터1' 항목을 클릭하면 이동된 도면층으로 구성되는 것을 확인할 수 있다.

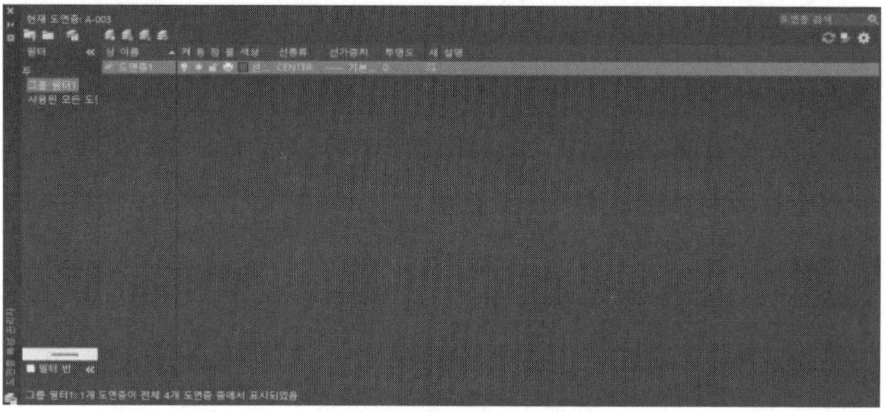

순서③

이렇게 생성된 특성 필터 및 그룹 필터는 가시성, 잠금 등의 기능을 조정하고 이름 재정의 및 그 밖의 기타 편집이 가능하다.

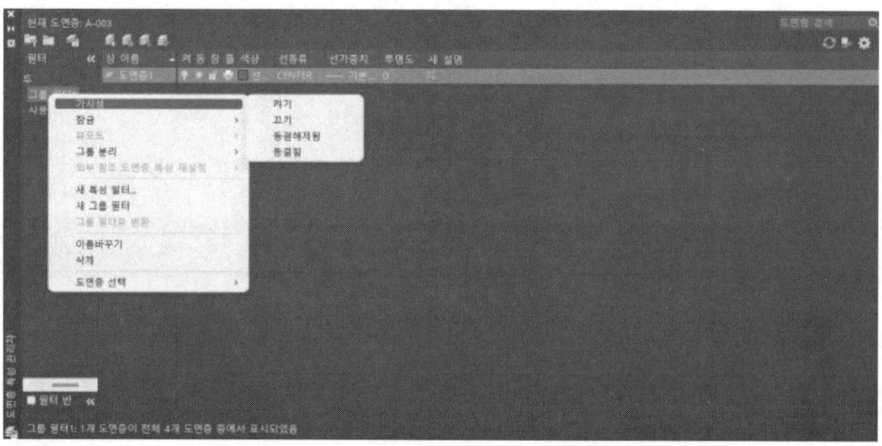

필터의 기능

6.2.5 도면층 상태 관리자

도면층의 상태를 저장하거나 복원할 수 있다. (단축키 Alt +S) 도면을 작업하는 과정에서 변경된 도면층을 다시 복원하거나 다른 작업자와도 도면층 상태를 공유하는 것이 가능하다.

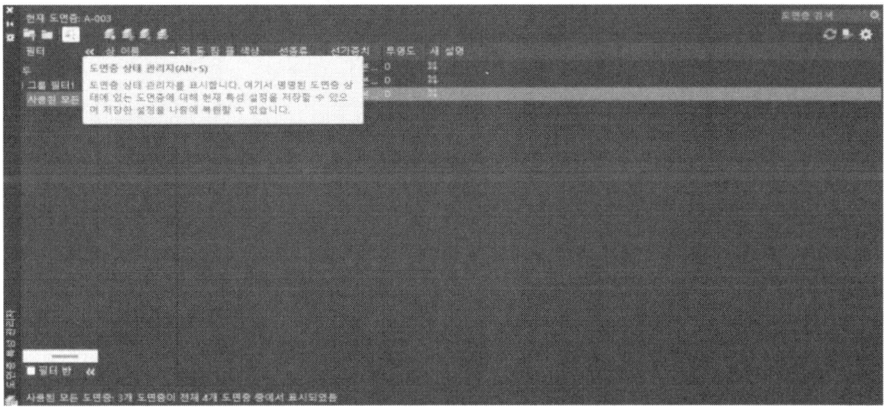

도면층 상태 관리자 들어가기

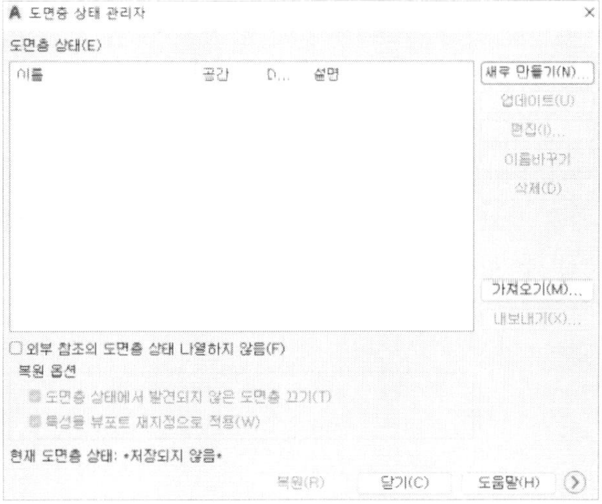

도면층 상태 관리자

도면층 상태 관리자 도움말 옆의 더 많은 옵션 보기 단축아이콘(⊙)을 클릭하여 대화상자를 확장시킨다.

도면층 상태 관리자 대화상자 살펴보기	
도면층 상태(E)	: 현재 작업 중인 도면층의 가지고 있는 상태를 나타낸다.
새로 만들기(N)...	: 도면층 상태 파일(*.las)을 명명하고 설명을 기입할 수 있다.
저장(V)	: 명명된 도면층 상태 파일을 도면에 적용한다.
편집(I)...	: 도면층의 특성을 편집할 수 있다.
이름바꾸기	: 도면층 상태 이름을 바꾼다.
삭제(D)	: 선택된 도면층 상태를 제거한다.
가져오기(M)...	: 내보내진 도면층 상태 파일(*.las)이 포함된 도면을 불러오거나 *.las 파일을 직접 불러온다.
내보내기(X)...	: 정의된 도면층 상태를 *.las의 확장자로 내보낸다.
복원할 도면층 특성	: 도면층 상태에 적용될 특성을 설정한다.
복원 옵션	: 복원시 옵션을 선택한다.
복원(R)	: 도면에 있는 모든 도면층의 상태 및 특성 설정을 이전에 저장된 형태로 복원하며 체크박스에 지정된 도면층 상태 및 특성만을 복원한다.
닫기(C)	: 도면층 상태 관리자를 닫으며 변경사항을 저장한다.

6.2.6 도면층 설정

도면층 특성 관리자에서 도면층 설정 아이콘( )을 클릭하여 도면층 알림 설정 및 다양한 설정 옵션들을 조정할 수 있다.

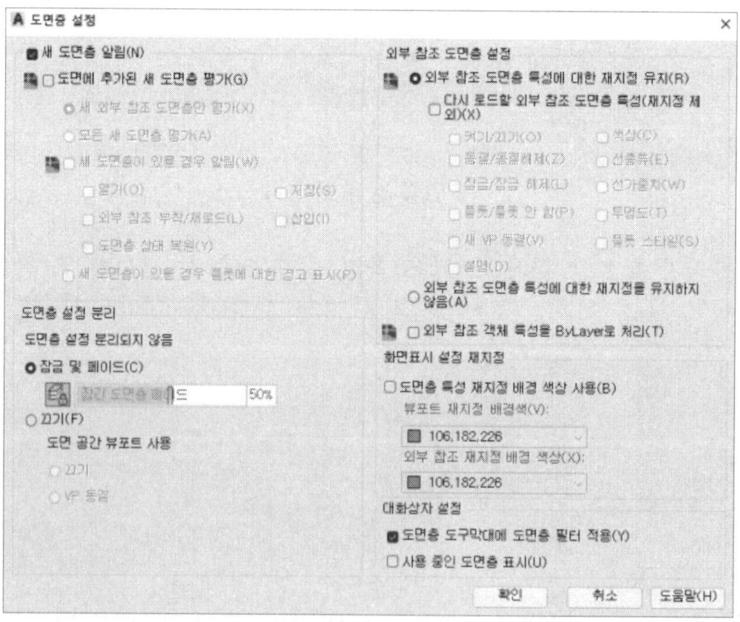

새 도면층 알림	: 현재 작업 중인 도면에 새로운 도면층이 추가되거나 외부 참조 및 삽입된 도면으로부터 도면층이 추가된 경우 알림표시를 하도록 설정이 가능하다.
도면층 설정 분리	: 도면층 분리(LAYISO) 명령을 실행할 때 그 외의 도면층은 잠금 및 페이드(흐림) 처리를 할 것인지의 설정이 가능하다.
외부 참조 도면층 설정	: 참조된 도면층에서의 객체 특성 표시를 제어하거나 재지정 설정을 유지 또는 유지하지 않게 설정이 가능하다
화면표시 설정 재지정	: 재 지정된 도면층에 배경 색상을 지정함으로써 재 지정되지 않는 도면층과 구분하여 주는 기능이다.
대화상자 설정	- 도면층 도구 막대에 도면층 필터 적용 : 옵션을 활성화 시키면 도면층 도구 막대의 리스트를 열었을 때 선택한 필터에 속해 있는 도면층 목록만 표시한다. - 사용 중인 도면층 표시 : 특성 관리자에서 현재 쓰고 있지 않는 도면층의 아이콘을 흐리게 표시할 수 있는 기능이다.

Chapter 7 블록 작성 및 사용

블록(기호)은 단일 객체나 여러 객체를 하나의 객체로 만들어준다. 이렇게 자주 사용하는 객체를 블록으로 저장해두면 언제든지 불러서 다시 사용할 수 있으므로 작업시간 단축 및 수정을 용이하게 해준다.

7.1 블록 작성(BLOCK)

BLOCK 명령은 도면의 전부 또는 일부를 새로운 도면파일로 만드는 명령어이다.

- 명령어 : BLOCK
- 단축키 : B
- 리본 : 삽입 탭 → 블록정의 패널 → 블록 작성
- 메뉴 : 그리기 → 블록 → 만들기

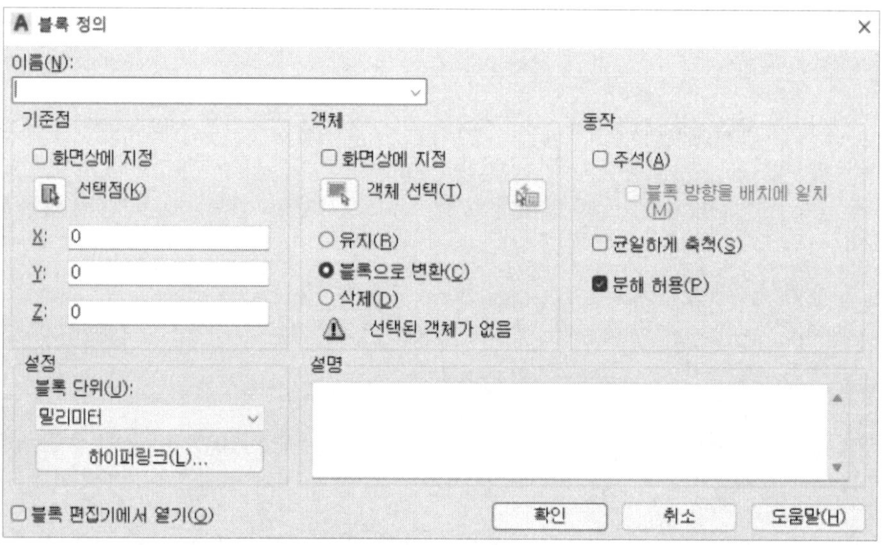

블록 정의 대화상자

따라해보세요

다음의 객체를 블록으로 만들어보자.

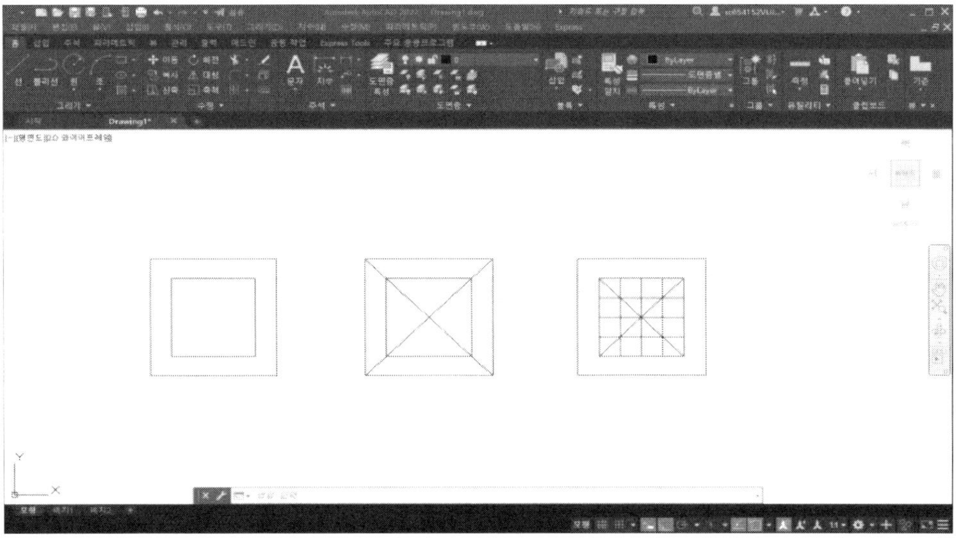

① 명령 : B Space Bar (BLOCK)

② 이름에 '객체1'이라는 이름을 입력한 후, 작업창에 블록을 삽입할 때 기준점을 지정하기 위해 선택점 아이콘( )을 클릭한다.

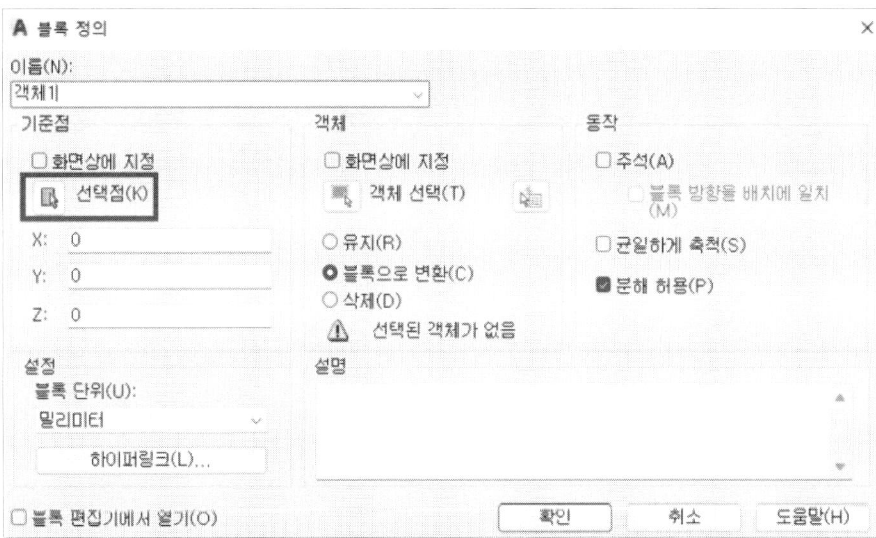

순서② 블록 이름 정의 및 기준점 지정

③ 대화상자가 임시로 닫히면 블록할 객체의 기준점 위치를 지정한다.

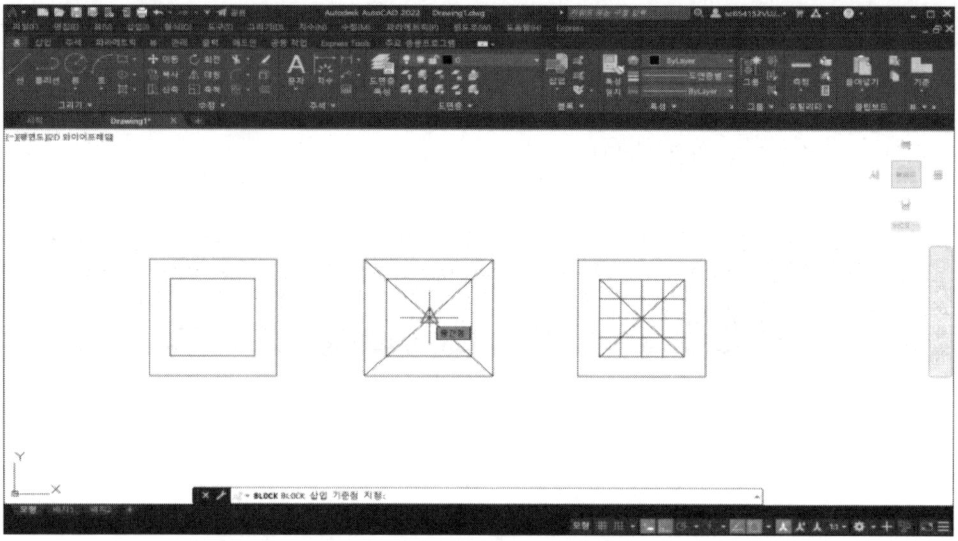

순서③ 기준점 위치 지정

④ 기준점을 지정 후, 블록으로 지정할 객체를 선택하기 위해 객체 선택 아이콘( )을 클릭하고 객체를 선택한다.

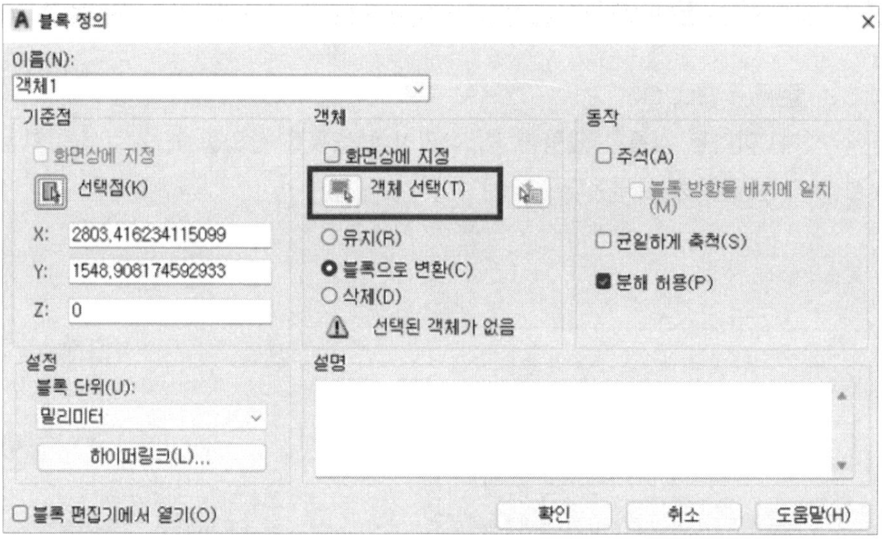

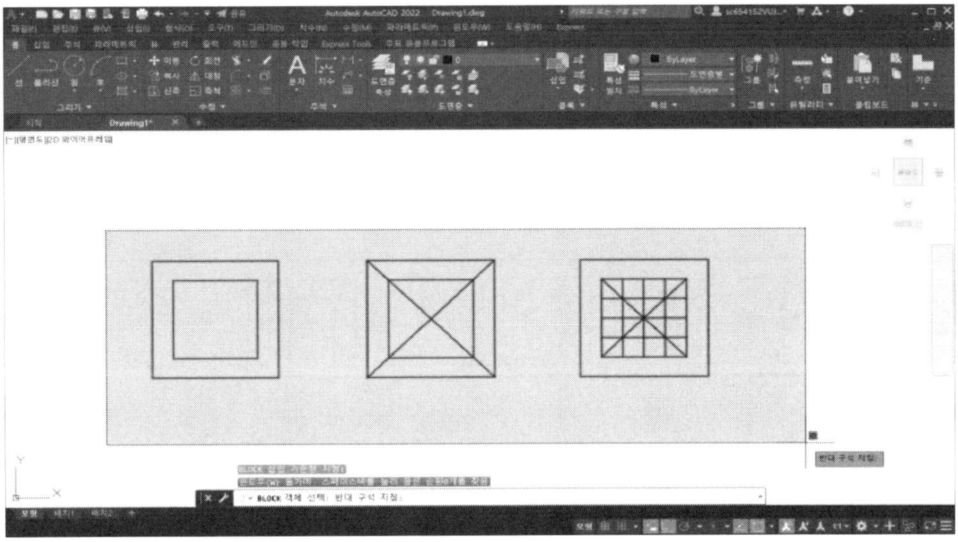

순서④ 블록으로 만들 객체 선택

⑤ 대화상자 복귀 후 선택한 객체를 어떻게 할 것인지 옵션을 선택한다. 그림과 같이 아래 사항을 체크하고 확인을 누른다. ('블록으로 변환', '분해 허용')

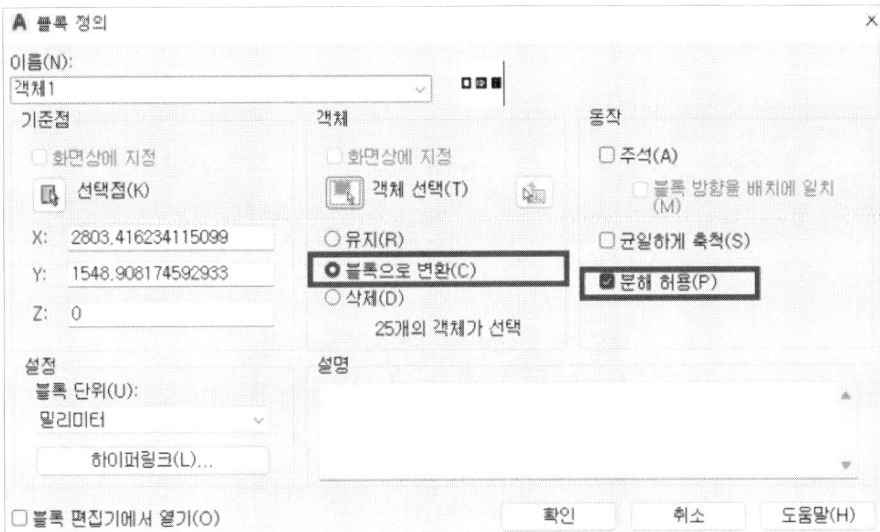

순서⑤ 블록 객체 옵션 설정

⑥ 객체가 블록으로 변환된 것을 확인할 수 있다.

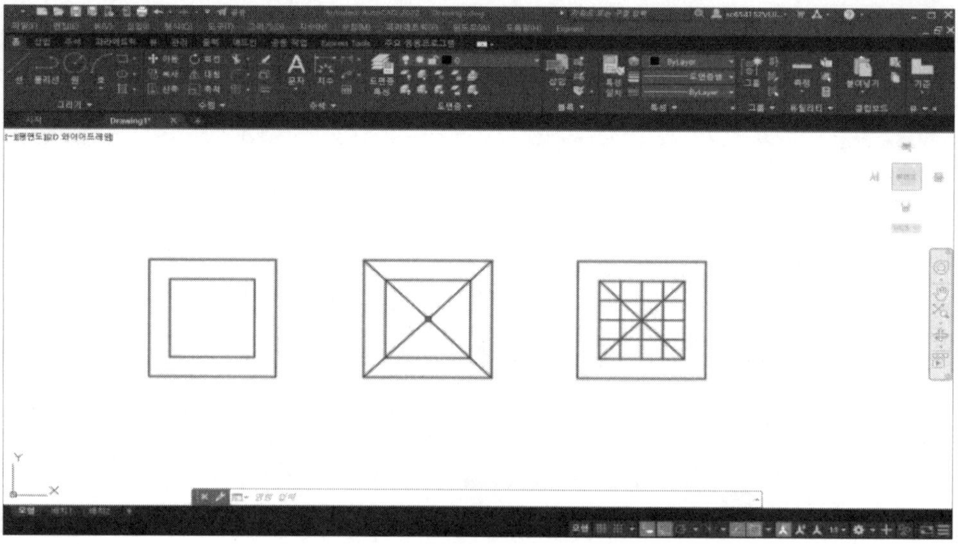

순서⑥ 객체 블록화 완료

7.2 블록 삽입(INSERT)

작성된 블록을 도면에 삽입할 때 사용하는 명령어이다.

- 명령어 : INSERT
- 단축키 : I
- 리본 : 삽입 탭 → 블록 패널 → 삽입
- 메뉴 : 삽입 → 블록

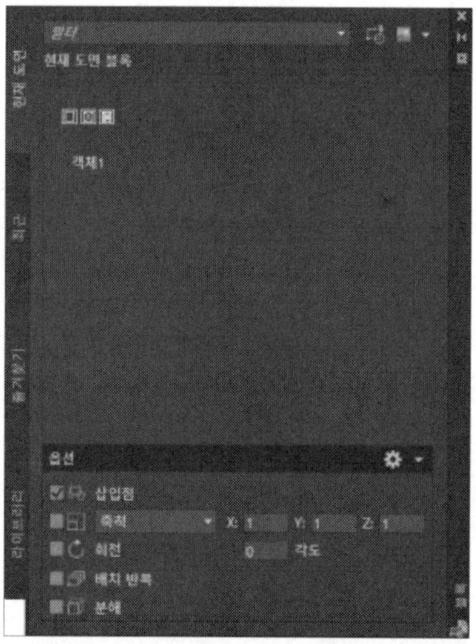

블록 삽입 대화상자

따라해보세요

방금 만든 블록 객체를 도면에 삽입해보자.

① 명령 : I Space Bar (INSERT)

② 찾아보기(B)... 에서 삽입할 블록의 경로를 지정한 후 확인 버튼을 클릭한다.

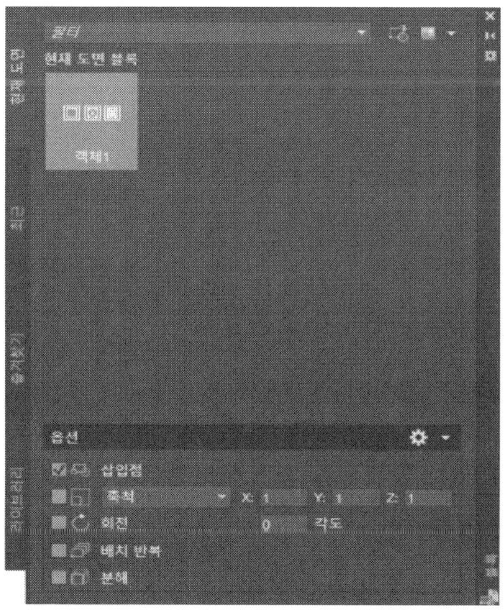

순서② 삽입할 객체 선택

③ 원하는 위치에 블록을 위치시킨 후 마우스의 왼쪽 버튼을 클릭하면 된다.

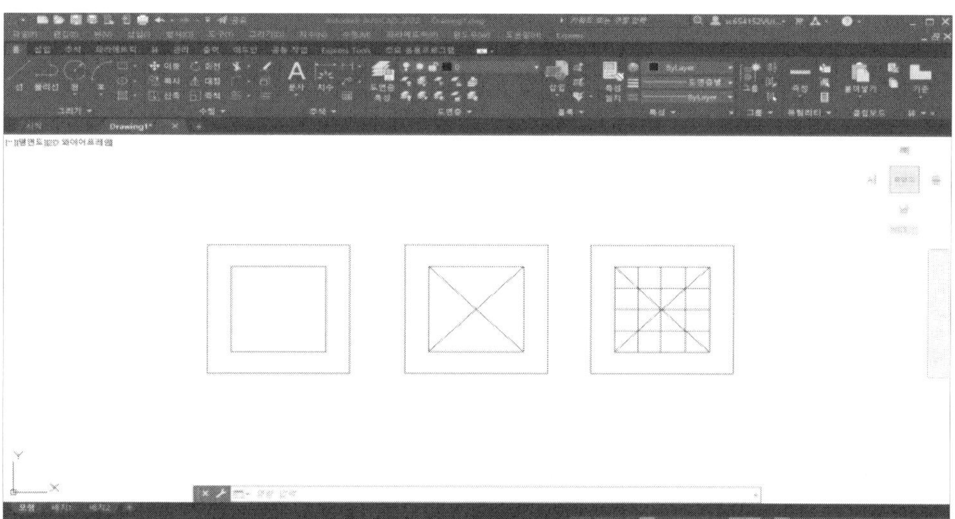

③ 블록 삽입 완료

INSERT로 삽입한 BLOCK은 전체를 하나의 객체로 인식하므로 이를 분해하고자 할 때는 EXPLODE (단축키: X) 명령어로 분해해주면 된다.

7.3 −BLOCK(현재 작업의 블록 저장)

-Block 명령은 현재의 도면에서만 사용할 수 있는 블록을 만드는 명령어이다.

· 명령어 : -BLOCK　　　　　　· 단축키 : -B

따라해보세요

① 명령 : -B [Space Bar] (-BLOCK)
② 블록 이름 입력 : 블록의 이름을 입력한다. : block [Enter↵]
③ 삽입 기준점 지정 : 물체가 삽입될 때의 기준이 되는 점을 찍는다.
④ 객체 선택 : 블록으로 저장할 물체를 선택한 후 [Space Bar]로 명령을 종료한다.

이 경우 블록으로 저장한 물체가 없어지게 된다. 만약 블록으로 저장한 물체를 살리고 싶으면 "OOPS"라는 명령을 입력해주면 마지막으로 지운 물체가 다시 나타난다.

7.4 −INSERT(−BLOCK으로 저장된 블록 삽입)

-Insert 명령은 -Block으로 저장된 블록을 삽입할 때 사용하는 명령어이다.

· 명령어 : -INSERT　　　　　　· 단축키 : -I

따라해보세요

① 명령 : -I [Space Bar] (-INSERT)
② 블록 이름 입력 : 삽입할 블록의 이름을 입력한다. : block [Enter↵]
③ 삽입 기준점 지정 또는 [기준점(B)/축척(S)/X/Y/Z/회전(R)] : 작업창의 원하는 위치에 마우스의 왼쪽 버튼을 클릭한다.
④ X 축척 비율 입력, 반대 구석 지정 또는 [구석(C)/XYZ(XYZ)] : X 축척 값을 입력한다. [Enter↵]
⑤ Y 축척 비율 입력 <X 축척 비율 사용> : Y 축척 값을 입력한다.

⑥ 회전각도 지정 <0> : 회전 각도를 입력한다. Enter↵

블록을 삽입 시에 X 축적 값과 Y 축적 값은 서로 다르게 입력하면 Explode가 되지 않으므로 유의해야 한다.

7.5 외부참조(XREF)

XREF 명령은 Insert 명령과 역할은 동일하지만, Insert 명령에 비해서 삽입한 도면의 로딩 속도를 높일 수 있다는 장점이 있다.

· 명령어 : XREF (-XREF)
· 단축키 : XR (-XR)
· 메뉴 : 삽입 → 외부참조

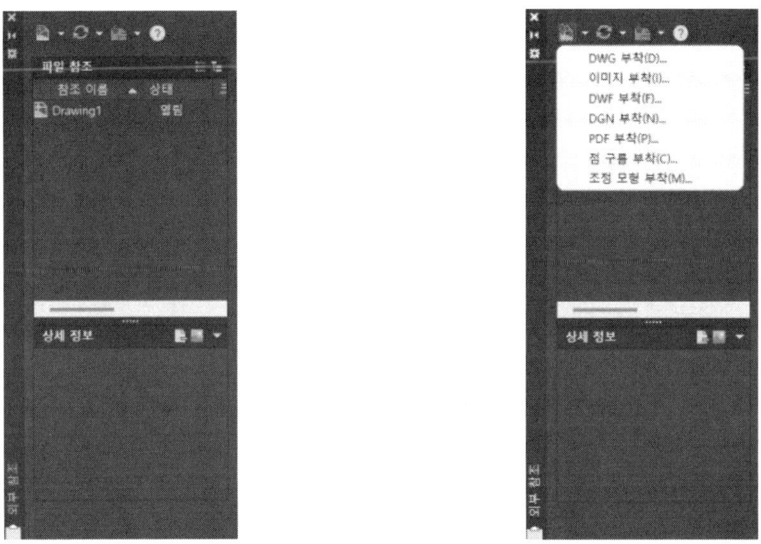

외부참조 팔레트와 외부참조 종류

7.6 블록 편집(BEDIT)

한 도면에 같은 이름으로 정의된 블록을 일괄적으로 편집할 때나 블록을 개별로 수정할 때 사용하는 명령어이다.

· 명령어 : BEDIT
· 단축키 : BE
· 리본 : 삽입 탭 → 블록 정의 패널 → 

· 메뉴 : 도구 → 블록 편집기

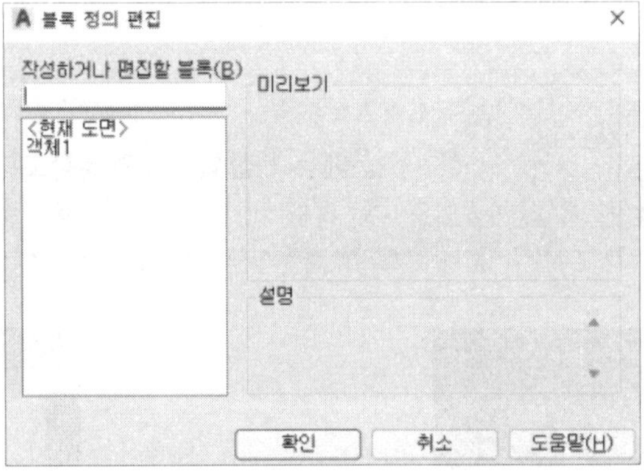

블록 정의 편집 대화상자

Chapter 8

해치(Hatch)

AutoCAD에서는 해치(Hatch)를 이용하여 도면에서 지정한 닫힌 영역 또는 닫힌 객체에 여러 패턴의 무늬를 채울 수 있으며 솔리드 패턴으로 단일 색상 및 그라데이션(Gradation)을 이용하여 두 가지 이상의 색상을 채울 수 있다. 또한 AutoCAD 2022에서는 해치 패턴을 적용하기 전 미리보기 버튼을 클릭하지 않아도 영역 또는 객체에 마우스를 올려놓는 동작만으로도 적용된 패턴을 확인할 수 있다.

8.1 해치 작성(HATCH)

HATCH 명령어는 닫힌 영역 및 닫힌 객체에 다양한 패턴의 무늬로 채우는 명령어이다.

- 명령어 : HATCH
- 단축키 : H
- 리본 : 홈 탭 → 그리기 패널 → (해치)
- 메뉴 : 그리기 → 해치

해치 명령(HATCH)을 실행하면 다음과 같은 [해치 작성] 탭이 생성된다.

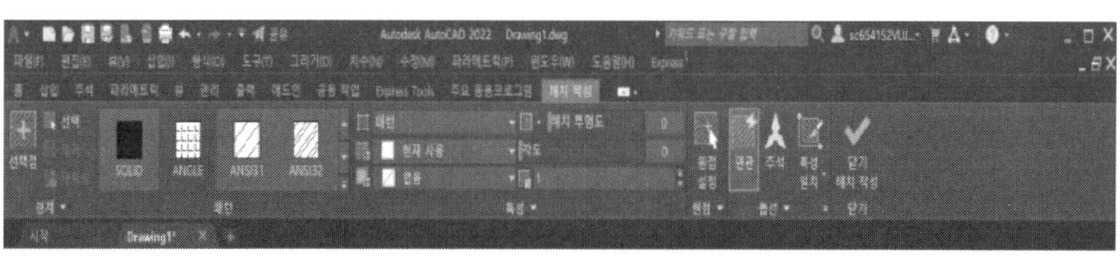

해치 작성 리본 메뉴

8.1.1 해치 작성 패널 설명

(1) 경계

객체를 선택방법이 들어있는 패널로 점 선택, 경계 객체 선택 및 취소가 가능하며, 해치할 객체로 선택되면 설정된 해치 패턴과 특성에 따라 바로 적용된다.

경계

경계 아이콘

	점 선택	: 지정된 점 주위로 닫힌 영역의 형성하는 객체를 선택할 때 사용한다.
	경계 객체 선택	: 경계가 되는 선을 하나씩 선택할 때 사용한다.
	경계 객체 제거	: 경계영역 안의 객체를 제외시킬 때 사용한다.
	경계 재작성	: 선택한 해치 주위에 폴리선 또는 영역을 작성하고 원하는 경우 해치 객체를 해당 폴리선 또는 영역에 연관시킨다.

경계에서 객체를 선택하지 않은 상태에서 닫힌 객체 위로 마우스를 올려놓으면 현재의 해치 특성이 적용된 해치 패턴을 미리보기 할 수 있다. 물론 실제 적용된 상태가 아니기 때문에 닫힌 객체에서 마우스를 옮기면 미리보기는 풀린다.

(2) 패턴

해치 패턴을 지정하는 패널로써 무늬를 지정할 수 있다.

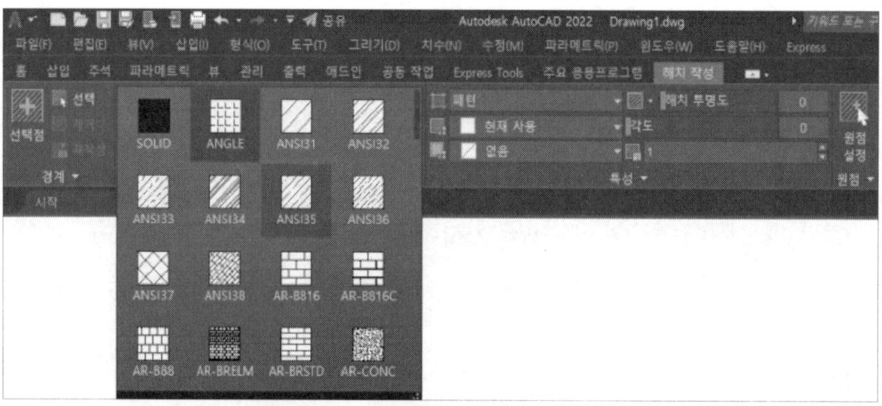

해치 패턴

(3) 특성

해치의 특성을 지정 및 변경할 수 있다.

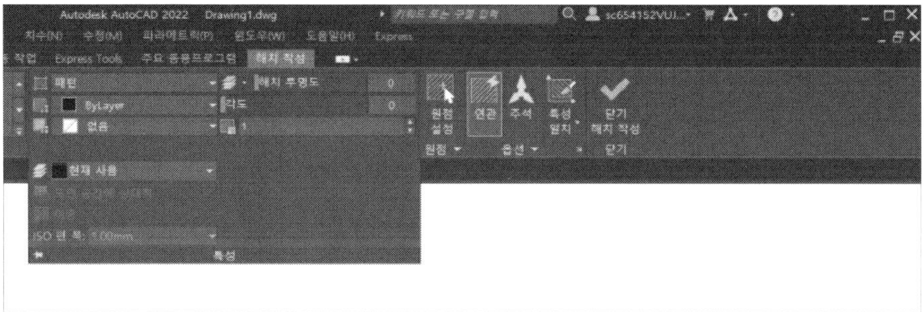

해치 특성 패널

특성 아이콘

	해치 유형	: 정의된 해치를 작성할지 아니면 사용자 정의된 해치를 작성할지를 지정한다.
	해치 색상	: 솔리드 및 해치 패턴에 대해 색상을 지정한다.
	해치 배경색	: 해치 패턴의 배경 색상을 지정한다.
각도	해치 각도	: 현재 좌표의 X축을 기준으로 해치 패턴의 각도를 지정한다.
	해치 패턴 축척	: 해치의 패턴을 확장 또는 축소한다.
	해치 도면층 재지정	: 해치에 대해 지정된 도면층으로 현재 도면층을 재지정한다.
도면 공간에 상대적	도면 공간 축척	: 도면 공간 단위를 기준으로 해치 패턴을 축척한다.
이중	교차 해시	: 사용자 정의가 선택된 경우에 90으로 또 다른 해시를 그린다.
	ISO 펜 폭	: 선택된 펜의 폭을 기본으로 ISO관련 패턴 스케일을 조정한다.

(4) 원점

해치 패턴이 시작되는 점을 선택 및 이동할 수 있다.

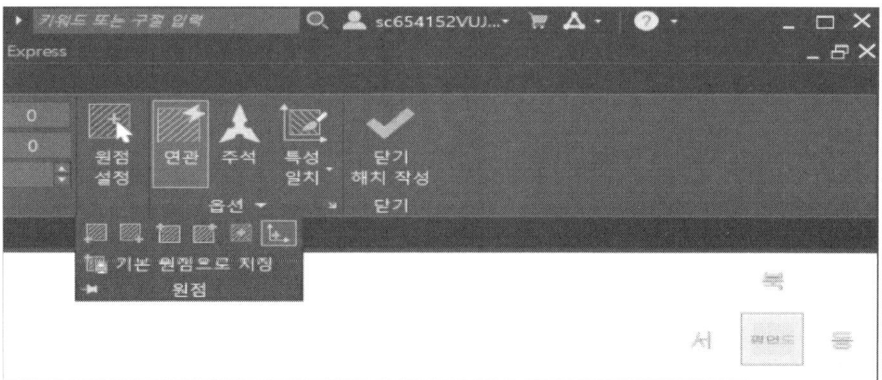

원점 패널

원점 아이콘

맨 아래 왼쪽	맨 아래 오른쪽
맨 위 왼쪽	맨 위 오른쪽
중심	현재 원점

아래의 그림을 보면 기본 해치로 지정할 경우, 해치의 벽돌패턴이 깨진 모양(적용 전)으로 구성된다. 이때 해치의 원점(시작점)을 재지정하면 오른쪽의 그림(적용 후)과 같이 해치 패턴이 바뀐다.

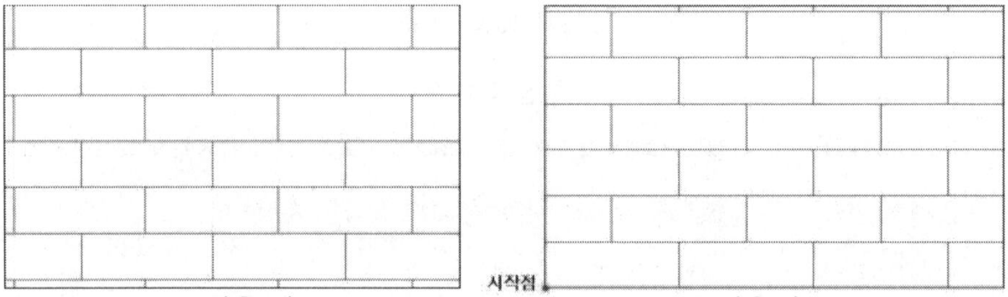

① 적용 전 ② 적용 후

해치 원점 기능

(5) 옵션

해치 옵션은 연관, 주석, 특성일치 등을 바꿀 수 있으며, 객체의 우선순위를 지정할 수 있다.

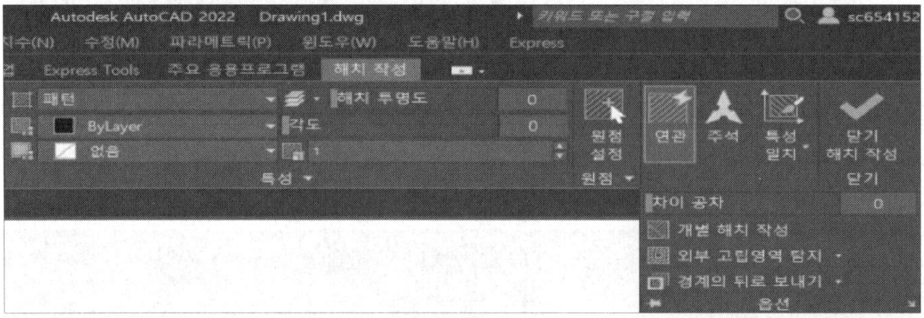

옵션 패널

옵션 아이콘

	연관경계		: 해당 경계를 수정할 때 해치가 자동으로 업데이트되는지 여부를 설정한다.
	주석		: 해치 패턴의 축척이 뷰포트 축척에 따라 자동으로 조정되도록 지정한다.
특성 일치		현재 원점 사용	: 해치 원점을 제외하여 선택한 해치 객체의 특성을 사용해 해치 특성을 설정한다.
		원본 해치 원점 사용	: 해치 원점을 포함하여 선택한 해치 객체의 특성을 사용해 해치 특성을 설정한다.

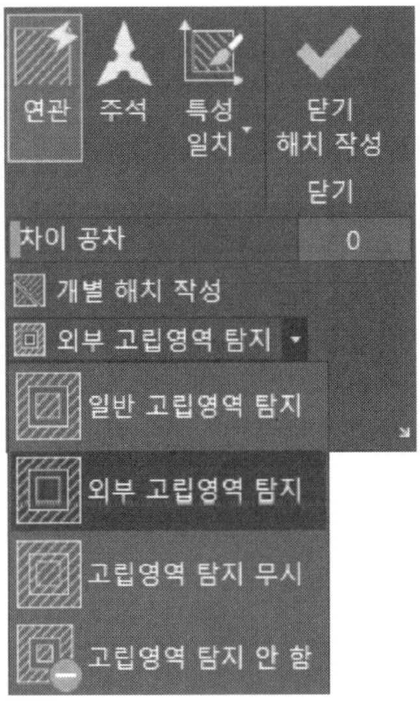

외부 고립 영역 탐지

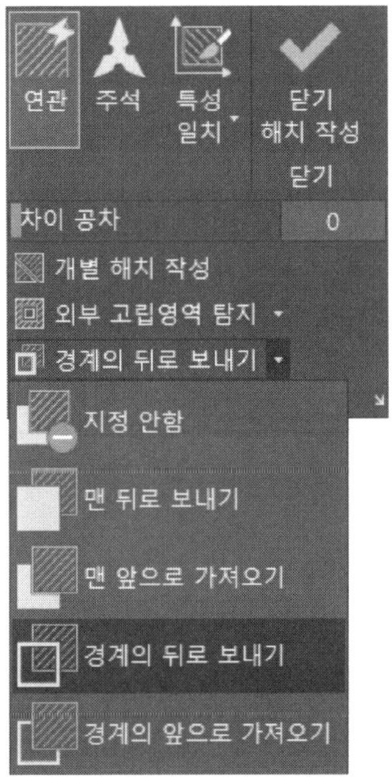

경계의 뒤로 보내기

또한 [옵션]에 있는 해치 설정 아이콘( )을 클릭하면 '해치 및 그라데이션' 대화상자가 나타난다. 대화상자에서도 해치 패턴을 지정 및 변경할 수 있다.

더 많은 옵션 보기 아이콘( )을 클릭하면 대화상자가 확장된다.

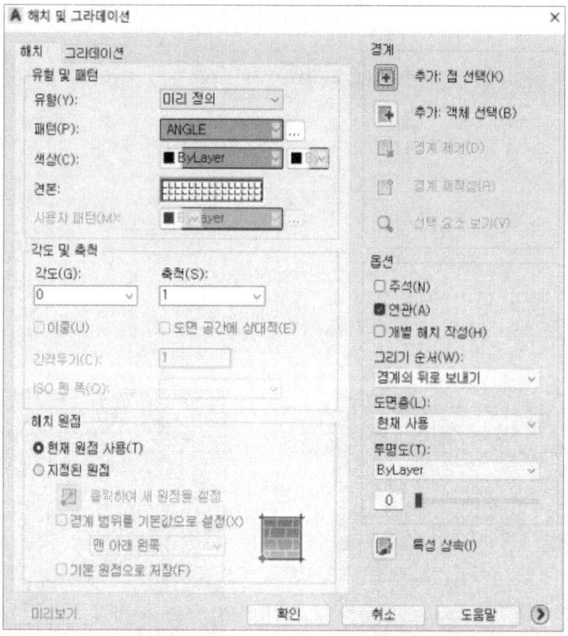

해치 및 그라데이션 대화상자

사용자의 취향에 따라 [해치 작성] 리본 메뉴를 이용하지 않고 '해치 및 그라데이션' 대화상자를 이용해도 된다.

따라해보세요

다음 그림과 같은 닫힌 객체에 파란색 콘크리트 패턴과 노란색의 해치 배경을 넣어보자.

닫힌 객체

① 명령 : H Space Bar

② 그림과 같이 리본 메뉴에 해치 작성 탭이 생기면서 해치와 관련된 패널이 생성된다.

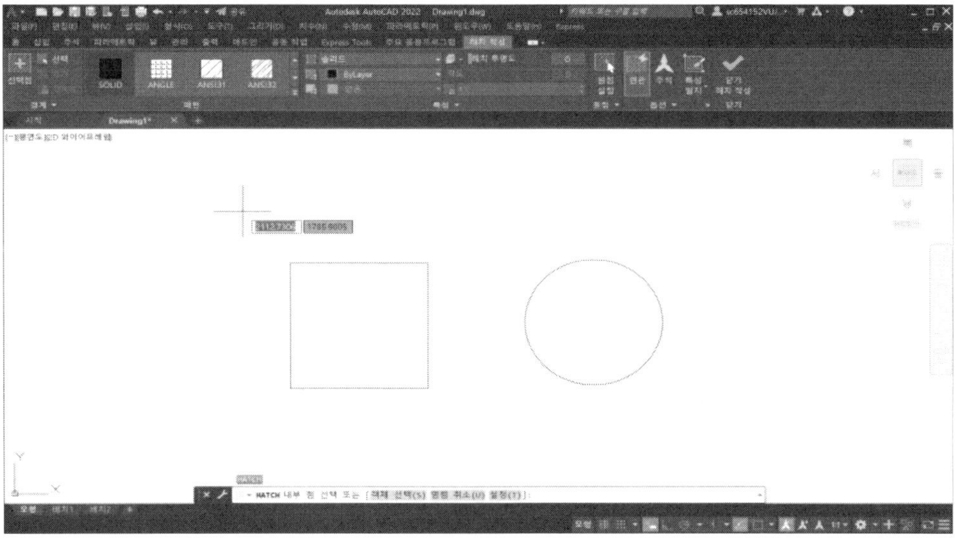

순서② 해치 명령 후 생성된 해치 작성 탭

③ [패턴] 패널에서 해치 무늬로 'AR-CONC'를 선택한다.

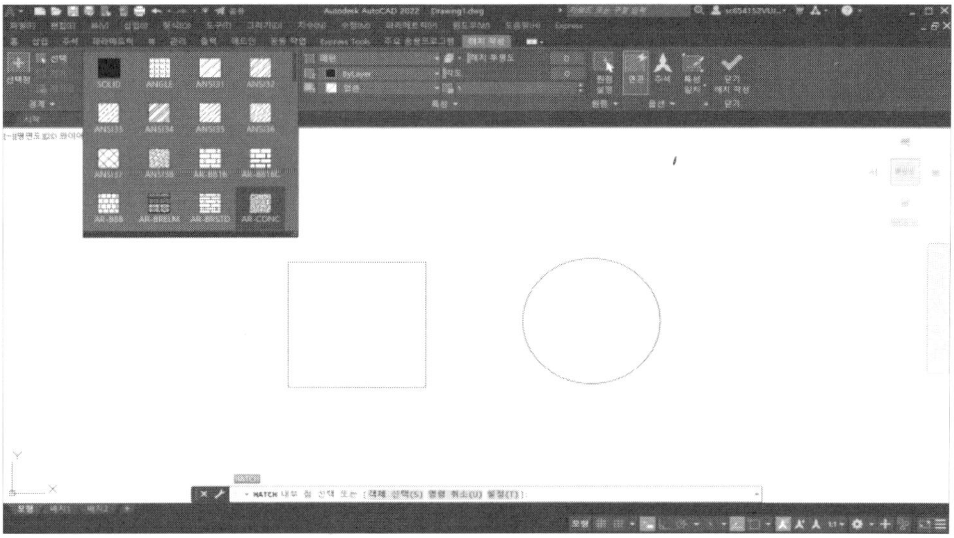

순서③ 패턴선택

※ 해당 객체에 마우스를 올려 미리보기를 통해 해치패턴이 어떻게 나타나는지 알 수 있다.

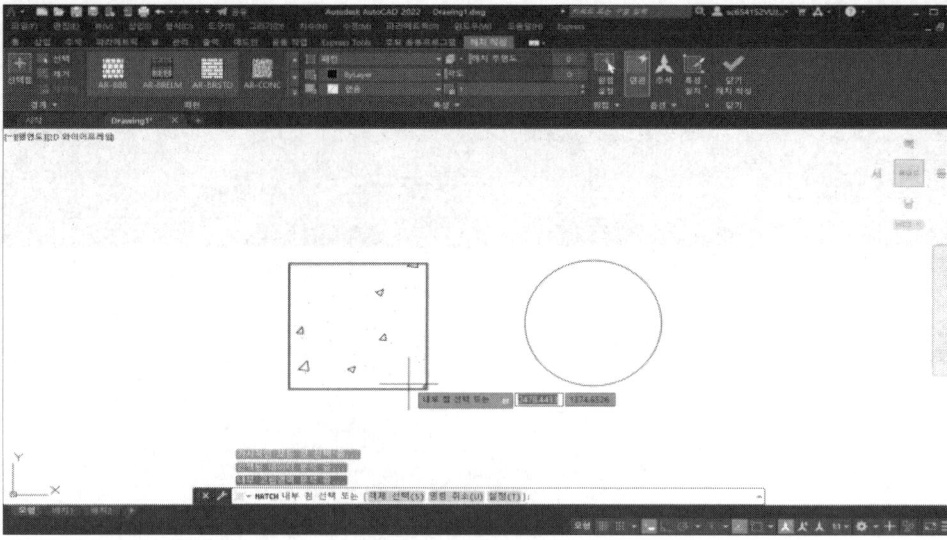

해치 패턴 미리보기

④ [특성] 패널에서 해치의 옵션을 지정한다. (유형, 색상, 각도, 축척 등)

[해치 색상]은 '파란색', [해치 배경색]은 '노란색'으로 바꿔주고 [축척]은 '1'으로 설정해보자.

순서④ 해치 특성 변경하기

이렇게 변화된 특성을 미리보기를 통해 알 수 있다.

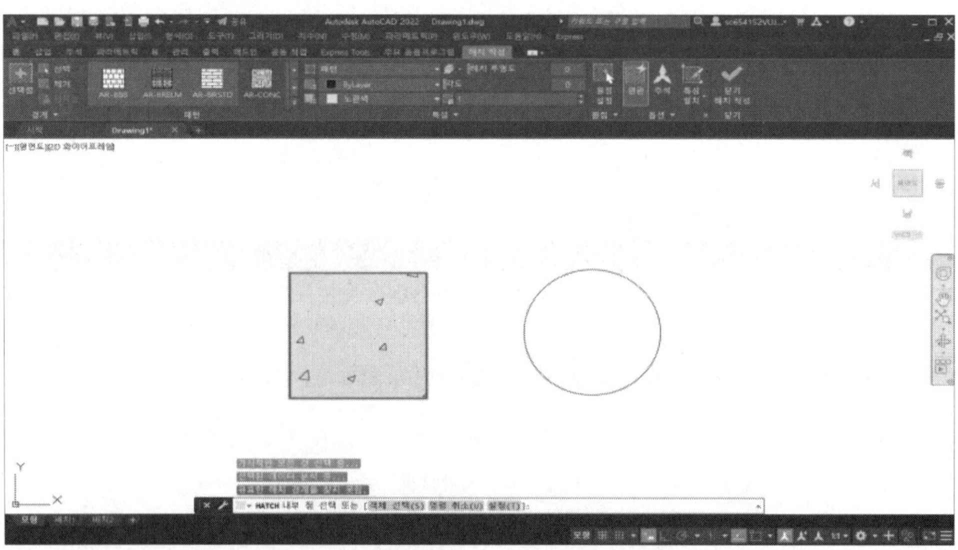

해치 특성 미리보기

⑤ 경계 패널의 선택점( )이 기본으로 지정되어 있기 때문에 닫힌 객체를 클릭하면 해치 적용이 바로 이루어진다.

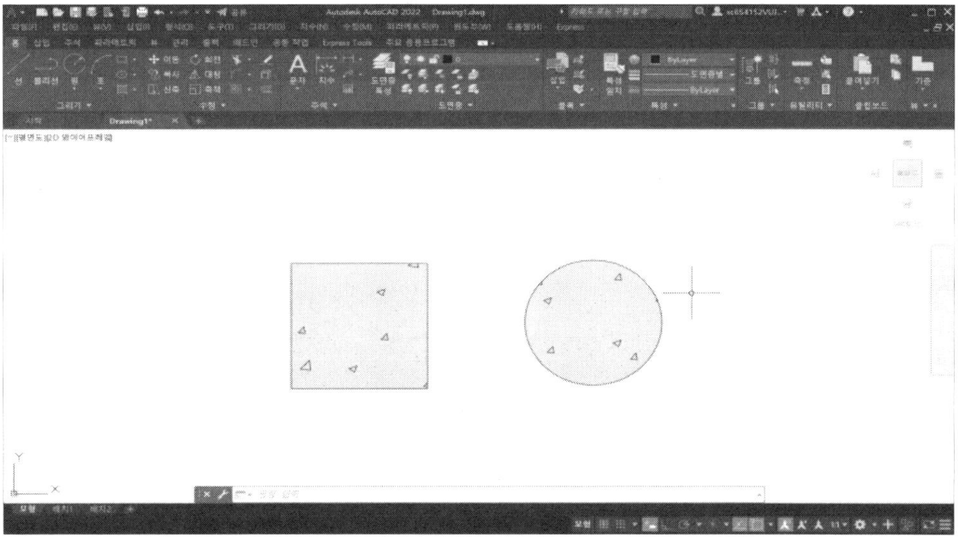

⑤ 해치 적용 완료

또 다른 방법으로 경계 객체( )를 선택한 뒤, 닫힌 개체의 선을 하나씩 클릭하면 적용이 완료되며 이때 닫힌 객체의 선을 클릭할 때마다 적용되는 범위가 화면에 바로 나타난다.

① 두 선분 클릭

② 세 선분 클릭

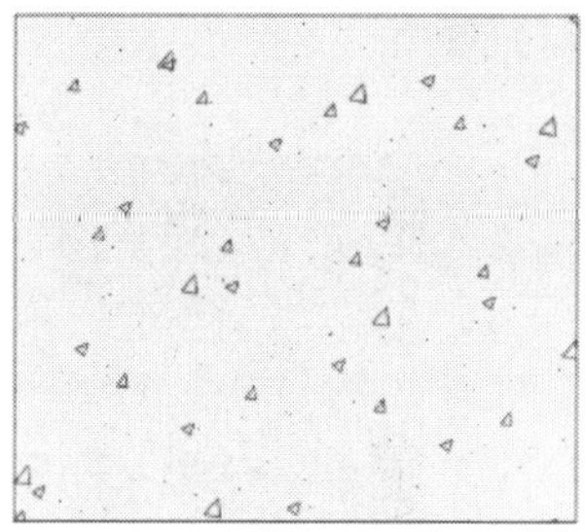

③ 완료

경계 객체 선택

8.2 그라데이션(GRADATION)

해치를 이용하여 그라데이션을 그릴 수 있다.

· 명령어 : GRADATION
· 단축키 : GD
· 리본 : 홈 탭 → 그리기 패널 → (그라데이션)
· 메뉴 : 그리기 → 그라데이션

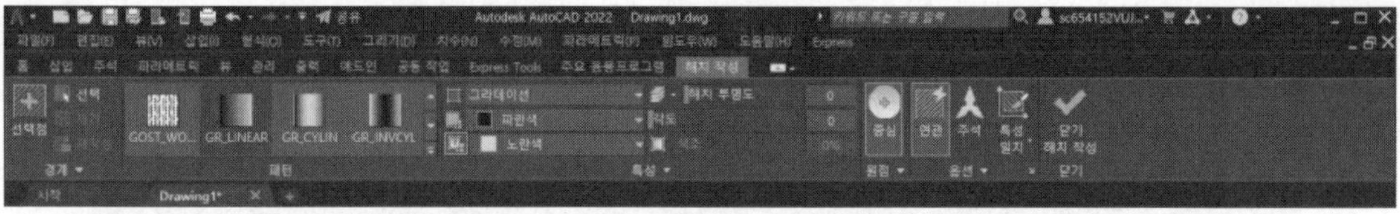

해치 작성 리본 메뉴(그라데이션)

그라데이션은 [단축키GD]-[해치 작성 탭]-[특성 패널]의 [해치 유형]에서 불러올 수도 있다.

그라데이션 유형 변환

8.2.1 그라데이션 패널 설명

그라데이션 패널은 [특성]과 [원점] 패널을 제외하고 그 밖의 패널들은 앞서 해치 패널의 설명과 동일하다.

(1) 특성

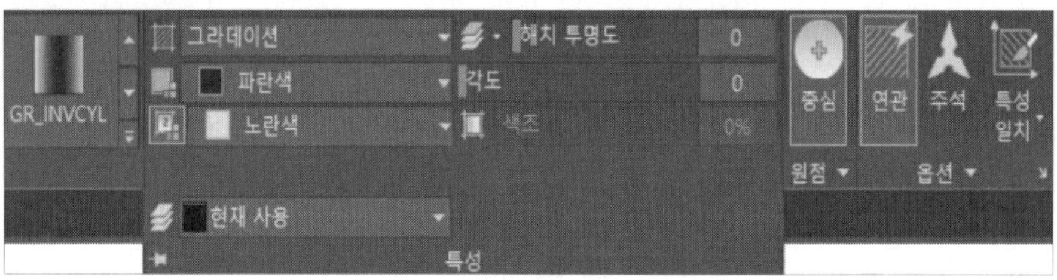

그라데이션 특성 패널

그라데이션 특성 아이콘

	해치 유형	: 정의된 해치를 작성할지 아니면 사용자 정의된 해치를 작성할지를 지정한다.
	그라데이션 색상1	: 두 그라데이션 색상 중 첫 번째 색상을 지정한다.
	그라데이션 색상	: 두 색 그라데이션 채우기에 대한 옵션을 켜거나 끈다.
각도	그라데이션 각도	: 현재 좌표의 X축을 기준으로 해치 패턴의 각도를 지정한다.
	그라데이션 색조 및 음영	: 한 색 그라데이션 색조 또는 음영에 대한 옵션을 켜거나 끈다.
	해치 도면층 재지정	: 해치에 대해 지정된 도면층으로 현재 도면층을 재 지정한다.

대화상자는 [단축키GD]-[해치 작성 탭]-[옵션 패널]의 [↘]에서 불러올 수 있다.

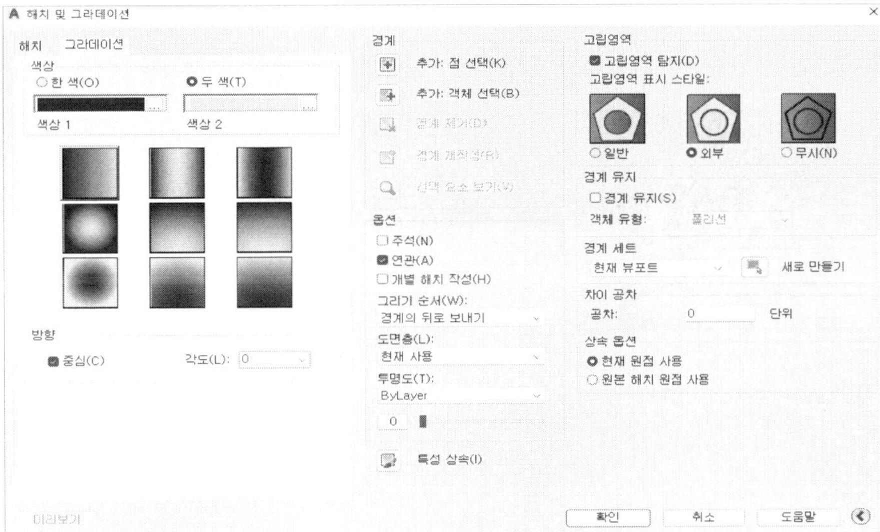

그라데이션 대화상자

(2) 원점

해치의 [원점] 패널과 다르게 그라데이션 [원점]패널에서는 중심 설정이 가능하다.
(해치 및 그라데이션 대화상자에서 [그라데이션]-[그라데이션 선택 후 추가:점선택]-[개체 클릭]-[해치작성 탭]-[원점 패널]-[중심]을 설정할 수 있다.)

	중심	· 채울 영역 중심을 기준으로 대칭인 그라데이션을 지정한다.

중심 적용 전

중심 적용 후

원점 패널

따라해보세요

다음 그림과 같이 닫힌 객체에 파랑색과 하늘색 패턴의 선행 그라데이션을 넣어보자.

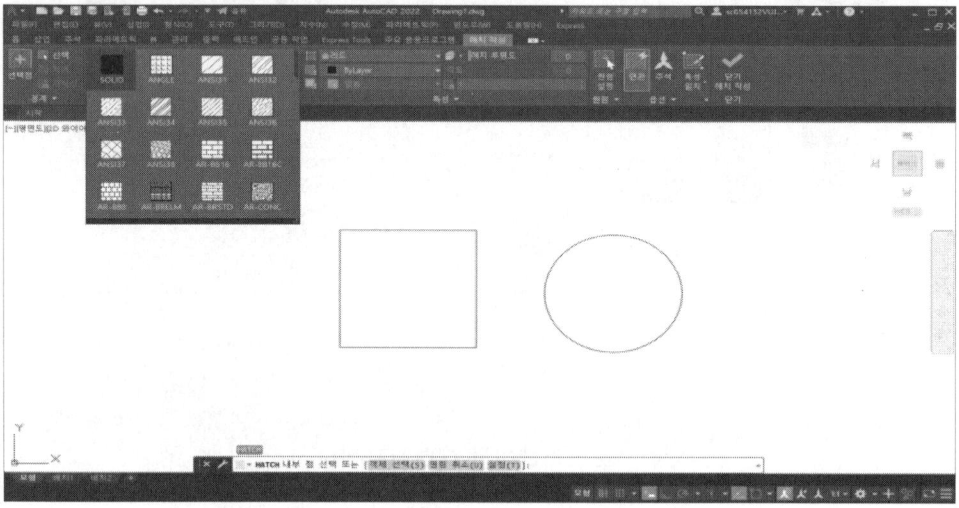

닫힌 객체

① 명령 : GD Space Bar

② [특성] 패널에서 '그라데이션 색상1( )'을 '파랑색'으로 '그라데이션 색상( )'을 '하늘색'으로 지정해준다.

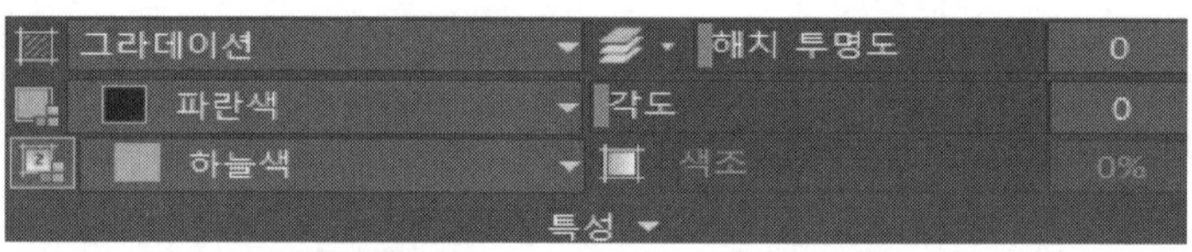

순서② 그라데이션 특성 패널

③ [패턴] 패널에서 'GR_CYLIN' 패턴을 선택한다.

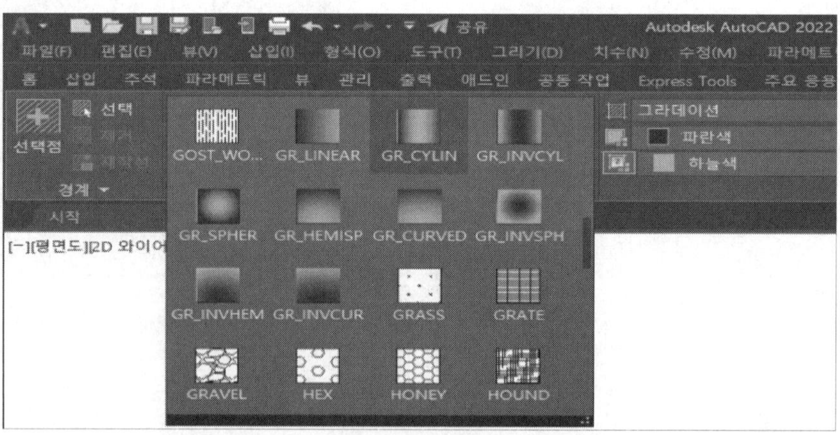

순서③ 패턴선택

※ 해당 객체에 마우스를 올려 미리보기를 통해 해치패턴이 어떻게 나타나는지 알 수 있다.

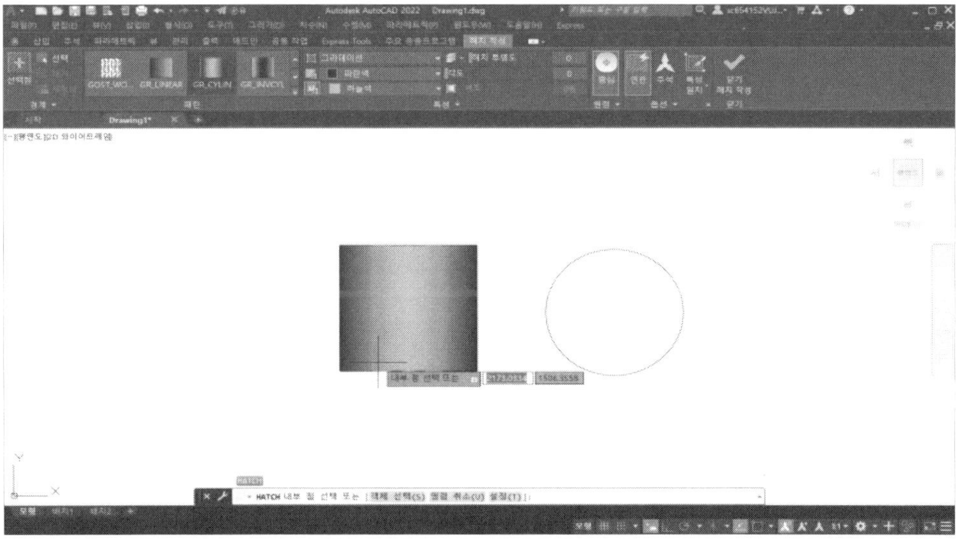

해치 패턴 미리보기

④ 경계 패널의 선택점( )이 기본으로 지정되어 있기 때문에 미리보기 상태에서 닫힌 객체를 클릭하면 해치 적용이 바로 이루어진다.

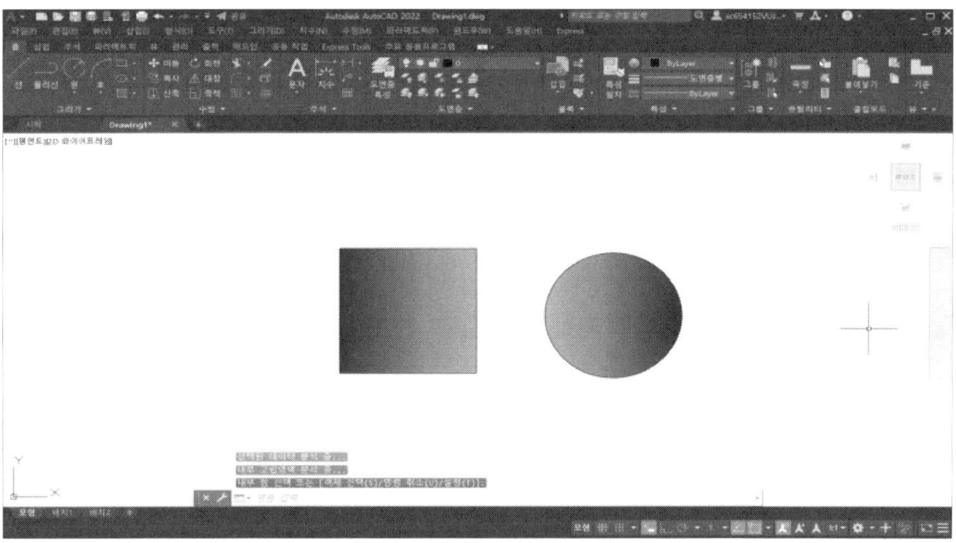

순서④ 그라데이션 패턴 완료

해치 및 그라데이션은 객체가 2개 이상일 때는 연속 클릭하면 한 블록으로 인식하여 연속되어 나타난다.(순서④ 그림) 따라서 개별 객체방식으로 그라데이션을 넣고 싶다면 객체마다 따로 명령을 실행해야 객체별로 그라데이션이 설정된다.

8.3 해치 편집(HATCHEDIT)

기존에 작성된 해치 및 그라데이션을 편집할 수 있다.

· 명령어 : HATCHEDIT · 리본 : 홈 탭 → 수정 패널 → (해치 편집)
· 단축키 : HE · 메뉴 : 수정 → 객체 → 해치

따라해보세요

벽돌 패턴의 해치를 그라데이션으로 변환 및 편집해보자.

① HE Space Bar
② 해치 객체 선택 : 기존에 작성된 해치를 클릭한다.

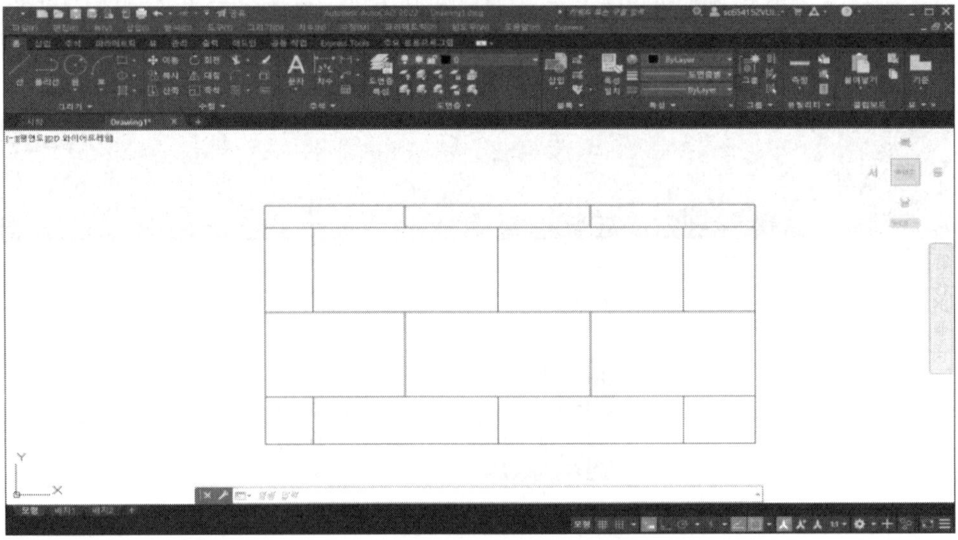

순서② 기존에 작성된 해치 클릭

③ 기존 작성된 객체를 클릭하면 해치 편집 대화상자가 나타난다.

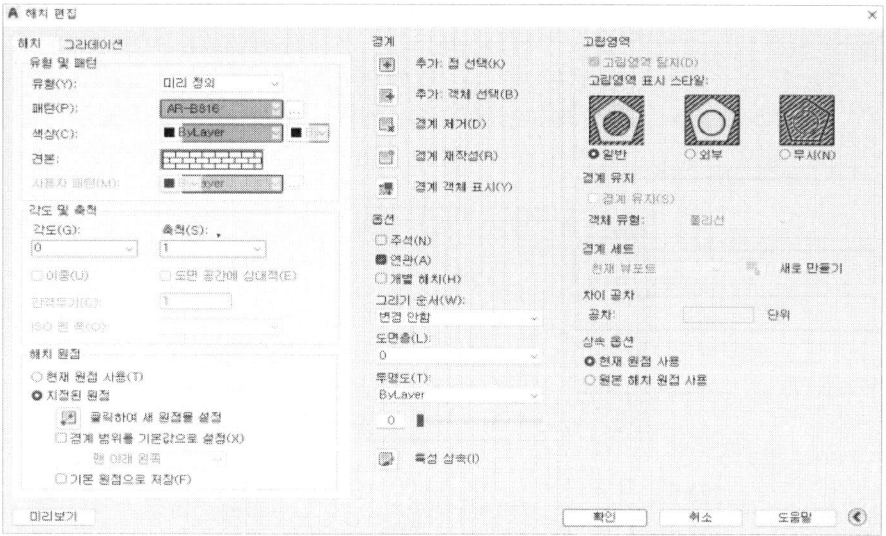

순서③ 해치 편집 대화상자

④ 그라데이션으로 편집하기 위해서 [해치 편집] 대화상자의 [해치] 탭에서 [그라데이션] 탭으로 이동 후, 바꾸고 싶은 그라데이션 색상 및 방향을 지정해 준다. 그 후 확인 버튼을 클릭한다.

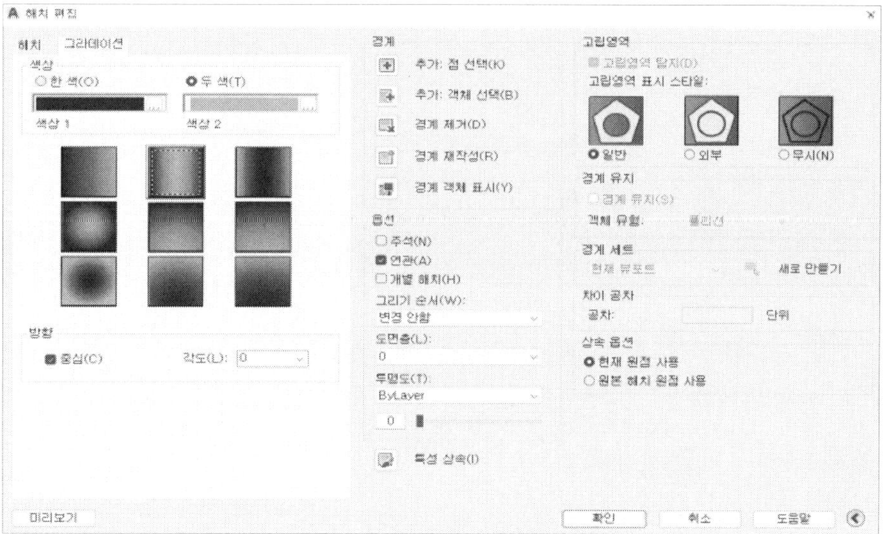

순서④ 그라데이션 특성 지정

⑤ 그림과 같이 벽돌 패턴에서 그라데이션으로 바뀐 것을 알 수 있다.

순서⑤ 편집 완료

Chapter 9 문자 입력하기

AutoCAD에서는 문자를 입력하여 도면안의 정보를 보다 쉽게 전달할 수 있다. 이러한 문자를 작성하기 전에는 문자 스타일을 확인하고 문자를 작성하는 것이 좋다.

9.1 문자스타일

문자를 작성하면 현재 설정된 문자 스타일이 적용된다. 문자 스타일에서는 새로운 문자 스타일을 만들 수 있으며, 글꼴(폰트), 기울기, 크기, 방향 등의 문자 특성을 설정할 수 있다.

- 명령어 : STYLE
- 단축키 : ST
- 리본 : 주석 탭 → 문자 패널 → 문자 ▾ (문자스타일)
- 메뉴 : 형식 → 문자스타일

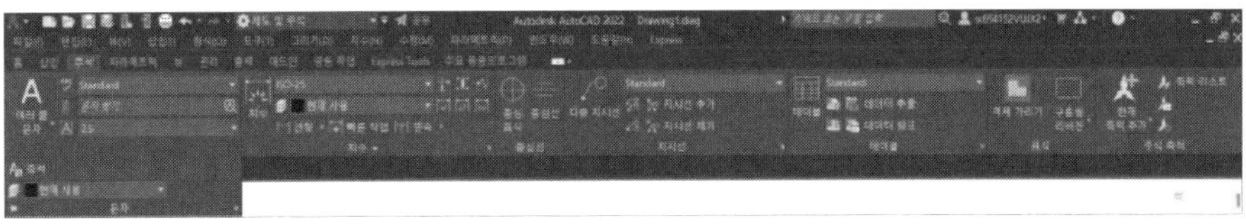

문자 스타일 리본 메뉴

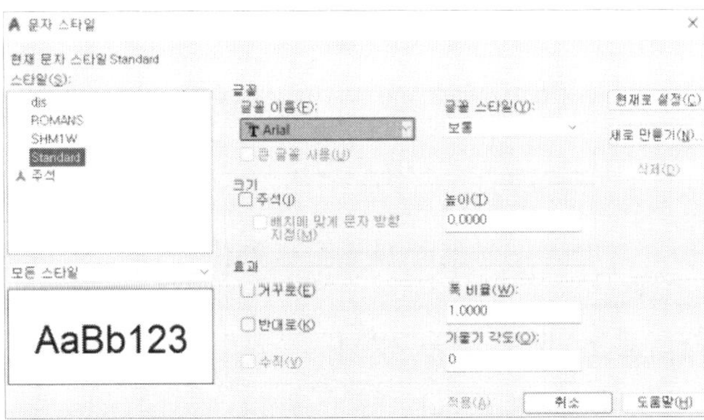

문자 스타일 대화상자

▌문자스타일의 여러 가지 옵션

• 현재 문자 스타일	: 현재 사용하고 있는 문자 스타일을 표시한다.
• 스타일	: 도면에 정의된 문자 스타일들의 목록을 표시한다.
• 드롭다운 리스트	: 전체 또는 사용 중인 문자 스타일을 선택하여 목록에 표시한다.
• 미리보기 화면	: 변경 사항에 대해 미리 보여준다.
• 글꼴 이름	: PC에서 사용가능한 모든 글꼴 목록을 보여준다. 글꼴은 두 가지 종류이며 아이콘으로 쉽게 구분이 된다. 트루타입 글꼴은 윈도우용 폰트이고, SHX 글꼴은 CAD에서 사용하는 글꼴이다.  트루타입 글꼴  SHX 글꼴
• 글꼴 스타일	: 기울임, 굵게 등의 글꼴에 대한 스타일을 지정한다.
• 큰 글꼴 사용	: 아시아(한글, 일본, 중국)어에 대한 글꼴을 표현하기 위한 글꼴이다.
• 주석	: 문자 객체를 주석 객체로 지정한다.
• 높이	: 문자의 높이 값을 지정한다.
• 거꾸로/반대로/수직	: 문자를 상하, 좌우, 수직으로 반전한다.
• 폭 비율	: 문자 폭을 비율로 지정한다.
• 기울기 각도	: 문자의 기울기를 각도로 지정한다.
• 현재로 설정	: 만들어진 여러 스타일 중 선택된 스타일을 현재 스타일로 설정한다.
• 새로 만들기/삭제	: 문자 스타일을 새로 만들거나 삭제한다.

따라해보세요

① 명령: ST [Space Bar] (STYLE)

② 문자 스타일 대화상자에서 [새로 만들기(N)...]를 클릭한 후 새로운 이름의 스타일을 만든다.

순서② 새 문자 스타일

③ 글꼴 이름: '굴림체', 글꼴스타일: '보통', 높이: '20'으로 설정한다.

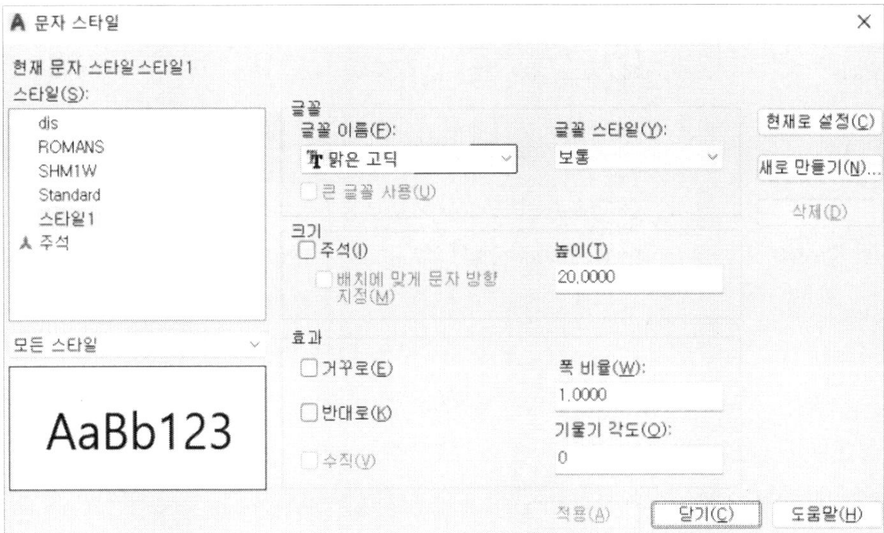

순서③ 문자 스타일 특성 설정

9.2 단일 행 문자

단일 행 문자 객체를 작성한다. 엔터키를 입력할 때마다 행이 바뀌며 각 문자 행은 각각의 독립객체로 이루어진다.

· 명령어 : TEXT 또는 DTEXT	· 리본 : 주석 탭 → 문자 패널 → A (단일 행 문자)
· 단축키 : DT	· 메뉴 : 그리기 → 문자 → 단일 행 문자

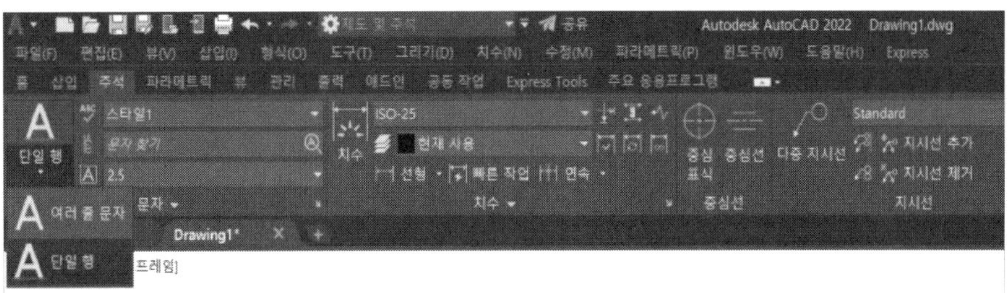

단일 행 문자 리본 메뉴

▌단일 행 문자의 자리 맞추기 옵션

• 왼쪽(L)	: 기준선의 가로 왼쪽에서부터 정렬한다.
• 중심(C)	: 기준선의 가로 중심에서부터 정렬한다.
• 오른쪽(R)	: 기준선의 가로 오른쪽에서부터 정렬한다.

• 정렬(A)	: 기준이 되는 양 끝점 사이의 정렬한다.
• 중간(M)	: 기준선의 가로 중심 및 지정한 높이의 세로 중심에 정렬한다.
• 맞춤(F)	: 기준이 되는 양 끝점사이의 정렬과 높이 지정한다. (가로 방향 문자에만 사용)
• 맨 위 왼쪽(TL)	: 맨 위 좌측을 기준으로 정렬한다. (가로 방향 문자에만 사용)
• 맨 위 중심(TC)	: 맨 위 중심에 기준으로 문자를 정렬한다. (가로 방향 문자에만 사용)
• 맨 위 오른쪽(TR)	: 맨 위 우측을 기준으로 문자를 정렬한다. (가로 방향 문자에만 사용)
• 중간왼쪽(ML)	: 중간 좌측을 기준으로 문자를 정렬한다. (가로 방향 문자에만 사용)
• 중간중심(MC)	: 중앙 중심을 기준으로 정렬한다. (가로 방향 문자에만 사용)
• 중간오른쪽(MR)	: 중간 우측을 기준으로 정렬한다. (가로 방향 문자에만 사용)
• 맨 아래 왼쪽(BL)	: 맨 아래 좌측을 기준으로 정렬한다. (가로 방향 문자에만 사용)
• 맨 아래 중심(BC)	: 맨 아래 중심을 기준으로 정렬한다. (가로 방향 문자에만 사용)
• 맨 아래 오른쪽(BR)	: 맨 아래 우측을 기준으로 정렬한다. (가로 방향 문자에만 사용)

자리 맞추기 옵션의 이해도

9.3 여러 줄 문자

여러 줄 문자 객체를 작성한다. 작성 시 리본 메뉴에 문자 편집기가 표시되어 글꼴, 문자 높이, 단락 등 여러 줄 문자에 관련된 편집을 할 수 있다. 문자 편집기는 편집기 내 옵션에서 설정을 변경할 수도 있다.

· 명령어 : MTEXT	· 리본 : 주석 탭 → 문자 패널 → A (여러 줄 문자)
· 단축키 : MT 또는 T	· 메뉴 : 그리기 → 문자 → 여러 줄 문자

따라해보세요

① 명령 : MT Space Bar

② 첫 번째 구석 지정 : 문자가 들어갈 박스의 첫 번째 코너를 지정한다.

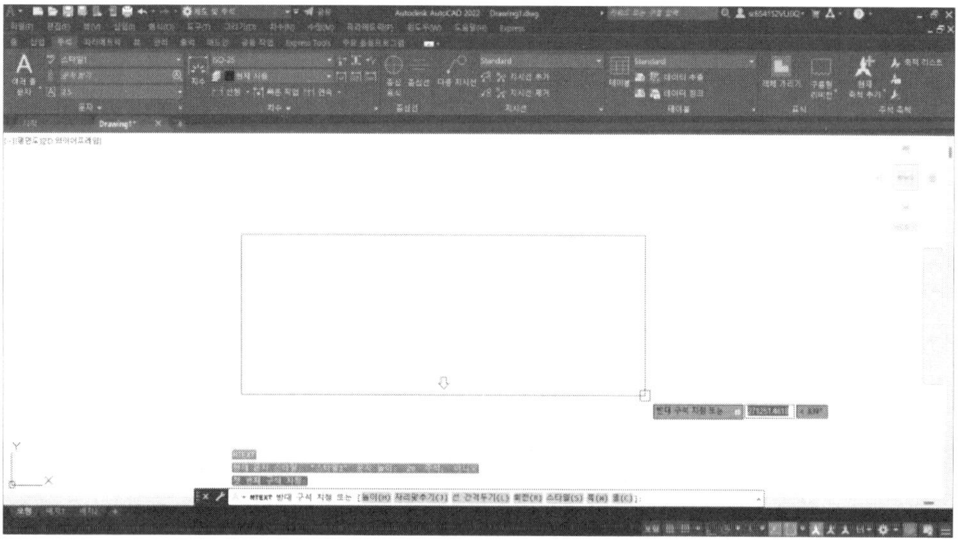

순서② 문자가 들어갈 곳 지정

③ 반대 구석 지정 또는 [높이(H)/자리 맞추기(J)/선 간격두기(L)/회전(R)/스타일(S)/폭(W)/열(C)] : 원하는 지점을 클릭하면 리본메뉴에 '문자 편집기' 탭이 나타나면서 문자를 입력할 수 있다.

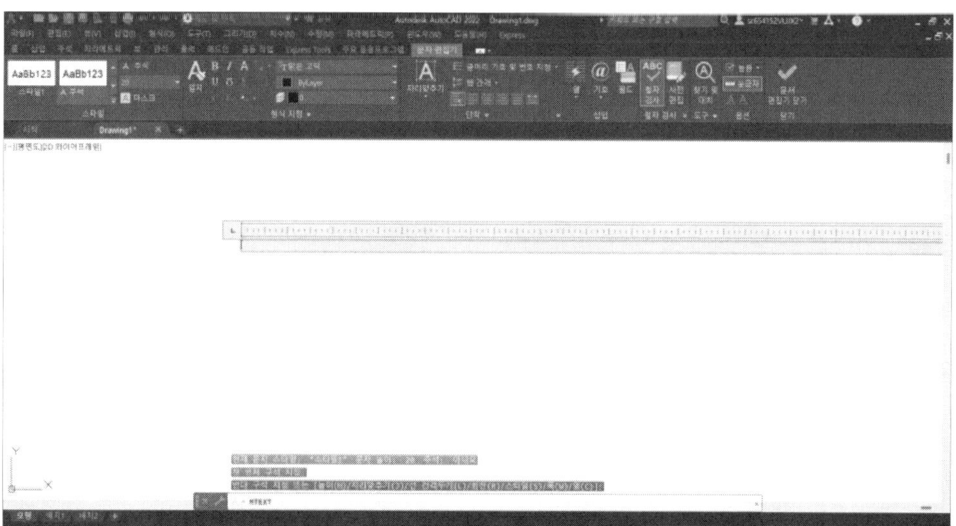

순서③ 문자 편집기 탭과 문자 입력 실행

④ 원하는 문자를 입력하기 전, 문자 편집기 탭에서 크기를 20으로 설정한 후 문자를 입력한다. 그 후 '문자 편집기 닫기' 버튼을 클릭한다. (마우스를 이용하여 '문자 편집기 닫기'를 누르는

것보다 단축키 Ctrl+Enter를 활용하면 '문자 편집기 닫기'가 더욱 간편하다.)

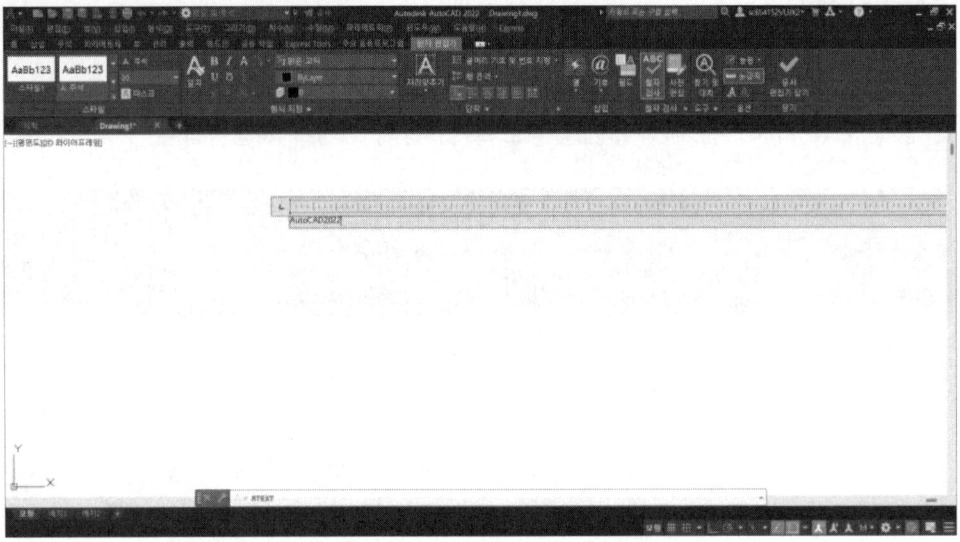

순서④ 문자 입력

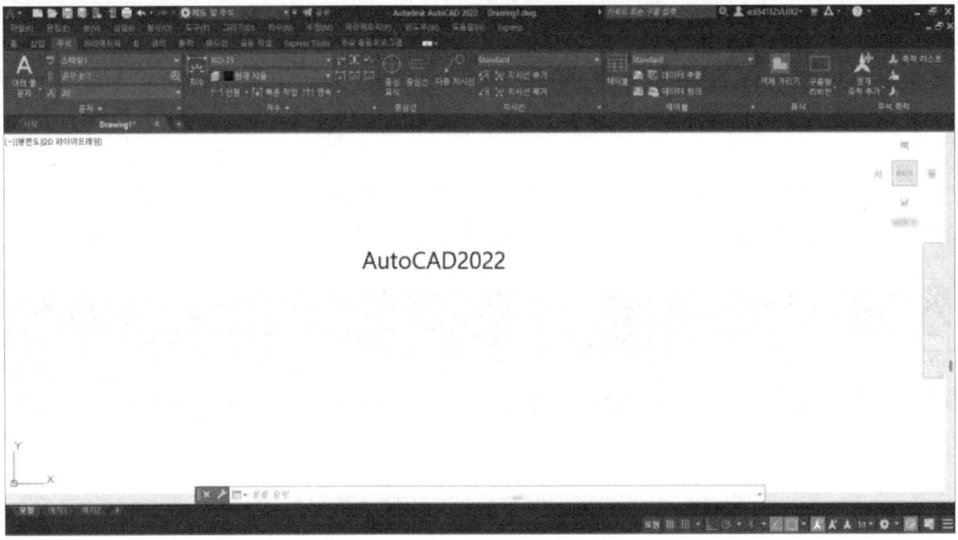

순서⑤ 문자 입력 완료

▌ 여러 줄 문자의 입력상자

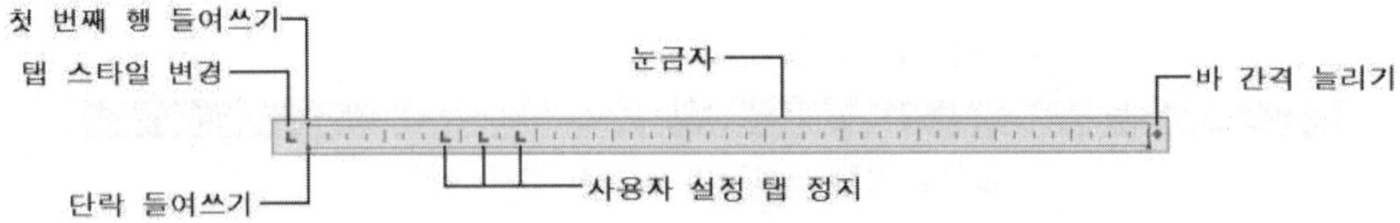

문자 형식 대화상자

문자편집기 패널의 여러 가지 옵션들

- 스타일 : 여러 줄의 문자 스타일을 결정 및 문자의 주석(크기)를 지정할 수 있다.
- 형식지정 : 문자 스타일의 글꼴, 기울기 각도, 방향 등의 문자 특성을 변경할 수 있다.
- 단락 : 자리 맞추기, 행 간격, 좌우 정렬 및 글머리, 단락기호 등 단락을 지정할 수 있다.
- 삽입 : 다양한 기호와 필드 삽입 등을 지정할 수 있다.
- 철자 검사 : 쓰인 문자의 철자 검사 등의 옵션을 지정할 수 있다.
- 도구 : 찾기 및 대치를 통해 원하는 문자를 찾을 수 있다.
- 옵션 : 찾기, 철자검색, 명령 취소 등을 실행할 수 있다.
- 닫기 : 입력한 문자 및 특성을 저장하고 문자 입력 실행을 완료한다.

9.4 문자 편집(DDEDIT)

이미 작성된 문자를 편집할 때 사용한다.

· 명령어 : DDEDIT

· 리본 : 객세 더블 클릭 → 문자 편집기 탭

· 메뉴 : 수정 → 객체 → 문자 → 편집

문자 수정은 특성(Properties)으로도 할 수 있다.

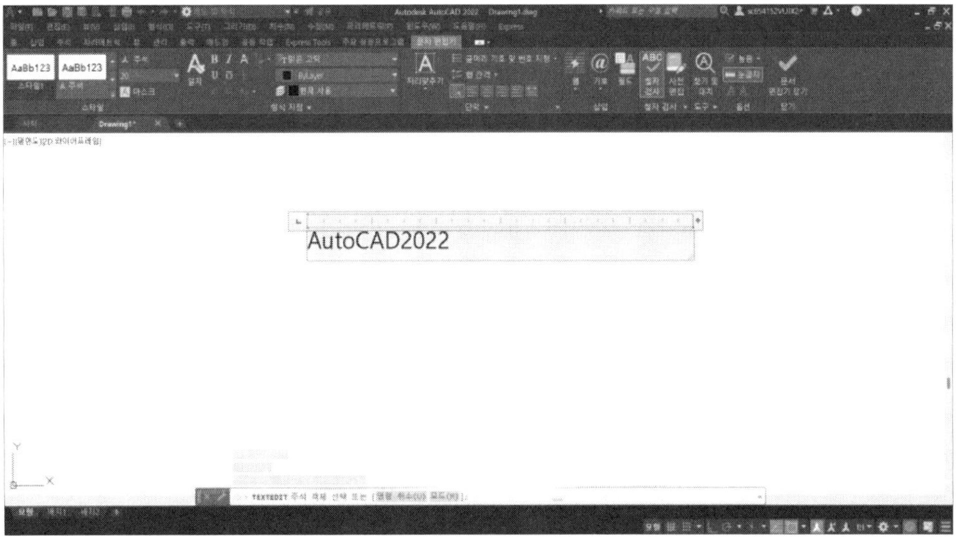

객체 선택 후 명령어 "DDEDIT" 입력 하면 위 그림과 같이 편집을 할 수 있다.

9.5 기호 및 특수문자 쓰기

· 리본 : 객체 더블 클릭 → 문자 편집기 탭 → 삽입 패널 → 기호

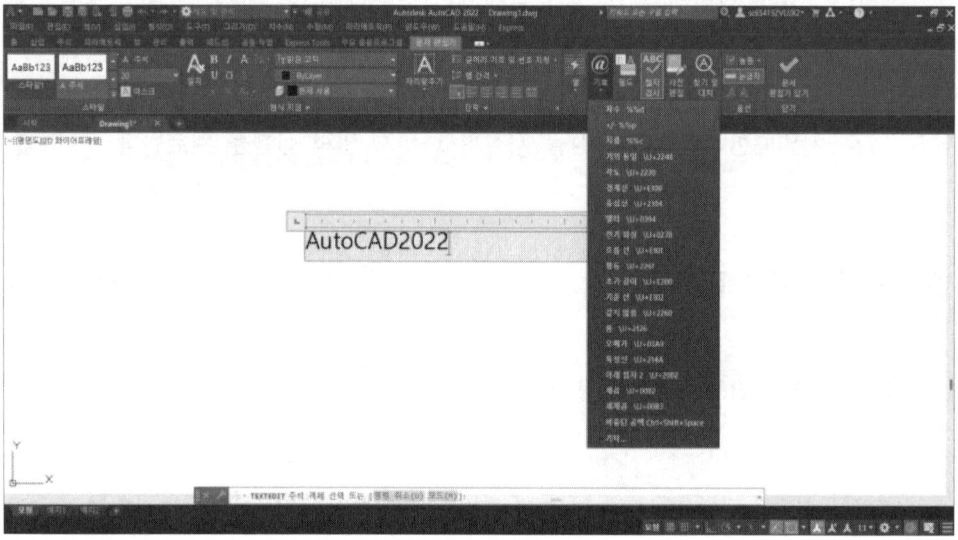

특수문자

여러 줄 문자(Mtext)의 경우는 특수문자를 선택하여 입력이 가능하나 단일 행 문자(Text 또는 Dtext)의 경우는 특수문자를 입력하기 위해서는 특수문자를 제어하는 이중 퍼센트 부호(%%)와 함께 문자를 제어하는 코드를 입력하거나 유니코드 문자열을 입력한다.

특수문자를 편하게 사용하는 방법은 글자 입력 시 한글 자음키를 누른 다음 한자 키를 누르는 것이다. 그러면 오른쪽 하단에 여러 가지 특수문자가 나오게 되는데, 이때 원하는 특수문자의 해당 번호를 누르면 된다. 각 자음마다 특수문자가 다르기 때문에 자주 쓰는 특수 문자는 해당 자음을 암기해두는 것이 편하다.

유니코드란? 국제 호환성을 목적으로 여러 하드웨어 업체 및 소프트웨어 업체가 모여 만든 문자 코드 규약을 말한다.

Chapter 10

치수 및 다중 지시선

AutoCAD에서는 도면에 길이 및 기타 값을 표현하기 위해 치수라는 명령을 사용한다. 치수를 작성하기 위해서는 치수 스타일을 사용하여 치수의 형식을 지정할 수 있으며 또한 치수 표준을 유지할 수 있다. 다중 지시선은 AutoCAD 2008부터 추가되었으며 한 개의 주석에 여러 개의 지시선을 추가하거나 제거할 수 있는 특성을 가지고 있다.

10.1 치수 스타일(DIMSTYLE)

도면의 모든 치수는 연관된 치수 스타일을 갖고 있으며, 설정을 변경하여 치수 모양을 조정할 수 있다. 작업 편의성과 치수 기입 표준 유지를 위해 이러한 설정을 치수 스타일로 저장하여 사용할 수 있다.

· 명령어 : DIMSTYLE
· 리본 : 주석 탭 → 치수 패널 → ↘
· 메뉴 : 형식 → 치수 스타일

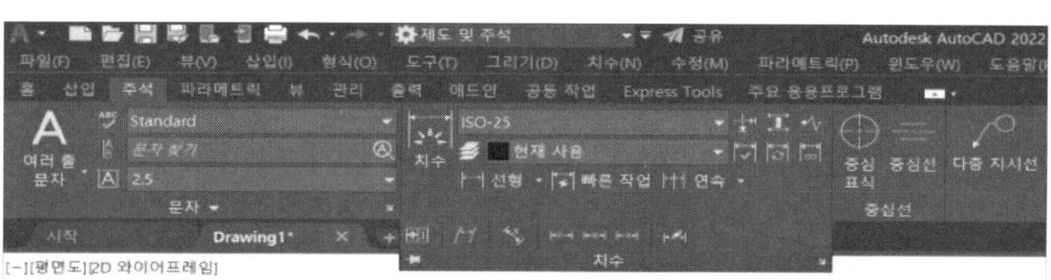

치수 스타일 리본 메뉴

▌치수 스타일 관리자

치수 스타일 관리자를 통하여 사용자는 여러 가지 스타일의 치수를 도면에 적용시킬 수 있다. 기본적으로 'acadiso.dwt'의 템플릿은 'ISO-25'라는 이름을 가진 치수 스타일이 현재 스타일로 되어 있으며, 사용자는 이러한 현재 스타일을 유지한 채로 구성 요소 값들을 수정할 수도 있고, 아예 새로 만들기를 하여 새로운 치수 스타일을 추가할 수도 있다.

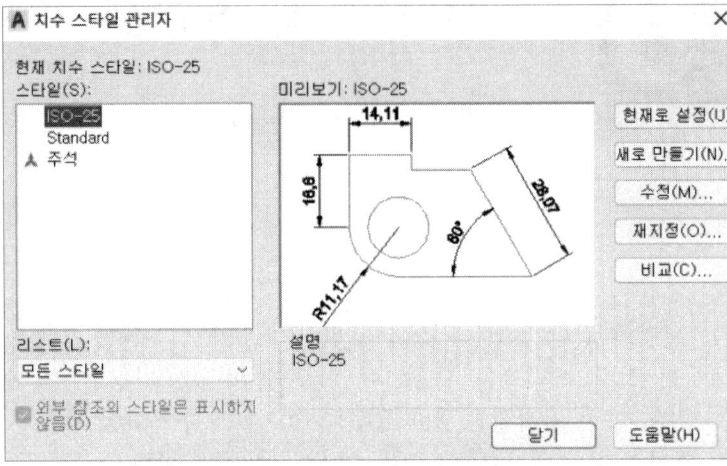

치수 스타일 관리자 대화상자

현재 치수 스타일	: 현재 도면에서 사용되고 있는 치수 스타일이다.
스타일	: 도면에 등록된 치수 스타일의 목록을 보여준다.
리스트	: 모든 스타일을 볼 것인지 사용되고 있는 스타일을 볼 것인지 선택한다.
미리보기	: 선택된 치수 스타일을 미리 보여준다.
현재로 설정(U)	: 목록에서 선택된 스타일을 현재 스타일로 지정한다.
새로 만들기(N)...	: 새로운 스타일을 만들 때 사용한다.
수정(M)...	: 선택된 스타일의 옵션 및 설정값들을 수정한다.
재지정(O)...	: 현재 치수 스타일에서 수정과 같은 방식으로 옵션 및 설정값들을 수정한다. 그러나 바로 적용되지 않고 스타일 아래에 <스타일 재지정> 이라는 이름의 임시 목록을 생성한다.
비교(C)...	: 비교 스타일과 대상 스타일의 다른 부분을 리스트로 보여준다.

10.2 치수 스타일 수정 대화 상자

치수선 대화상자에 있는 주요 옵션들에 관해서 알아보자.

10.2.1 선

※ 단축키 D → 수정(M)...

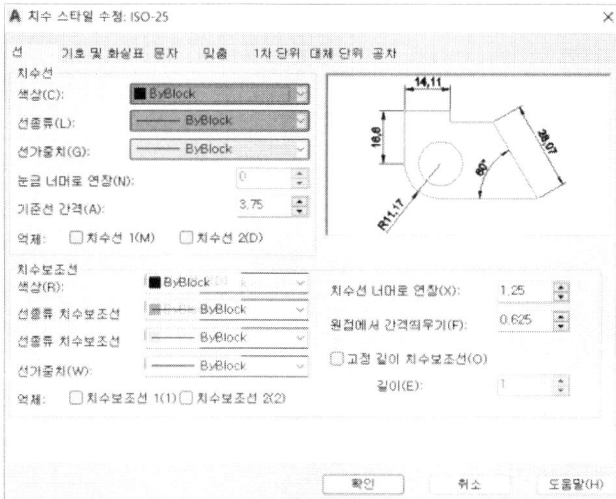

치수 스타일 수정 대화상자의 선 탭

▌**치수선** : 치수선에 대한 형태를 설정한다.

- 색상 : 치수선의 색상을 설정한다.
- 선 종류 : 치수선의 선 종류를 설정한다.
- 선 가중치 : 치수선의 선 가중치 값을 설정한다.
- 눈금 너머로 연장 : 화살촉을 기울기, 건축 눈금, 정수 등을 선택하면 활성화되며, 치수 보조선 너머로 연장할 거리 값을 지정한다.
- 기준선 간격 : 기준 치수를 작성할 때 치수들 간의 수직 간격을 조절한다.
- 억제 : 양쪽 치수선의 표시를 제어한다.

▌**치수보조선** : 치수보조선에 대한 형태를 설정한다.

- 색상 : 치수선의 색상을 설정한다.
- 선 종류 : 치수선의 선 종류를 설정한다.
- 선 가중치 : 치수선의 선 가중치 값을 설정한다.
- 기준선 간격 : 기준 치수를 작성할 때 치수들 간의 수직 간격을 조절한다.
- 억제 : 양쪽 치수선의 표시를 제어한다.
- 치수선 너머로 연장 : 치수보조선이 치수선 너머로 연장되는 거리를 설정한다.
- 원점에서 간격 띄우기 : 원점으로부터 치수보조선이 시작되는 사이 값을 설정한다.
- 고정 길이 치수보조선 : 치수선에서부터 원점 방향으로 고정 길이를 설정할 수 있다.

10.2.2 기호 및 화살표

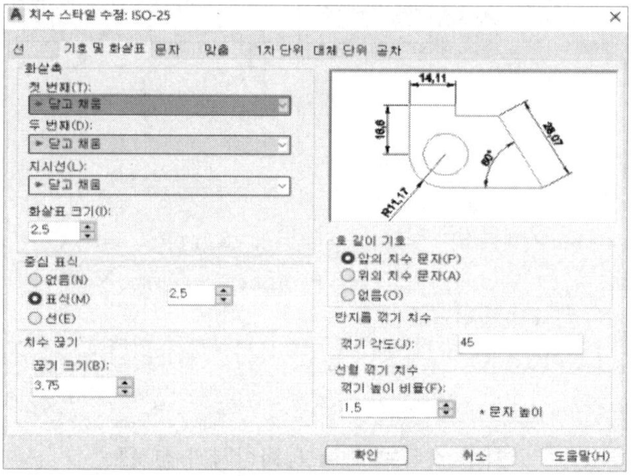

치수 스타일 수정 대화상자의 기호 및 화살표 탭

▌화살촉 : **화살표의 크기와 모양을 설정한다.**

• 첫 번째	: 첫 번째 화살촉의 모양을 선택한다.
• 두 번째	: 두 번째 화살촉의 모양을 선택한다.
• 지시선	: 지시선의 화살촉 모양을 설정한다.
• 화살표 크기	: 화살촉의 크기를 설정한다.

▌중심 표식 : **지름 및 반지름 치수의 중심 표지와 중심선의 모양을 조정한다.**

• 없음	: 첫 번째 화살촉의 모양을 선택한다.
• 표식	: 두 번째 화살촉의 모양을 선택한다.
• 선	: 지시선의 화살촉 모양을 설정한다.

▌치수 끊기 : **치수 객체끼리 교차하고 있을 경우 한 객체의 치수선 및 보조선을 끊어 줄 수 있다.**

• 끊기 크기	: 치수 끊기 명령 시 폭 값을 설정한다.

▌호 길이 기호 : **호 길이 치수의 원호 기호 표시를 조정한다.**

• 앞의 치수 문자	: 호 길이 기호를 치수 앞에 표시한다.
• 위의 치수 문자	: 호 길이 기호를 치수 위에 표시한다.

▌반지름 꺾기 치수

- 꺾기 각도 : 꺾어지는 반지름 치수의 각도를 설정한다.

10.2.3 문자

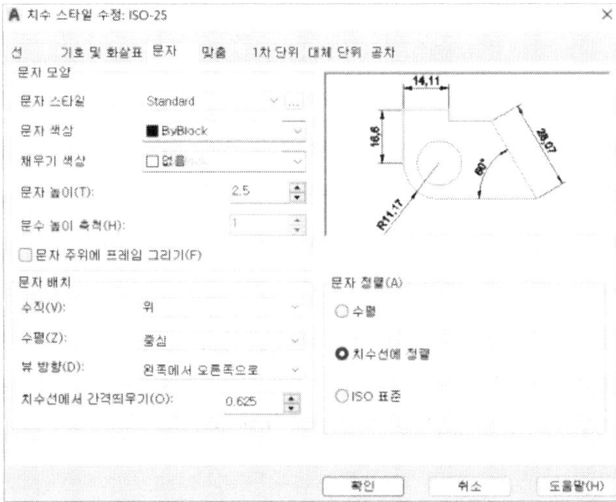

치수 스타일 수정 대화상자의 문자 탭

▌문자 모양 : 치수문자의 형식과 크기를 조정

- 문자 스타일 : 치수 문자의 스타일을 설정한다.
- 분자 색상 : 치수 문자의 색상을 설정한다.
- 채우기 색상 : 치수 문자의 배경 색상을 설정한다.
- 문자 높이 : 치수 문자의 높이를 설정한다.
- 분수 높이 축척 : 치수 단위를 분수로 설정 시 크기를 조절한다.
- 문자 주위에 프레임 그리기 : 선택 시 치수 문자의 외각에 사각형으로 표시된다.

▌문자 배치 : 치수문자의 위치를 좌우 또는 중앙으로 조절한다.

- 수직 : 치수 문자의 세로 위치를 설정한다.
- 수평 : 치수 문자의 가로 위치를 설정한다.
- 치수선에서 간격띄우기 : 치수 문자와 치수선 사이의 간격을 조절한다.

▌문자 정렬 : 치수문자의 정렬방식을 설정한다.

- 수평 : 치수 문자를 수평으로 정렬한다.
- 치수선에 정렬 : 치수 문자를 치수선에 각도에 따라 정렬한다.
- ISO 표준 : ISO 표준으로 정렬한다.

10.2.4 맞춤

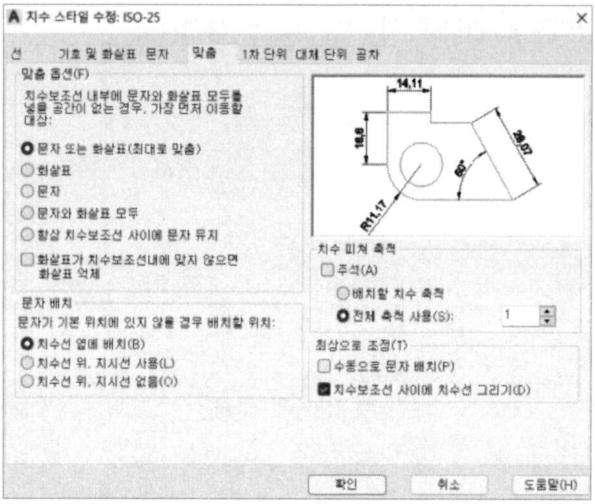

치수 스타일 수정 대화상자의 맞춤 탭

▌ 맞춤 옵션 : 치수선에 따른 치수문자의 위치를 설정한다.

이 옵션은 치수보조선간의 폭이 좁아 치수문자가 들어갈 공간이 없을 경우, 치수문자와 화살표의 위치를 조절하는 설정이다.

• 문자 또는 화살표(최대로 맞춤)	: 자동으로 위치를 설정한다.
• 화살표	: 치수보조선 바깥쪽으로 먼저 문자를 이동한다.
• 문자	: 치수보조선 바깥쪽으로 문자를 이동한 다음 화살표를 이동한다.
• 문자와 화살표 모두	: 치수문자와 화살표 모두 이동한다.
• 항상 치수보조선 사이에 문자 유지	: 치수문자의 위치를 초기 위치에 고정한다.

▌ 문자배치 : 치수문자의 위치 설정

이 옵션은 치수문자가 초기 위치에 있지 않을 경우의 위치 설정이다.

• 치수선 옆에 배치	: 치수선 옆에 위치한다.
• 치수선 위, 지시선 사용	: 지시선을 만들어 치수선 위에 위치한다.
• 치수선 위, 지시선 없음	: 지시선을 만들지 않고 치수선 위에 위치한다.

▌치수 피쳐 축척 : **문자 및 화살표 크기, 거리 또는 간격을 지정하는 모든 치수 스타일을 설정한다.**

- 주석 : 치수 스타일을 주석 객체로 설정한다.
- 배치할 치수 축척 : 배치 공간에서 치수를; 표기할 때 뷰포트 축척 값에 의하여 치수 축척이 정해진다.
- 전체 축척 사용 : 입력하는 값은 비율이며, 치수의 전체적인 크기에 대한 스케일 값을 설정한다.

▌최상으로 조정 : **치수 위치의 수동 설정과 치수선의 기타 설정이다.**

- 수동으로 문자 배치 : 치수의 위치 변경 시 수동 설정이 가능하게 해준다.
- 치수보조선 사이에 치수선 그리기 : 치수 기입 시 항상 치수보조선 사이에 치수선이 기입되게 한다.

10.2.5 1차 단위

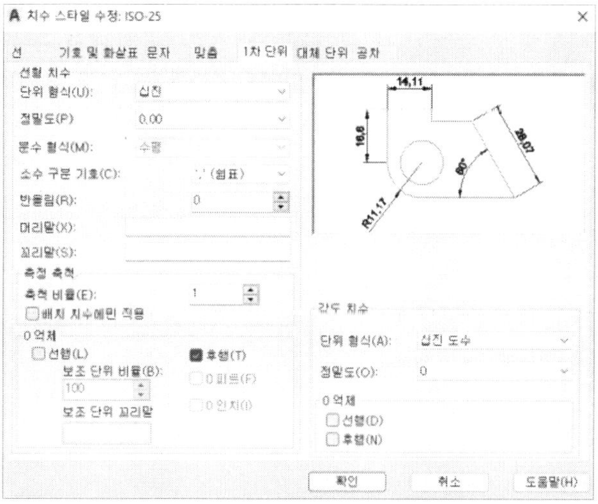

치수 스타일 수정 대화상자의 1차 단위 탭

▌선형 치수 : **직선치수에 대한 단위와 정밀도를 설정한다.**

- 단위형식 : 치수 스타일을 주석 객체로 설정한다.
- 정밀도 : 치수 문자의 소수 자릿수를 설정한다.
- 분수형식 : 치수의 단위를 분수로 선택했을 때의 형식을 설정한다.
- 소수 구분 기호 : 소수 형식에 사용할 구분 기호를 설정한다.
- 반올림 : 각도치수를 제외한 모든 치수의 측정값에 대한 반올림 규칙을 설정한다.
- 머리말 : 치수 문자에 머리말을 삽입한다. (문자 또는 특수기호 사용 가능)
- 꼬리말 : 치수 문자에 꼬리말을 삽입한다. (문자 또는 특수기호 사용 가능)

▌ **측정 축척** : 선형 축척 옵션을 정의한다.

▌ **각도치수** : 각도치수에 대한 단위와 정밀도를 설정한다.

• 축척 비율	: 치수 문자에 곱해질 값을 설정한다.
• 배치 치수에만 적용	: 레이 아웃된 치수에만 적용한다.
• 0 억제	: 치수 문자에서 '0'을 생략한다.
- 선 행	: 모든 소수 치수에서 소수점 앞에 오는 0을 생략한다. ex> 0.2 → .2
- 후 행	: 모든 소수 치수에서 소수점 뒤에 오는 0을 생략한다. ex> 2.0 → 2
- 0인치	: 피트 - 인치 치수에서 피트부분이 정수일 때 인치부분을 생략한다.
- 0피트	: 거리가 1피트가 안될 때 피트 - 인치 치수에서 피트부분을 생략한다.
• 단위형식	: 각도치수의 단위를 설정한다.
• 정밀도	: 각도치수에서 나타낼 소수 자릿수를 설정한다.
• 0 억제	: 소수 치수에서 선행 또는 후행 등의 0을 생략한다.

10.2.6 대체 단위

이 옵션은 1차 단위에서 측정된 값을 다른 단위로 대체하여 함께 표시할 때 사용한다. 예를 들어 mm 단위와 inch 단위를 동시에 기입할 때 사용한다.

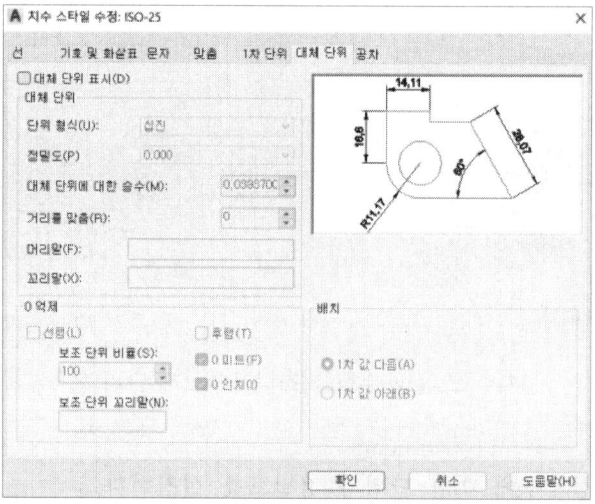

치수 스타일 수정 대화상자의 대체 단위 탭

▌ **대체 단위 표시(D)** : 대체 측정단위를 치수문자에 추가한다.

▌ **대체 단위** : 두 번째 단위 치수문자에 대한 단위와 정밀도를 설정한다.

1차 단위 탭 설명 참고

▌0 억제 : 두 번째 치수문자에 "0"의 생략을 설정한다.

1차 단위 탭 설명 참고

▌배치 : 두 번째 단위 치수문자의 배치를 설정한다.

- 1차 값 다음　　: 기본 치수 뒤에 위치한다.
- 1차 값 아래　　: 기본 치수 아래에 위치한다.

10.2.7 공차

이 옵션은 공차 표시를 설정한다.

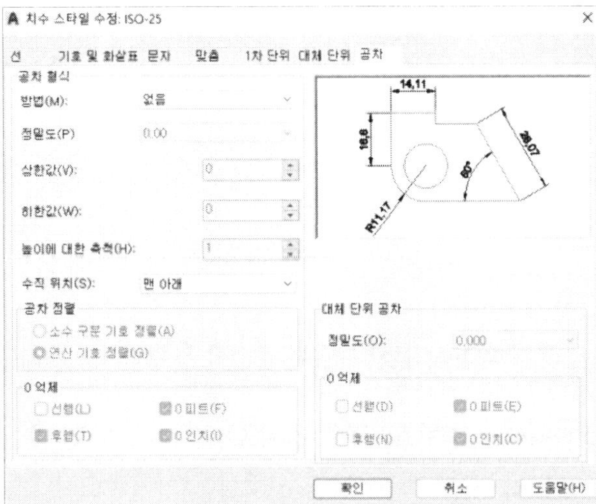

공차(Tolerances)

▌공차형식 : 공차 표시의 형식과 정밀도를 설정한다.

- 방법　　: 공차를 계산하기 위한 방법을 설정한다.
- 정밀도　　: 치수 문자의 소수 자릿수를 설정한다.
- 상한 값　　: 공차의 상한 값을 설정한다.
- 하한 값　　: 공차의 하한 값을 설정한다.
- 높이에 대한 축척 : 공차 문자의 높이를 설정한다.
- 수직 위치　　: 대칭 및 편차 공차의 문자 자리 맞추기를 조정한다.
- 공차 정렬　　: 스택 시 상위 및 하위 공차 값의 정렬을 제어한다.
- 0 억제　　: 선행 또는 후행 등의 0을 생략한다.

▌ 대체 단위 공차 : 두 번째 단위치수에 공차 표시의 정밀도를 설정한다.

• 정밀도	: 치수 문자의 소수 자릿수를 설정한다.

따라해보세요

새로운 치수 스타일을 만들어보자.

① 치수 스타일 관리자(단축키 : D)를 실행시키고 [새로 만들기(N)...] 를 클릭한다.

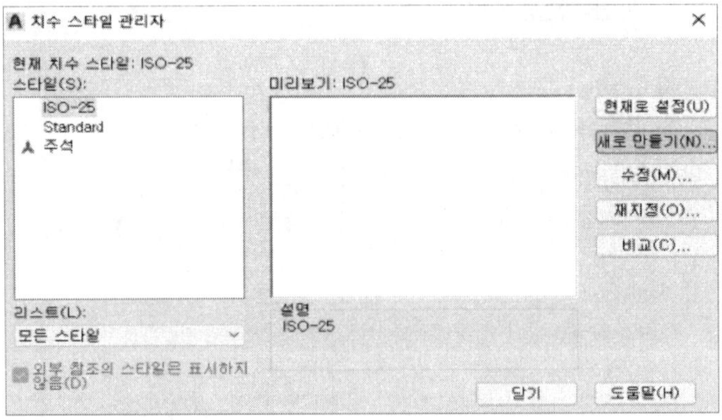

순서① 치수 스타일 관리자 대화상자

② 새 치수 스타일 작성 창에서 새 스타일 이름에 '스타일1'이라고 입력하고 [계속] 을 클릭한다.

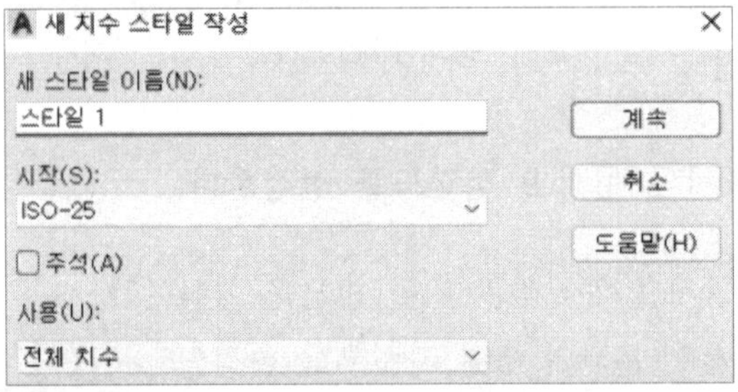

순서② 새 치수 스타일 작성 대화상자

③ 그러면 새 치수 스타일인 '스타일1'의 특성을 설정하는 대화상자가 나오면 [선] 탭에서 각 항목의 수치를 아래와 같이 수정한다.
기준선 간격 : 10 , 치수선 너머로 연장 : 3 , 원점에서 간격띄우기 : 3

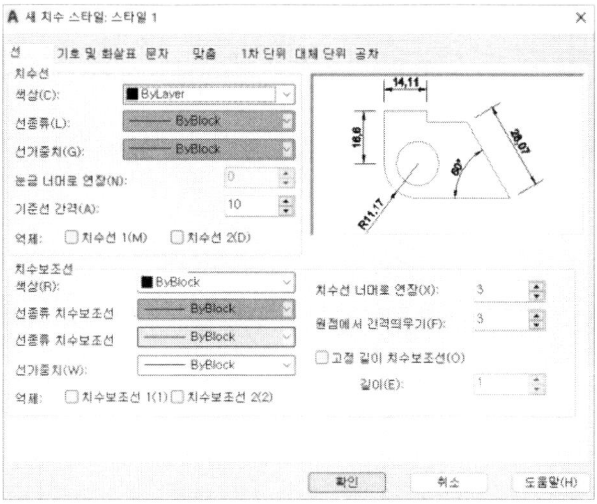

순서③ 새 치수 스타일 대화상자

④ [기호 및 화살표] 탭으로 가서 각 항목의 수치를 아래와 같이 수정한다.
화살표 크기 : 5 , 중심 표식 : 3 , 치수 끊기 크기 : 3

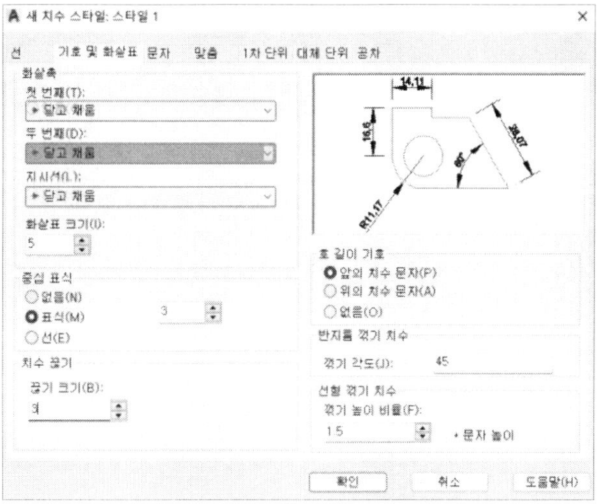

순서④ 기호 및 화살표 변경

⑤ [문자] 탭을 클릭하고 각 항목의 수치를 아래와 같이 수정한다.
문자 높이 : 3 , 치수선에서 간격띄우기 : 4

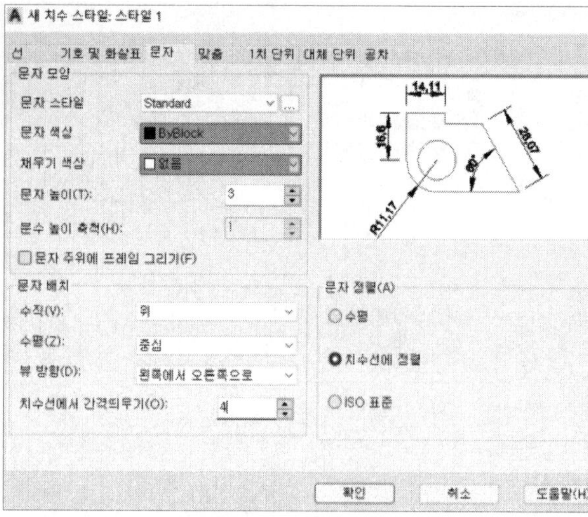

순서⑤ 문자 속성 변경

⑥ 설정 완료 후 확인을 누르면 아래의 그림과 같이 '스타일1'의 새 치수 스타일이 생성된 것을 확인할 수 있다.

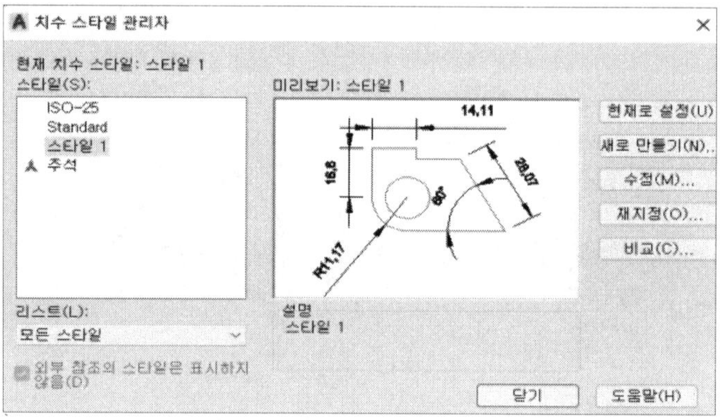

순서⑥ 새 치수 스타일 생성완료

10.3 치수 작성하기

도면에 치수를 입력하는 방법에는 세 가지가 있다. 명령어를 이용하는 방법과 [치수] 도구 막대를 이용하는 방법, 마지막으로 [주석] 패널을 이용하는 방법이 있다. AutoCAD 2022에서는 AutoCAD 2016에서 변경된 것과 같이 'DIM' 명령어 하나로 모든 치수를 기입할 수 있다. 'DIM' 명령어를 실행한 뒤, 객체를 선택하여 연속적으로 객체에 맞는 치수가 작성된다.

· 명령어 : DIM

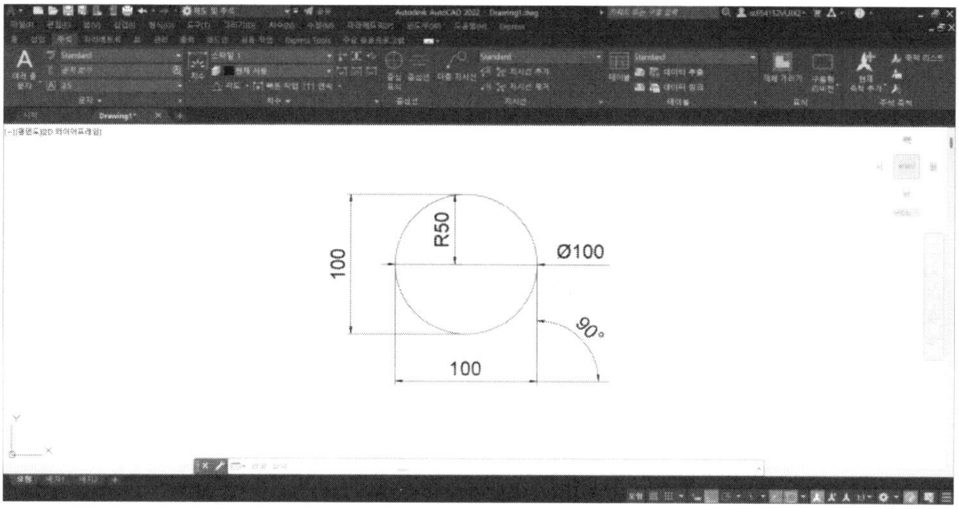

'Dim'명령 후 치수 작성 완료

10.3.1 선형

수평, 수직 등의 직선거리를 측정하는 명령어이다.

· 명령어 : DIMLINEAR
· 단축키 : DLI
· 리본 : 주석 탭 → 치수 패널 → 선형 (선형)
· 메뉴 : 치수 → 선형

따라해보세요

아래 그림과 같은 200*120의 직사각형에 수평과 수직 치수를 기입해보자.

① [치수] 패널의  을 클릭한다.

② 첫 번째 치수보조선 원점 지정 또는 <객체 선택> : P1 선택
두 번째 치수보조선 원점 지정 : P2 선택

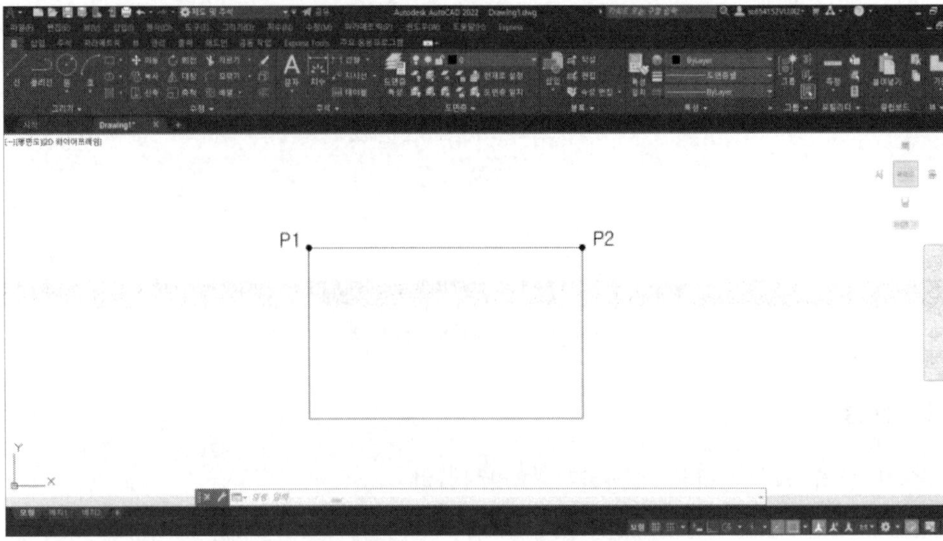

순서② 수평 치수를 기입할 지점 선택

③ 두 지점(P1, P2)을 지정 후에 객체와 간격을 떨어진 지점(P3)을 클릭하면 치수 기입이 완료된다.

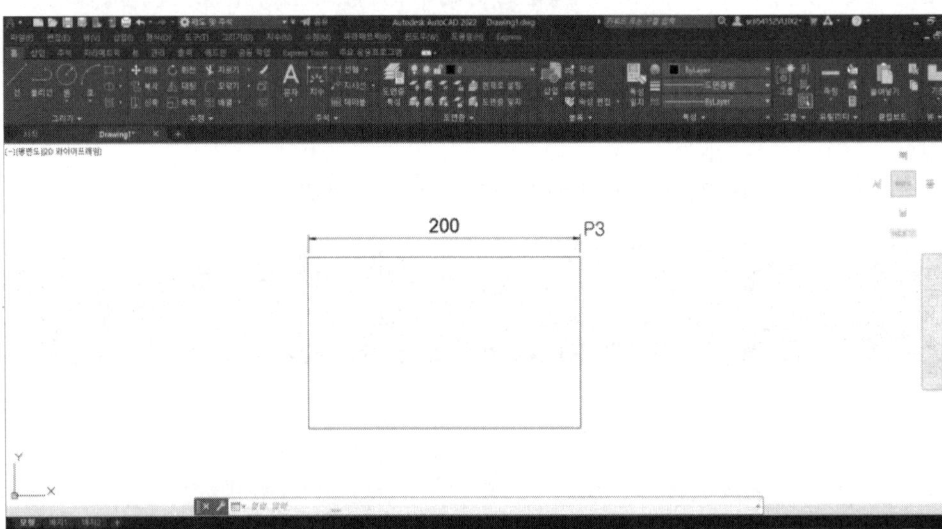

순서③ 수평 치수 기입완료

④ 수직 치수 기입도 위와 같은 방법으로 P1과 P2지점을 선택 후에 P3지점을 클릭한다.

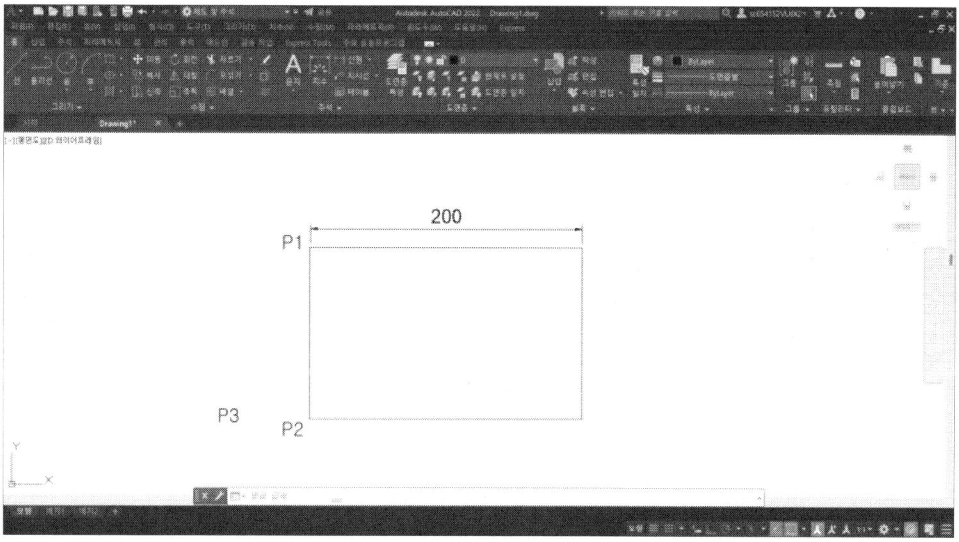

순서④ 수직 치수를 기입할 지점 선택

⑤ P3 지점까지 클릭하면 수직 치수 기입 완료된다.

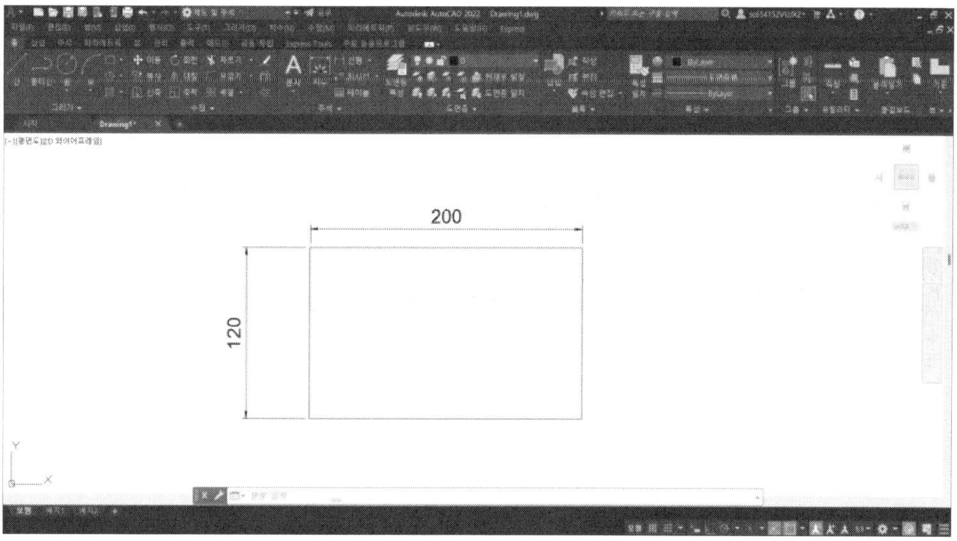

순서⑤ 수직 치수 기입완료

10.3.2 정렬

정렬된 선형 치수를 작성하는 명령어이다.

· 명령어 : DIMALIGNED · 리본 : 주석 탭 → 치수 패널 → 

(정렬)

· 단축키 : DAL · 메뉴 : 치수 → 정렬

따라해보세요

아래 그림과 같은 삼각형에 치수를 기입해보자.

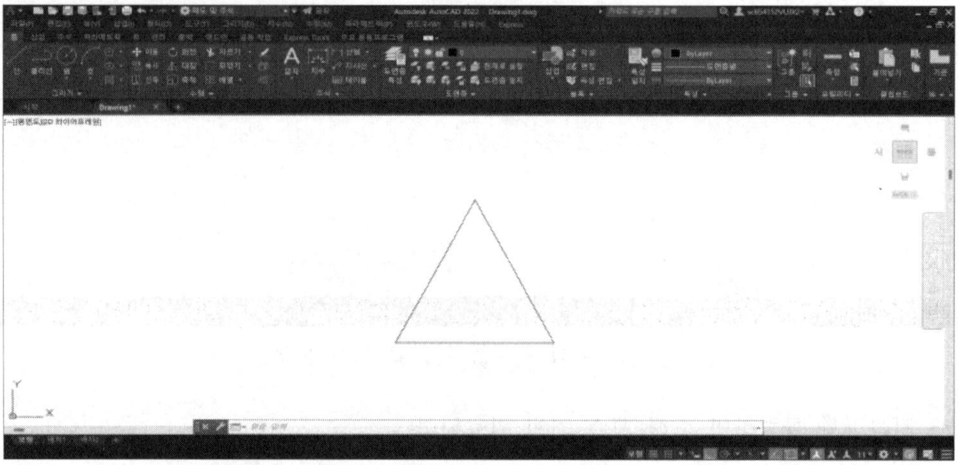

① [치수] 패널의  을 선택한다.

② P1을 찍은 후에 P2를 찍고 마지막으로 P3을 찍는다.

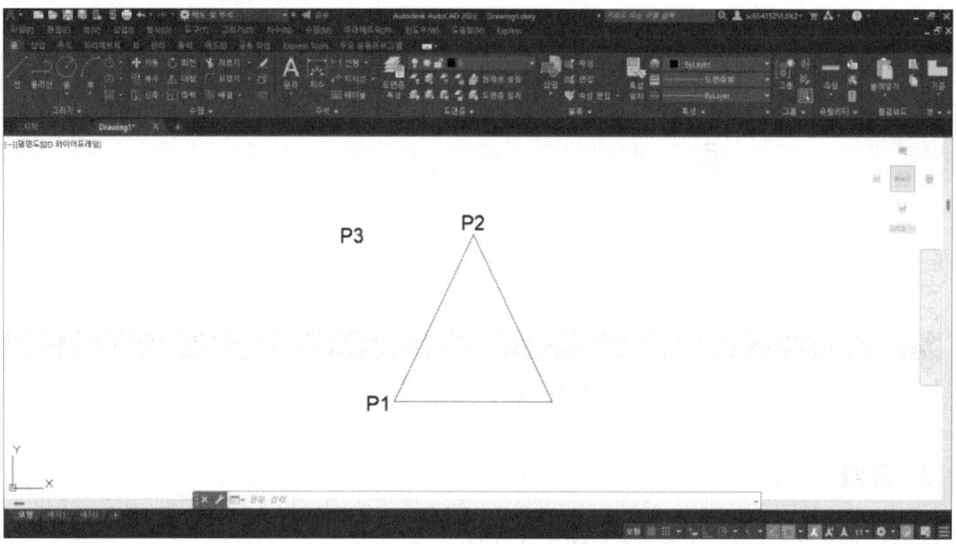

순서② 지점 선택

③ P3까지 클릭이 완료되면 경사의 치수가 입력된다.

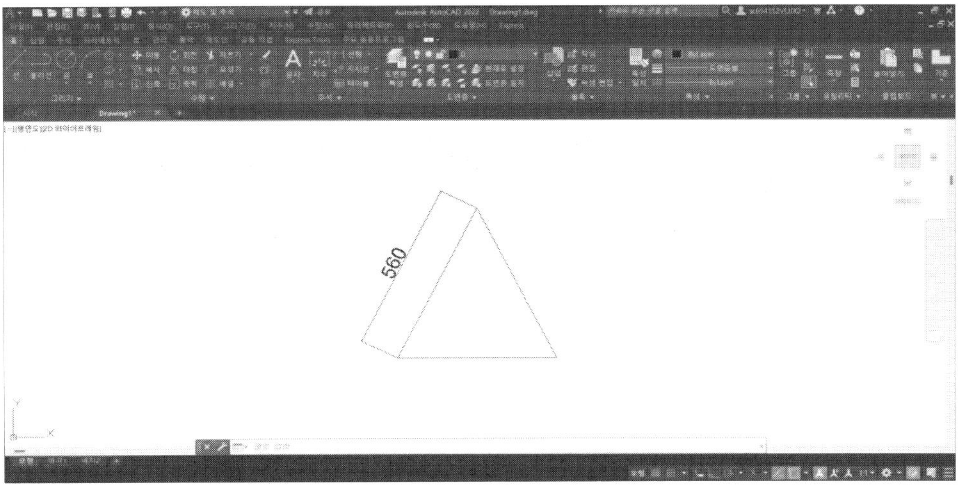

순서③ 치수 입력 완료

10.3.3 각도

선, 원, 호 객체의 각도를 측정하고 기입할 때 사용하는 명령어이다.

- 명령어 : DIMANGULAR
- 단축키 : DIMANG
- 리본 : 주석 탭 → 치수 패널 →  (각도)
- 메뉴 : 치수 → 각도

따라해보세요

아래 그림과 같은 두선의 각도를 기입해보자.

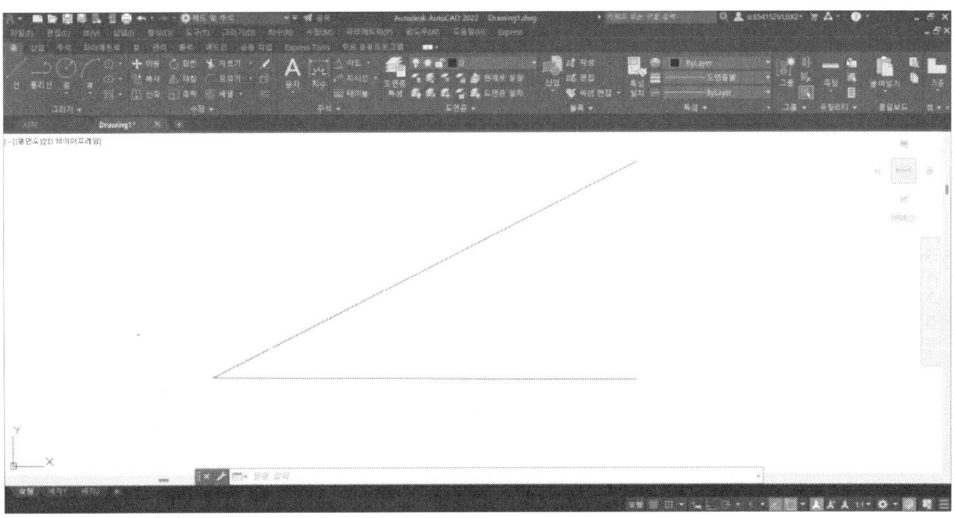

① [치수] 패널의 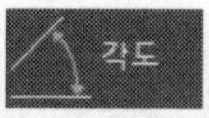 를 선택한다.

② P1을 찍은 후에 P2를 찍고 마지막으로 P3을 찍는다.

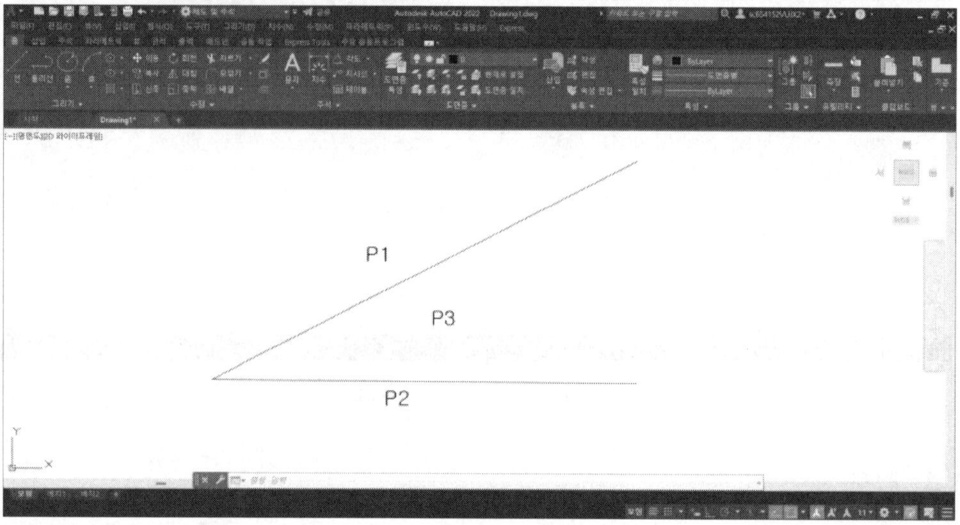

순서② 지점 선택

③ P3까지 클릭이 완료되면 두 선의 각도가 입력된다.

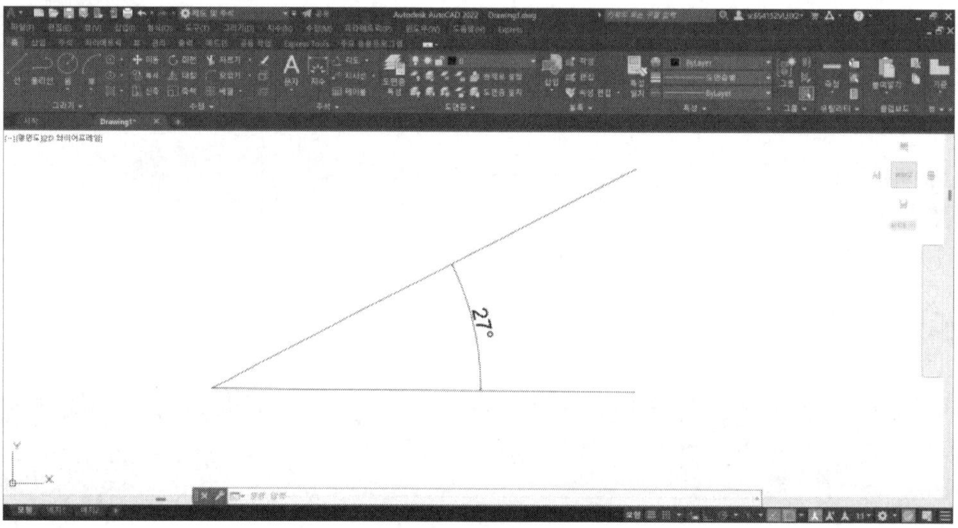

순서③ 치수 입력 완료

10.3.4 호 길이

호 길이를 기입할 때 사용하는 명령어이다.

- 명령어 : DIMARC
- 단축키 : DAR
- 리본 : 주석 탭 → 치수 패널 →  (호 길이)

- 메뉴 : 치수 → 호 길이

따라해보세요

아래 그림과 같은 호의 길이를 기입해보자.

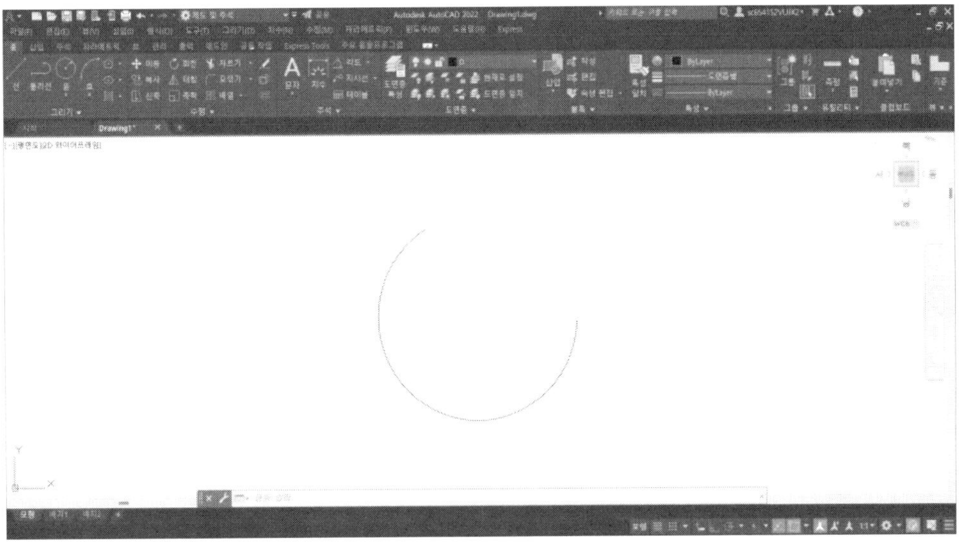

① [치수] 패널의 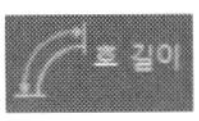 를 선택한다.

② P1을 찍은 후에 마지막으로 P2를 찍는다.

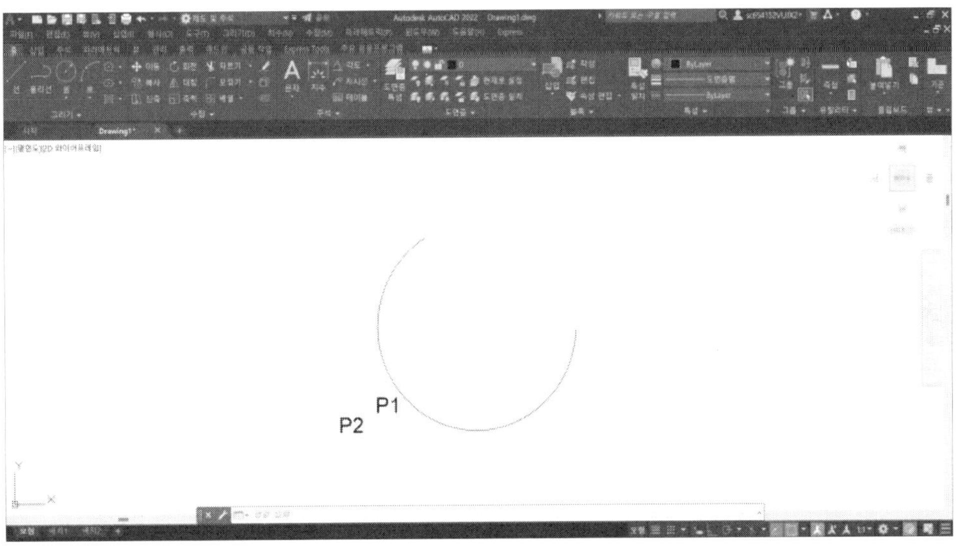

순서② 지점 선택

③ P3까지 클릭이 완료되면 치수가 입력된다.

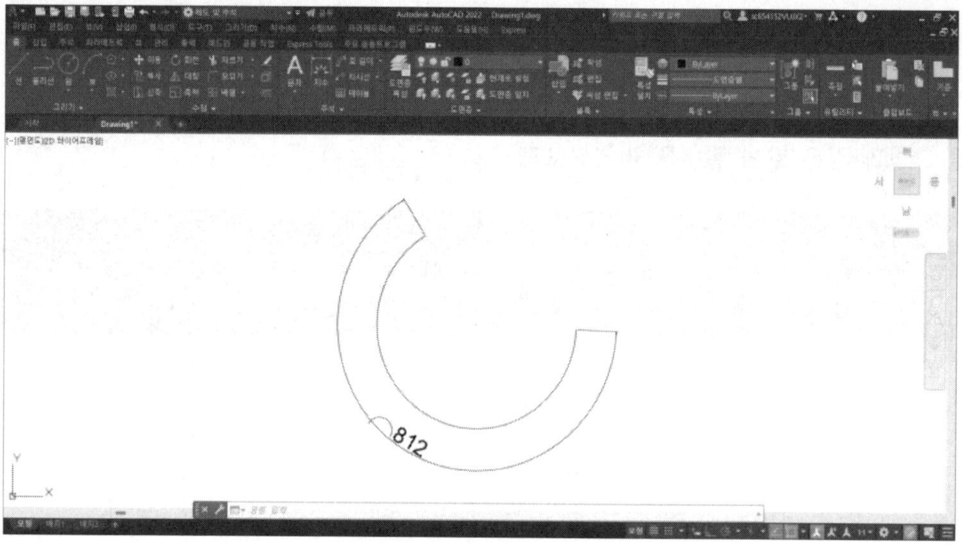

순서③ 치수 입력 완료

10.3.5 반지름

원의 반지름을 기입할 때 사용하는 명령어이다.

· 명령어 : DIMRADIUS
· 단축키 : DRA
· 리본 : 주석 탭 → 치수 패널 → 반지름 (반지름)
· 메뉴 : 치수 → 반지름

따라해보세요

아래 그림과 같은 두선의 반지름을 기입해보자.

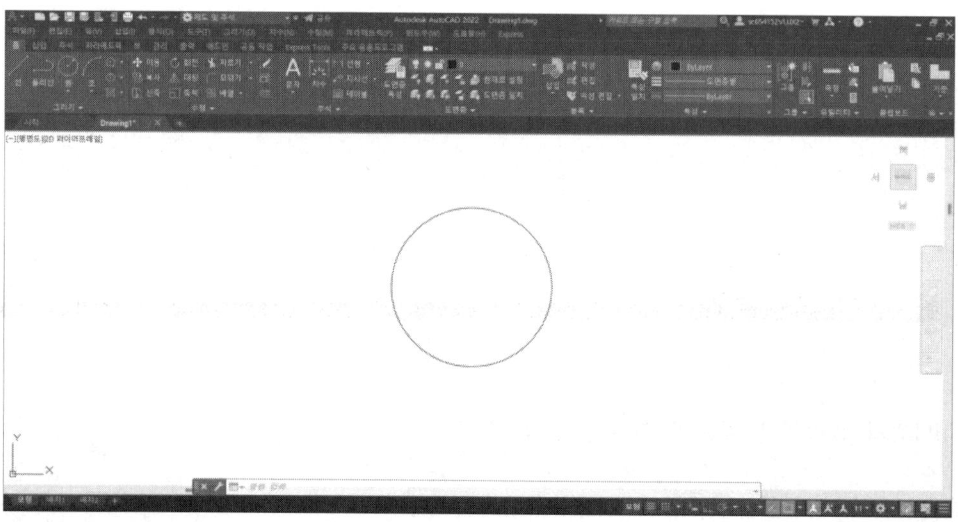

① [치수] 패널의 

을 선택한다.

② 원(P1)을 찍으면 미리보기를 통해 반지름이 나온다.

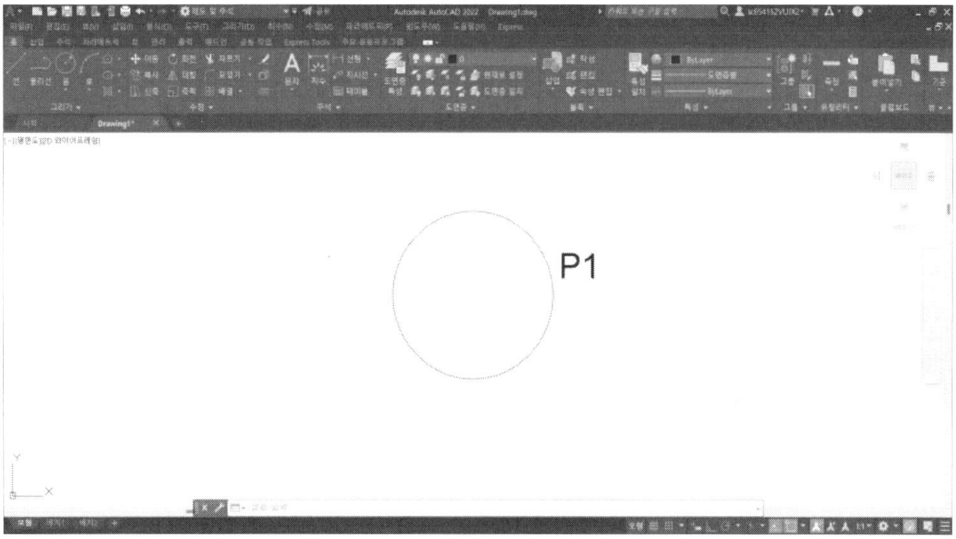

순서② 지점 선택

③ 미리보기를 통하여 적당한 곳에 클릭하면 치수가 입력된다.

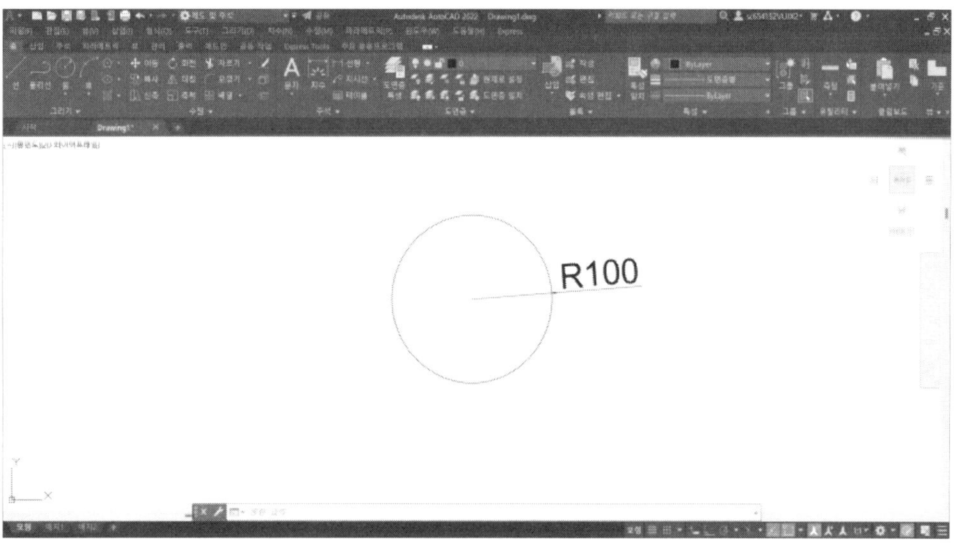

순서③ 치수 입력 완료

10.3.6 지름

원의 지름을 기입할 때 사용하는 명령어이다.

· 명령어 : DIMDIAMETER
· 단축키 : DDI
· 리본 : 주석 탭 → 치수 패널 → 

(지름)
· 메뉴 : 치수 → 지름

따라해보세요

아래 그림과 같은 지름 치수를 기입해보자.

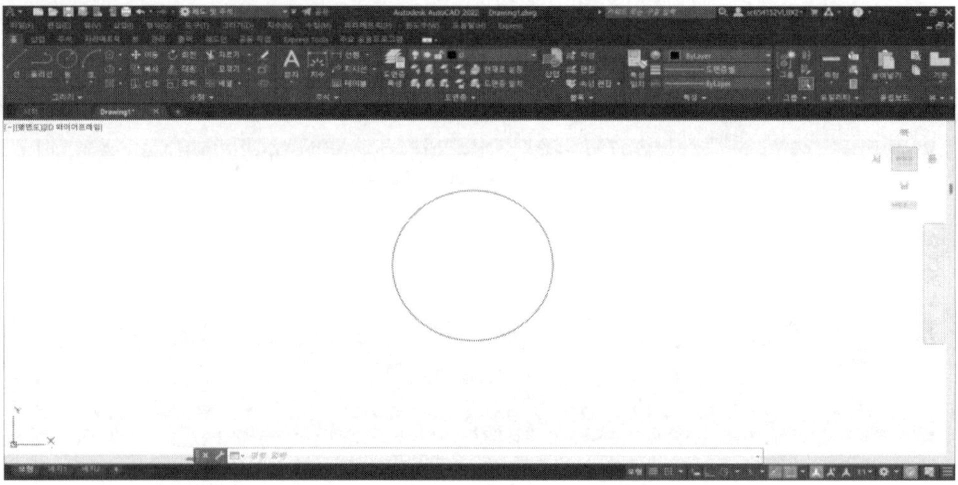

① [주석] 패널의 

을 선택한다.
② 원(P1)을 찍으면 미리보기를 통해 지름이 나온다.

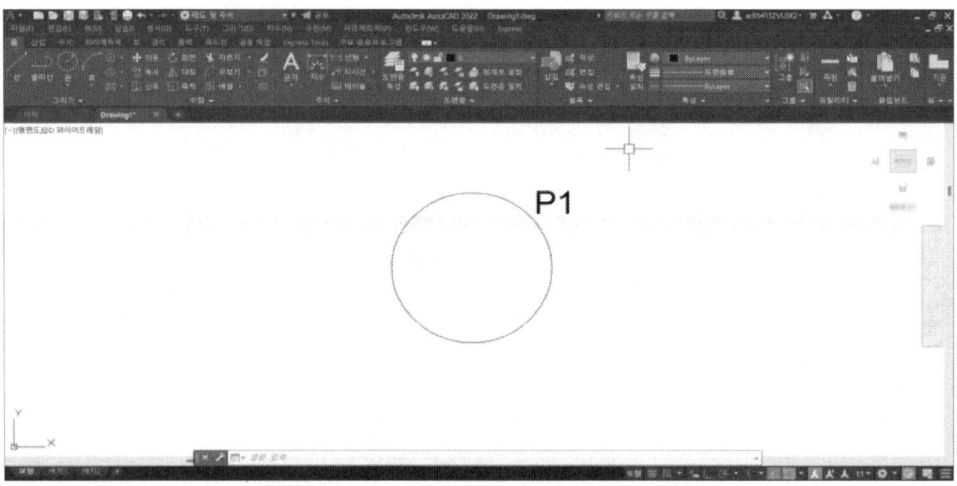

순서② 지점 선택

③ 미리보기를 통하여 적당한 곳에 클릭하면 치수가 입력된다.

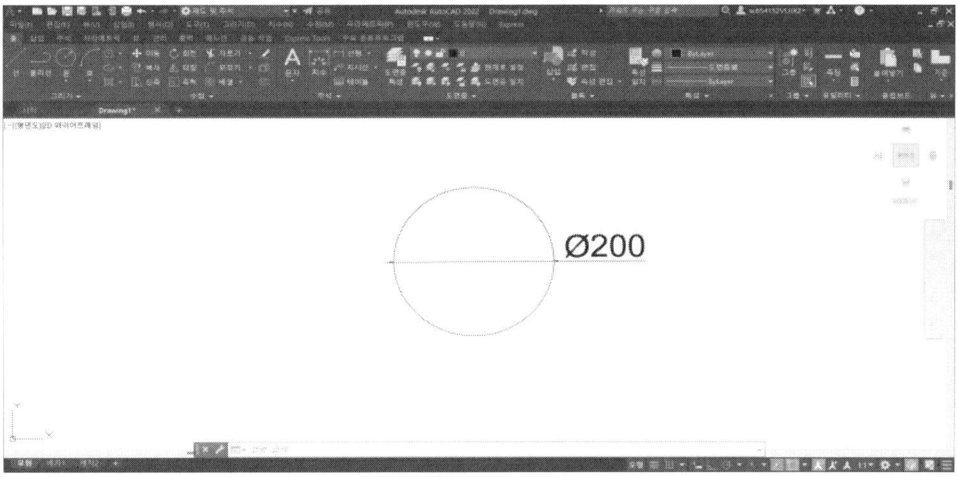

순서③ 치수 입력 완료

10.3.7 꺾어진 반지름

원이나 호의 꺾어진 반지름 치수를 측정할 때 사용하는 명령어이다.

· 명령어 : DIMJOGGED
· 단축키 : JOG

· 리본 : 주석 탭 → 치수 패널 → 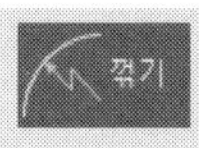 (꺾기)

· 메뉴 : 치수 → 꺾어진 (J)

따라해보세요

아래 그림과 같이 꺾어진 반지름 치수를 기입해보자.

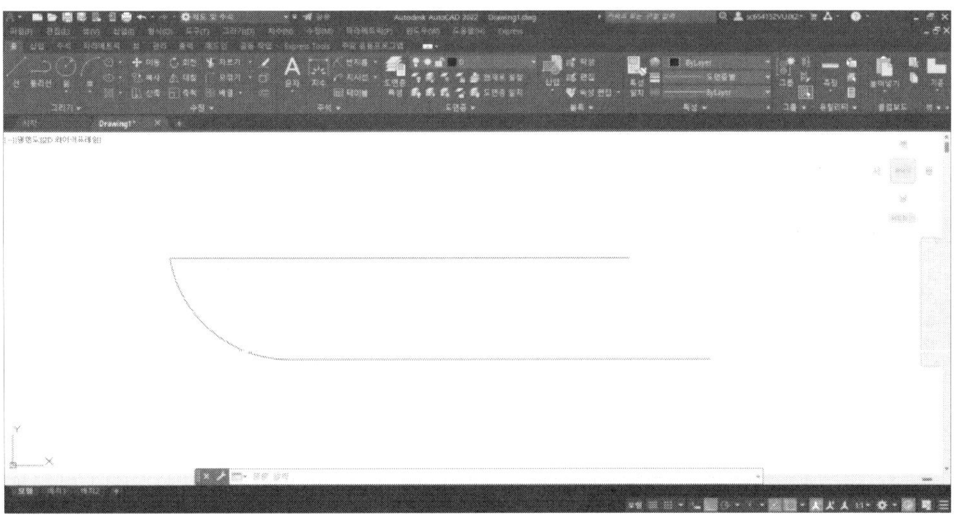

① [주석] 패널의 

를 선택한다.
② 꺾어진 지점(P1)을 찍은 후 중심점(P2)을 클릭한다.

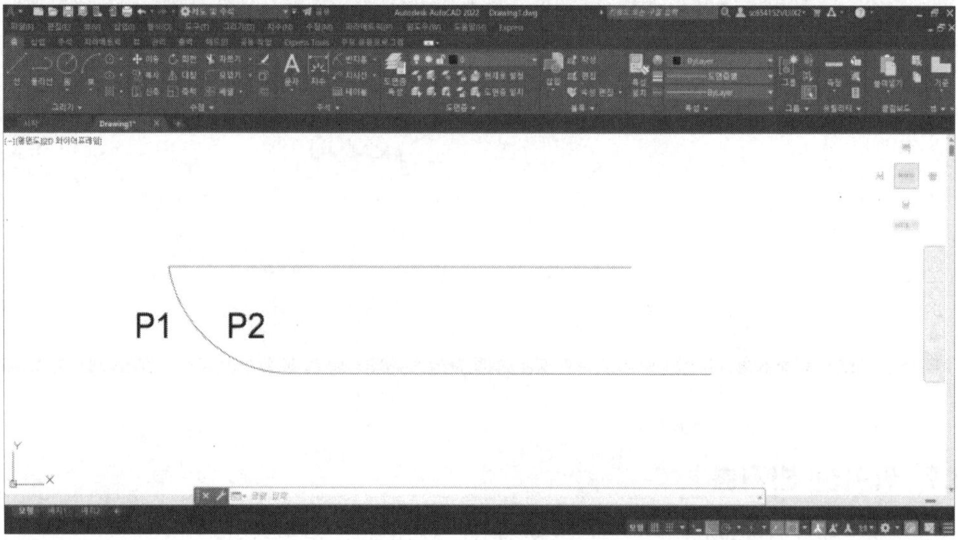

순서② 지점 선택

③ 중심점 클릭 후 꺾어진 객체(P1)를 클릭 후 [Space Bar] 로 명령 완료한다.

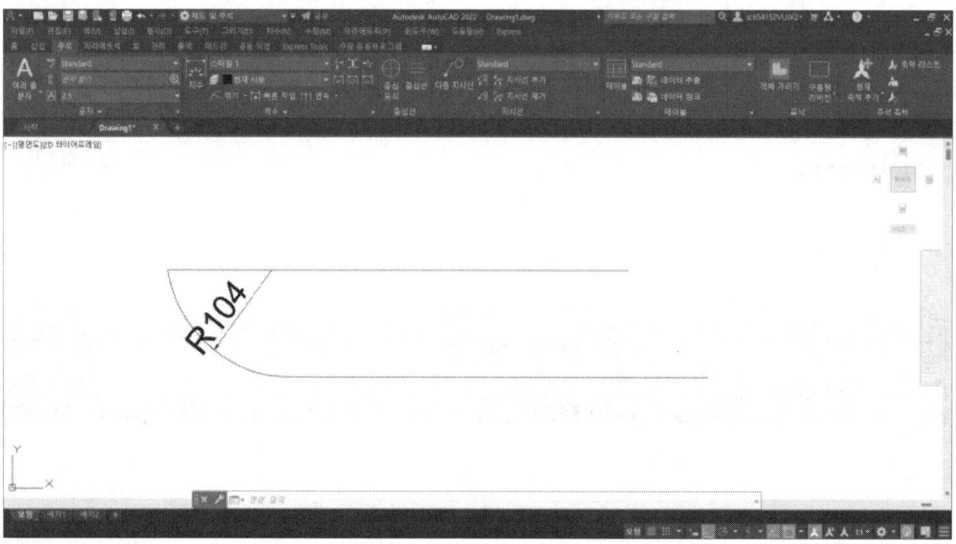

순서③ 치수 입력 완료

10.3.8 기준선 치수

기준선 치수는 선택한 치수의 기준선으로부터 선형, 각도 치수를 기입하고자 할 때 사용하는 명령어이다.

· 명령어 : DIMBASELINE · 메뉴 : 치수 → 기준선

따라해보세요

① 선형을 사용하여 수평치수를 입력한다.

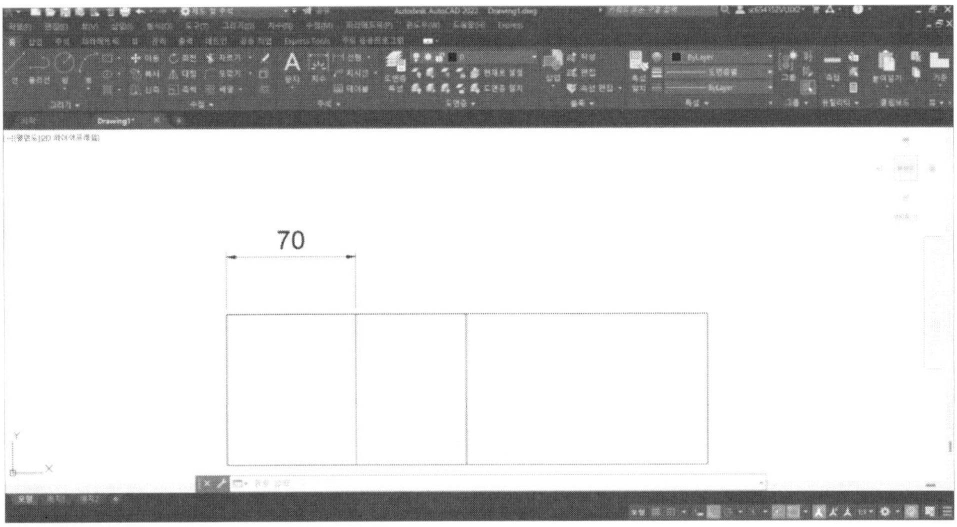

순서① 선형 치수 입력

② [치수] 메뉴에서 '기준선'을 클릭 또는 명령창에 DIMBASELINE 명령어를 실행하면 선형으로 기입된 치수에서 연속으로 기입된다.

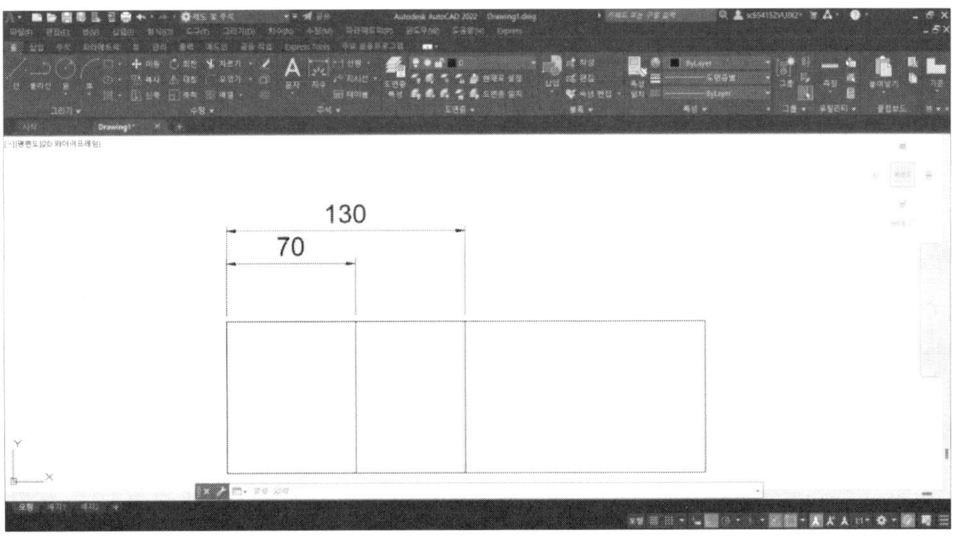

순서② 명령 실행

③ 치수를 원하는 지점(P1, P2)을 차례로 클릭한다.

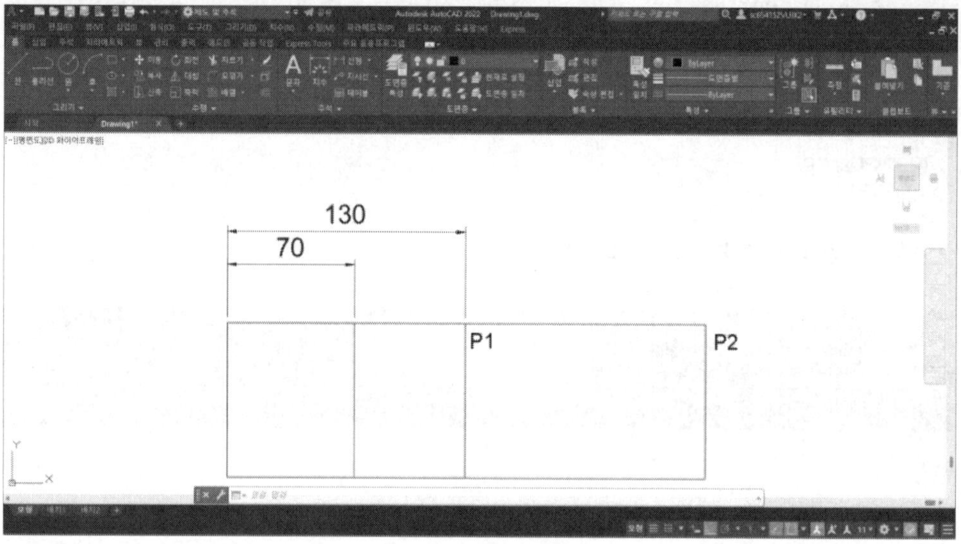

순서③ 지점 선택

④ 지점 선택이 완료 되었으며 [Space Bar]로 명령 종료한다.

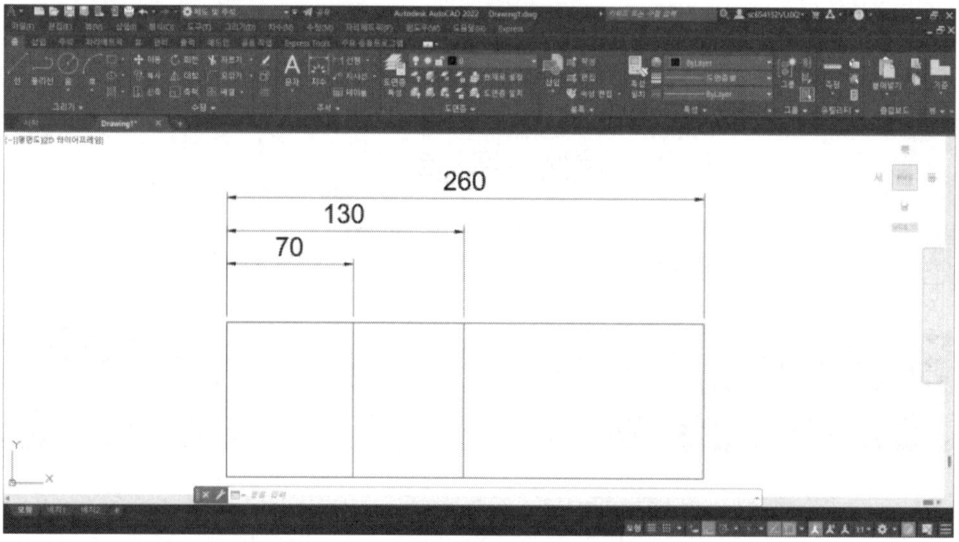

순서④ 기준선 치수 기입 완료

10.3.9 연속

연속치수는 이전 치수에서 연속적으로 치수를 기입하고자 할 때 사용하는 명령어이다.

· 명령어 : DIMCONTINUE · 메뉴 : 치수 → 연속

따라해보세요

① 선형을 사용하여 수평치수를 입력한다.

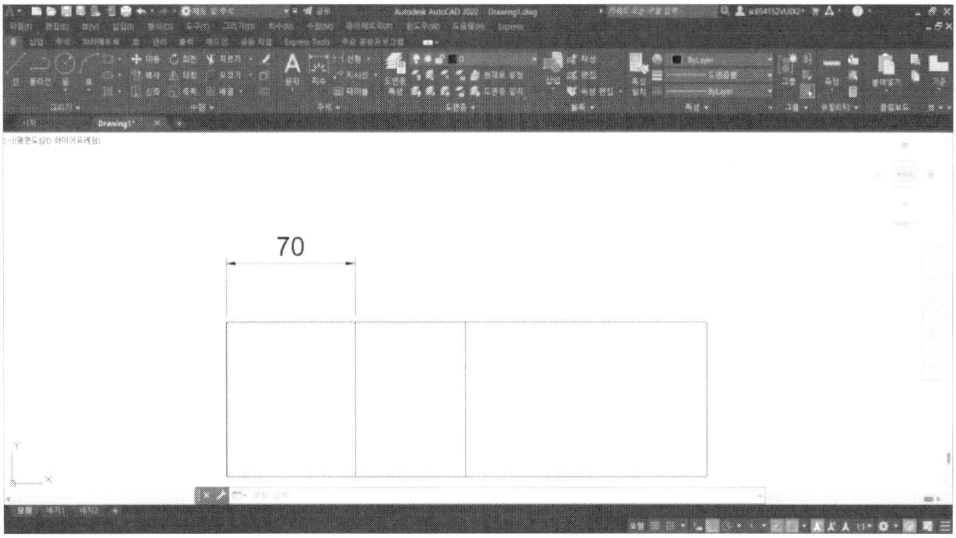

순서① 선형 치수 입력

② [치수] 메뉴에서 '연속'을 클릭 또는 명령창에 DIMCONTINUE 명령어를 실행하면 선형으로 기입된 치수에서 연속으로 기입된다.

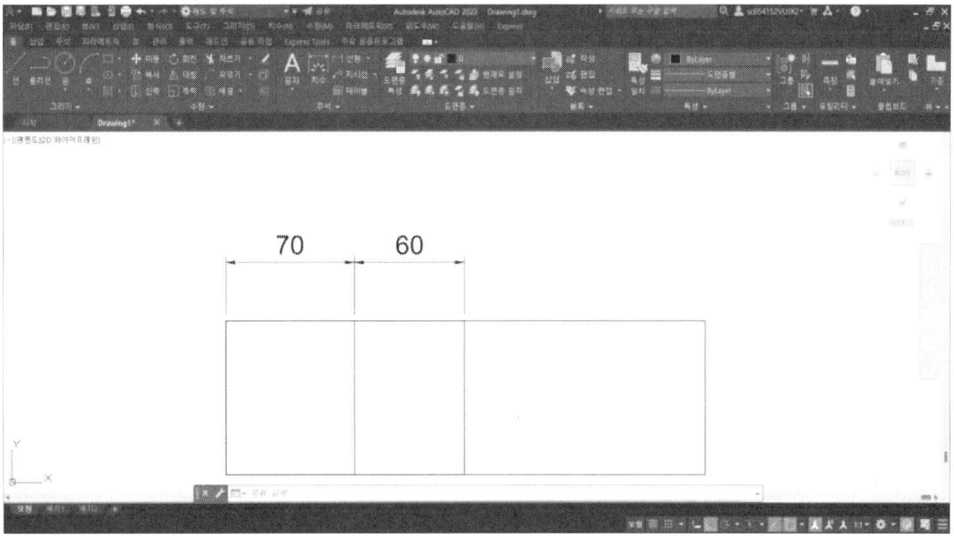

순서② 명령 실행

③ 치수를 원하는 지점(P1, P2)을 차례로 클릭한다.

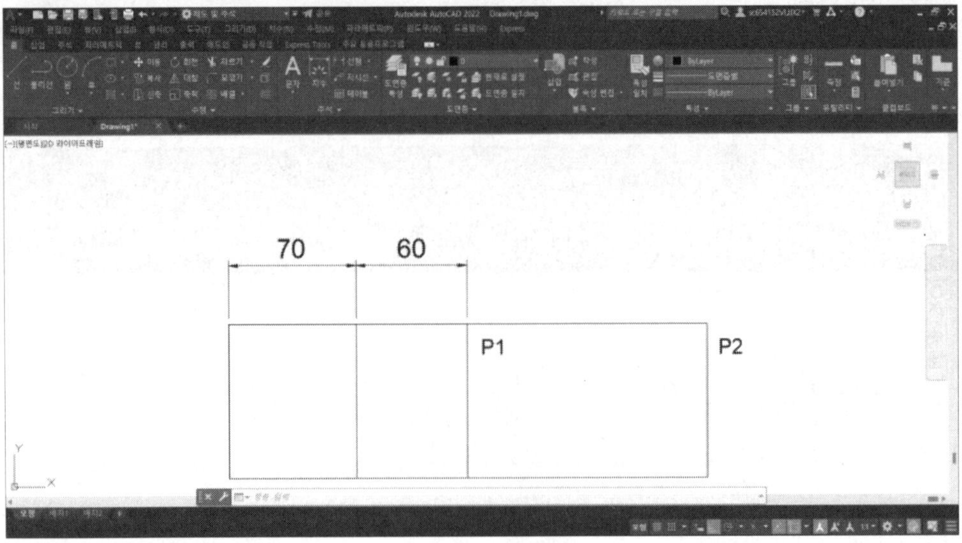

순서③ 지점 선택

④ 지점 선택이 완료되었으며 Space Bar 로 명령 종료한다.

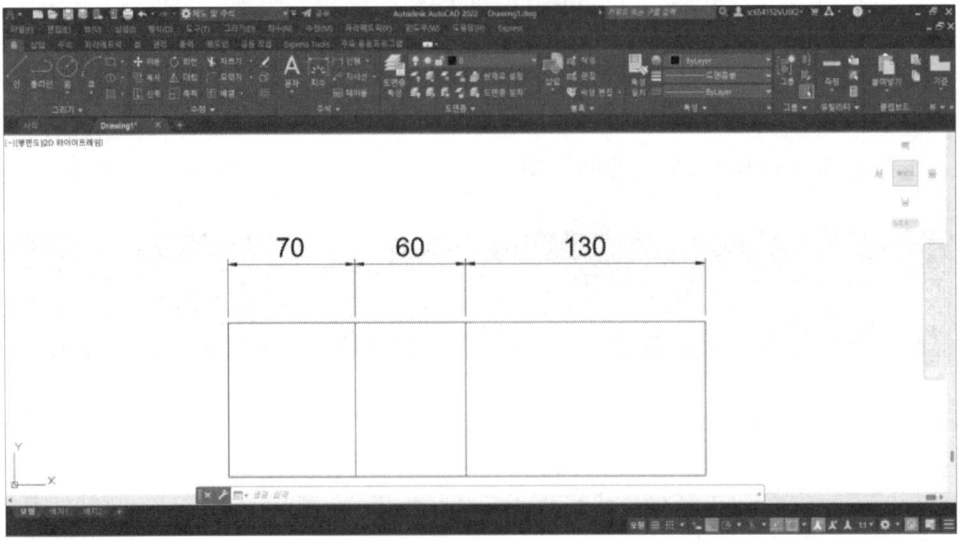

순서④ 연속치수 기입 완료

10.4 치수 편집

10.4.1 치수 간격

선형 치수 또는 각도 치수 등의 간격을 조정하는 명령어이다.

· 명령어 : DIMSPACE · 메뉴 : 치수 → 치수 간격

따라해보세요

아래와 같은 객체의 치수간격을 늘려보자.

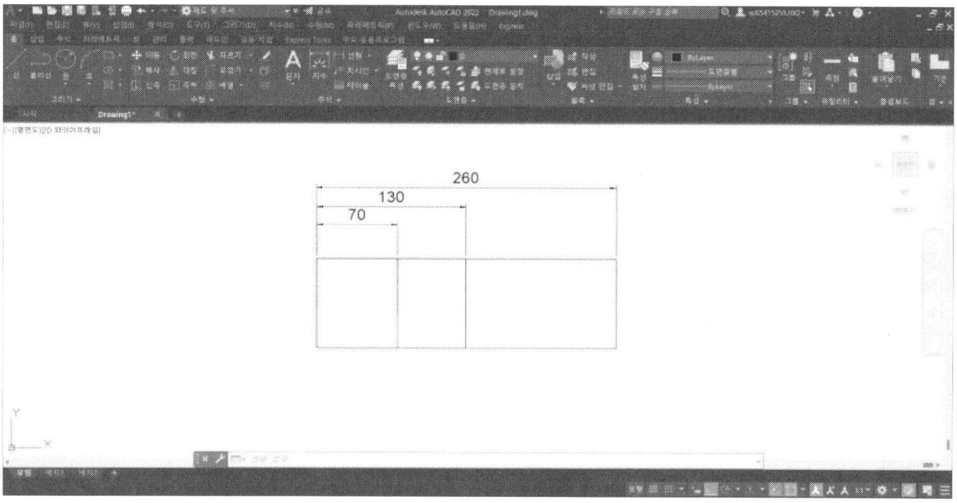

① [치수] 메뉴에서 [치수 간격]을 클릭 또는 명령창에 DIMSPACE 명령을 실행한 후 치수 간격의 기준이 되는 치수를 선택한다.

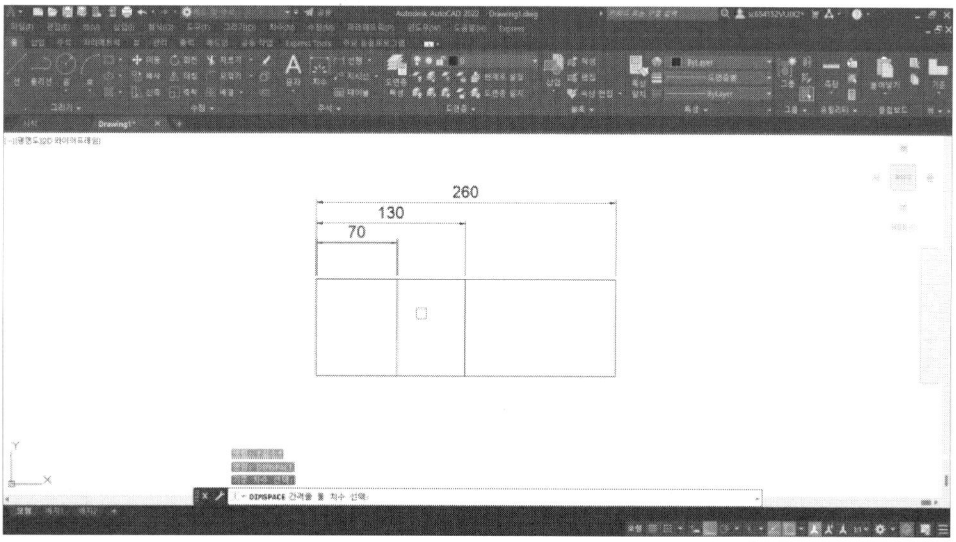

순서① 치수 간격 명령 후 기준 객체 선택

② 간격을 둘 나머지 치수를 선택한다.
선택방법은 Ctrl를 이용한 개별 선택 방식 또는 교차 선택방법을 사용한다.

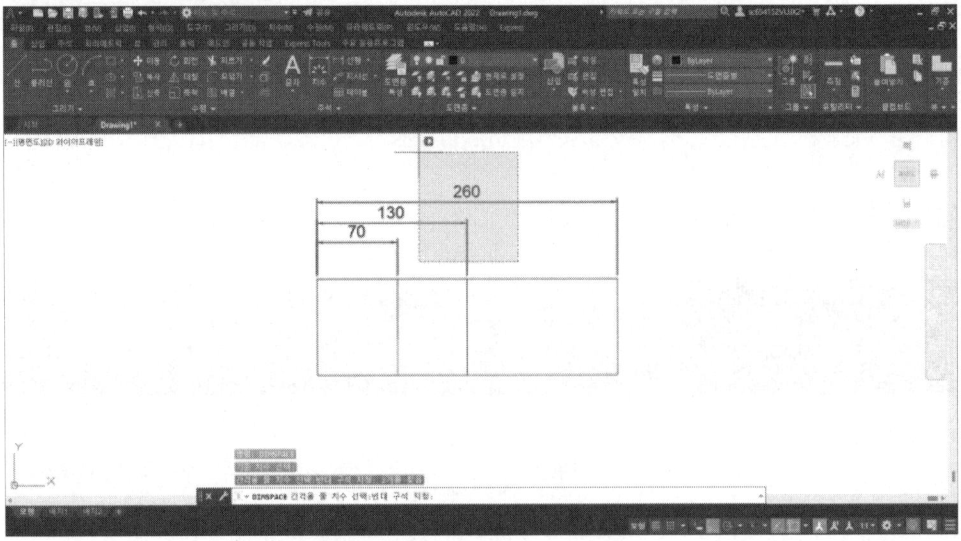

순서② 간격을 띄울 치수 선택

③ 치수 선택이 완료되면 Space Bar 를 누른 후 띄울 간격으로 15를 입력한다.

순서③ 간격 입력

④ 치수 입력 후 Space Bar 를 눌러 명령을 종료하면 치수 간격이 15로 늘어난 걸 확인할 수 있다.

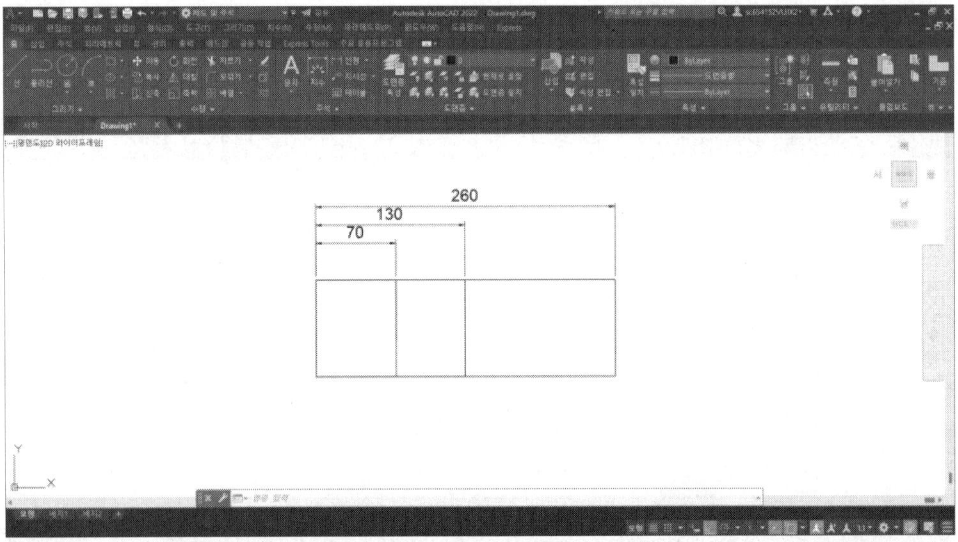

순서④ 치수 간격 변경 실행 완료

10.4.2 치수 끊기

치수선 및 치수보조선이 다른 객체와 교차할 때 그 부분을 편집하는 명령어이다.

· 명령어 : DIMBREAK　　· 메뉴 : 치수 → 치수 끊기

따라해보세요

아래 그림과 같은 교차된 치수선을 편집해보자.

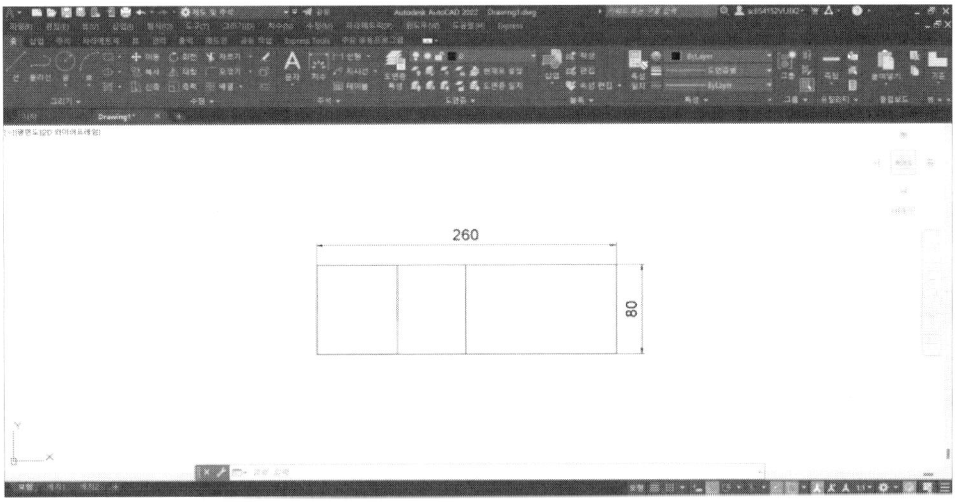

① [치수] 메뉴에서 [치수 끊기]를 클릭 또는 명령창에 DIMBREAK 명령을 실행한 후 치수 끊기를 실행할 치수선(P1)을 선택한다.

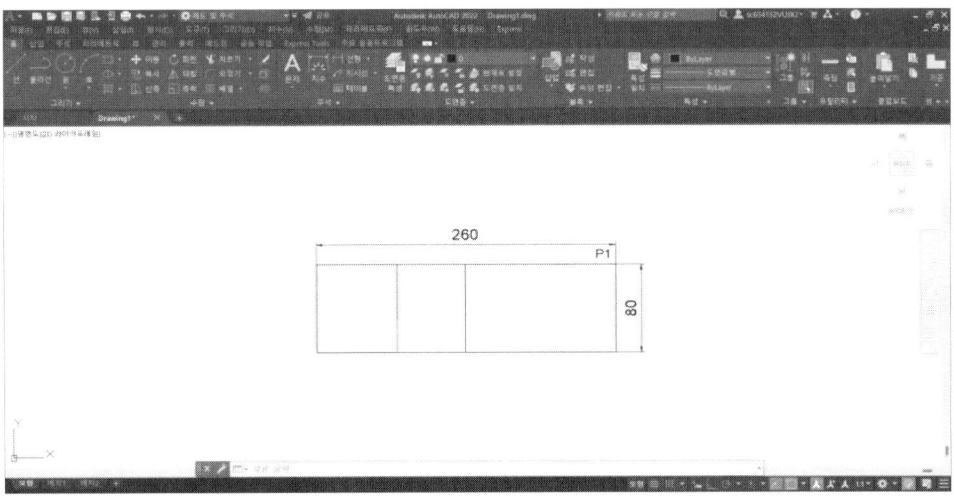

순서① 치수 끊기를 실행할 객체 선택

② 기준이 되는 치수선을 선택 후 그 치수선과 교차되는 치수선(P2)을 선택한다.

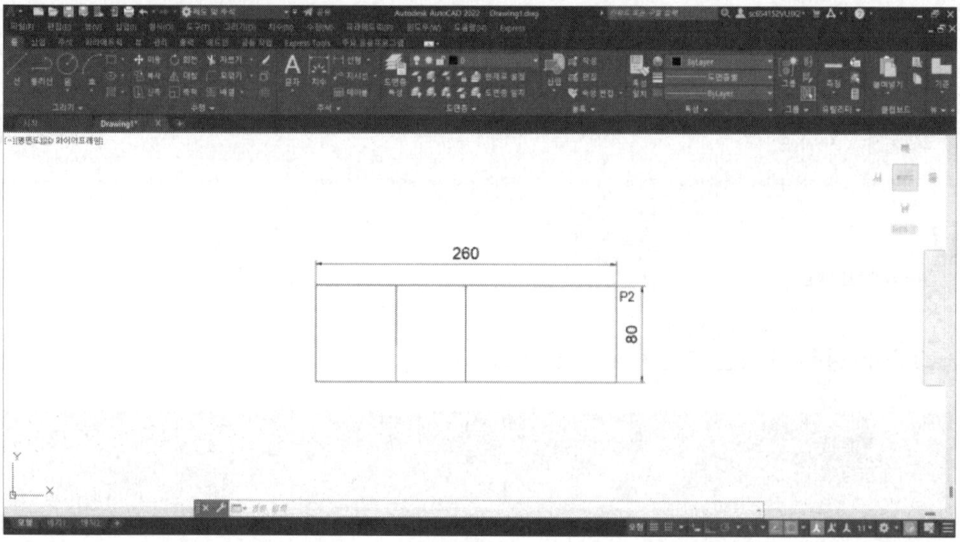

순서② 교차되는 치수선 선택

③ 치수 선택이 완료되면 Space Bar 를 눌러 명령을 종료하면 첫 치수선(P1)이 분리된 것을 확인할 수 있다.

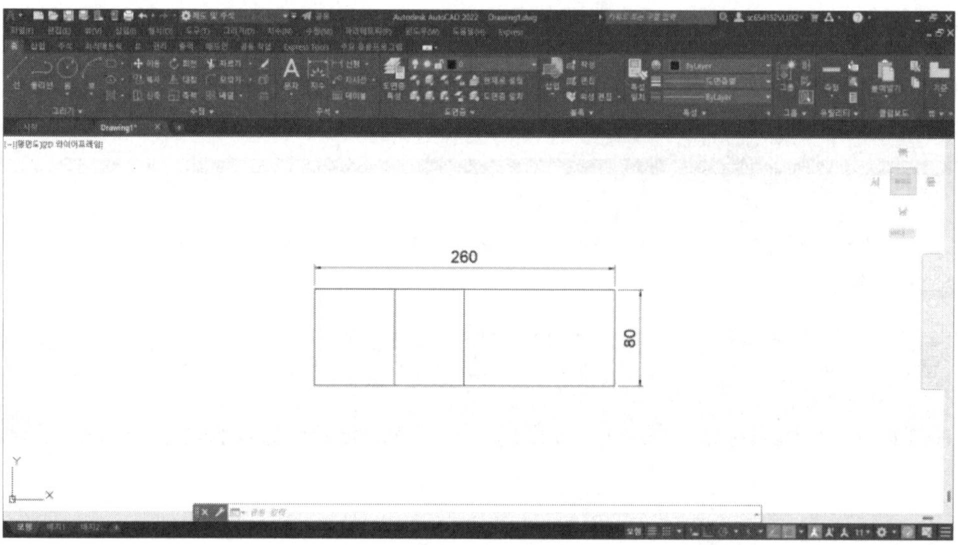

순서③ 치수 끊기 실행 완료

10.5 그 밖의 치수 명령들

10.5.1 세로좌표

원점을 기준으로 수평 또는 수직 거리를 측정하는 명령어이다.

· 명령어 : DIMORDINATE

· 리본 : 주석 탭 → 치수 패널 → (세로좌표)

· 메뉴 : 치수 → 세로좌표

10.5.2 공차

공차의 기호, 공차 값, 데이터 등을 지시선을 이용하여 표시할 수 있다.

· 명령어 : TOLERANCE

· 리본 : 주석 탭 → 치수 패널 → (공차)

· 메뉴 : 치수 → 공차

10.5.3 중심표식

원 및 호의 중심 표식 또는 중심선을 작성할 때 사용하는 명령어이다.

· 명령어 : DIMCENTER

· 메뉴 : 치수 → 중심표식

10.5.4 검사

선택한 치수로부터 검사 치수를 추가 또는 제거할 수 있다.

· 명령어 : DIMINSPECT

· 리본 : 주석 탭 → 치수 패널 →

· 메뉴 : 치수 → 검사

10.5.5 꺾어진 선형

선형 또는 정렬 치수에 꺾기 선을 추가하거나 제거할 때 사용하는 명령어이다.

· 명령어 : DIMJOGLINE	· 리본 : 주석 탭 → 치수 패널 →  · 메뉴 : 치수 → 꺾어진 선형

10.5.6 재지정

선택한 치수에 사용된 시스템 변수의 재지정을 조정할 때 사용한다.

· 명령어 : DIMOVERRIDE	· 리본 : 주석 탭 → 치수 패널 →  · 메뉴 : 치수 → 재지정

10.5.7 업데이트

치수 스타일을 수정하고 객체를 선택하여 변경된 스타일을 업데이트할 수 있다.

· 명령어 : -DIMSTYLE	· 리본 : 주석 탭 → 치수 패널 →  · 메뉴 : 치수 → 업데이트

예제 그려보기

지금까지 배운 치수명령을 이용하여 다음의 그림을 그리고 치수를 기입해보자.

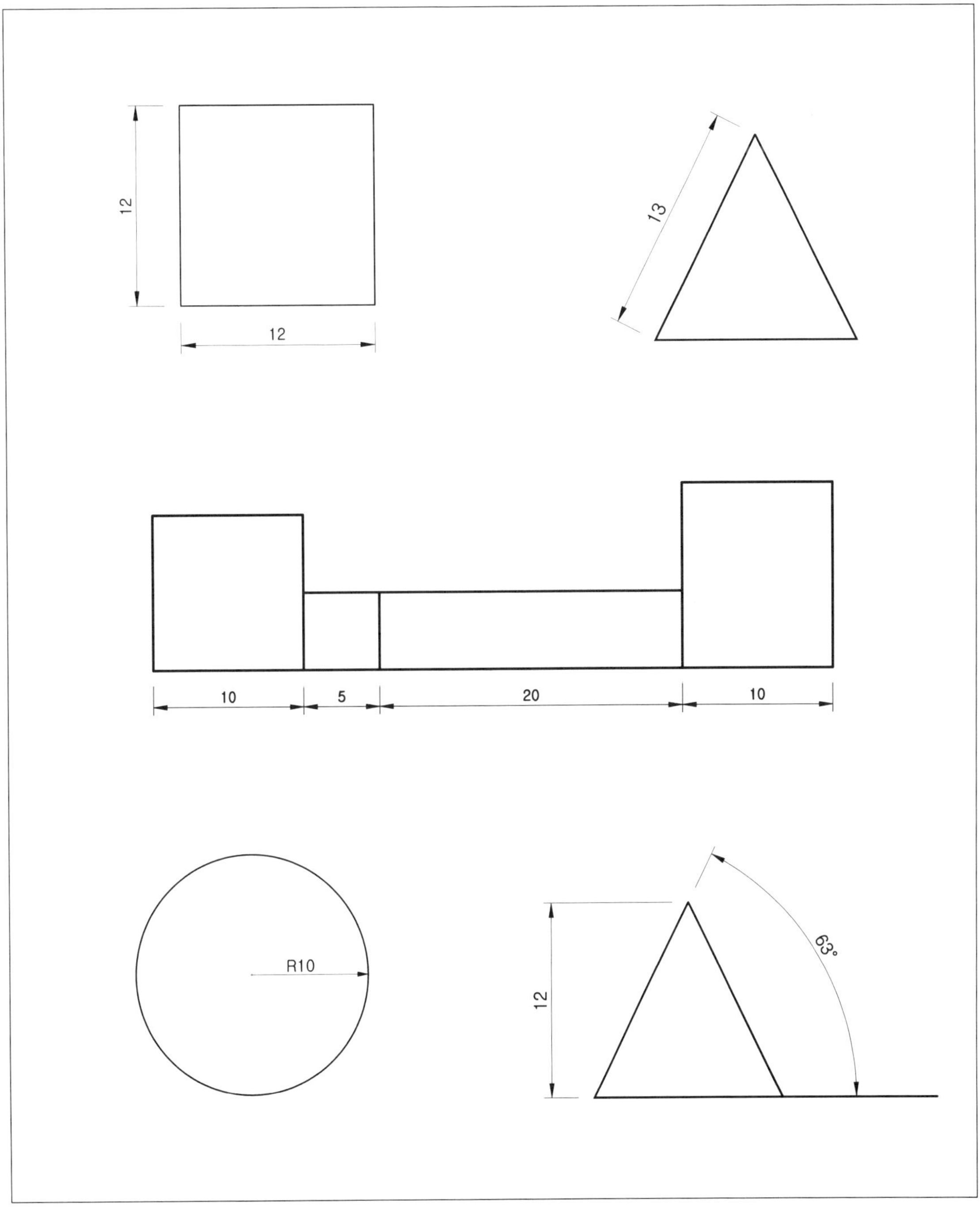

10.6 중심선(CENTERMARK/CENTERLINE)

AutoCAD 2022에서는 호/원과 연관된 중심 표식 및 선택한 선/폴리선 세그먼트와 연관된 중심선 작성이 가능해졌다. 이러한 기능이 추가되면서 쉽고 빠르게 도면을 작도할 수 있게 되었다.

10.6.1 중심 표식(CENTERMARK)

선택한 원이나 호의 중심에 십자 모양 연관 표식을 작성한다.

· 명령어 : CENTERMARK

· 리본 : 주석 탭 → 중심선 패널 → (중심 표식)

· 메뉴 : 치수 → 중심 표식

따라해보세요

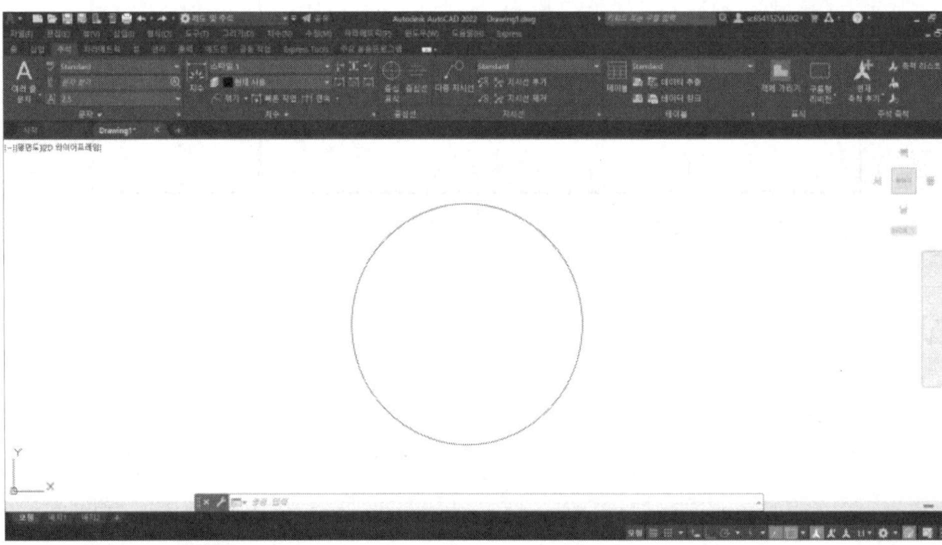

① [중심선] 패널의 (중심 표식)을 클릭한다.

② 중심 표식을 추가할 원 또는 호 선택한다.

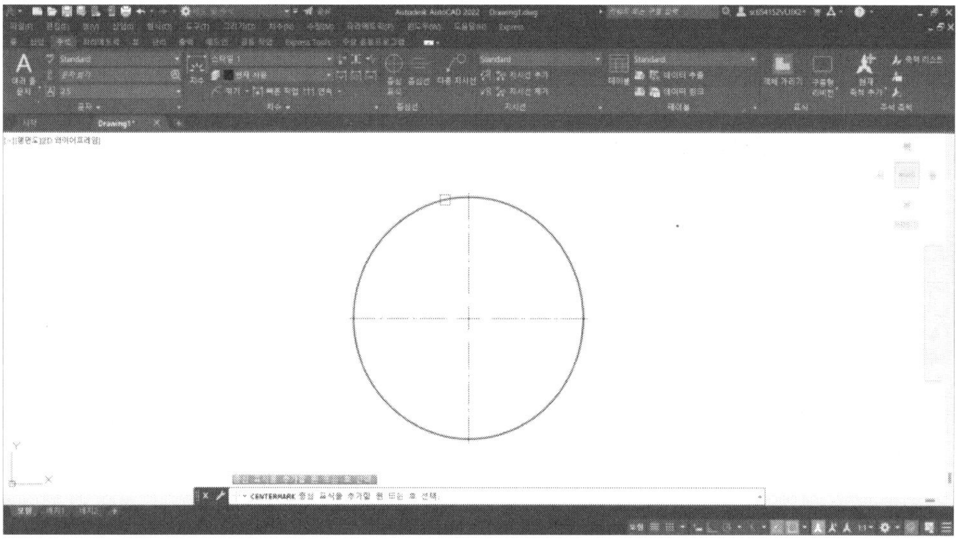

순서② 원 또는 호 선택

③ 선택한 원의 중심에 십자모양 표식이 생기는 것을 알 수 있다.

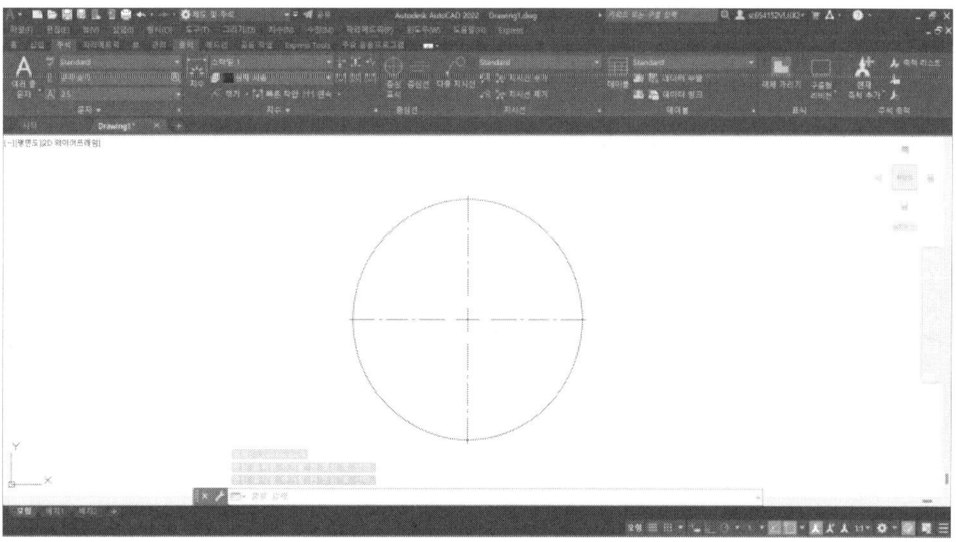

순서③ CENTERMARK 완료

10.6.2 중심선(CENTERLINE)

선택한 선 및 폴리선과 연관된 중심선 형상을 작성한다.

· 명령어 : CENTERLINE	· 리본 : 주석 탭 → 중심선 패널 → (중심선) · 메뉴 : 치수 → 중심선

따라해보세요

① [중심선] 패널의 (중심선)을 클릭한다.

② CENTERLINE 첫 번째 선 선택 : P1을 클릭한다.

③ CENTERLINE 두 번째 선 선택 : P2를 클릭한다.

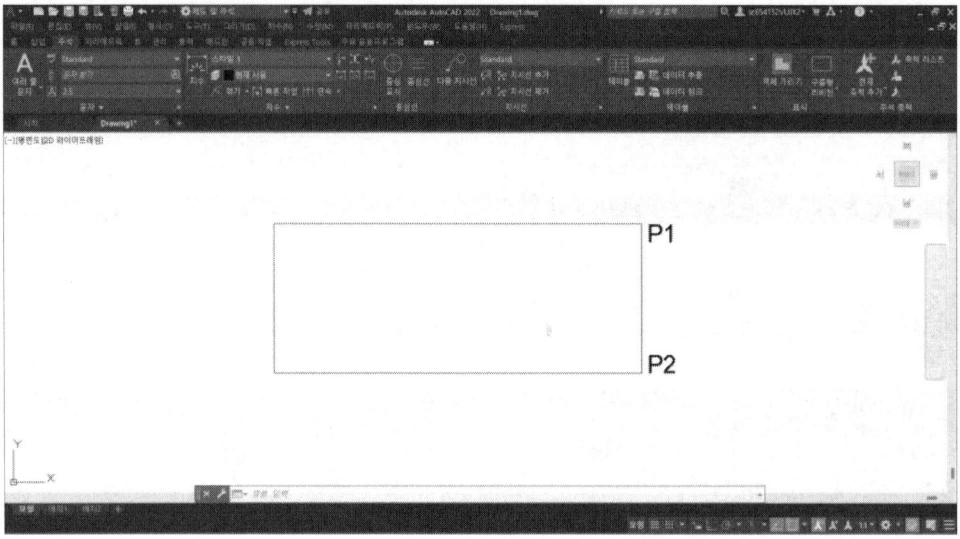

순서③

④ 선택한 선에 대한 중심선 형상이 생기는 것을 볼 수 있다.

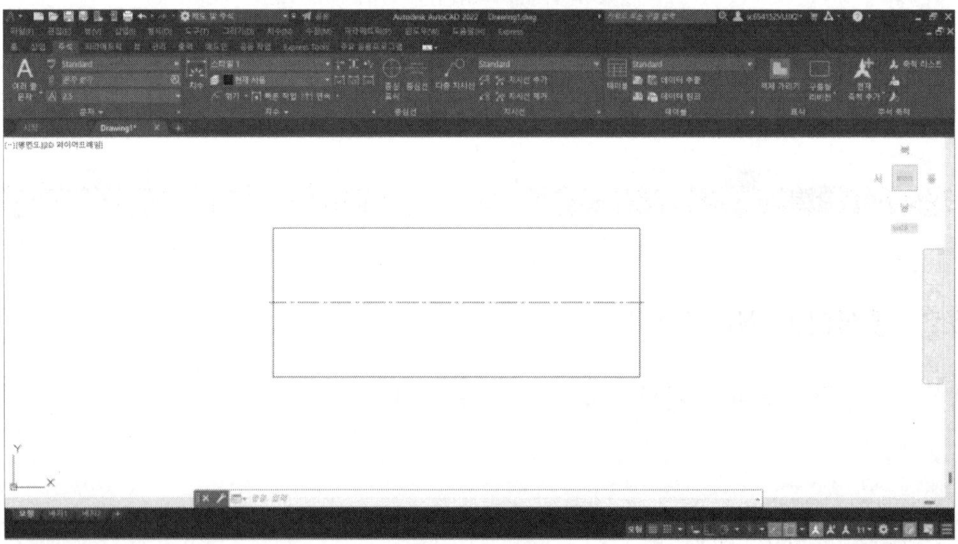

순서④ CENTERLINE 완료

10.7 다중 지시선(MLEADER)

· 명령어 : MLEADER

· 리본 : 주석 탭 → 지시선 패널 →  (다중 지시선)

· 메뉴 : 치수 → 다중 지시선

▌다중 지시선 명칭

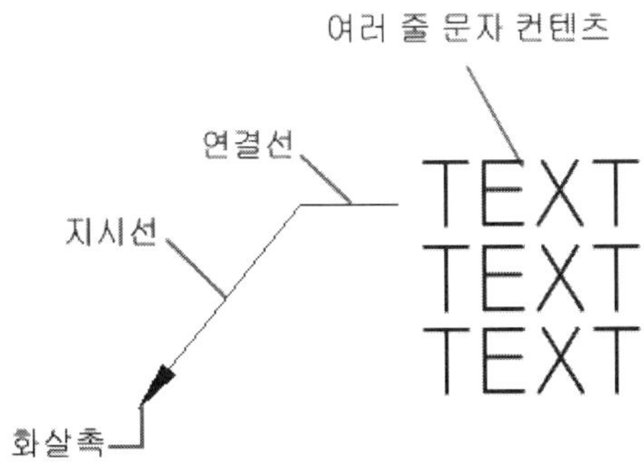

문자 컨텐츠 지시선

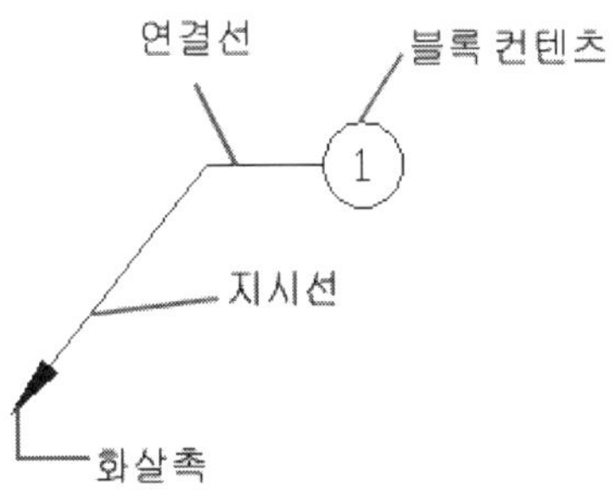

블록 컨텐츠 지시선

따라해보세요

① 명령어 : MLEADER Space Bar

② 지시선의 시작점(P1)을 클릭한다.

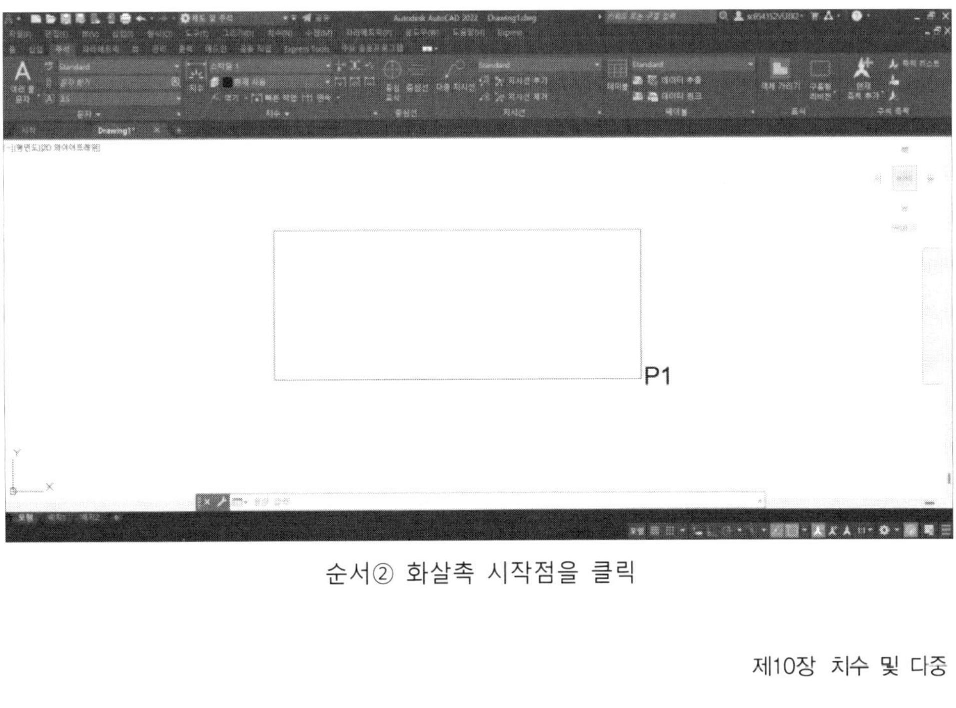

순서② 화살촉 시작점을 클릭

③ 지시선 연결선 위치(P2)를 지정한 후 클릭한다.

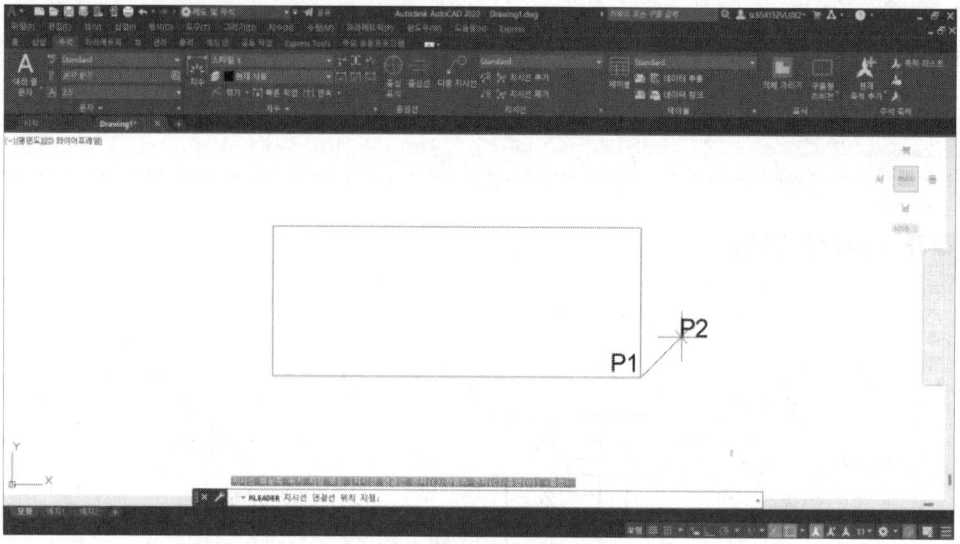

순서③ 연결선 위치 지정

④ 원하는 문자를 입력한 후 작업영역 화면을 클릭하여 명령을 종료한다.

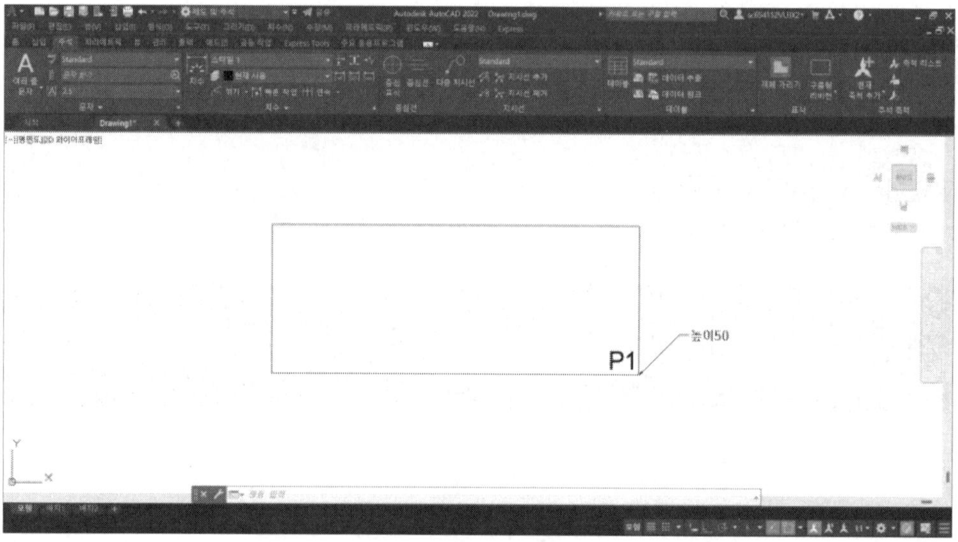

순서④ 다중 지시선 완료

10.8 다중 지시선 스타일(MLEATERSTYLE)

다중 지시선은 사용자가 각각의 스타일을 자유롭게 설정할 수 있다.

10.8.1 다중 지시선 스타일 관리자

다중 지시선 스타일을 생성, 수정 및 삭제한다.

· 명령어 : MLEATERSTYLE	· 리본 : 주석 탭 → 지시선 패널 → ↘(다중 지시선 스타일) · 메뉴 : 형식 → 다중 지시선 스타일

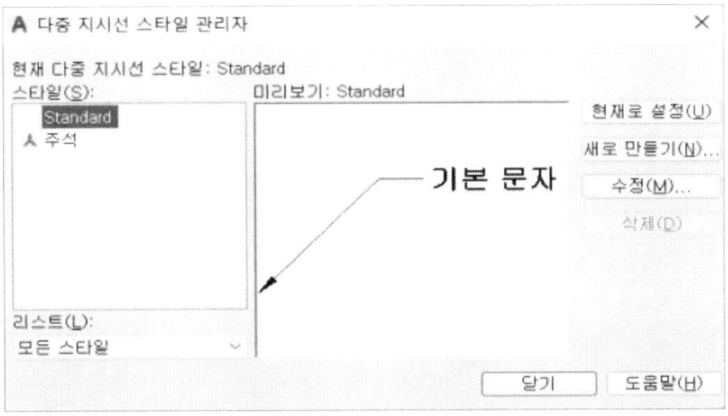

다중지시선 스타일 대화상자

10.8.2 다중 지시선 스타일 수정 옵션

※ 다중 지시선 스타일 관리자 → 수정(M)...

▌지시선 형식

지시선의 유형 및 화살촉의 종류를 설정할 수 있다.

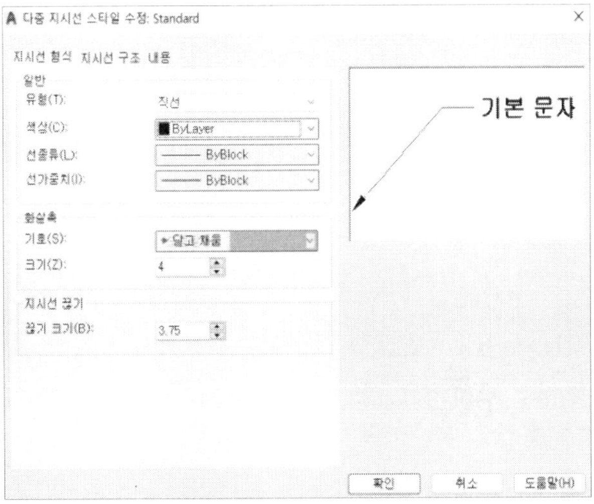

지시선 형식

▌지시선 구조

최대 지시선 점 수, 연결선 고정 거리 등의 값을 설정할 수 있다.

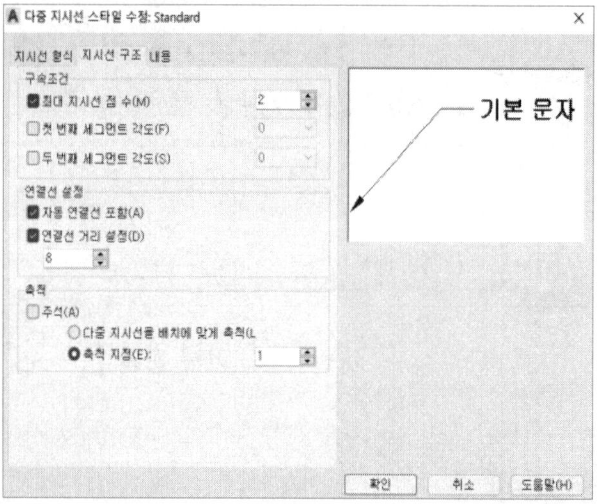

지시선 구조

▌내용

다중 지시선 유형을 선택하여 블록 또는 여러 줄 문자로 선택할 수 있고 연결 설정을 조정할 수 있다.

① 다중 지시선 유형을 여러 줄 문자로 사용하는 옵션

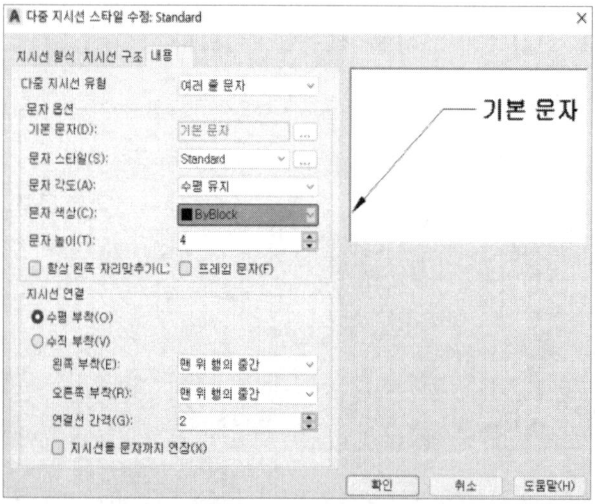

유형① 여러 줄 문자

② 다중 지시선 유형을 블록으로 사용하는 옵션

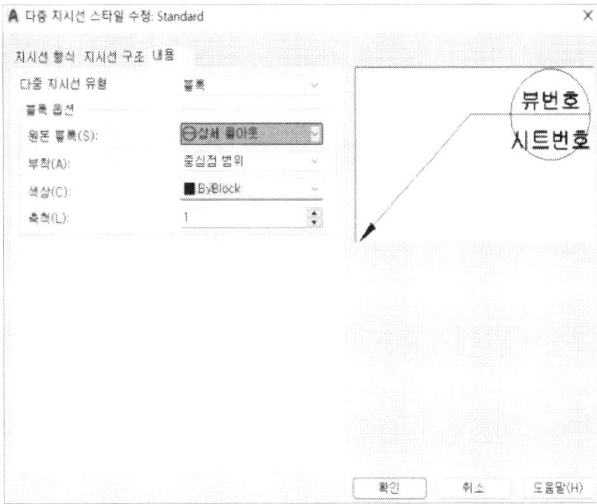

유형② 블록

10.9 다중 지시선 편집(MLEADEREDIT)

이미 작성된 다중 지시선 객체에 지시선을 추가하거나 제거할 수 있다.

· 명령어 : MLEADEREDIT
· 단축키 : MLE

· 리본 : 주석 탭 → 지시선 패널 → (지시선 추가) 또는 (지시선 제거)

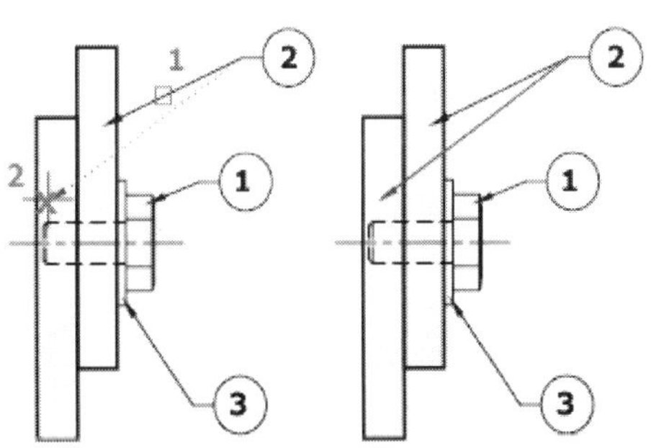

지시선 추가

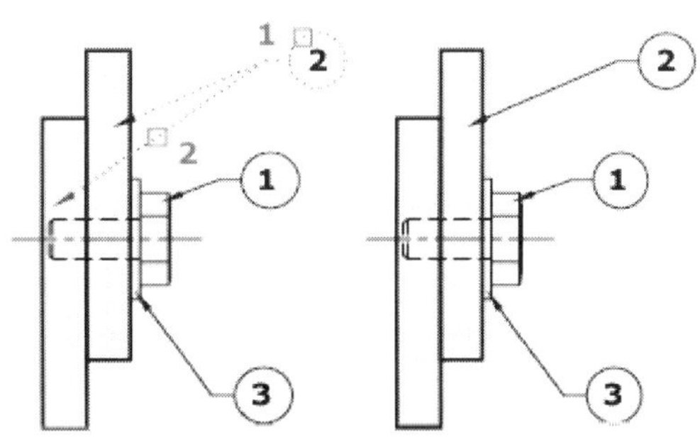

지시선 제거

도면출력(Plot)

도면 출력 작업(PLOT)은 AutoCAD의 최종 작업으로서 도면을 작성하는 것만큼 중요한 부분이다. 플롯은 출력 작업에서 많이 사용하는 명령이므로 효율적인 도면 출력을 위해서는 필수로 알아야 한다.

11.1 도면의 출력

모형공간에서의 출력은 같은 작업을 반복하고 출력할 때마다 매번 출력할 부분을 지정해야 한다.

- 명령어 : plot
- 단축키 : Ctrl + P
- 메뉴 : → 인쇄 → 플롯
- 신속접근도구막대 :

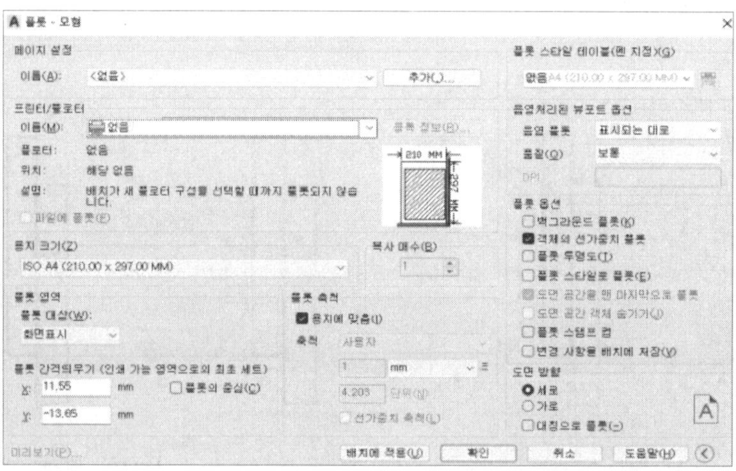

PLOT의 대화상자

페이지 설정

- 이름(A) : 현재 출력 페이지의 여러 설정값들을 새로운 이름으로 저장하거나, 특정이름을 선택할 수 있다.

프린터/플로터

- 이름(M) : 현재 기본 프린터로 선정된 프린터나 플로터의 정보를 보여준다.
- 파일에 플롯(F) : 도면을 그림 파일(.PLT)로 출력할 때 사용한다.

용지 크기(Z) : 도면의 크기를 설정한다.

복사 매수(B) : 출력할 도면의 개수를 지정한다.

플롯 영역 : 출력 영역을 선택할 수 있다.

- 화면표시 : 현재의 도면을 출력한다.
- 윈도우 : 직접 출력 영역을 선택한다.
- 한계 : 배치된 모든 도면을 출력한다.

플롯 간격띄우기 : 출력 시 인쇄될 영역의 기준을 설정한다.

- 플롯의 중심(C) : 출력 시 인쇄 영역 중심을 설정된 용지의 중심으로 맞춘다.
- X/Y : X, Y점을 입력하여 용지의 여백을 조정할 수 있다.

플롯 축척 : 원하는 출력 스케일의 비율을 선택할 수 있다.

- 용지에 맞춤(I) : 선택된 도면을 용지의 크기에 맞게 자동으로 축척한다.
- 축척(S) : 도면의 축척을 사용자가 원하는 대로 수정해 출력할 수 있다.

플롯 스타일 테이블(펜 지정) : 플롯 스타일을 선택한다.

플롯 옵션 : 출력에 관한 기타 옵션을 설정할 수 있다.

- 객체의 선 가중치 플롯 : 도면의 선 두께에 따라 출력한다.
- 플롯 스타일로 플롯 : 플롯 스타일에 따라 출력한다.
- 도면공간을 맨 마지막으로 출력 : 모델 영역을 먼저 출력하고 종이 영역을 뒤에 출력한다.
- 도면 공간 객체 숨기기 : 출력 시 숨은선을 제거한다.

도면 방향 : 출력용지의 방향을 선택한다.

- 세로 : 세로로 출력한다.
- 가로 : 가로로 출력한다.
- 대칭으로 출력 : 출력 방향의 위, 아래를 바꾸어 출력한다.

미리보기 : 출력될 도면의 전체를 미리보기 할 수 있다.

따라해보세요

아래와 같은 도면을 파일로 출력해보자.

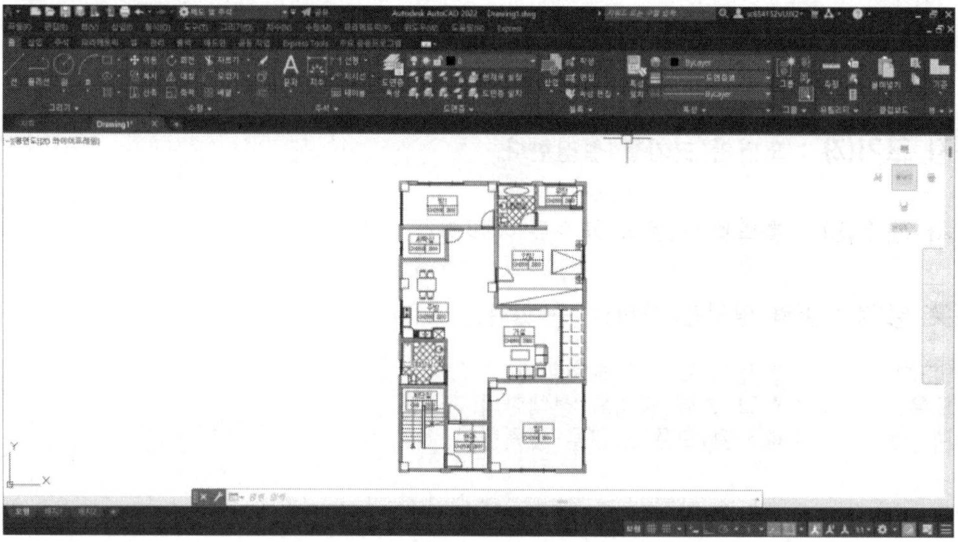

① PLOT을 실행한다.

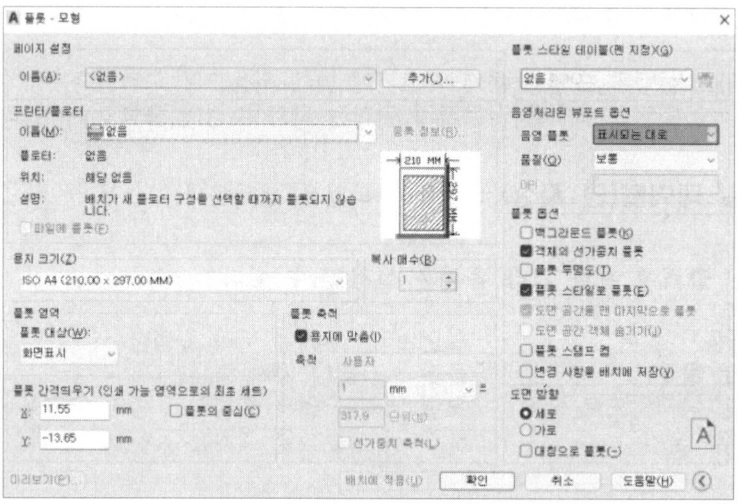

순서① 플롯 실행

② 프린터/플로터를 7475A.pc3를 선택한다. (플로터 추가는 **11.6**에 설명되어 있다.) 출력을 파일로 하기 위해 [파일에 플롯]을 체크해 주고, 용지 크기는 A4 사이즈로 한다. 그 후 플롯 영역에서 플롯 대상을 윈도우로 선택해주고 [윈도우 ∨] 버튼을 클릭한다.

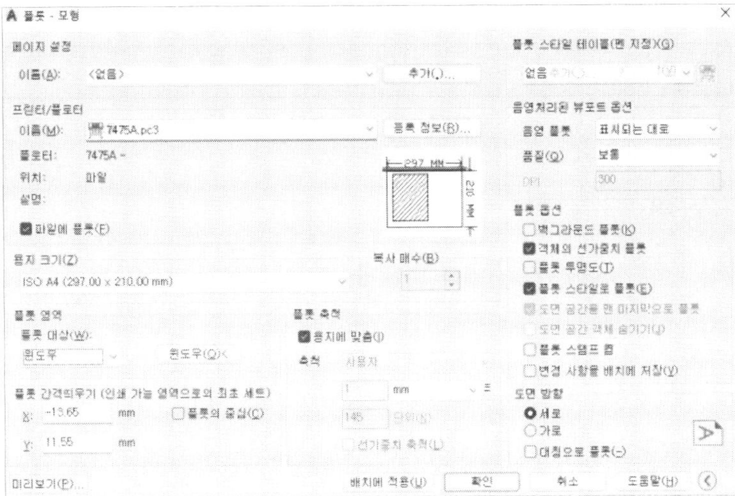

순서② 플로터 설정

③ 윈도우 범위(P1→P2)로 객체를 지정해 준다.

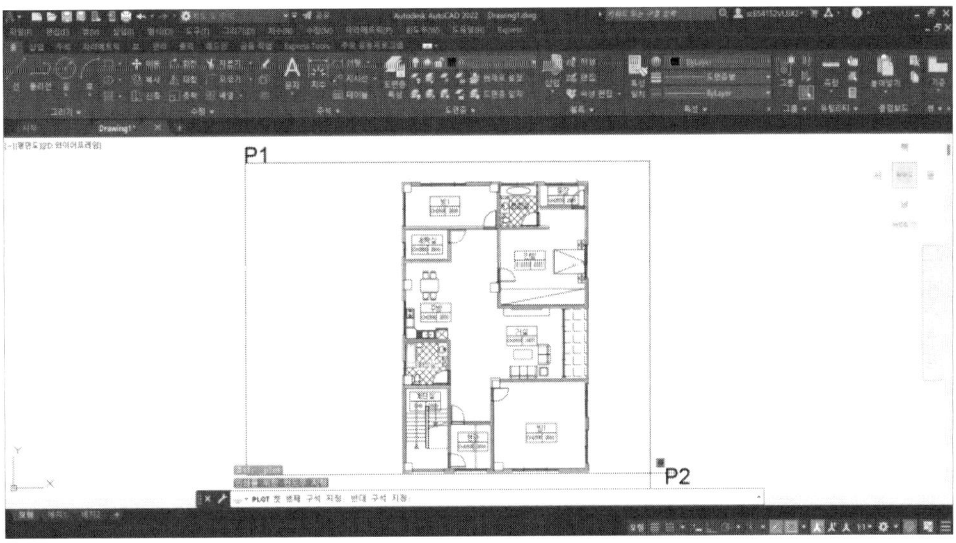

순서③ 출력할 도면 범위 선택

④ 그 후 **배치에 적용(U)** 을 누른 후 확인 버튼을 클릭하여 저장할 곳을 선택한다.

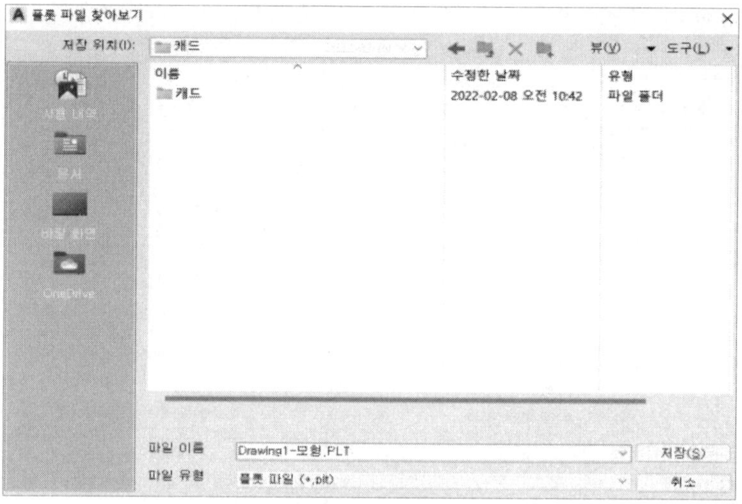

순서④ 저장 공간 선택

⑤ 플롯 파일을 저장하면 작업영역 하단 오른쪽에 작업 완료가 뜨고 저장한 폴더에는 파일(.PLT)이 생성되는 것을 확인할 수 있다.

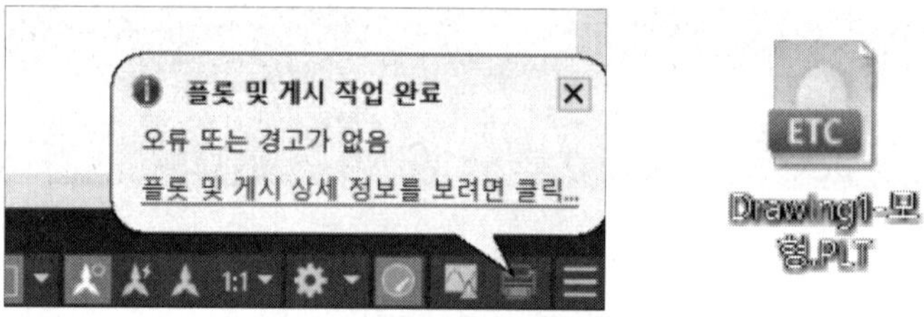

순서⑤ 파일 생성 완료

11.2 도면의 PDF 변환

AutoCAD 2022에서는 CAD도면과 PDF 호환성이 향상되면서 이제는 쉽게 PDF 파일로 변환이 가능해졌다. 모형공간에서의 PDF 변환은 같은 작업을 반복하고 변환할 때마다 매번 변환할 부분을 지정해야 한다.

· 명령어 : EXPORTPDF	· 리본 : 출력 탭 →  →  · 메뉴 : 파일 → 플롯 → 프린터/플로터 이름을 DWG To PDF.pc3로 설정

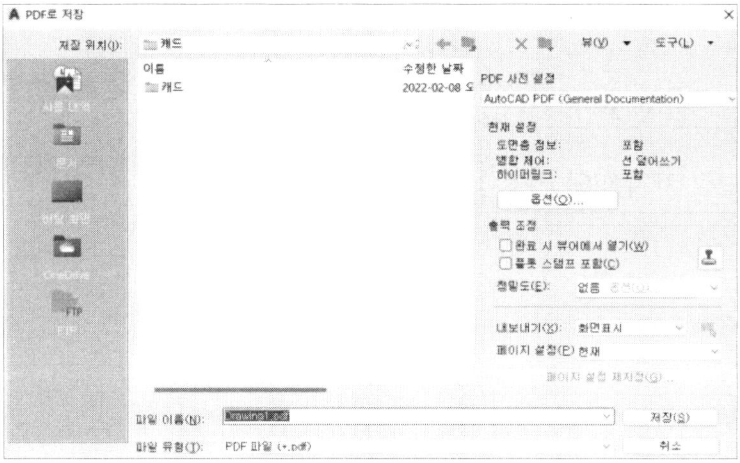

PDF로 저장 대화상자

▌ 현재 설정 : 옵션(O)을 통한 설정이 가능하다.

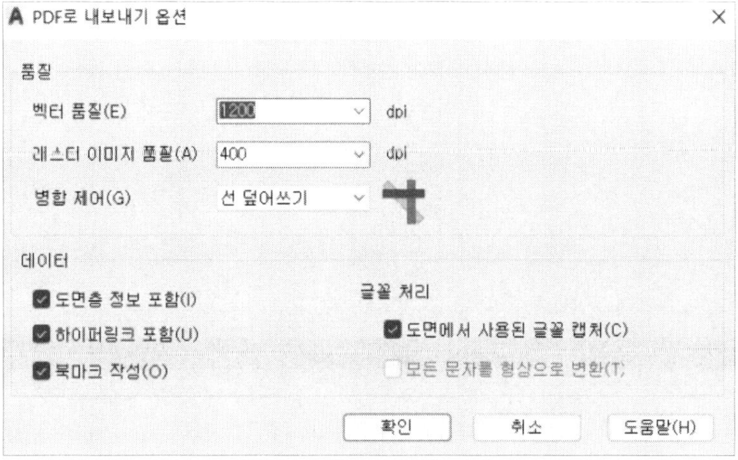

- 품질 : PDF 파일의 해상도를 설정할 수 있다.
- 데이터 : PDF 출력 시 도면에 표시되는 정보를 설정할 수 있다.

▌ 출력조정

• 완료시 뷰어에서 열기(E)	: PDF로 변환 완료시 PDF 뷰어 프로그램을 통해 저장된 PDF 파일이 열린다.
• 플롯 스탬프 포함(C)	: PDF로 변환시 플롯 스탬프(도면 이름, 장치 이름 등)가 포함된다.
• 내보내기(X)	: PDF로 변환시 플롯될 영역 설정이 가능하다. (화면 표시, 윈도우 등)
• 페이지 설정(P)	: 현재 페이지 설정, 페이지 설정 재지정이 가능하다.

페이지 설정 재지정(G)

• 완료시 뷰어에서 열기(E)	: PDF로 변환 완료시 PDF 뷰어 프로그램을 통해 저장된 PDF 파일이 열린다.
• 페이지 설정 재지정(G)	: 용지 크기(Z), 플롯 스타일 테이블(펜 지정)(G), 도면 방향, 플롯 축척의 설정이 가능하다.

따라해보세요

아래와 같은 도면을 PDF로 변환해보자.

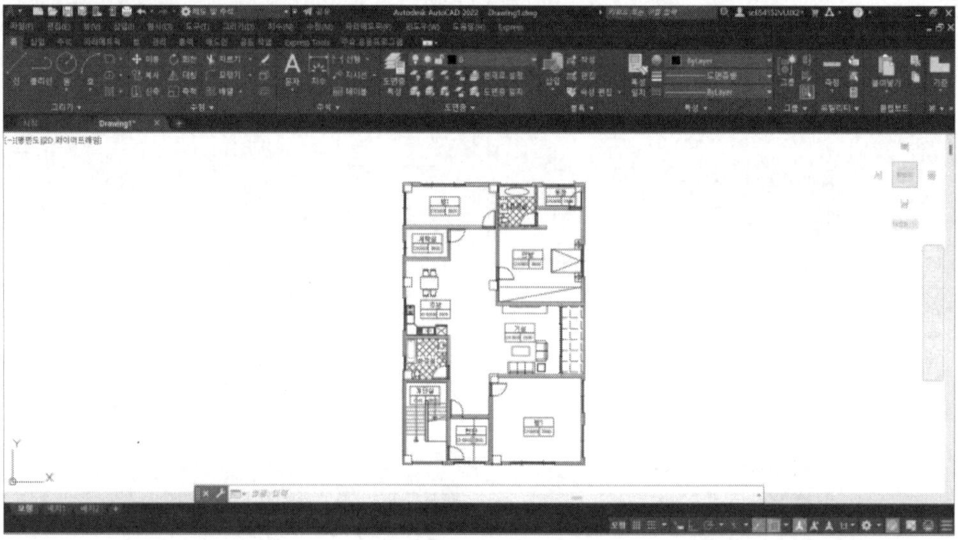

① PDF로 저장을 실행한다.

명령 : EXPORTPDF Enter↵

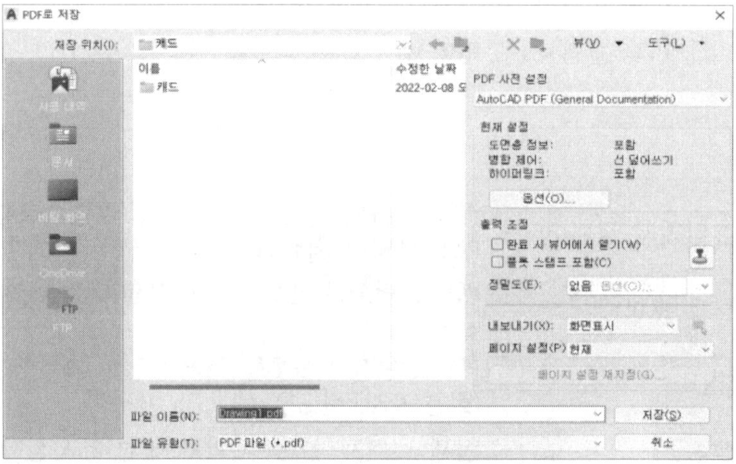

순서① PDF로 저장 실행

② 현재 설정에서 옵션을 선택한다. 위치에서 저장하고자 하는 위치를 선택해준다.

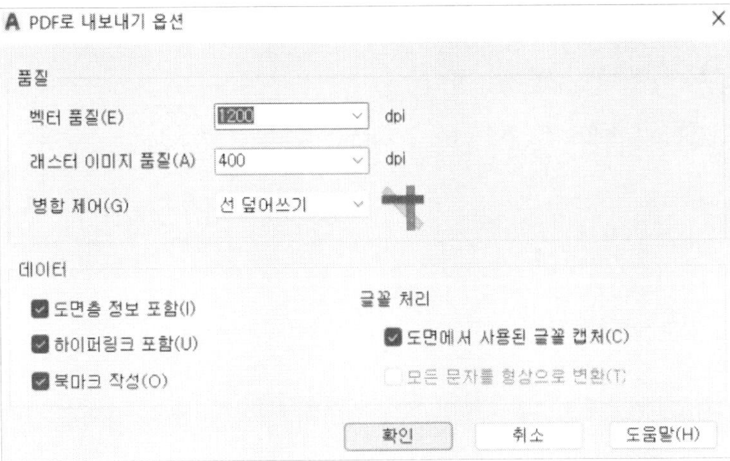

순서② 옵션 설정

③ 내보내기(X)에서 '윈도우'로 설정한 후 다음의 아이콘( )을 클릭하여 도면의 범위를 선택한다.

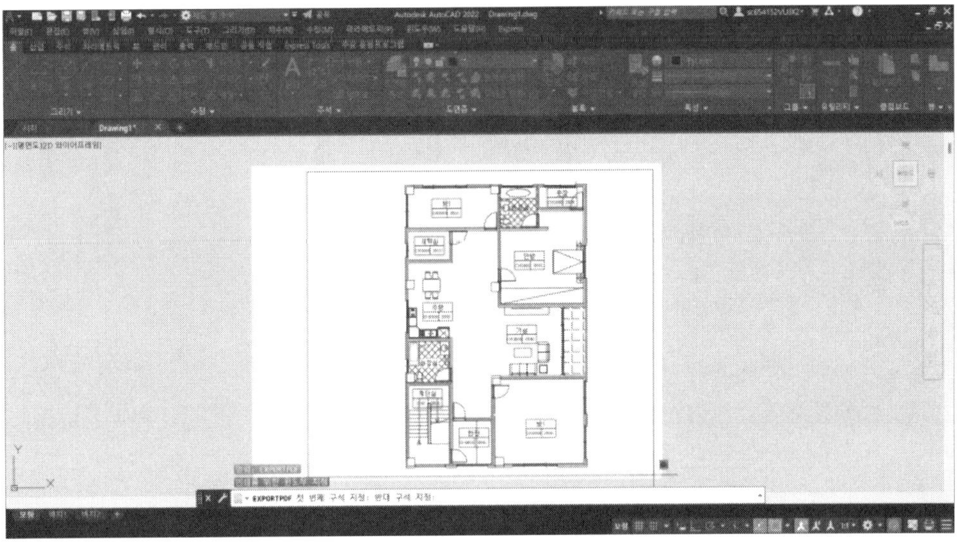

순서③ PDF로 변환할 도면 범위 선택

④ 페이지 설정(P)에서 [재지정]을 선택한 후 [페이지 설정 재지정(G)...]을 선택하여 용지 크기(Z), 플롯 스타일 테이블(펜 지정)(G), 도면 방향, 플롯 축척을 설정한 후 확인을 누른다.

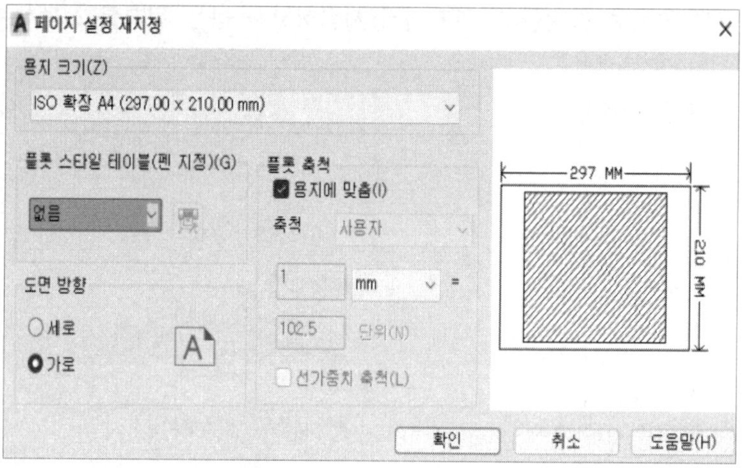

순서④ 페이지 설정 재지정

⑤ 모든 설정이 끝난 후 [저장(S)] 을 누르면 순서①에서 지정한 위치에 저장된다.

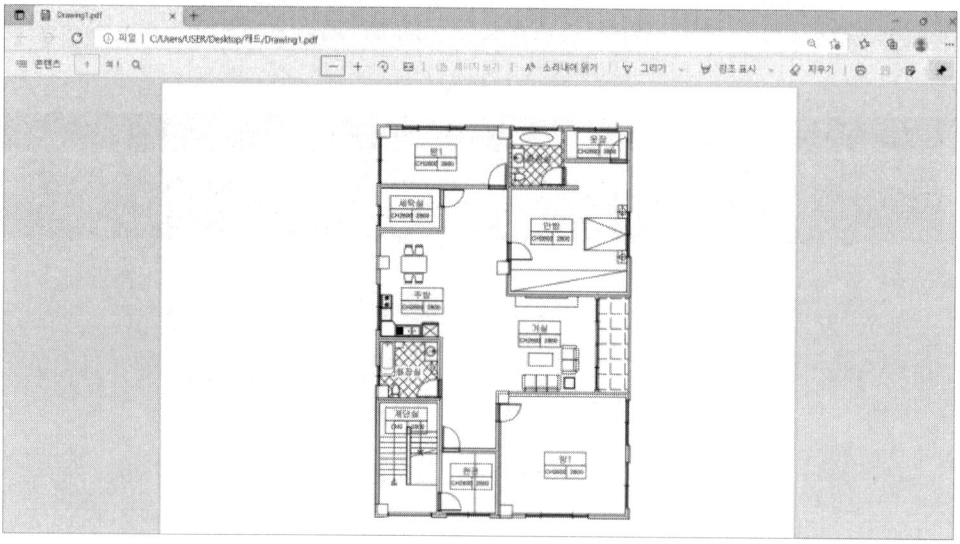
순서⑤ 도면 PDF 변환 완료

11.3 PDF 언더레이

PDF로 변환되었던 도면을 다시 모형공간으로 불러와 활성화시키는 기능이다.

· 명령어 : PDFATTACH
· 리본 : 삽입 탭 → 참조 패널 → [부착] → 파일유형(T) PDF로 변경
· 메뉴 : 삽입 → PDF 언더레이(P)

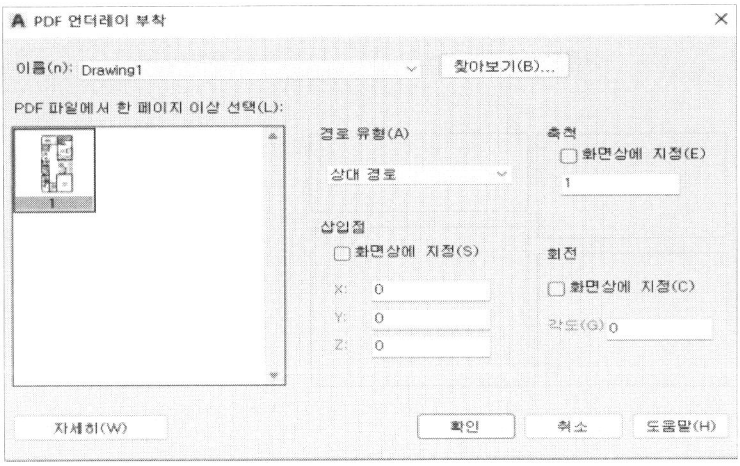

PDF 언더레이 부착 대화창

▌ **경로 유형(A)** : 경로의 유형, 언더레이에서는 전체 경로를 사용해야 한다.

▌ 삽입점

- 화면상에 지정(S) : PDF 도면을 사용자가 화면상에 지정할 수 있도록 한다.
- X : PDF 도면의 X좌표
- Y : PDF 도면의 Y좌표
- Z : PDF 도면의 Z좌표

▌ 축척

- 화면상에 지정(F) : PDF 도면의 크기를 사용자가 임의로 조정하면서 축척을 설정한다.
- 축척 입력창 : PDF 도면이 부착될 때의 축척을 설정할 수 있다.

▌ 로테이션

- 화면상에 지정(C) : PDF 도면의 크기를 사용자가 임의로 조정하면서 회전할 수 있다.
- 각도(G) : PDF 도면이 부착될 때의 회전 각도를 설정할 수 있다.

따라해보세요

11.2장에서 PDF로 변환하였던 도면을 다시 모형공간으로 언더레이 해보자.

① PDF 언더레이 부착을 실행한다.

명령 : PDFATTACH [Enter↵] → 저장 위치에서 파일 선택 후 [열기(O)]를 클릭한다.

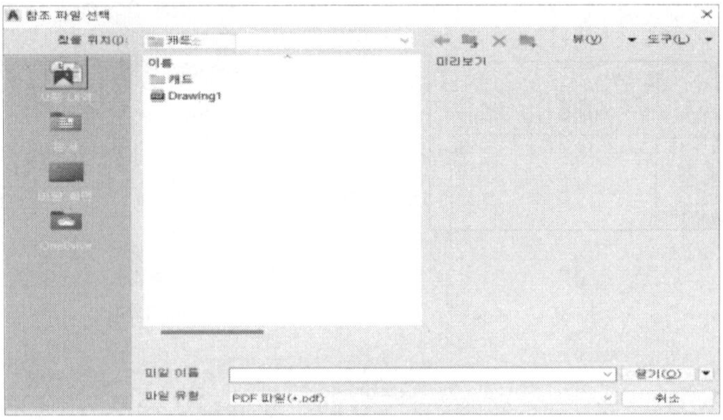

순서① 참조할 파일 선택

② 도면의 축척, 삽입점, 로테이션을 고려하여 설정한 후 확인 을 클릭한다.

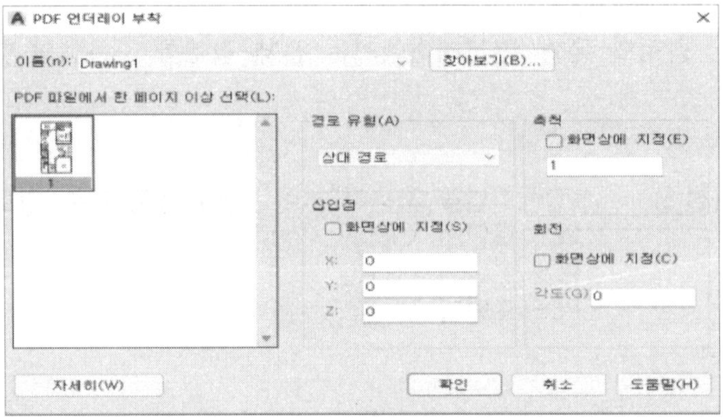

순서② 옵션 설정

③ 삽입점을 화면상에 지정하여 도면이 언더레이 되도록 한다.

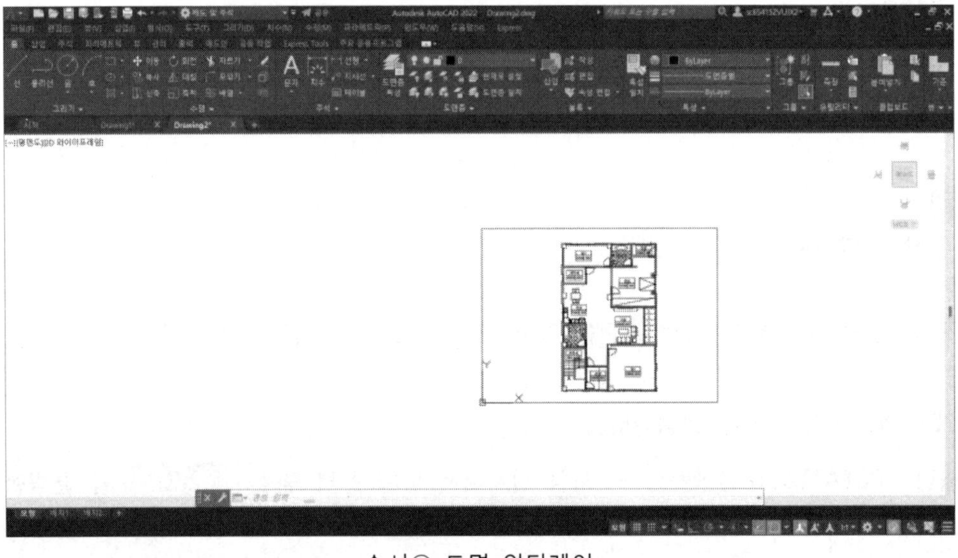

순서③ 도면 언더레이

④ 언더레이된 도면을 클릭하면 PDF 언더레이 리본이 생기고, 을 통해 불필요한 부분을 제거할 수 있다. (자르기 경계 작성에서 직사각형R을 이용하였다.)

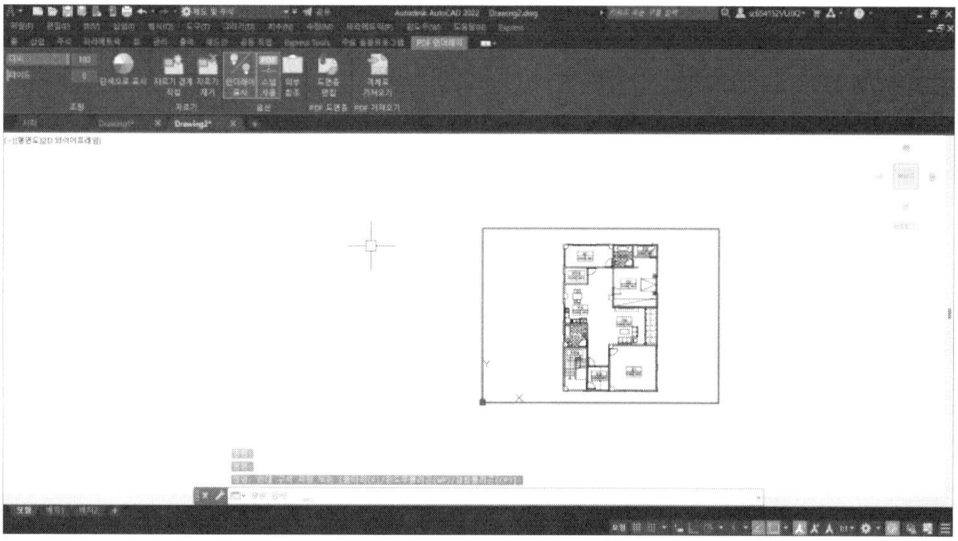

순서④ 자르기 경계 작성

⑤ 또한 PDF 언더레이 리본에서 을 통해 도면층(레이어)을 끄고 켤 수 있다.

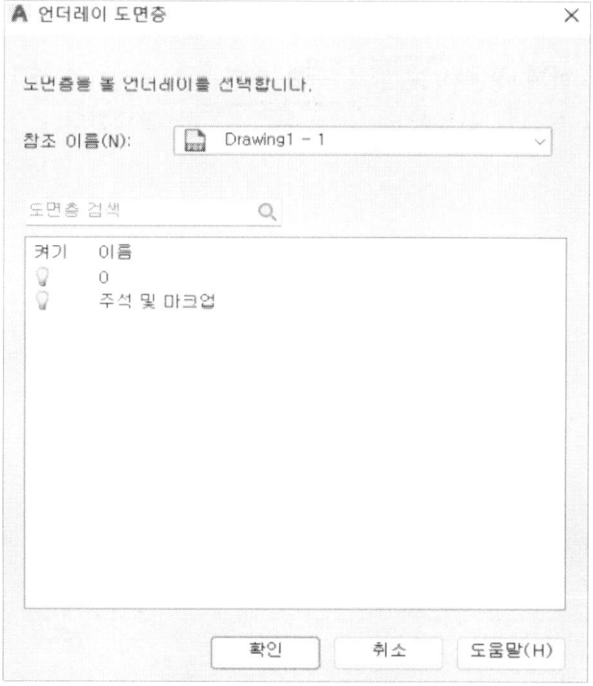

순서⑤ 도면층 편집

11.4 PDF 가져오기(PDFIMPORT)

AutoCAD 2016에서는 PDF 언더레이(PDFATTACH)로 PDF 파일을 불러오면 참조파일이 현재 도면에 링크된다. 그러나 불러온 PDF 파일을 활성화시켜 사용자가 원하는 대로 수정하거나 변경은 불가능하였다. 그러나 AutoCAD 2017부터 PDF 가져오기(PDFIMOPRT)라는 새로운 기능이 생겨 PDF 파일을 불러와 사용자화 및 수정이 가능해졌다. AutoCAD 2022 또한 이러한 기능을 활용할 수 있으며 일반적인 도면뿐만 아니라 형상, 채우기, 래스터 이미지, 트루타입 문자 등 PDF 파일이 가지고 있는 모든 정보를 불러올 수 있으며 이 또한 수정이 가능해 다양하게 활용이 가능하다.

· 명령어 : PDFIMPORT · 리본 : 삽입 탭 → 가져오기 패널 → PDF 가져오기 (PDF 가져오기)

따라해보세요

① PDF 가져오기를 실행한다.
명령 : PDFIMPORT [Enter↵]

② PDF 언더레이 선택 또는 [파일(F)] <파일>: F [Enter↵]

③ 가져올 PDF 파일 선택 후 [열기(O)]를 클릭한다.

④ 가져올 페이지 및 옵션을 선택한 후 [확인]을 클릭한다.

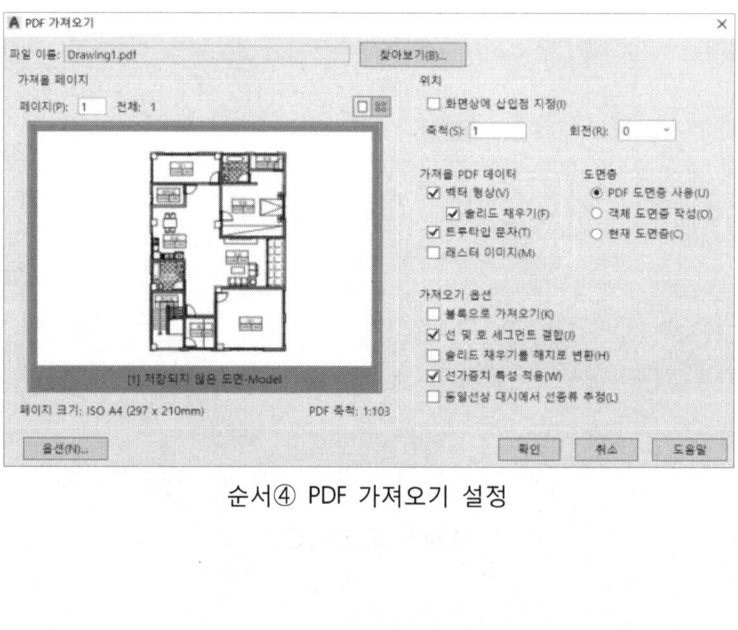

순서④ PDF 가져오기 설정

⑤ 삽입점을 화면상에 지정하여 도면을 불러온다.

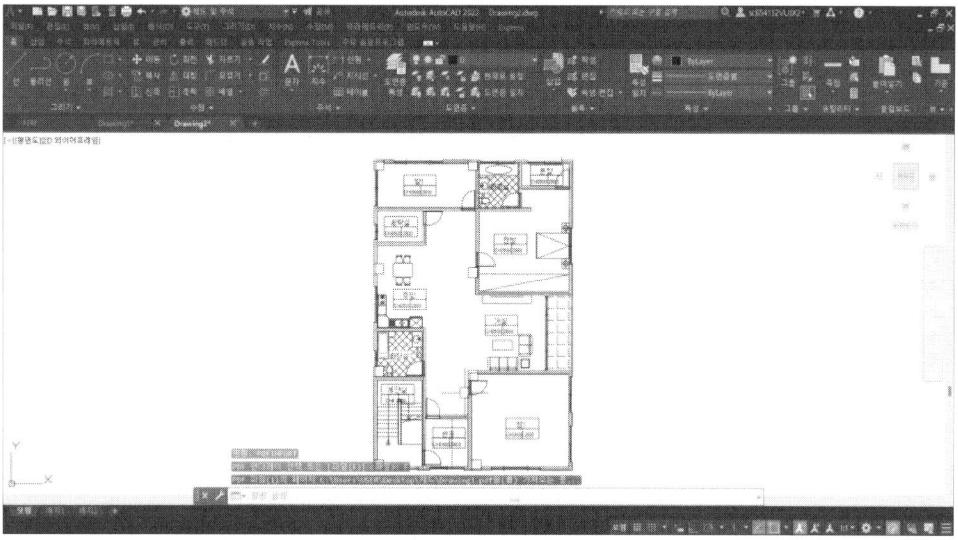

순서⑤ PDF 가져오기 완성

⑤ 가져온 PDF 파일의 경우 바로 활성화되어 선택 및 수정이 가능하다.

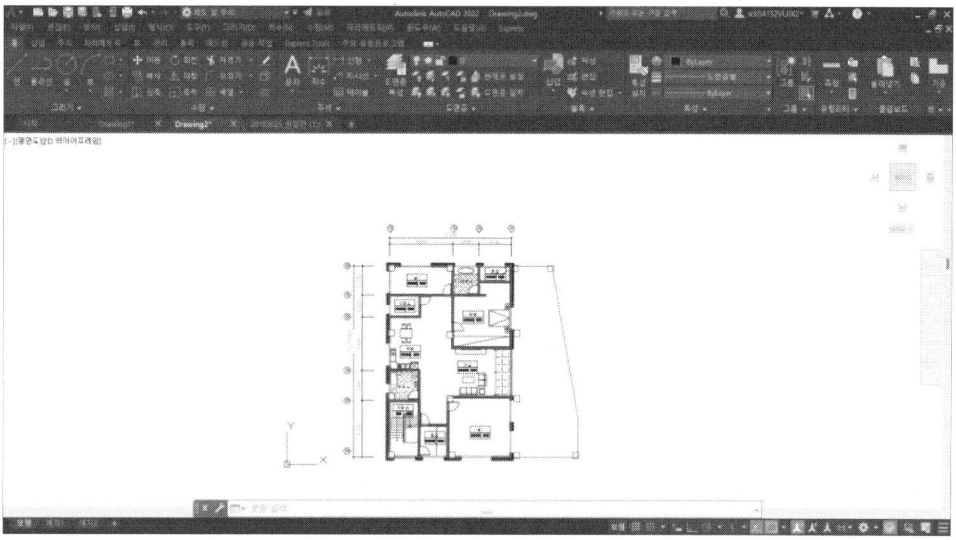

순서⑤ 가져온 PDF파일 선택 및 수정 가능

⑥ 도면파일 이외의 PDF 파일을 가져온다. (①~⑤순서와 같이 진행한다.)

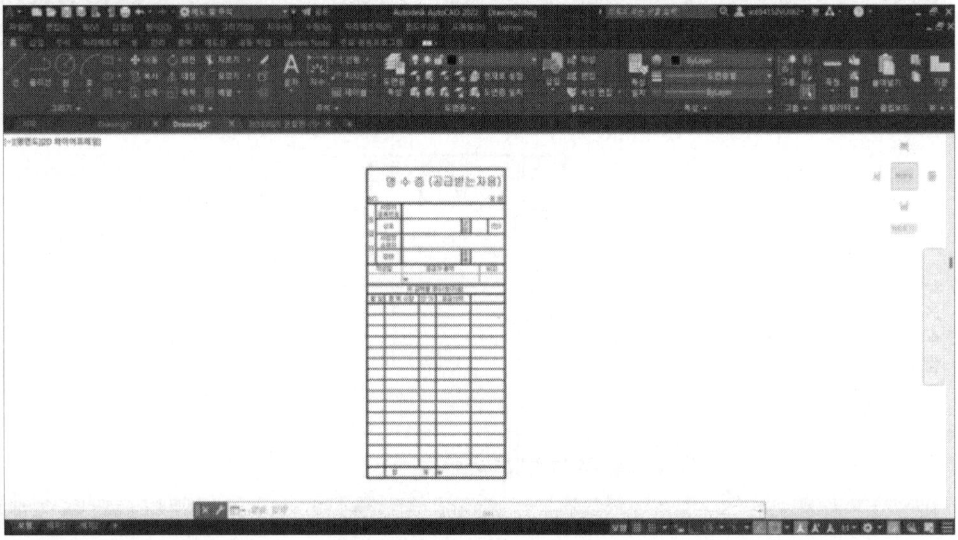

순서⑥ PDF 가져오기 완성

⑦ PDF 가져오기를 통해 형상 및 문자 등을 활성화시켜 선택 및 수정이 가능하다.

순서⑦ 형상 및 문자 활성화

11.5 페이지 설정

페이지 설정은 여러 가지 출력 세팅 값을 만들어 놓고 선택할 수 있다. 플롯을 이용해 출력하기 위해서는 페이지 설정에서 세팅을 해놓고 작업하는 것이 좋다.

· 명령어 : PAGESETUP · 메뉴검색기 : → 인쇄 → 페이지설정

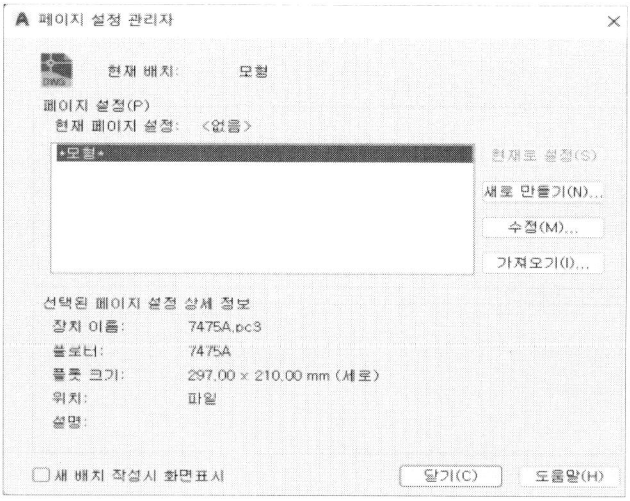

페이지설정

▌ 현재배치 : 현재 시트세트의 이름을 표시한다.

▌ 페이지 설정 관리자

현재로 설정(S)	: 선택된 페이지 설정을 현재 페이지로 지정한다.
새로 만들기(N)...	: 페이지 설정을 새로 만들 때 사용한다.
수정(M)...	: 선택된 페이지 설정을 수정할 때 사용한다.
가져오기(I)...	: 사용할 수 있는 페이지 설정과 원본 도면에서의 해당 위치를 나열한다.

11.6 플로터 관리

플로터 구성을 추가, 편집할 수 있는 플로터 관리자를 표시한다. AutoCAD는 전용 드라이버를 갖는 플로터들이다. 이는 드라이버를 잘 설정해야 출력기의 성능을 효율적으로 이용할 수 있다. 윈도우 제어판에 설정된 프린터를 사용하여 인쇄할 수도 있지만 프린터를 AutoCAD에 등록하면 독자적으로 설정할 수 있어 매번 사용할 때마다 설정할 필요가 없다.

· 명령어 : PLOTTERMANAGER　　· 메뉴검색기 : → 인쇄 → 플로터 관리

플로터 추가 마법사

따라해보세요

7475A 플로터를 추가해보자.

① 플로터 추가 마법사를 실행한다.

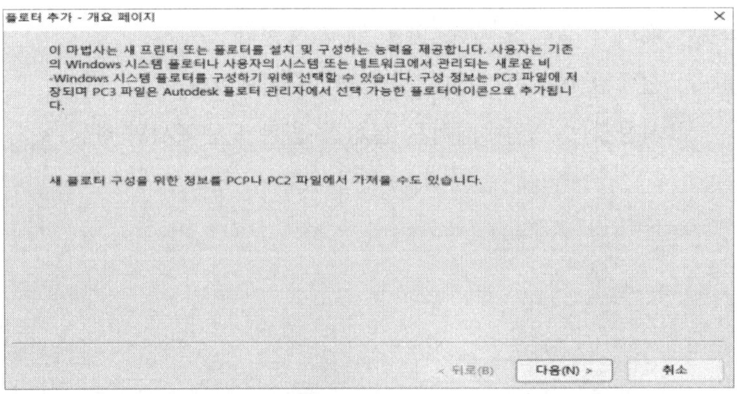

순서① 플로터 추가 마법사 실행

② 내 컴퓨터를 선택하여 다음을 클릭한다.

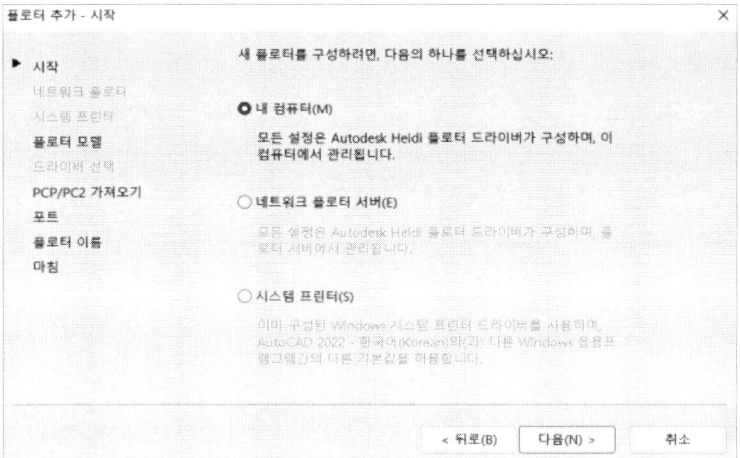

순서② 시작

③ 플로터 모델 선택에서 [제조업체]를 Hewlett-Packard 선택 후, [모델]에서 7475A를 선택하고 다음(N) > 을 클릭한다.

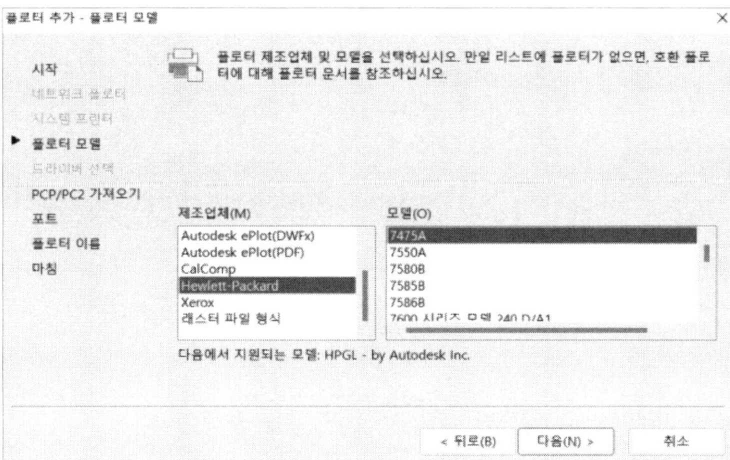

순서③ 플로터 모델 선택

④ PCP/PC2 가져오기에서는 다음(N) > 을 클릭한다.

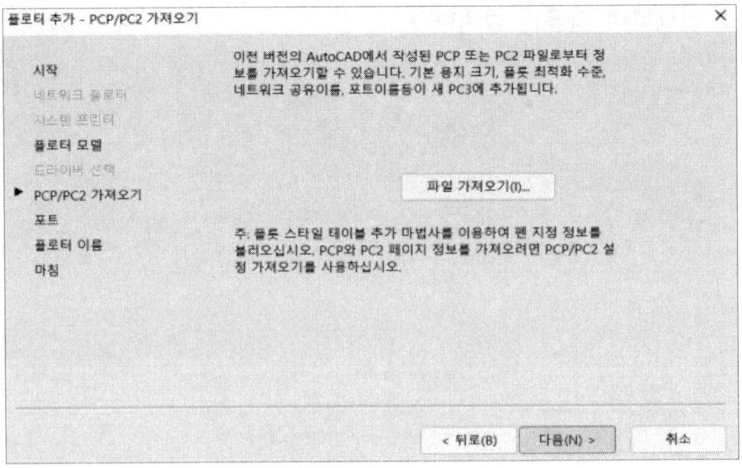

순서④ PCP/PC2가져오기

⑤ 포트에서 파일에 플롯을 선택 후 다음(N) > 을 클릭한다.

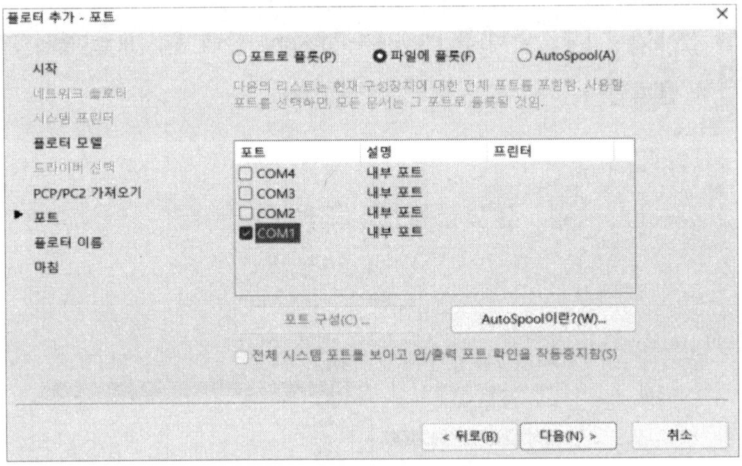

순서⑤ 포트

⑥ 플로터 이름을 7475A라고 입력한 후 다음(N) > 을 클릭한다.

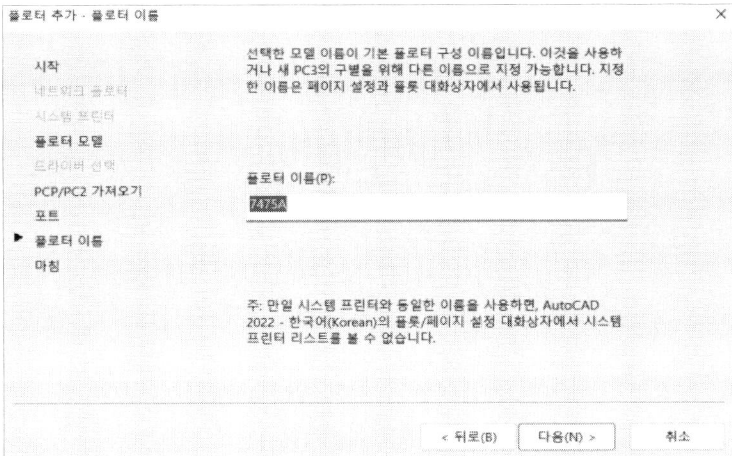

순서⑥ 플로터 이름 설정

⑦ [마침(F)] 으로 클릭하여 플로터를 추가를 완료한다.

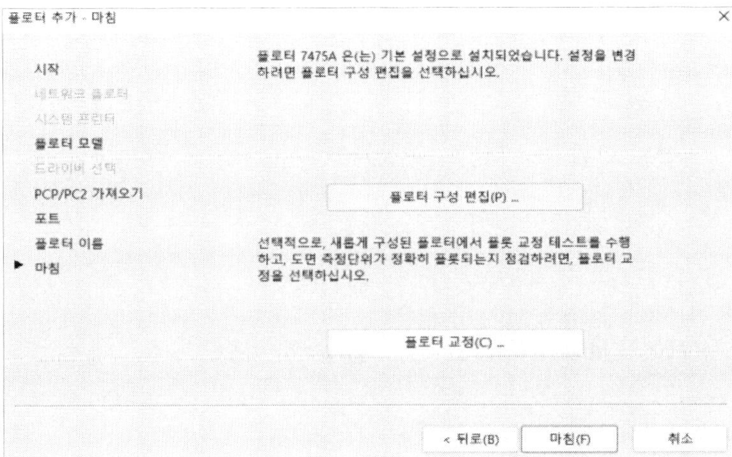

순서⑦ 플로터 추가

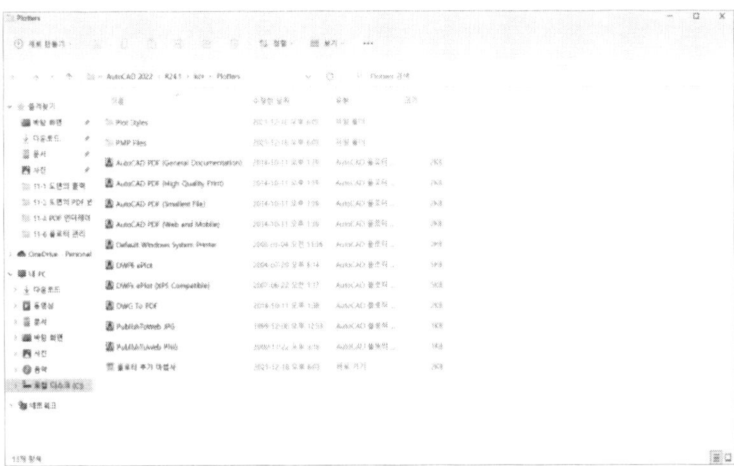

제3편

2차원 도면 실습

Chapter 12 기본도면 실습

지금까지 배운 내용을 바탕으로 도면 실습을 해보자.

12.1 계단 그리기

계단의 평면도를 그리는 예제를 따라 해보자.

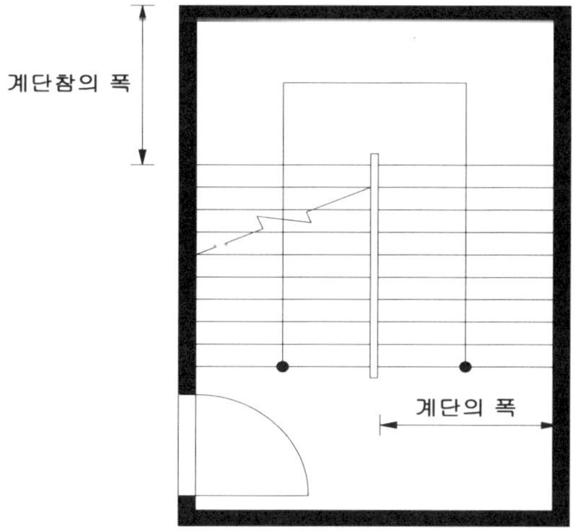

계단 그리기

① 새로운 도면 템플릿을 만든다.

명령 : NEW Enter↵

그 후 acadiso.dwt를 선택하여 새로운 템플릿을 만든다.

② LIMITS 명령을 이용하여 도면 한계를 설정한다.

명령 : LIMITS Enter↵

왼쪽 아래 구석 지정 또는 [켜기(ON)/끄기(OFF)] <0.0000,0.0000> : Enter↵

오른쪽 위 구석 지정 <0.0000,0.0000> : 10000,10000 Enter↵

② 도면한계 설정하기

③ LINE를 이용해 가로 4000mm, 세로 5000mm의 선을 그린다.
명령 : L Enter↵ (LINE)

직각으로 선을 그리기 위해 직교가 켜있는지 확인한다. (단축키 : F8)

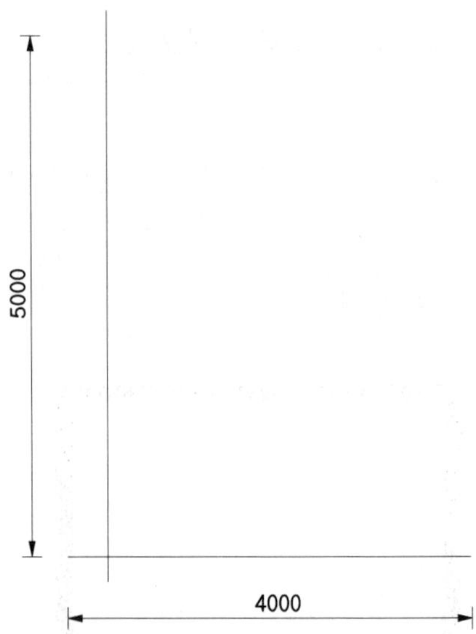

순서③ 기준선 그리기

④ OFFSET을 사용해 1250mm, 2000mm, 1250mm간격의 가로선과 1500mm 간격의 세로선을 그린다.
명령 : O Enter↵ (OFFSET)
간격띄우기 거리 지정 또는 [통과점(T)/지우기(E)/도면층(L)] <통과점> : 1250 Enter↵
복사될 거리를 지정했으면 이 후 객체를 선택하고 복사될 방향으로 클릭하면 복사가 적용된다.
(이후 OFFSET사용법 동일)

⑤ OFFSET을 사용하여 내부 30mm, 외부 70mm 간격으로 선을 그린다.

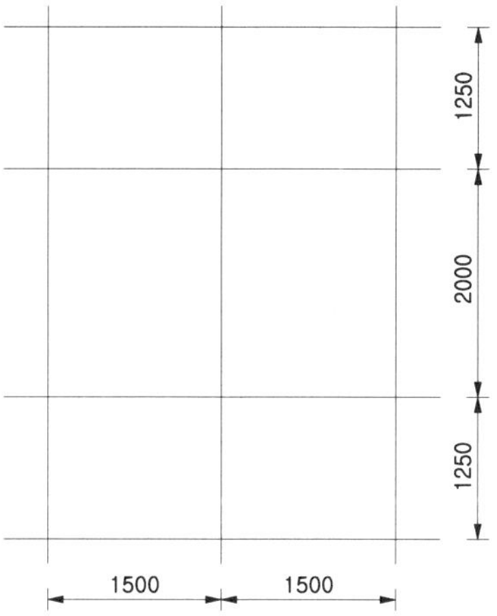

순서④ Offset를 이용한 기준선 그리기

순서⑤ 벽체 그리기

⑥ 중심선을 제거한다.

⑦ TRIM을 사용하여 필요 없는 선을 제거한다.

순서⑥ 중심선 제거

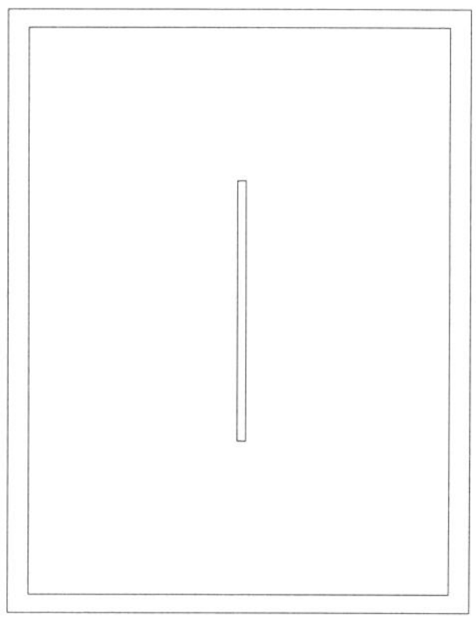

순서⑦ TRIM으로 정리

⑧ 1개의 계단을 나타낼 선을 그린 후 OFFSET를 이용하여 200mm 간격의 계단을 그린다.

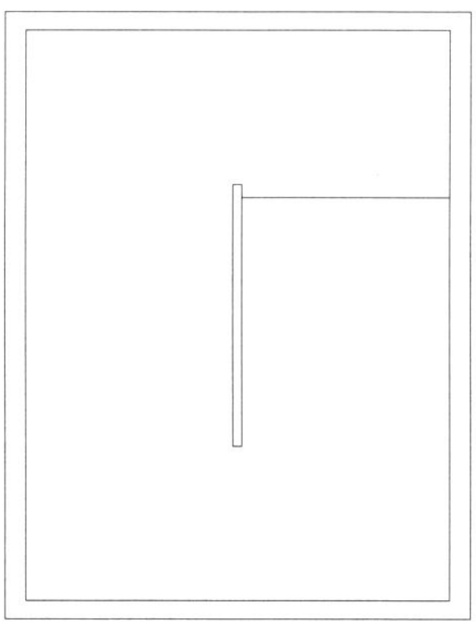

⇨

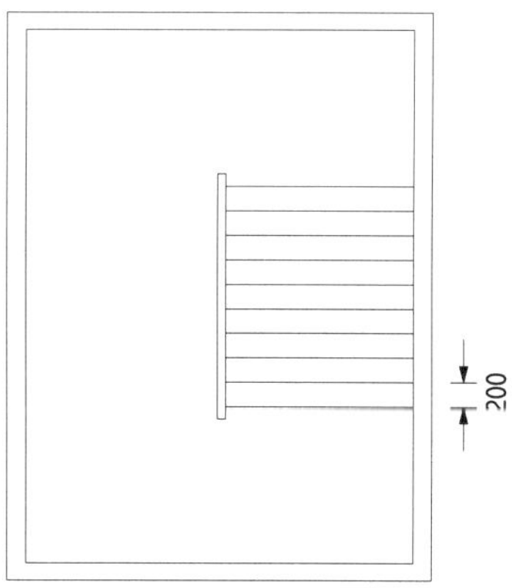

순서⑧ 계단 그리기

⑨ 계단의 오르내림 표시와 시작점을 그린 후 해치를 이용한다.

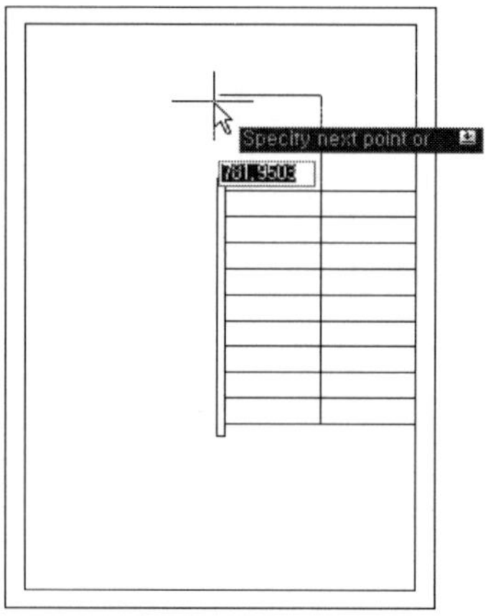

오르내림 표시

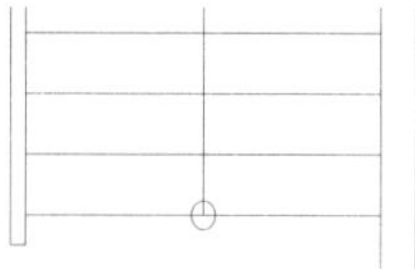

시작점에 원을 그린다.

⇩

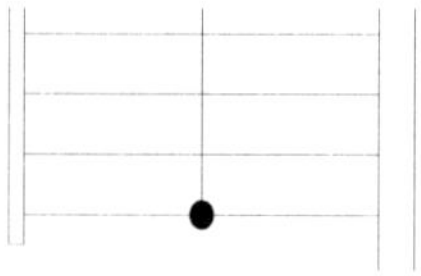

해치를 사용하여 색칠한다.

순서⑨ 오르내림 표시 후 해치를 이용한 시작점 색채우기

⑩ MIRROR 명령을 이용하여 반대쪽의 계단과 오르내림 표시를 그린다.
P1점을 기준점으로 하고 P2점까지 내려 선택한 객체를 수직 복사한다.

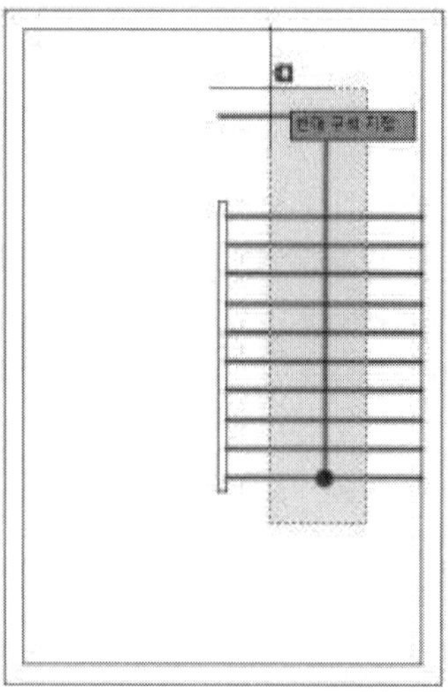

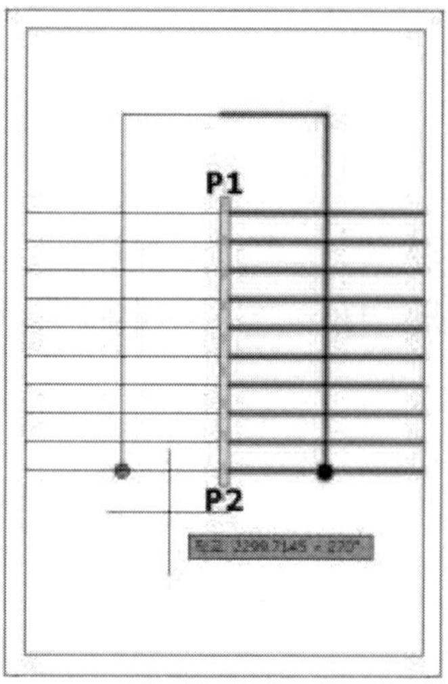

순서⑩ MIRROR를 이용한 반대편 계단참 그리기

⑪ 끊음 표시를 한다. 끊음 표시는 BREAK 명령이나 TRIM 명령을 이용한다.

⑫ 출입문을 그려준다.

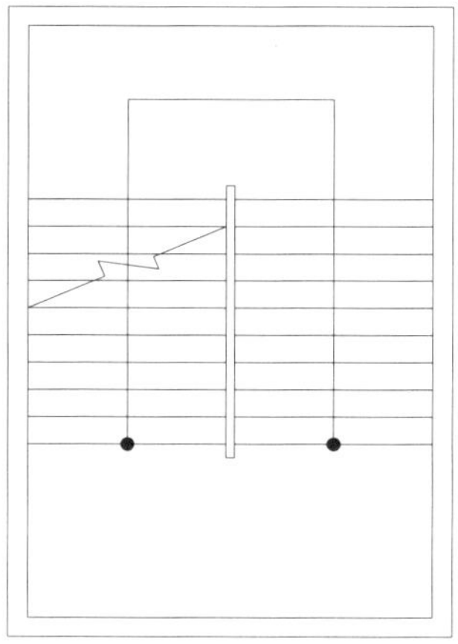

순서⑪ 끊음 표시

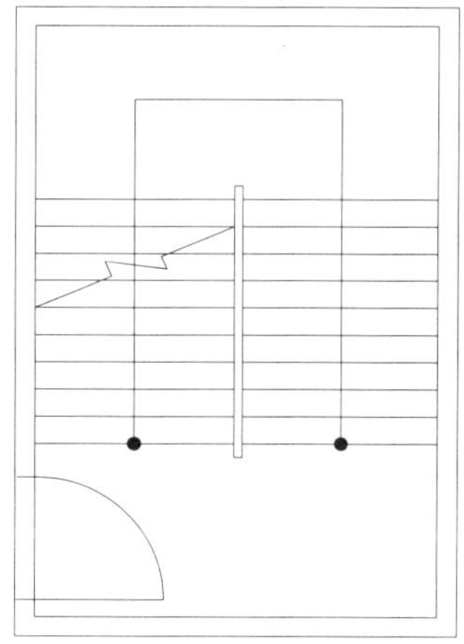

순서⑫ 문 그리기

⑬ HATCH 명령을 이용하여 벽체를 채운다.

⑭ 치수기입과 문자를 입력해준다.

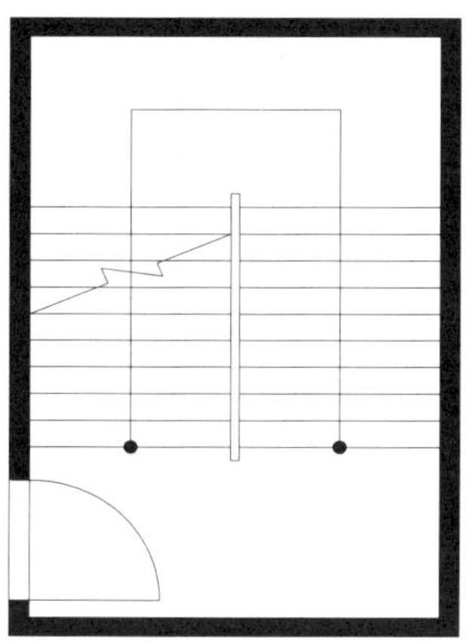

순서⑬ 벽체 해치

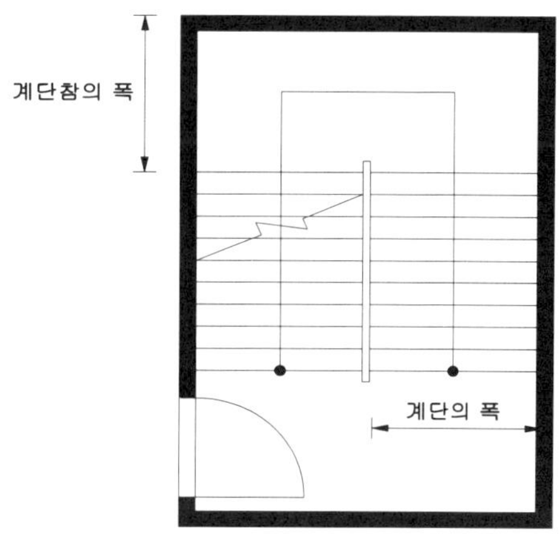

순서⑭ 치수 및 문자 입력

⑮ 수정할 부분이 있는지 다시 한 번 확인하고 그림을 저장한다.
명령 : SAVE

참고하세요

AutoCAD로 그림을 그리거나 도면을 칠 때는 여러 가지 방법이 있다.
앞에서 연습한 ①~⑮의 순서로 그리는 방법과 아래 그림처럼 절반만 그리고 MIRROR로 복사하는 방법도 있다. 이처럼 AutoCAD에서 그리는 방법은 무궁무진하니 자기만의 쉽고 빠른 방법을 개발한다면 AutoCAD를 보다 효율적으로 다룰 수 있을 것이다.

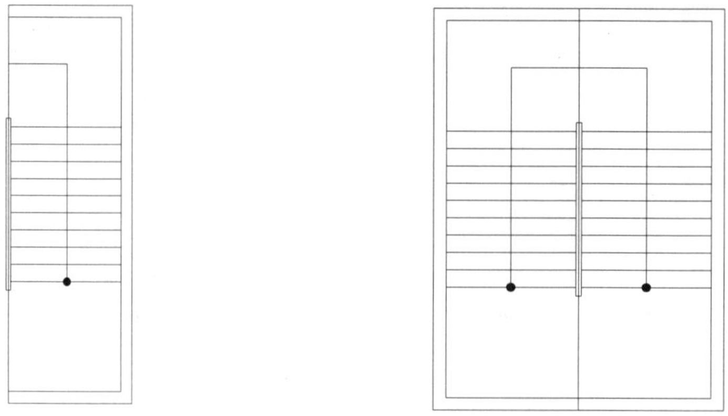

계단 절반을 그린 후 MIRROR를 이용한 복사

12.2 난간 상세도 그리기

난간 상세도를 그려보자.

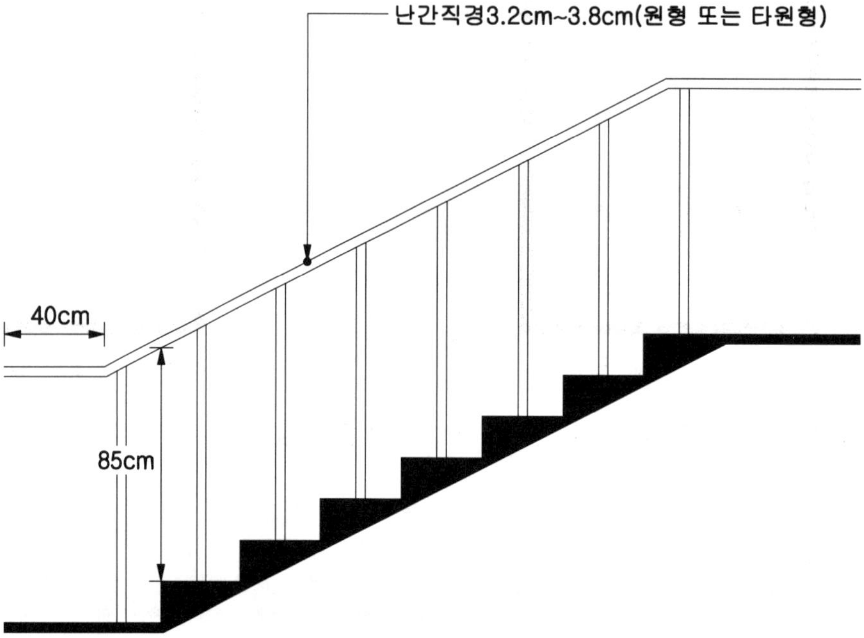

난간 상세도 그리기

① 새로운 도면 템플릿을 만든다.

명령 : NEW Enter↵

그 후 acadiso.dwt를 선택하여 새로운 템플릿을 만든다.

② LIMITS 명령을 이용하여 도면 한계를 설정한다.

명령 : LIMITS [Enter↵]

왼쪽 아래 구석 지정 또는 [켜기(ON)/끄기(OFF)] <0.0000,0.0000> : [Enter↵]

오른쪽 위 구석 지정 <0.0000,0.0000> : 5000,5000 [Enter↵]

③ LINE 명령을 이용하여 아래 그림과 같은 선을 그린다.

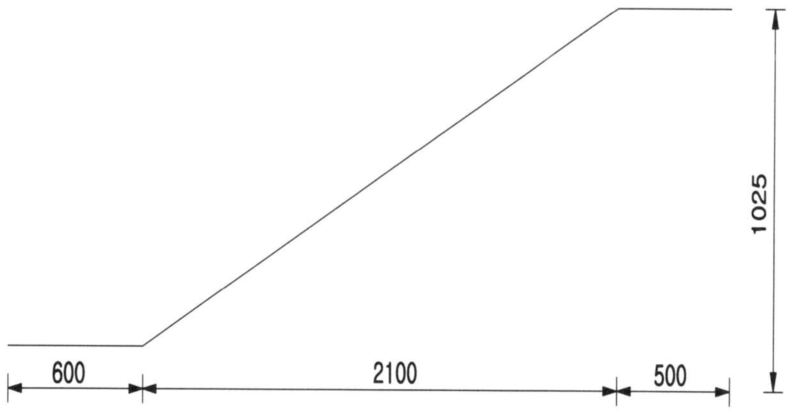

순서③ 기본선 그리기

④ OFFSET 명령을 이용하여 위쪽 방향으로 35mm, 925mm, 35mm 간격의 선을 그린다.

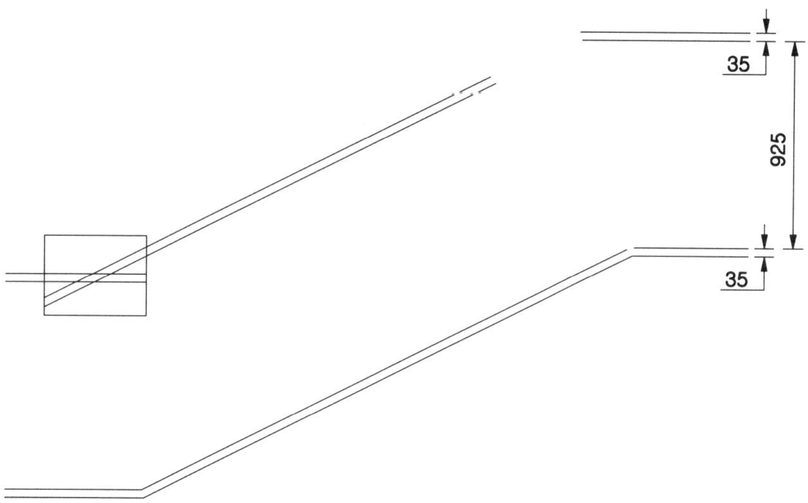

순서④ 기본선 그리기

⑤ 순서④의 사각형부분을 확대하여 FILLET을 사용하여 정리한다.

명령 : F [Enter↵] (FILLET)

첫 번째 객체 선택 또는 [명령취소(U)/폴리선(P)/반지름(R)/자르기(T)/다중(M)] : P1, P2

명령 : [Enter↵] ([Enter↵]를 누르면 바로 전 단계에서 실행했던 명령이 다시 실행된다.)

첫 번째 객체 선택 또는 [명령취소(U)/폴리선(P)/반지름(R)/자르기(T)/다중(M)] : P3, P4

다른 곳도 이러한 방법으로 선을 정리한다.

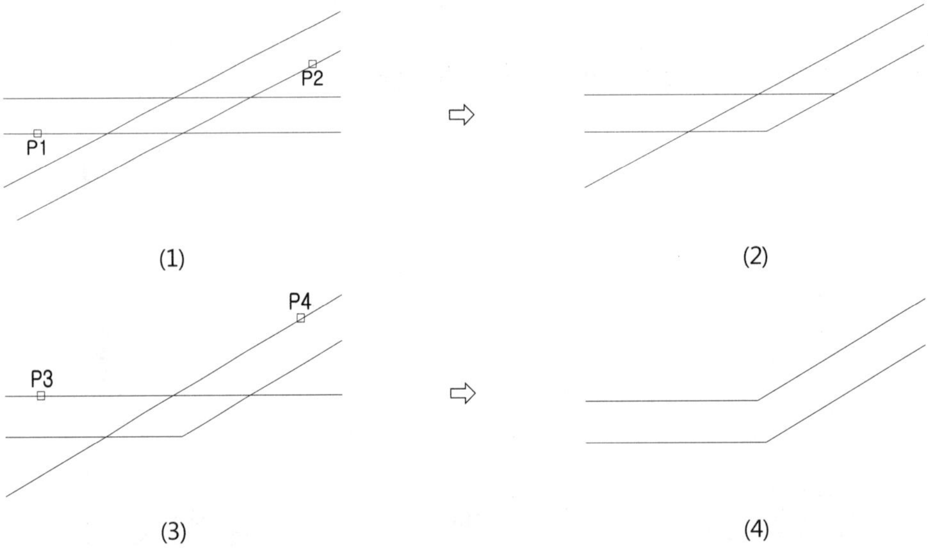

순서⑤ FILLET을 이용한 선 정리

⑥ 아래 그림의 사각형부분에 폭 300mm, 높이 150mm 계단을 그린 후, 계단의 중점에서 위쪽으로 선을 잇고 OFFSET 명령으로 난간을 만든다.

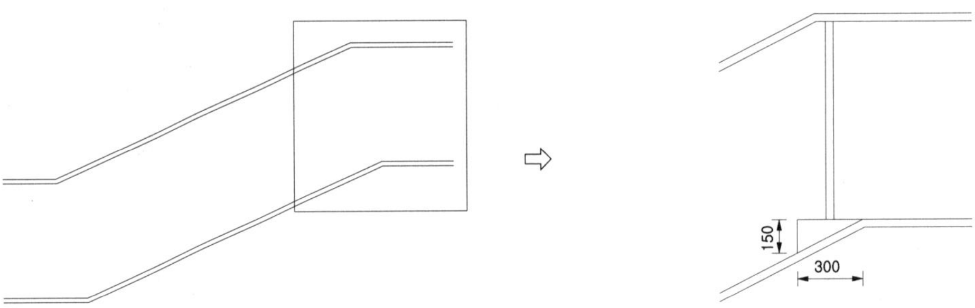

순서⑥ 난간 만들기

⑦ COPY 명령을 이용해 계단을 만든다. 기준점(P1)을 클릭하여 이동할 점(P2)으로 클릭해준다.

(3)

순서⑦ 계단 만들기

⑧ EXTEND 명령을 이용하여 난간이 만나지 않는 부분을 정리해준다.

명령 : EX Enter↵ (EXTEND)

객체 선택 또는 <모두 선택> : P1 클릭 Enter↵ 후 연장하고 싶은 난간 객체를 선택한다.

선택방법은 Ctrl+개별선택 또는 교차 선택하면 된다.

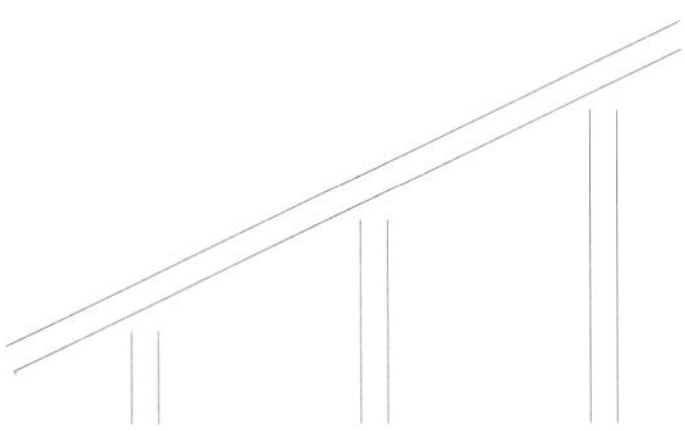

(1) 연장할 난간 객체

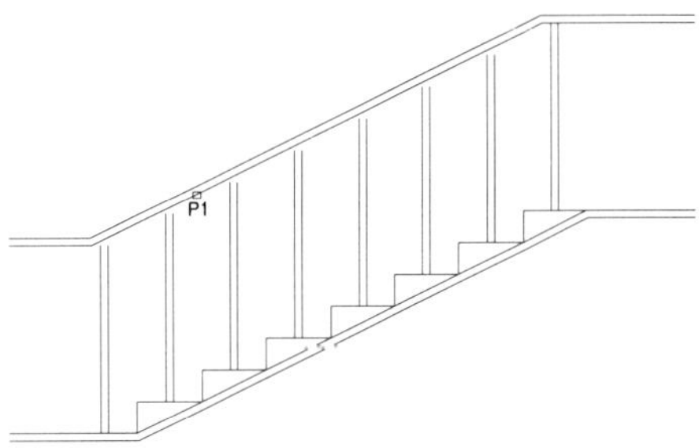

(2) 기준이 되는 연장 끝선 선택

(3) 연장 완료

순서⑧ 난간 정리

⑨ HATCH 명령을 사용하여 계단의 바닥과 발판을 솔리드 검정색으로 해치를 넣는다.

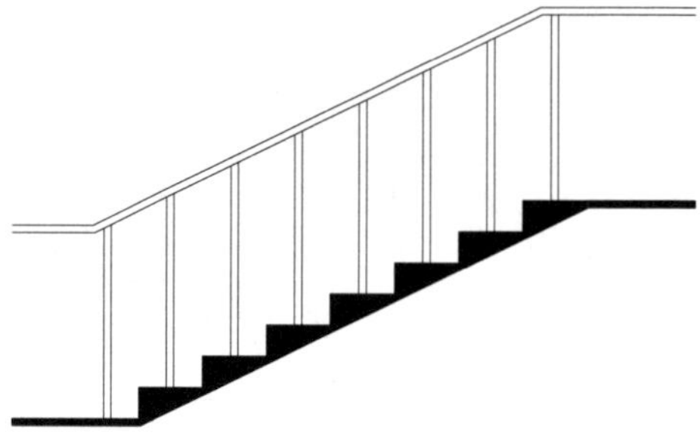

순서⑨ 해치(HATCH)

⑩ 치수와 문자를 기입한 후 수정할 부분이 있는지 확인하고 그림을 저장한다.

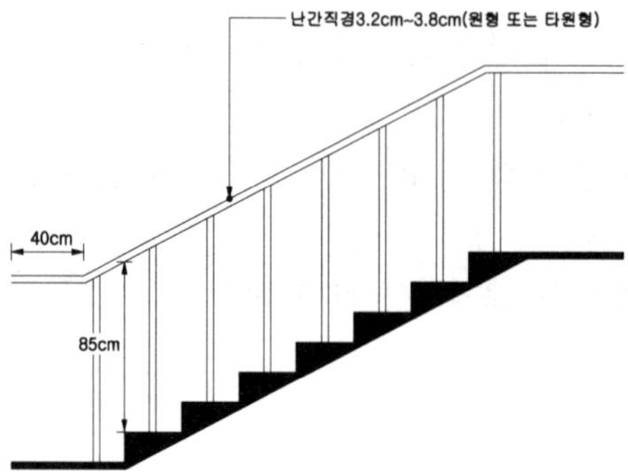

순서⑩ 완성

12.3 욕조 그리기

욕조 예제를 따라해 보자.

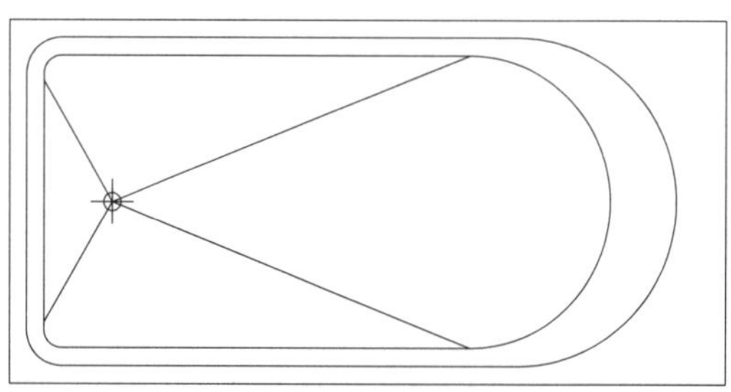

욕조 그리기

① 새로운 도면 템플릿을 만든다.

명령 : NEW Enter↵

그 후 acadiso.dwt를 선택하여 새로운 템플릿을 만든다.

② LIMITS 명령을 이용하여 도면 한계를 설정한다.

명령 : LIMITS [Enter↵]

왼쪽 아래 구석 지정 또는 [켜기(ON)/끄기(OFF)] <0.0000,0.0000> : [Enter↵]

오른쪽 위 구석 지정 <0.0000,0.0000> : 5000,5000 [Enter↵]

③ 욕조의 중심선을 그린다.

명령 : REC [Enter↵] (RECTANG)

첫 번째 구석점 지정 또는 [모따기(C)/고도(E)/모깎기(F)/두께(T)/폭(W)] : 임의의 점 클릭

다른 구석점 지정 또는 [영역(A)/치수(D)/회전(R)] : @3000,1300 [Enter↵]

순서③ 중심선 그리기

④ OFFSET 명령을 이용하여 간격 80mm의 내·외부 선을 그린다.

명령 : O [Enter↵] (OFFSET)

간격띄우기 거리 지정 또는 [통과점(T)/지우기(E)/도면층(L)] <통과점> : 80 [Enter↵]

간격띄우기 할 객체 선택 또는 [종료(E)/명령취소(U)] <종료> : P1 클릭

간격띄우기 할 객체 선택 또는 [종료(E)/명령취소(U)] <종료> : P2 클릭(내부선)

간격띄우기 할 객체 선택 또는 [종료(E)/명령취소(U)] <종료> : P1 클릭

간격띄우기 할 객체 선택 또는 [종료(E)/명령취소(U)] <종료> : P3 클릭(외부선) [Enter↵]

순서④ 내 · 외부신 그리기

⑤ FILLET 명령을 이용하여 중심선을 둥글게 처리한다.

명령 : F Enter↵ (FILLET)

첫 번째 객체 선택 또는 [명령취소(U)/폴리선(P)/반지름(R)/자르기(T)/다중(M)] : R Enter↵

모깎기 반지름 지정 <10.0000> : 160 Enter↵

첫 번째 객체 선택 또는 [명령취소(U)/폴리선(P)/반지름(R)/자르기(T)/다중(M)] : L1 선택

두 번째 객체 선택 또는 Shift 키를 누른 채 선택하여 구석 적용 : L2 선택

명령 : Enter↵ (이전 명령 실행)

첫 번째 객체 선택 또는 [명령취소(U)/폴리선(P)/반지름(R)/자르기(T)/다중(M)] : L3 선택

두 번째 객체 선택 또는 Shift 키를 누른 채 선택하여 구석 적용 : L4 선택

순서⑤ 중심선 라운딩 처리

⑥ FILLET 명령을 이용하여 내부 선을 둥글게 처리한다.

명령 : F Enter↵ (FILLET)

첫 번째 객체 선택 또는 [명령취소(U)/폴리선(P)/반지름(R)/자르기(T)/다중(M)] : R Enter↵

모깎기 반지름 지정 <10.0000> : 80 Enter↵

첫 번째 객체 선택 또는 [명령취소(U)/폴리선(P)/반지름(R)/자르기(T)/다중(M)] : L5 선택

두 번째 객체 선택 또는 Shift 키를 누른 채 선택하여 구석 적용 : L6 선택

명령 : Enter↵ (이전 명령 실행)

첫 번째 객체 선택 또는 [명령취소(U)/폴리선(P)/반지름(R)/자르기(T)/다중(M)] : L7 선택

두 번째 객체 선택 또는 Shift 키를 누른 채 선택하여 구석 적용 : L8 선택

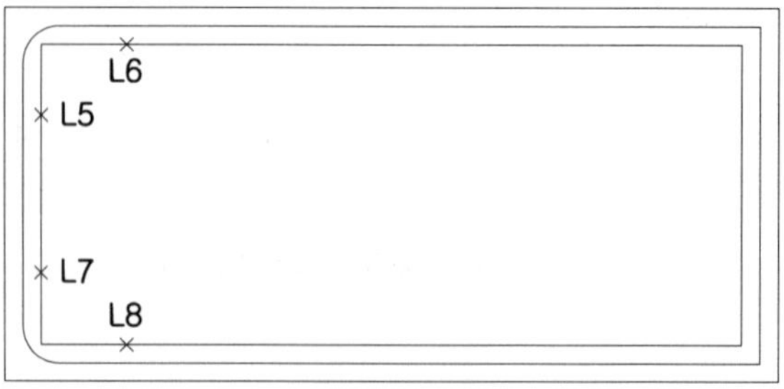

순서⑥ 내부선 라운딩 처리

⑦ LINE 명령을 이용해 아래의 그림처럼 적당한 위치에 선을 그린다.

명령 : L Enter↵ (LINE)

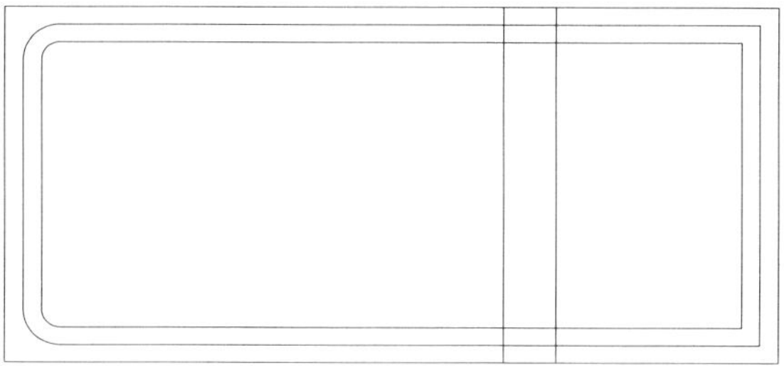

순서⑦ 선 그리기

⑧ CIRCLE 명령을 이용하여 욕조 내부에 원을 그린다.

명령 : C Enter↵ (CIRCLE)

원에 대한 중심점 지정 또는 [3점(3P)/2점(2P)/Ttr-접선 접선 반지름(T)] : 2P Enter↵

원 지름의 첫 번째 끝점을 지정 : P4 선택

원 지름의 두 번째 끝점을 지정 : P5 선택

명령 : Enter↵ (이전 명령 실행)

원에 대한 중심점 지정 또는 [3점(3P)/2점(2P)/Ttr-접선 접선 반지름(T)] : 2P Enter↵

원 지름의 첫 번째 끝점을 지정 : P6 선택

원 지름의 두 번째 끝점을 지정 : P7 선택

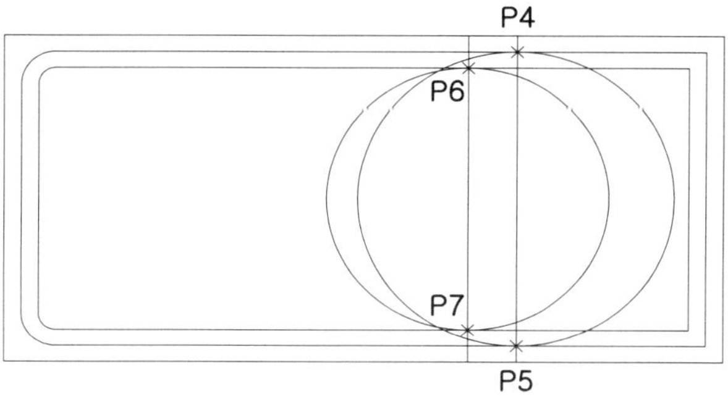

순서⑧ 원 그리기

⑨ 불필요한 선들은 TRIM 명령이나 ERASE 명령을 사용하여 정리한다.

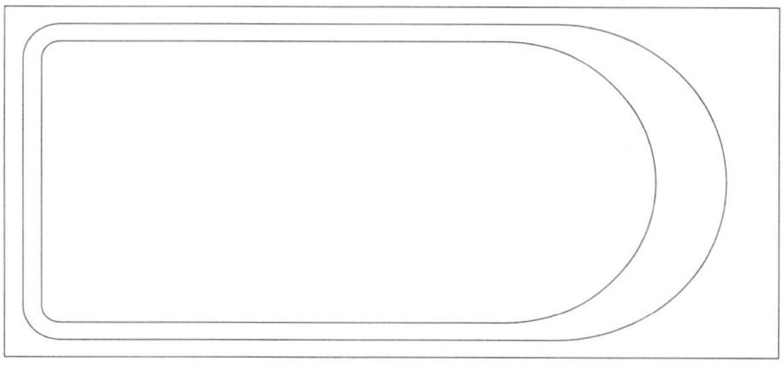

순서⑨ 선 정리

⑩ 아래 그림과 같이 적당한 위치에 선을 그린다.

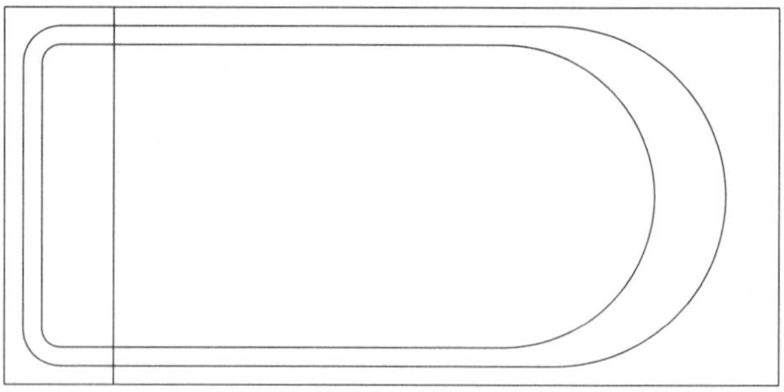

순서⑩ 선 그리기

⑪ CIRCLE 명령을 이용하여 외부원의 반지름이 100 mm이고, 내부원의 반지름이 40 mm인 배수구를 그린다.

명령 : C [Enter↵] (CIRCLE)

원에 대한 중심점 지정 또는 [3점(3P)/2점(2P)/Ttr-접선 접선 반지름(T)] : P8 선택 [Enter↵]

원의 반지름 지정 또는 [지름(D)] : 100 [Enter↵]

명령 : [Enter↵] (이전 명령 실행)

원에 대한 중심점 지정 또는 [3점(3P)/2점(2P)/Ttr-접선 접선 반지름(T)] : P8 선택 [Enter↵]

원의 반지름 지정 또는 [지름(D)] : 40 [Enter↵]

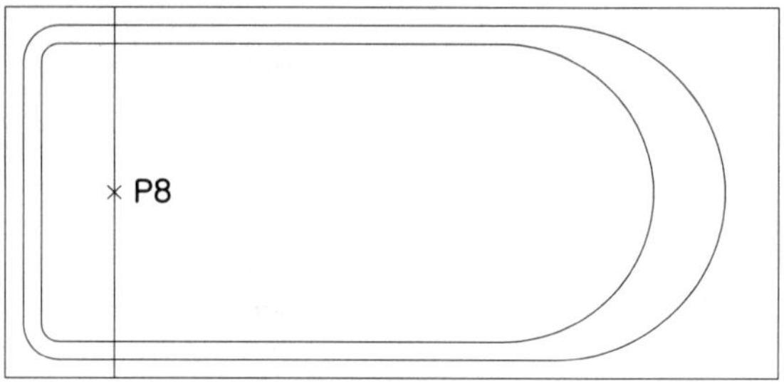

⇩

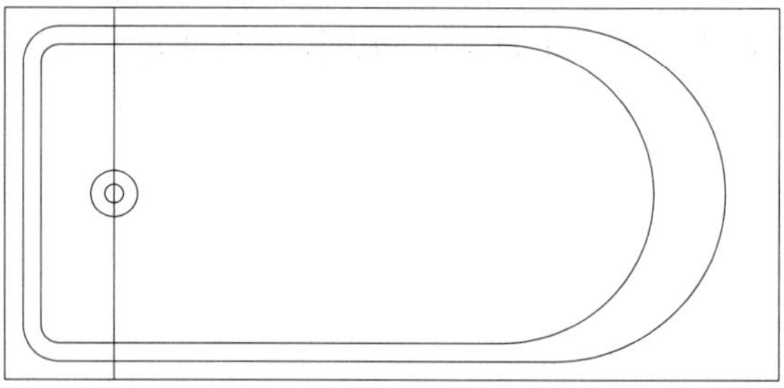

순서⑪ 배수구 그리기

⑫ LINE 명령을 이용하여 배수구의 중심선을 그려준다.

명령 : L Enter↵ (LINE)

첫 번째 점 지정 : P9점 선택

다음 점 지정 또는 [명령취소(U)] : P10 선택

※ 주의 : OSNAP(객체 스냅 모드)에서 '사분점'이 체크된 후 객체 스냅이 켜져 있는 상태여야 한다.

객체 스냅 모드설정 단축키 : OS

객체 스냅 On/Off 단축키 : F3

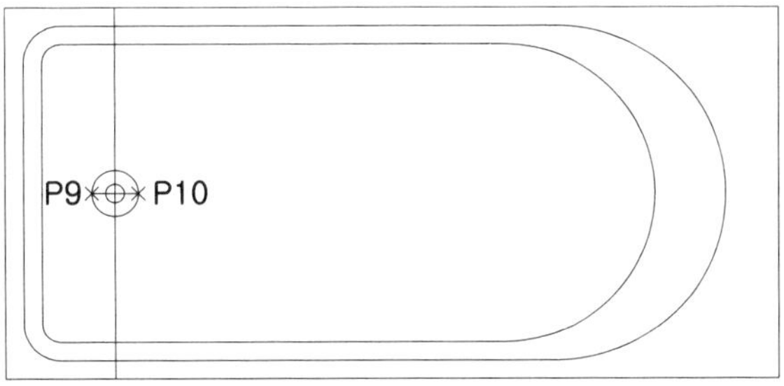

순서⑫ 배수구 중심선 그리기

⑬ ERASE 명령을 사용하여 불필요한 선들을 정리해준다.

순서⑬ 배수구 정리

⑭ LINE을 이용하여 경사 표시선을 그린 후, 수정할 부분이 있는지 다시 한 번 확인하고 저장한다.

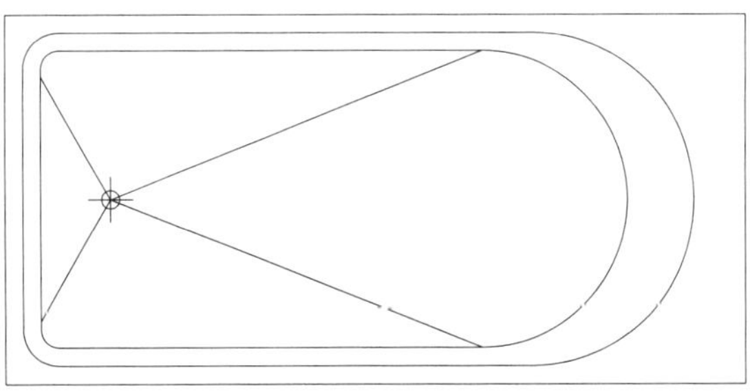

완 성

12.4 식탁 그리기

원형 식탁의 예제를 따라해 보자.

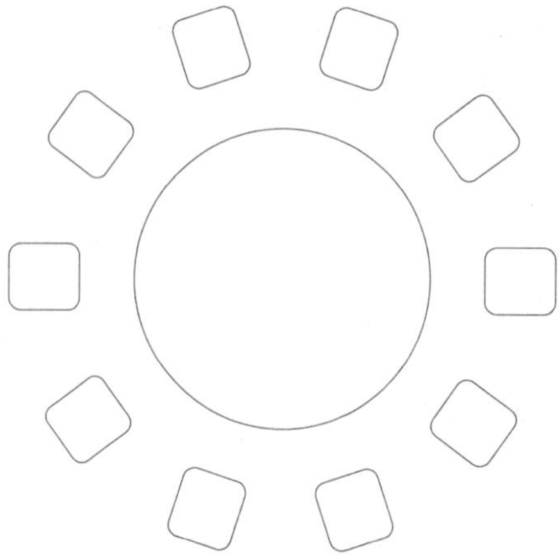

식탁 그리기

① 새로운 도면 템플릿을 만든다.

명령 : NEW Enter↵

그 후 acadiso.dwt를 선택하여 새로운 템플릿을 만든다.

② LIMITS 명령을 이용하여 도면 한계를 설정한다.

명령 : LIMITS Enter↵

왼쪽 아래 구석 지정 또는 [켜기(ON)/끄기(OFF)] <0.0000,0.0000> : Enter↵

오른쪽 위 구석 지정 <0.0000,0.0000> : 5000,5000 Enter↵

③ 세로·가로의 길이가 2000mm인 십자모양의 중심선을 그린다.

순서③ 중심선 그리기

④ CIRCLE 명령을 이용하여 가운데 식탁을 그려준다.

명령 : C [Enter↵] (CIRCLE)

원에 대한 중심점 지정 또는 [3점(3P)/2점(2P)/Ttr-접선 접선 반지름(T)] : P1 선택 [Enter↵]

원의 반지름 지정 또는 [지름(D)] : 500 [Enter↵]

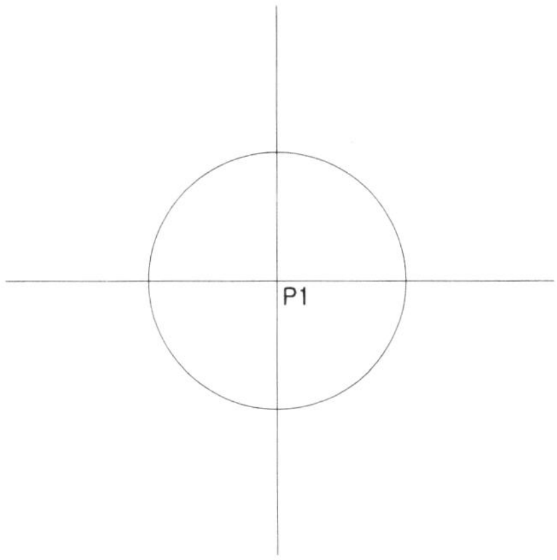

순서④ 식탁 그리기

⑤ RECTANG 명령을 이용하여 식탁의 비율에 맞는 의자를 그려준다.

명령 : REC [Enter↵] (RECTANG)

첫 번째 구석점 지정 또는 [모따기(C)/고도(E)/모깎기(F)/두께(T)/폭(W)] : P2 클릭

다른 구석점 지정 또는 [영역(A)/치수(D)/회전(R)] : P3 클릭

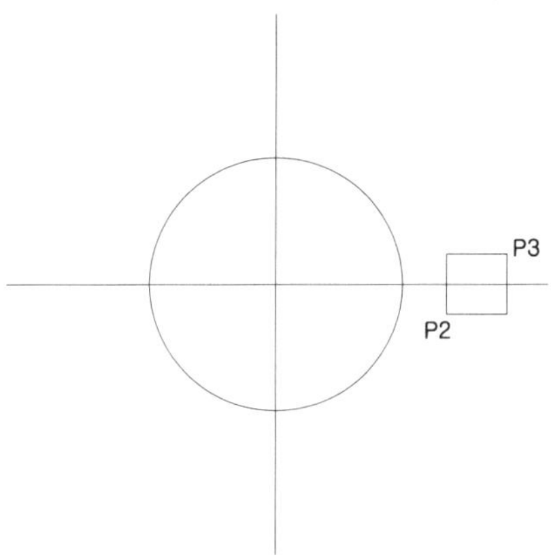

순서⑤ 의자 그리기

⑥ FILLET 명령을 이용하여 의자 모서리를 라운딩 해준다.

명령 : F [Enter↵] (FILLET)

첫 번째 객체 선택 또는 [명령취소(U)/폴리선(P)/반지름(R)/자르기(T)/다중(M)] : R [Enter↵]

모깎기 반지름 지정 : 30 [Enter↵]

첫 번째 객체 선택 또는 [명령취소(U)/폴리선(P)/반지름(R)/자르기(T)/다중(M)] : P4, P5 클릭

위의 과정을 각 모서리별로 반복 하여 모서리가 둥근 의자를 그린다.

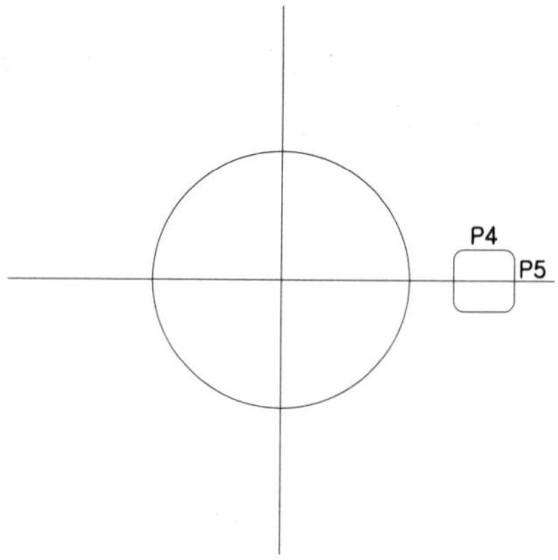

순서⑥ 의자 모서리 다듬기

⑦ ARRAYCLASSIC 명령을 이용하여 의자를 식탁(원형)에 맞춰 배열한다.
(앞에서 설명 했듯이 AutoCAD 2012부터 ARRAY명령어는 대화상자가 나타나지 않으므로 초보 자는 ARRAYCLASSIC라는 명령어를 통해 대화상자를 보고 하는 것이 편하다.)
명령 : ARRAYCLASSIC Enter↵ (ARRAYCLASSIC)

[객체 선택(S) : P6→P7을 드래그 하여 의자객체 선택] → [중심점 : 원탁의 중심(P8)] → [방법(M) : 항목의 전체 수 및 채울 각도] → [항목 수의 총계(I) : 10] → [채울 각도(F) : 360] → [회전시키면서 복사 체크] → [확인]

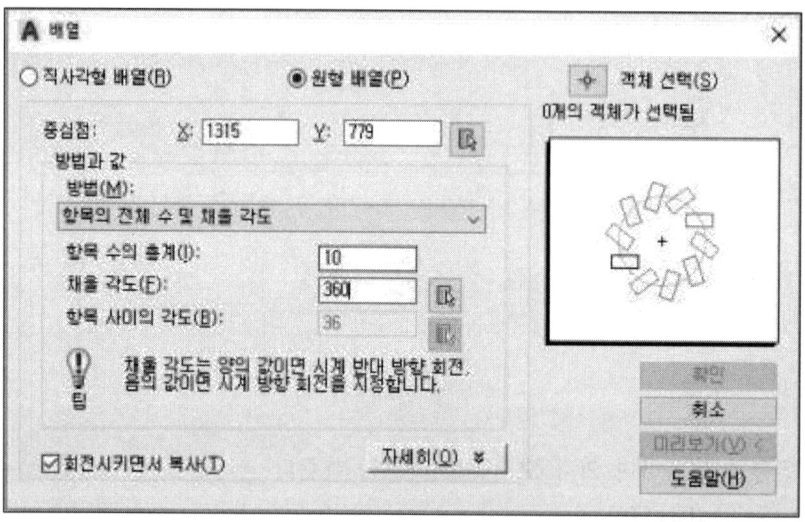

원형 배열 방법

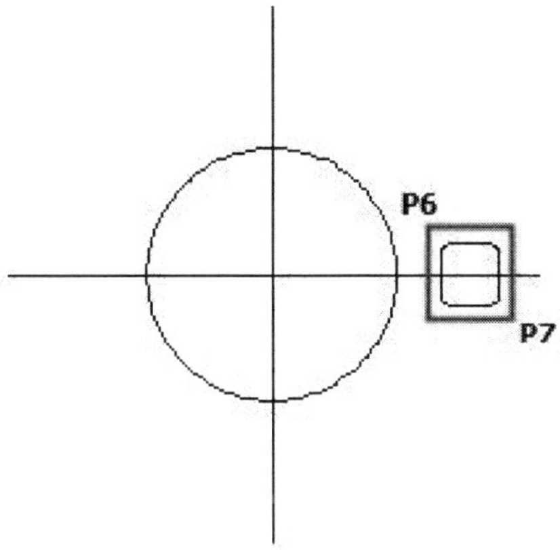

순서⑦ 의자객체 배열시키기

⑧ ERASE 명령을 이용하여 중심선을 지워준다.
명령 : E Enter↵ (ERASE)

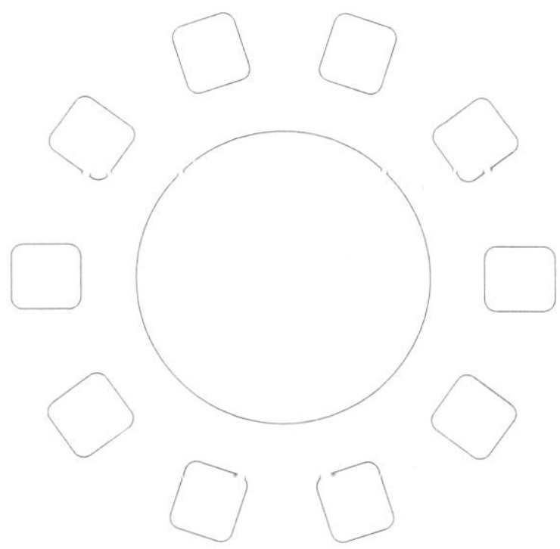

순서⑧ 완성

⑨ 빠진 부분이 있거나 이상이 있는지 확인하고 저장한다.
명령 : SAVE

12.5 침대 그리기

침대의 예제를 따라해 보자.

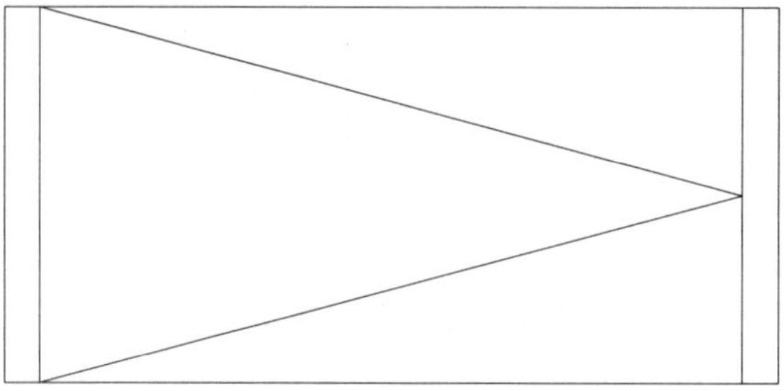

침대 그리기

① NEW 명령을 이용해 새로운 도면 템플릿을 만든다.

② LIMITS 명령을 이용하여 도면 한계를 설정한다.

명령 : LIMITS Enter↵

왼쪽 아래 구석 지정 또는 [켜기(ON)/끄기(OFF)] <0.0000,0.0000> : Enter↵

오른쪽 위 구석 지정 <0.0000,0.0000> : 5000,5000 Enter↵

③ 명령 : REC Enter↵ (RECTANG)

첫 번째 구석점 지정 또는 [모따기(C)/고도(E)/모깎기(F)/두께(T)/폭(W)] : P1을 클릭한다.

다른 구석점 지정 또는 [영역(A)/치수(D)/회전(R)] : P2를 클릭한다.

순서③ 침대 그리기 1

④ LINE 명령을 이용하여 선을 그린다.

명령 : L Enter↵ (LINE)

첫 번째 점 지정 : P3을 클릭한다.

다음 점 지정 또는 [명령취소(U)] : P4를 클릭한다.

다음 점 지정 또는 [명령취소(U)] : Enter↵

순서④ 침대 그리기 2

⑤ MIRROR 명령을 이용하여 오른쪽의 세로선을 왼쪽에 복사한다.
명령 : MI [Enter↵] (MIRROR)

순서⑤ 침대 그리기 3

⑥ LINE 명령을 이용하여 그림과 같이 선을 그려준다.
명령 : L [Enter↵] (Line)
첫 번째 점 지정 : P5를 클릭한다.
다음 점 지정 또는 [명령취소(U)] : P6을 클릭한다.
다음 점 지정 또는 [명령취소(U)] : P7을 클릭한다.
다음 점 지정 또는 [닫기(C)/명령취소(U)] : [Enter↵]

※ 주의 : P6점은 객체 스냅에서 '중간점'이 체크된 후 객체 스냅이 켜져 있는 상태여야 한다.

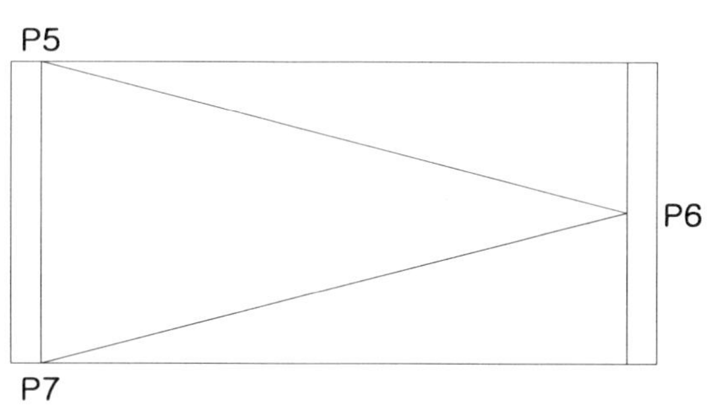

순서⑥ 침대 그리기 4

⑦ 빠진 부분이 있거나 이상이 있는지 확인하고 저장한다.

명령 : SAVE

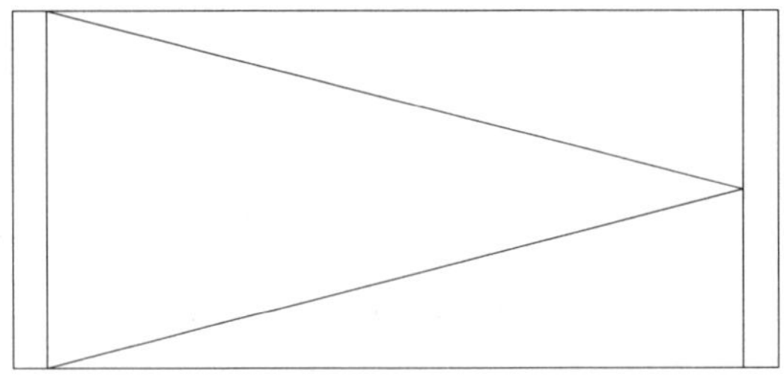

순서⑦ 완성된 침대

12.6 소파 그리기

소파의 예제를 따라 해보자.

소파 그리기

① 새로운 도면 템플릿을 만든다.

명령 : NEW [Enter↵]

그 후 acadiso.dwt를 선택하여 새로운 템플릿을 만든다.

② LIMITS 명령을 이용하여 도면 한계를 설정한다.

명령 : LIMITS [Enter↵]

왼쪽 아래 구석 지정 또는 [켜기(ON)/끄기(OFF)] <0.0000,0.0000> : [Enter↵]

오른쪽 위 구석 지정 <0.0000,0.0000> : 5000,5000 [Enter↵]

③ LINE 명령을 이용하여 가로·세로 500mm의 크기의 사각형을 만든다.

명령 : L [Enter↵] (LINE)

순서③ 소파 그리기 1

④ FILLET 명령을 이용하여 위 부분 모서리를 라운딩 해준다.

명령 : F Enter↵ (FILLET)

첫 번째 객체 선택 또는 [명령취소(U)/폴리선(P)/반지름(R)/자르기(T)/다중(M)] : R Enter↵

모깎기 반지름 지정 : 100 Enter↵

첫 번째 객체 선택 또는 [명령취소(U)/폴리선(P)/반지름(R)/자르기(T)/다중(M)] : P3 클릭

두 번째 객체 선택 또는 Shift 키를 누른 채 선택하여 구석 적용 : P4 클릭

위의 과정을 반복하여 위의 양쪽 모서리를 둥근 모양으로 만든다.

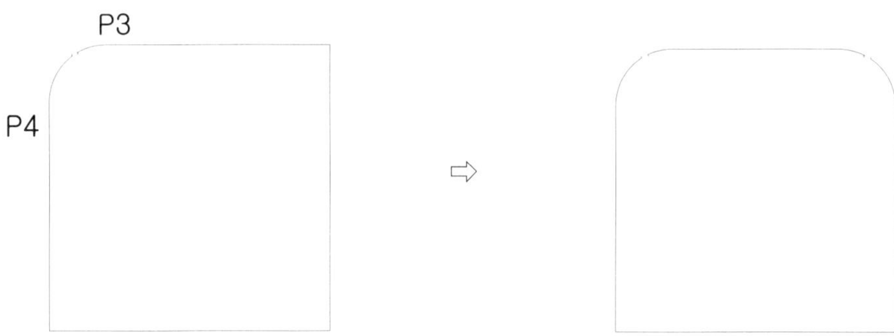

순서④ 소파 그리기 2

⑤ OFFSET 명령을 이용하여 아래 그림과 같이 아랫선을 안쪽과 바깥쪽으로 복사한다.

명령 : O Enter↵ (OFFSET)

간격띄우기 거리 지정 또는 [통과점(T)/지우기(E)/도면층(L)] <0.0000> : 50 Enter↵

순서⑤ 소파 그리기 3

⑥ CIRCLE 명령을 이용하여 그림과 같이 양쪽에 원을 만들어 준 후, TRIM 명령을 이용하여 불필요한 선을 정리해 준다.

명령 : C Enter↵ (CIRCLE)

CIRCLE 원에 대한 중심점 지정 또는 [3점(3P)/2점(2P)/Ttr - 접선 접선 반지름(T)] : 2P

명령 : TR Enter↵ (TRIM)

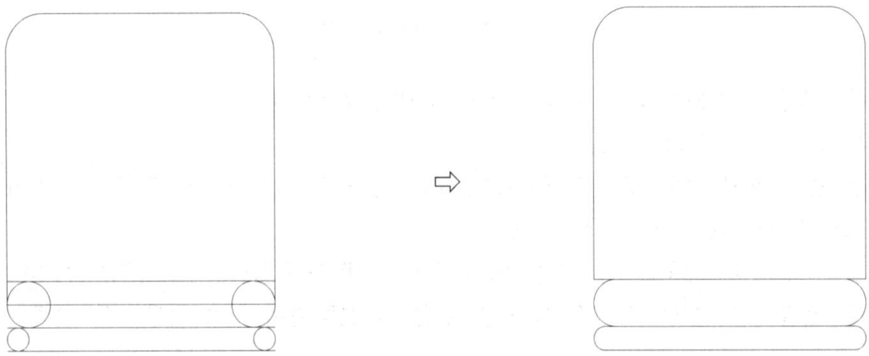

순서⑥ 소파 그리기 4

⑦ COPY 명령으로 객체를 복사한다.

명령 : CO Enter↵ (COPY)

순서⑦ 소파 그리기 5

⑧ OFFSET 명령을 이용하여 객체 양쪽에 폭 100mm의 선을 복사한다.

명령 : O Enter↵ (OFFSET)

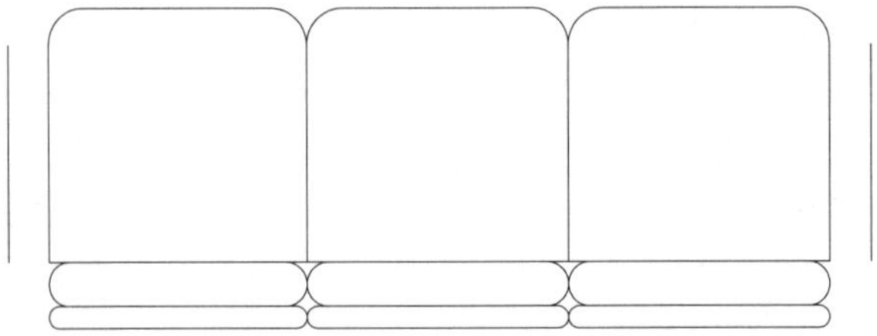

순서⑧ 소파 그리기 6

⑨ 명령 : F Enter↵ (FILLET)

첫 번째 객체 선택 또는 [명령취소(U)/폴리선(P)/반지름(R)/자르기(T)/다중(M)] : R Enter↵

모깎기 반지름 지정 : 50 Enter↵

첫 번째 객체 선택 또는 [명령취소(U)/폴리선(P)/반지름(R)/자르기(T)/다중(M)] : P7 클릭

두 번째 객체 선택 또는 Shift키를 누른 채 선택하여 구석 적용 : P8 클릭

위의 과정을 반복하여 아래의 그림처럼 만든다.

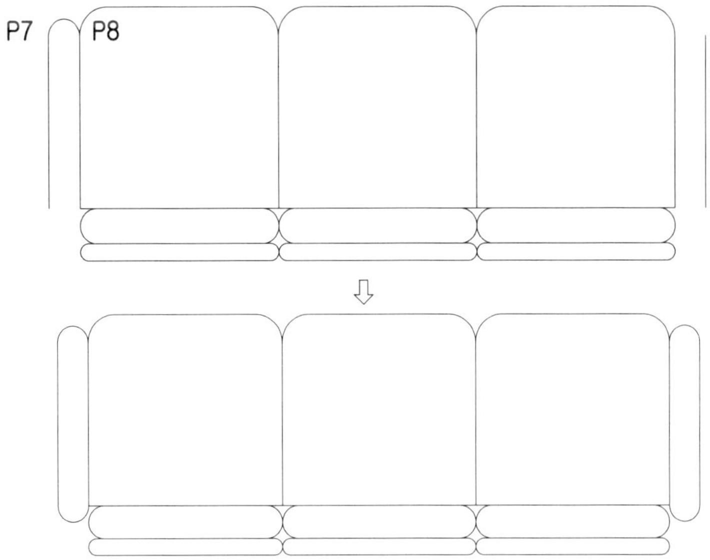

순서⑨ 소파 그리기 7

⑩ 빠진 부분이 있거나 이상이 있는지 확인하고 저장한다.

Chapter 13 평면도 그리기

그림과 같은 평면도의 예제를 축척 1/60, A3(420*297) 용지에 그려보자.

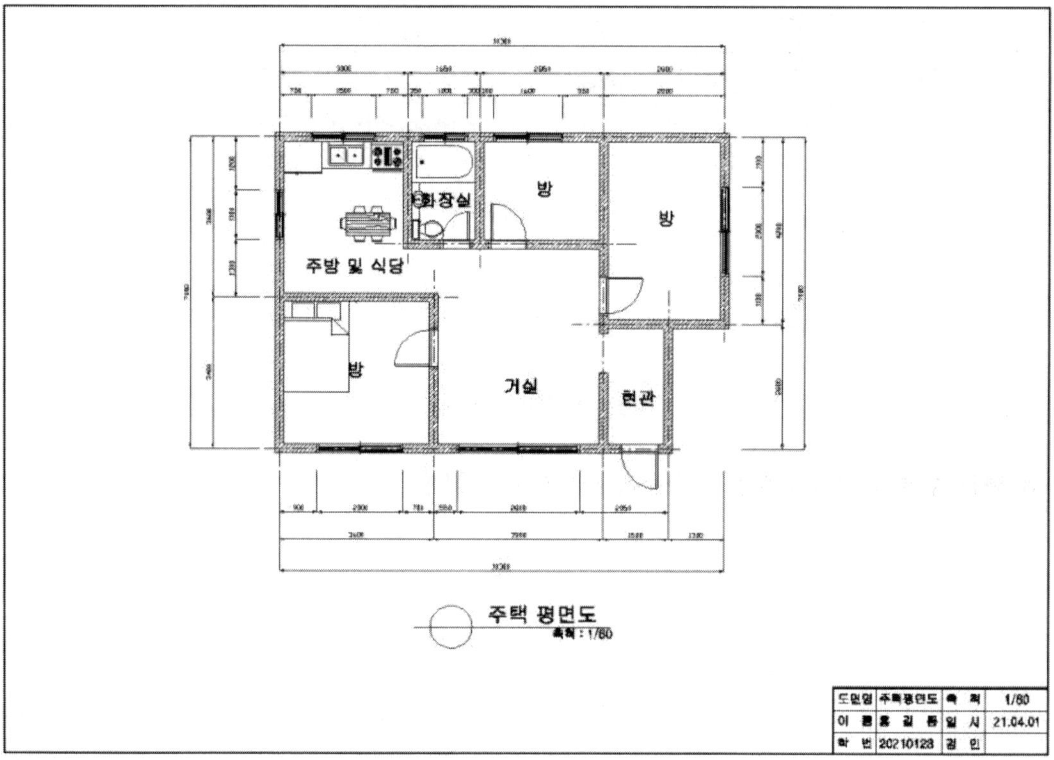

평면도

13.1 평면도 작업순서

① 작업 준비

도면양식 삽입, 레이어 만들기 등의 도면 작업을 위한 준비 및 기초적인 설정을 한다.

② **기둥, 벽 등의 중심선을 그린다.**

③ **기둥, 벽 등을 그린다.**

벽체와 기둥이 있을 때는 기둥을 먼저 그리는 것이 일반적이다.

④ **창, 문 등을 그린다.**

벽을 수정하여 창, 문 등을 삽입한다.

⑤ **마감선을 그린다.**

⑥ **가구, 주방기구, 각종 기구 등을 그린다.**

⑦ **재료 표시, 줄눈 등을 표시한다.**

⑧ **공간의 용도, 치수를 기입한다.**

⑨ **도면의 제목과 축척을 기입한다.**

⑩ **이상이 있는지 확인하고 저장한다.**

▌ 레이어 만들기 예제

번호	레이어명	레이어 요소	지정 색깔	선의 종류
1	CEN	중심선	빨강색(Red)	일점쇄선
2	WAL	벽선	노랑색(Yellow)	실선
3	WID	문, 창문	하늘색(Cyan)	실선
4	FIN	마감선	파랑색(Blue)	실선
5	FUR	가구	하늘색(Cyan)	실선
6	HAT	해치	선홍색(Magenta)	실선
7	DIM	치수	흰색(White)	실선
8	TXT	문자	노랑색(Yellow)	실선
9	SYM	기호, 심벌	초록색(Green)	실선

13.2 도면 양식 정하기

Mvsetup 명령은 종이의 크기와 축척, 단위의 형태 등을 쉽게 결정할 수 있다. 일정한 축척의 도면을 그릴 때에는 Limits 명령어보다 Mvsetup 명령이 더 간편하다.

① 새로운 도면 템플릿을 만든다.

명령 : NEW Enter↵

그 후 acadiso.dwt를 선택하여 새로운 템플릿을 만든다.

② MVSETUP 명령을 이용해 도면 축척 및 도면 크기를 설정한다.

명령 : MVSETUP Enter↵

도면 공간을 사용가능하게 합니까? [아니오(N)/예(Y)] <Y> : N

단위 유형 입력 [과학(S)/십진(D)/공학(E)/건축(A)/미터법(M)] : M

순서② MVSETUP 명령

③ 도면의 축척 비율 및 용지의 폭과 높이를 입력한다.

축척 비율 입력 : 60, 용지 폭 입력 : 420, 용지 높이 입력 : 297(A3 용지이므로)

④ 입력을 완료하면 문자 윈도우 창이 닫히면서 작업창에 ③에서 입력한 내용과 같은 네모 박스가 생기는 것을 확인할 수 있다. 이 네모 박스가 A3 크기의 도면이 되는 것이다.

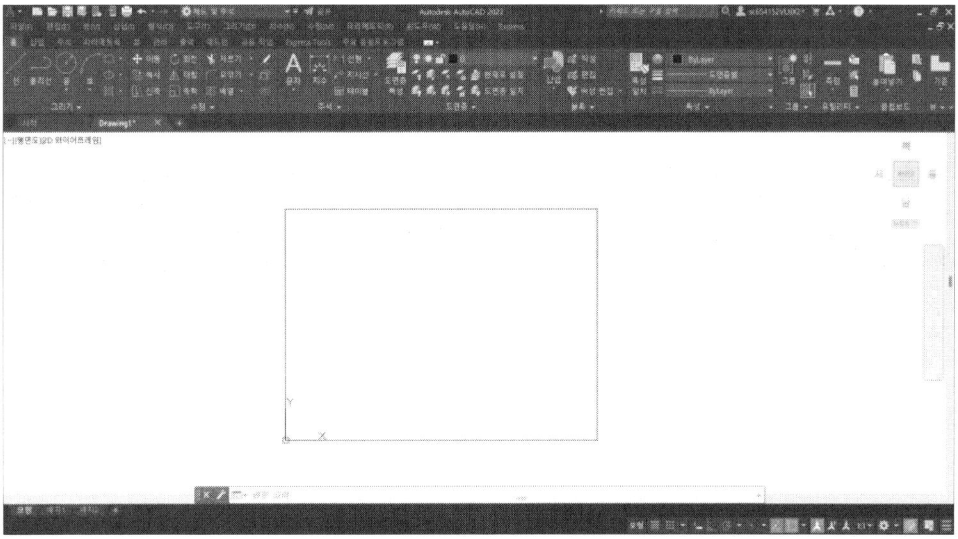

순서④ 도면 축척 및 크기 설정 완료

13.3 테두리선 그리기

① OFFSET명령을 이용하여 테두리선을 그려준다.

명령 : O Enter↵ (OFFSET)

테두리선의 간격은 10×축척으로 하므로, 600으로 한다.

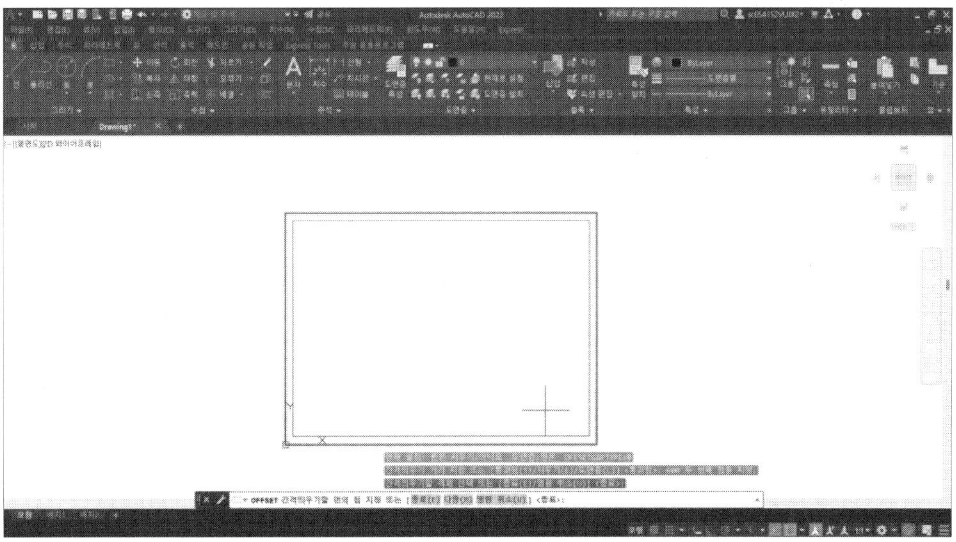

순서① 테두리 그리기

② PEDIT 명령을 이용하여 테두리선의 구분을 위한 선 굵기를 설정한다.

명령 : PE Enter↵ (PEDIT)

테두리선의 굵기는 축척의 절반 값으로 지정하므로 50 입력

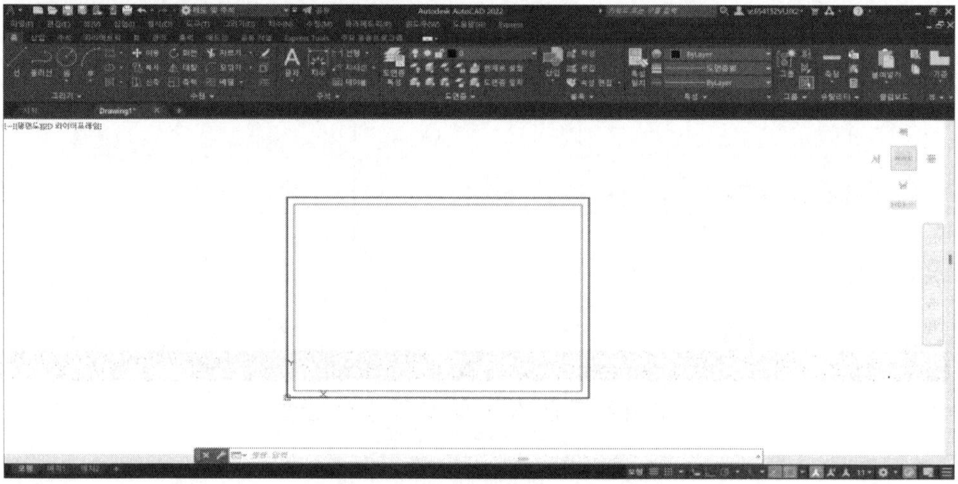

순서② 테두리선 굵기 입력

13.4 중심선 및 그 이외의 선 레이어 만들기

LAYER 명령을 입력하여 각각의 선 레이어를 만들어 준다.

① LAYER 명령을 사용하여 도면층 특성 관리자를 실행한다.

명령 : LA Enter↵ (LAYER)

② 새 도면층 아이콘(, 단축키: Alt+N)을 클릭하여 도면층을 추가한다.

③ 이름에 CEN(중심선)이란 명칭을 넣는다.

(사용자의 기호에 맞도록 다른 이름을 넣어도 무방하다.)

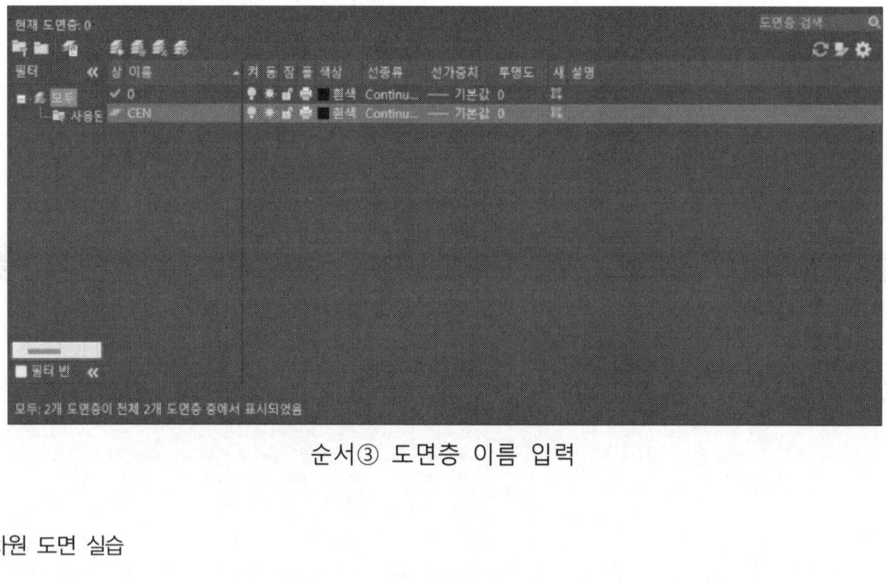

순서③ 도면층 이름 입력

④ '색상'을 클릭하여 도면층의 색상을 변경한다.

중심선은 대부분 도면에서 빨강색으로 표현한다.

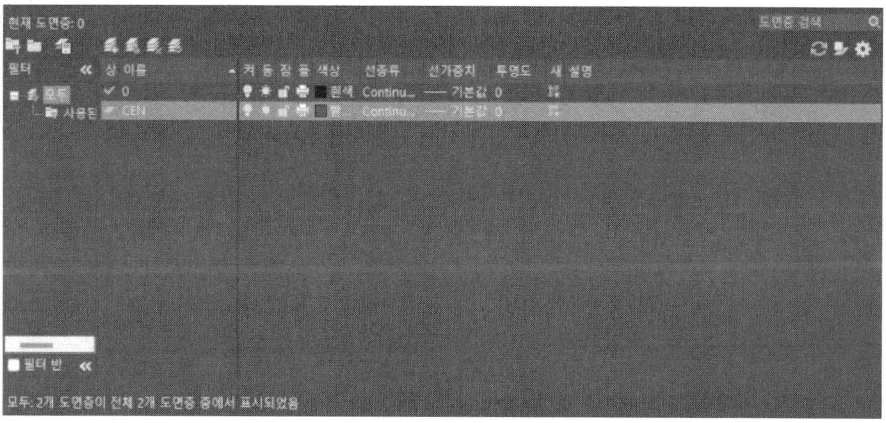

순서④ 색상 변경

④ '선 종류'를 클릭하여 선 종류를 변경해준다.

[선 종류 선택] 대화상자가 뜨면 로드를 눌러 '사용 가능한 선 종류'를 불러온 후 원하는 선 종류를 선택하여 확인 버튼을 누른다.

중심선은 대부분 일점쇄선으로 사용한다.

사용 가능한 선 종류에서는 CENTER로 표기되어 있다.

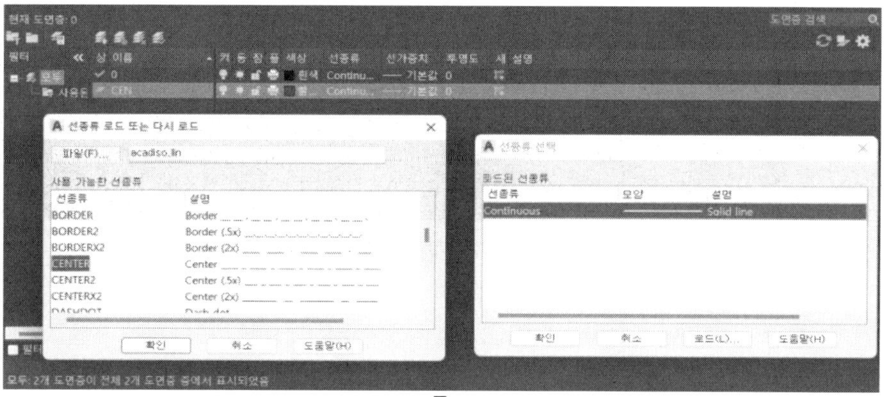

⇩

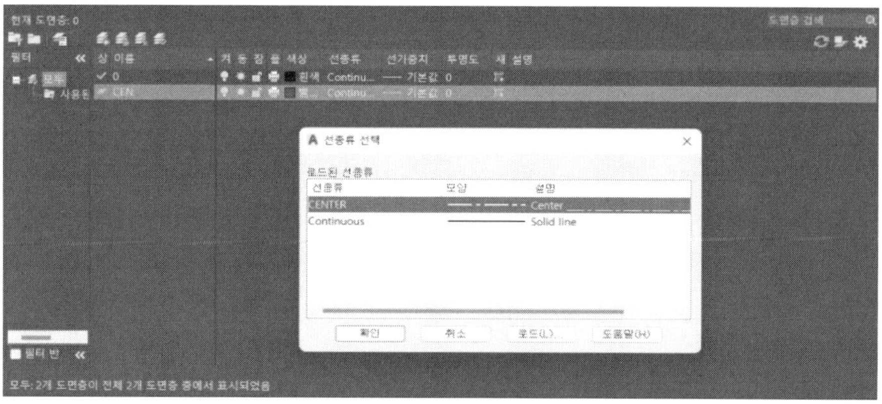

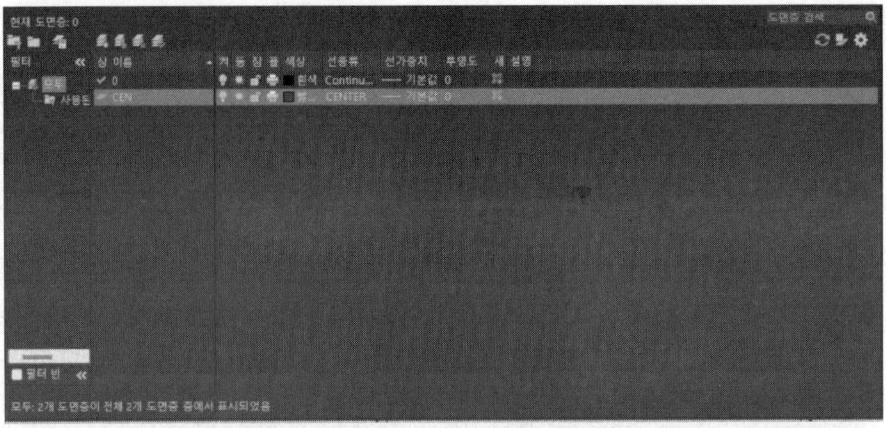

순서④ 선 종류 설정하기

⑤ 순서②~④와 같은 방법으로 13-1 레이어 만들기 예제의 레이어로 설정해보자.

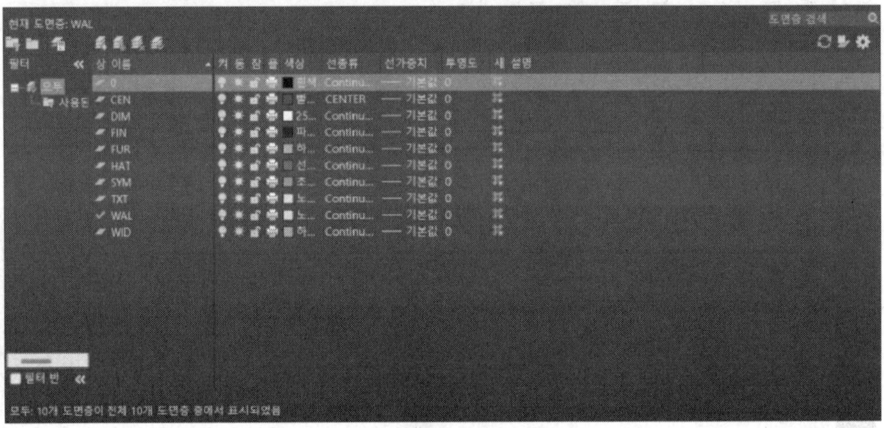

순서⑤ 도면층 추가 입력

13.5 중심선 그리기

도면의 기준이 되는 중심선을 그려보자

따라해보세요

① 홈 탭의 도면층 패널에서 도면층 선택을 CEN 레이어로 바꾼다.

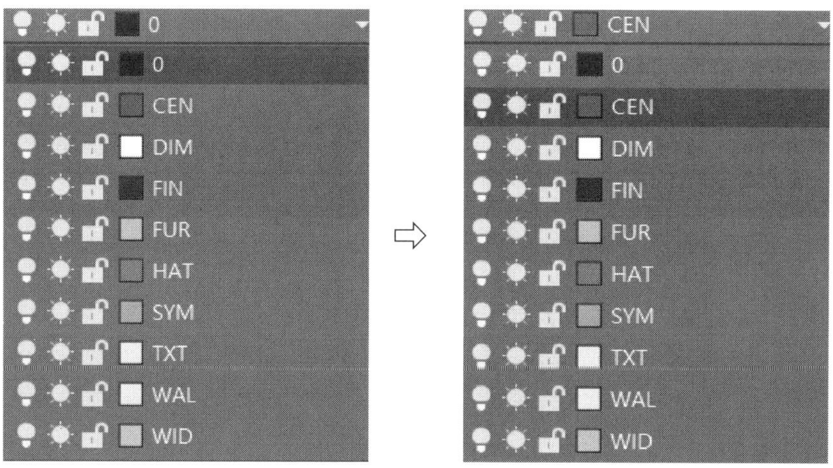

순서① 중심선 도면층 선택

② LINE 명령을 이용하여 왼쪽 벽체 간격 기준 수평선을 작도한다.

명령 : L Enter↵ (LINE)

첫 번째 점 지정 : 도면 작업창에 임의의 P1점을 클릭한다.

세로축 길이를 9000mm으로 그려준다.

같은 방법으로 가로축의 길이로 12300mm로 그려준다.

직교의 On/Off을 확인한 후 그려준다.

직교 On/Off 단축키 : F8

중심선은 여유길이가 필수로 포함되어야 한다.

현재 그려준 길이는 양쪽 1000mm씩의 여유길이가 적용되었다.

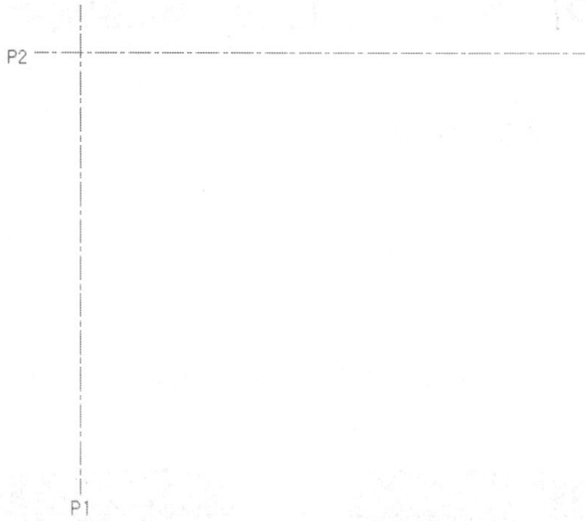

순서② 중심선 그리기 1

③ OFFSET 명령을 이용하여 아래 그림과 같이 수평선과 수직선을 벽체 사이의 중심선 거리를 띄워 복사한다.
명령 : O Enter↵ (OFFSET)

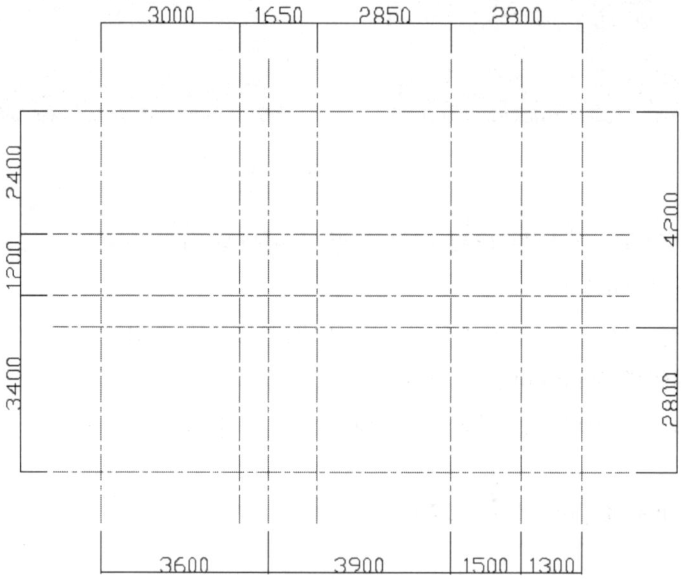

순서③ 중심선 그리기 2

④ BREAK 명령을 이용하여 선의 길이를 조정한다.
명령 : BR Enter↵ (BREAK)
BREAK 객체 선택 : P1을 클릭한다.
두 번째 끊기점을 지정 또는 [첫 번째 점(F)] : P2를 클릭한다.

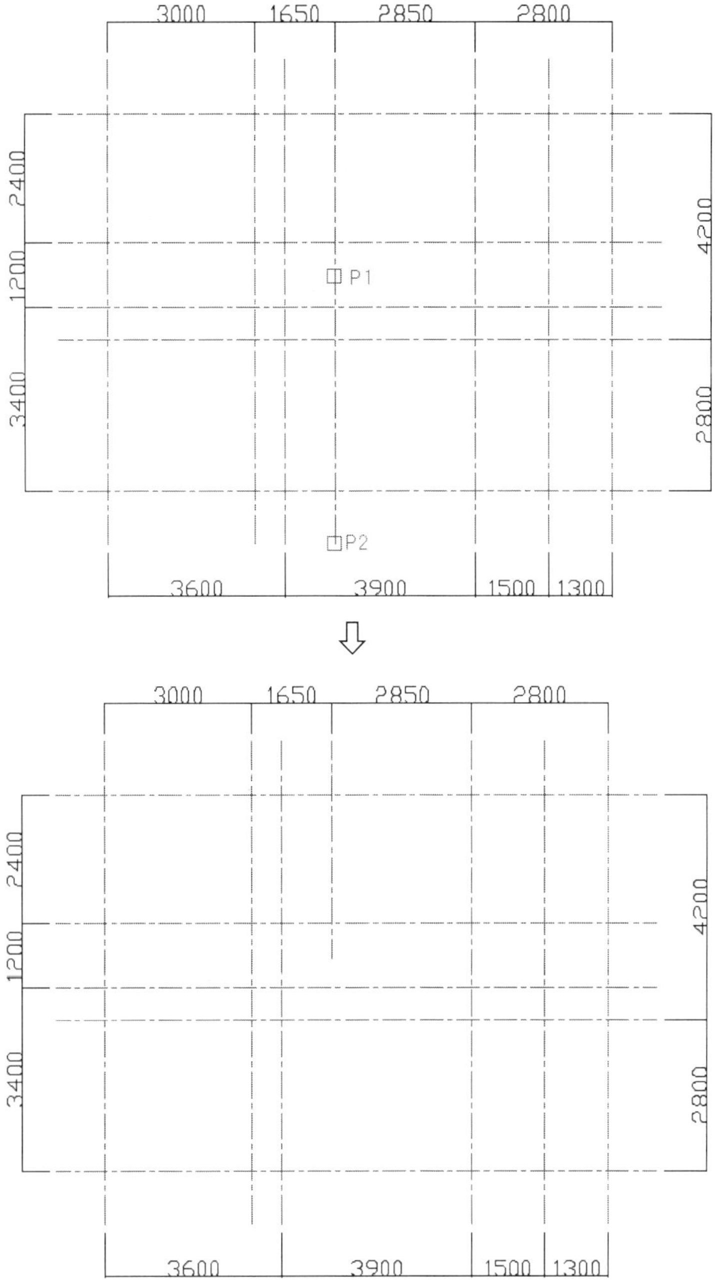
3000
1650
2850
2800
2400
1200
3400
4200
2800
P1
P2
3600
3900
1500
1300

순서④ 선의 길이 조정 1

⑤ BREAK 명령을 이용하여 나머지 선의 길이도 조절한다.

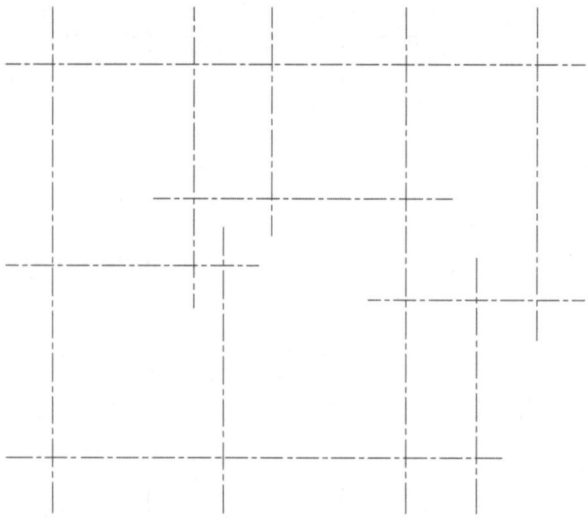

순서⑤ 선의 길이 조정 2

13.6 벽체 그리기

벽체를 그리기 위해서는 다중선을 이용하거나 선(LINE)을 그려서 벽체 거리만큼 오프셋(OFFSET)을 하면 된다.

따라해보세요

① OFFSET 명령을 이용하여 중심선을 기준으로 100mm 거리만큼 선을 복사한다. (벽체 폭 200mm)

명령 : O Enter↵ (OFFSET)

간격띄우기 할 객체 선택 또는 [통과점(T)/지우기(E)/도면층(L)] <통과점> : 100

간격띄우기 할 객체 선택 또는 [종료(E)/명령취소(U)] <종료> : P1처럼 원하는 방향으로 마우스 포인트를 클릭하면 기준선으로부터 간격이 100mm 떨어진 선이 생긴다.

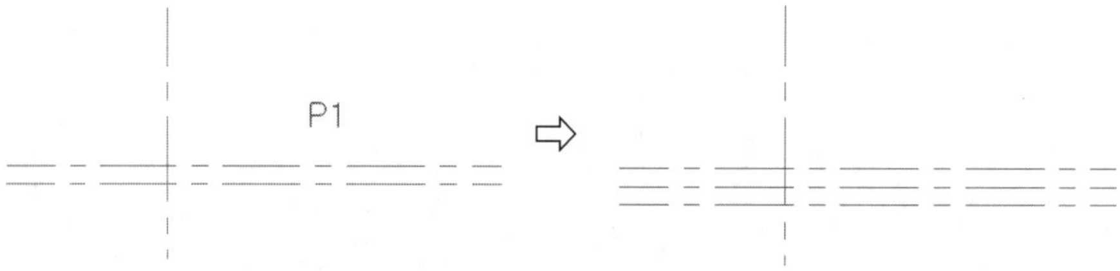

순서① 벽체 그리기 1

② 순서①과 같은 방법으로 선을 복사한다.

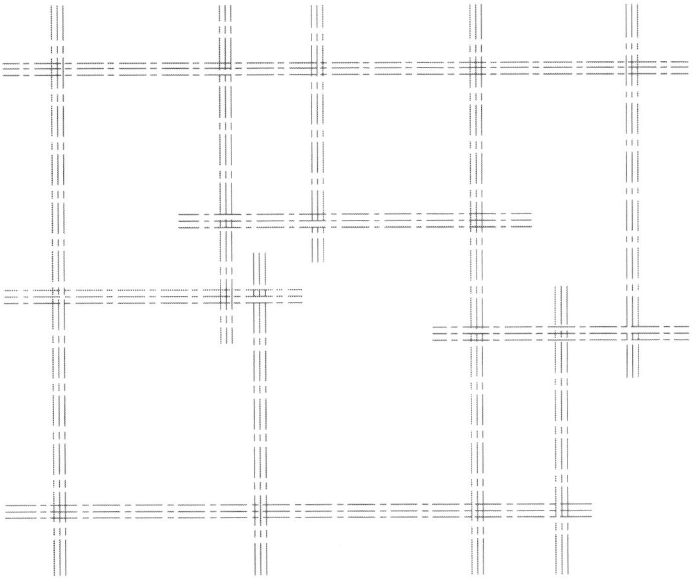

순서② 벽체 그리기 2

③ 'CEN' 레이어를 OFFSET를 이용하여 복사했으므로 중심선을 제외한 벽체를 선택하여 도면층을 'CEN'에서 'WAL'으로 바꿔준다.

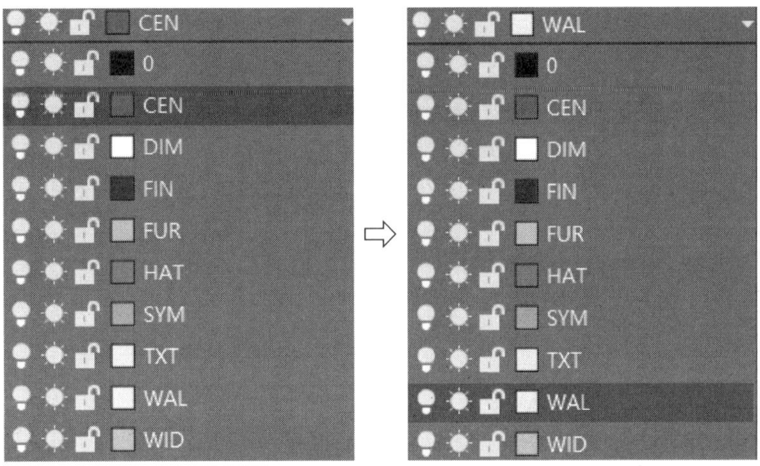

순서③ 도면층 선택

다른 방법으로 객체 하나를 선택, 도면층을 벽선으로 바꾼 뒤 MATCHPROP(단축키: MA) 명령을 이용해 중심선을 제외한 나머지 선들을 일일이 선택하여 선의 특성을 바꿔주는 방법도 있다.

④ 중심선을 제외한 선들의 도면층을 바꿔주면 'CEN'의 특성이었던 선들이 'WAL'의 도면층으로 바뀌며 일점쇄선에서 실선으로 변함을 확인할 수 있다.

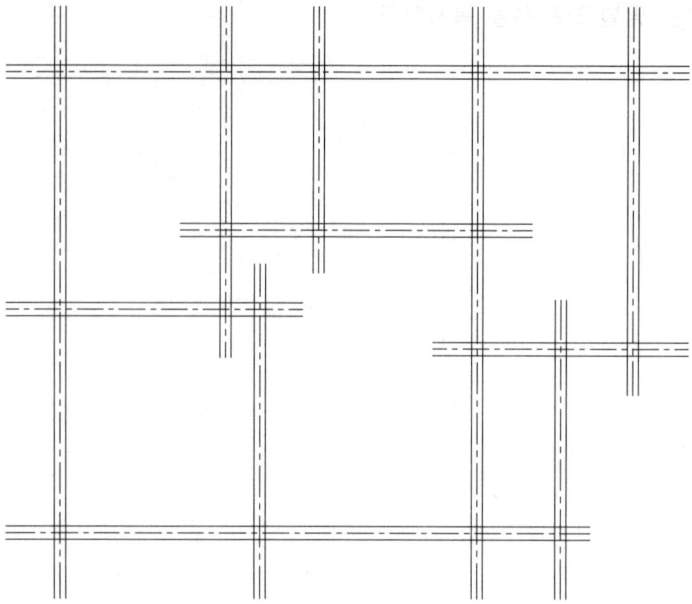

순서④ 벽선 완료

13.7 벽체 정리하기

벽체를 다 그렸으면 이를 FILLET, TRIM 등의 편집명령을 이용하여 정리한다.

따라해보세요

① 'CEN' 도면층을 OFF( )시키고 Freeze( )를 클릭하여 도면에 벽선만 표시되도록 한다.

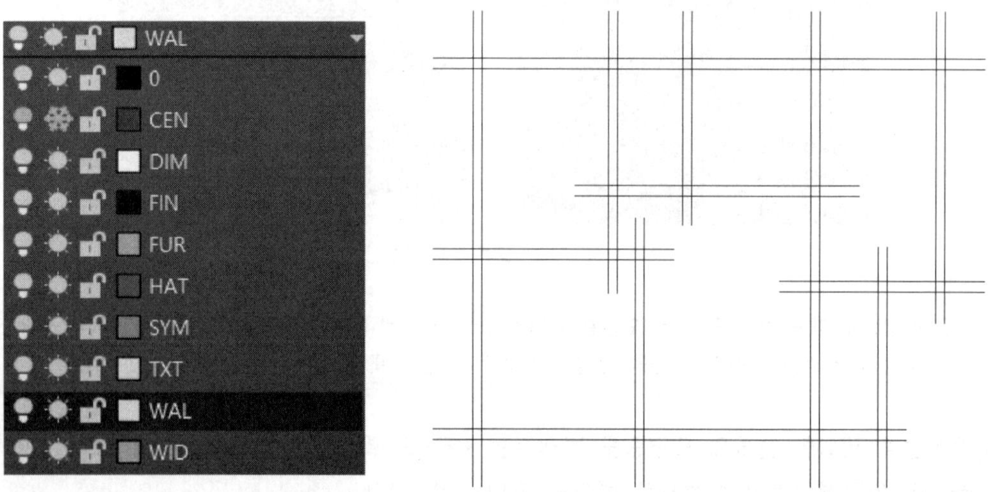

순서① 중심선 도면층 끄기

② FILLET 명령을 사용하여 벽선 모서리를 정리한다.
명령 : F [Enter↵] (FILLET)

현재 설정값 : 모드 = TRIM, 반지름 = 0.0000
첫 번째 객체 선택 또는 [명령취소(U)/폴리선(P)/반지름(R)/자르기(T)/다중(M)] : P1 선택
두 번째 객체 선택 또는 Shift 키를 누른 채 선택하여 구석 적용 : P2 선택
직각으로 자르기 위해서는 반드시 반지름의 값이 '0'으로 설정되어야 한다.

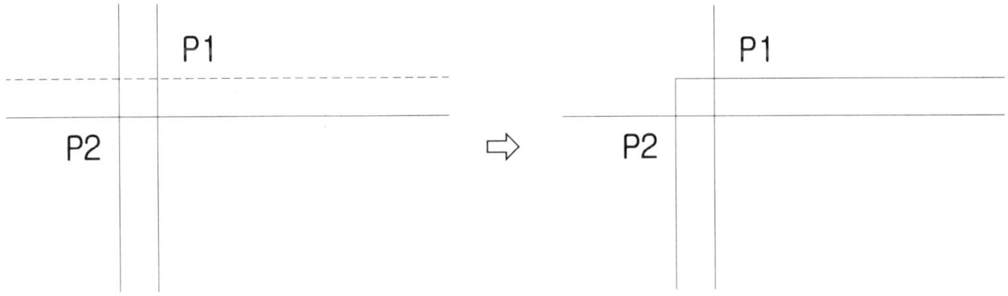

벽선 정리 1

③ TRIM 명령을 이용하여 도면안의 교차되는 벽선을 정리한다.
외벽과 내벽, 내벽과 내벽이 만나는 부분을 정리한다.
명령 : TR [Enter↵] (TRIM)

객체 선택 또는 <모두 선택> : 교차선택(P2점 → P1점)으로 수정할 객체를 선택한다.
객체 선택 : 마우스 오른쪽 클릭 또는 [Enter↵]
자를 객체 선택 또는 Shift 키를 누른 채 선택하여 연장 또는 [울타리(F)/걸치기(C)/프로젝트(P)/모서리(E)/지우기(R)/명령취소(U)] : 없애고자 하는 부분의 선 객체를 왼쪽 마우스를 클릭하면 삭제가 되는 것을 확인할 수 있다.

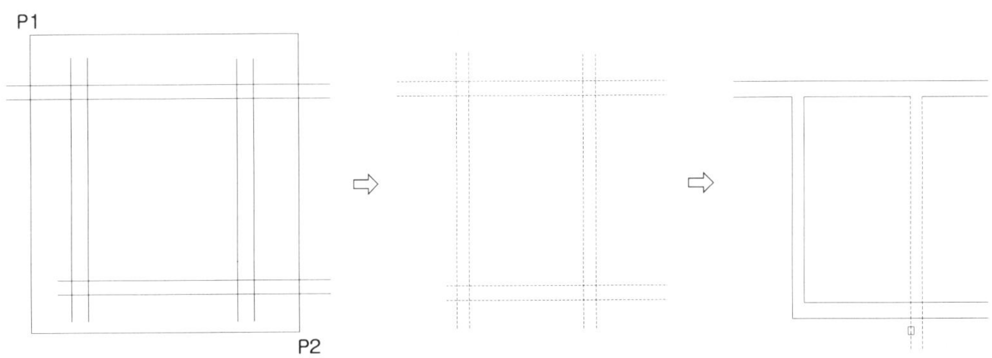

순서③ 벽신 정리 2

④ 그 밖의 불필요한 선들을 ERASE 명령을 이용하여 정리하면 벽선 정리가 완료된다.

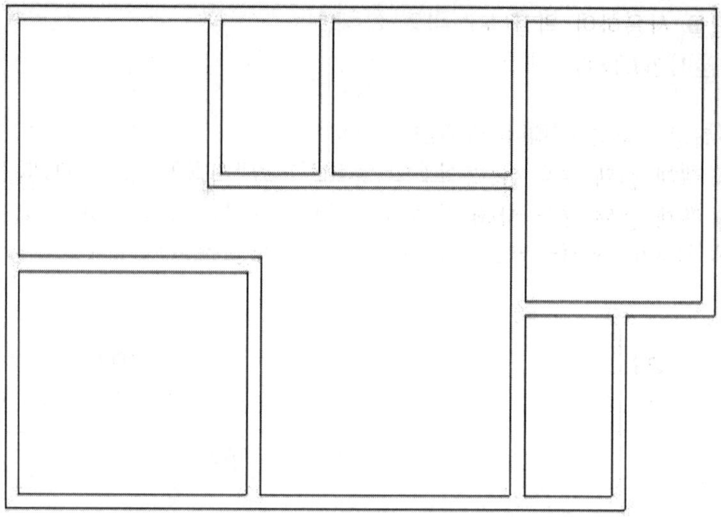

순서④ 벽선 정리 완료

13.8 문, 창문 블록 삽입을 위한 벽 정리하기

따라해보세요

중심선 도면층이 필요하기 때문에 도면층에서 'CEN'의 끄기 및 동결을 풀어준다.

① OFFSET 명령을 이용하여 도면의 왼쪽 하단의 벽체에 2000mm가 되는 창문을 만들어보자.
명령 : O Enter↵ (OFFSET)

간격띄우기 할 객체 선택 또는 [통과점(T)/지우기(E)/도면층(L)] <통과점> : 900
간격띄우기 할 객체 선택 또는 [종료(E)/명령취소(U)] <종료> : 중심선 기준으로 P1쪽을 클릭하면 중심선에서 거리가 900만큼 떨어진 선이 생긴다.

그 후 같은 방법으로 2000거리에 선을 하나 더 복사한다.

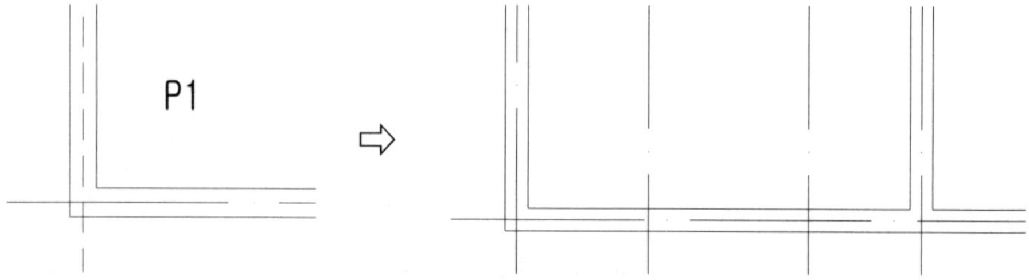

순서① 창문 개구부 만들기1

② MATCHPROP 명령을 이용하여 P1, P2의 특성을 중심선에서 벽선으로 바꾼다.

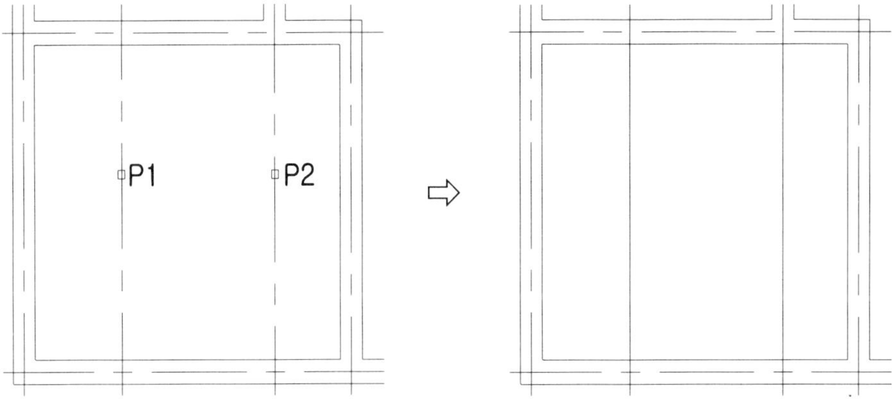

순서② 창문 개구부 만들기2

③ TRIM 명령을 이용하여 개구부(창)를 만든다.
명령 : TR Enter↵ (TRIM)

첫 번째 객체 선택 또는 [명령취소(U)/폴리선(P)/반지름(R)/자르기(T)/다중(M)] :
교차 선택으로(P1점→ P2점)수정할 객체를 선택한다.
객체 선택 : 마우스 오른쪽 버튼 클릭 또는 Enter↵
두 번째 객체 선택 또는 Shift 키를 누른 채 선택하여 구석 적용 :
정리할 부분을 선택해 마우스 왼쪽 버튼을 클릭하여 벽선을 만든다.

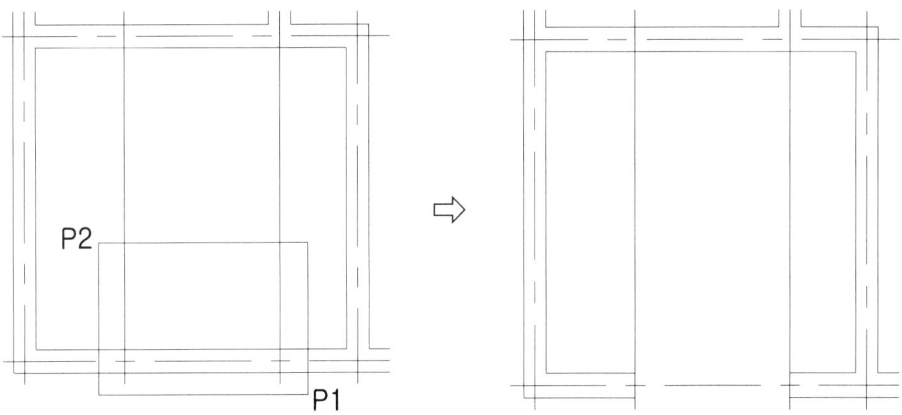

순서③ 창문 개구부 만들기3

④ FILLET 명령을 이용하여 창문 개구부의 모서리 부분을 정리한다.

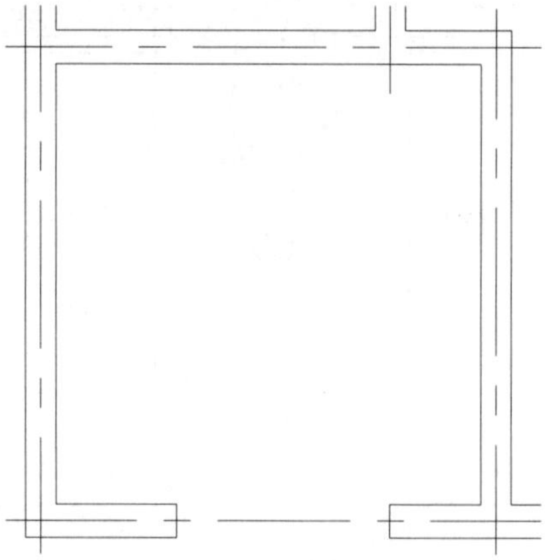

순서④ 창문 개구부 만들기4

⑤ 다른 부분도 순서①~④와 같은 방법으로 정리하면 된다.

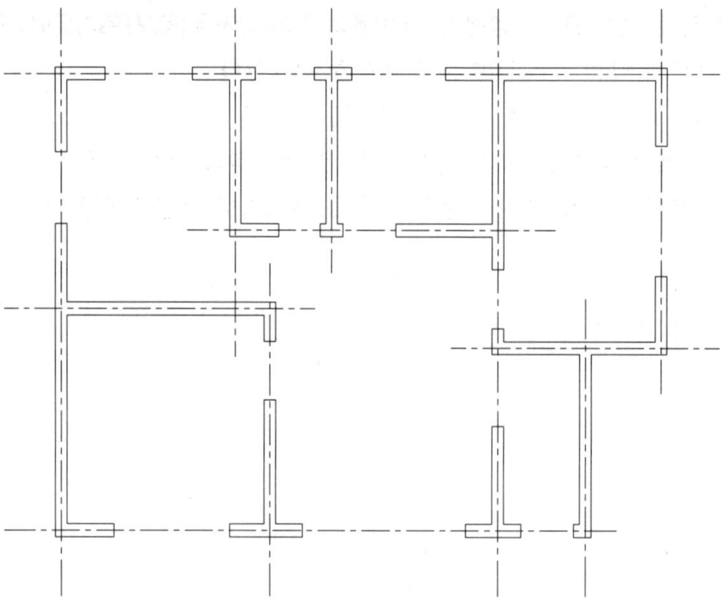

순서⑤ 창문 개구부 만들기 완료

참고하세요

벽선 정리할 때 실수로 중심선도 수정이 될 수 있다. 따라서 중심선의 도면층을 LOCK(🔒)으로 설정 후 작업하면 화면에는 보이지만 객체 선택이 되지 않아 수정 작업이 용이해진다.

13.9 문, 창문 그리기

대부분의 도면 작업이 문, 창문은 그리는 것이 아니라 이미 그려져 있는 것을 삽입하여 작업한다. 그러나 현재는 연습하는 과정이기 때문에, 문과 창문을 하나씩 그려보는 연습을 한 후 이것을 Copy, Rotate, Mirror를 이용하여 작업해보자. 창, 문 등 라이브러리가 있다면 블록 삽입을 통해 훨씬 수월한 작업을 할 수 있을 것이다.

따라해보세요

도면층에서 (WIN)창문 레이어를 선택한다.

① LINE 명령 및 ARC 명령을 이용하여 아래와 같은 문을 그린다.
명령 : L Enter↵ (LINE)
명령 : A Enter↵ (ARC)

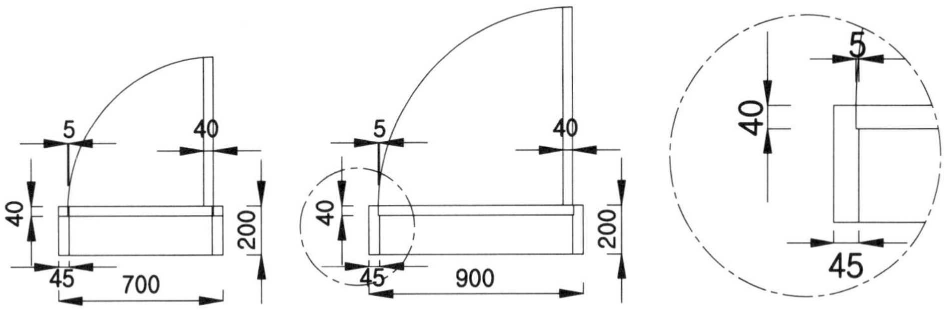

순서① 문 그리기

② 문을 그린 후 COPY 명령 및 MOVE 명령을 이용하여 도면의 적정위치에 넣고, 문의 방향이 다른 경우에는 ROTATE 명령 및 MIRROR 명령을 이용하여 적정위치에 넣는다.

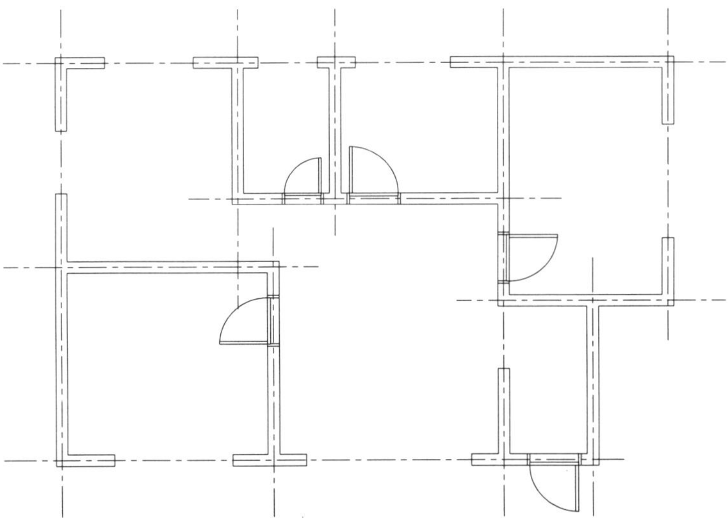

순서② 도면에 적용

③ LINE 명령과 OFFSET 명령을 이용하여 창문을 그린다.

명령 : L Enter↵ (LINE)

명령 : O Enter↵ (OFFSET)

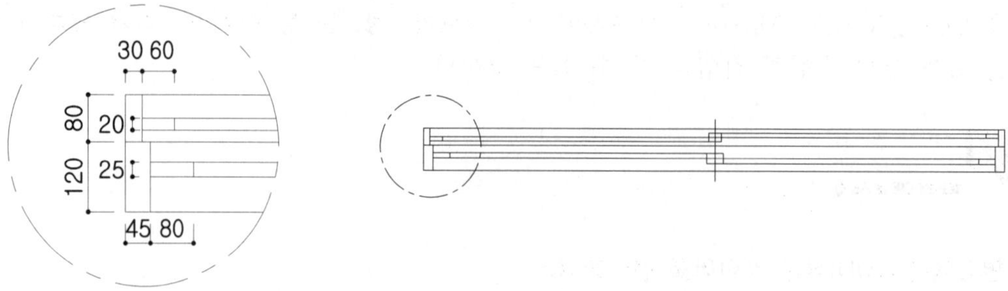

순서③ 창문 그리기

④ 들어갈 창문의 위치에 맞게 창문가로의 길이를 조절하여, 아래 그림과 같이 창문을 적정위치에 넣는다.

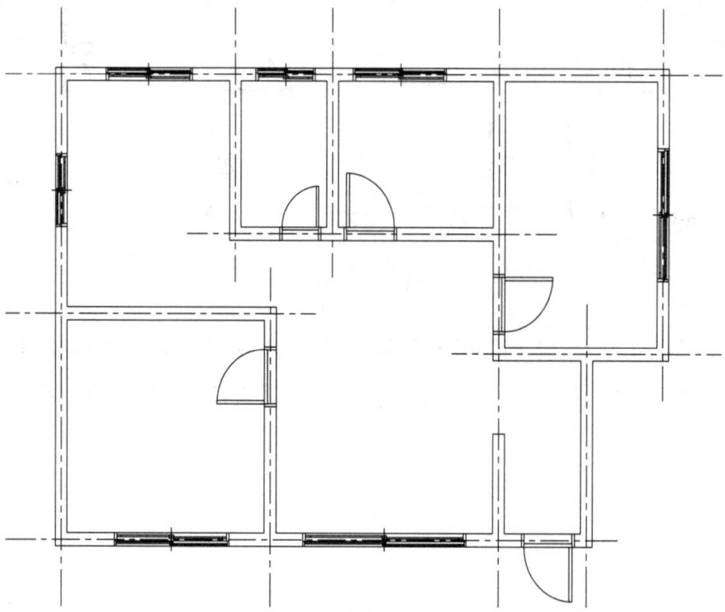

순서④ 도면에 적용

※ 이중창 삽입과 창문의 Open 방향에 주의 : 이중창 삽입할 때 주의할 것은 목재창이 내벽 쪽에 있어야 하는 것과 창문을 열고 닫는 방향이 거꾸로 되지 않도록 한다.

▌해당 블록이 선택된 블록 삽입 대화상자

INSERT 명령을 이용하여 블록이 된 문, 창문을 도면에 삽입하여 사용할 수 있다.

명령 : I Enter↵ (INSERT)

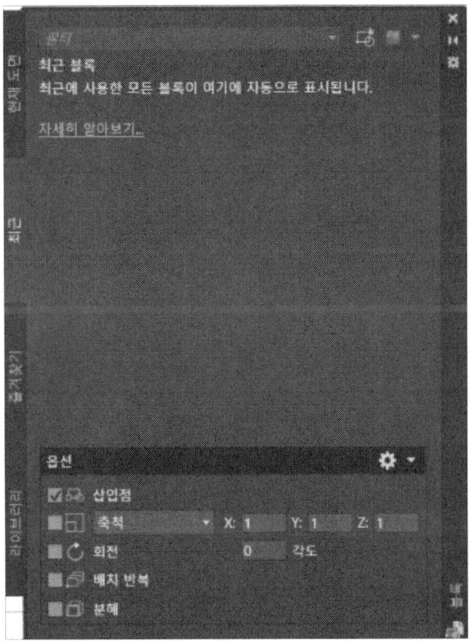

블록 삽입 대화상자

삽입할 그림이 도면과의 비율이 맞지 않으면 축척(SCALE)을 조절하여 수정하면 된다.

명령 : SC Enter↵ (SCALE)

13.10 가구, 위생기구, 주방가구 삽입하기

문, 창문처럼 라이브러리가 되어 있다면 불러와서 삽입하여 편집으로 쉽게 작업할 수가 있다. AutoCAD 2022에서는 가구나, 욕조, 싱크대 등이 저장되어 있으므로 필요할 때 불러내어 삽입할 수 있다.

따라해보세요

도면층에서 FUR 레이어를 선택한다.

① 명령 : I Enter↵ (INSERT)

② 우측 라이브러리 → 블록 라이브러리 열기 → AutoCAD 2022(폴더) → Sample(폴더) → Ko-KR(폴더) → DesignCenter(폴더) - Home SpacePlanner(.dwg)을 차례로 선택한다.

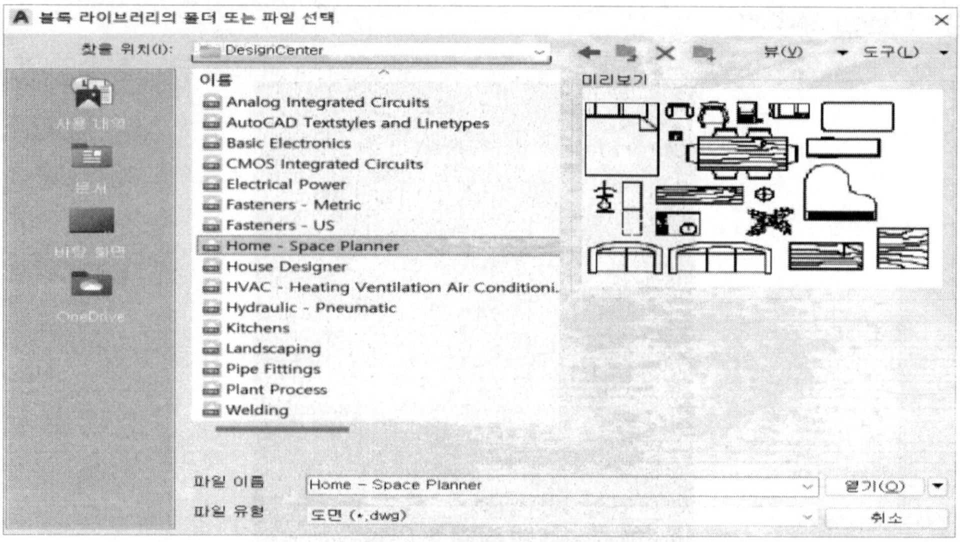

순서② 라이브러리 불러오기

③ 아래 그림과 같이 라이브러리에 저장되어 있는 객체들을 이용하여 도면에 사용할 수 있다.

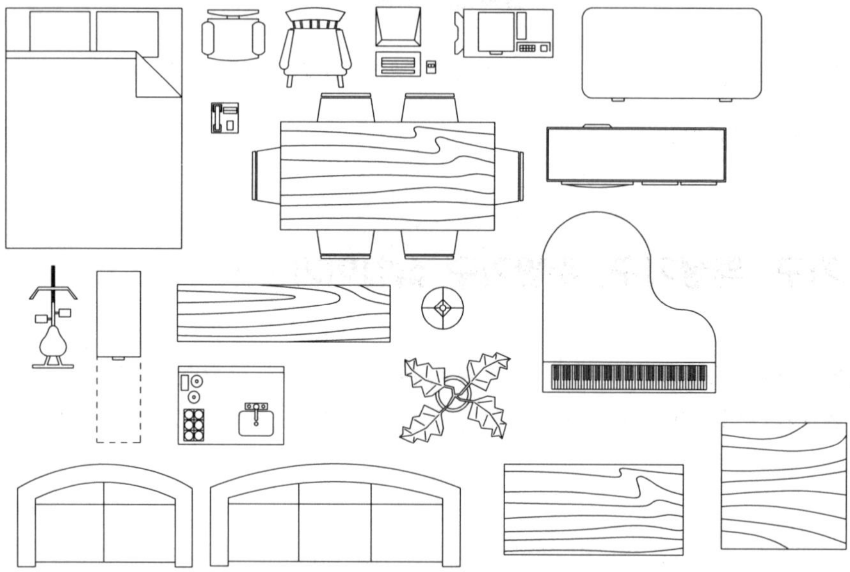

순서③ 라이브러리에 저장되어 있는 객체

④ 라이브러리에서 필요한 객체(식탁)를 선택한 후 도면의 적절한 위치에 배치한다.

크기가 맞지 않는다면 스케일(SCALE)을 조절해 보자.
또한 객체의 수정이 필요할 경우에는 객체가 BLOCK으로 묶여 있기 때문에 EXPLODE (단축키: X) 명령을 이용하여 객체를 해체한 뒤 수정해야 한다.

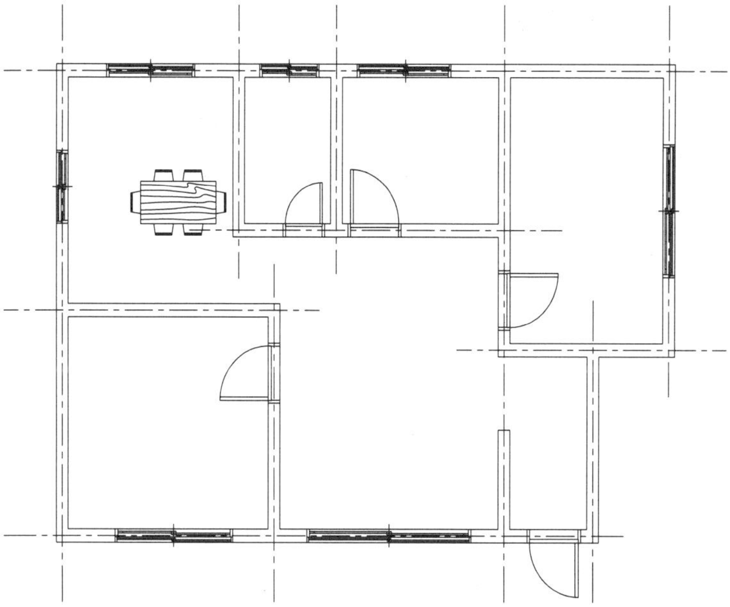

순서④ 식탁 객체 삽입

⑤ 순서①~④와 같이 진행하여 싱크대, 욕조, 변기 등을 이동시켜 도면에 삽입한다. 필요한 라이브러리는 Sample폴더의 DesignCenter폴더에서 찾으면 된다. 욕조는 HouseDesign(.dwg), 싱크대는 Kitchen(.dwg)으로 저장되어 있으니 삽입으로 불러와 사용하면 된다.

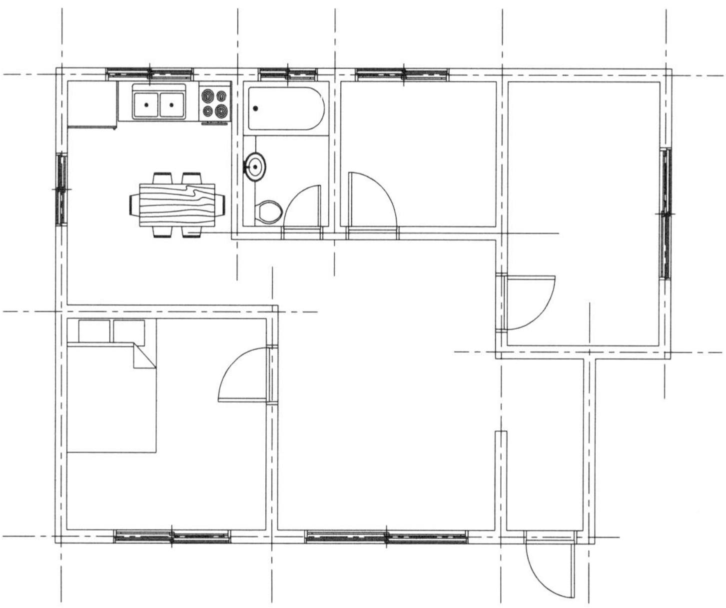

순서⑤ 가구 삽입

13.11 바닥, 벽의 재료표시

벽이나 화장실 타일 등은 해치로 그 재질을 표현한다. 재질을 해치로 표현할 경우 출력도면의 스케일을 고려해야 하며 벽의 재질은 상세도면에서는 필요하지만 일반 건축도면에서는 반드시 해야 하는 것은 아니다.

따라해보세요

① 도면층에서 'HAT(해치)' 레이어(Layer)를 선택한다.

② 'CEN(중심선)' 도면층을 OFF( )시킨다.

③ 해치를 실행시킨다.
명령 : H Enter↵ (HATCH) → 설정(T)
리본 : 홈 탭 → 그리기 패널 → (해치) → 설정(T)

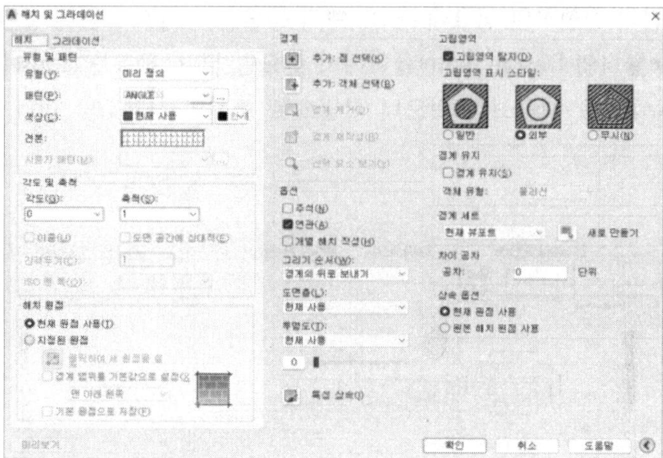

순서③ 해치 실행

④ [유형 및 패턴]에서 견본을 클릭하여 [해치 패턴 팔레트]에서 LINE패턴을 찾는다.

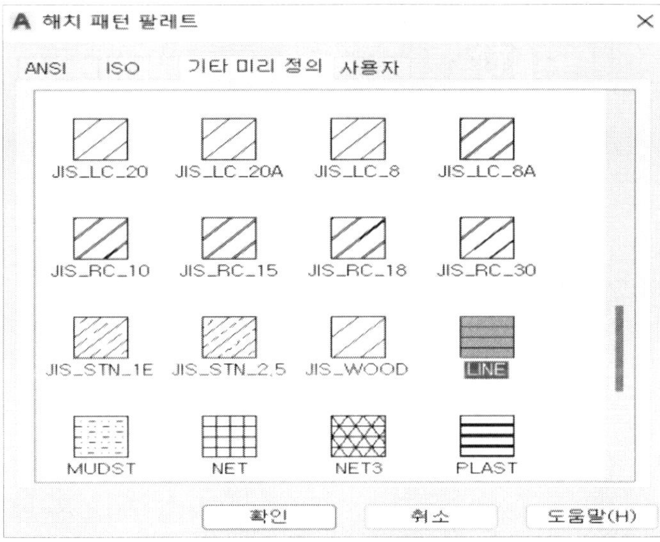

순서④ 패턴 선택

⑤ 여기에서는 LINE을 선택하고 각도를 45, 축척을 20으로 설정해 보았다.

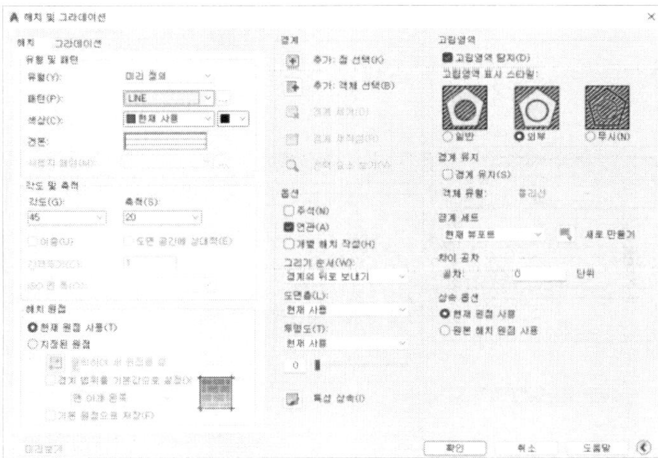

순서⑤ 각도 및 축척 설정

⑥ 점 선택( )으로 벽의 내부를 지정한 후 확인을 클릭한다.

점 선택을 위해서 선택할 객체의 선들이 완벽히 연결되어 있어야 한다. 따라서 연결되지 않고 구멍이 난 객체는 선택이 되지 않는다. 이 점 유의하며 해치를 진행시켜야 할 것이다.

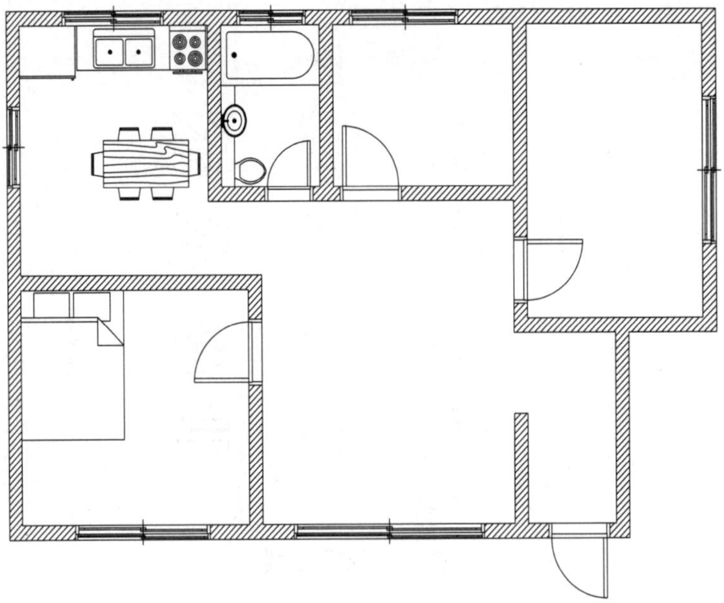

순서⑥ 해치 완료

⑦ 해치를 그리기 위하여 OFF( )시켰던 도면층들을 모두 ON( )시킨다.

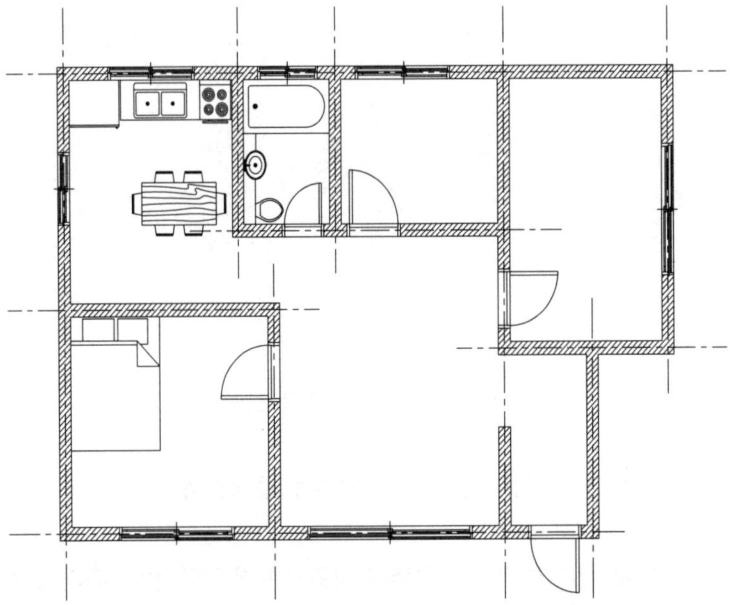

순서⑦ 도면 작업 완료

13.12 치수 기입하기

도면 작업의 마지막 단계에 해당하는 치수를 입력해보자. 대부분의 도면 치수는 중심선을 기준으로 하기 때문에 작업 할 때 중심선 및 벽체를 제외한 나머지 도면층은 끄는 것이 좋다.

따라해보세요

도면층에서 'DIM(치수)' 레이어로 바꿔준다.

① 불필요한 도면층들을 OFF( )한다. 아래 그림과 같이 중심선 및 벽체만 ON( )으로 하고 그 밖의 도면층들은 OFF( )시킨다.

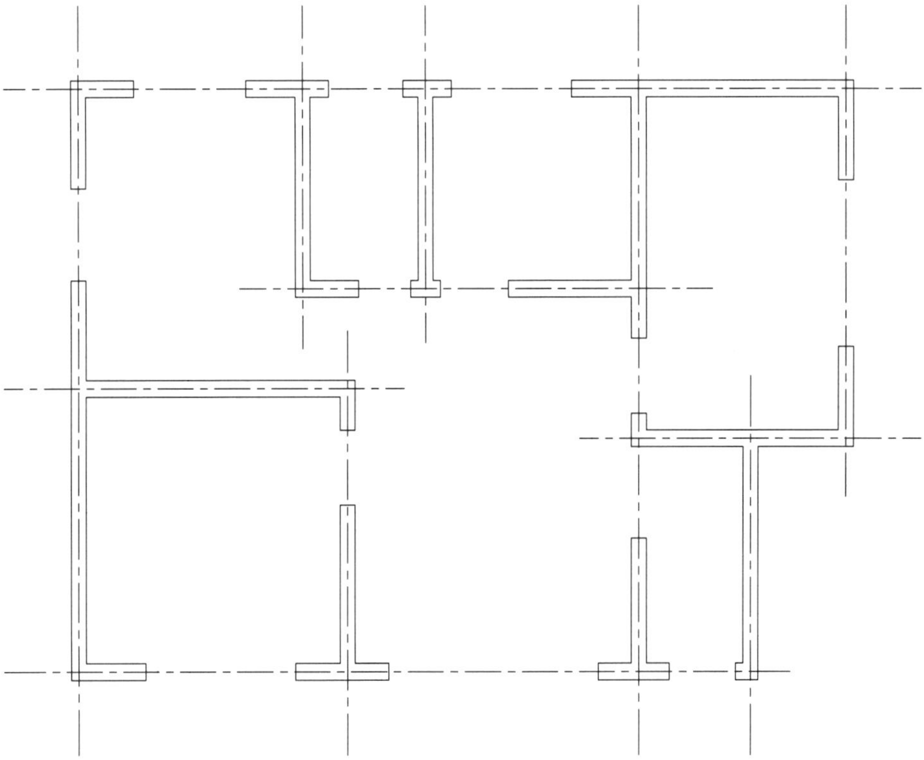

순서① 불필요한 도면층 OFF

② 선형 치수를 입력해 준다.

리본 : 주석 탭 → 치수 패널 → 

(선형)

메뉴 : 치수 → 선형

명령 : dim

첫 번째 치수보조선 원점 지정 또는 <객체 선택> : P1 선택
두 번째 치수보조선 원점 지정 : P2 선택

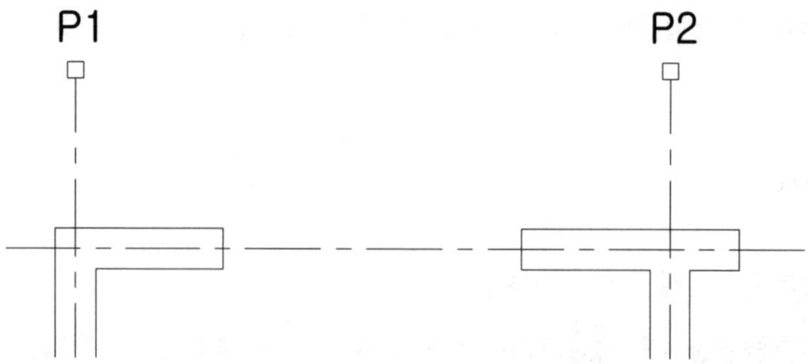

순서② 선형치수 입력

③ 치수선의 위치 지정 또는 [여러 줄 문자(M)/문자(T)/각도(A)/수평(H)/수직(V)/회전(R)] : 적당한 높이로 클릭한다.

치수선의 위치를 지정할 때는 미리보기가 가능하기 때문에 적당한 위치를 알 수 있다.

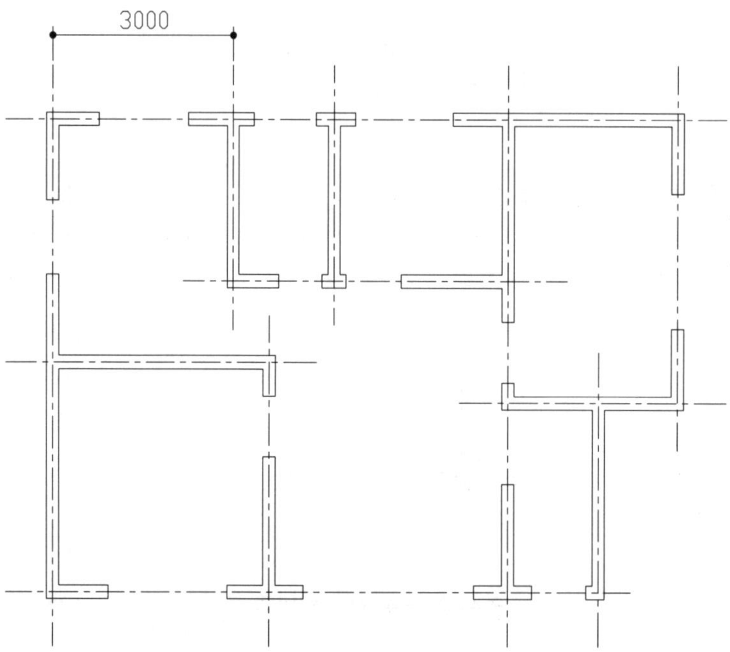

순서③ 선행 치수 입력 완료

④ 나머지 수평치수는 이전에 배웠던 연속치수 기준선 등의 방법으로 치수를 기입하면 된다.

메뉴 : 치수 → 연속

메뉴 : 치수 → 기준선

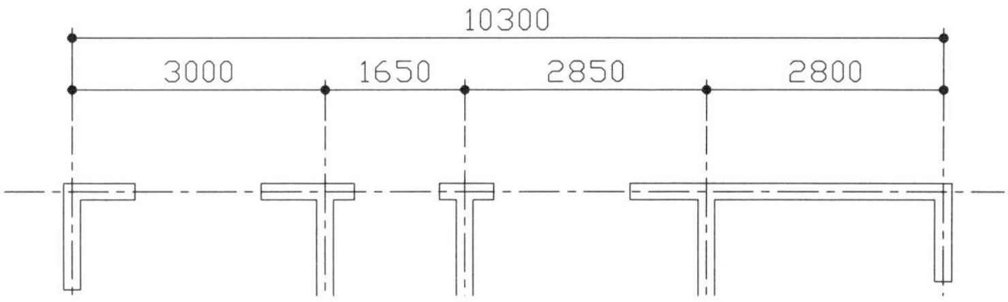

순서④ 치수 입력하기

⑤ 수직치수도 수평치수와 같은 방법으로 입력하여 도면의 치수를 완료시킨다.
치수 스타일 관리자를 실행시켜 치수선의 화살표 모양과 중심선과의 거리, 치수, 크기 등을 바꿀 수 있다.

명령 : D Enter↵ (DIMSTYLE)

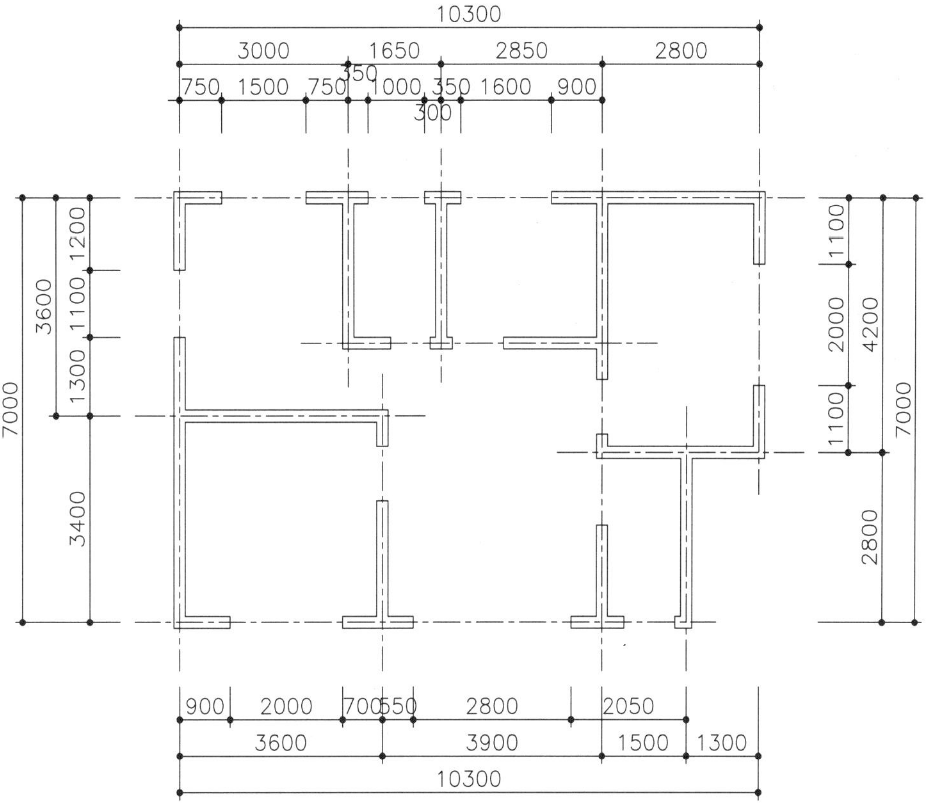

순서⑤ 치수 입력 완료

13.13 문자 쓰기

문자 쓰기에 사용하는 명령어는 Style, Dtext, DDedit, DDmodify 정도이다. 알아야 할 것은 다른 도면 작업을 불러들일 때 가끔 문자표시가 '???(물음표)'로 표시되는 경우가 있다. 이러한 경우는 작업자의 컴퓨터에 도면에 적용되는 폰트를 지원되지 않을 경우에 발생한다. 따라서 일반적인 폰트로 도면을 작업하는 것이 좋으며, 필요에 따라 각종 기관에서 제공되는 여러 폰트들을 받아 자신의 컴퓨터에 적용시켜 사용하는 것이 좋다.

따라해보세요

도면층에서 'TXT(문자)' 레이어로 바꿔준다.

① 도면에 문자를 기입한다.

명령 : MT Enter↵ (MTEXT)

첫 번째 구석 지정 : 문자가 들어갈 박스의 첫 번째 코너를 지정하여 클릭하면 문자 형식 대화상자가 나타난다. 글씨체는 굴림, 글자 높이는 300으로 지정한 후 "방"이라고 쓴다.

같은 문자를 여러 군데 입력을 할 경우 문자 입력 후에 복사(Copy)를 하면 간편하게 작업을 진행할 수 있다. 또한 같은 문자가 아닐 경우에도 복사를 한 후 수정을 통해 사용하는 방법도 있다. 책에서는 복사 후 수정을 통한 방법을 사용하였다.

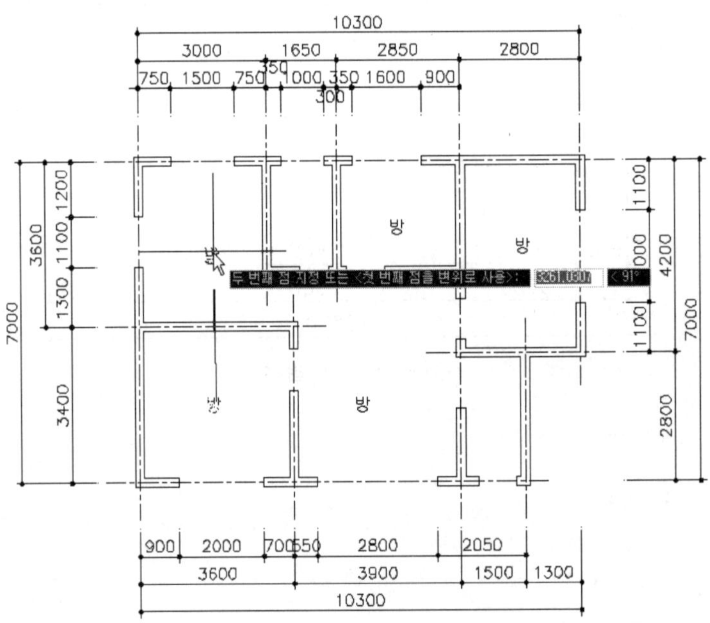

순서① 문자 입력

② 수정할 문자를 더블 클릭하여 원하는 문자를 수정한다.

방 → 거실

문자 편집기를 닫으면 수정이 완료된다.

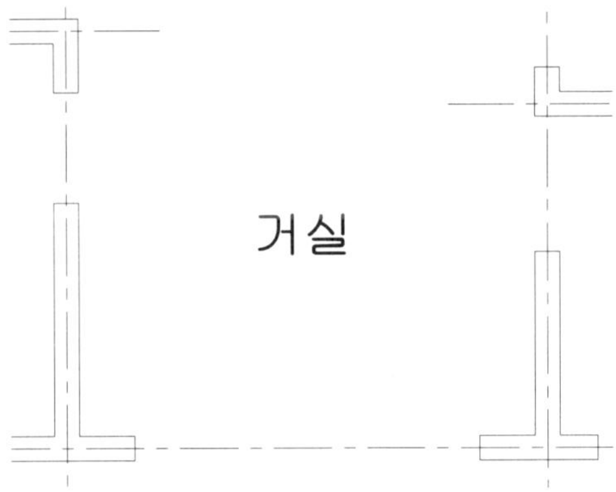

순서② 문자 수정

③ 위의 방법을 반복하여 실마다 문자를 수정한다.

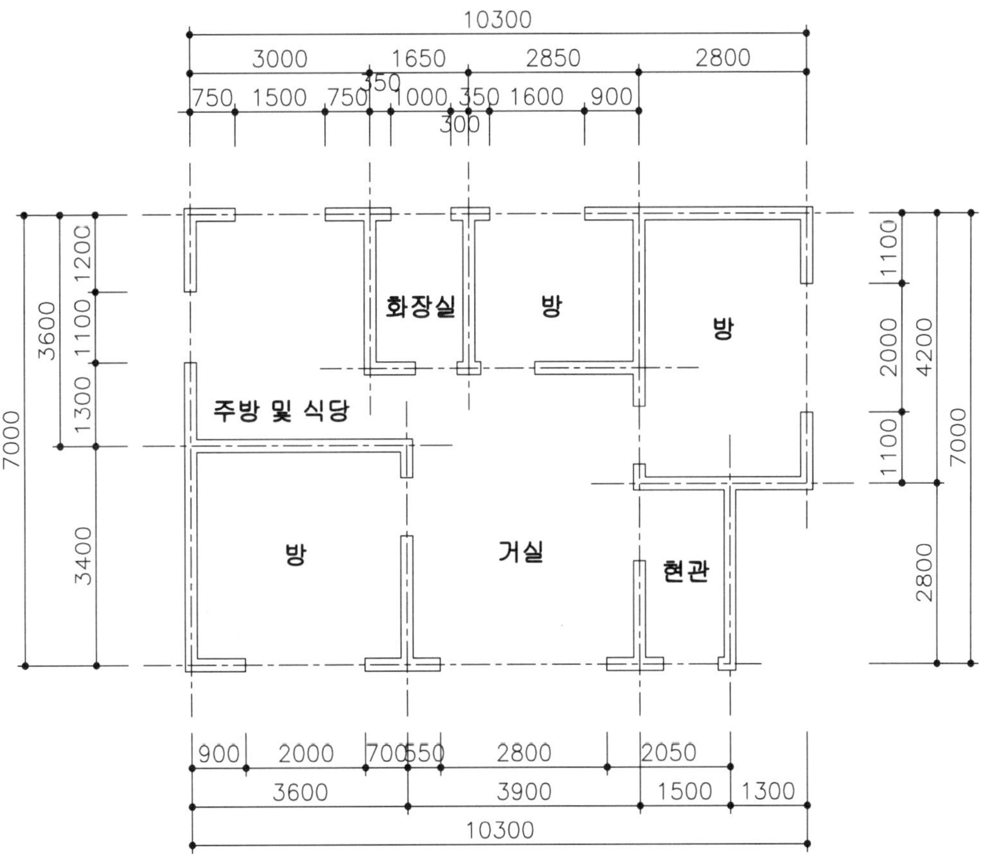

순서③ 문자 입력 완료

13.14 도면명 쓰기

도면명은 많이 사용하므로 블록을 만들어 사용하는 것이 편리하다.

따라해보세요

① 도면 하단에 LINE 명령 및 CIRCLE 명령을 이용하여 부호를 그려준다.

명령 : C [Enter↵] (CIRCLE)

원의 크기는 지름 16이 기본 크기이며, 도면에서는 축척 60으로 지름 960(16×60)mm로 한다. 원을 그린 후에는 적당한 길이의 원을 가로지르는 선을 그려준다.

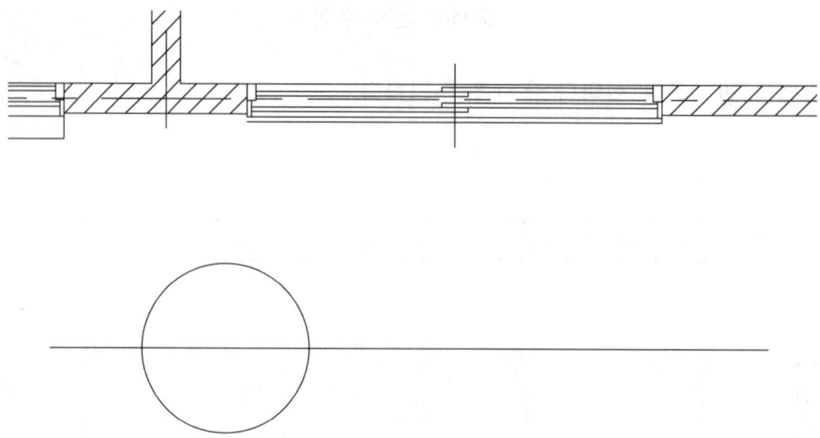

순서① 도면명 쓰기 1

② MTEXT 명령을 이용하여 문자체는 굴림, 높이는 350으로 설정한 도면명을 입력한다.

명령 : MT [Enter↵] (MTEXT)

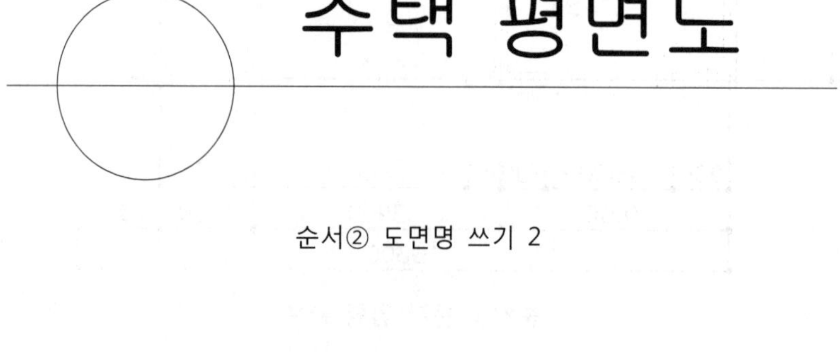

순서② 도면명 쓰기 2

③ 순서①~②와 같은 방법으로 '주택 평면도' 아래에 축척을 입력한다.

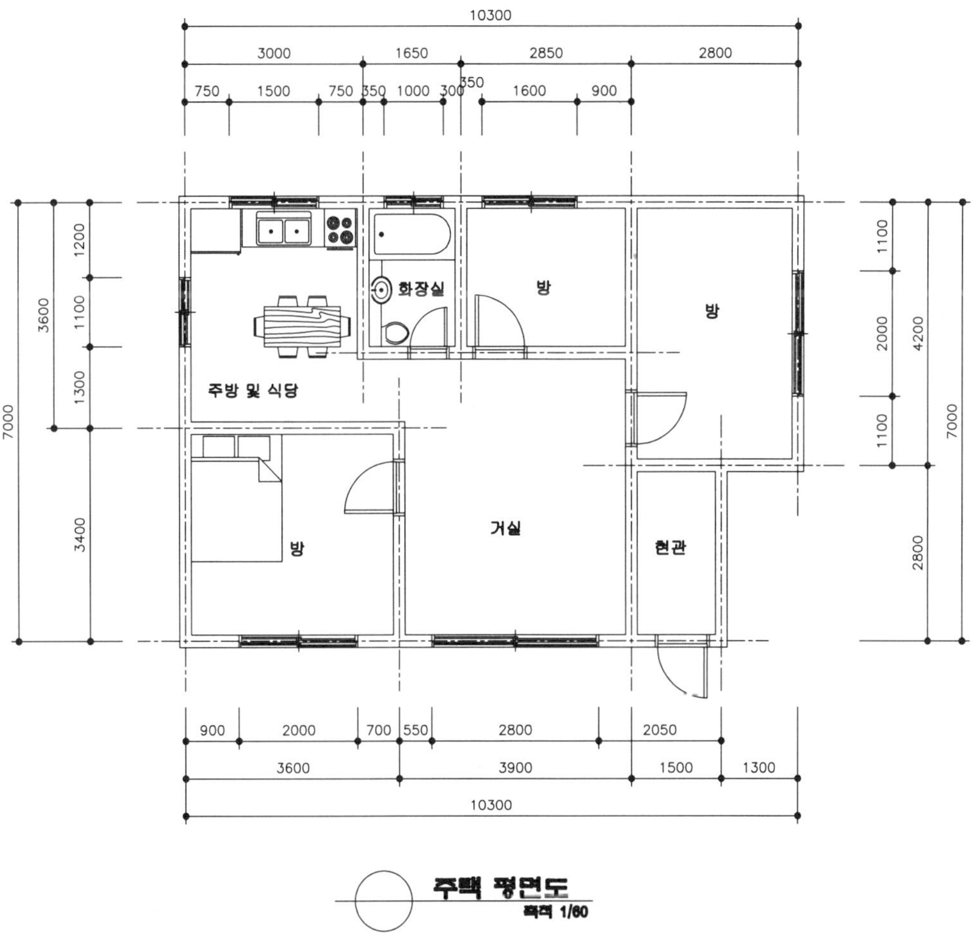

순서③ 도면명 입력 완료

▌도면 타이틀의 문자체

도면 타이틀은 복선체로 쓰거나 굵게 표현되는 명조체 등으로 쓰는 것이 일반적이다. 또한 복선체 내부는 솔리드나 해치로 채우기도 한다.

13.15 표제 만들기

표제는 도면을 설명하기 위해 쓰인다. 보통은 도면 우측에 표시되는데, 책에서 설명하는 표제는 학교 제출용으로 사용하는 방법이다.

따라해보세요

표제는 도면 하단에 작성한다.

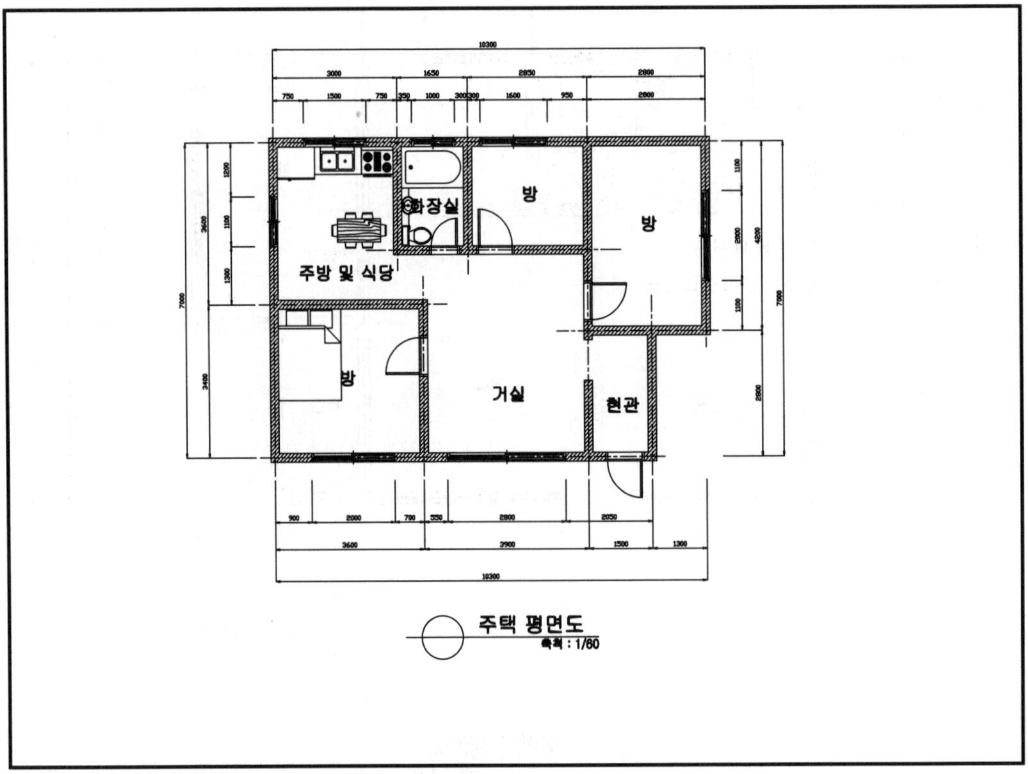

표제 만들기

① 도면 하단 테두리 부분에 LINE 명령과 OFFSET 명령을 이용하여 표제란을 그린다.

명령 : L Enter↵ (LINE)
명령 : O Enter↵ (OFFSET)

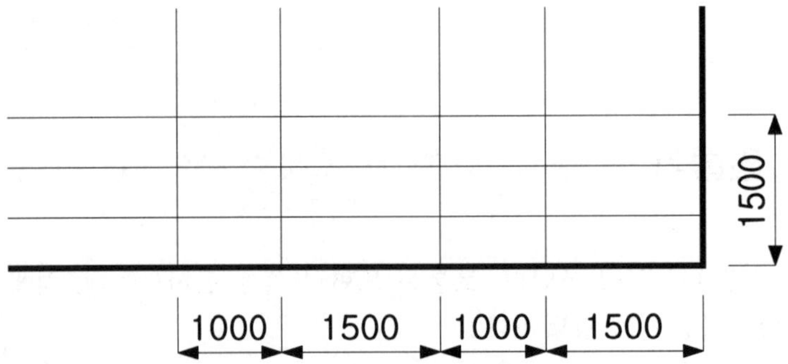

순서① 표제란 그리기

② FILLET과 TRIM 명령어를 사용하여 정리한다.

명령 : F Enter↵ (FILLET)

명령 : TR Enter↵ (TRIM)

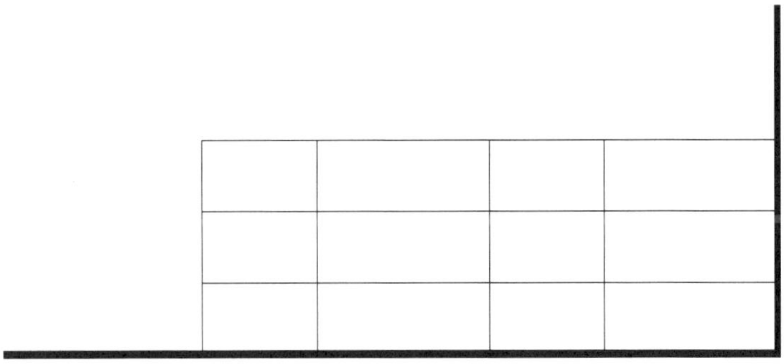

순서② 표제란 정리

③ Pedit을 사용하여 테두리에 폭을 설정한다.

명령 : PE Enter↵ (PEDIT)

표제 테두리 폭 : 50

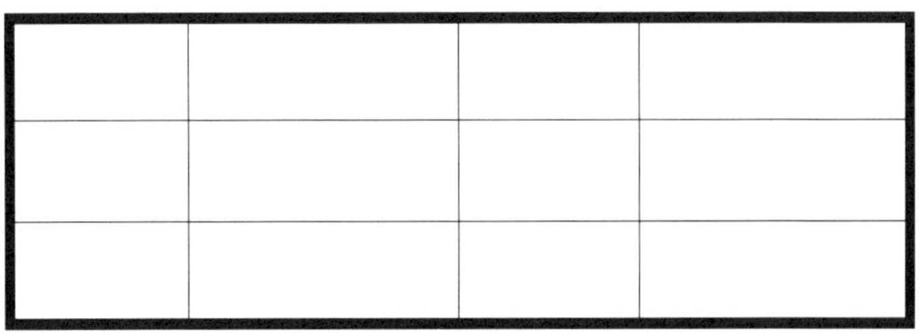

순서③ 표제란 테두리 폭 키우기

④ 문자 명령을 이용하여 표제란을 아래와 같이 기입해준다.

명령 : MT Enter↵ (MTEXT)

도면명	주택 평면도	축　척	1/60
이　름		날　짜	
학　번		검　인	

순서④ 표제란 기입

⑤ 표제란에 기입을 완료했다면 완성되었으므로, 평면도를 저장한다.

명령 : SAVE [Enter↵]

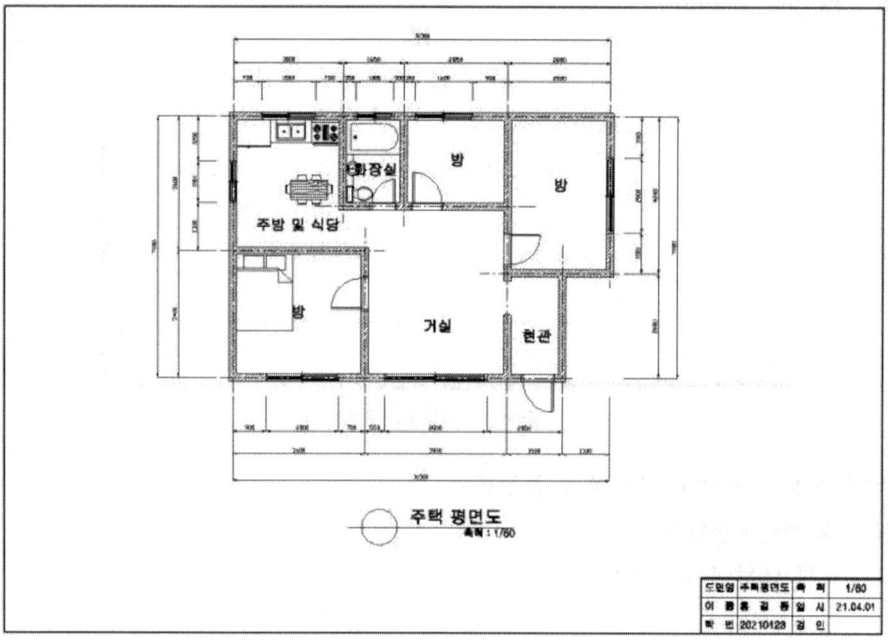

순서⑤ 평면도 완성

13.16 도면 출력하기

따라해보세요

① 명령 : PLOT [Enter↵] 또는 신속접근도구막대 :

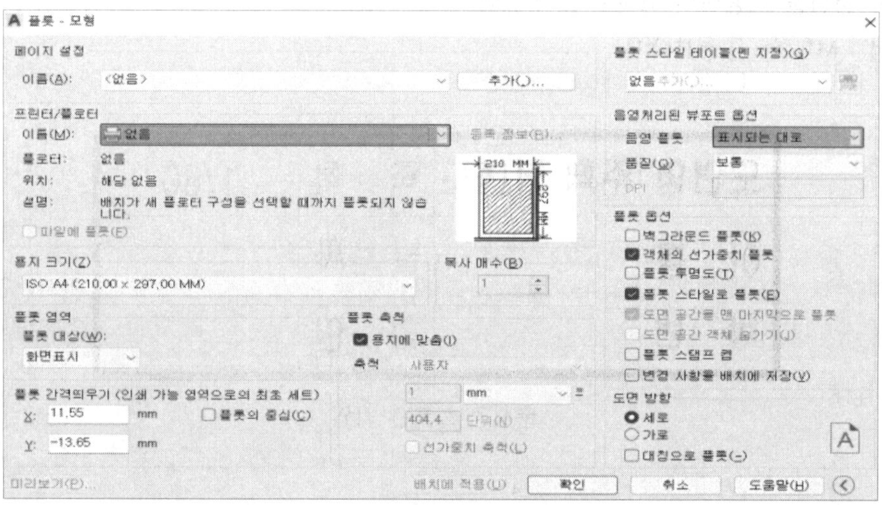

순서① 도면 출력하기 1

② [플롯 - 모형] 출력 옵션을 설정한다.

'프린터/플로터'의 '이름(M)'에서 사용자가 이용하는 프린터에 맞춰주고, 용지크기는 'A3' 사이즈, 플롯 대상은 '윈도우'로 체크한다.

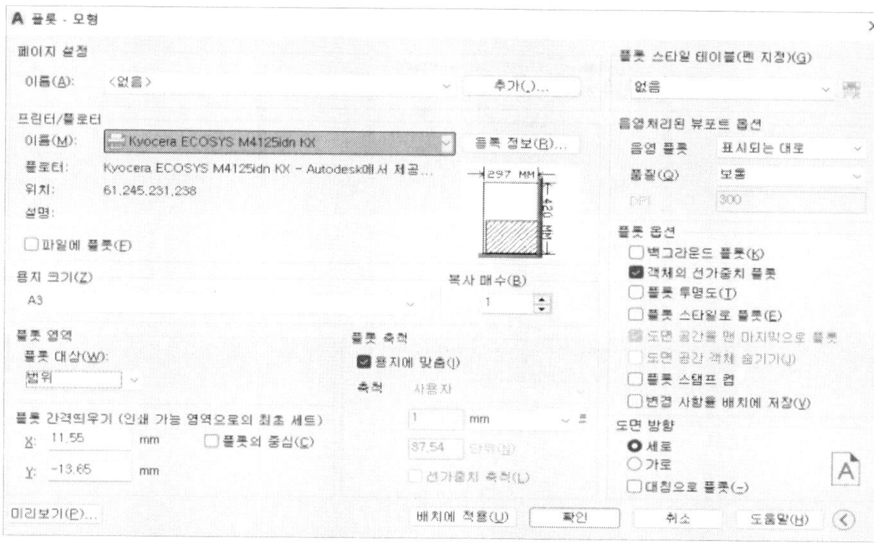

순서② 도면 출력하기 2

③ 윈도우를 클릭하여 A3크기의 인쇄 범위를 설정안나.

OSNAP의 끝점을 이용해 P1점→P2점까지 범위 지정

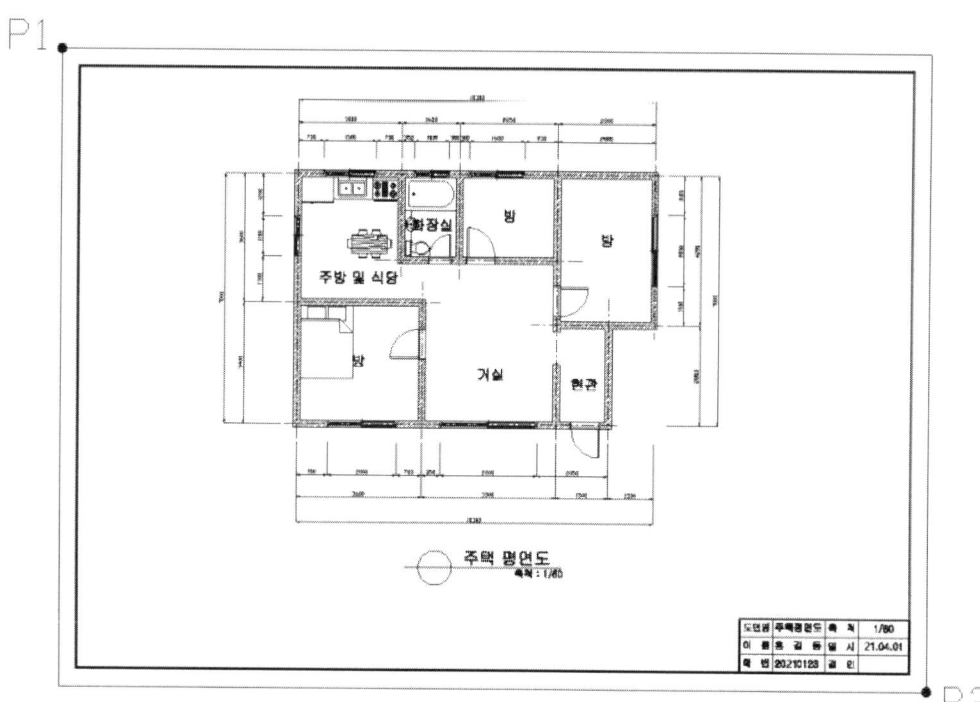

순서③ 도면 출력하기 3

④ 범위 지정 후 확인 버튼을 클릭하면 인쇄가 시작되면서 완성된 평면도가 출력될 것이다.

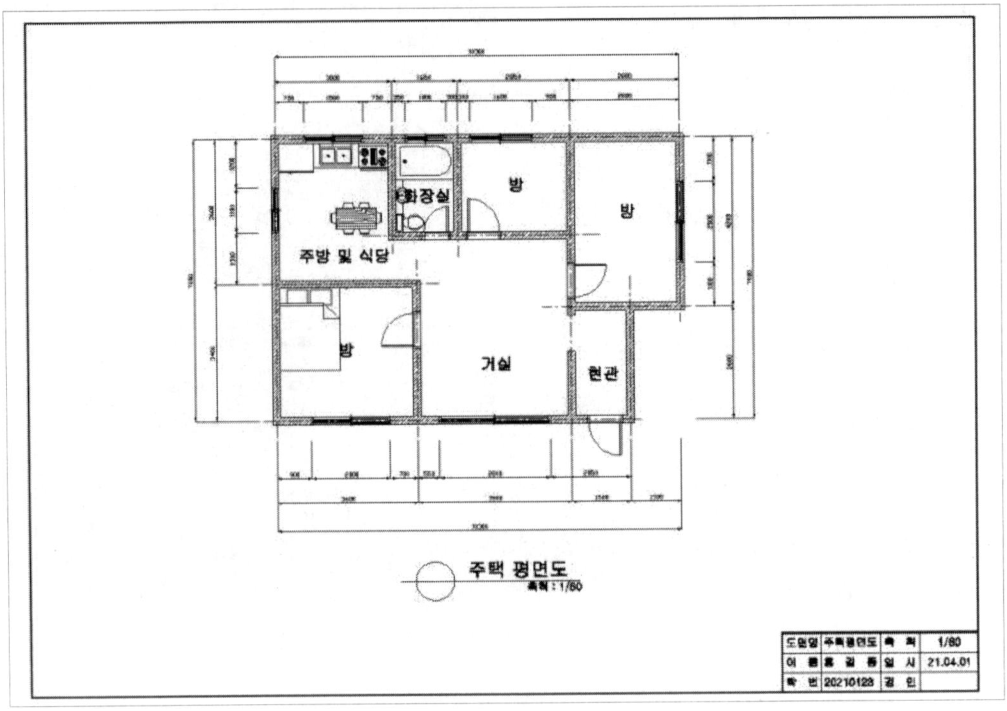

순서④ 평면도 미리보기

예제 그려보기

아래와 같은 평면도를 그려보자.

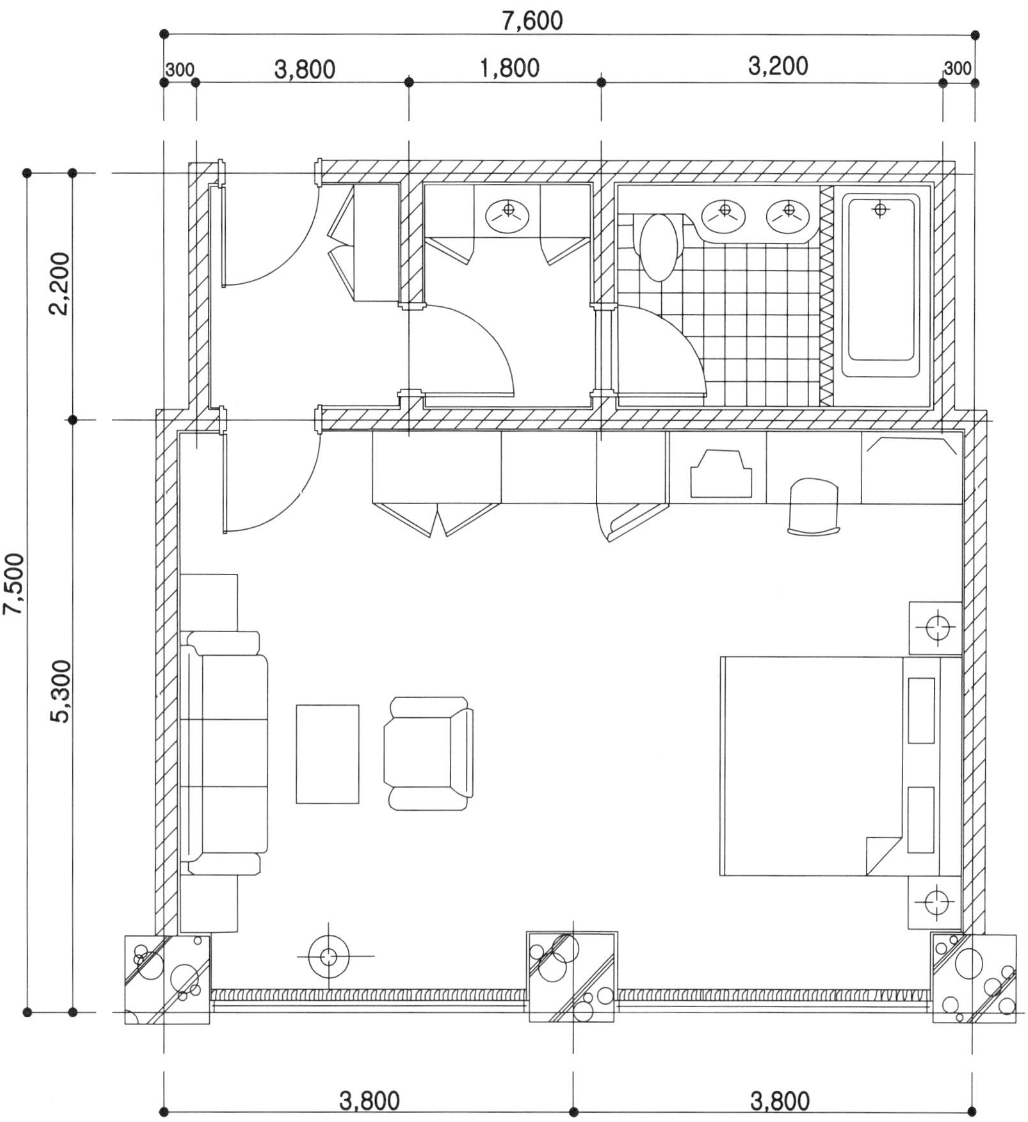

〔평면도 1〕

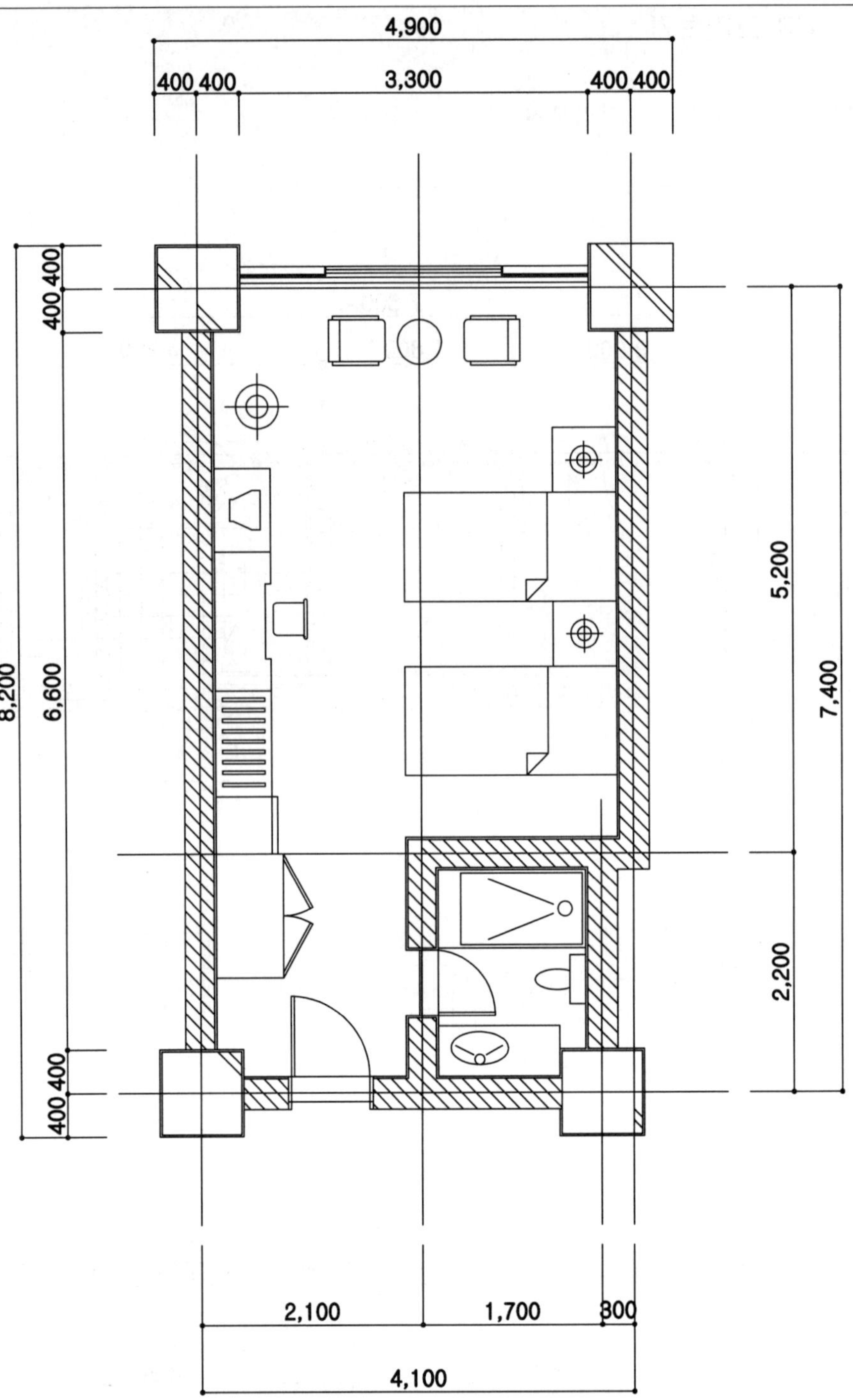
4,900
400 400
3,300
400 400
8,200
6,600
400 400
400 400
5,200
7,400
2,200
2,100
1,700
800
4,100

〔평면도 2〕

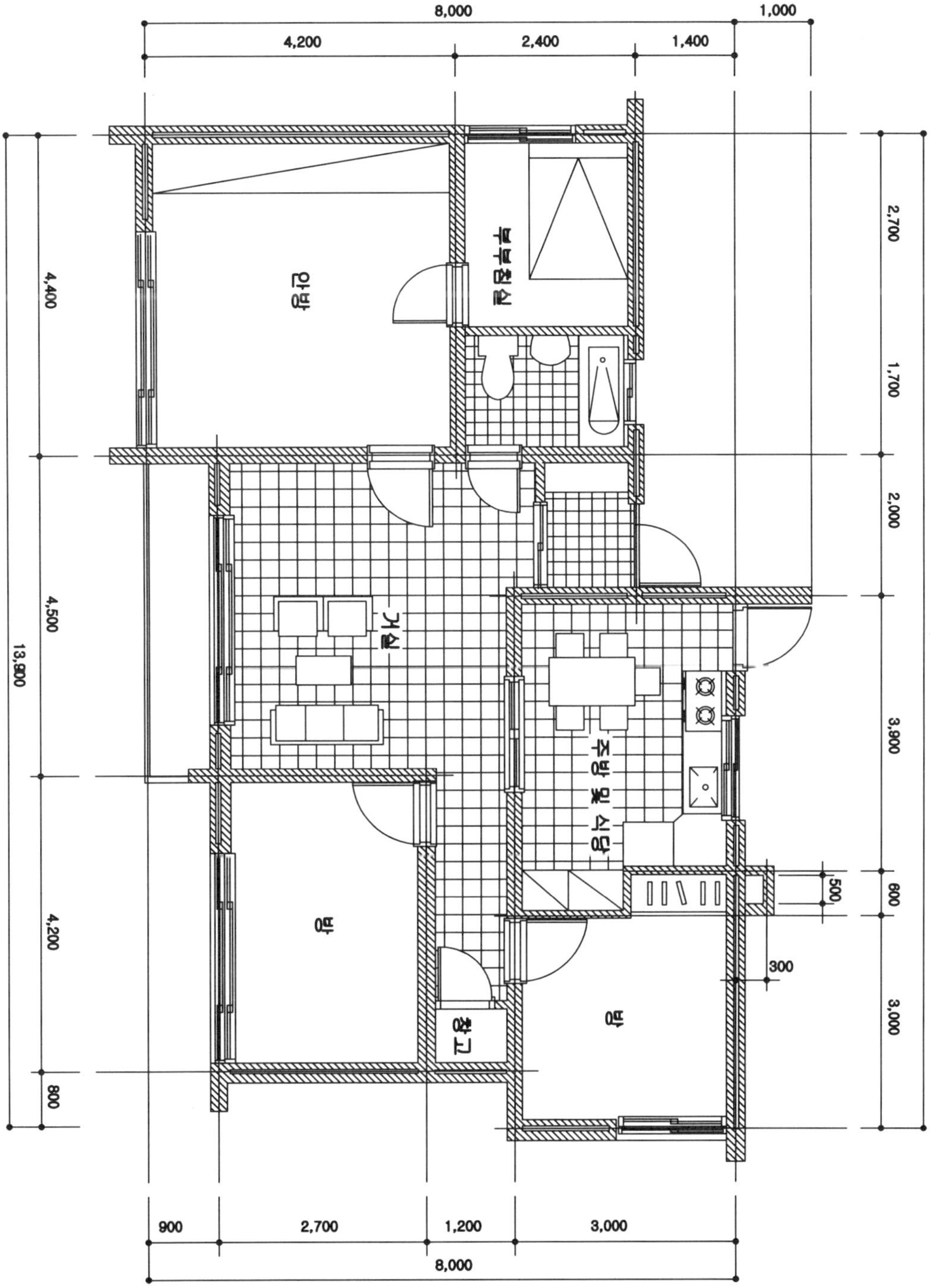
8,000
1,000
4,200
2,400
1,400
안방
부부침실
거실
주방 및 식당
방
방
창고
4,400
4,500
4,200
800
13,800
2,700
1,700
2,000
3,900
500
600
300
3,000
13,800
900
2,700
1,200
3,000
8,000

〔평면도 3〕

Chapter 14

입면도 그리기

13장에서 그려본 평면도를 바탕으로 같은 도면의 입면도를 그려보자.

입면도

14.1 지반선 그리기

지반선은 건축도면에서 중요한 역할을 하여 입면도에서는 기준선이 되므로 우선순위로 그려야 한다.

따라해보세요

① 13장에서 작업했던 평면도를 불러온다.

② 레이어(Layer)를 "WAL(벽선)"으로 지정한다. 평면도 아래에 지반선을 긋는다.

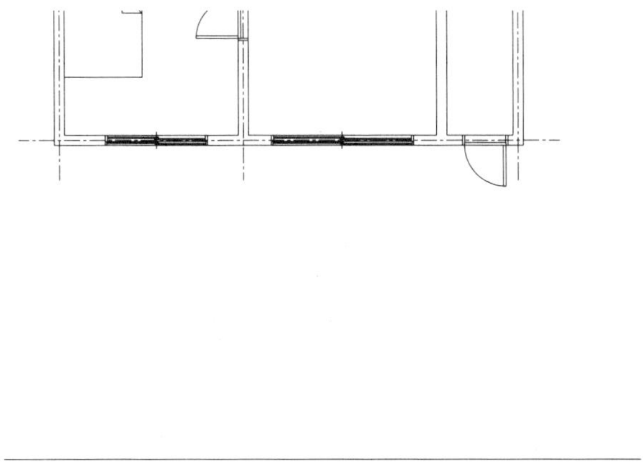

지반선 그리기

14.2 벽, 지붕선 그리기와 창호의 위치 정하기

벽, 기둥, 지붕선 등 입면 상에 나타나는 주요 윤곽선을 그린다. 지반선을 기준으로 창문의 위치, 처마의 높이(중심선에서 600mm) 등을 그린 뒤, 위의 평면도에서 필요한 선을 내려 벽, 기둥, 창문의 위치 등의 수직선을 그린다.

따라해보세요

① LINE 명령을 이용하여 평면도의 벽, 창호 구분선을 지반선까지 수직선을 내려 그려준다. 그 후 OFFSET 명령을 이용하여 아래 그림과 같이 창문 높이만큼 지반선을 복사한다.

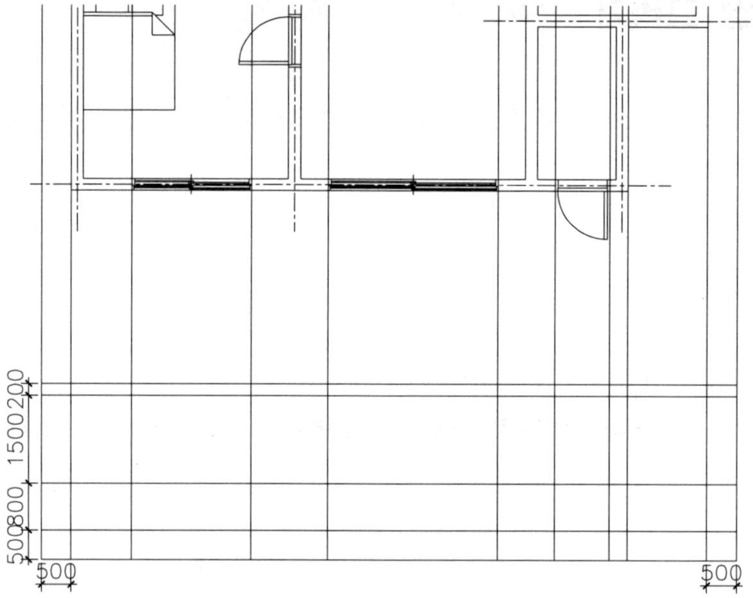

순서① 기준선 그리기

② LINE 명령을 이용하여 처마에 기준점을 지정한 다음 상대 좌표값 (10000, 4500)을 입력하여 지붕선을 그린다. 만약, 경사진 직선이 중심선을 지나면 중심선에서 선으로 올려 그려준다.

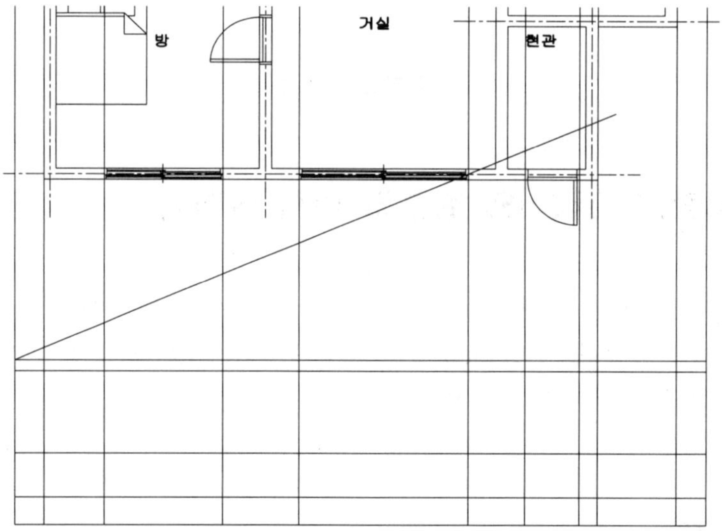

순서② 지붕 그리기 1

③ MIRROR 명령을 이용하여 지반선의 중심을 기준으로 선을 복사해 그려준다.

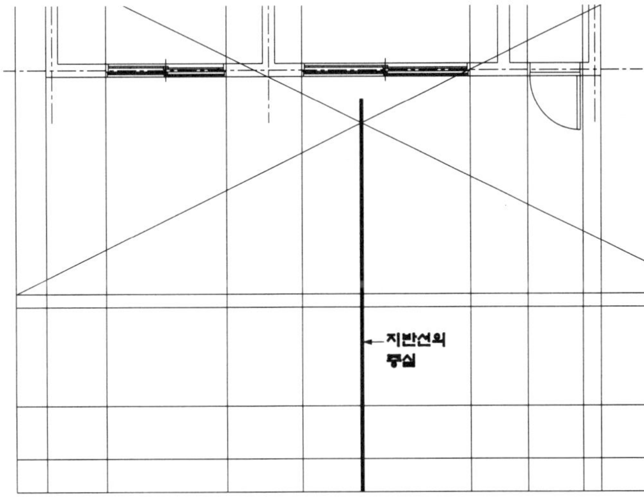

순서③ 지붕 그리기 2

④ 불러낸 평면도를 삭제하고 FILLET 명령을 이용하여 지붕 모양을 정리한다.

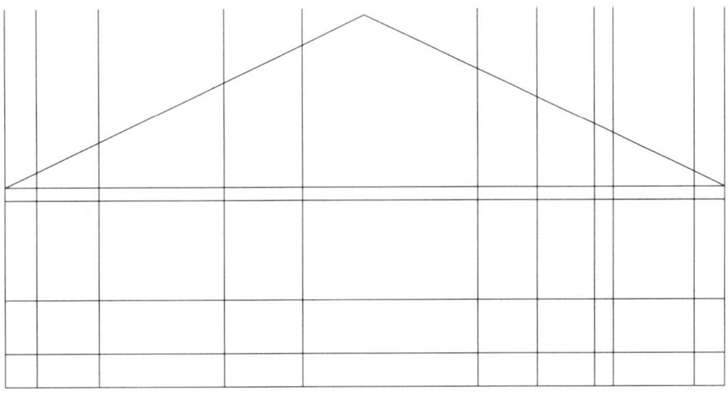

순서④ 지붕 그리기 3

⑤ TRIM, ERASE 명령을 이용하여 건물의 현관, 창문 등의 윤곽을 잡는다.

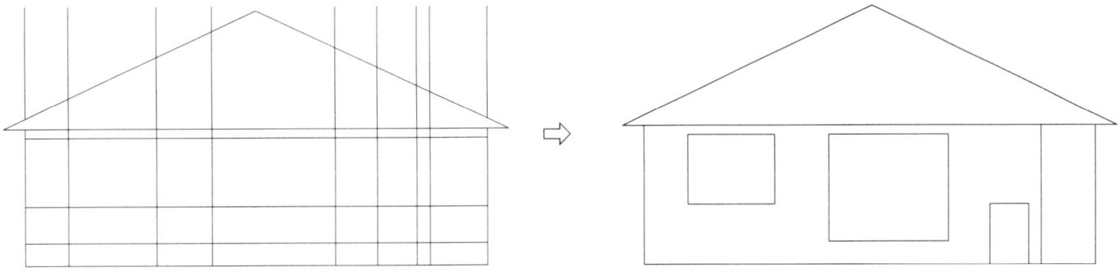

순서⑤ 윤곽잡기

⑥ OFFSET 명령을 이용하여 지붕 슬래브 두께 120mm의 선을 복사하고 LINE 명령을 이용하여 폭 500mm, 높이 200mm 크기의 처마를 그린다. 그리고 FILLET 명령 및 TRIM 명령을 이용하여 선을 정리한다.

명령 : O Enter↵ (OFFSET)
기존 지붕선의 아랫방향으로 간격 120mm의 선을 복사한다.

명령 : L Enter↵ (LINE)
기존 지붕선 끝점을 기준으로 크기 500mm*200mm인 처마를 그려준다.

명령 : F Enter↵ (FILLET)
P2와 P3를 FILLET으로 정리한다.

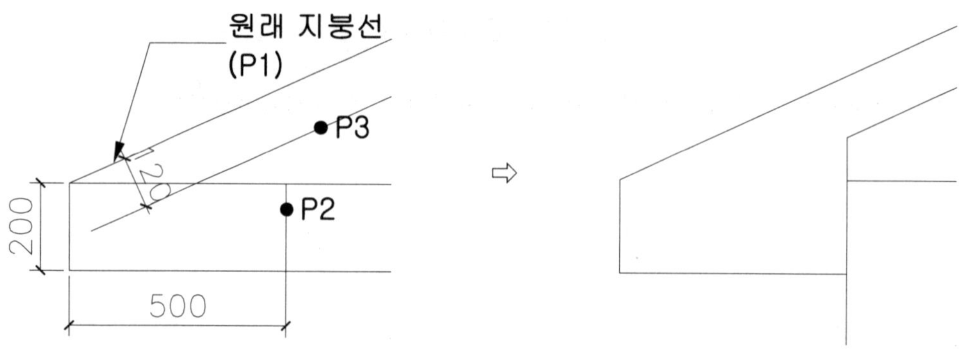

순서⑥ 처마 만들기

⑦ TRIM 명령을 이용하여 정리 후 MIRROR 명령을 사용하여 반대쪽으로 복사한다.

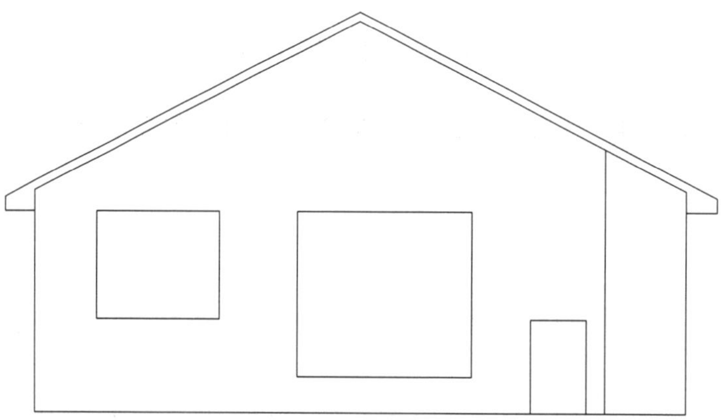

순서⑦ 처마 만들기

14.3 창호 그리기

창문 입면 블록이 있는 경우 블록을 삽입하고, 없는 경우는 직접 그린다.

따라해보세요

도면층을 "WID(창문)" 레이어(Layer)로 지정한다.

① REC 명령을 이용하여 창문 위에 절반 크기의 창문을 그린다.

② OFFSET 명령을 이용하여 창문 절반 크기의 작은 사각형을 120mm 간격의 선을 안쪽 방향으로 그린다.

③ OFFSET 명령을 이용하여 큰 사각형을 안쪽으로 120mm 간격의 선을 그린다.

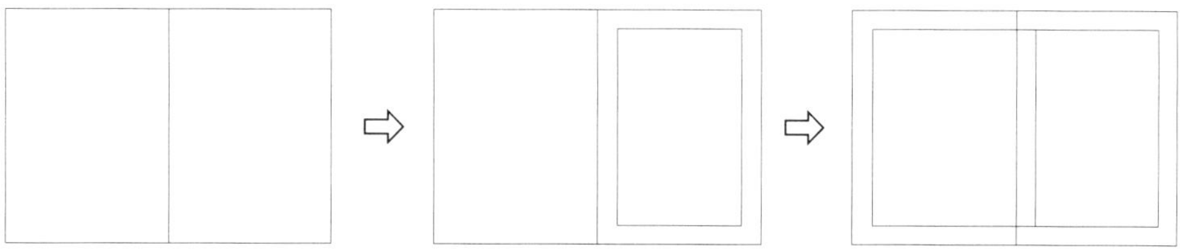

순서① 순서② 순서③

④ TRIM 명령을 이용하여 창틀 선을 정리한다.

⑤ LINE 명령을 사용히여 창문의 여는 방향을 창문 중잉에 표시한다. (단, 중심선의 OSNAP이 켜셔 있어야 한다.)

⑥ 벽돌 옆세워 쌓기를 그리기위해 REC 명령을 사용하여 높이 100mm의 창문 위, 아래로 가로 크기에 맞는 사각형을 그린다.

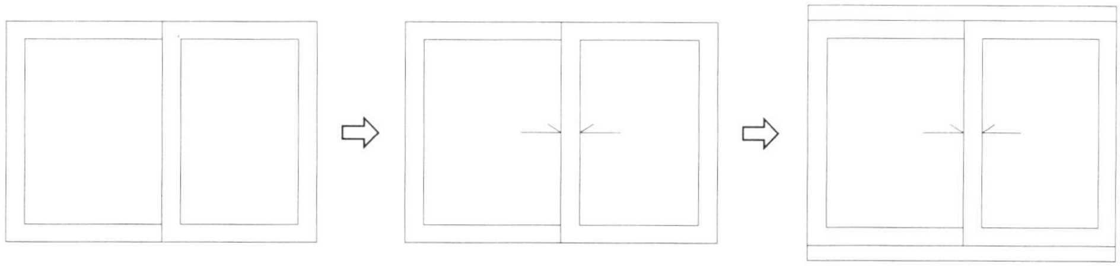

순서④ 순서⑤ 순서⑥

⑦ HATCH 명령을 사용하여 벽돌을 넣어준다. (유형은 사용자 정의, 각도 = 90°, 간격 = 50)

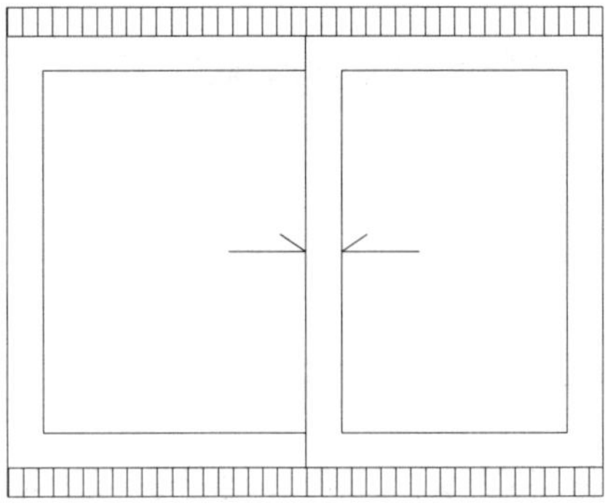

순서⑦ 창문 완료

⑧ 순서①~⑦과 같은 방법으로 거실 창문도 그려준다.

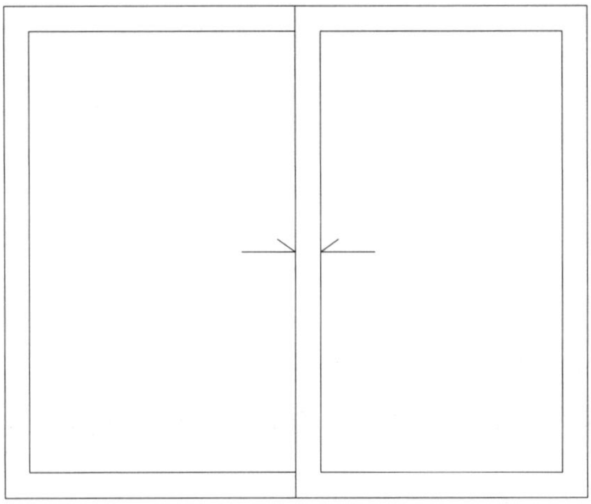

순서⑧ 거실 창문

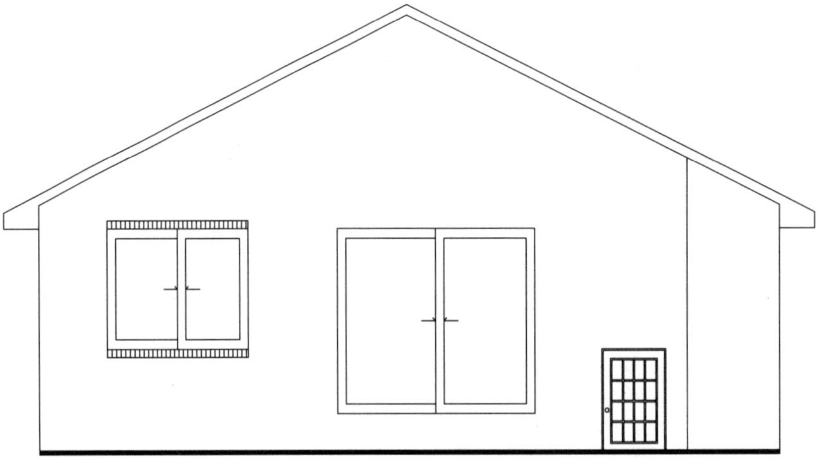

창문 그리기 완료

14.4 외부 마감재료 표시 그리기

따라해보세요

도면층을 'HAT(해치)' 레이어(Layer)로 지정한다.

① HATCH 명령을 사용하여 마감 재료를 그려준다.
명령 : H (HATCH) Enter↵ → T(옵션) Enter↵
[패턴]을 클릭하여 AR-B816 재료를 선택한다.

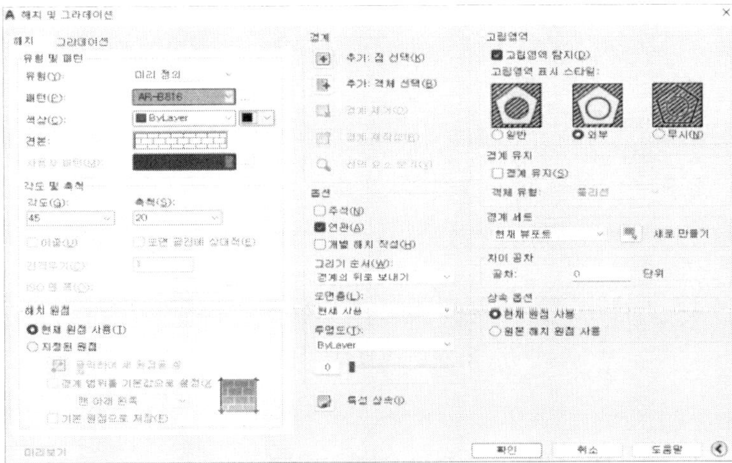

순서① 해치설정

② 점 선택( )을 클릭하여 그려질 내부 범위를 지정한 후 창문 안쪽으로는 벽돌패턴이 적용되지 않게 고립영역을 '외부'로 설정한다. 그리고 축척을 조절하여 도면에 알맞은 비율로 맞춘다. 점 선택을 하였을 때 추가가 되지 않을 경우에는 완전 고립된 객체가 아닐 경우 발생된다. 따라서 선이 완벽하게 연결되어 닫힌 객체가 되었는지 확인한다.

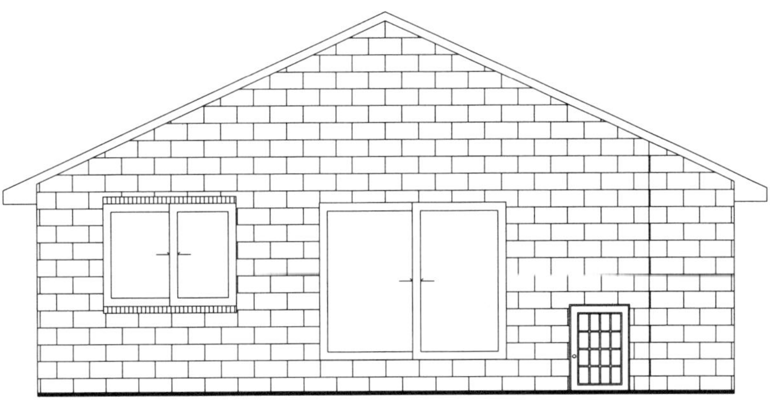

순서② 해치 완료

14.5 지반선 그리기와 조경 만들기

따라해보세요

도면층을 'SYM(기호)' 레이어(Layer)로 바꿔준다.

① POLYLINE 명령을 이용하여 두께 50인 지반선을 그린다.

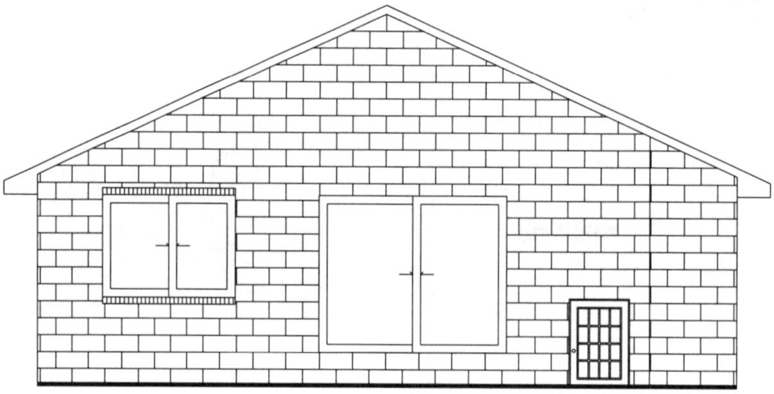

순서① 지반선 그리기

② SKETCH 명령을 사용해 나무 등 조경을 직접 그려준다.
또는, INSERT 명령을 이용하여 저장되어 있는 조경 객체를 도면에 삽입한다.

명령 : S [Enter↵] (SKETCH) / 명령 : I [Enter↵] (INSERT)
또는, AutoCAD 2022→ Sample(폴더) → Ko-kr(폴더) → DesignCenter(폴더) → Landscaping(.dwg)에 조경에 대한 라이브러리를 불러와 사용할 수 있다.

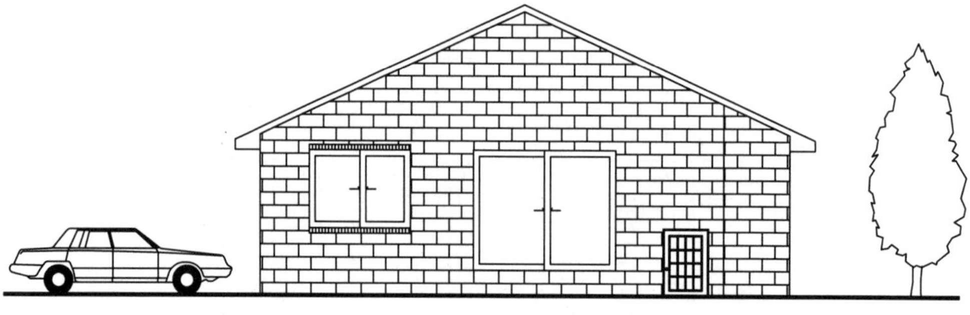

순서② 조경 넣기

14.6 마감재료 표기 및 도면명 기록

따라해보세요

도면층을 'TXT(문자)'로 지정한다.

① 다중 지시선을 이용하여 마감 재료를 표기해 준 후 지시선을 더블 클릭하여 화살촉을 '점'으로 바꿔준다.
명령 : mleader Enter↵
리본 : 주석 탭 → 지시선 패널 → 

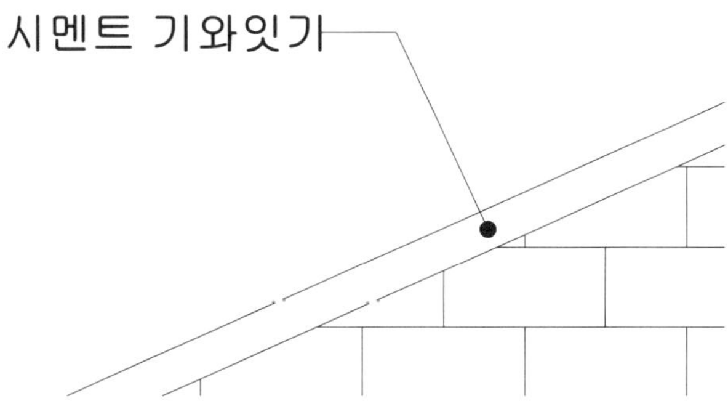

순서① 마감재료 표기

② CIRCLE 명령 및 LINE 명령을 이용하여 도면명 표기란 을 만들어주고 MTEXT 명령을 이용하여 도면명을 써준다.
도면 축척 60이므로 지름 960(16×60)mm의 원을 그린 후에는 그 원을 가로지르는 선을 그려 준다. 문자 글씨체는 굴림, 높이는 350으로 설정한다.

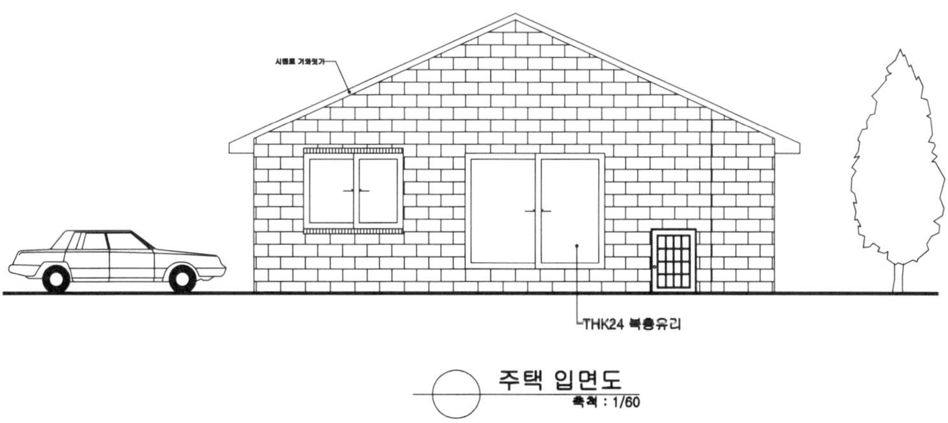

순서② 도면명 넣기

③ 도면명 입력이 완료되었으면 도면을 저장한다.
명령 : SAVE Enter↵

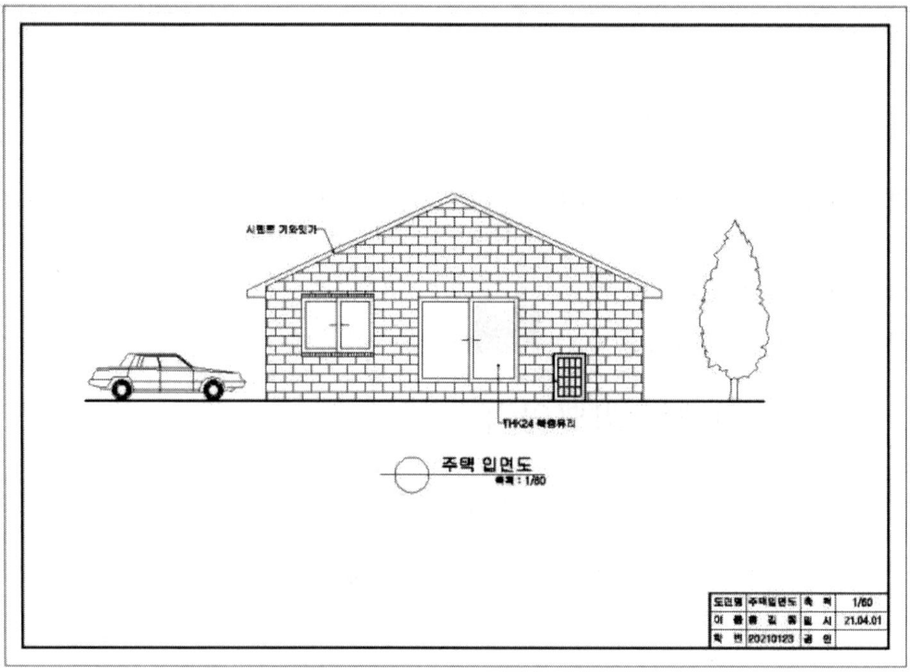

순서③ 완성된 입면도

예제 그려보기

여러 가지의 예제를 그려보자.

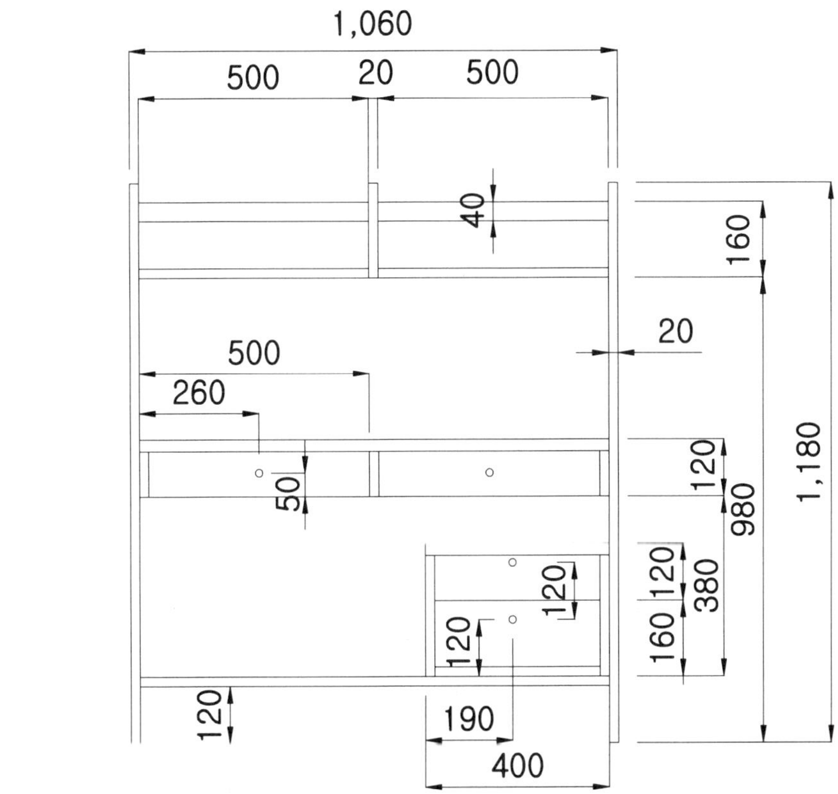

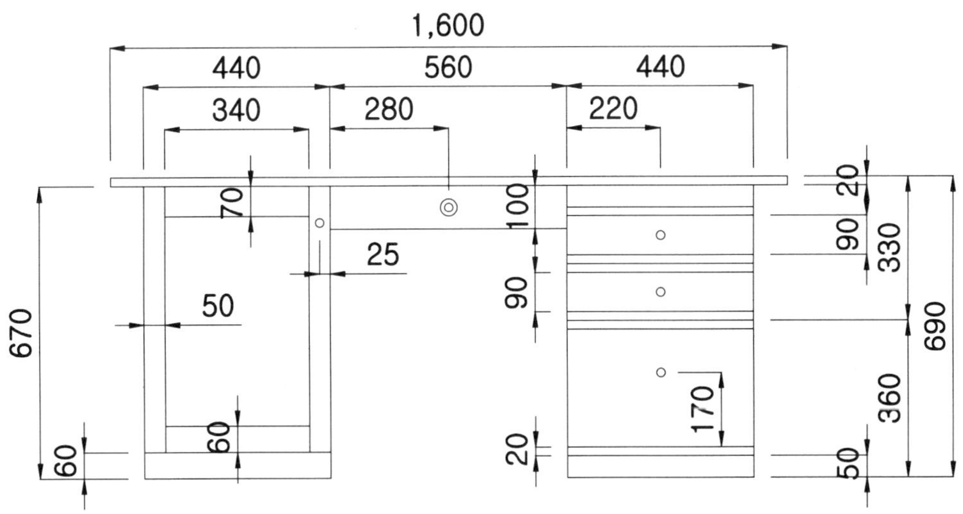

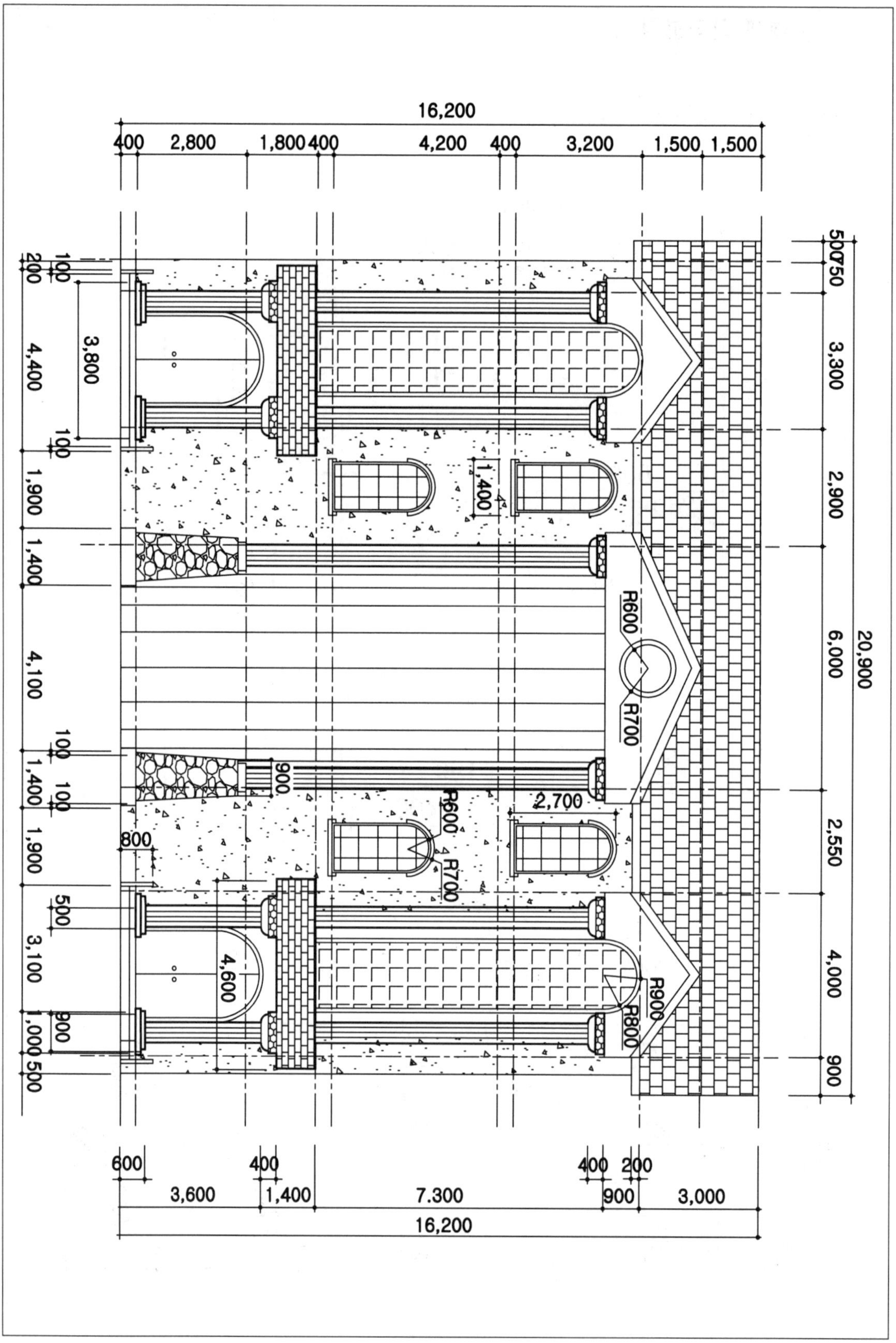

16,200
400
2,800
1,800
400
4,200
400
3,200
1,500
1,500
3,800
4,600
1,400
2,700
900
R600
R700
R600
R700
R900
R800
800
600
400
3,600
1,400
7.300
400
200
900
3,000
16,200
20,900
3,300
2,900
6,000
2,550
4,000
900
4,400
1,900
1,400
4,100
1,400
1,900
3,100
1,000
500

제4편

3차원 작업요소

Chapter 15

AutoCAD 3D

15.1 3D의 개념

3D(3 Dimension)란 2D(2 Dimension)와는 달리 입체적으로 표현할 수 있는 공간을 말한다. X, Y축으로 구성되어 있는 2차원에서 Z축이 추가되면 3차원이다. 따라서 3D에서는 3차원 모델링이 가능하며 Z축에 대한 고도(Elevation)와 두께(Thickness)를 고려하여 그려야 한다. 고도(Elevation)값은 좌표의 Z축 방향을 나타내며, 두께(Thickness)는 객체가 가지는 Z축 값을 뜻한다.

다음은 고도와 두께의 차이를 이해하기 쉽게 그림으로 표현하였다.

① 고도 0, 두께 0의 기본 2D객체
② 고도 0, 두께 500의 3D객체
③ 고도 500, 두께 500의 3D 객체

3D로 본 시점(남동 등각투영)

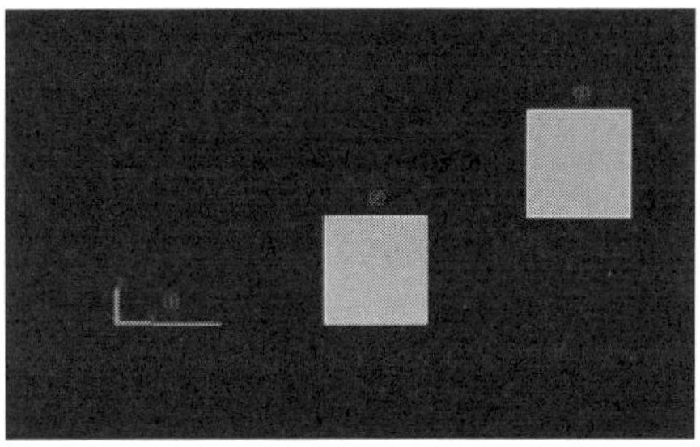
2D로 본 시점(정면도)

고도와 두께의 차이

3차원 도면의 장점

- 다양한 관점(시점)에서 관측할 수 있다.
- 객체를 자르거나 기준선을 토대로 단면을 작성할 수 있다.
- 다양한 표현이 가능하다.
- 현실감 있는 표현이 가능하기 때문에 설계자의 생각을 읽기 쉽다.

15.2 3D 모델링 작업공간

AutoCAD 2022의 기본 작업공간중 하나인 3D 모델링은 2007버전에 추가되어 현재까지 사용되는 작업공간이다. 작업공간을 2D와 3D 작업을 수시로 바꿔가면서 작업할 경우 전환하여 이용해도 좋지만, AutoCAD에서는 사용자가 직접 작업공간을 구축할 수 있기 때문에 자신에 맞는 환경으로 맞추어 사용하는 것도 하나의 방법이다. 본격적인 3차원 작업을 위해 3D 모델링 작업공간으로 전환하도록 하자.

따라해보세요

① [신속접근 도구 막대]에서 [작업공간창]을 클릭하여 [3D 모델링]을 선택한다.

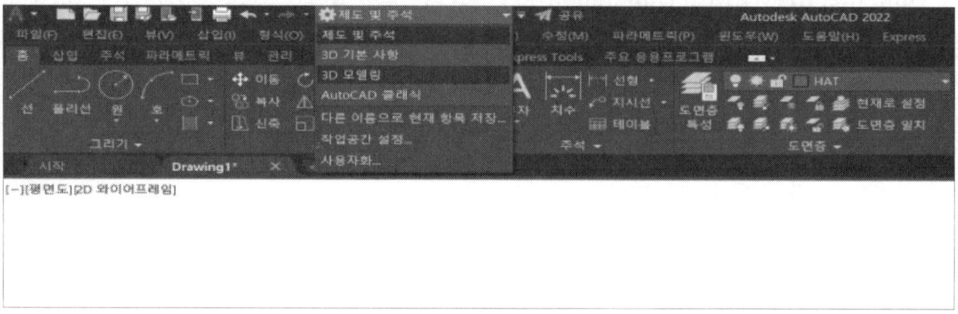

순서① 작업공간 전환

② 3D 모델링의 작업공간으로 바뀐 것을 확인할 수 있다.

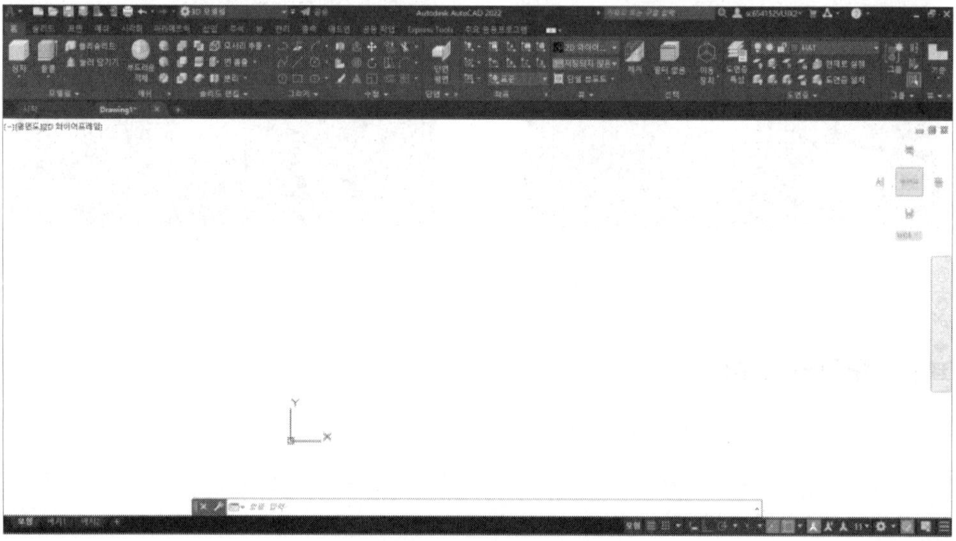

순서② 3D 모델링 작업공간

15.3 사용자 좌표계(UCS)

15.3.1 표준 좌표계(WCS)와 사용자 좌표계(UCS)의 이해

표준좌표계인 WCS는 X축이 수평, Y축이 수직을 나타내며 X축과 Y축이 교차하는 지점이 원점(0,0)이다. 이러한 표준 좌표계인 WCS로는 2차원에서 도면의 작업이 가능하지만 3차원에서는 Z축이 추가되기 때문에 2차원에 비해 복잡하고 다양하여 고정 좌표계만 사용하여 작업하기에는 불편한 점이 많다. 따라서 사용자 좌표계인 UCS를 이용하여 3차원 작업을 보다 원활히 진행할 수 있다.

15.3.2 사용자 좌표계(UCS)

3차원의 모델을 작성하고 편집할 때 고정된 좌표계인 WCS는 사용하기에 불편한 점이 많다. 따라서 사용자 좌표계인 UCS를 사용한다면 사용자가 임의로 좌표를 정의해 3차원 모델을 작성하거나 편집할 때 매우 유용하다.

- 명령어 : UCS
- 리본 : 홈 탭 → 좌표 패널 → (UCS)
- 메뉴 : 도구 → 새 UCS

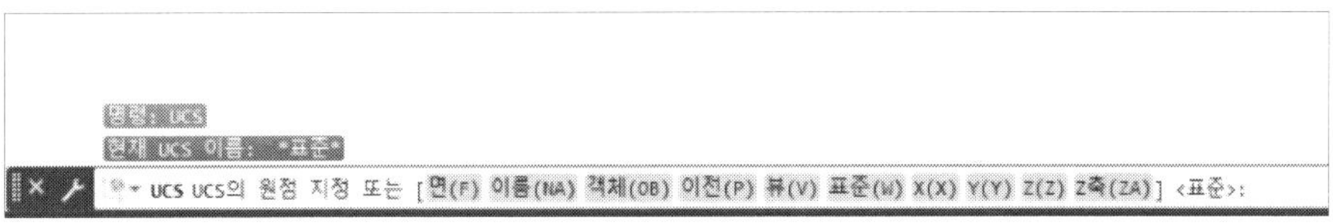

UCS 명령

- UCS의 원점 지정 : 한 점, 두 점, 또는 세 점을 지정하여 UCS를 지정한다.
- 면(F) : 3D 솔리드의 선택한 면을 기준으로 UCS를 정렬한다.
- 이름(NA) : 사용하는 UCS에 이름을 부여하여 저장한다.
- 객체(OB) : 선택한 3D 객체를 기준으로 새로운 좌표계를 설정한다.
- 이전(P) : 이전 UCS로 되돌아간다.
- 뷰(V) : 관측 방향에 수직인 X, Y평면으로 새로운 좌표계를 설정한다.
- 표준(W) : 현재 사용자 좌표계를 표준 좌표계로 설정한다.
- X, Y, Z : 지정한 축을 중심으로 현재 UCS를 회전한다.

	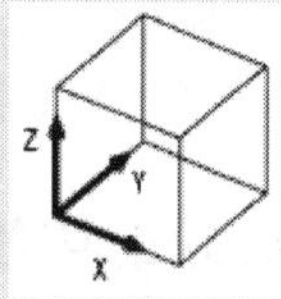 	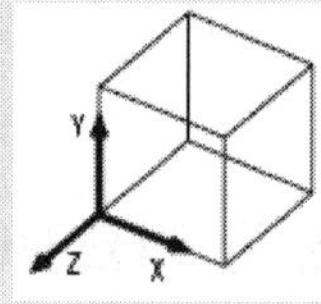 	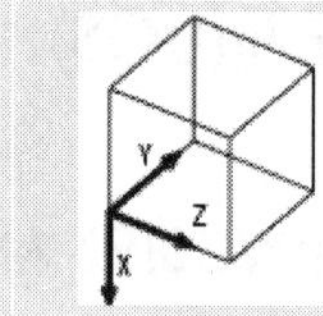 	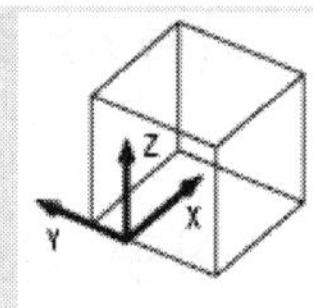
	표준좌표계	X축 중심으로 90회전	Y축 중심으로 90회전	Z축 중심으로 90회전
• Z축(ZA)	: 원점과 Z축의 +방향을 지정하여 UCS를 정의한다.			

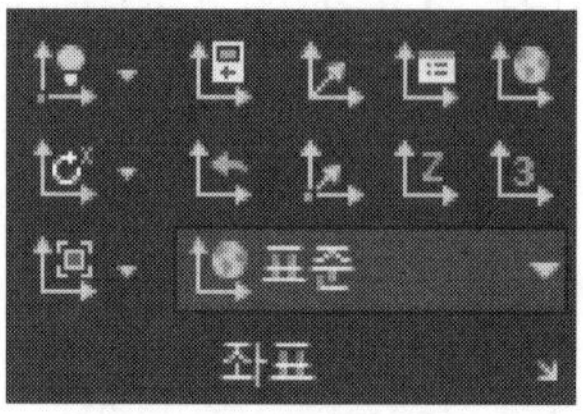

좌표 리본 메뉴

좌표 패널 아이콘	
	UCS 아이콘의 원점표시 및 아이콘의 On/Off를 설정한다.
	X, Y, Z중 하나의 축을 기준으로 회전시킬 때 사용한다.
	뷰(X, Y평면), 면(3D 솔리드), 객체 중 하나를 기준으로 정렬한다.
	UCS 아이콘 특성을 설정한다.
	사용자 좌표계를 설정한다.
	정의된 사용자 좌표계를 설정할 때 사용한다.
	현재 좌표를 표준 좌표계로 설정할 때 사용한다.
	이전 UCS 되돌릴 때 사용한다.
	원점을 이동하여 새로운 좌표계 설정할 때 사용한다.
	사용자 좌표계를 지정된 양의 Z축에 맞춰 정렬할 때 사용한다.
	점 3개를 사용하여 사용자 좌표계를 설정할 때 사용한다.
 	UCS 콤보 컨트롤을 설정할 때 사용한다.

15.3.3 UCS 관리자

UCS 관리자에서는 정의된 사용자 좌표계와 명명되지 않은 사용자 좌표계를 표시하고 수정하며, 명명된 UCS와 직교 UCS를 복원하고 작업창의 UCS 아이콘 및 UCS 설정값을 지정한다.

· 명령어 : UCSMAN
· 단축키 : UC
· 리본 : 홈 탭 → 좌표 패널 → (명명된 UCS)
· 메뉴 : 도구 → 명명된 UCS

(1) **명명된 UCS** : 사용자 좌표계 목록을 표시하고 현재 UCS를 설정한다.

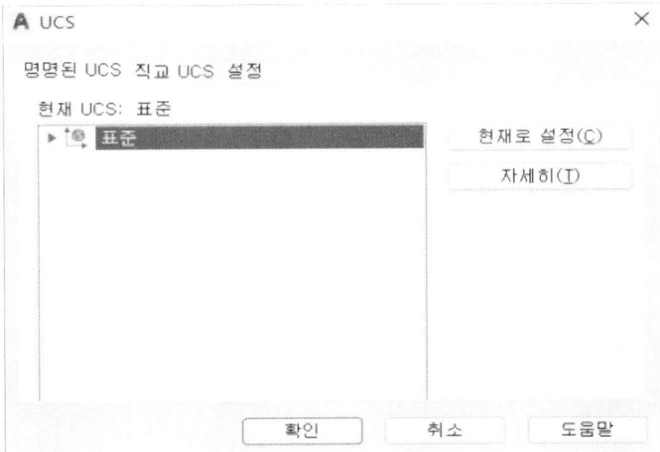

현재 UCS : 현재 UCS의 이름을 표시하며 명명되지 않은 UCS는 '미지정'으로 표시된다.

현재로 설정(C) : 선택된 좌표계를 현재 좌표계로 설정한다.

자세히(T) : [UCS 세부사항] 대화상자를 열어 UCS 좌표값을 표시한다.

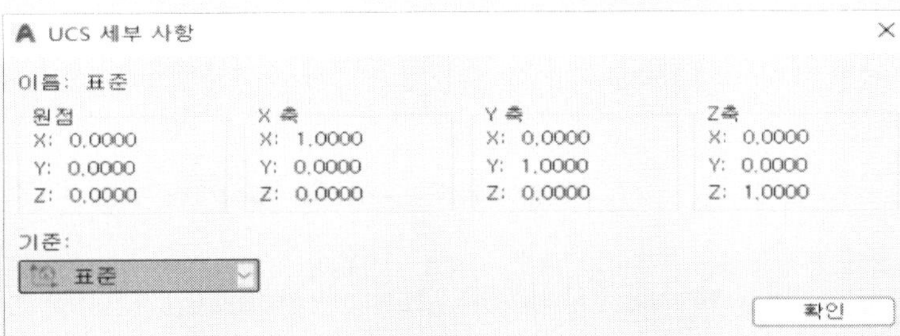

(2) 직교 UCS : UCS를 직교 UCS 설정값 중 하나로 변경한다.

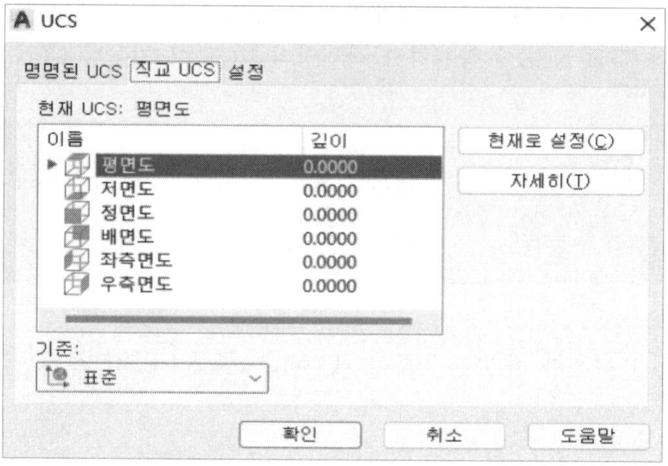

현재 UCS	: 현재 UCS의 이름을 표시하며 명명되지 않은 UCS는 '미지정'으로 표시된다.
이름	: 현재 도면에서 정의된 여섯 가지 직교 좌표계의 목록을 표시한다.
현재로 설정(C)	: 선택된 좌표계를 현재 좌표계로 설정한다.
자세히(T)	: [UCS 세부사항] 대화상자를 열어 UCS 좌표값을 표시한다.

(3) 설정 : 뷰 포트에 나오는 UCS 아이콘 설정값과 UCS 설정값을 표시한다.

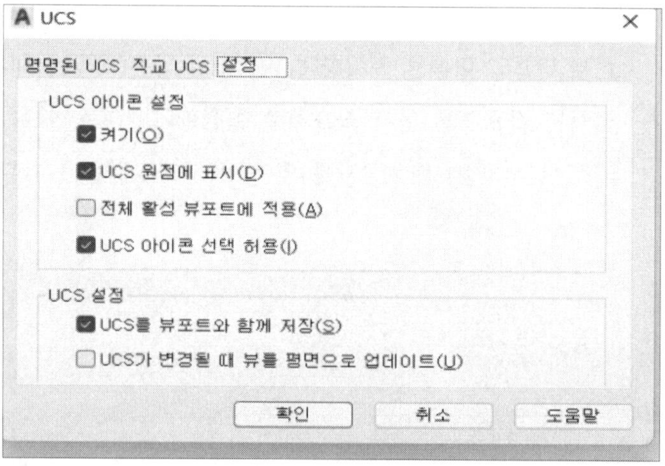

• UCS 아이콘 설정	: 현재 뷰 포트에 대한 UCS 아이콘 표시에 대해 설정한다.
• UCS 설정	: UCS 설정값이 업데이트될 때의 UCS 동작을 지정한다.

15.4 관측시점의 변경

15.4.1 DDVPOINT(관측점 사전 설정)

3D 관찰점을 설정한다.

· 명령어 : VPOINT · 메뉴 : 뷰 → 3D 뷰 → 관측점 사전 설정
· 단축키 : DDVPOINT

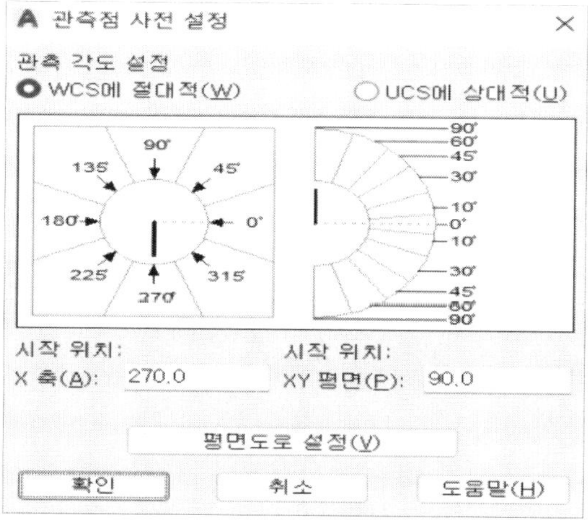

관측점 사전 설정 대화상자

- WCS에 절대적 : WCS를 기준으로 뷰의 방향을 지정한다.
- UCS에 상대적 : UCS에 대한 상대적인 뷰의 방향을 지정한다.
- X 축(A) : X축에 대한 각도를 지정한다.
- XY 평면(P) : XY 평면에 대한 각도를 지정한다.
- 평면도로 설정 : 선택된 좌표계를 기준으로 평면뷰로 설정한다.

15.4.2 VPOINT(관측점)의 시점

도면을 보는 방향과 각도를 X, Y, Z 벡터로 설정하여 관측점을 지정한다.

· 명령어 : -VPOINT · 단축키 : -VP

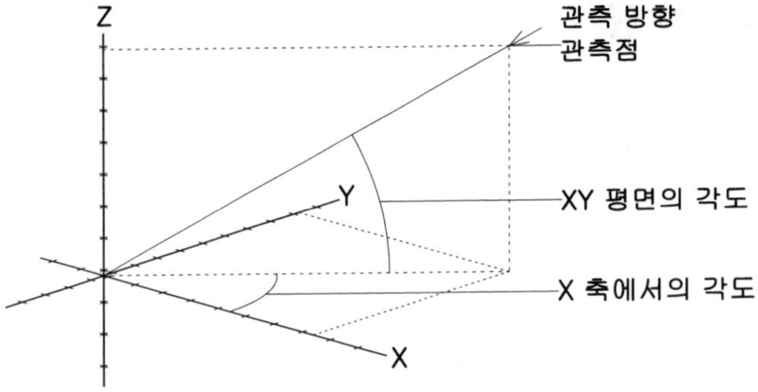

관측점의 이해도

▌ 관측점의 위치와 설정값

아이콘	뷰 명칭	설정값
	평면도	0,0,1
	저면도	0,0,-1
	좌측면도	-1,0,0
	우측면도	1,0,0
	정면도	0,-1,0
	배면도	0,1,0
	남서 등각투영	-1,-1,1
	남동 등각투영	1,-1,1
	북동 등각투영	1,1,1
	북서 등각투영	-1,1,1

▌ UCS 아이콘의 표현

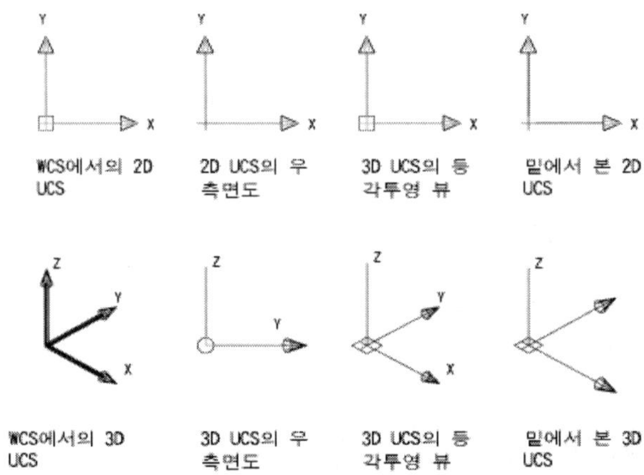

관측점에 따라 변하는 UCS 아이콘

15.4.3 뷰 관리자(VIEW)

· 명령어 : VIEW　　　　· 리본 : 홈 탭 → 뷰 패널 → 3D 탐색창 (지정되지 않은 뷰)

· 단축키 : V　　　　· 메뉴 : 뷰 → 명명된 뷰

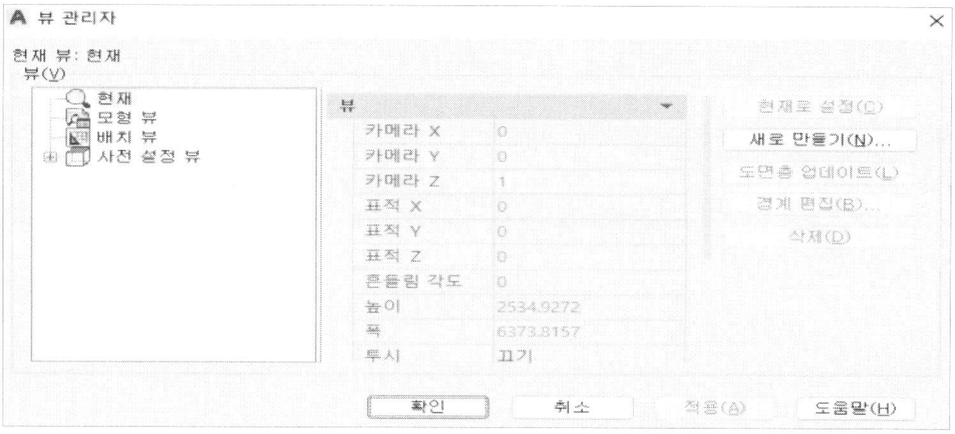

뷰 관리자 대화상자

- 뷰 : 사용 가능한 뷰의 목록을 표시한다.
- 현재로 설정 : 선택한 뷰를 현재의 뷰로 설정한다.
- 새로 만들기 : 새로운 명명된 뷰를 작성한다.
- 도면층 업데이트 : 선택한 뷰와 함께 저장된 도면층 정보를 업데이트 한다.
- 경계 편집 : 도면 영역이 나머지는 색상을 연하게 표시하여 명명된 뷰의 경계가 보이도록 표시한다.
- 삭제 : 선택한 뷰를 삭제한다.

3D VIEW

3D 뷰 메뉴

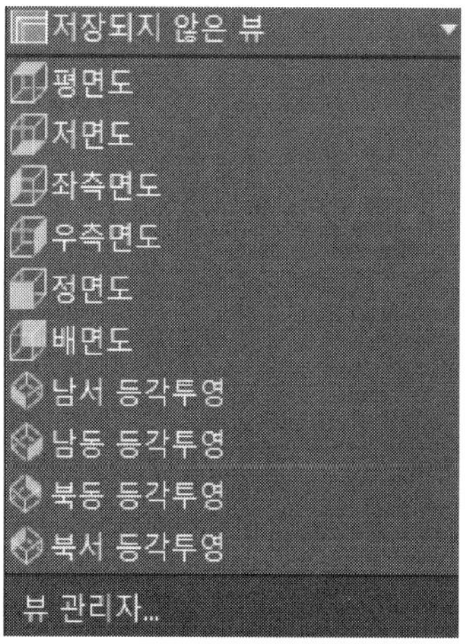

리본 뷰 패널

15.4.4 3D 궤도(3DORBIT)

· 명령어 : 3DORBIT · 단축키 : 3DO	· 메뉴 : 뷰 → 궤도 →	1 제한된 경로 2 자유 경로 3 연속 궤도

3DO을 입력하면 마우스 포인터(⊕)가 바뀌면서 마우스의 왼쪽 버튼을 누른 채 자신이 보고자 하는 방향으로 움직여주면 된다. 다른 방법으로는 명령어 없이 [Shift+마우스 휠 버튼]을 클릭한 상태에서 이동하면 쉽게 뷰 시점이 바뀌는 것을 확인할 수 있다.

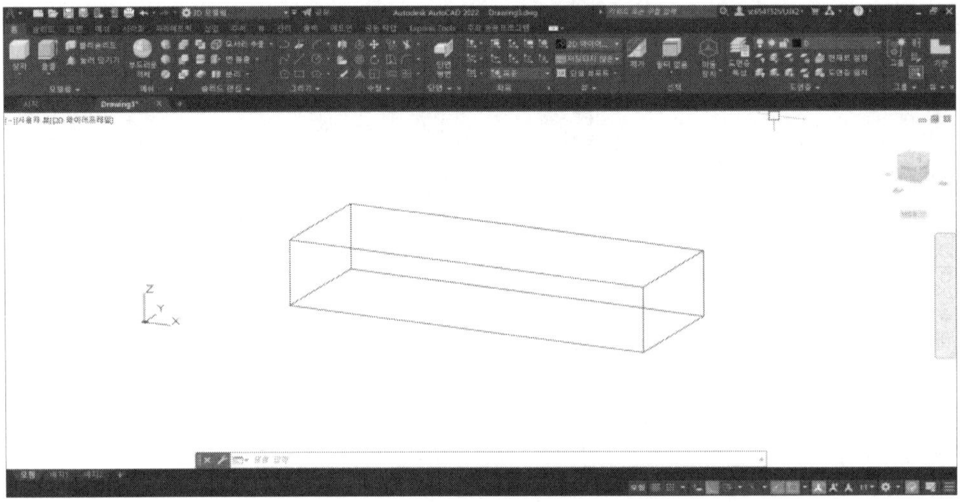

궤도 지정

궤도 도구도 AutoCAD 2015에서부터 현재 AutoCAD 2022에서도 마찬가지로 더 잘 제어할 수 있도록 개선되었다. 궤도 표적 포인트는 초록색 구로 표시되며, 이러한 객체 작업을 더 잘 제어하려면 [ORBITAUTOTARGET]을 1 → 0으로 꺼주면 표적 포인트를 클릭하여 지정할 수 있다.

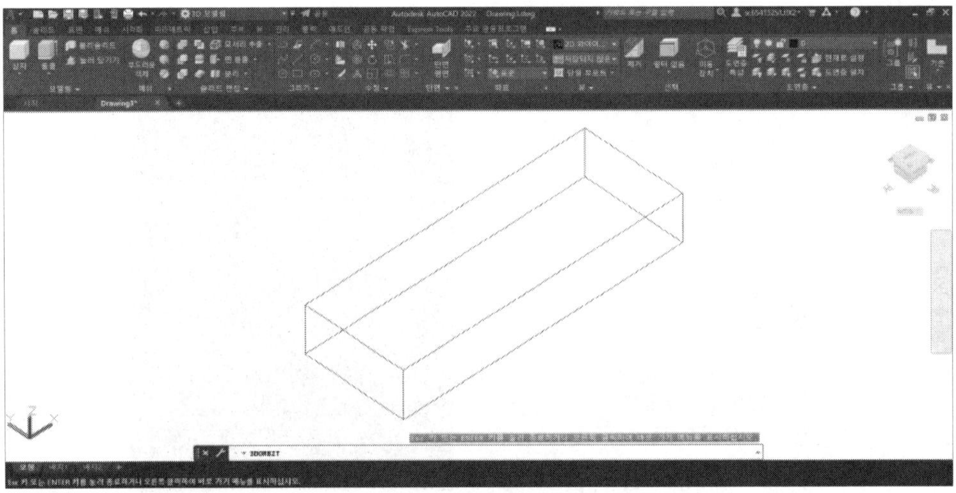

임의의 궤도 지정

또한 궤도뿐만 아니라 자유 궤도, 연속 궤도 등을 사용할 수 있다.

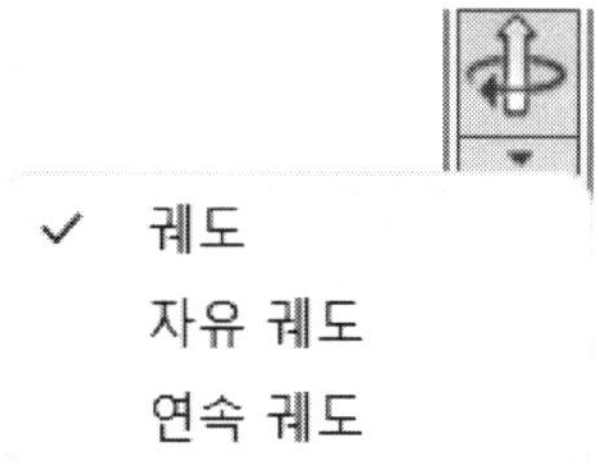

궤도 종류

15.4.5 뷰 포트(VPORTS)

뷰 포트는 단일 뷰 포트와 여러 뷰 포트로 나뉜다. 일반적으로 단일 뷰 포트를 사용하지만, 3차원 작업을 위해서는 다양한 시점이 필요하므로 여러 창을 펼쳐놓고 각기 다른 뷰를 설정해놓으면 보다 효율적인 3차원 작업을 할 수 있다.

· 명령어 : VPORTS	· 리본 : 홈 탭 → 부 패널 → 뷰 포트 · 메뉴 : 뷰 → 뷰 포트

뷰 포트 메뉴

리본 뷰 패널

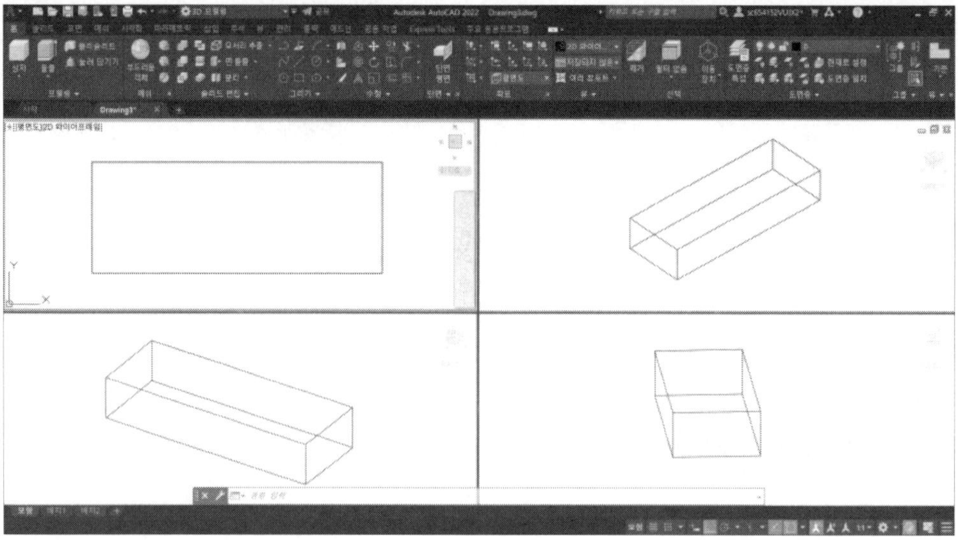

4개의 뷰 포트

AutoCAD 2016에서 크게 개선된 뷰 포트는 AutoCAD 2022에서도 모형공간에서 여러 뷰 포트를 만들면 활성 뷰 포트 경계가 위와 같이 밝은 파랑색으로 표시되는 것을 확인 할 수 있다. 또한 경계 가장자리로 마우스를 끌면 제거되며, 수평 또는 수직 경계를 끌어 뷰 포트 크기를 조정할 수 있다.

15.4.6 뷰 큐브(View Cube)

뷰 큐브는 3차원 객체를 표현하는데 있어 표준 뷰와 등각투영 뷰 사이를 빠르게 전환할 수 있는 표현 도구이다.

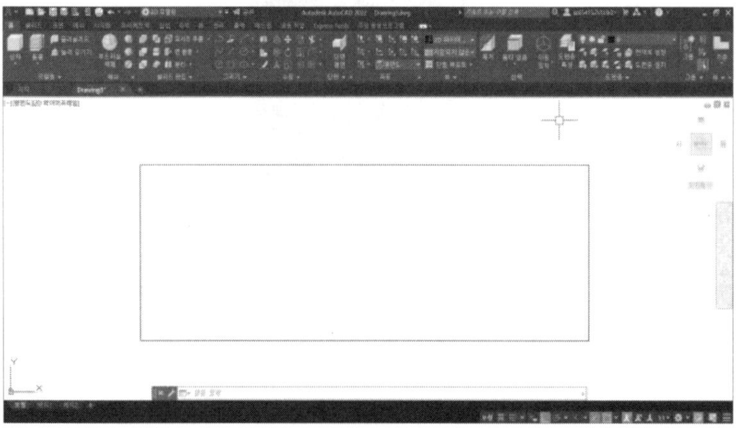

뷰 큐브 위치

뷰 큐브

뷰 큐브 설정 아이콘( )을 클릭하면 뷰 큐브 설정 대화상자가 나온다. 거기에서 뷰 큐브에 관련된 환경을 설정할 수 있다.

15.5 비주얼 스타일

비주얼 스타일은 뷰 포트에 모서리 및 음영처리의 표시를 조정하는 설정값의 집합이다. AutoCAD에서는 2D와이어프레임, 3D와이어프레임, 3D 숨기기, 실제, 개념 등 기본적으로 제공하는 비주얼 스타일 외에도 사용자가 직접 설정하여 스타일을 작성할 수도 있다.

· 명령어 : VISUALSTYLES

· 리본 : 뷰 탭 → 팔레트 패널 → 비주얼 스타일

· 메뉴 : 도구 → 팔레트 → 비주얼 스타일

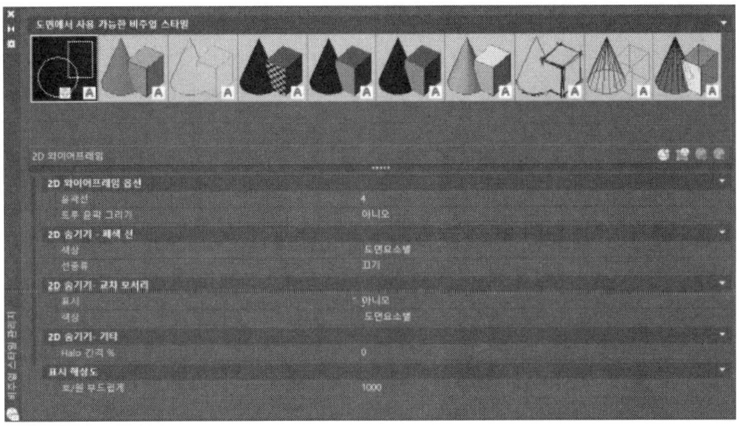

비주얼 스타일 관리자

도면에서 사용 가능한 비주얼 스타일	: 도면에서 사용 가능한 비주얼 스타일의 견본 이미지를 표시한다. 선택한 비주얼 스타일의 환경설정 정보는 아래 패널에 표시된다.
새 비주얼 스타일 작성	: 새로운 비주얼 스타일을 작성할 때 사용한다.
현재 뷰 포트에 적용	: 선택된 비주얼 스타일을 현재 뷰 포트에 적용한다.
도구 팔레트로 내보내기	: 선택된 비주얼 스타일을 도구 팔레트로 내보낸다. 이때 도구 팔레트는 자동으로 열린다.
비주얼 스타일 삭제	: 선택된 비주얼 스타일을 삭제한다. 기본 비주얼 스타일 및 사용 중인 비주얼 스타일은 삭제할 수 없다.

15.6 3D 모델링 방식

15.6.1 와이어프레임 모델링(Wireframe Modeling)

와이어프레임 모델링은 일반적인 2D 기본 명령을 사용하여 3차원 객체를 그리는 가장 기초적인 모델링 방식이다. 쉽게 말해 3D 객체의 틀(Frame)을 만드는 작업을 말한다.

와이어프레임 모델링은 선 및 곡선커브들을 이용해서 객체의 모서리를 표시한다.

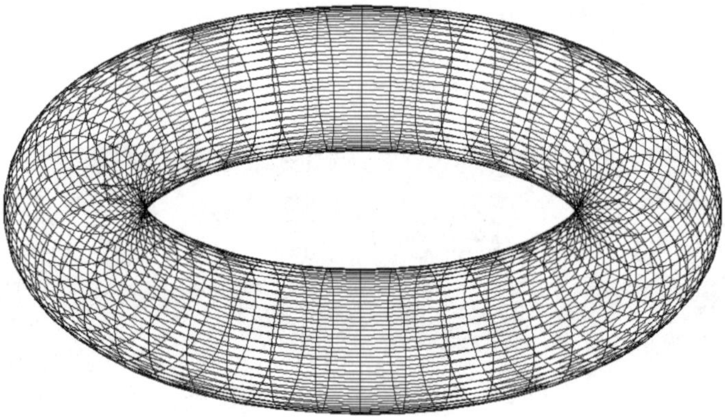

와이어 프레임 모델링

15.6.2 표면 모델링(Surface Modeling)& 메쉬 모델링(Mesh Modeling)

표면 모델링은 공간에 면(Face)을 입히는 방식으로 객체들의 외형을 만드는 모델링이다. 표면 모델링을 위해서는 와이어 모델링이 완벽하게 해야 되며 최종모델로 만들기 위해 메쉬(Mesh)를 이용하여 면을 표현을 해준다. 따라서 메쉬 모델은 와이어프레임 모델에 표면을 입힌 최종모델이다.

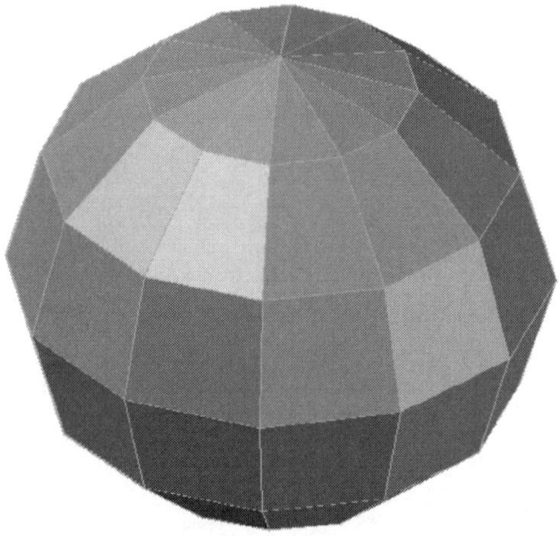

메쉬 모델링

15.6.3 솔리드 모델링(Solid Modeling)

솔리드 모델링은 3D 모델링을 이용하고 작업하는데 가장 쉬운 형태이다. 솔리드 명령을 이용하면 상자(Box), 원추(Cone), 원통(Cylinder), 구(Sphere), 쐐기(Wedge), 도넛(Donut)의 3D 객체를 쉽게 그릴 수 있으며 2D 형상의 객체를 회전(Revolve) 및 경로(Path)에 따라 솔리드 모델로도 만들 수 있다.

솔리드 모델링

Chapter 16 3D 기본 모델링

3D의 기본 모델링은 와이어프레임 모델링(Wireframe Modeling)을 기초로 하여 객체의 모든 표면(SurFace)을 형성하여 3D 객체를 작성하는 모델링을 말한다.

16.1 와이어프레임 모델링

와이어프레임 모델링(Wireframe Modeling)은 2D 기본 명령어인 LINE이나 3D 폴리선 명령을 이용한 Z축 값의 입력을 통해 작성하는 모델링 방법이다. 그러나 와이어프레임 모델링은 3D 객체의 뼈대만 작성할 뿐, 표면(Surface)은 따로 만들어주어야 한다.

16.1.1 LINE을 이용한 3D 객체 그리기

기본 명령어인 선(LINE)을 가지고 3D 와이어프레임 모델링을 할 수 있다. 2차원에서는 Z축의 값을 제외한 X, Y축의 값을 입력하여 사용하지만, 3차원에서는 Z축의 값을 포함하여 X, Y, Z축의 순서로 값을 입력하여 3D 객체를 그릴 수 있다.

· 명령어 : LINE
· 단축키 : L
· 리본 : 홈 탭 → 그리기 패널 → (선)

따라해보세요

2차원 모형에서 LINE 명령을 이용하여 3차원 모형을 그려보자.

① 명령 : L Enter (LINE)을 이용하여 X축과 Y축의 2차원 사각형(400*200)을 그린다.

순서① 사각형 그리기

② 명령 : 3DO Enter↵ (3DORBIT) 또는 Shift+마우스 휠 버튼을 이용하여 화면 뷰를 전환, 객체를 보기 좋은 방향으로 바꾼다. UCS 아이콘과 마우스 포인터의 형태가 바뀌었음을 확인할 수 있다.

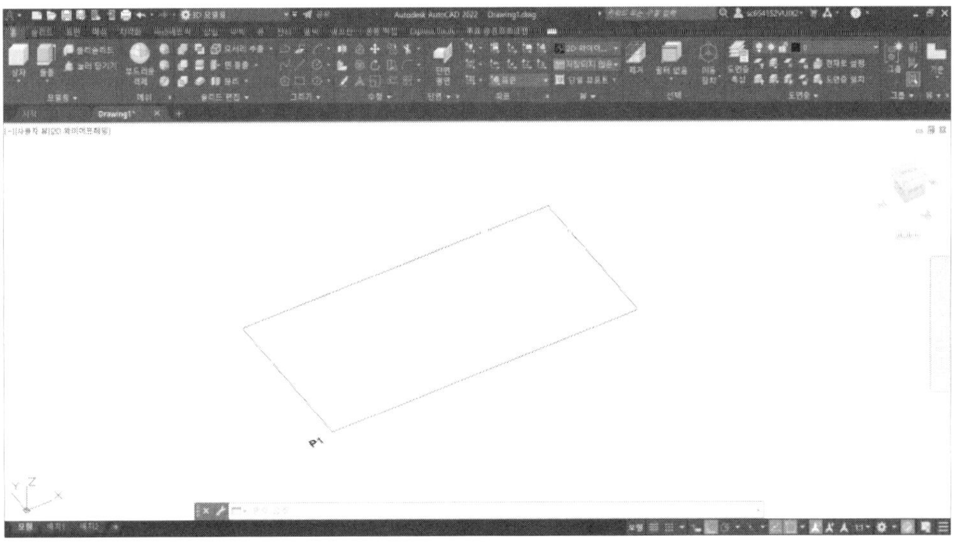

순서② 3차원으로 화면 전환

③ 명령 : L Enter↵ (LINE)으로 Z축의 값을 입력하여 그려준다.
첫 번째 점 지정 : P1 클릭 → 다음 점 지정 또는 [명령취소(U)] : @0,0,400
이때 X축에 절대 좌표(@)를 사용하여 기준점을 잡아주어야 한다.

만약 (0,0,400)을 입력한다면 선은 원점(0,0)을 방향으로 한 길이 400의 선이 그려질 것이다.

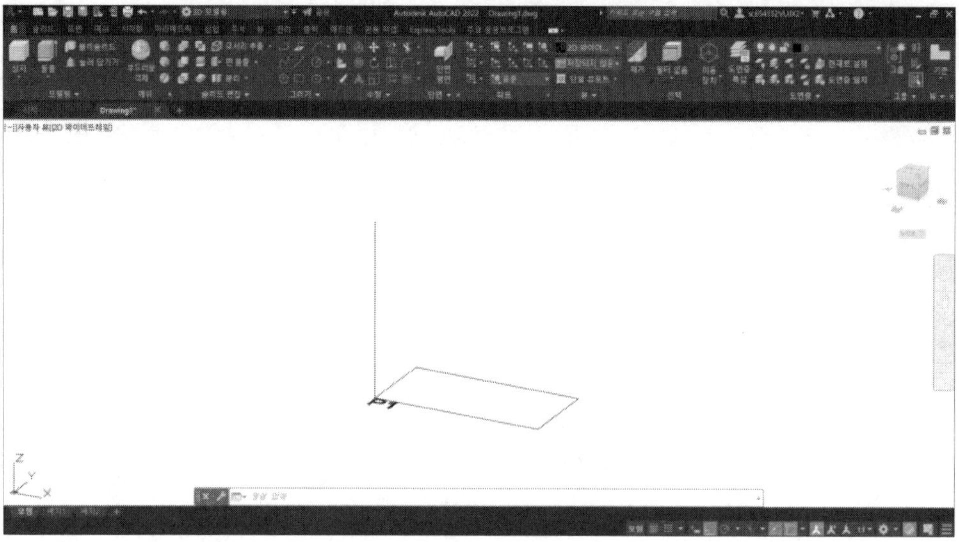

순서③ 선 그리기(3차원 명령)

④ 계속해서 LINE 명령을 이용하여 그려나간다.

다음 점 지정 또는 [명령취소(U)] : @200,0,0 (X축 방향으로 200)
다음 점 지정 또는 [명령취소(U)] : @0,0,-200 (`Z축 아랫방향으로 200)
다음 점 지정 또는 [명령취소(U)] : @200,0,0 (X축 방향으로 200)
다음 점 지정 또는 [명령취소(U)] : @0,0,-200 (Z축 아랫방향으로 200)
다음 점 지정 또는 [명령취소(U)] : 명령을 종료한다.

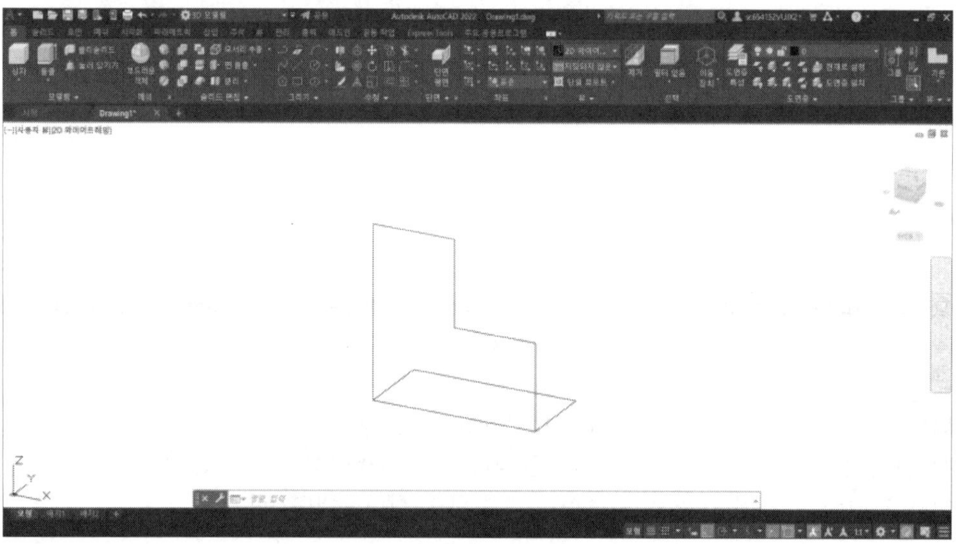

순서④ 선 그리기(3차원 명령) 2

▌ 다른 방법으로 직교(단축키: F8)를 이용하여 그리는 방법이 있다.

이 방법은 마우스 포인터의 위치로 선의 방향을 지시하여 그리는 방법이다.

명령 : L Enter↵ (LINE)

첫 번째 점 지정 : P1 클릭

다음 점 지정 또는 [명령취소(U)] : 포인터를 Z축 (+)방향으로 이동 후 400 입력
다음 점 지정 또는 [명령취소(U)] : 포인터를 X축 (+)방향으로 이동 후 200 입력
다음 점 지정 또는 [명령취소(U)] : 포인터를 Z축 (-)방향으로 이동 후 200 입력
다음 점 지정 또는 [명령취소(U)] : 포인터를 X축 (+)방향으로 이동 후 200 입력
다음 점 지정 또는 [명령취소(U)] : 끝점에 클릭한다.

좌표축의 값을 입력한 방법이나 마우스 포인트 위치를 이용한 방법들 중 아무거나 사용해도 순서 ④와 같은 그림이 나온다.

⑤ 명령 : CO Enter↵ (COPY)을 이용하여 그린 선을 반대편에 복사한다.

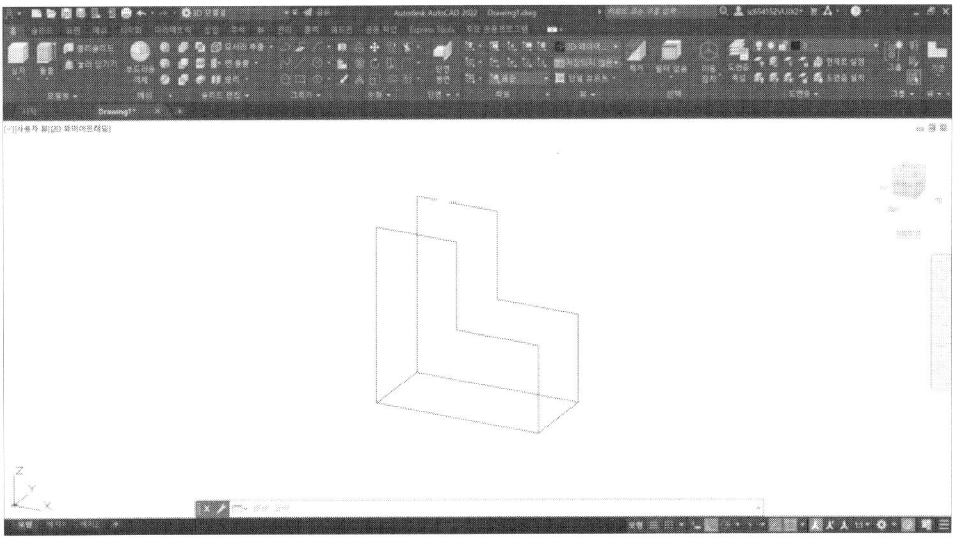

순서⑤ 선 그리기(3차원 명령) 3

⑥ LINE 명령을 이용하여 미완성된 형태를 완성시킨다.

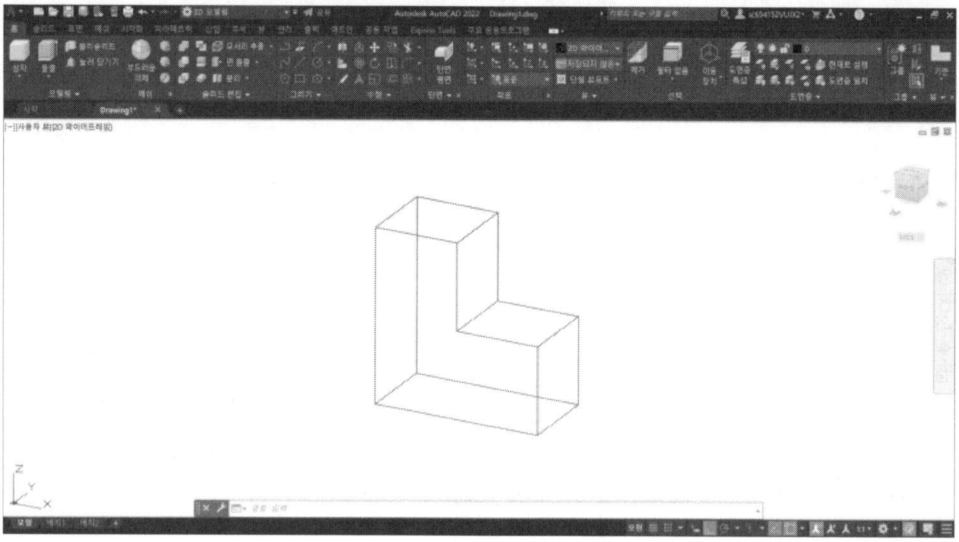

순서⑥ 선 그리기(3차원 명령) 4

선을 이용한 3D 모델링은 Z축에 대한 이해와 약간의 공간감만 있다면 손쉽게 작업할 수 있으므로 많은 연습이 필요하다.

16.1.2 3D POLYLINE을 이용한 3D 객체 그리기

3D 폴리선(POLYLINE)은 2차원에서 사용하는 POLYLINE으로는 입력할 수 없는 Z축의 값을 입력하여 3차원 객체를 그릴 때 사용한다. 중요한건 POLYLINE은 2차원에서만 사용할 수 있고 3D POLYLINE은 3차원에서만 사용이 가능하다.

· 명령어 : POLYLINE	· 리본 : 홈 탭 → 그리기 패널 → (3D 폴리선)
· 단축키 : 3DPOLY	· 메뉴 : 그리기 → 3D 폴리선

3D 폴리선을 이용한 그리기 방법은 앞서 설명한 LINE을 이용한 방법과 같이 절대좌표(@)와 함께 Z축의 값을 입력해주면 된다.

16.2 표면 모델링

표면(SURFACE) 모델링은 3D 객체의 쉐이프에 해당하는 무한히 얇은 쉘을 표현한다. 쉽게 말해서 표면 모델링(Surface Modeling)은 와이어프레임 모델링(Wireframe Modeling)으로 되어 있는 객체의 표면을 만들어주는 작업을 뜻한다. 따라서 와이어프레임 모델링이 완벽하게 되어 있어야 표면 모델링을 진행할 수 있다.

16.2.1 평면표면(PLANESURF)

평편한 표면을 작성할 때 사용하는 명령어이다. 평면표면은 선택된 지점으로 X, Y축의 평면 형태로 밖에 못 그리지만, 객체 선택을 하였을 경우 객체를 기준으로 표면을 작성할 수 있다.

· 명령어 : PLANESURF　　　· 리본 : 표면 탭 → 작성 패널 → 평면형

따라해보세요

PLANESURF 명령을 이용하여 와이어프레임으로 작성한 객체에 표면을 입혀보자.

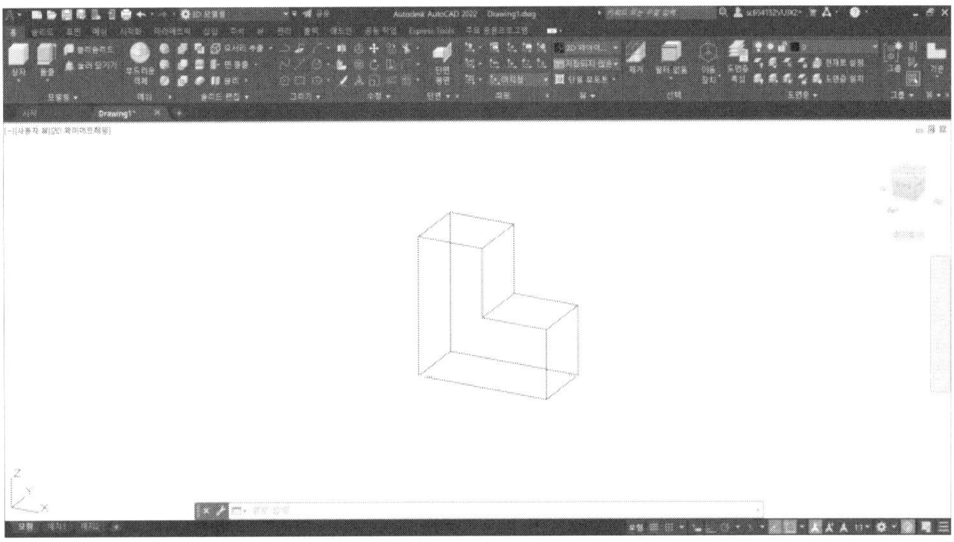

와이어프레임 모델링

① 명령 : PLANESURF Enter↵
② 첫 번째 구석 지정 또는 [객체(O)] <객체(O)>: O Enter↵

PLANESURF 명령 실행 시에는 기본으론 선택된 지점부터 평면(X, Y축) 작성되기 때문에 꼭 '객체(O)'로 선택해야만 객체에 평면 표면을 작성할 수 있다.

③ 표면을 작성할 객체(선)를 선택한다.
객체 선택 : P1~P6까지 선택한 후 Enter↵ (단, P1~P6의 순서는 상관없다.)

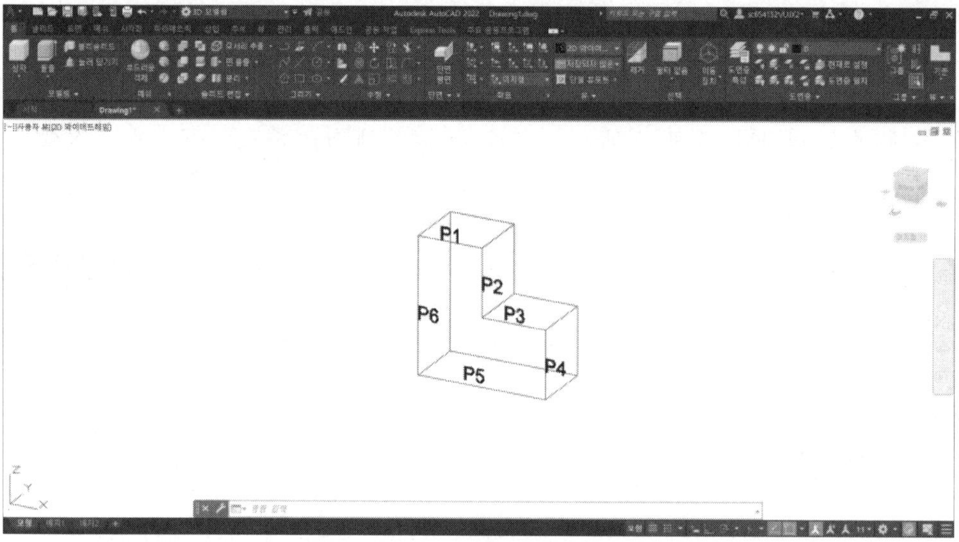

순서③ 표면을 형성할 객체 선택

④ 명령을 종료하면 선택된 객체에 표면이 작성된 걸 확인할 수 있다.
비주얼 스타일 방식이 '2D 와이어프레임'으로 되어 있다면 표면은 그물망 형태로 표현된다.

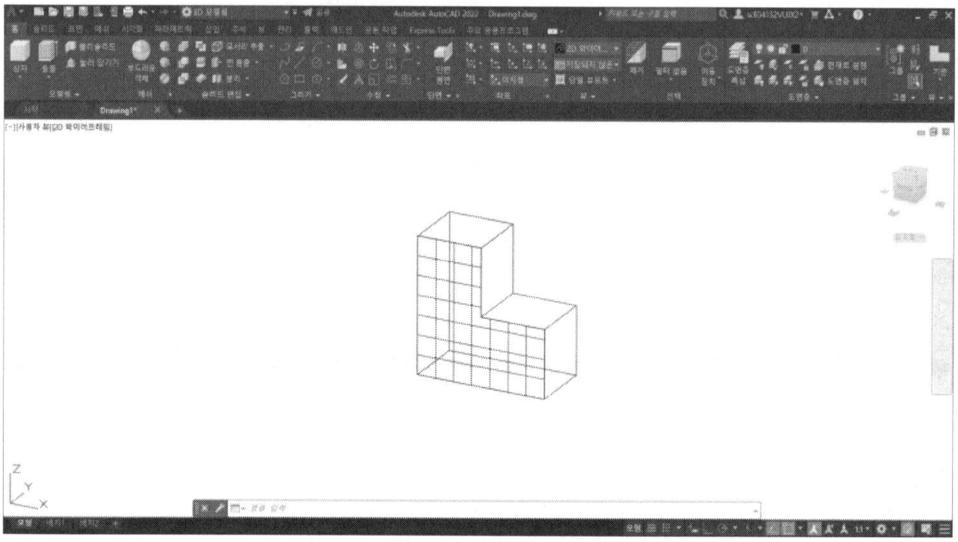

순서④ 객체 표면 작성 완료

비주얼 스타일을 '음영처리'로 바꾸면 아래 그림과 같이 표면이 작성된 것을 확인할 수 있다.

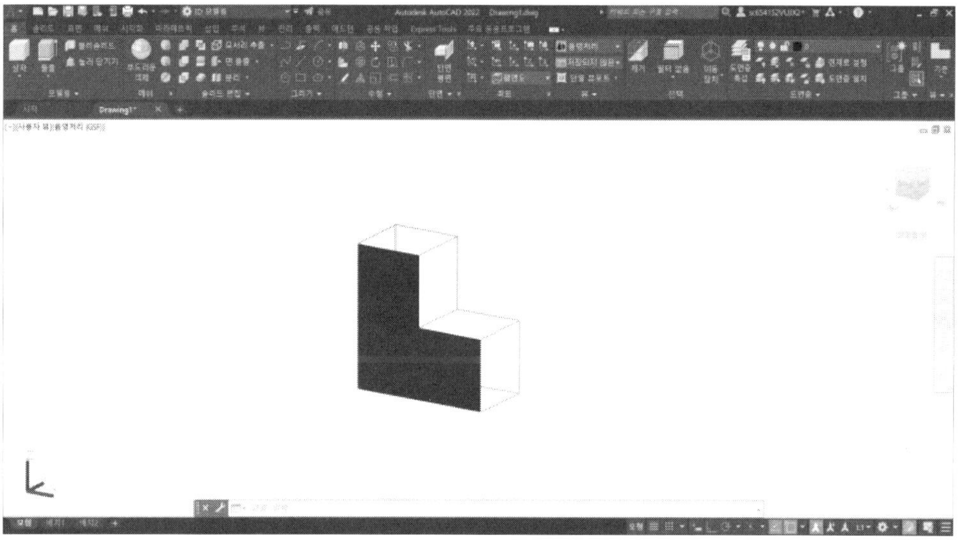

음영처리 비주얼 스타일

16.2.2 돌출(EXTRUDE)

2D 형태의 객체를 돌출시켜 표면을 작성한다.

- 명령어 : EXTRUDE
- 단축키 : EXT
- 리본 : 표면 탭 → 작성 패널 → 돌출

따라해보세요

다음과 같은 2D 객체를 돌출시켜보자.

2D 객체

① 명령 : EXTRUDE [Enter↵]
돌출할 객체 선택 또는 [모드(MO)]: 객체 선택 후 [Enter↵]
돌출 높이 지정 또는 [방향(D)/경로(P)/테이퍼 각도(T)/표현식(E)] <0>: 150 [Enter↵]

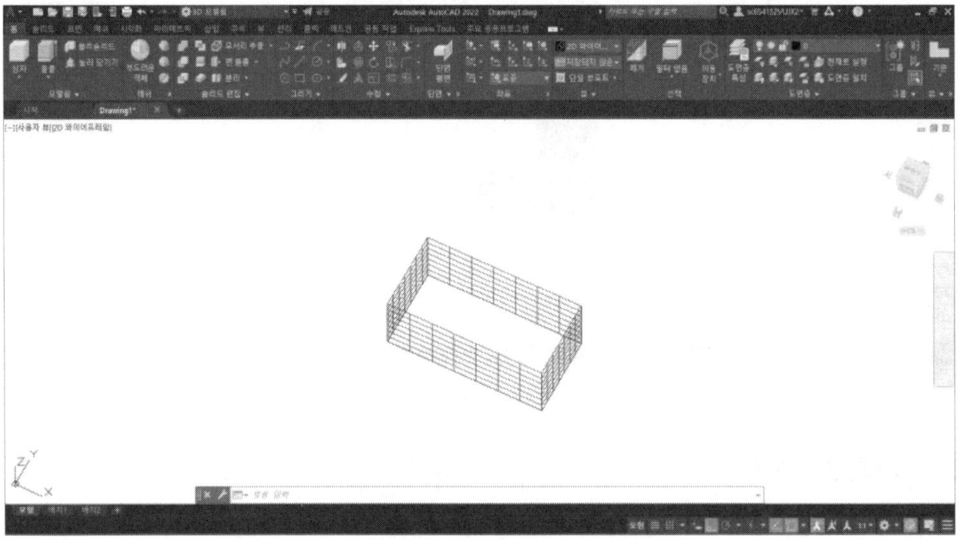

돌출된 객체

16.2.3 회전(REVOLVE)

회전은 기준선을 중심으로 객체를 회전시켜서 면을 만들 수 있다.

· 명령어 : REVOLVE
· 단축키 : REV
· 리본 : 표면 탭 → 작성 패널 → 회전

따라해보세요

다음과 같은 2D 객체를 회전시켜보자.

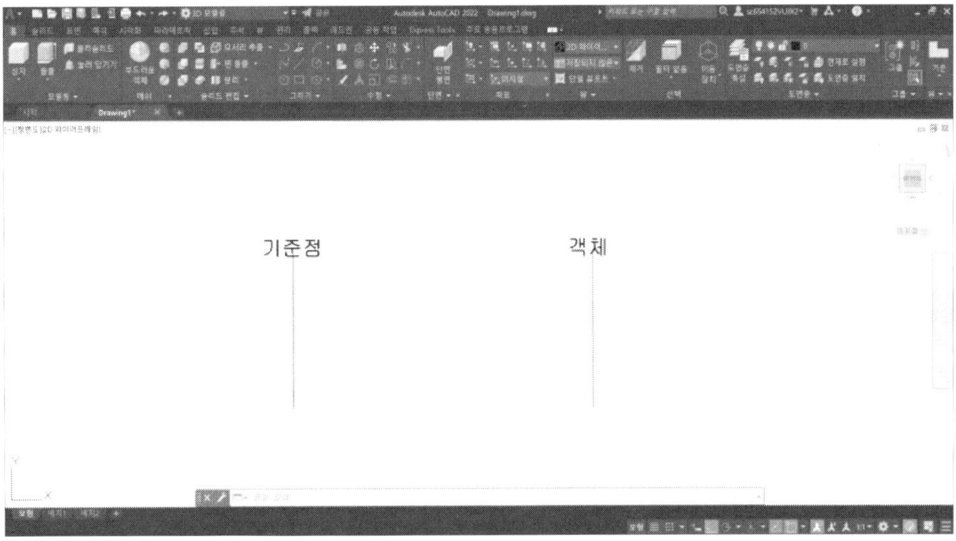

2D 객체

명령 : REVOLVE Enter↵

회전할 객체 선택 또는 [모드(MO)]: 객체를 선택

축 시작점 지정 또는 다음에 의해 축 지정 [객체(O)/X/Y/Z] <객체(O)> : O Enter↵

객체 선택 : 기준선 선택

회전각도 지정 또는 [시작 각도(ST)/반전(R)/표현식(EX)] <360>: 270 Enter↵

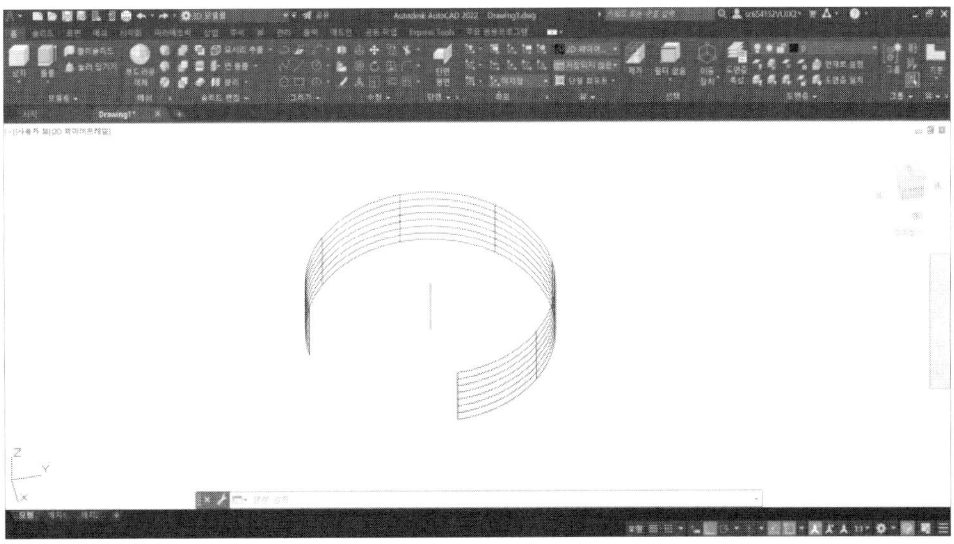

회전된 객체

16.3 3D 기본 명령으로 객체 만들기

3D 기본 명령(3D Basic Commands)으로 만들어지는 최종모델은 와이어프레임 모델에 모든 면이 형성되어 있는 메쉬 모델링이다. 따라서 와이어프레임 모델을 그리고 면(Face)을 입힐 필요 없이 3D 명령에 의해 쉽게 객체를 만들 수 있으며, 이러한 모델들은 숨기기, 음영처리 또는 렌더링 할 수 있는 공통 기하학적 형상으로 나타낼 수 있다. AutoCAD 2012부터 3D 명령이 없어졌으므로 리본 메뉴를 통해 그리거나 따로 지정된 기본 명령어를 사용하여 그려주어야 한다. 기본적으로 3D 명령어를 이용하여 그렸을 경우 세그먼트 수를 지정할 수 있었지만 따로 지정된 기본 명령어를 사용하여 그릴 경우 옵션에서 표면당 형상 선의 수를 지정해 준 뒤 그려주어야 한다.

16.3.1 세그먼트 수 지정하기

따라해보세요

① 명령 : OP Enter↵

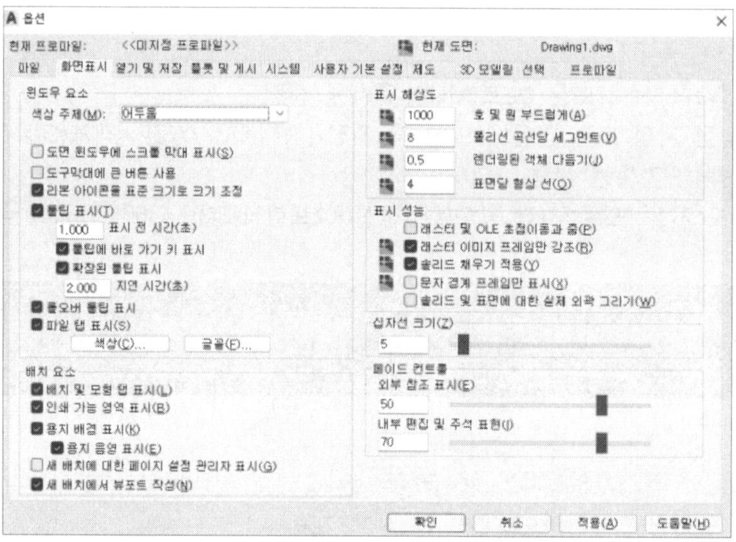

② 표면당 형상 선을 50으로 수정한다.

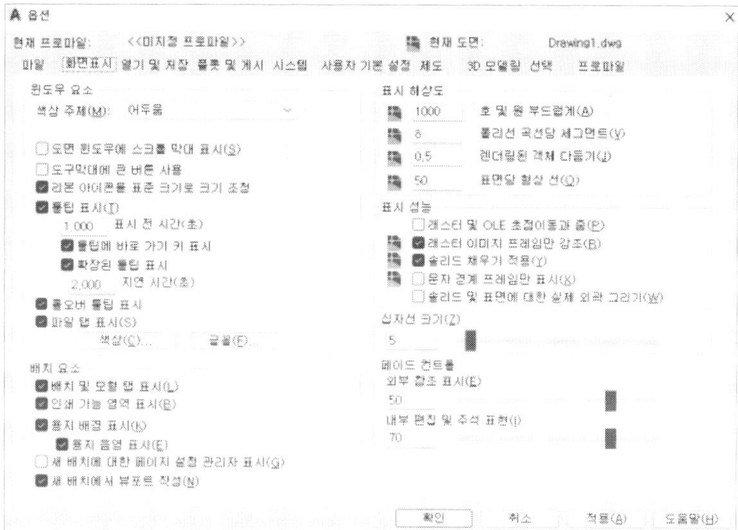

③ 수정을 해주면 표면의 선들이 4개에서 50개로 수정이 된다. 수정된 결과는 객체를 그려보면서 확인해보자.

16.3.2 상자(BOX) 3D객체 그리기

상자 모양의 3D 기본 객체를 작성한다.

따라해보세요

① 명령 : box Enter↵

② BOX 첫 번째 구석 지정 또는 [중심(C)] : 임의의 점 클릭

③ BOX 반대 구석 지정 또는 [정육면체(C) 길이(L)] : L Enter↵

④ BOX 길이 지정 <2000,0000> : 2000 Enter↵

⑤ BOX 폭 지정 <4000,0000> : 2000 Enter↵

⑥ BOX 높이 지정 또는 [2점(2P)] <0000,0000> : 2000 Enter↵

⑦ 명령을 완료하면 아래 그림과 같은 상자(Box)가 그려진다.

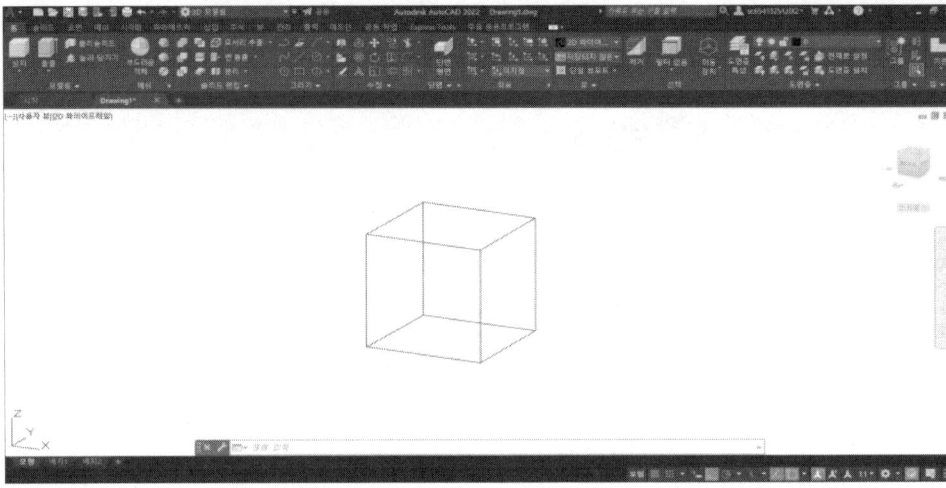

3D BOX 그리기

16.3.3 원추(CONE) 3D객체 그리기

원추 모양의 3D 기본 객체를 작성한다.

따라해보세요

① 명령 : CONE Enter↵

② CONE 기준 중심점 지정 또는 [3P(3P) 2P(2P) Ttr-접선 접선 반지름(T) 타원형(E) : 임의의 점 클릭

③ CONE 밑면 반지름 지정 또는 [지름(D)] : 1000 Enter↵ (밑면 부분의 반지름을 입력)

④ CONE 높이 지정 또는 [2점(2P) 축 끝점(A) 상단 반지름(T)] <0.0000> : T Enter↵

⑤ CONE 상단 반지름 지정 <0.0000> : 200 Enter↵ (CONE의 상단 반지름을 입력)

⑥ CONE 높이 지정 또는 [2점(2P) 축 끝점(A)] <0.0000> : 2000 Enter↵ (CONE의 높이를 입력)

⑦ 명령을 완료하면 설정한 옵션대로 원추(Cone)가 그려진다.

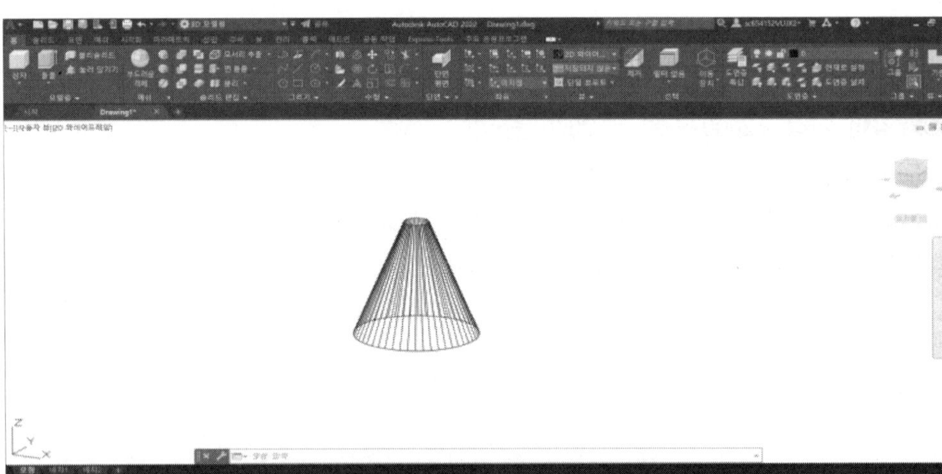

3D CONE 그리기

⑧ 위 16.3.1에서 설명하였듯이 세그먼트 수를 적게 할 경우 아래 그림과 같이 나오게 된다.

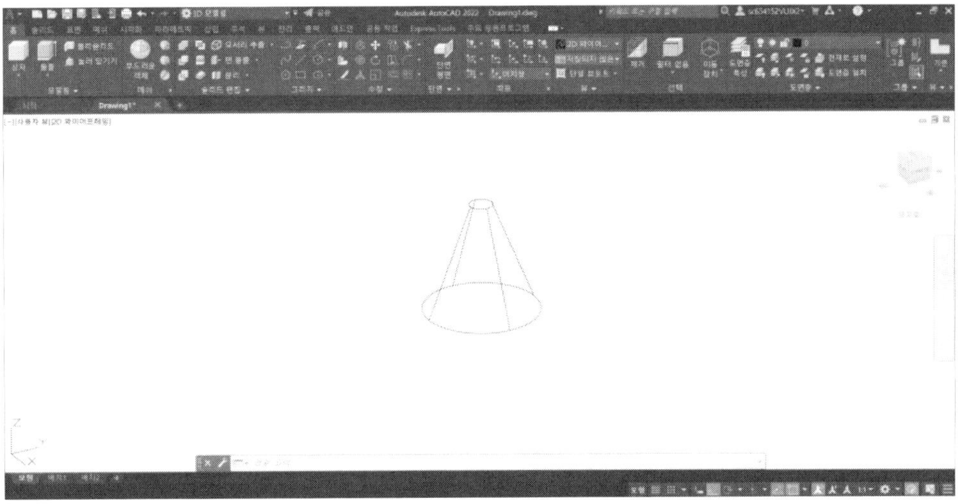

세그먼트 수 4의 CONE

16.3.4 피라미드(PYRAMID) 3D객체 그리기

피라미드 모양의 3D 기본객체를 작성한다.

따라해보세요

① 명령 : PYR Enter↵ (PYRAMID)
② PYRAMID 기준 중심점 지정 또는 [모서리(E) 변(S)] : 임의의 점 클릭
③ PYRAMID 밑면 반지름 지정 또는 [내접(I) <0.0000> : 1000 Enter↵
④ PYRAMID 높이 지정 또는 [2점(2P) 축 끝점(A) 상단 반지름(T) <0.0000> : 2000 Enter↵
⑤ 설정한 옵션대로 피라미드(Pyramid)가 그려지게 될 것이다.

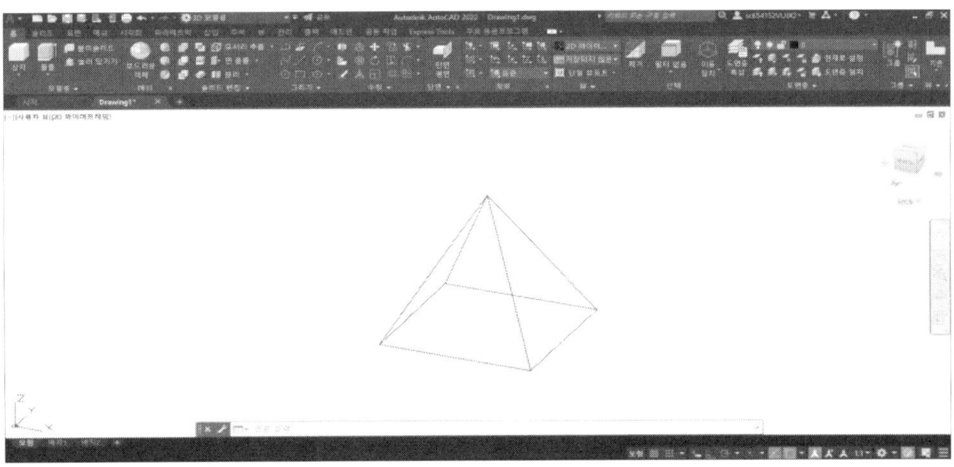

3D PYRAMID 그리기

16.3.5 구(SPHERE) 3D객체 그리기

구 모양의 3D 기본객체를 작성한다.

따라해보세요

① 명령 : SPHERE Enter↵

② SPHERE 중심점 지정 또는 [3점(3P) 2점(2P) Ttr-접선 반지름(T)] : 임의의 점 클릭

③ SPHERE 반지름 지정 또는 [지름(D)] <0.0000> : 2000 Enter↵

④ 설정한 옵션대로 Sphere가 그려지게 될 것이다.

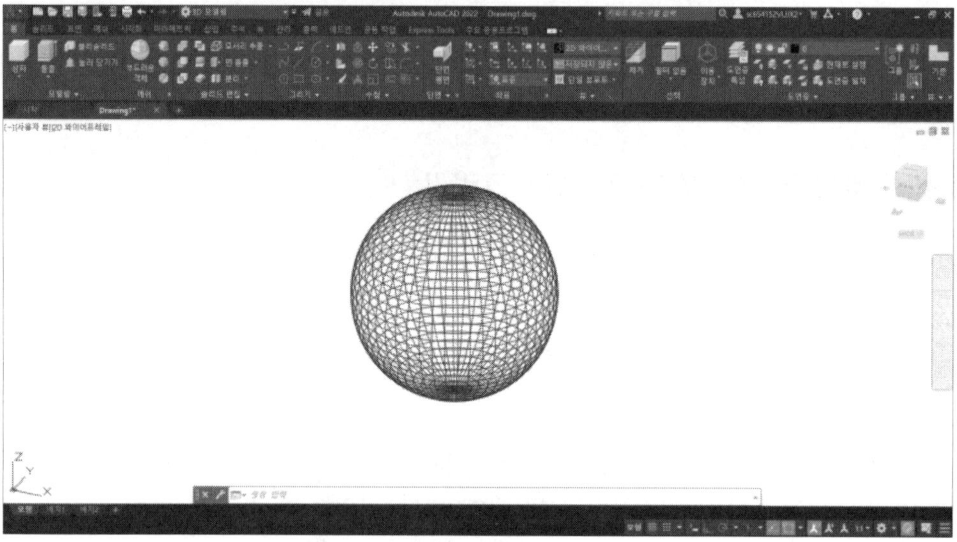

3D SPHERE 그리기

16.3.6 원환(TORUS) 3D객체 그리기

현재 사용자 좌표(UCS)의 XY에 평행한 원환 모양의 3D 기본객체를 작성한다.

따라해보세요

① 명령 : TOR Enter↵ (TORUS)

② TORUS 중심점 지정 또는 [3점(3P) 2점(2P) Ttr-접선 접선 반지름(T)] : 임의의 점을 클릭

③ TORUS 반지름 지정 또는 [지름(D)] <0.0000> : 2000 Enter↵

④ TORUS 튜브 반지름 지정 또는 [2점(2P) 지름(D)] : 500 Enter↵

⑤ 설정값과 같이 Torus가 그려지게 된다.

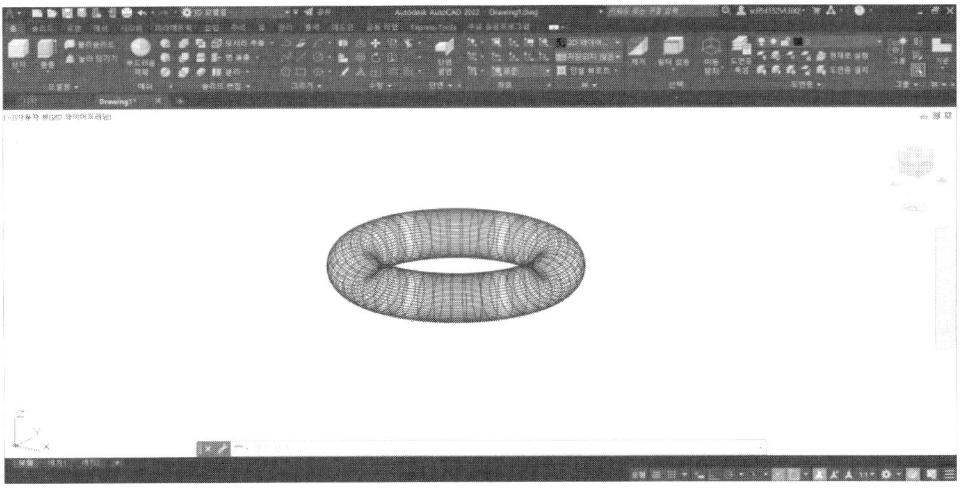

3D TORUS 그리기

16.3.7 쐐기(WEDGE) 3D객체 그리기

Y축을 따라 돌출하는 경사진 면을 가진 3D 기본객체를 작성한다.

따라해보세요

① 명령 : WE Enter↵ (WEDGE)
② WEDGE 첫 번째 구석 지정 또는 [중심(C)] : 임의의 점 클릭
③ WEDGE 반대 구석 지정 또는 [정육면체(C) 길이(L) : L Enter↵
④ WEDGE 길이 지정 <0.0000> : 2000 Enter↵
⑤ WEDGE 폭 지정 <2000.0000> : 4000 Enter↵
⑥ WEDGE 높이 지정 또는 [2점(2P)] <2000.0000> : 3000 Enter↵
⑦ 설정과 같이 Wedge가 그려지게 된다.

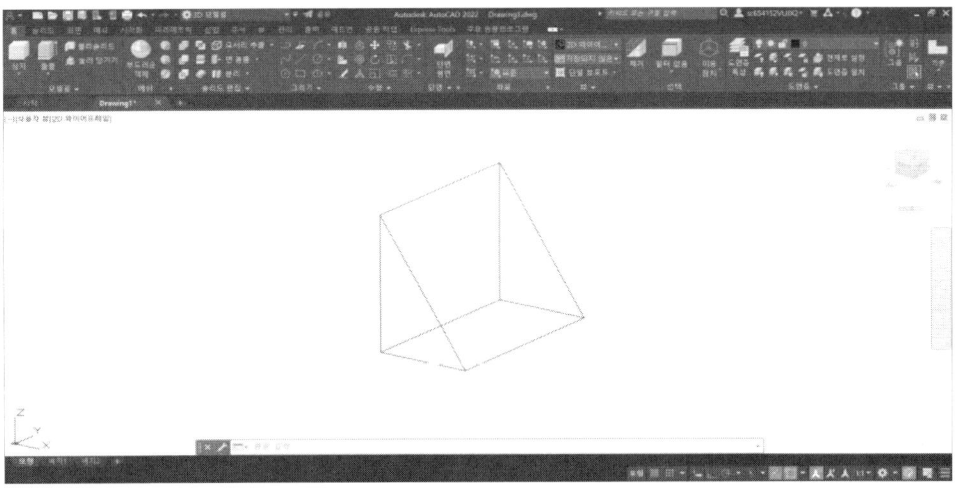

3D WEDGE 그리기

Chapter 17

메쉬 모델링

메쉬 모델링(Mesh Modeling)은 표면 모델링(Surface Modeling)과 마찬가지로 면(Face)을 입힌다는 것은 동일하다. 쉽게 말해서 메쉬 모델링은 와이어 모듈 없이도 표면을 최종모델로 바로 만들 수 있으며, 표면(Surface)의 활용도에서 메쉬 객체는 부드럽게 하거나 각지게 할 수 있고 분할 및 정련할 수 있어 보다 자유로운 형태로 객체를 쉽게 작성할 수 있다. 이러한 메쉬 객체를 만드는 유형에는 3D 기본명령처럼 기본체를 만드는 방법부터 사용자가 직접 면을 입히는 방식까지 여러 가지가 있다. 여러 메쉬의 유형을 알아보면 다음과 같다.

▌3D 면 (3D FACE)

: 3점이나 4점을 선택하여 다각형 메쉬를 작성한다.

▌미리 정의된 3D 메쉬 (MESH)

: 상자, 원추, 구, 원환, 쐐기 등의 일반적인 기하학적 모양의 3차원 다각형 메쉬 객체를 작성한다.

▌일반 메쉬 (3D MESH)

: 모든 형태의 3차원 다각형 메쉬 객체를 작성한다.

▌방향벡터 메쉬 (TabSurf)

: 지정된 방향 및 거리(벡터방향)에 있는 선 또는 곡선 돌출부에 의해 정의된 일반 방향벡터 곡면을 표현하는 다각형 메쉬를 작성한다.

▌직선 보간 메쉬 (RuleSurf)

: 2개의 선 또는 곡선 사이에 직선보간 곡면을 표현하는 다각형 메쉬를 작성한다.

▌회전 메쉬 (RevSurf)

: 지정한 축을 중심으로 객체를 회전시켜 회전곡면과 유사한 다각형 메쉬를 작성한다.

▌모서리 정의 메쉬 (EdgeSurf)

: 4개의 인접 모서리에 원추 곡면 패치 메쉬와 유사한 다각형 메쉬를 작성한다.

이러한 7가지의 유형의 메쉬 사용법에 대해 하나씩 알아보도록 하자.

17.1 3D 면(3D FACE)

3DFACE 명령은 평면표면(PLANESURF)과 마찬가지로 와이어프레임으로 작성된 객체의 표면(Surface)을 작성할 때 사용하는 명령어이다. 단, 평면표면이 객체의 선(line)을 선택하여 표면을 평면 형태로 작성하는 방식과 달리 3D면은 모서리 프레임을 이용하여 3점이나 4점을 선택하여 객체의 외관을 자유롭게 작성하는 메쉬 방식이다. 따라서 객체의 모서리만 지정해 주면 좌표 X, Y, Z축에 상관없이 선택한 지점으로 표면을 작성할 수 있다.

· 명령어 : 3DFACE　　　　· 단축키 : 3F

따라해보세요

3DFACE 명령을 이용하여 와이어프레임으로 작성한 객체에 표면을 입혀보자.

① 3DFACE 명령을 실행하여 객체의 모서리를 지정해준다.
명령 : 3F Enter↵ (3DFACE)
3DFACE 첫 번째 점 지정 또는 [숨김(I)]: 순서대로 지점(P1~P4)을 선택한다.

중요한 점은 반드시 순서대로 선택을 해야 한다.

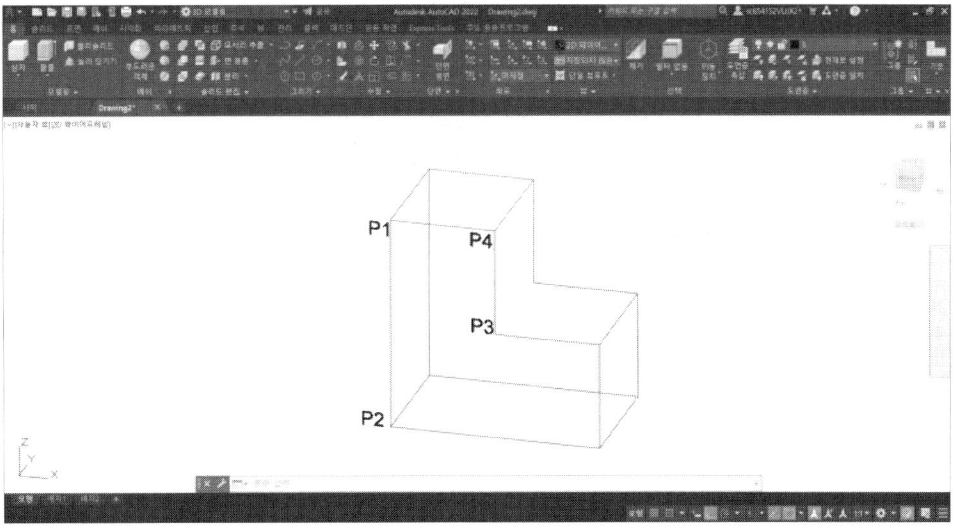

순서① 표면 형성할 지점 선택

② 명령을 종료하면 객체 표면이 작성된 걸 확인할 수 있다.

비주얼 스타일 '모서리로 음영처리'

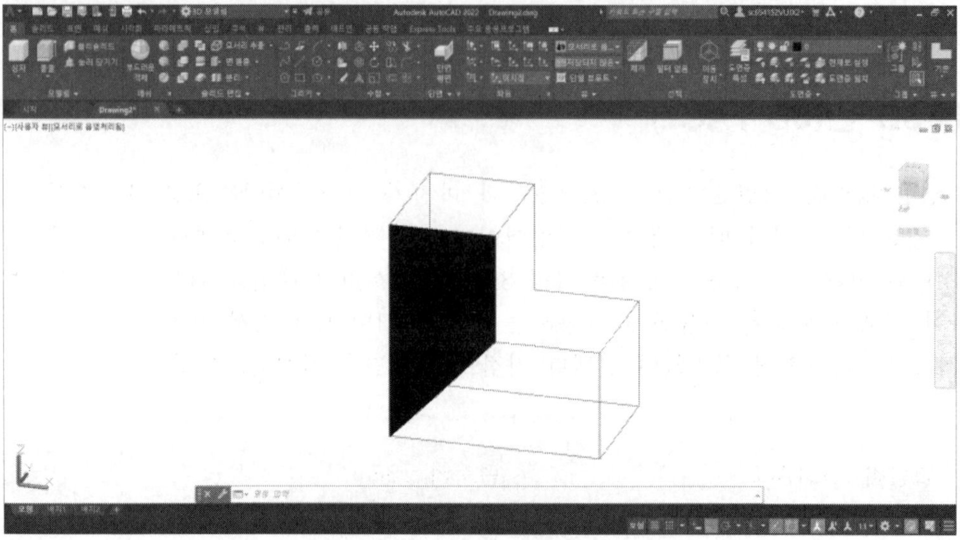

순서② 표면작성 완료

③ 이러한 방식으로 모든 면의 표면을 작성할 수 있다.

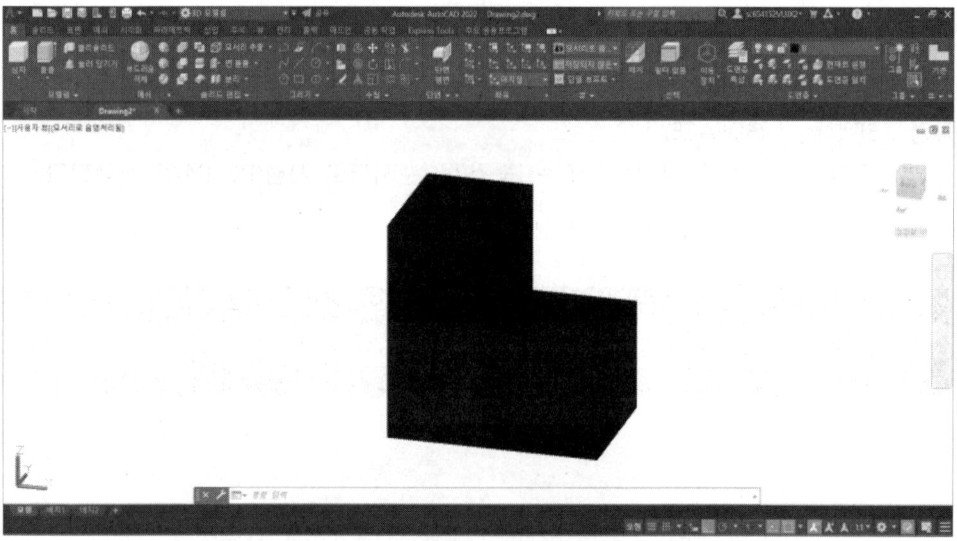

순서③ 모든 면에 표면 입히기

17.2 메쉬(MESH) 기본 객체 작성

상자, 원추, 구 등의 기본 메쉬 객체를 쉽게 작성할 수 있다.

· 명령어 : MESH	· 리본 : 메쉬 탭 → 기본체 패널 · 메뉴 : 그리기 → 모델링 → 메쉬 → 기본체

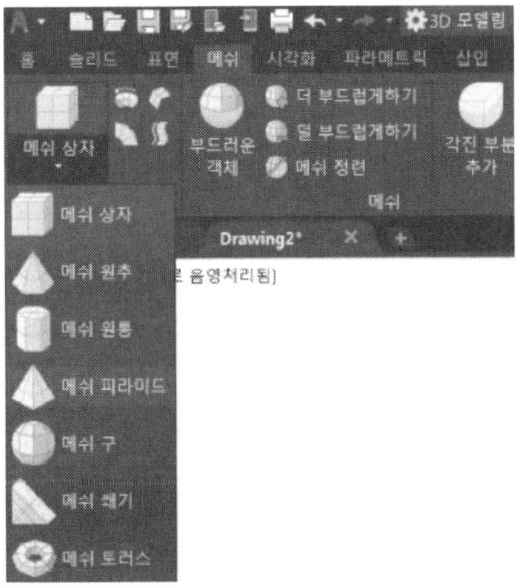

메쉬 기본체 리본 메뉴

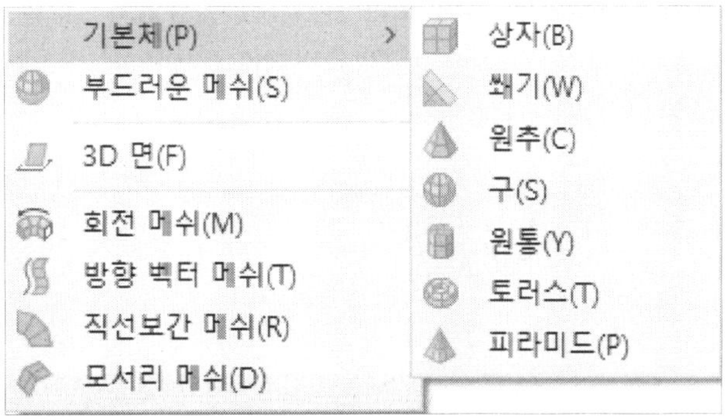

메쉬 기본체 메뉴

[메쉬] 탭의 [기본체] 패널에서 옵션아이콘(↘)을 클릭하면 [메쉬 기본체 옵션] 대화상자가 나타난다. 이 대화상자에서는 메쉬 기본체 분할 및 부드럽게 나타내는 정도를 설정할 수 있다.

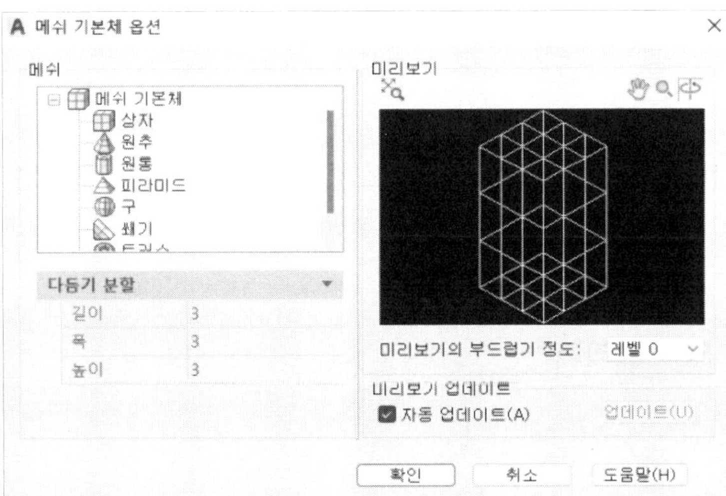

메쉬 기본체 옵션

17.2.1 메쉬 상자 그리기

상자 모양의 다각형 메쉬를 작성한다.

따라해보세요

① 명령 : MESH [Enter↵]

옵션 입력 [상자(B)/원추(C)/원통(CY)/피라미드(P)/구(S)/쐐기(W)/토러스(T)/설정(SE)]

: B [Enter↵] (옵션 선택)

② 첫 번째 구성 지정 또는 [중심(C)] : 임의의 점 클릭

③ 반대 구석 지정 또는 [정육면체(C)/길이(L)] : L [Enter↵] (길이 옵션 선택)

④ 길이 지정 : 100 [Enter↵] (X축의 길이를 입력)

⑤ 폭 지정 : 20 [Enter↵] (Y축의 길이를 입력)

⑥ 높이 지정 또는 [2점(2P)]: 50 [Enter↵] (Z축의 길이를 입력)

⑦ 명령을 완료하면 아래 그림과 같은 상자(Box)가 그려진다.

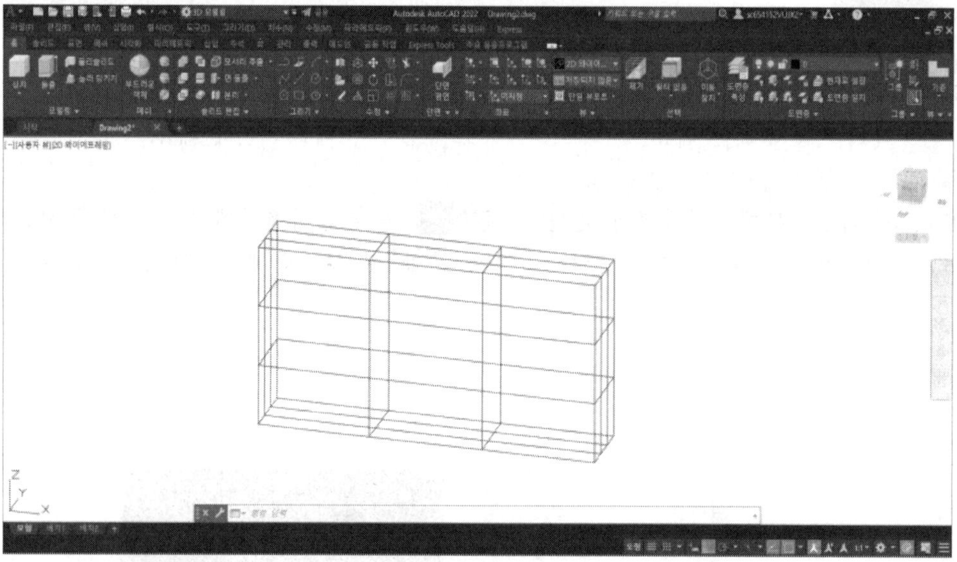

MESH BOX 그리기

17.2.2 메쉬 원추 그리기

원추 모양의 다각형 메쉬를 작성한다.

따라해보세요

① 명령 : MESH Enter↵

옵션 입력 [상자(B)/원추(C)/원통(CY)/피라미드(P)/구(S)/쐐기(W)/토러스(T)/설정(SE)]
: C Enter↵ (옵션 선택)

② 기준 중심점 지정 또는 [3P(3P)/2P(2P)/Ttr-접선 접선 반지름(T)/타원형(E)] : 임의의 중심점을 클릭한다.

③ 기준 반지름 지정 또는 [지름(D)] : 100 Enter↵ (밑면 부분의 반지름을 입력)

④ 높이 지정 또는 [2점(2P)/축 끝점(A)/상단 반지름(T)] <0> : 200 Enter↵ (Z축의 높이를 입력)

⑤ 명령을 완료하면 설정한 옵션대로 원추(Cone)가 그려진다.

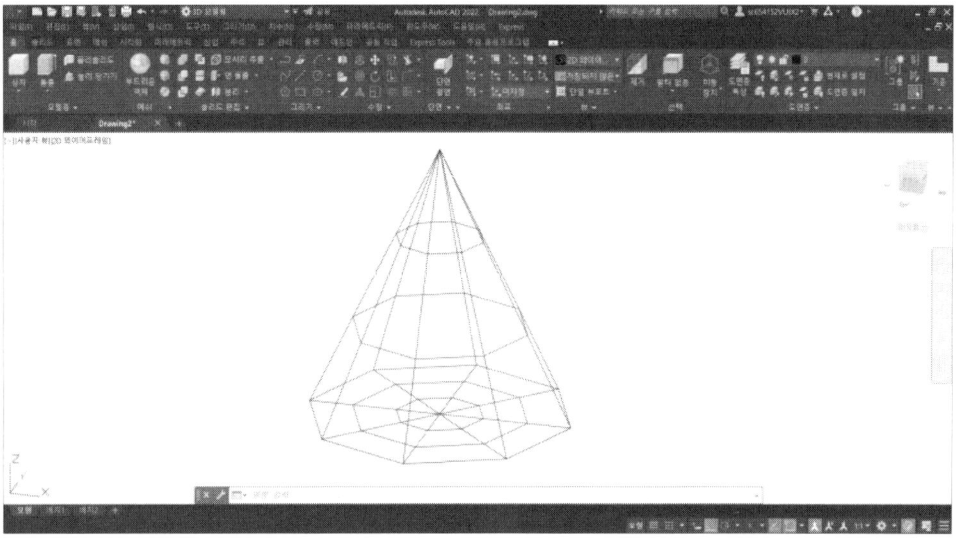

MESH CONE 그리기

17.2.3 메쉬 원통 그리기

원통 모양의 다각형 메쉬를 작성한다.

따라해보세요

① 명령 : MESH Enter↵

옵션 입력 [상자(B)/원추(C)/원통(CY)/피라미드(P)/구(S)/쐐기(W)/토러스(T)/설정(SE)]
: CY Enter↵ (옵션 선택)

② 기준 중심점 지정 또는 [3P(3P)/2P(2P)/Ttr-접선 접선 반지름(T)/타원형(E)] : 임의의 중심점을 클릭한다.

③ 기준 반지름 지정 또는 [지름(D)] : 100 Enter↵ (밑면 부분의 반지름을 입력)

④ 높이 지정 또는 [2점(2P)/축 끝점(A)] : 200 Enter↵ (Z축의 높이를 입력)

⑤ 명령이 완료되면 설정한 옵션대로 원통(Cylinder)이 그려진다.

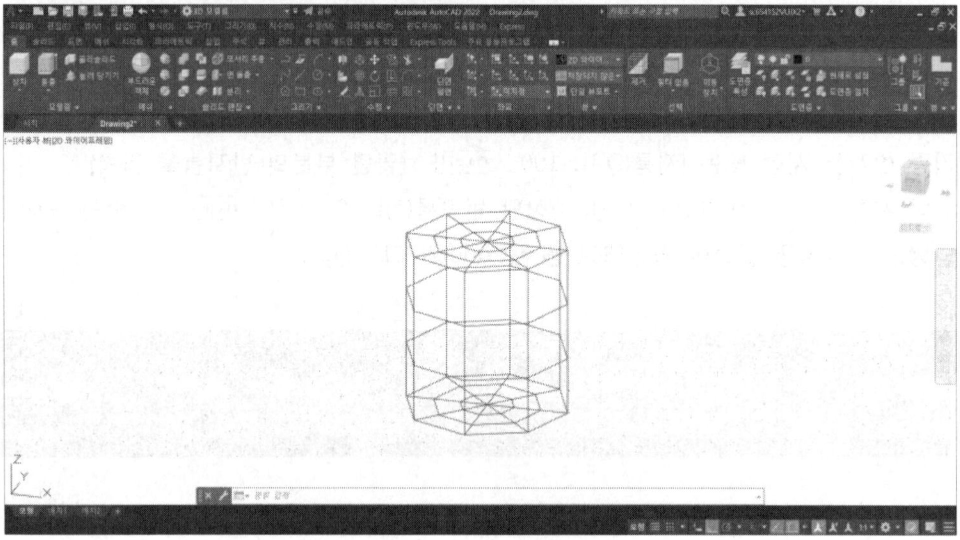

MESH CYLINDER 그리기

17.2.4 메쉬 피라미드 그리기

피라미드 모양의 다각형 메쉬를 작성한다.

따라해보세요

① 명령 : MESH Enter↵

옵션 입력 [상자(B)/원추(C)/원통(CY)/피라미드(P)/구(S)/쐐기(W)/토러스(T)/설정(SE)] : P Enter↵ (옵션 선택)

② 기준 중심점 지정 또는 [모서리(E)/변(S)]: 임의의 중심점을 클릭한다.

③ 기준 반지름 지정 또는 [내접(I)] : 100 Enter↵ (반지름을 입력)

④ 높이 지정 또는 [2점(2P)/축 끝점(A)/상단 반지름(T)] : 200 Enter↵

⑥ 명령이 완료되면 설정한 옵션대로 피라미드(Pyramid)가 그려진다.

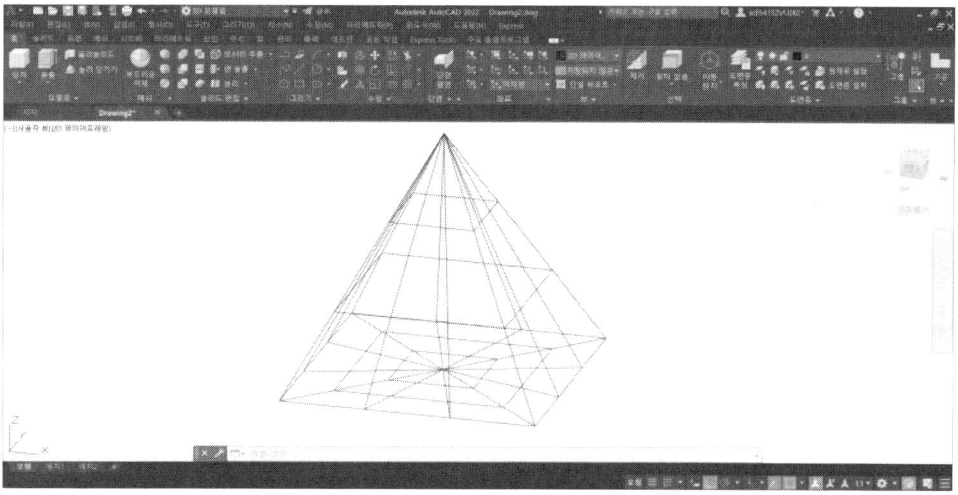

MESH PYRAMID 그리기

17.2.5 메쉬 구 그리기

구 모양의 다각형 메쉬를 작성한다.

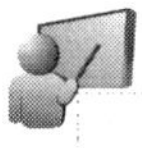

따라해보세요

① 명령 : MESH [Enter↵]

옵션 입력 [상자(B)/원추(C)/원통(CY)/피라미드(P)/구(S)/쐐기(W)/토러스(T)/설정(SE)]

: S [Enter↵] (옵션 선택)

② 중심점 지정 또는 [3P(3P)/2P(2P)/Ttr-접선 접선 반지름(T)] : 임의의 중심점을 클릭한다.

③ 반지름 지정 또는 [지름(D)] : 100 [Enter↵] (구의 반지름을 입력)

④ 명령이 완료되면 설정한 옵션대로 구(Sphere)가 그려진다.

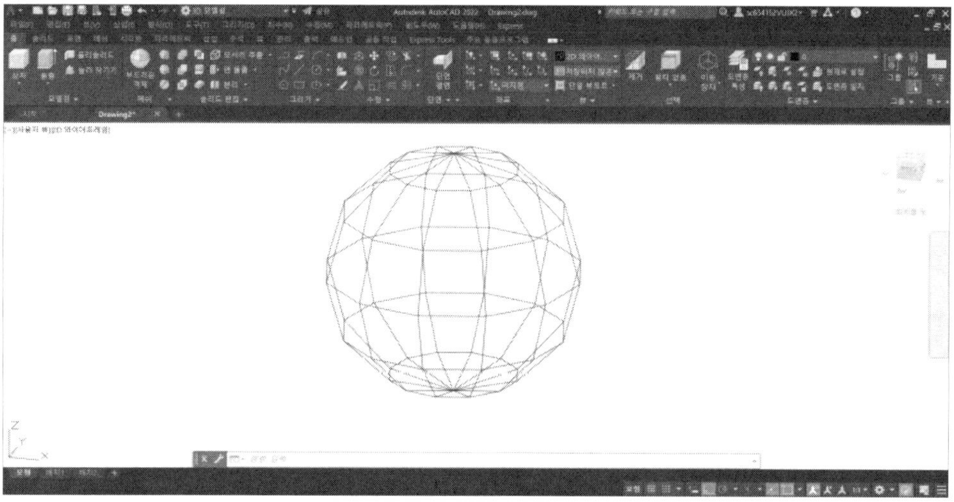

MESH SPHERE 그리기

17.2.6 메쉬 쐐기 그리기

쐐기 모형의 메쉬를 작성한다.

따라해보세요

① 명령 : MESH Enter↵

옵션 입력 [상자(B)/원추(C)/원통(CY)/피라미드(P)/구(S)/쐐기(W)/토러스(T)/설정(SE)] : W Enter↵ (옵션 선택)

② 첫 번째 구성 지정 또는 [중심(C)] : 임의의 점 클릭

③ 반대 구석 지정 또는 [정육면체(C)/길이(L)] : L Enter↵ (길이 옵션 선택)

④ 길이 지정 : 100 Enter↵ (X축의 길이를 입력)

⑤ 폭 지정 : 100 Enter↵ (Y축의 길이를 입력)

⑥ 높이 지정 또는 [2점(2P)]: 200 Enter↵ (Z축의 길이를 입력)

⑦ 명령을 완료하면 아래 그림과 같은 쐐기(Wedge)가 그려진다.

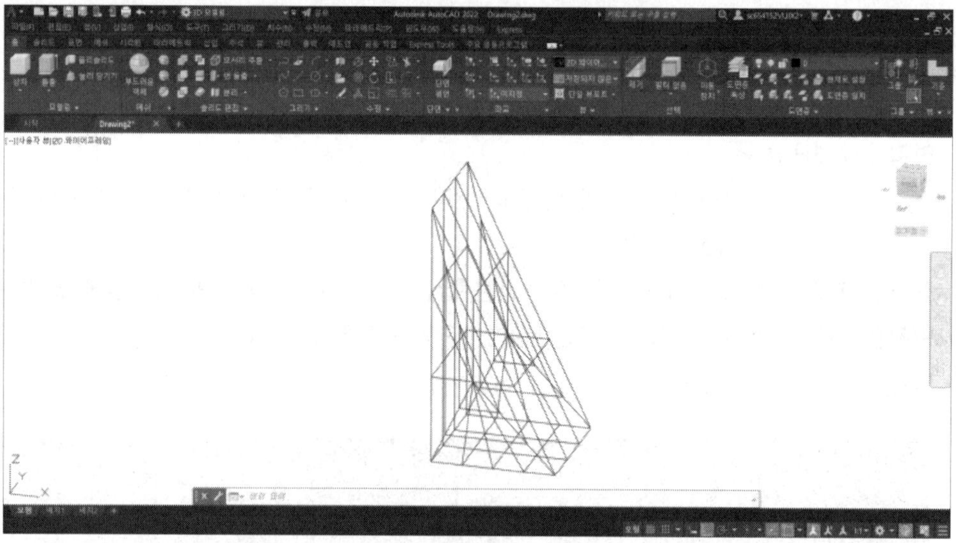

MESH WEDGE그리기

17.2.7 메쉬 토러스 그리기

원환 모양의 다각형 메쉬를 작성한다.

따라해보세요

① 명령 : MESH Enter↵

옵션 입력 [상자(B)/원추(C)/원통(CY)/피라미드(P)/구(S)/쐐기(W)/토러스(T)/설정(SE)]

: T Enter↵ (옵션 선택)

② 중심점 지정 또는 [3P(3P)/2P(2P)/Ttr-접선 접선 반지름(T)] : 임의의 중심점을 클릭한다.

③ 반지름 지정 또는 [지름(D)] : 100 Enter↵ (원환의 반지름을 입력)

④ 튜브 반지름 지정 또는 [2점(2P)/지름(D)] : 30

⑤ 명령이 완료되면 설정한 옵션대로 원환(Torus)이 그려진다.

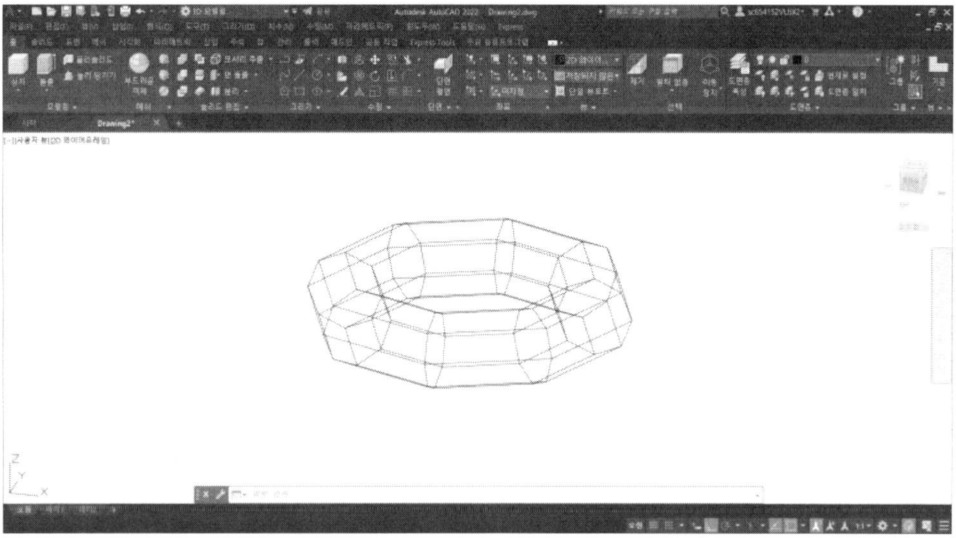

MESH TORUS 그리기

17.3 3D 메쉬(3DMESH) 객체 작성

3D 메쉬는 여러 개의 평평한 면들을 구성하는 서페이스(Surface)이다. 3D 기본명령어 객체인 메쉬(mesh)의 간단한 사용방법과 달리 3DMESH 명령어는 주로 프로그래머를 위해 고안된 명령어라서 초보자가 쓰기에는 매우 어렵다. 따라서 이 명령어를 사용하려면 좌표계에 대한 정확한 이해도와 좌표활용법의 숙지가 필수적이다.

· 명령어 : 3DMESH

3D 기본명령인 메쉬는 평면으로 작성되지만, 3D 메쉬는 각 서페이스(Surface)마다 좌표점을 지정하여 굴곡을 형성할 수 있다.

따라해보세요

3DMESH 명령을 이용하여 굴곡진 표면을 그려보자.

① 명령 : 3DMESH [Enter↵]

M 방향에서 메쉬 크기 입력 : 3 [Enter↵]

N 방향에서 메쉬 크기 입력 : 3 [Enter↵]

② 정점의 순서대로 좌표값을 입력한다.

다음 정점에 대한 위치 지정 (0, 0): 10,1,3 [Enter↵]

다음 정점에 대한 위치 지정 (0, 1): 10,6,5 [Enter↵]

다음 정점에 대한 위치 지정 (0, 2): 10,10,3 [Enter↵]

다음 정점에 대한 위치 지정 (1, 0): 15,1,0 [Enter↵]

다음 정점에 대한 위치 지정 (1, 1): 15,7,10 [Enter↵]

다음 정점에 대한 위치 지정 (1, 2): 15,9,7 [Enter↵]

다음 정점에 대한 위치 지정 (2, 0): 20,0,-1 [Enter↵]

다음 정점에 대한 위치 지정 (2, 1): 20,5,6 [Enter↵]

다음 정점에 대한 위치 지정 (2, 2): 20,10,5 [Enter↵]

③ 좌표값의 입력이 완료되면 좌표값의 입력한 좌표로 3D MESH가 나타난다.

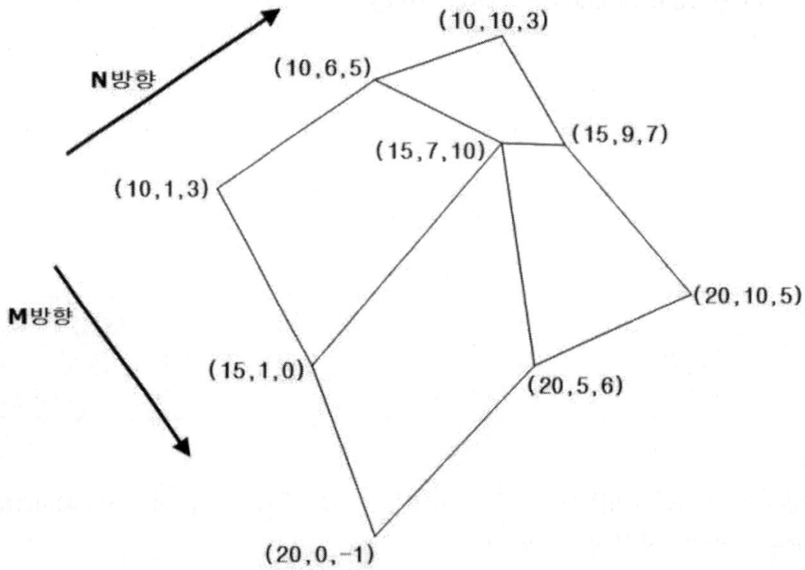

3D MESH 완료

17.4 방향벡터 메쉬(TABSURF)

TabSurf 명령은 객체가 지정된 경로를 따라 평행하는 다각형 메쉬를 작성할 때 사용하는 명령어이다.

· 명령어 : TABSURF

· 리본 : 메쉬 탭 → 기본체 패널 → (방향벡터 표면)

· 메뉴 : 그리기 → 모델링 → 메쉬 → 방향 벡터 메쉬

이러한 TabSurf 명령을 사용하기 위해서는 객체와 방향벡터가 반드시 주어져야 하며, 가장 중요한 점은 방향벡터 선택점에 따라 지정된 객체의 돌출 위치가 달라지므로 주의해야 한다.

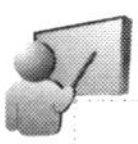

따라해보세요

TABSURF 명령 사용법을 알아보자.

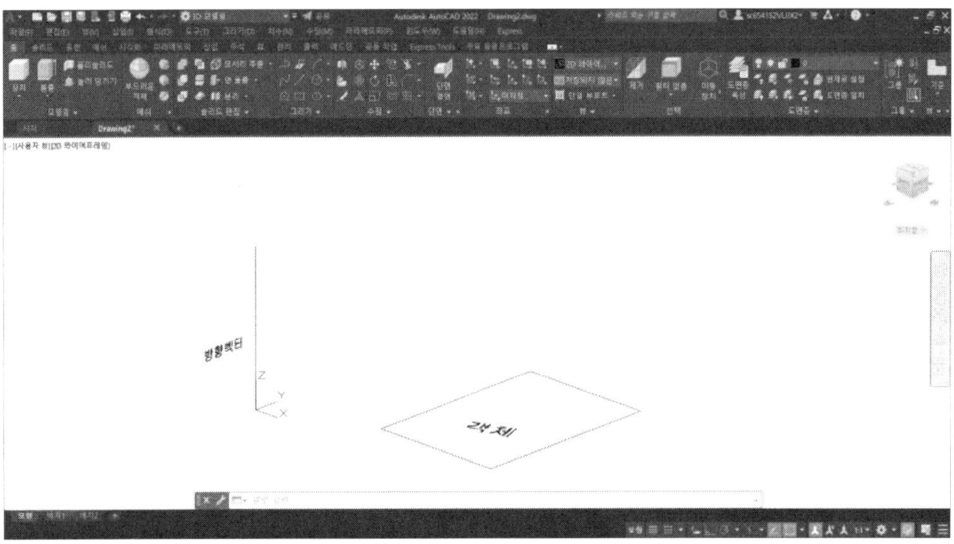

방향벡터와 객체

① TABSURF 명령을 사용하여 방향벡터의 아래 부분을 선택한다.

명령: TABSURF Enter↵

현재 와이어프레임 밀도: SURFTAB1=6

경로 곡선에 대한 객체 선택: 객체 선택

방향 벡터에 대한 객체 선택: 방향벡터의 아래 부분을 선택

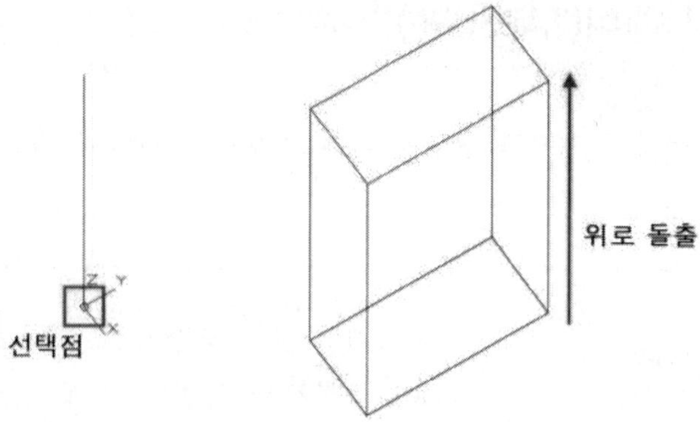

방법① 위로 돌출

② TABSURF 명령을 사용하여 방향벡터의 윗부분을 선택한다.

명령: TABSURF [Enter↵]

현재 와이어프레임 밀도: SURFTAB1=6

경로 곡선에 대한 객체 선택: 객체 선택

방향 벡터에 대한 객체 선택: 방향벡터의 윗부분을 선택

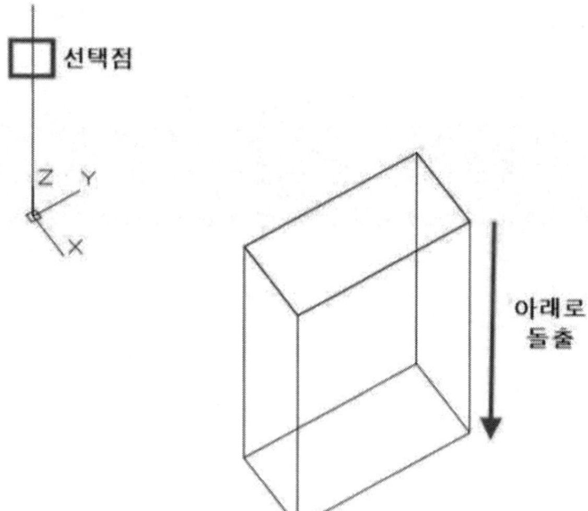

방법② 아래로 돌출

17.5 직선 보간 메쉬(RULESURF)

2개의 선이나 곡선의 서로 다른 객체 사이에 직선 보간 곡면을 표현하는 다각형 메쉬를 작성한다.

· 명령어 : RULESURF	· 리본 : 메쉬 탭 → 기본체 패널 → (직선보간 표면) · 메뉴 : 그리기 → 모델링 → 메쉬 → 직선 보간 메쉬

RuleSurf 명령도 TabSurf 명령과 같이 선택 점으로 하여금 직선 보 간의 형태가 달라진다. 대응되는 지점을 선택해야 올바르게 직선 보간 메쉬가 형성되며 만약 선택점이 비대칭으로 선택된다면 메쉬는 서로 교차되어 어긋나게 형성된다.

따라해보세요

RULESURF 명령을 사용법을 알아보자.

RuleSurf 실습을 위해 선(Line)을 이용해 다음과 같이 작성한다.

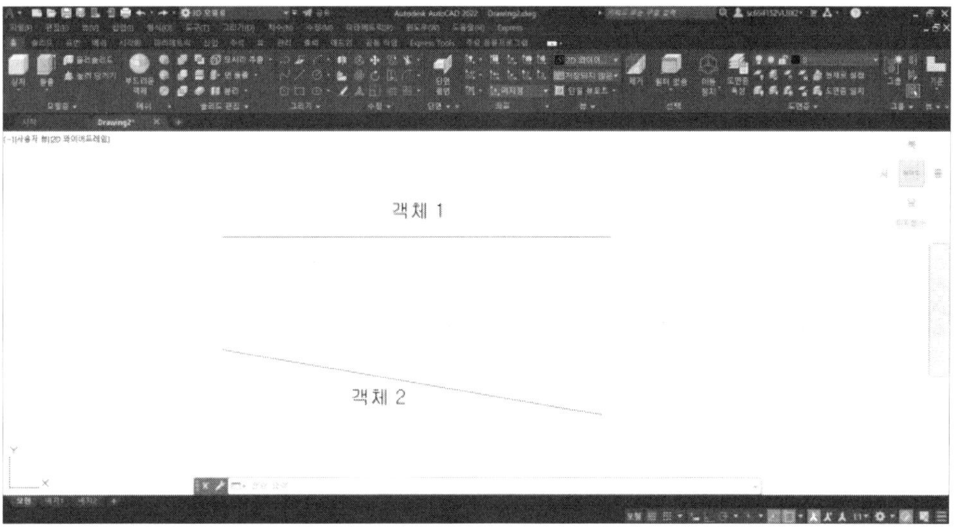

① 각 객체에 대응되는 지점을 선택한다.

명령: RULESURF Enter↵

현재 외이어프레임 밀도: SURFTAB1=6
첫 번째 정의 곡선 선택: 선택 점 클릭
두 번째 정의 곡선 선택: 선택 점 클릭

선택할 때 대응되는 지점을 선택한다.

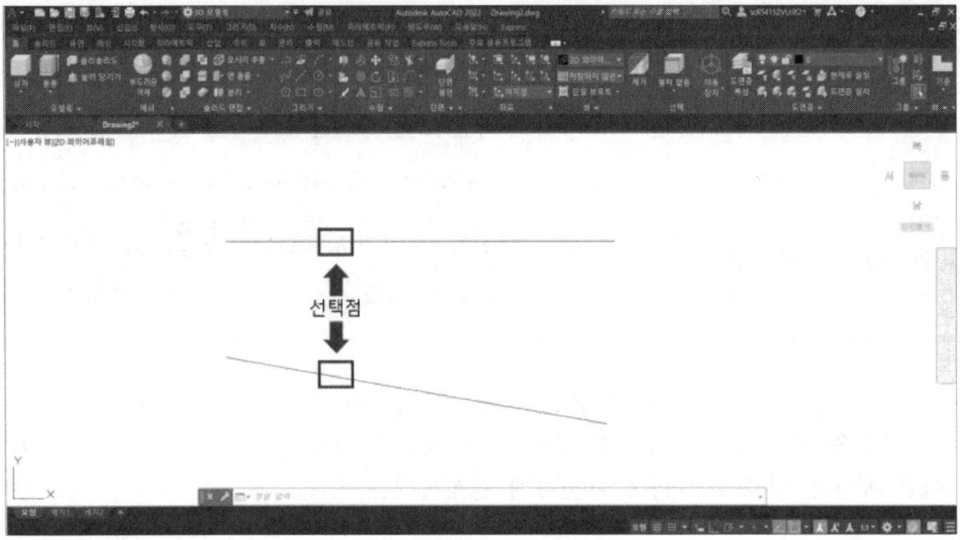

대응되는 지점 선택

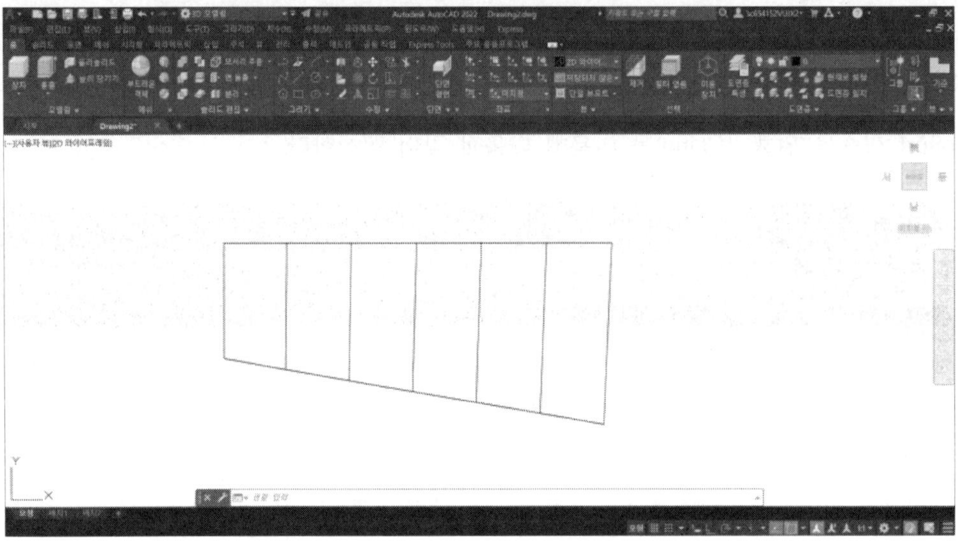

직선보간 메쉬 결과

② 각 객체에 반대되는 지점을 선택한다.

명령: RULESURF Enter↵

현재 와이어프레임 밀도: SURFTAB1=6

첫 번째 정의 곡선 선택: 선택 점 클릭

두 번째 정의 곡선 선택: 선택 점 클릭

선택할 때 반대되는 지점을 선택한다.

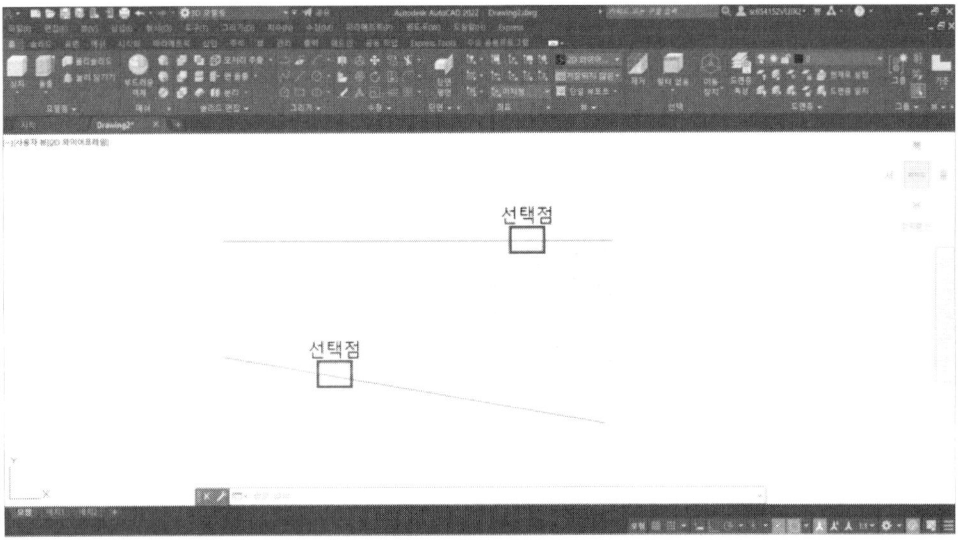

반대되는 지점 선택

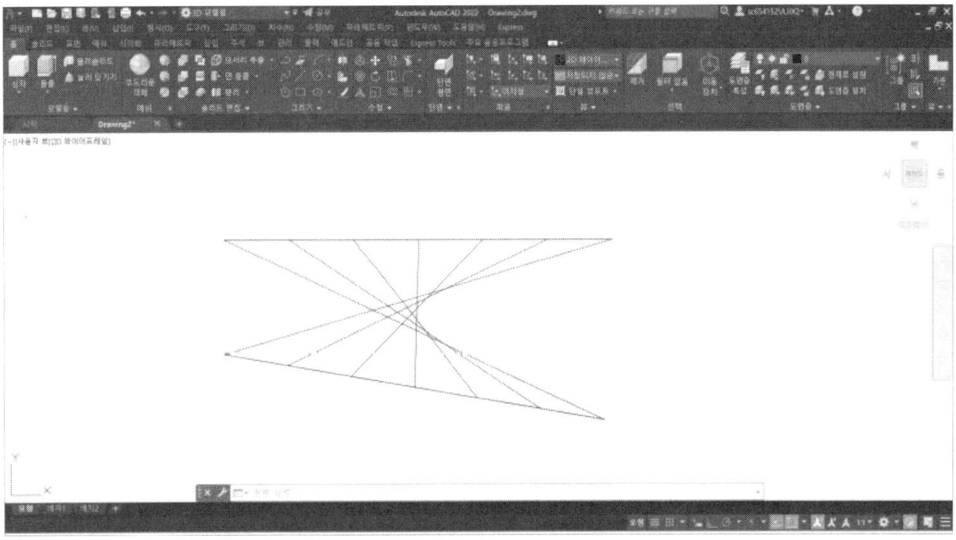

직선 보간 결과

비주얼 스타일을 '2D 와이어프레임'에서 '모서리로 음영처리' 바꾸면 선택에 의한 차이를 더욱 뚜렷하게 알 수 있다.

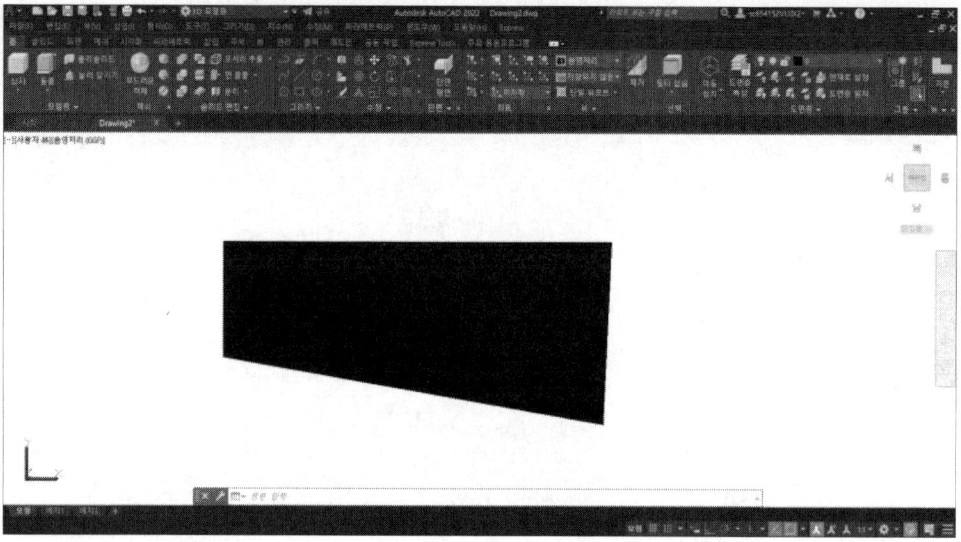

대응되는 선택 결과

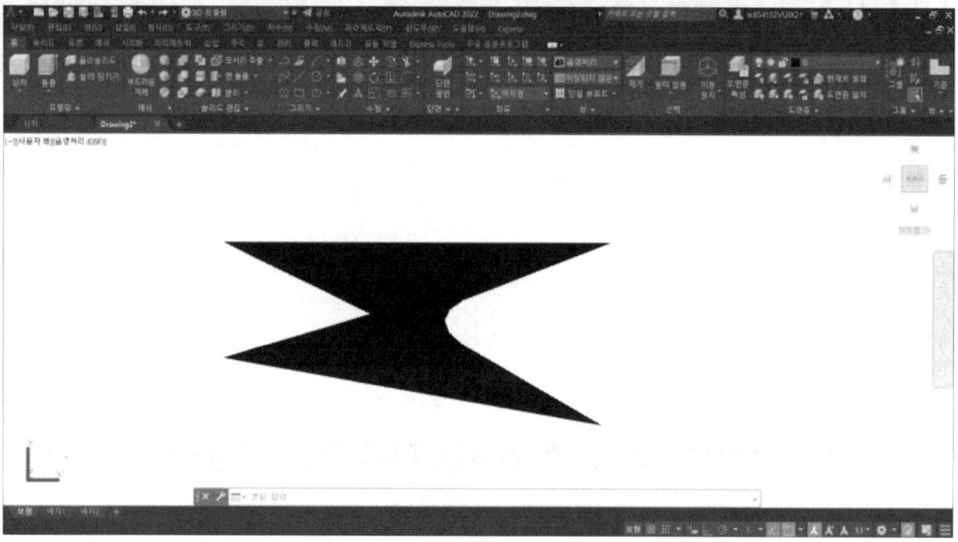

반대되는 선택 결과

▌ 와이어프레임 밀도를 조정하는 시스템 변수

SURFTAB1 명령을 사용하여 N방향의 와이어프레임 밀도를 조절할 수 있다.
SURFTAB2 명령을 사용하여 M방향의 와이어프레임 밀도를 조절할 수 있다.

· 명령어 : SURFTAB1 · 명령어 : SURFTAB2

따라해보세요

명령 : SURFTAB1 [Enter↵]
SURFTAB1에 대한 새 값 입력 <6> : 30 [Enter↵]

명령 : SURFTAB2 [Enter↵]
SURFTAB2에 대한 새 값 입력 <6> : 30 [Enter↵]

17.6 회전 메쉬(REVSURF)

RevSurf 명령은 선택한 객체를 지정한 축을 중심으로 회전시켜 회전곡면과 유사한 다각형 메쉬를 작성할 때 사용하는 명령어이다.

· 명령어 : REVSURF	· 리본 : 메쉬 탭 → 기본체 패널 → (회전된 표면) · 메뉴 : 그리기 → 모델링 → 메쉬 → 회전 메쉬

따라해보세요

REVSURF 명령을 사용법을 알아보자.

① 스플라인과 라인 등의 명령을 이용해 다음 그림과 같이 객체를 작성한다.

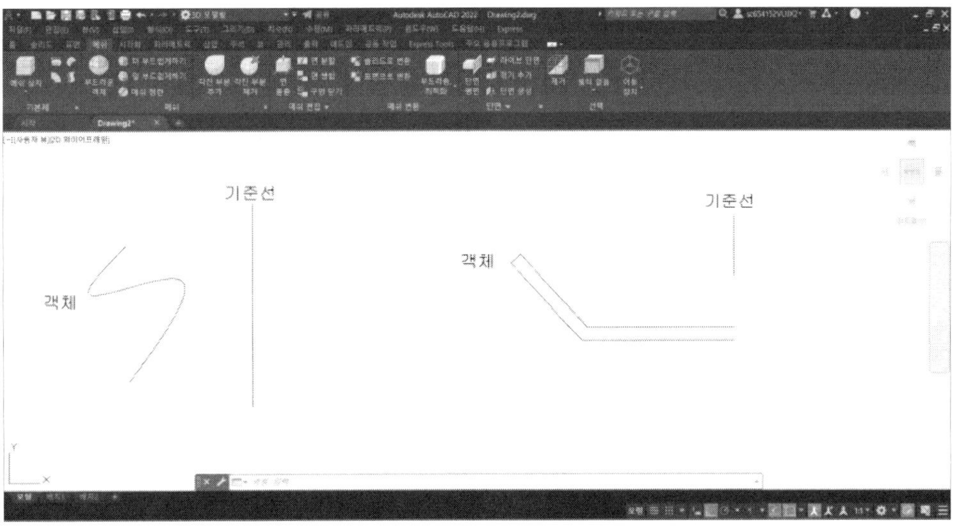

회전시킬 객체와 기준선

② REVSURF 명령을 이용하여 왼쪽 객체를 360° 회전시켜보자.

명령: REVSURF [Enter↵]

현재 와이어프레임 밀도 : SURFTAB1=30   SURFTAB2=30

회전할 객체 선택 : 객체 선택

회전축을 정의하는 객체 선택 : 기준선 선택

시작 각도 지정 <0> : 0 [Enter↵]

사이각 지정 (+=시계반대방향, -=시계방향) <360> : 360 [Enter↵] (객체를 회전시키는 범위각)

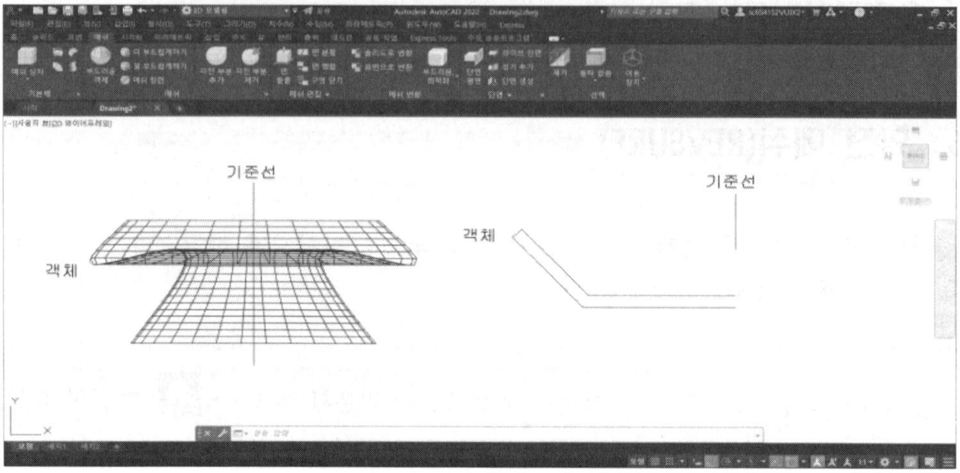

순서① 360° 회전한 객체

③ REVSURF 명령을 이용하여 오른쪽 객체를 180° 회전시켜보자.

명령: REVSURF [Enter↵]

현재 와이어프레임 밀도 : SURFTAB1=30   SURFTAB2=30

회전할 객체 선택 : 객체 선택

회전축을 정의하는 객체 선택 : 기준선 선택

시작 각도 지정 <0> : 0 [Enter↵]

사이각 지정 (+=시계반대방향, -=시계방향) <360> : 180 [Enter↵] (객체를 회전시키는 범위각)

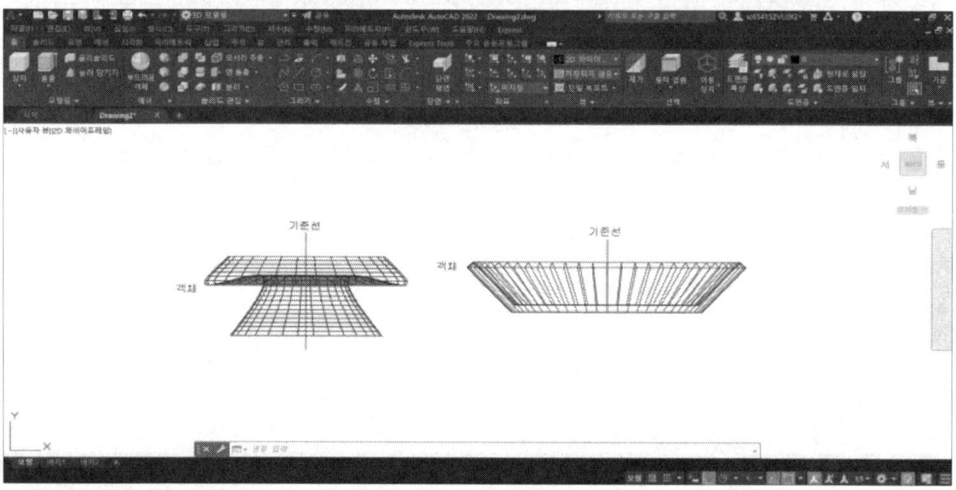

순서③ 180° 회전시킨 객체

비주얼 스타일을 바꿔보면 회전한 객체에 대해 확실히 알 수 있다.

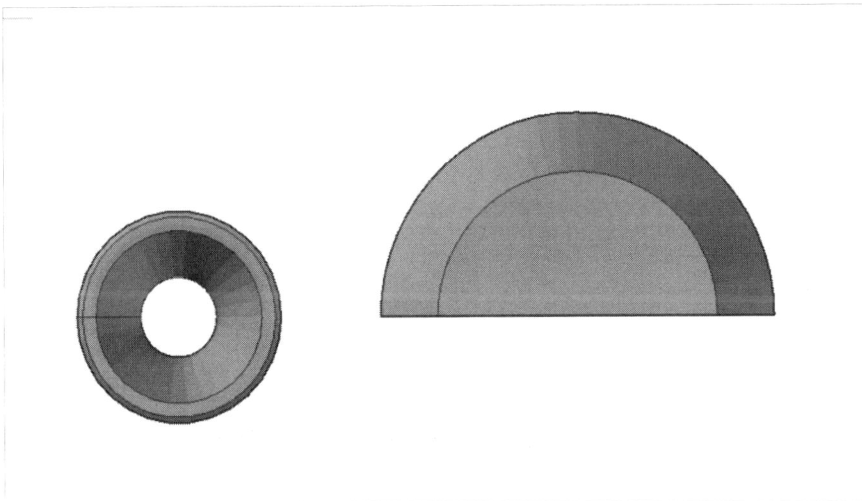

REVSURF 명령 완료

17.7 모서리 메쉬(EDGESURF)

EDGESURF 명령은 4개의 모서리를 선택하여 다각형 메쉬를 작성할 때 사용하는 명령어이다.

· 명령어 : EDGESURF	· 리본 : 메쉬 탭 → 기본체 패널 → (모서리 표면) · 메뉴 : 그리기 → 모델링 → 메쉬 → 모서리 메쉬

따라해보세요

EDGESURF 명령을 사용법을 알아보자.

① 우선 모서리 곡면 실습을 위한 선, 원, 호, 스플라인, 타원 호등의 명령으로 다음 그림과 같이 작성한다.

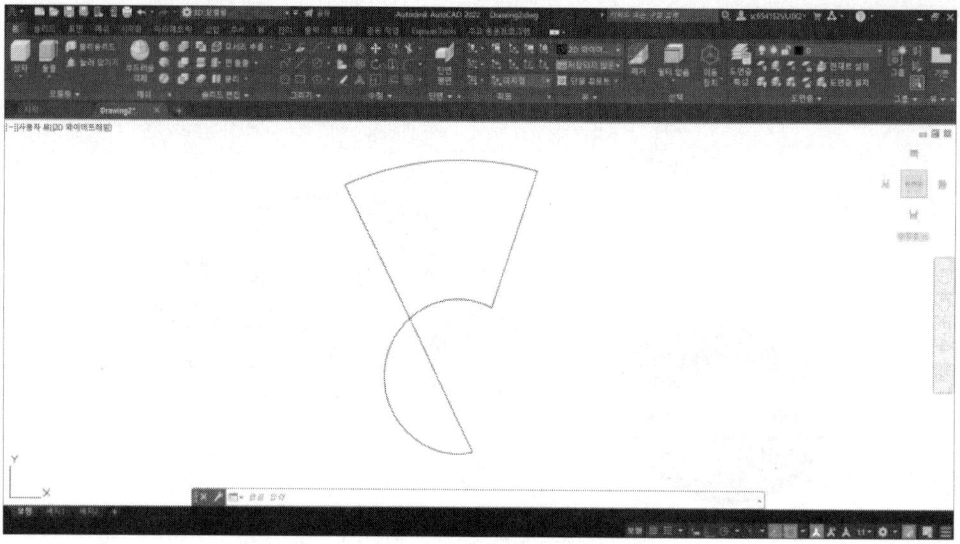

순서① 실습 객체 작성

② REVSURF 명령을 이용하여 왼쪽 객체를 360° 회전시켜보자.

명령: EDGESURF Enter↵

현재 와이어프레임 밀도: SURFTAB1=30 SURFTAB2=30

표면 모서리에 대한 1 객체 선택 : P1 선택

표면 모서리에 대한 2 객체 선택 : P2 선택

표면 모서리에 대한 3 객체 선택 : P3 선택

표면 모서리에 대한 4 객체 선택 : P4 선택

객체를 선택하는 순서는 임의의 순서로 선택해도 된다.

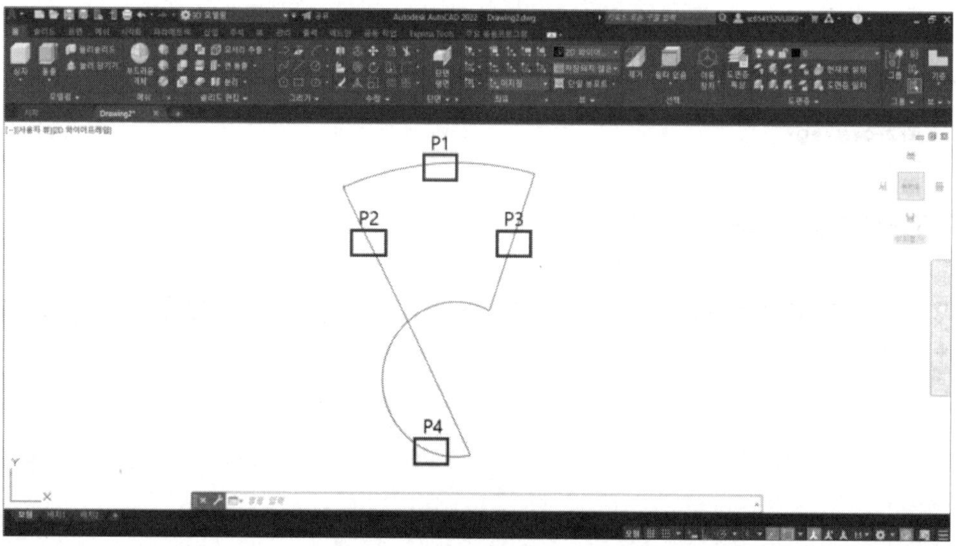

순서② 객체 선택

③ 선택이 완료되면 명령이 자동 종료되며 표면이 형성된다.

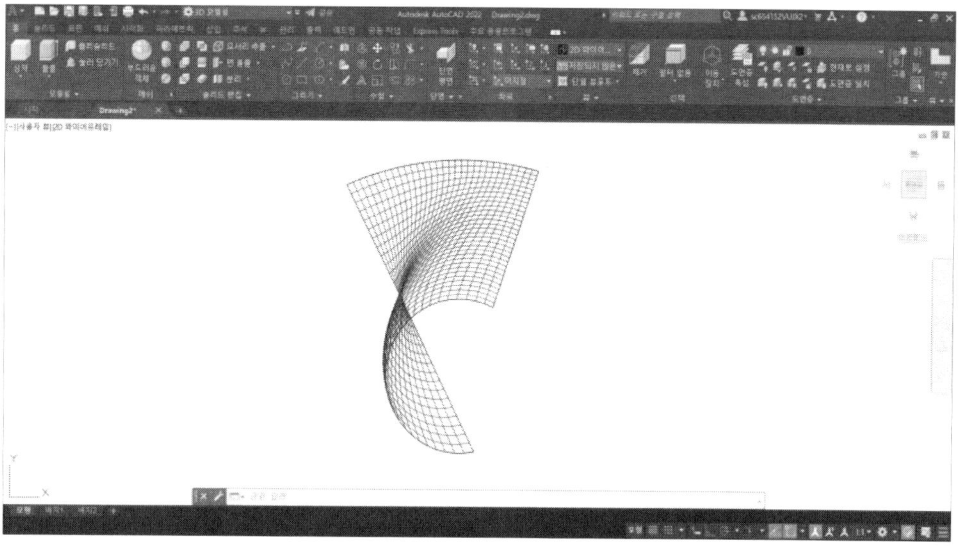

순서③ 모서리 표면 결과

17.8 메쉬 부드럽게 하기(SMOOTH)

3차원 객체를 부드럽게 만든다. 솔리드, 표면 객체를 메쉬 객체로 변환하여 객체를 부드럽게 하거나 정련한다. 부드러운 메쉬로 변환이 안되는 객체를 선택할 경우 다음과 같은 대화상자가 뜬다. 대화상자에는 3D솔리드, 3D표면, 3D면, 다각형 메쉬, 폴리면 메쉬, 영역 및 닫힌 폴리선으로만 작성할 수 있다고 나와 있다.

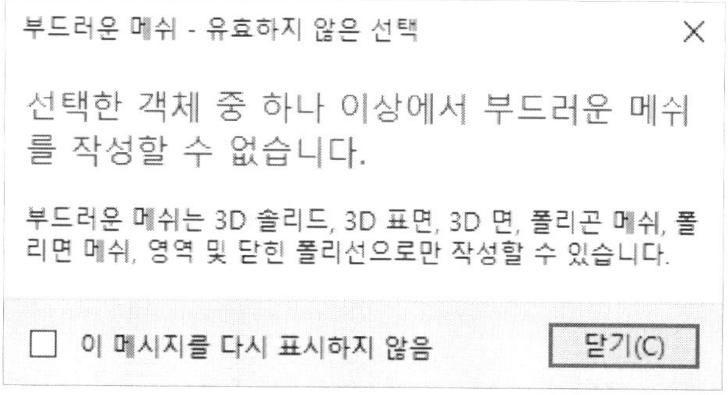

경고문 대화상자

17.8.1 메쉬 다듬기 옵션

메쉬 다듬기 옵션을 이용하여 부드러운 메쉬를 만들 수 있다.

· 명령어 : MESHOPTIONS

메쉬 다듬기 옵션에서 부드럽기 정도를 사용하여 '부드럽게', '더 부드럽게', '덜 부드럽게' 메쉬 객체를 다듬을 수 있다.

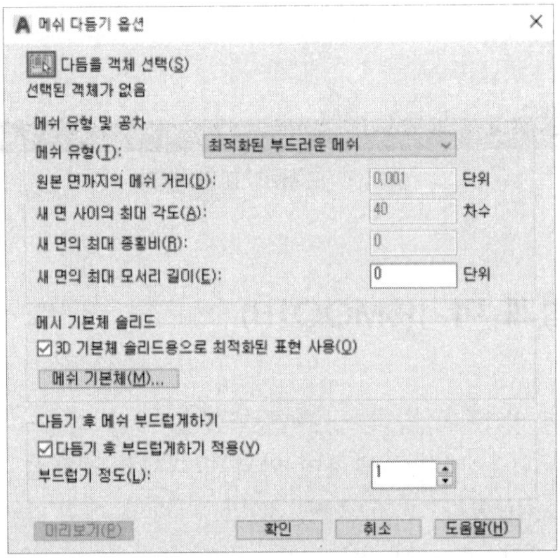

메쉬 다듬기 옵션 대화상자

17.8.2 부드러운 메쉬

· 명령어 : MESHSMOOTH

· 리본 : 메쉬 탭 → 메쉬 패널 → (부드러운 객체)

· 메뉴 : 그리기 → 모델링 → 메쉬 → 부드러운 메쉬

따라해보세요

다음과 같은 3D솔리드 객체에다 부드러운 메쉬를 사용해보자.

3D 솔리드 객체

부드러운 객체( )를 실행하여 변환할 객체를 선택한다.
3D 솔리드 객체가 메쉬 객체로 변환되면서 객체 모서리가 부드럽게 변한 걸 확인할 수 있다.

부드러운 메쉬 완료

17.8.3 더 부드럽게 하기

메쉬 객체의 부드럽기 정도를 한 단계 높인다. 즉, 더 부드러운 메쉬로 만든다.

· 명령어 : MESHSMOOTHMORE   · 리본 : 메쉬 탭 → 메쉬 패널 → (더 부드럽게 하기)

17.8.4 덜 부드럽게 하기

메쉬 객체의 부드럽기 정도를 한 단계 낮춘다. 즉, 거칠어지는 메쉬로 만든다.

· 명령어 : MESHSMOOTHLESS · 리본 : 메쉬 탭 → 메쉬 패널 → (덜 부드럽게 하기)

덜 부드럽게 하기 위해서는 부드럽기 정도가 1이상인 객체만 부드럽기 정도를 낮출 수가 있다. 만약 부드럽기 정도가 1이하인 객체는 다음과 같이 경고문이 뜬다.

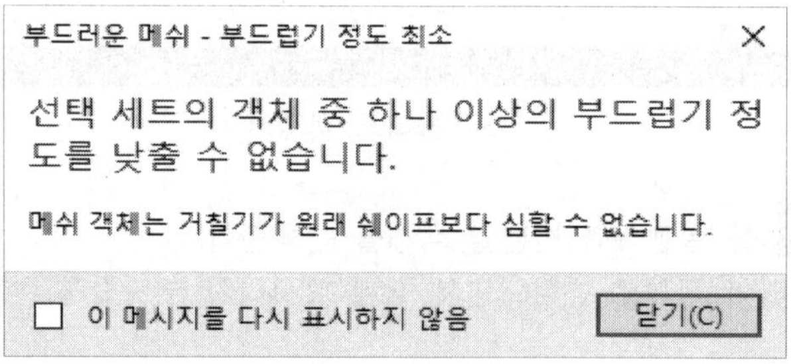

경고문 대화상자

17.8.5 메쉬 정련

선택한 메쉬(Mesh) 객체 또는 면(Face)의 수를 늘어나게 한다. 메쉬 객체를 정련하면 편집 가능한 면의 수가 늘어나 사소한 모델링 상세 정보를 보다 잘 조정할 수 있게 되며, 특정면만 정련할 수도 있다.

· 명령어 : MESHREFINE · 리본 : 메쉬 탭 → 메쉬 패널 → (메쉬 정련)

메쉬 정련을 사용하면 지정된 객체의 부드럽기 정도가 0으로 재설정되어 '덜 부드럽게 하기' 명령을 사용할 수 없다.

따라해보세요

다음과 같은 원통 객체에 메쉬 정련을 사용해보자.

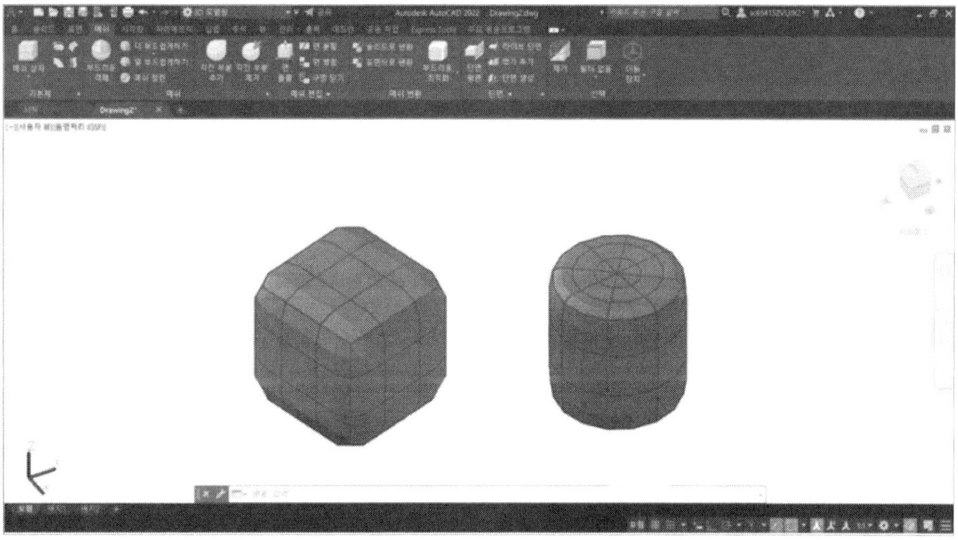

부드러운 메쉬 객체

① 메쉬 정련 명령을 실행하여 원통을 클릭해준다.
면의 수가 늘어난 걸 확인할 수 있다.

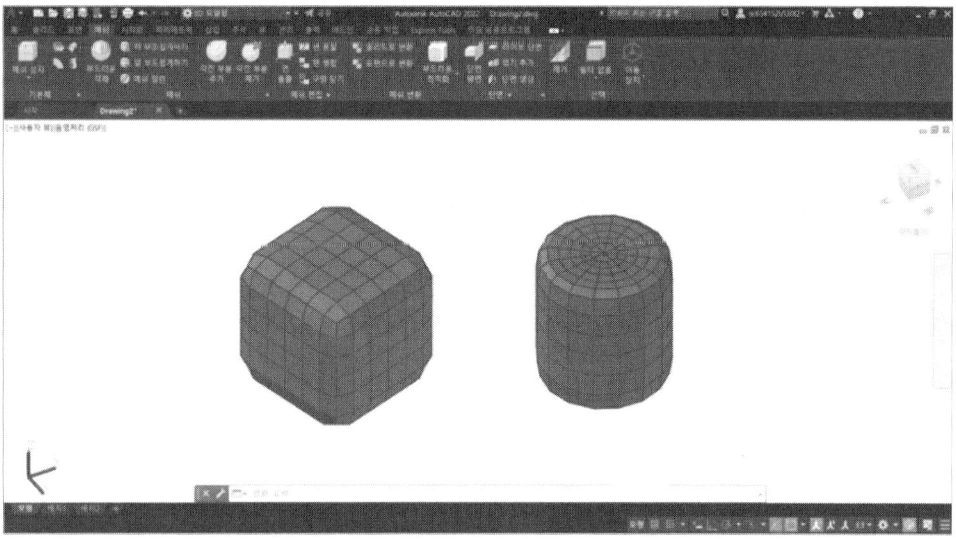

순서① 메쉬 정련된 원통 객체

17.9 메쉬 면 분할(MESHSPLIT)

선택한 메쉬를 이등분 하여 두 개로 분할한다. 분할의 시작점과 끝점을 사용자가 지정하므로 분할 위치를 보다 정교하게 조정할 수 있다.

· 명령어 : MESHSPLIT · 리본 : 메쉬 탭 → 메쉬 편집 패널 → (면 분할)

따라해보세요

다음과 같은 메쉬 객체를 분할해보자.

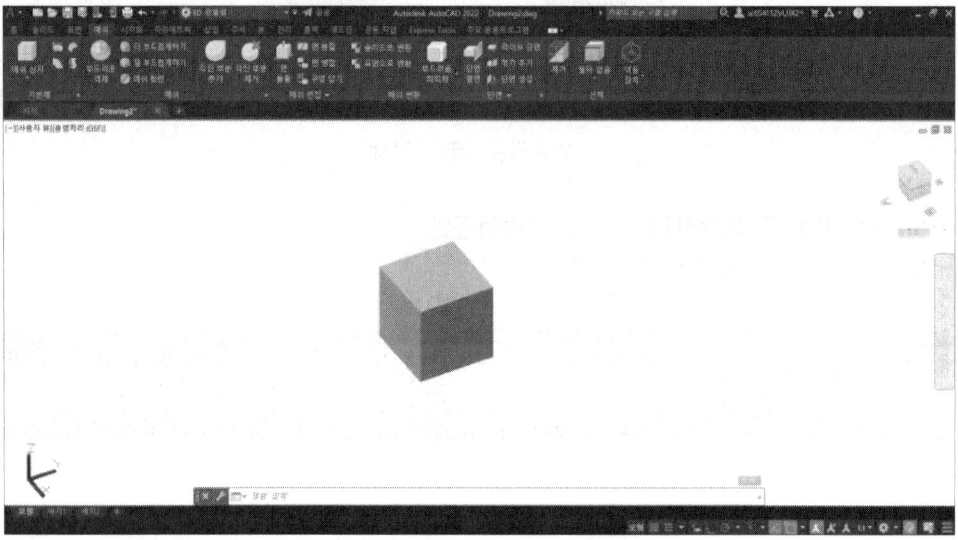

메쉬 상자

① 면 분할 아이콘( )을 눌러 명령을 실행시킨다.

명령 : MESHSPLIT Enter↵

면 분할할 객체의 면을 선택하고 분할의 시작점과 끝점을 선택한다.

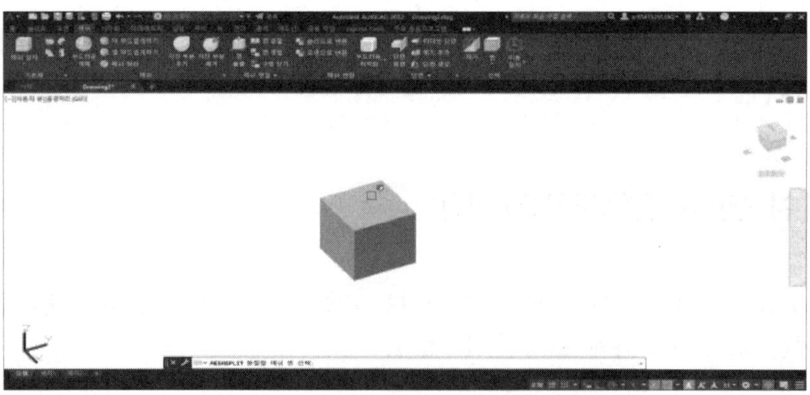

⇩

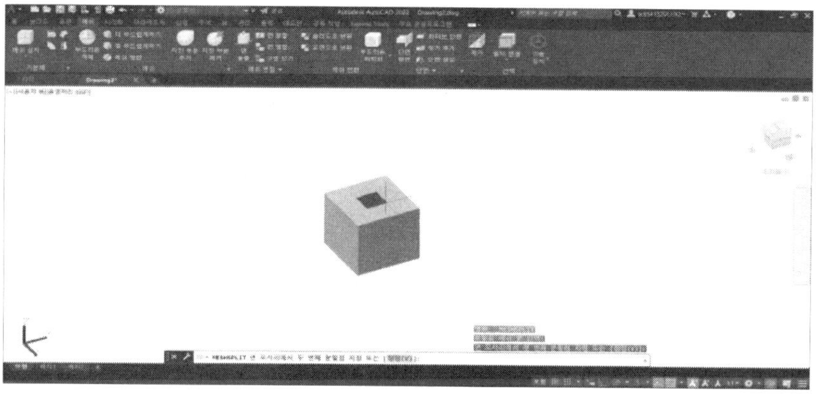

순서① 객체 선택

② 분할 지점선택이 완료되면 메쉬 객체가 이등분 되면서 면의 수가 늘어난 것을 확인할 수 있다.

17.10 메쉬 면 병합(MESHMERGE)

인접한 여러 면들을 단일면으로 병합할 수 있다.

· 명령어 : MESHMERGE · 리본 : 메쉬 탭 → 메쉬 편집 패널 → (면 병합)

따라해보세요

방금 분할한 객체를 가지고 연습해보자.

① 메쉬 면 병합 명령을 실행하여 병합할 면들을 클릭하여 준다.
명령 : MESHMERGE Enter↵
병합할 인접 메쉬 면 선택 : P1를 선택
병합할 인접 메쉬 면 선택 : P2를 선택 Enter↵

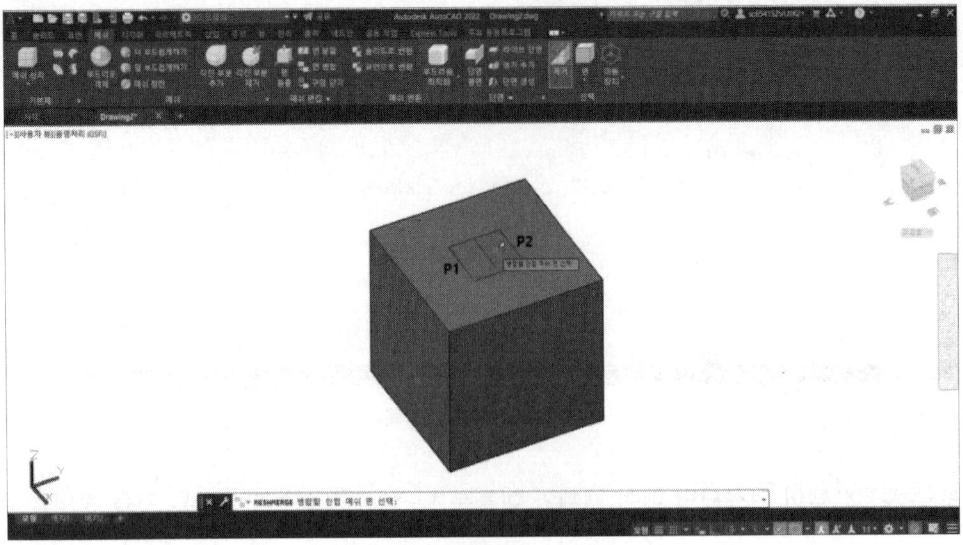

순서① 병합할 객체 선택

② 명령을 종료하면 면들이 병합된 것을 확인할 수 있다.

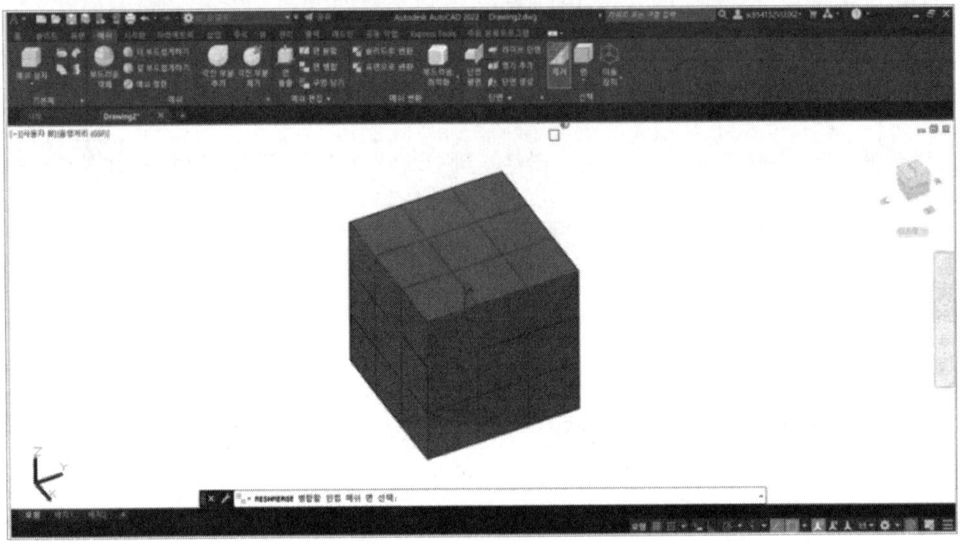

순서② 병합된 면

17.11 메쉬 면 돌출(MESHEXTRUDE)

메쉬 면 돌출은 메쉬 면의 한 지점을 돌출시키는 것으로 앞서 설명한 표면 돌출과는 다른 기능을 한다.

· 명령어 : MESHEXTRUDE · 리본 : 메쉬 탭 → 메쉬 편집 패널 →  (면 돌출)

따라해보세요

다음과 같은 메쉬 객체를 돌출시켜 보자.

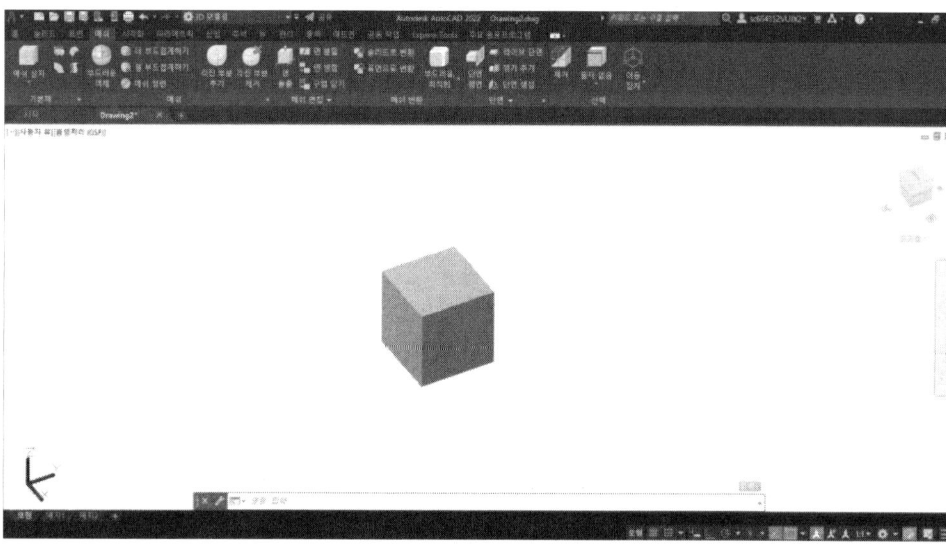

메쉬 상자

① 면 돌출 아이콘()을 눌러 명령을 실행시킨다.

명령 : MESHEXTRUDE Enter↵

돌출시킬 메쉬 면 선택 또는 [설정(S)] : 돌출할 메쉬 객체의 한 면(P1)을 선택한 후 Enter↵

돌출의 높이 지정 또는 [방향(D)/경로(P)/테이퍼 각도(T)] <0>: 100 Enter↵

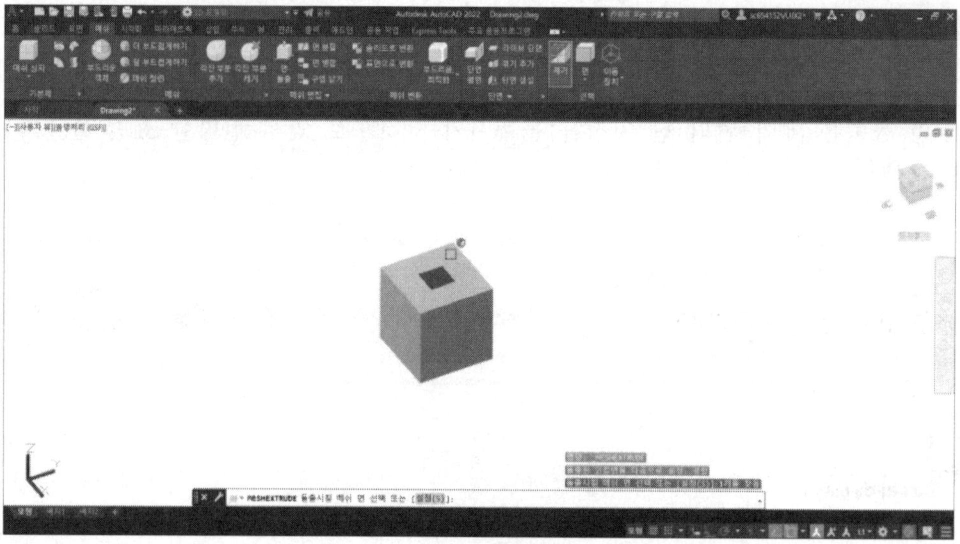

⇩

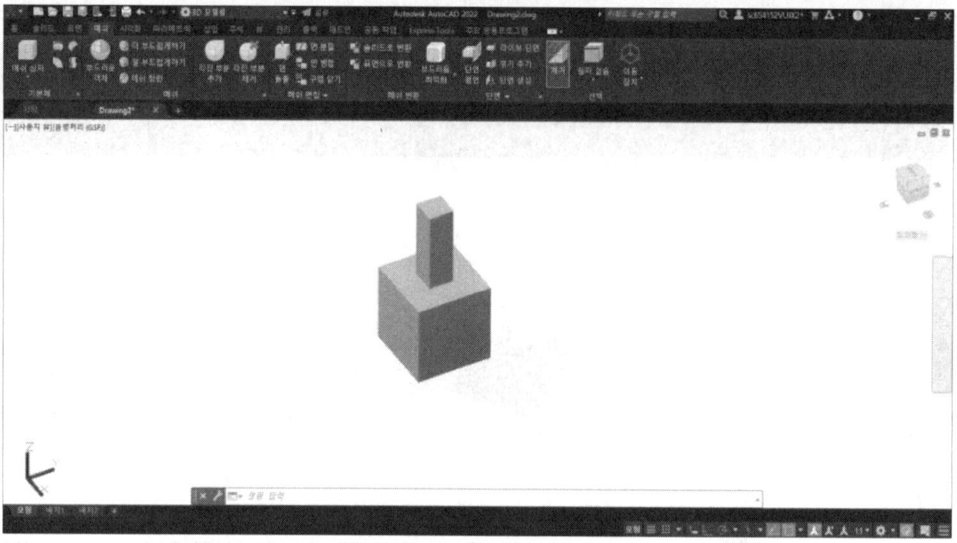

면 돌출 완료

17.12 메쉬 변환

17.12.1 솔리드로 변환(Convert to Solid)

메쉬(Mesh) 객체나 표면(Surface) 객체를 솔리드(Solid) 객체로 변환시킨다.

· 명령어 : CONVTOSOLID   · 리본 : 메쉬 탭 → 메쉬 변환 패널 →  (솔리드로 변환)

따라해보세요

구형태의 메쉬 객체를 그린 후 솔리드 변환 아이콘( )을 클릭하여, 객체를 선택한 후 명령을 종료하면 솔리드로 변환되는 것을 확인할 수 있다.

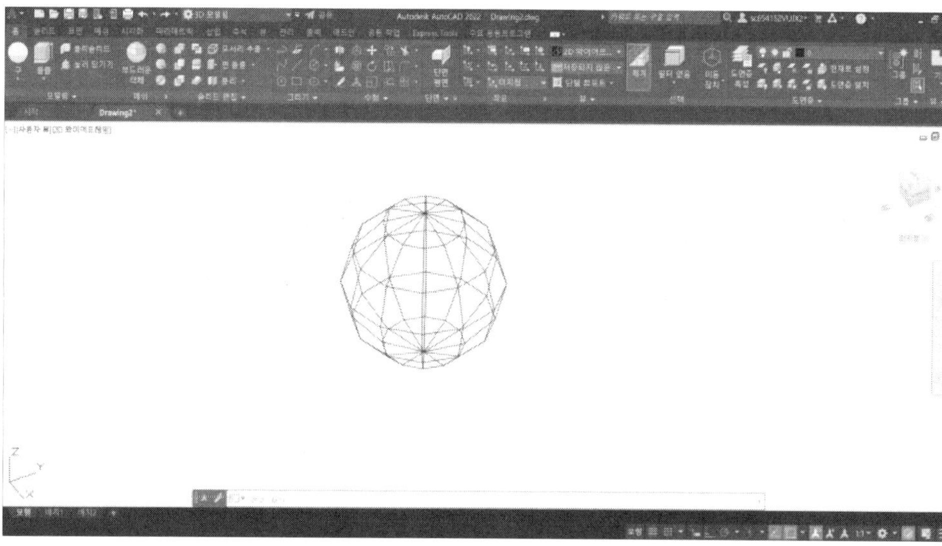

⇩

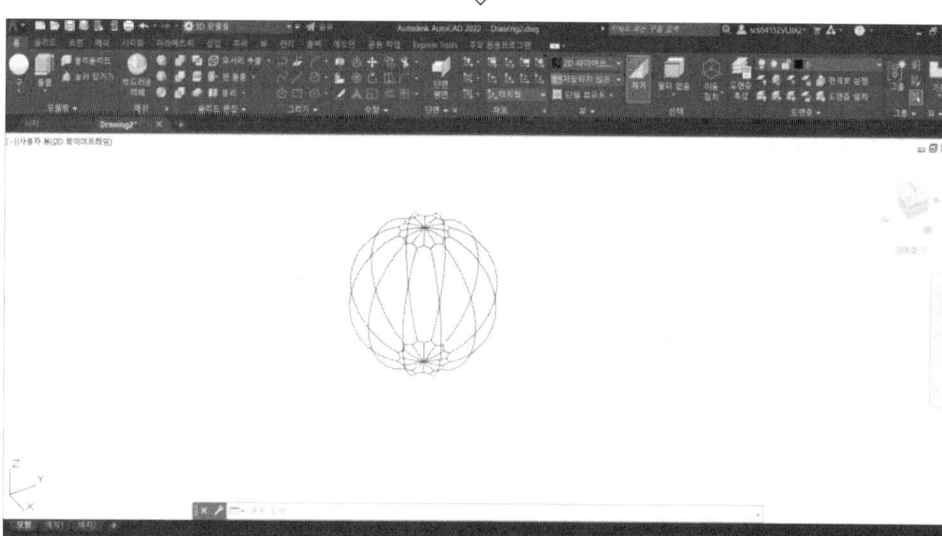

17.12.2 표면으로 변환(Convert to Surface)

메쉬(Mesh) 객체나 솔리드(Solid) 객체를 표면(Surface) 객체로 변환시킨다.

· 명령어 : CONVTOSURFACE · 리본 : 메쉬 탭 → 메쉬 변환 패널 → (표면으로 변환)

따라해보세요

구형태의 솔리드 객체를 표면 변환 아이콘( )을 클릭하여 선택한 후 명령을 종료하면 표면으로 변환되는 것을 확인할 수 있다.

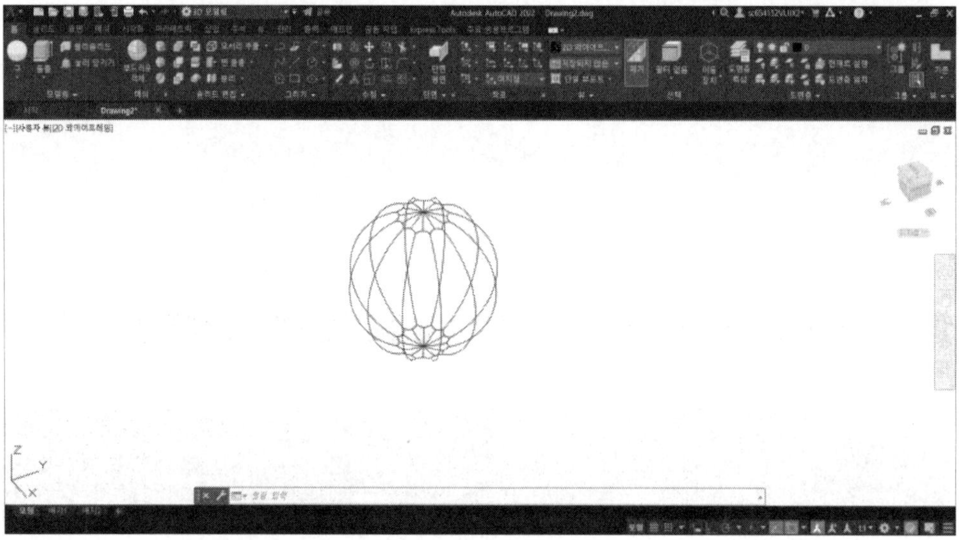

⇩

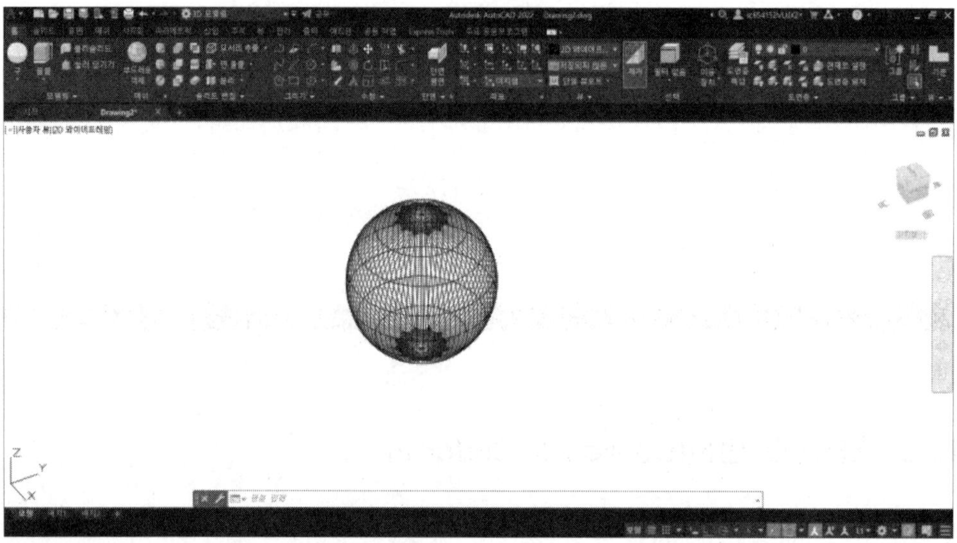

Chapter 18

솔리드 모델링

솔리드 모델링(Solid Modeling)은 앞서 배운 표면 모델링(Surface Modeling), 메쉬 모델링(Mesh Modeling)과는 특성 및 작도 방식에서 매우 큰 차이가 있다. 와이어프레임에 면(Surface)을 입히는 기존 모델링의 작도 방식과 달리 솔리드 객체들은 내부가 채워진 모델링으로 결합, 빼기와 같은 연산이 가능하고 모깎기, 모따기 등 다양한 편집기능이 있어 기본 솔리드 객체를 만들고 수정을 통해 사용자가 원하는 최종모델로 만든다. AutoCAD에서 솔리드 기본 객체를 포함하여 돌출, 회전 등의 다양한 명령들을 활용하여 3차원 모델링을 쉽고 빠르게 할 수 있다.

18.1 폴리솔리드 (POLYSOLID)

기존 2D 객체로 작성된 선(Line), 폴리선(Polyline), 호(Arc), 원(Circle) 등의 선을 기준으로 일정한 높이와 폭을 가진 벽체모양의 폴리솔리드를 그릴 수 있다. 또한 2D 기준선 없이도 사용자좌표계(UCS)의 X, Y축을 평면으로 벽체모양의 폴리솔리드를 작도할 수 있다. 이러한 폴리솔리드는 기본적으로 직사각형의 윤곽을 가지고 있으며 편집을 통해 특성을 수정할 수 있다.

- 명령어 : POLYSOLID
- 단축키 : PSOLID
- 리본 : 홈 탭 → 모델링 패널 → (폴리솔리드)
- 메뉴 : 그리기 → 모델링 → 폴리솔리드

따라해보세요

폴리솔리드 실습을 해보자.

① 폴리선을 사용하여 아래와 같은 치수의 객체를 작도한다.
명령 : PL Enter↵ (PLINE)

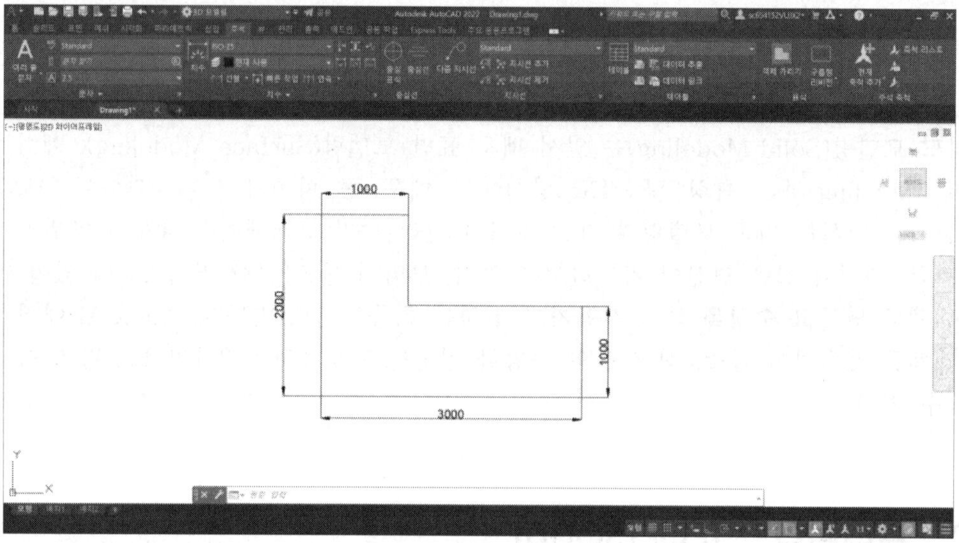

순서① 2D 객체 작성

② 폴리솔리드 명령을 실행한다.

명령 : PSOLID Enter↵ (POLYSOLID)

높이 = 80.0000, 폭 = 5.0000, 자리맞추기 = 중심
시작점 지정 또는 [객체(O)/높이(H)/폭(W)/자리맞추기(J)] <객체>: H Enter↵
높이 지정 <80.0000>: 300 Enter↵

높이 = 300.0000, 폭 = 5.0000, 자리맞추기 = 중심
시작점 지정 또는 [객체(O)/높이(H)/폭(W)/자리맞추기(J)] <객체>: W Enter↵
폭 지정 <5.0000>: 50 Enter↵

높이 = 300.0000, 폭 = 50.0000, 자리맞추기 = 중심
시작점 지정 또는 [객체(O)/높이(H)/폭(W)/자리맞추기(J)] <객체>: O Enter↵
객체 선택: 작도한 2D 폴리선 객체를 선택한다.

③ 객체를 선택한 즉시 폴리솔리드가 작성된다.

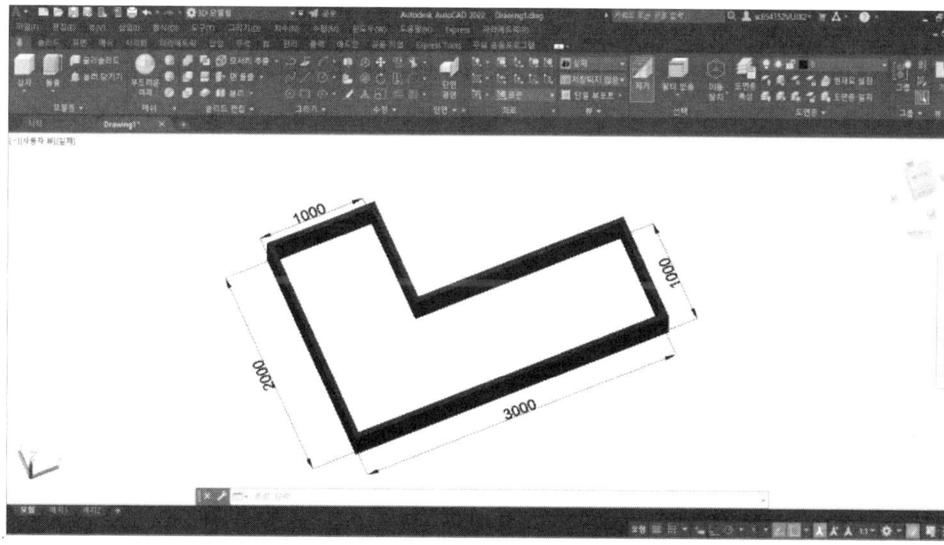

순서③ 폴리솔리드 완성

18.2 솔리드(SOLID) 기본 객체 작성

상자, 원추, 원통, 토러스 등의 기본 솔리드 객체를 쉽게 작성할 수 있다. 이러한 솔리드 모델링(Solid Modeling)의 기본 도형들은 표면 모델링(Surface Modeling)의 '3D' 기본 명령에 의해 작성된 객체들과 모형이 유사하니 혼동하지 말고 구별해서 잘 사용해야 한다.

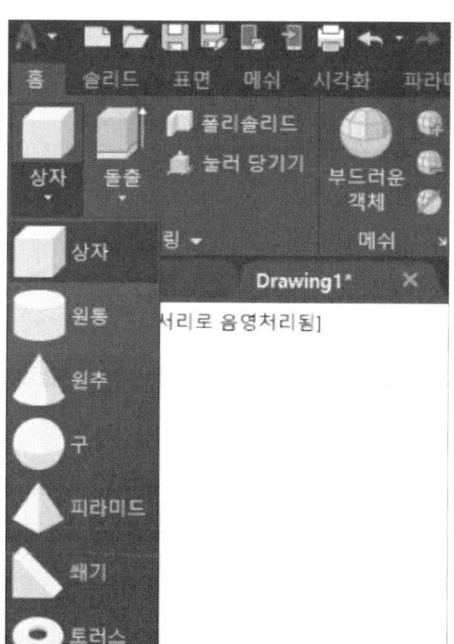

솔리드 기본체 리본 메뉴

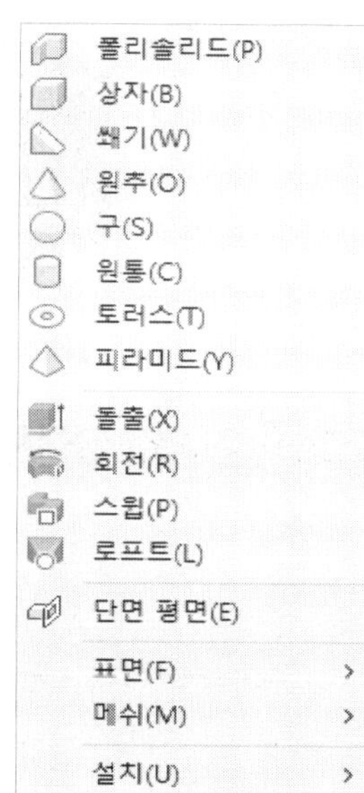

솔리드 기본체 메뉴

18.2.1 상자 그리기

3D 솔리드 상자를 작도한다.

· 명령어 : BOX	· 리본 : 홈 탭 → 모델링 패널 → (상자) · 메뉴 : 그리기 → 모델링 → 상자

따라해보세요

명령 : BOX Enter↵

첫 번째 구석 지정 또는 [중심(C)] : 임의의 점 클릭

반대 구석 지정 또는 [정육면체(C)/길이(L)] : @100,50

높이 지정 또는 [2점(2P)]: 50 Enter↵ (Z축의 길이를 입력)

명령을 완료하면 아래 그림과 같은 상자(Box)가 그려진다.

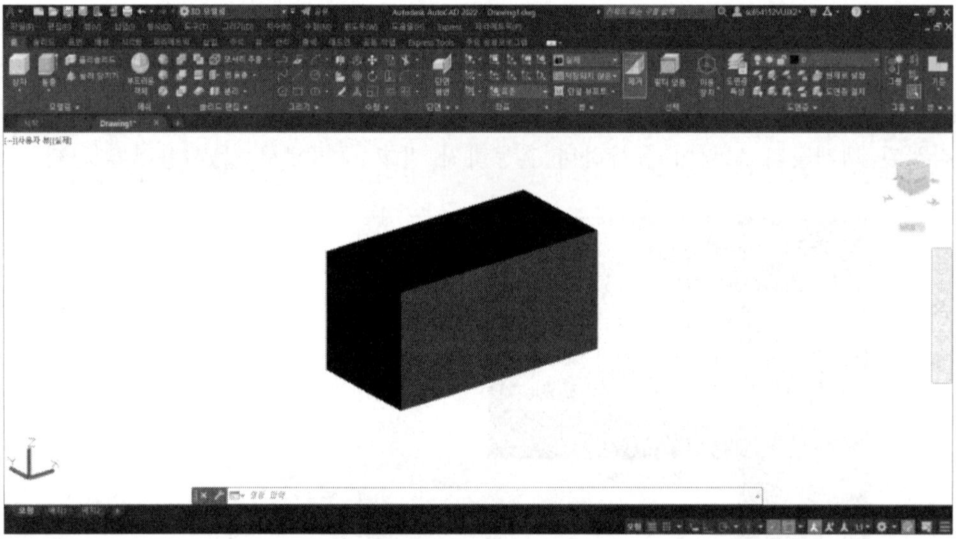

Solid BOX 그리기

18.2.2 원통 그리기

3D 솔리드 원통을 작도한다.

· 명령어 : CYLINDER　　　　　· 리본 : 홈 탭 → 모델링 패널 → (원통)
· 단축키 : CYL　　　　　　　　· 메뉴 : 그리기 → 모델링 → 원통

따라해보세요

명령 : CYL Enter↵ (CYLINDER)

기준 중심점 지정 또는 [3P(3P)/2P(2P)/Ttr-접선 접선 반지름(T)/타원형(E)] : 임의의 중심점을 클릭한다.
기준 반지름 지정 또는 [지름(D)] : 50 Enter↵ (밑면 부분의 반지름을 입력)
높이 지정 또는 [2점(2P)/축 끝점(A)] <0> : 100 Enter↵ (Z축의 높이를 입력)

명령을 완료하면 설정한 옵션대로 원통(Cylinder)이 그려진다.

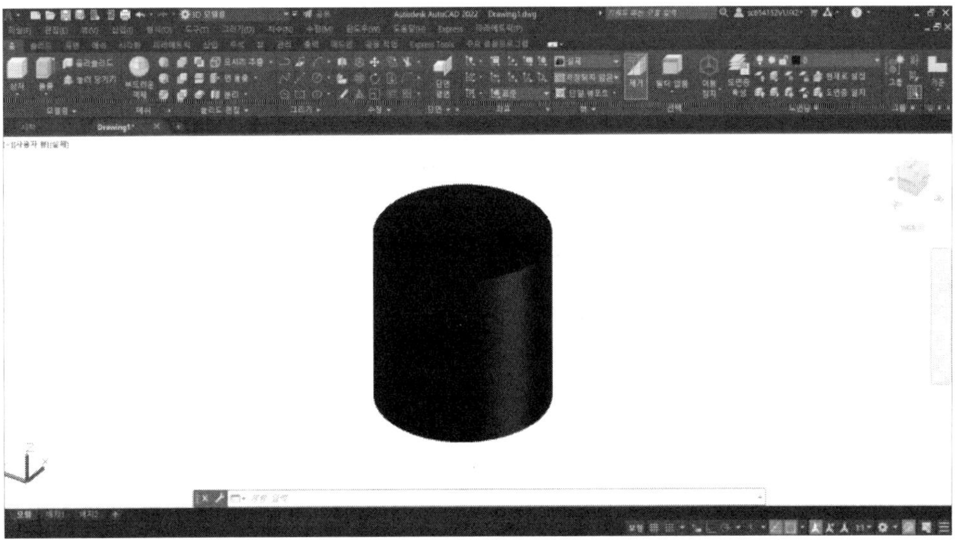

Solid CYLINDER 그리기

18.2.3 원추 그리기

3D 솔리드 원추를 작도한다.

· 명령어 : CONE

· 리본 : 홈 탭 → 모델링 패널 → (원추)

· 메뉴 : 그리기 → 모델링 → 원추

따라해보세요

명령 : CONE Enter↵

기준 중심점 지정 또는 [3P(3P)/2P(2P)/Ttr-접선 접선 반지름(T)/타원형(E)] : 임의의 중심점을 클릭한다.

기준 반지름 지정 또는 [지름(D)] : 50 Enter↵ (밑면 부분의 반지름을 입력)

높이 지정 또는 [2점(2P)/축 끝점(A)] <0> : 100 Enter↵ (Z축의 높이를 입력)

명령을 완료하면 설정한 옵션대로 원추(Cone)가 그려진다.

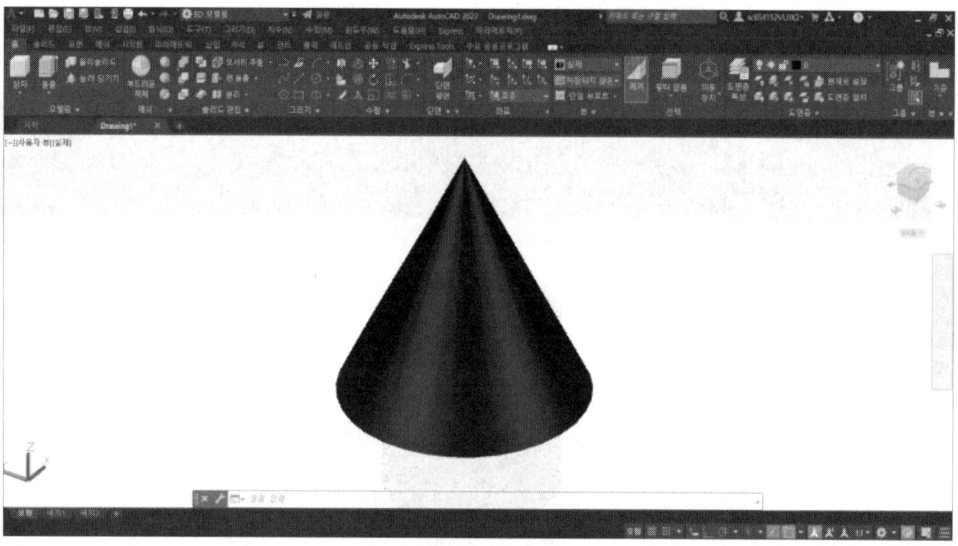

Solid CONE 그리기

18.2.4 구 그리기

3D 솔리드 구를 작도한다.

- 명령어 : SPHERE
- 리본 : 홈 탭 → 모델링 패널 → (구)
- 메뉴 : 그리기 → 모델링 → 구

따라해보세요

명령 : SPHERE Enter↵

중심점 지정 또는 [3P(3P)/2P(2P)/Ttr-접선 접선 반지름(T)] : 임의의 중심점을 클릭한다.

반지름 지정 또는 [지름(D)] : 50 Enter↵ (구의 반지름을 입력)

명령이 완료되면 설정한 옵션대로 구(Sphere)가 그려진다.

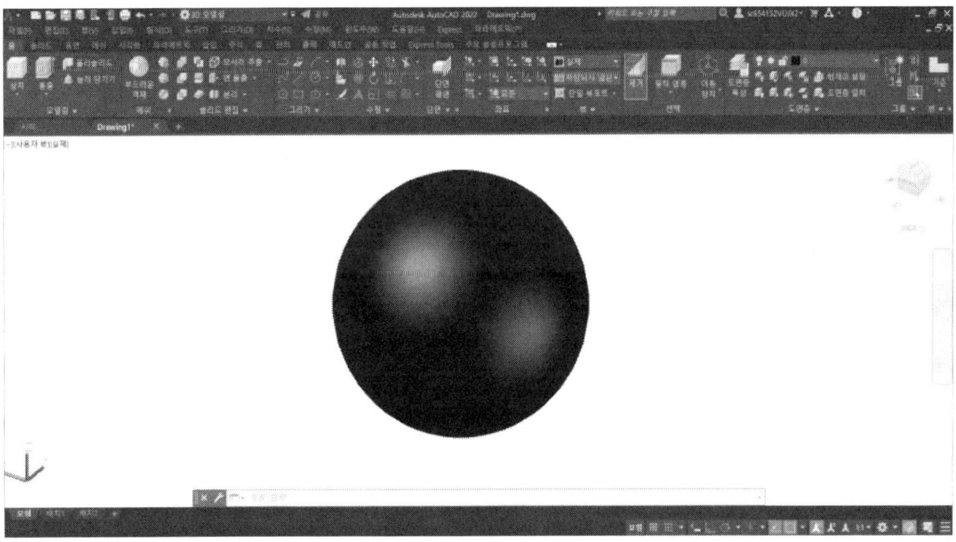

Solid SPHERE 그리기

18.2.5 피라미드 그리기

3D 솔리드 피라미드를 작도한다.

- 명령어 : PYRAMID
- 단축키 : PYR
- 리본 : 홈 탭 → 모델링 패널 → (피라미드)
- 메뉴 : 그리기 → 모델링 → 피라미드

따라해보세요

명령 : PYRAMID [Enter↵]

기준 중심점 지정 또는 [모서리(E)/변(S)] : 임의의 중심점을 클릭한다.

기준 반지름 지정 또는 [내접(I)] : 50 [Enter↵] (반지름을 입력)

높이 지정 또는 [2점(2P)/축 끝점(A)/상단 반지름(T)] : 100 [Enter↵]

명령이 완료되면 설정한 옵션대로 피라미드(Pyramid)가 그려진다.

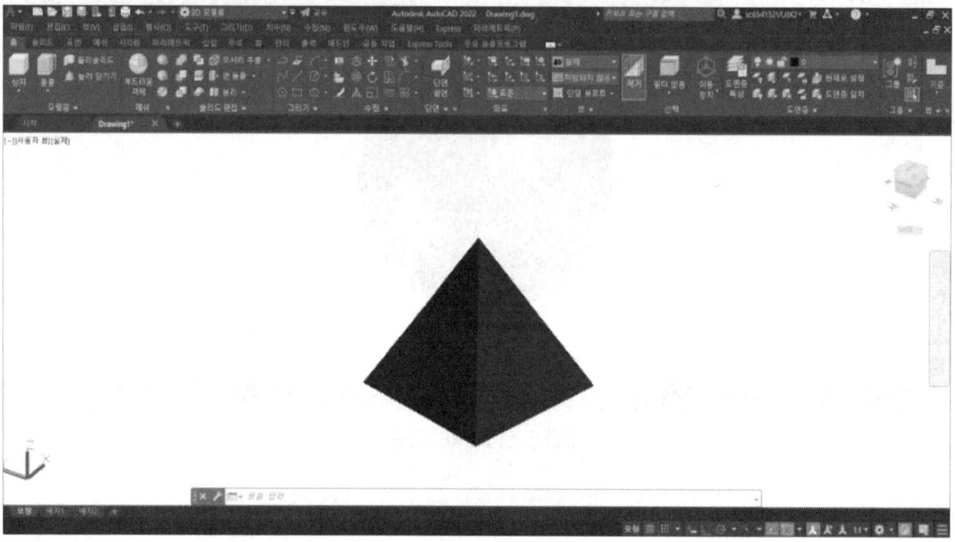

Solid PYRAMID 그리기

18.2.6 쐐기 그리기

3D 솔리드 쐐기를 작도한다.

· 명령어 : WEDGE
· 단축키 : WE
· 리본 : 홈 탭 → 모델링 패널 → (쐐기)
· 메뉴 : 그리기 → 모델링 → 쐐기

따라해보세요

명령 : WEDGE [Enter↵]

첫 번째 구석 지정 또는 [중심(C)] : 임의의 점 클릭

반대 구석 지정 또는 [정육면체(C)/길이(L)] : @100,50 [Enter↵]

높이 지정 또는 [2점(2P)]: 100 [Enter↵] (Z축의 길이를 입력)

명령을 완료하면 아래 그림과 같은 쐐기(Wedge)가 그려진다.

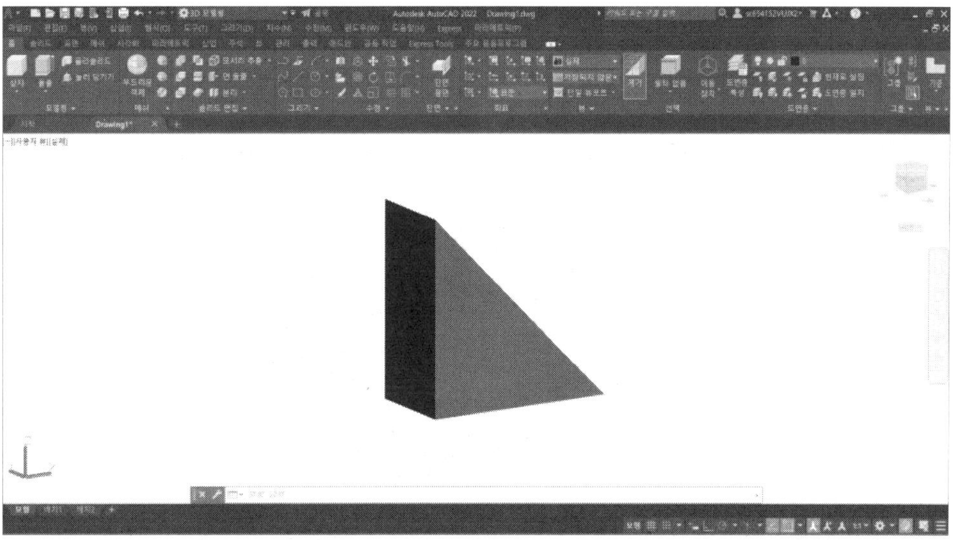

Solid WEDGE 그리기

18.2.7 토러스 그리기

3D 솔리드 토러스를 작도한다.

· 명령어 : TORUS · 리본 : 홈 탭 → 모델링 패널 → (토러스)
· 단축키 : TOR · 메뉴 : 그리기 → 모델링 → 토러스

따라해보세요

명령 : TOR Enter↵ (TORUS)
 중심점 지정 또는 [3P(3P)/2P(2P)/Ttr-접선 접선 반지름(T)] : 임의의 중심점을 클릭한다.
 반지름 지정 또는 [지름(D)] : 100 Enter↵ (원환의 반지름을 입력)
 튜브 반지름 지정 또는 [2점(2P)/지름(D)] : 30

명령이 완료되면 설정한 옵션대로 원환(Torus)이 그려진다.

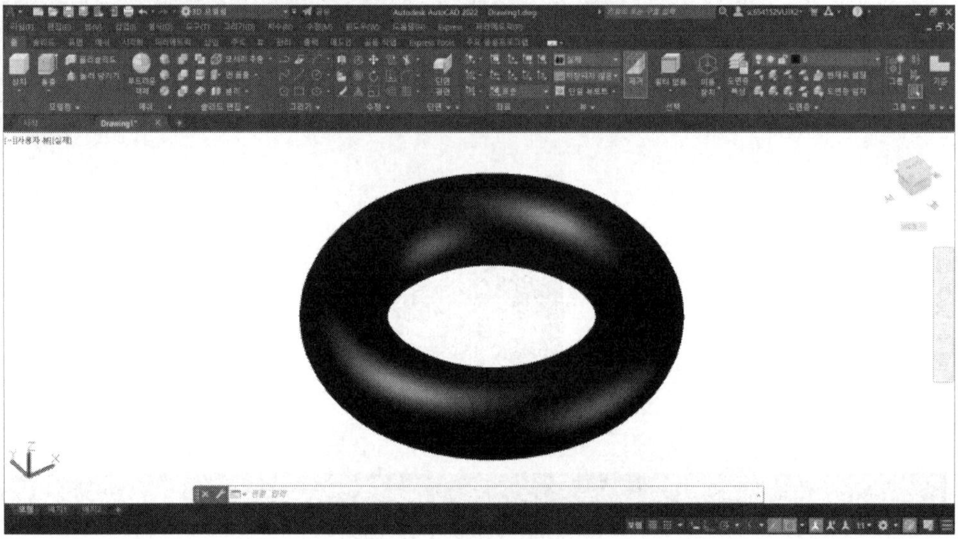

Solid TORUS 그리기

18.3 돌출(EXTRUDE) 명령

2차원의 닫힌 객체(사각형, 원, 폴리선 등) 또는 3D 표면을 거리 및 방향을 부여해 돌출시켜 3차원 솔리드 객체로 만든다. 이때 열린 객체(선, 호, 원 등의 선)로 돌출명령을 실행하면 표면 모델링 객체가 된다.

· 명령어 : EXTRUDE
· 단축키 : EXT
· 리본 : 홈 탭 → 모델링 패널 → (돌출)
· 메뉴 : 그리기 → 모델링 → 돌출

따라해보세요

돌출 명령어를 사용해보자.

① 원, 다각형, 스플라인, 폴리선 명령을 이용하여 2차원의 객체를 만들어 준다.

원 명령 : C Enter↵ (CIRCLE)
다각형 명령 : POL Enter↵ (POLYGON)
스플라인 명령 : SPL Enter↵ (SPLINE)
폴리선 명령 : PL Enter↵ (PLINE)

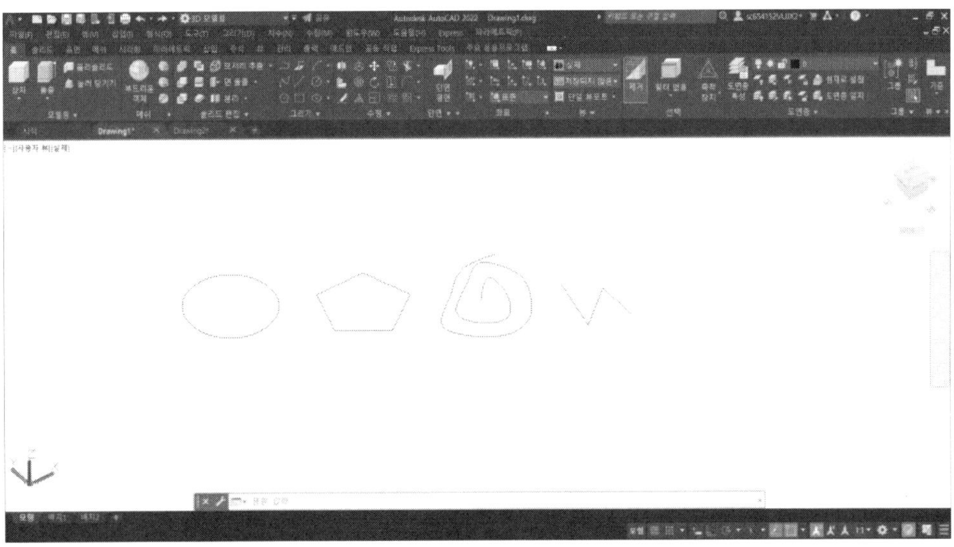

순서① 2차원 객체 그리기

② 돌출명령을 실행한다.

명령 : EXT Enter↵ (EXTRUDE)

현재 와이어프레임 밀도: ISOLINES=4, 닫힌 윤곽 작성 모드 = 솔리드
돌출할 객체 선택 또는 [모드(MO)]: MO Enter↵
[솔리드(SO)/표면(SU)] <솔리드>: SO Enter↵

닫힌 객체는 자동으로 솔리드 객체로 돌출된다. 때문에 위의 방법처럼 일일이 지정할 필요는 없다.

돌출할 객체 선택 또는 [모드(MO)]: 원을 선택한 후 Enter↵
돌출 높이 지정 또는 [방향(D)/경로(P)/테이퍼 각도(T)/표현식(E)] <0>: 100 Enter↵

2차원의 객체인 원이 솔리드(Solid) 객체로 그려진 것을 확인할 수 있다.

(처음 2차원 객체 크기에 따라 밑에 사진과는 다를 수 있다.)

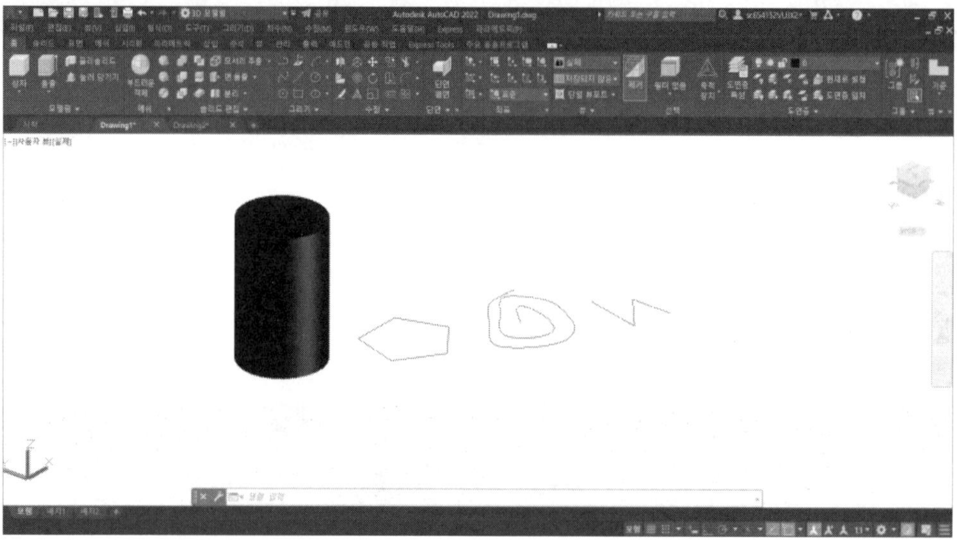

순서② 객체 돌출 완료

③ 테이퍼 각도를 지정해보자.

명령 : EXT Enter↵ (EXTRUDE)

현재 와이어프레임 밀도: ISOLINES=4, 닫힌 윤곽 작성 모드 = 솔리드
돌출할 객체 선택 또는 [모드(MO)]: 다각형을 선택한 후 Enter↵
돌출 높이 지정 또는 [방향(D)/경로(P)/테이퍼 각도(T)/표현식(E)] <0>: T Enter↵
돌출에 대한 테이퍼 각도 지정 또는 [표현식(E)] <0>: 5 Enter↵
돌출 높이 지정 또는 [방향(D)/경로(P)/테이퍼 각도(T)/표현식(E)] <0>: 100 Enter↵

(처음 2차원 객체 크기에 따라 밑에 사진과는 다를 수 있다.)

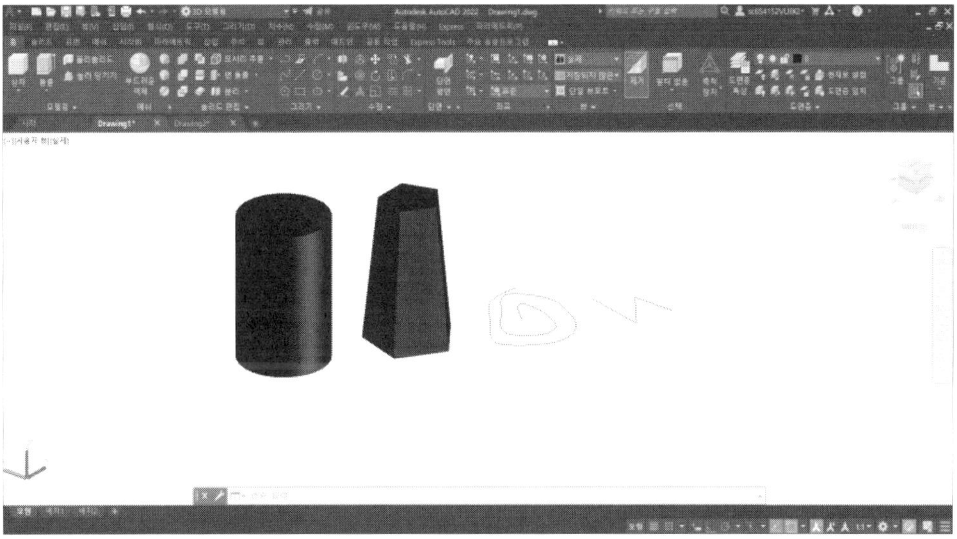

순서③ 테이퍼 각도 지정 결과

④ 선 객체를 돌출명령을 이용하여 표면(Surface)으로 만들어 보자.

명령 : EXT Enter↵ (EXTRUDE)

현재 와이어프레임 밀도: ISOLINES=4, 닫힌 윤곽 작성 모드 = 솔리드

돌출할 객체 선택 또는 [모드(MO)]: 원을 선택한 후 Enter↵

돌출 높이 지정 또는 [방향(D)/경로(P)/테이퍼 각도(T)/표현식(E)] <0>: 100 Enter↵

2차원의 객체인 스플라인이 표면(Surface) 객체로 그려진 걸 확인할 수 있다.

(처음 2차원 객체 크기에 따라 밑에 사진과는 다를 수 있다.)

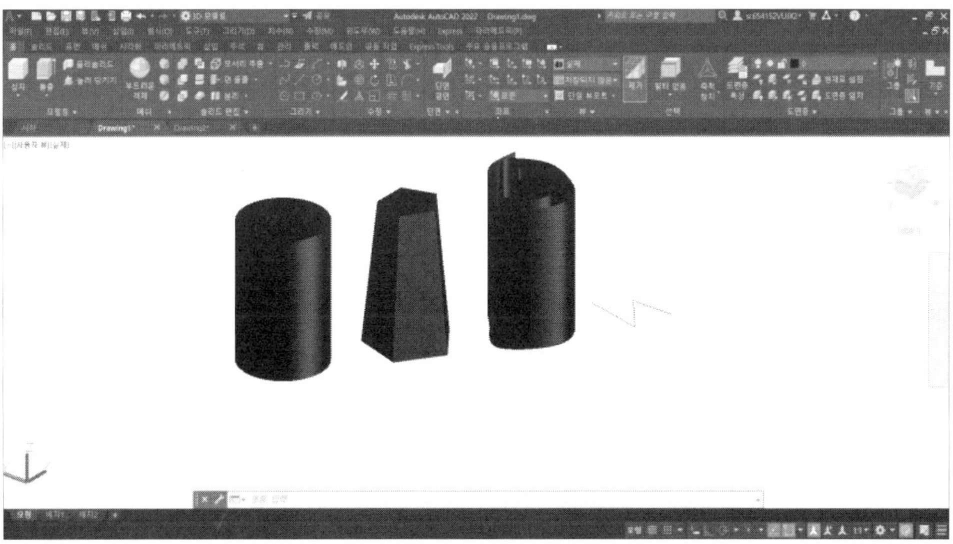

순서④ 스플라인 돌출 결과

⑤ 테이퍼 각도를 넣어보자.

명령 : EXT Enter↵ (EXTRUDE)

현재 와이어프레임 밀도: ISOLINES=4, 닫힌 윤곽 작성 모드 = 솔리드

돌출할 객체 선택 또는 [모드(MO)]: 다각형을 선택한 후 Enter↵

돌출 높이 지정 또는 [방향(D)/경로(P)/테이퍼 각도(T)/표현식(E)] <0>: T Enter↵

돌출에 대한 테이퍼 각도 지정 또는 [표현식(E)] <0>: 5 Enter↵

돌출 높이 지정 또는 [방향(D)/경로(P)/테이퍼 각도(T)/표현식(E)] <0>: 100 Enter↵

(처음 2차원 객체 크기에 따라 밑에 사진과는 다를 수 있다.)

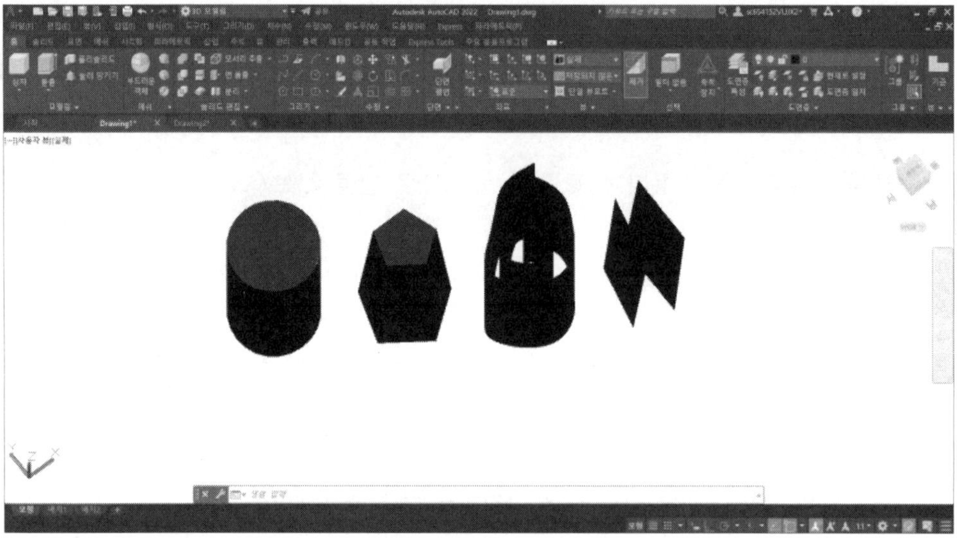

순서 ⑤ 테이퍼 각도 지정 결과

18.4 눌러 당기기(PRESSPULL) 명령

눌러 당기기 명령은 원이나 사각형 및 선이나 호로 이루어진 폐쇄공간의 경계영역을 자동 인식하여 누르거나 당긴다. 그리고 돌출(EXTRUDE) 명령과 혼동할 수가 있으나 돌출은 표면 객체나 2차원 객체에만 사용이 가능하고 눌러 당기기(PRESSPULL) 명령은 3차원 솔리드 모델링에서만 늘리기 및 줄이기의 작성이 가능하다.

· 명령어 : PRESSPULL · 리본 : 홈 탭 → 모델링 패널 →  (눌러 당기기)

따라해보세요

눌러 당기기 명령을 사용해보자.

선으로 이루어진 2차원 객체가 있다.

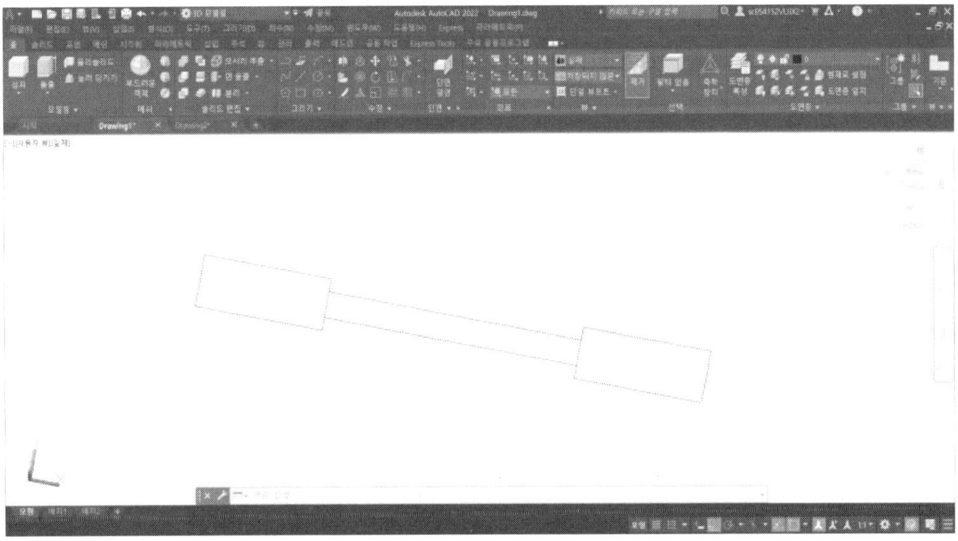

2차원의 객체

① 눌러 당기기 명령을 실행하여 객체를 솔리드로 올려준다.
명령 : PRESSPULL Enter↵
누르거나 당기기할 내부 경계 영역을 클릭하십시오 : 솔리드 할 객체를 선택한다.
높이 2000을 입력한 후 Enter↵로 명령을 종료한다.

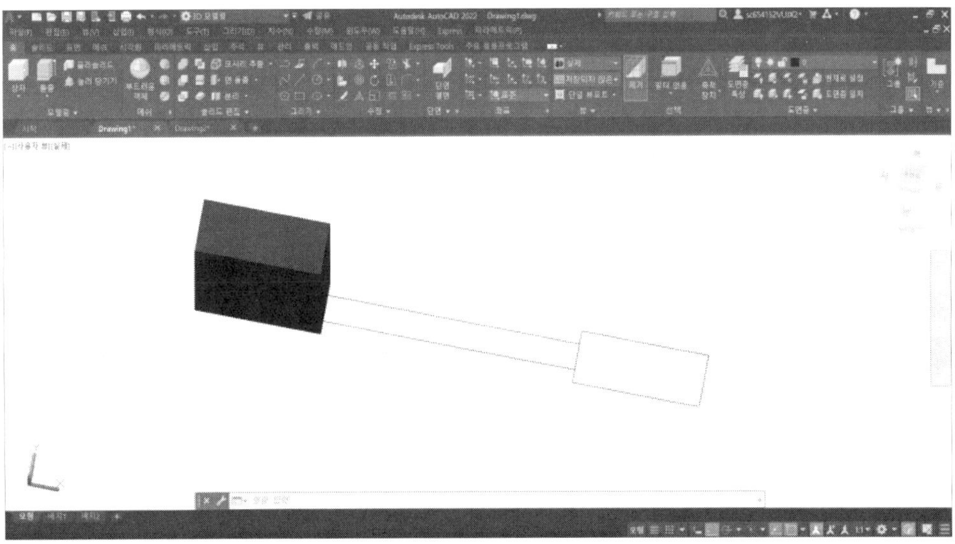

순서① 솔리드 객체 올리기

② 계속해서 눌러 당기기 명령을 실행하여 모든 객체를 높이 2000의 솔리드 객체로 올려준다.

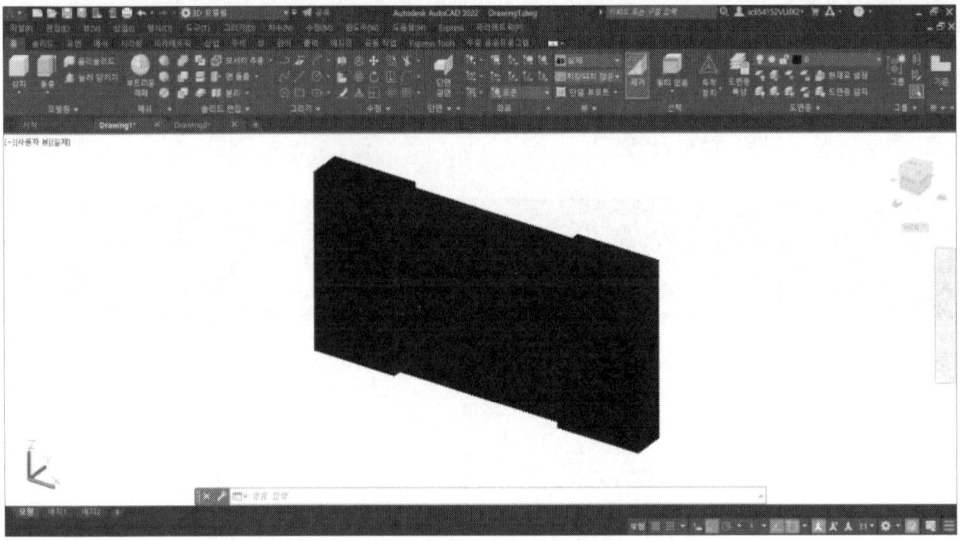

순서② 솔리드 객체 완료

③ 눌러 당기기 명령을 사용하여 가운데 솔리드 객체를 높이 1000로 눌러준다.

명령 : PRESSPULL [Enter↵]

누르거나 당기기할 내부 경계 영역을 클릭하십시오 : 솔리드 객체의 윗부분을 선택한다.

높이 -1000을 입력한 후 [Enter↵]로 명령을 종료한다.

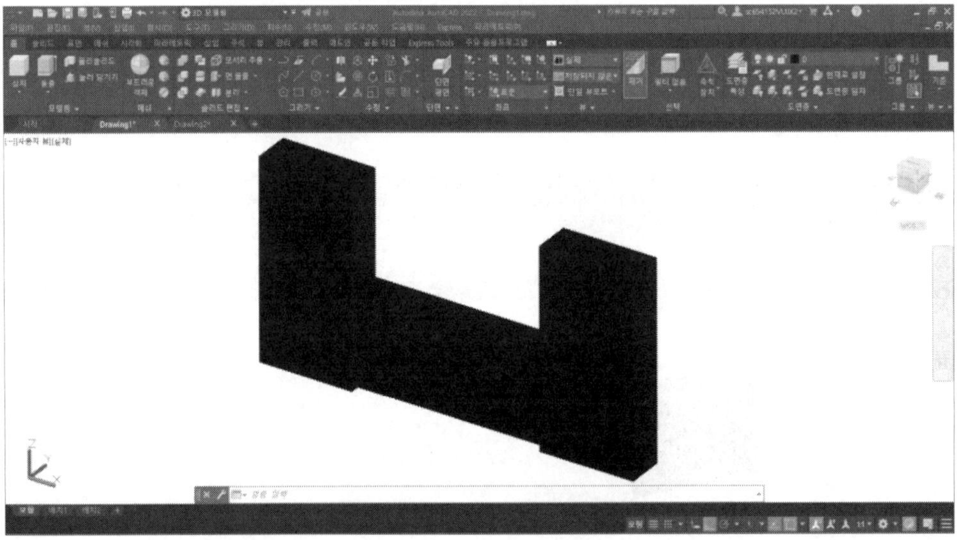

순서③ 솔리드 객체 누르기

18.5 솔리드 편집

작성된 솔리드에 색을 입히거나 제거, 복사, 이동 등의 다양한 편집 기능이 있다.

· 명령어 : SOLIDEDIT

· 리본 : 솔리드 탭 → 솔리드 편집 패널
· 메뉴 : 수정 → 솔리드 편집

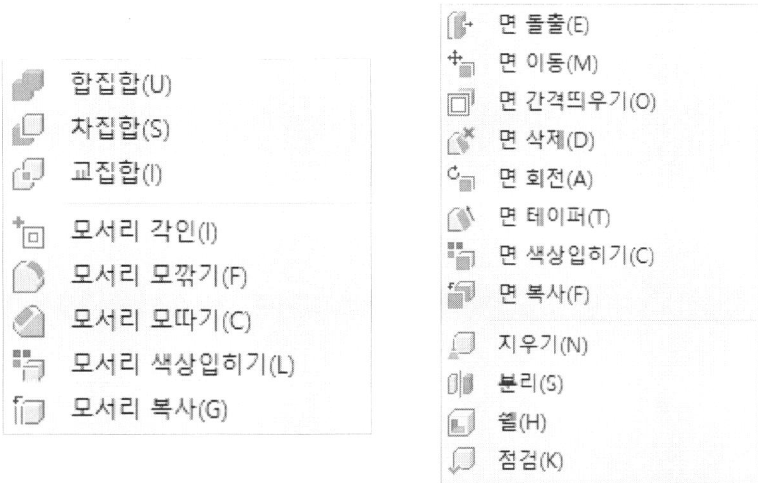

솔리드 편집 메뉴

이러한 솔리드 명령에서도 색상 변경 등의 경우에는 특성에서도 변경이 가능하지만, 면의 간격 띄우기, 이동, 면 테이퍼 등의 경우에는 솔리드 편집을 이용해야 한다. 솔리드 편집 명령들은 사용하기가 편리하기 때문에 대표적인 몇 가지 방법들을 알아보자.

18.5.1 모서리 모깎기

3D 객체에서 모서리 모깎기는 2D의 FILLET 명령과 동일한 기능을 한다. 이때 FILLET 명령과 3D 명령 둘 중 아무 명령을 사용해도 모깎기가 가능하다.

· 명령어 : FILLETEDGE

· 리본 : 솔리드 탭 → 솔리드 편집 패널 → 

· 메뉴 : 수정 → 솔리드 편집 → 모서리 모깎기

따라해보세요

아래와 같은 객체에서 박스 형태의 객체에 모서리 모깎기를 해보자.

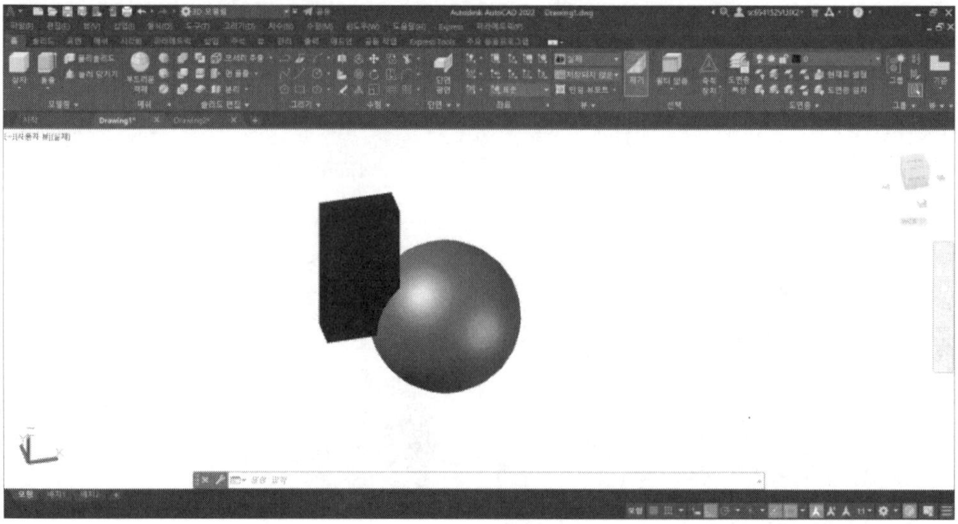

솔리드 객체

① 모서리 모깎기 명령을 실행한다.

명령 : FILLETEDGE [Enter↵]

반지름 = 1.0000

모서리 또는 [체인(C)/반지름(R)] : R [Enter↵] (모깍기 반지름 지정)

모깎기 반지름 입력 또는 [표현식(E)] <1.0000> : 50 [Enter↵]

모서리 또는 [체인(C)/반지름(R)] : 모깎기할 모서리(P1)를 선택한다.

② 명령을 종료시키면 반지름 50만큼 모가 깎인 것을 확인할 수 있다.

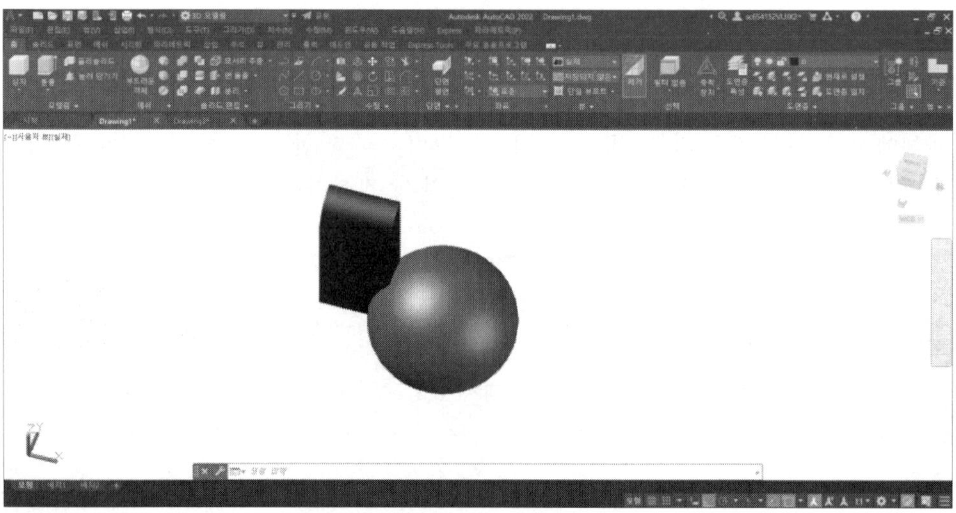

순서② 모서리 모깎기 완료

18.5.2 모서리 모따기

3D 객체에서 모서리 모깎기는 2D의 FILLET 명령을 동일하게 사용한다.

· 명령어 : CHAMFEREDGE

· 리본 : 솔리드 탭 → 솔리드 편집 패널 → 

· 메뉴 : 수정 → 솔리드 편집 → 모서리 모따기

모서리 모따기의 실행방법은 모깎기와 같다.

18.5.3 면 삭제

면 삭제는 일반적인 솔리드 객체에서 면을 제거하는 것이 아니라, 그 객체에서 돌출된 면 또는 모깎기와 모따기된 면을 삭제할 때 사용된다. 만약 일반 솔리드 객체에서 면을 제거하려고 한다면 모델링 작업 오류로 실행이 안 된다.

· 명령어 : SOLIDEDIT

· 리본 : 홈 탭 → 솔리드 편집 패널 → 

(면 삭제)

· 메뉴 : 수정 → 솔리드 편집 → 면 삭제

따라해보세요

아래와 같은 객체에서 모깎기된 면을 삭제해보자.

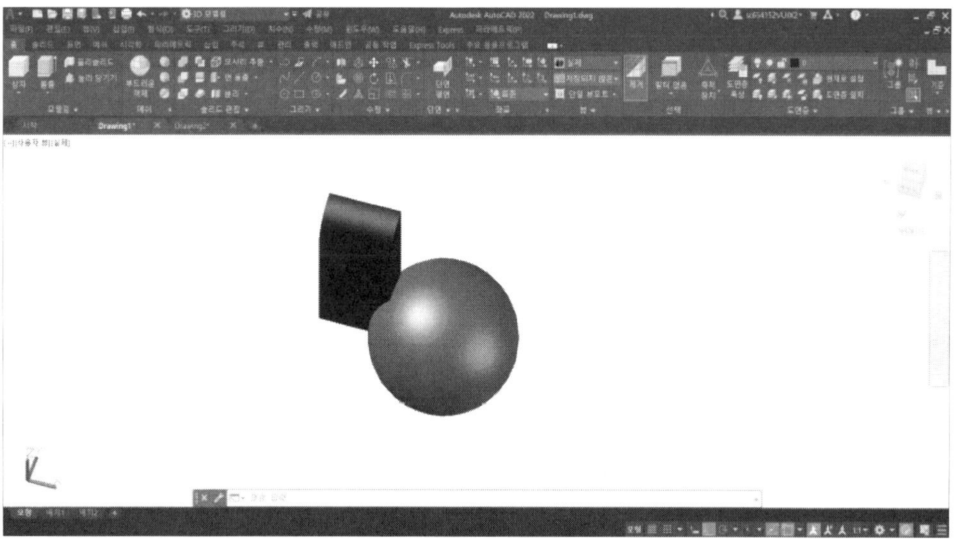

솔리드 객체

① SOLIDEDIT 명령을 실행한다.

명령 : SOLIDEDIT Enter↵

솔리드 편집 옵션 [면(F)/모서리(E)/본체(B)/명령 취소(U)/종료(X)] <종료> : F Enter↵
면 편집 옵션 입력 [돌출(E)/이동(M)/회전(R)/간격띄우기(O)/테이퍼(T)/삭제(D)/복사(C)/색상(L)/재료(A)/명령 취소(U)/종료(X)]<종료(X)> : D Enter↵ (삭제 옵션 선택)
면 선택 또는 [명령 취소(U)/제거(R)] : 모깎인 면을 클릭해준다.

② 모깎인 면이 삭제되면서 정상적인 사각형의 형태로 나타난다.

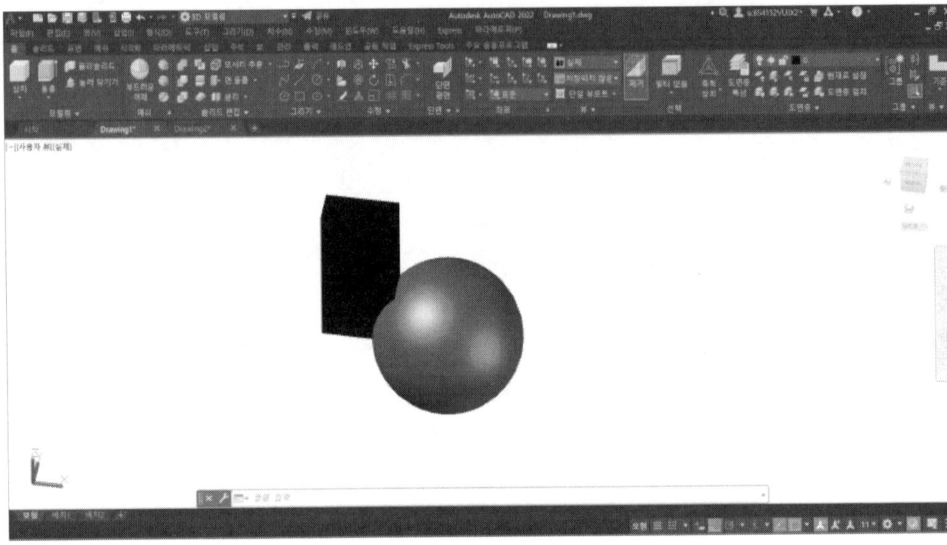

면 삭제 완료

18.5.4 면 간격띄우기

2D의 OFFSET과 동일한 기능이라 생각하면 된다. 그러나 솔리드에서는 간격을 양(+)과 음(−)의 지정에 따라 솔리드의 크기 또는 체적이 확대되거나 축소된다.

· 명령어 : SOLIDEDIT

· 리본 : 솔리드 탭 → 솔리드 편집 패널 →
· 메뉴 : 수정 → 솔리드 편집 → 면 간격띄우기

따라해보세요

아래와 같은 객체에서 원의 객체만 면 간격을 띄워보자.

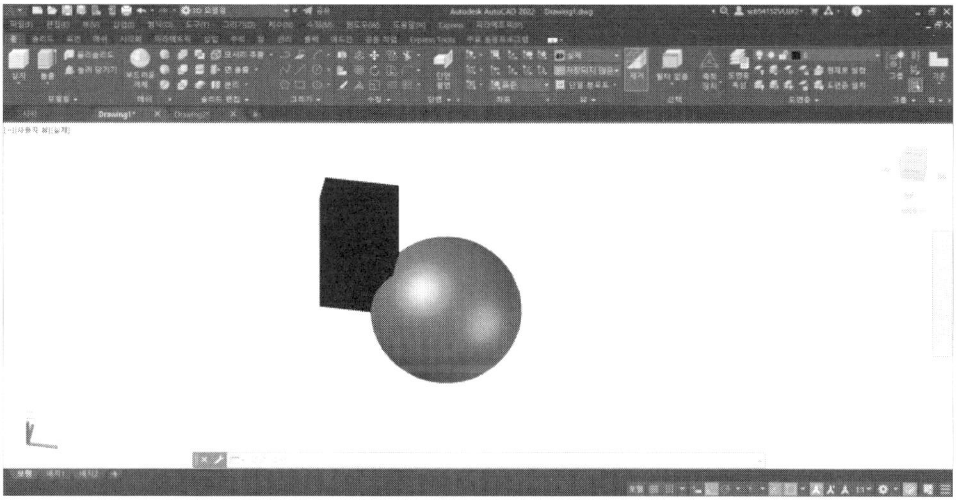

솔리드 객체

① SOLIDEDIT 명령을 실행한다.

명령 : SOLIDEDIT Enter↵

솔리드 편집 옵션 [면(F)/모서리(E)/본체(B)/명령 취소(U)/종료(X)] <종료> : F Enter↵

면 편집 옵션 입력 [돌출(E)/이동(M)/회전(R)/간격띄우기(O)/테이퍼(T)/삭제(D)/복사(C)/색상(L)/재류(A)/명령 취소(U)/종류(X)]<종료(X)> : O Enter↵

면 선택 또는 [명령 취소(U)/제거(R)] : 솔리드 원형을 클릭해준다.

간격띄우기 거리 지정 : 50 Enter↵ (양의 수)

② 솔리드 원형 객체가 부피 50 만큼 커진 것을 확인할 수 있다.

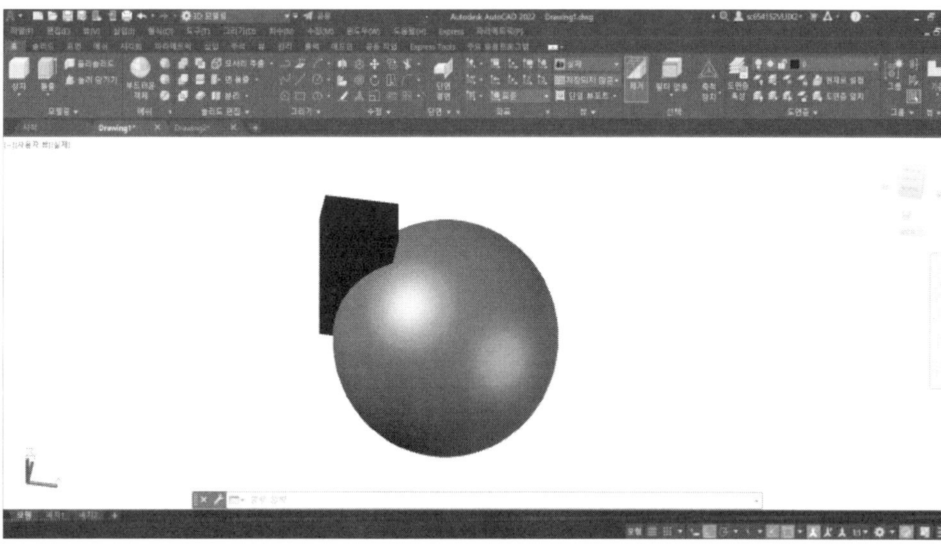

간격띄우기 완료

18.5.5 면 테이퍼

면을 일정한 각도로 깎아 낼 때 사용한다. 테이퍼 각도의 회전은 선택한 벡터를 따라 기준점과 두 번째 점을 선택한 순서에 의해 결정된다.

· 명령어 : SOLIDEDIT

· 리본 : 솔리드 탭 → 솔리드 편집 패널 → 면 테이퍼

· 메뉴 : 수정 → 솔리드 편집 → 면 테이퍼

따라해보세요

아래와 같은 객체에서 박스 형태를 깎아보자.

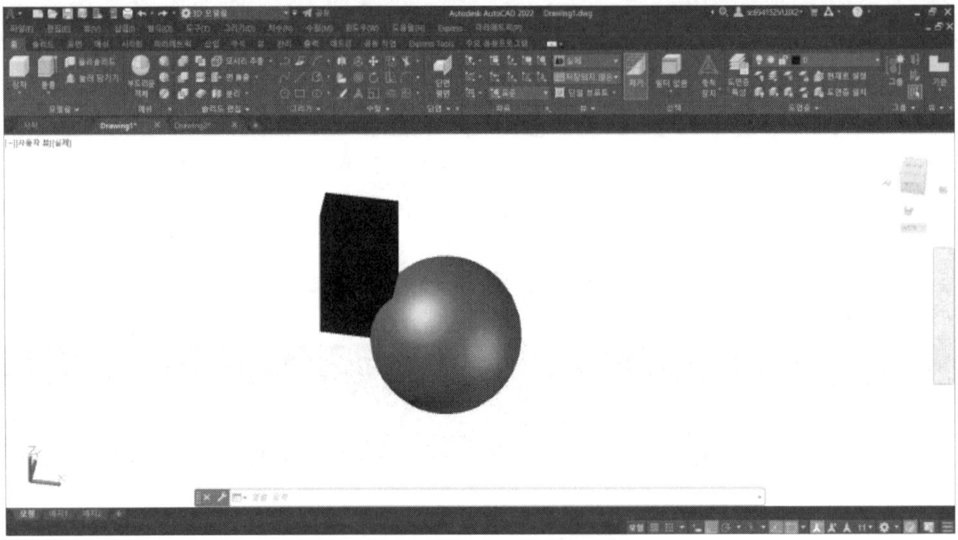

솔리드 객체

① SOLIDEDIT 명령을 실행한다.

명령 : SOLIDEDIT Enter↵

솔리드 편집 옵션 [면(F)/모서리(E)/본체(B)/명령 취소(U)/종료(X)] <종료> : F Enter↵

면 편집 옵션 입력 [돌출(E)/이동(M)/회전(R)/간격띄우기(O)/테이퍼(T)/삭제(D)/복사(C)/색상(L)/재료(A)/명령 취소(U)/종료(X)]<종료(X)> : T Enter↵

면 선택 또는 [명령 취소(U)/제거(R)] : 세 개의 면을 선택해준다.

기준점 지정 : P1 선택

테이퍼 축을 따라 다른 점 지정 : P2 선택

테이퍼 각도를 지정 : 15

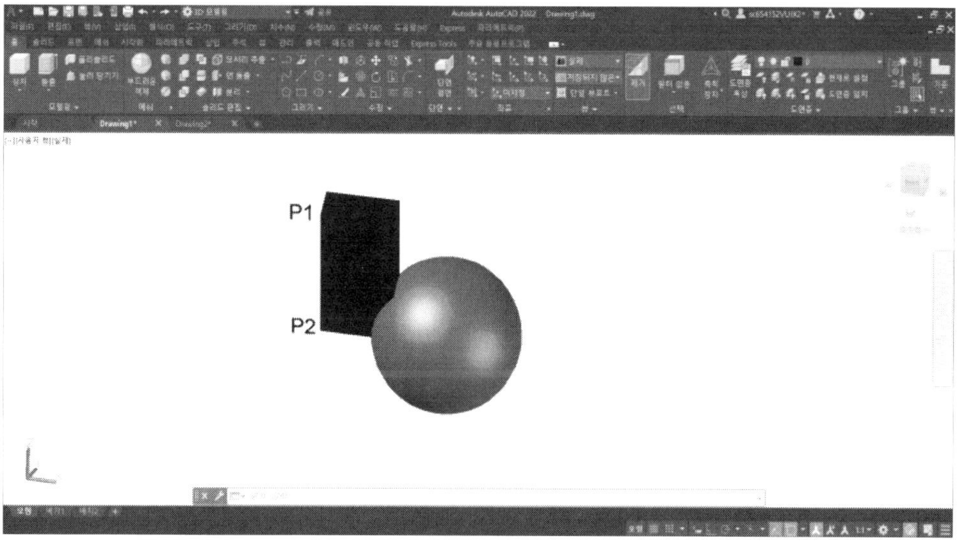

순서① 면 선택

② 명령이 완료되면 기준점(P1)을 시작으로 해서 축(P2지점)을 따라 각도 15도로 깎인 형태로 변한다.

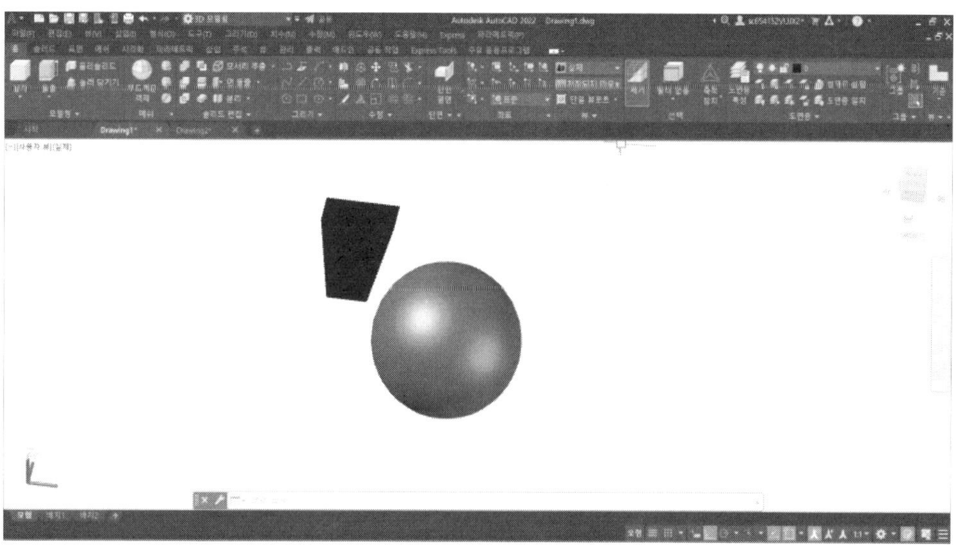

순서② 테이퍼 된 객체

18.5.6 면 복사

솔리드 편집은 면에 대해서만 수정이 이루어진다. 따라서 면 복사도 선택된 한 면만 복사할 때 사용된다.

· 명령어 : SOLIDEDIT	· 리본 : 홈 탭 → 솔리드 편집 패널 → 면 복사 (면 복사) · 메뉴 : 수정 → 솔리드 편집 → 면 복사

18.5.7 합집합

두 객체 이상의 솔리드를 하나로 솔리드 객체로 합할 때 사용한다.

· 명령어 : UNION
· 단축키 : UNI

· 리본 : 솔리드 탭 → 부울 패널 →  (합집합)
· 메뉴 : 수정 → 솔리드 편집 → 합집합

따라해보세요

아래와 같은 두 솔리드 객체를 하나의 솔리드 객체로 합쳐보자.

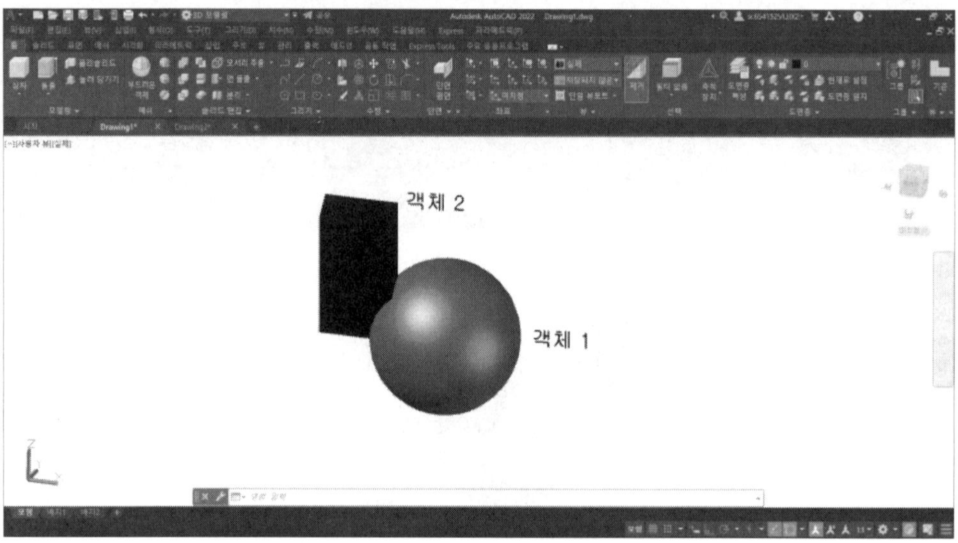

두 솔리드 객체

① 합집합 명령 실행한다.

명령 : UNI [Enter↵] (UNION)

객체 선택 : 객체1를 선택해준다.

객체 선택 : 객체2를 선택해준다.

② 2개의 솔리드 객체가 하나의 객체로 특성까지 변한 것을 확인할 수 있다.

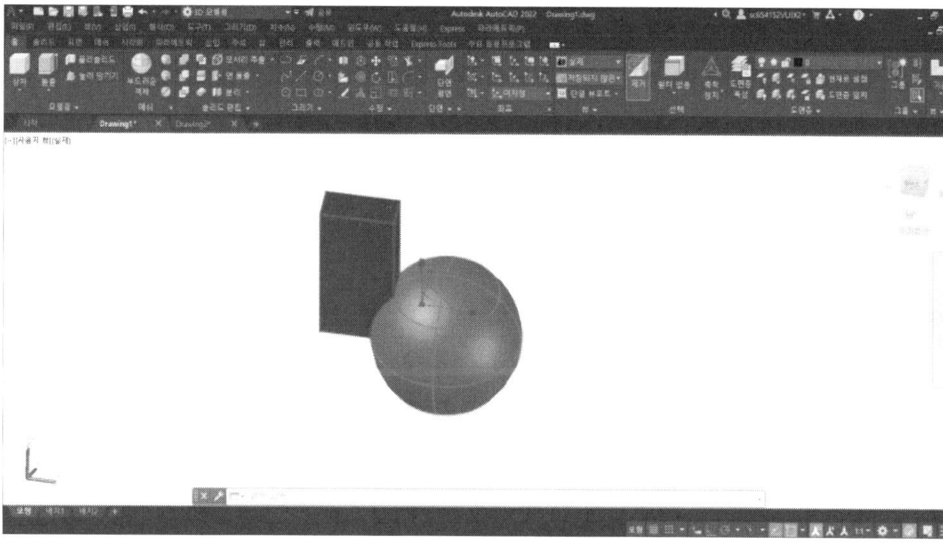

합친 솔리드 객체

18.5.8 차집합

교차되어 있는 솔리드 세트에서 특정 솔리드의 공통 영역을 제거할 때 사용한다.

- 명령어 : SUBTRACT
- 단축키 : SU
- 리본 : 솔리드 탭 → 부울 패널 →  (차집합)

- 메뉴 : 수정 → 솔리드 편집 → 차집합

18.5.9 교집합

두 객체 이상의 교차 되는 공통 볼륨에서 복합 솔리드 객체를 작성할 때 사용한다.

- 명령어 : INTERSECT
- 단축키 : IN
- 리본 : 솔리드 탭 → 부울 패널 →  (교집합)

- 메뉴 : 수정 → 솔리드 편집 → 교집합

Chapter 19

3D모델링 수정

3차원 객체도 2차원 객체와 마찬가지로 다양한 편집 작업이 가능하다. 그러나 3차원에서의 작업은 Z축이 추가됨에 따라 회전이나 배열 등 동일한 기능들이 2차원 작업에 비해 복잡하다. 하지만 그 원리만 잘 이해하면 2차원 작업과 크게 다를 것이 없다.

19.1 3D 이동 (3DMOVE)

객체를 지정된 방향과 거리로 이동시킨다. 또한 맞물림 이동 도구를 이용하여 하나의 축(X, Y, Z)방향으로만 이동을 제한할 수 있으며, 하나의 평면으로 제한할 수도 있다.

· 명령어 : 3DMOVE

· 리본 : 홈 탭 → 수정 패널 → (3D 이동)

· 메뉴 : 수정 → 3D 작업 → 3D 이동

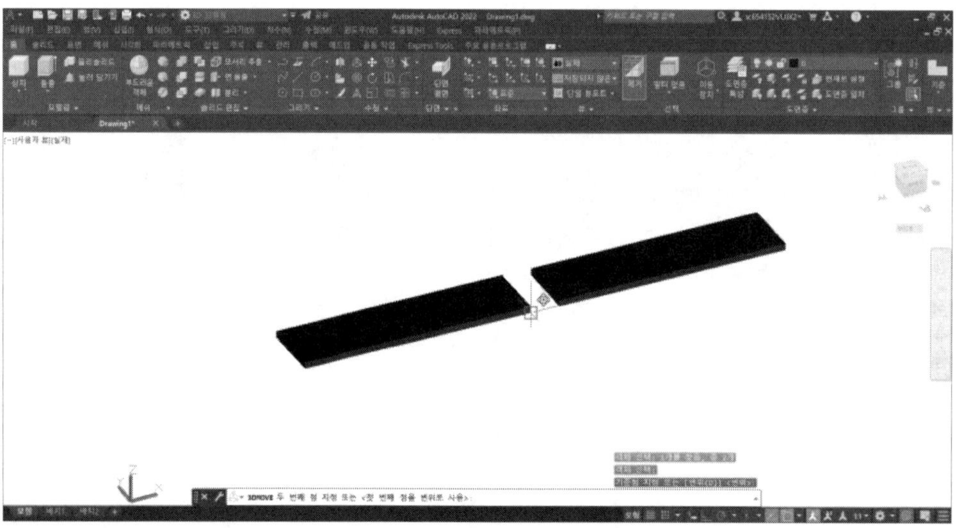

3D 이동

19.2 3D 회전 (3DROTATE)

맞물림 회전 도구를 3D 뷰에 표시하고 기준점을 중심으로 객체를 회전시킨다.

· 명령어 : 3DROTATE

· 리본 : 홈 탭 → 수정 패널 → (3D 회전)

· 메뉴 : 수정 → 3D 작업 → 3D 회전

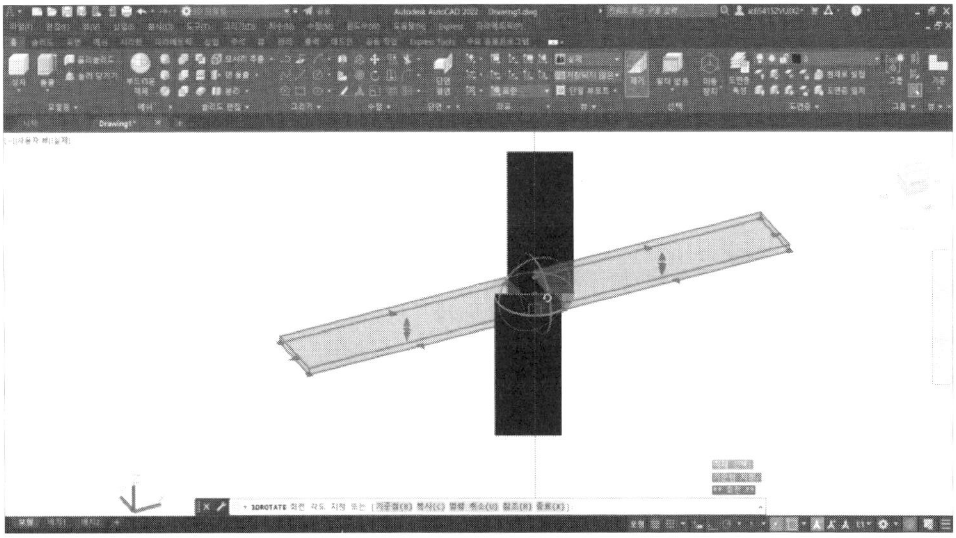

3D 회전

19.3 3D 대칭 (MIRROR3D)

평면을 중심으로 객체의 대칭 이미지를 작성한다.

· 명령어 : MIRROR3D

· 리본 : 홈 탭 → 수정 패널 → (3D 대칭)

· 메뉴 : 수정 → 3D 작업 → 3D 대칭

2차원의 대칭은 X, Y축에 대한 기준선 하나를 기준으로 대칭되게 복사를 하였지만, 3차원의 대칭은 X, Y, Z축에서 두 축을 선택하여 평면을 기준으로 대칭을 해준다.

따라해보세요

다음과 같은 피라미드 객체를 3D 대칭을 이용하여 X, Y 평면을 기준으로 복사해보자.

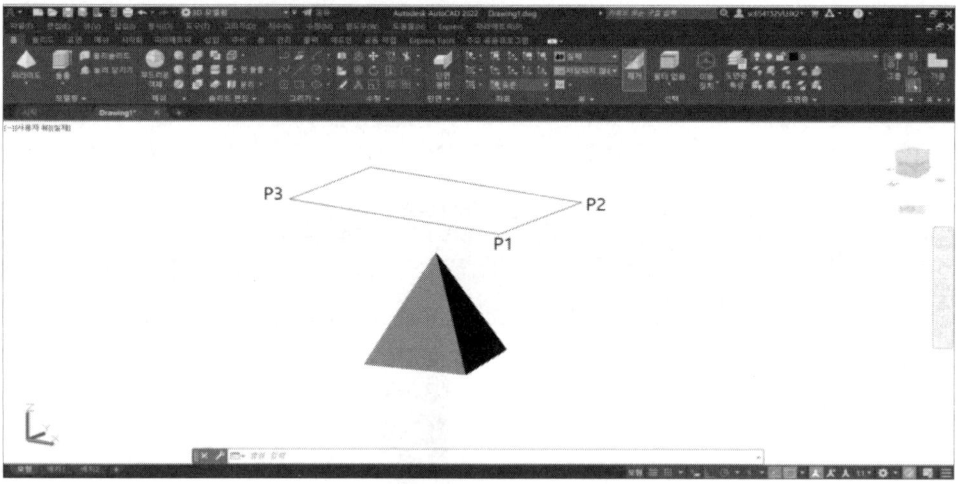

3D 객체

3D 대칭 명령을 실행한다.

명령 : MIRROR3D Enter↵
  객체 선택: 대칭시킬 객체를 선택한다.
  대칭 평면 (3점)의 첫 번째 점 지정 또는 [객체(O)/최종(L)/Z축(Z)/뷰(V)/XY/YZ/ZX/3점(3)] <3점>: 기준점(P1)을 선택한다.
  대칭 평면 위의 두 번째 점 지정: Y축을 기준으로 잡기위해 P2를 클릭한다.
  대칭 평면 위의 세 번째 점 지정: X축을 기준으로 잡기위해 P3를 클릭한다.
  원본 객체를 삭제합니까? [예(Y)/아니오(N)] <N>: Enter↵ (삭제하지 않는다.)

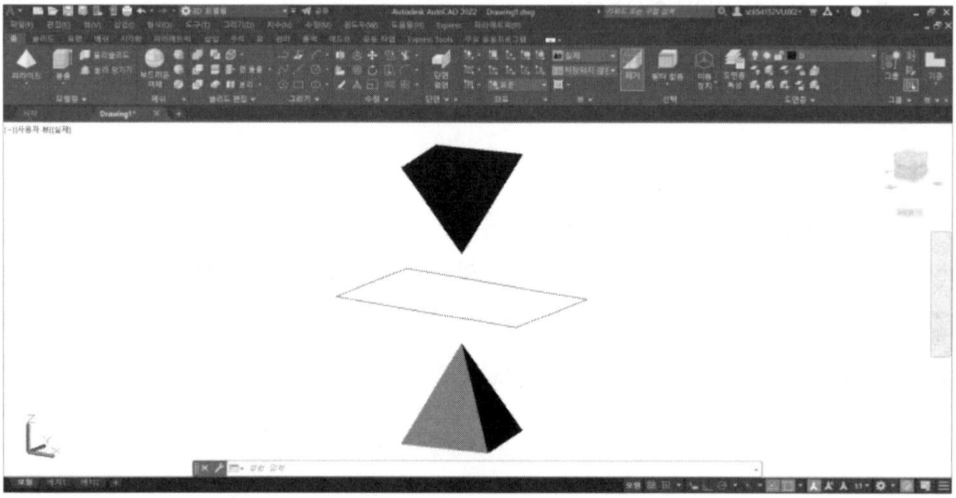

3D 대칭 완료

19.4 3D 정렬 (3DALIGN)

객체를 다른 객체와 정렬한다.

· 명령어 : 3DALIGN

· 리본 : 홈 탭 → 수정 패널 → (3D 정렬)
· 메뉴 : 수정 → 3D 작업 → 3D 정렬

따라해보세요

① 3D 정렬 명령을 실행한다.

명령 : 3DALIGN Enter↵

객체 선택: 정렬시킬 객체를 선택한다.
원본 평면 및 방향 지정.
기준점 지정 또는 [복사(C)] : 기준점(P1)를 선택
두 번째 점 지정 또는 [계속(C)] <C> : P2를 선택
세 번째 점 지정 또는 [계속(C)] <C> : P3를 선택

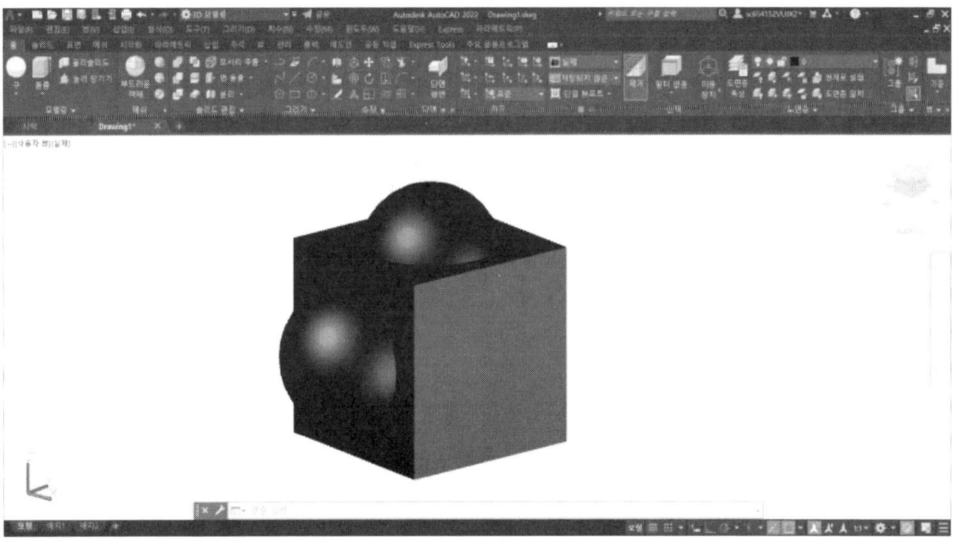

순서① 정렬시킬 객체 선택 및 방향지정

② 대상 평면 및 방향 지정.
첫 번째 대상점 지정 : 임의의 점 선택
두 번째 대상점 지정 또는 [종료(X)] <X>: P4를 선택
세 번째 대상점 지정 또는 [종료(X)] <X>: P5를 선택

미리보기가 활성화되기 때문에 큰 어려움 없이 쉽게 명령을 진행할 수 있다.

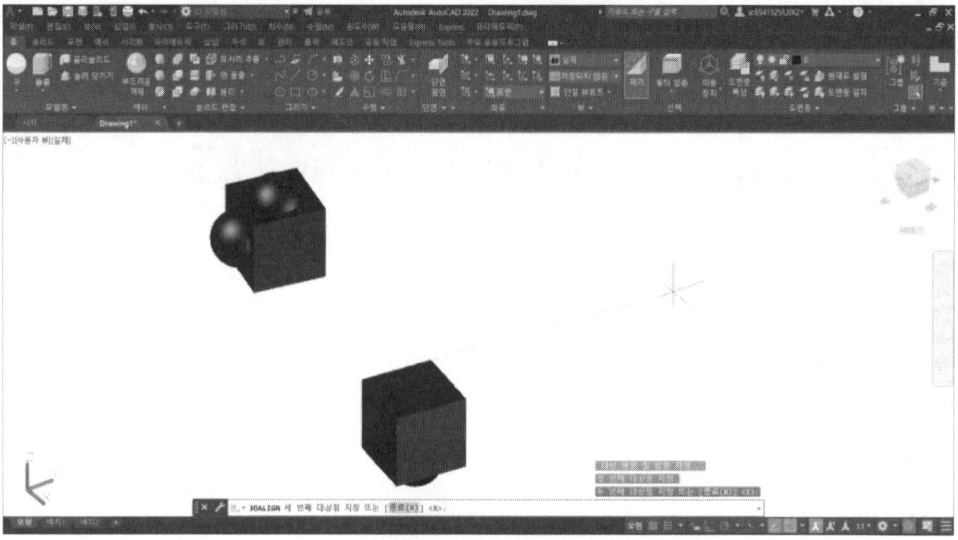

순서② 정렬될 평면 및 방향 지정

③ 선택이 완료되면 자동으로 명령이 종료되며 설정한대로 정렬된다.

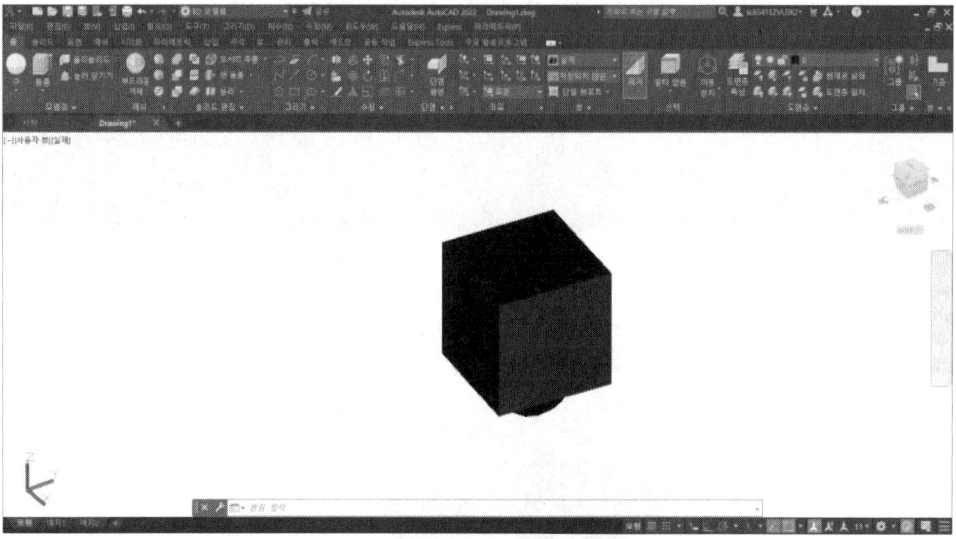

순서③ 3D 정렬 실행 완료

19.5 3D 배열 (3DARRAY)

3차원 공간에서 직사각형 배열과 원형 배열할 수 있다.

· 명령어 : 3DARRAY　　　　　· 메뉴 : 수정 → 3D 작업 → 3D 배열

3D 직사각형 배열은 기존 X, Y축으로 배열되는 2D 배열에서 Z축까지 배열이 가능하며, 원형 배열은 기존 2D 배열에서 기준점이 아닌 기준선에 따라 원하는 좌표평면으로 배열된다.

따라해보세요

크기 400*400*400의 객체를 직사각형 배열해보자.

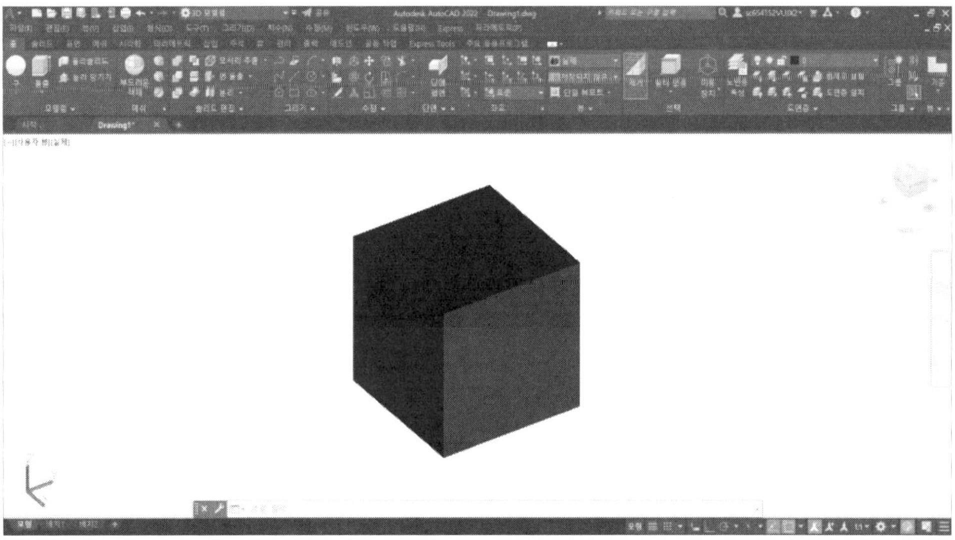

3D 객체

3D 배열 명령을 실행한다.

명령 : 3DARRAY [Enter↵]
　　객체 선택: 객체를 선택한다.
　　배열의 유형 입력 [직사각형(R)/원형(P)] <R>: R [Enter↵]

　　행 수 입력 (---) <1>: 4 [Enter↵] (Y축 방향)
　　열 수 입력 (|||) <1>: 3 [Enter↵] (X축 방향)
　　레벨 수 입력 (...) <1>: 2 [Enter↵] (Z축 방향)
　　행 사이의 거리를 지정(---): 800

열 사이의 거리를 지정 (|||): 800
레벨 사이의 거리를 지정 (...): 800

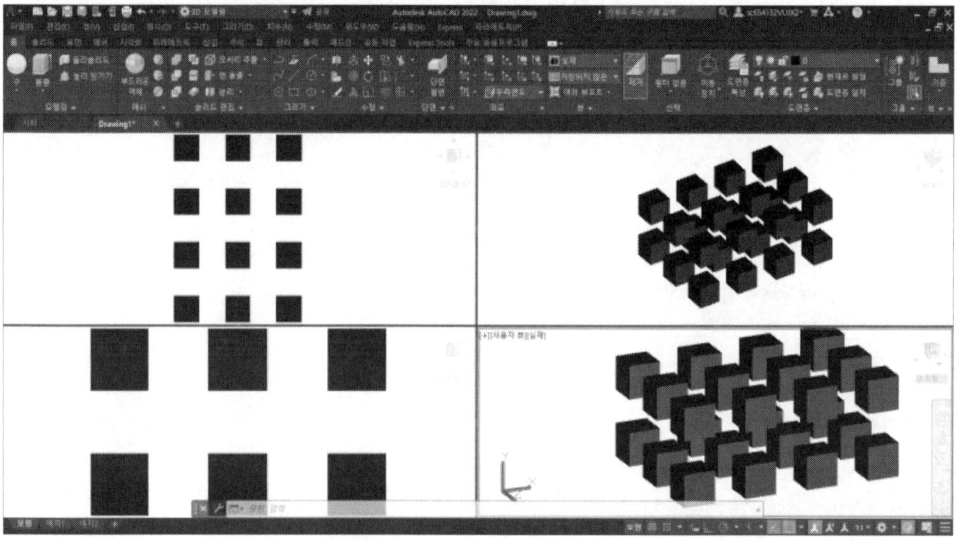

3D 직사각형 배열

따라해보세요

크기 400*400*400의 직사각형을 원형 배열해보자.

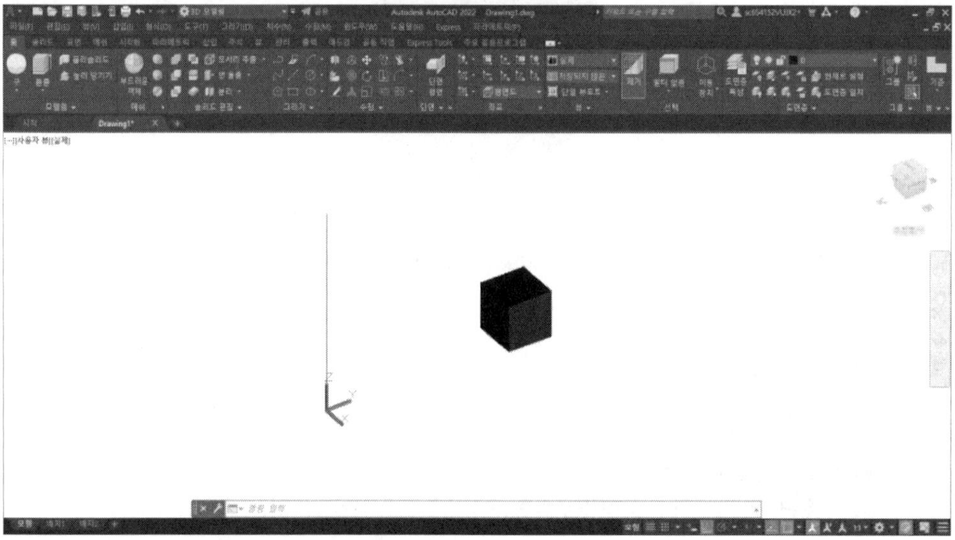

3D 객체

3D 배열 명령을 실행한다.

명령 : 3DARRAY Enter↵
　　객체 선택 : 1개를 찾음
　　배열의 유형 입력 [직사각형(R)/원형(P)] <R> : P Enter↵
　　배열에서 항목 수 입력 : 10 Enter↵
　　채우기 할 각도 지정 (+=ccw, -=cw) <360> : 360 Enter↵
　　배열된 객체를 회전하시겠습니까? [예(Y)/아니오(N)] <Y> : Y Enter↵
　　배열의 중심점 지정 : P1 선택
　　회전축 상의 두 번째 점 지정 : P2 선택

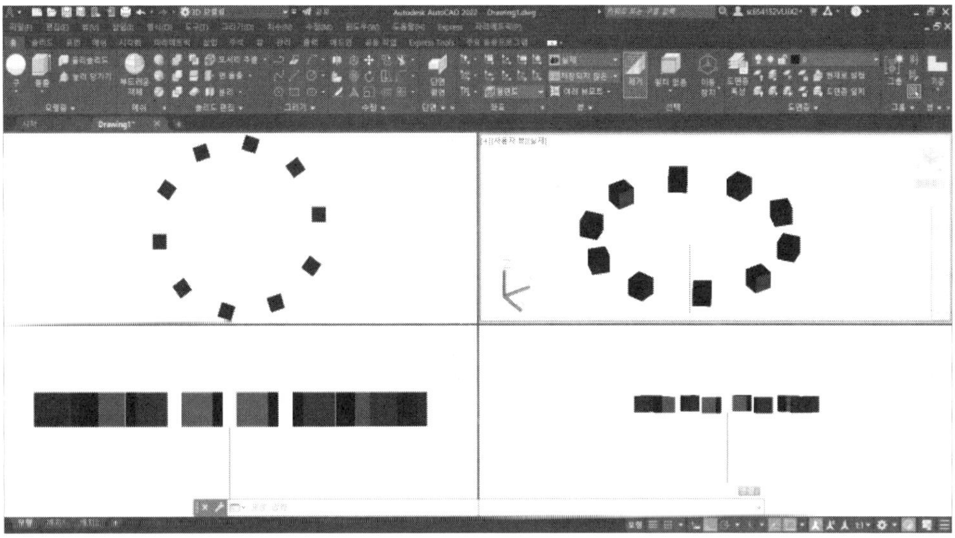

원형 배열된 객체

19.6 단면 평면 (SECTIONPLANE)

3D 모델링된 객체에 대해서 단면 평면을 작성한다.

· 명령어 : SECTIONPLANE
· 리본 : 홈 탭 → 단면 패널 → (단면 평면)
· 메뉴 : 그리기 → 모델링 → 단면 평면

사용방법은 3D 객체를 임의의 면 위로 커서를 이동하고 클릭하여 단면객체를 배치하는 것으로 선택된 면의 평면을 자동으로 정렬시킨다.

따라해보세요

다음 3D 모델링된 객체에 대해 단면 평면을 작성해보자.

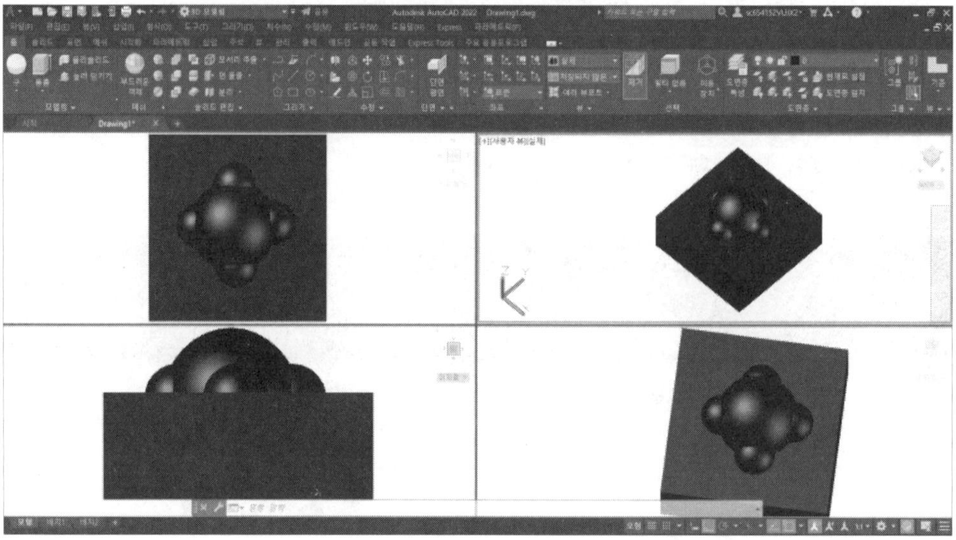

3D 모델링된 객체

① 단면 평면 명령을 실행한다.

명령 : SECTIONPLANE Enter↵

임의의 지점을 클릭하여 중앙으로 이동시킨다.

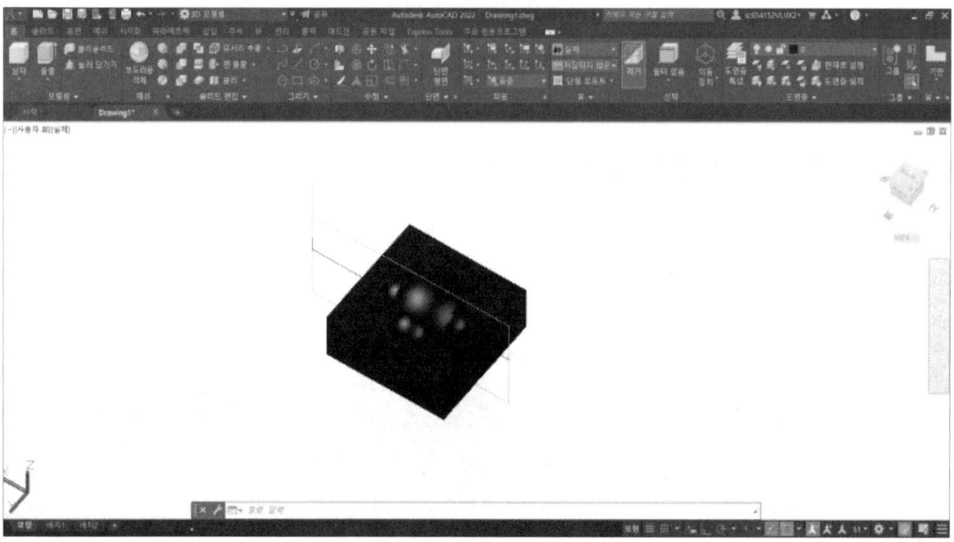

⇩

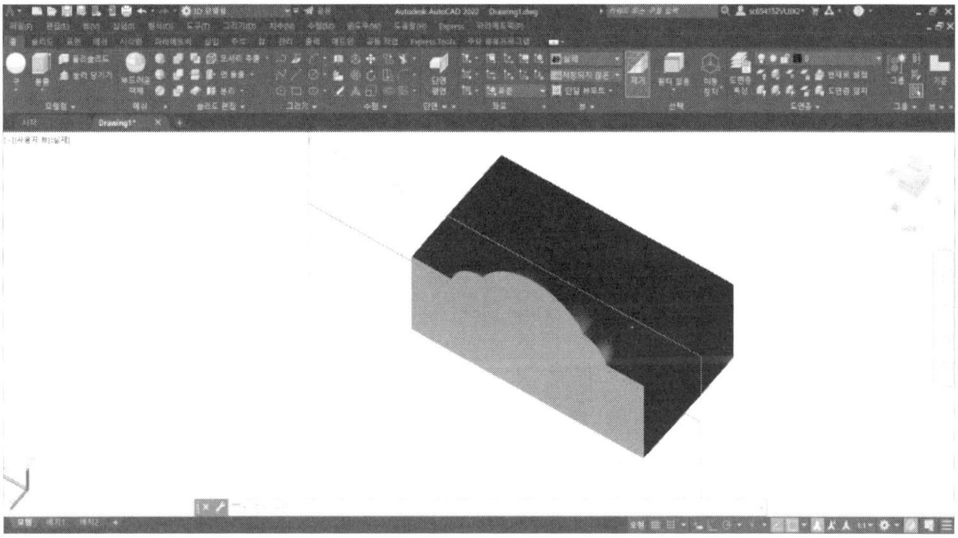

단면 평면

② 명령을 종료하면 다음 그림과 같이 단면 평면이 작성된다.

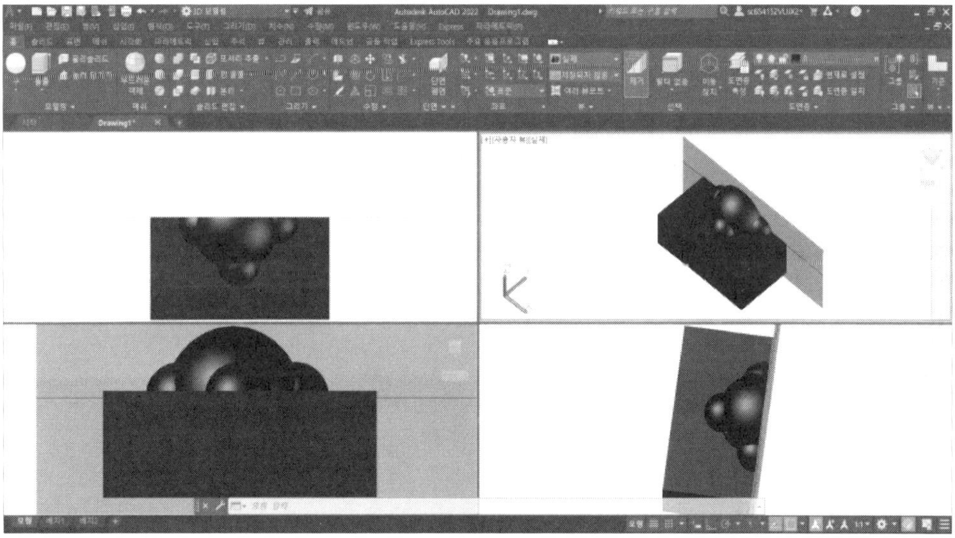

단면 평면 완료

Chapter 20

3D 모델링 그리기

지금까지 배운 3D 모델링의 방법을 사용하여 13장의 평면도를 아래와 같은 3D 모델링으로 그려보자.

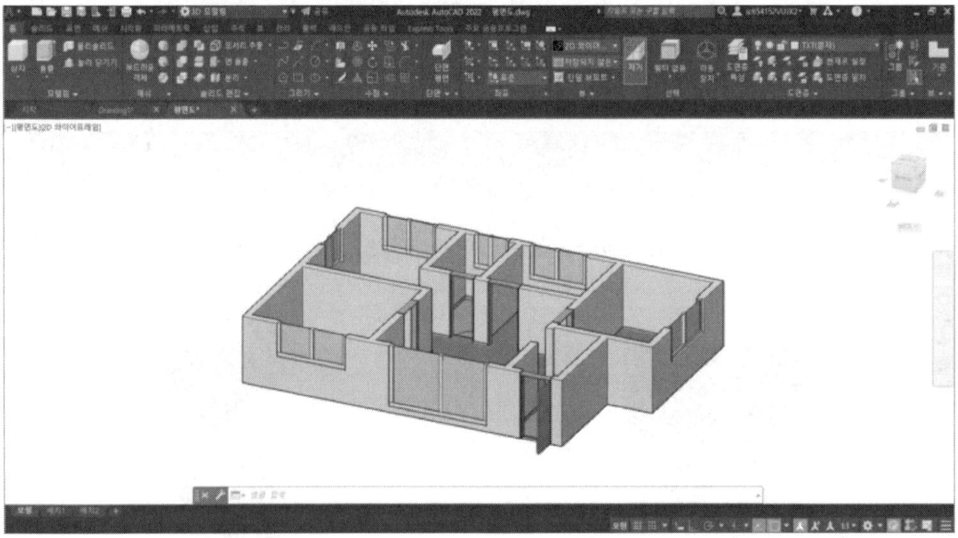

3D 모델링

20.1 3D 모델링 준비

3D 모델링을 하기에 앞서 작업공간을 '3D 모델링'으로 변경하면 훨씬 편하게 모델링 작업을 할 수 있다.

따라해보세요

① AutoCAD 2022를 실행시킨 후, 13장에서 그려보았던 평면도를 불러온다.

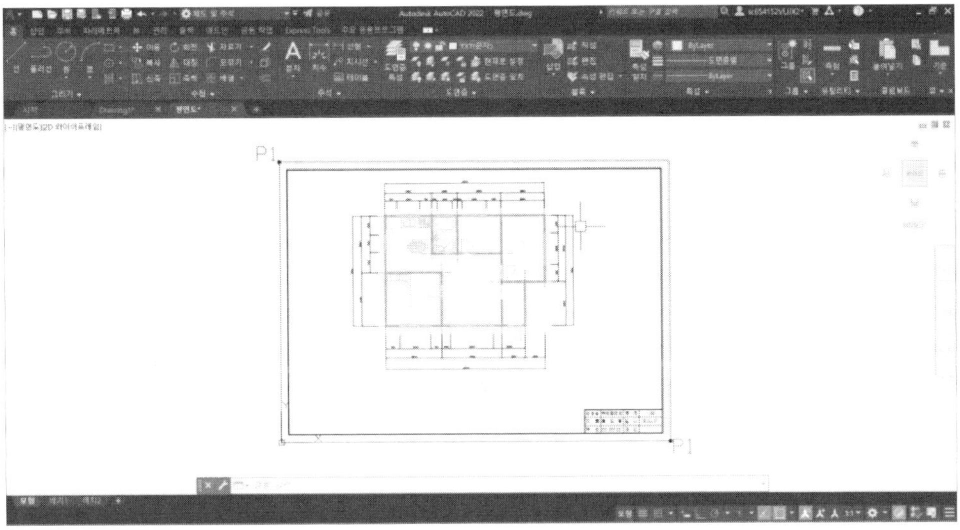

순서① 평면도 불러오기

② 작업공간을 '3D 모델링' 작업공간으로 전환시킨다.

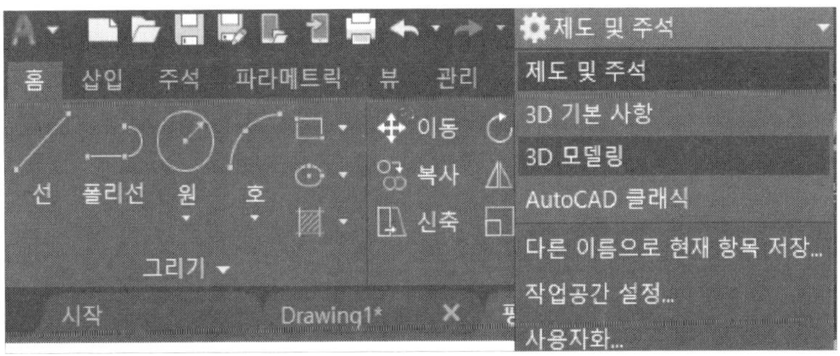

작업공간 전환

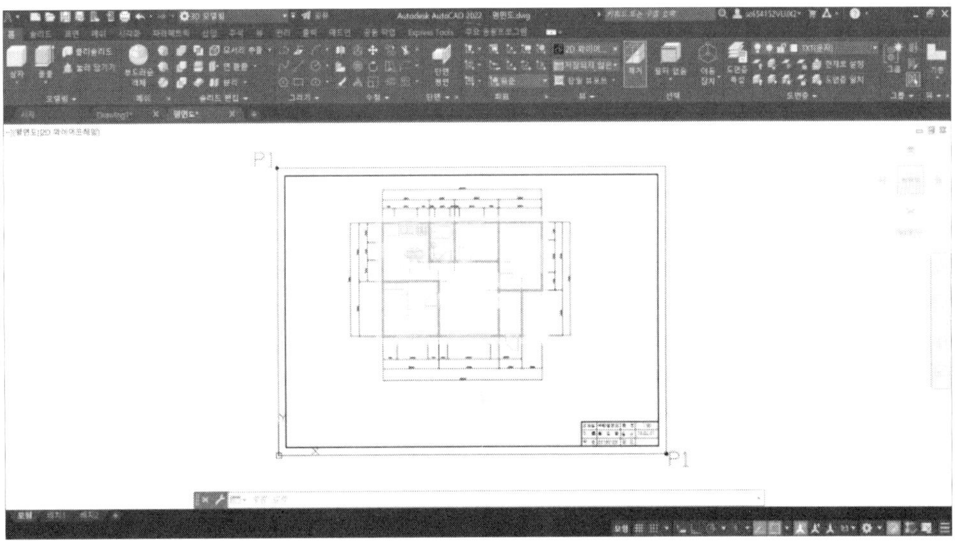

순서② 3D 모델링 작업공간으로 전환 완료

20.2 벽체 올리기

돌출(Extrude)을 이용해 벽체를 만든다.

따라해보세요

① WAL(벽선) 외의 모든 레이어를 끄고 벽체만 보이게 만든다. 도면층에서 (켜기) 아이콘을 클릭하여 (끄기)로 바꿔준다.

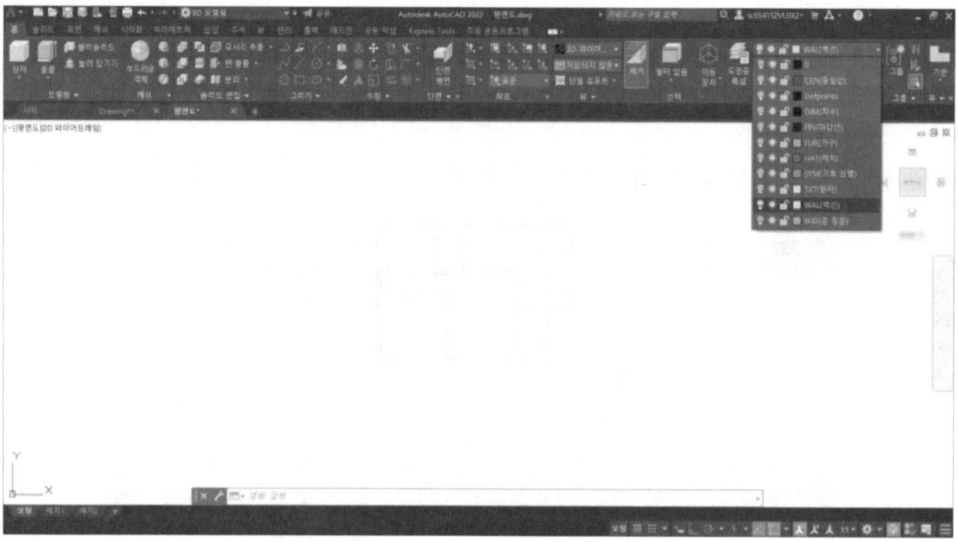

순서① 레이어 끄기

② PEDIT 명령을 사용하여 WAL(벽선)을 하나로 만들어 준다.

명령 : PE Enter↵ (PEDIT)

폴리선 선택 또는 [다중(M)] : M (여러 개의 선을 선택할 경우 사용)
객체 선택 : 모든 벽선을 선택 후 Enter↵
선과 호를 폴리선으로 변환 [예(Y)/아니오(N)] <Y> : Enter↵
옵션 입력 : J (결합) Enter↵
퍼지 거리 입력 또는 [결합형식(J)] <0.0000> : Enter↵
옵션 입력 : Enter↵ (명령 종료)

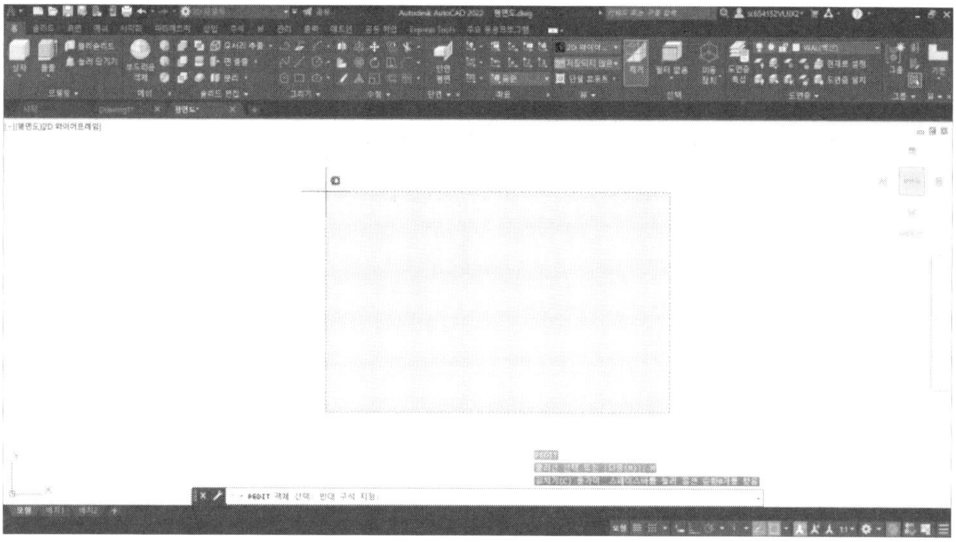

벽체를 블록으로 만들기 위한 객체 선택

⇩

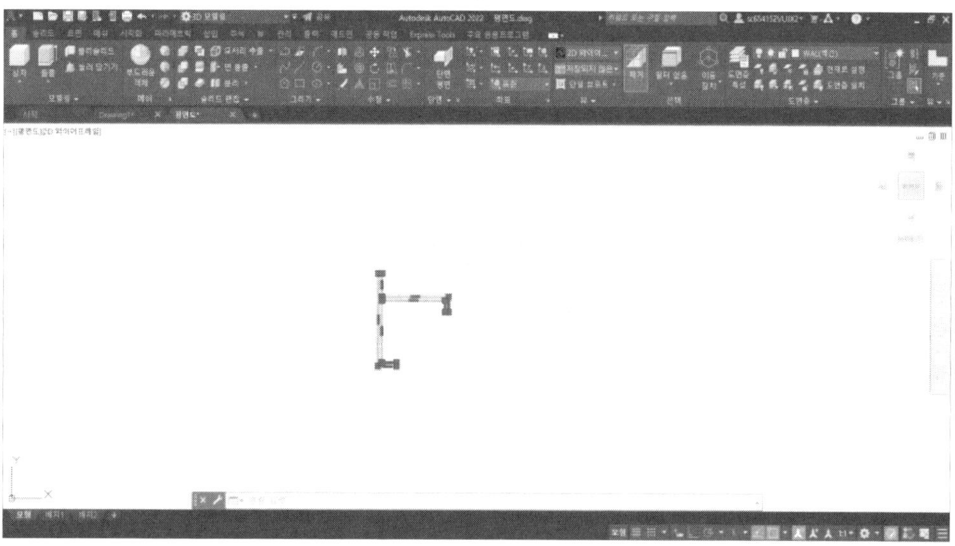

순서② 폴리라인으로 바뀐 모습

폴리라인 작업이 올바르게 진행되지 않을 시에는 선의 연결에 문제가 생긴 것일지도 모른다. 따라서 문제가 생길시 선이 완벽하게 그려졌는지 확인 후에 진행한다.

③ 작업을 쉽게 보기 위해 View Cube를 이용하여 '남동등각투영'으로 바꿔준다.

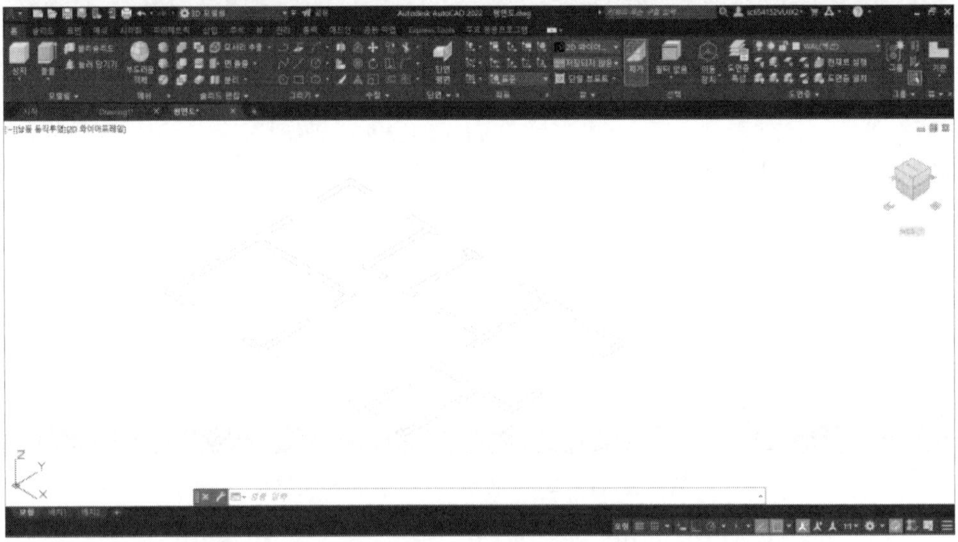

순서③ 남동등각투영으로 뷰 전환

④ EXTRUDE 명령어를 사용하여 벽체를 만들어준다.

명령 : EXT Enter↵ (EXTRUDE) 또는 모델링 패널의 (돌출) 아이콘을 클릭한다.

돌출할 객체 선택 : P1 클릭

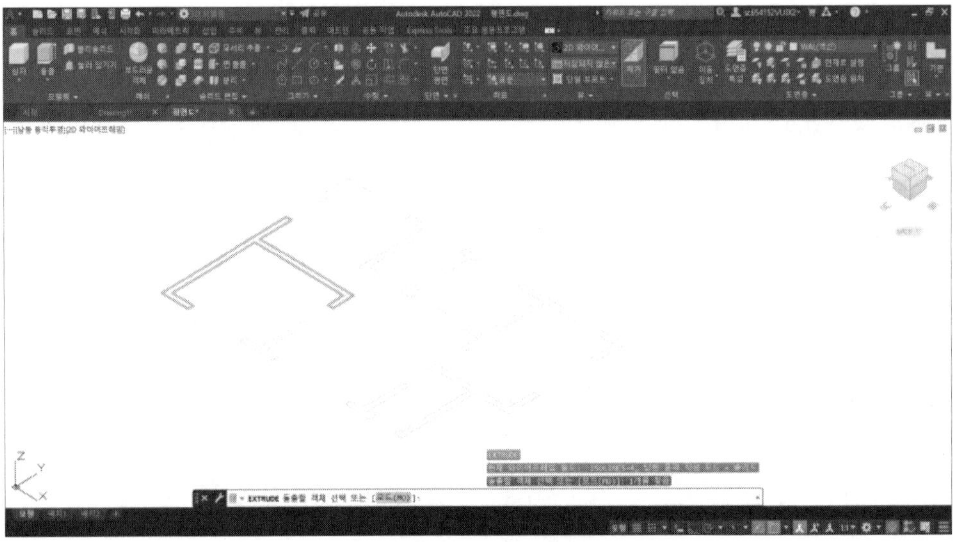

돌출할 벽체 선택

돌출의 높이 지정 또는 [방향(D)/경로(P)/테이퍼 각도(T)] : 1800 Enter↵

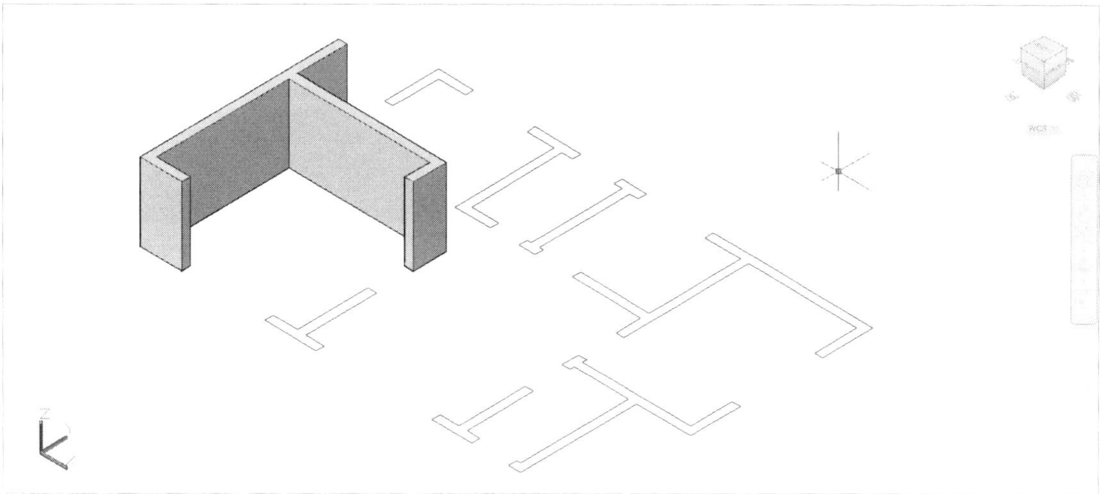

순서④ 돌출된 객체

⑤ 다른 벽도 같은 방법을 사용하여 벽체를 올려준다.

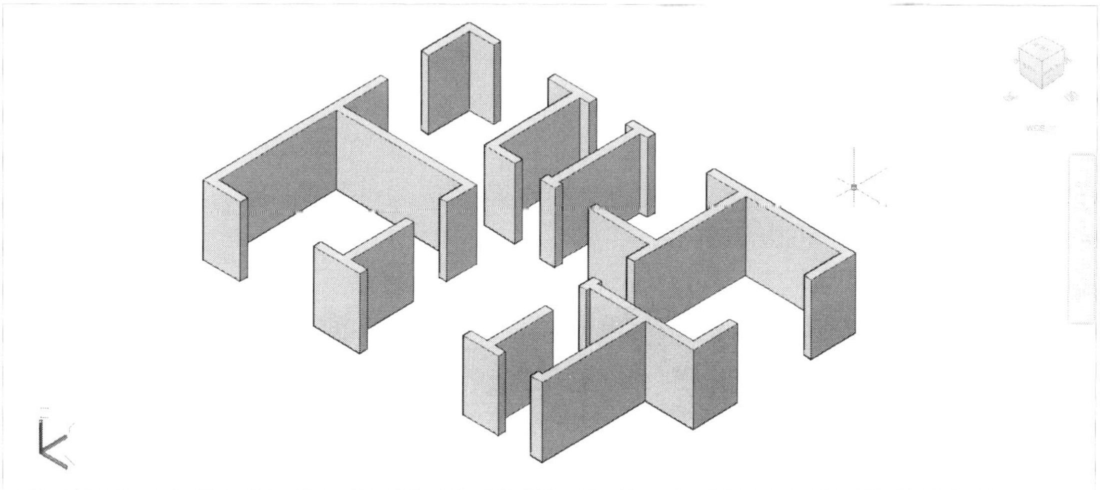

순서⑤ 벽체 올리기 완성

20.3 창틀 벽체부분 만들기

창밑 또는 발코니의 벽체를 만들어 준다.

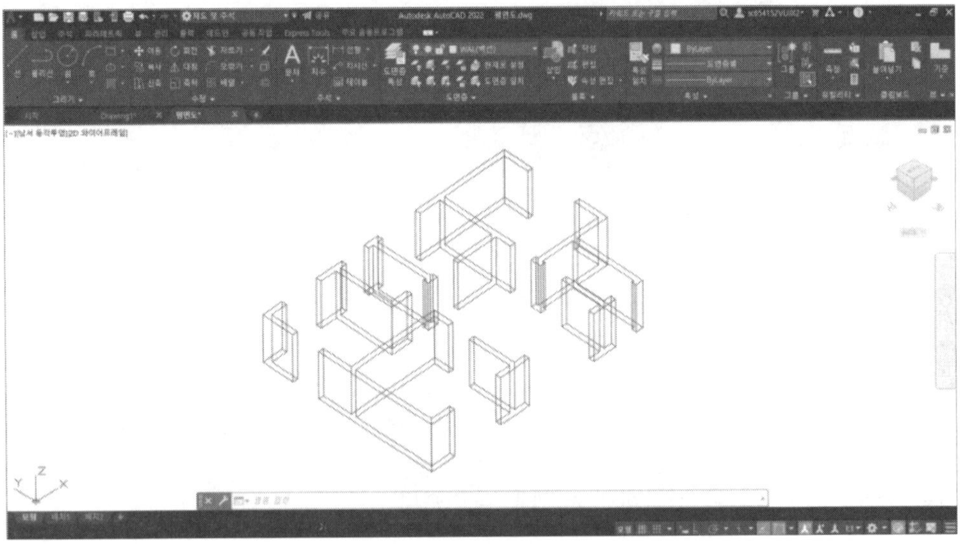

2D 와이퍼 프레임으로 본 작업창

따라해보세요

① RECTANG 명령을 이용하여 창밑 벽체부분에 사각형을 그려준다.
명령 : REC Enter↵ (RECTANG)

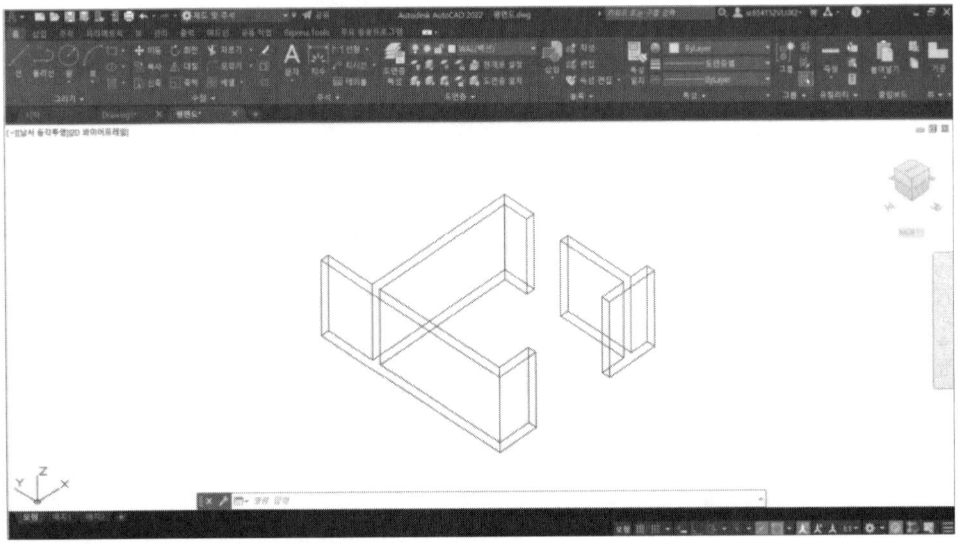

⇩

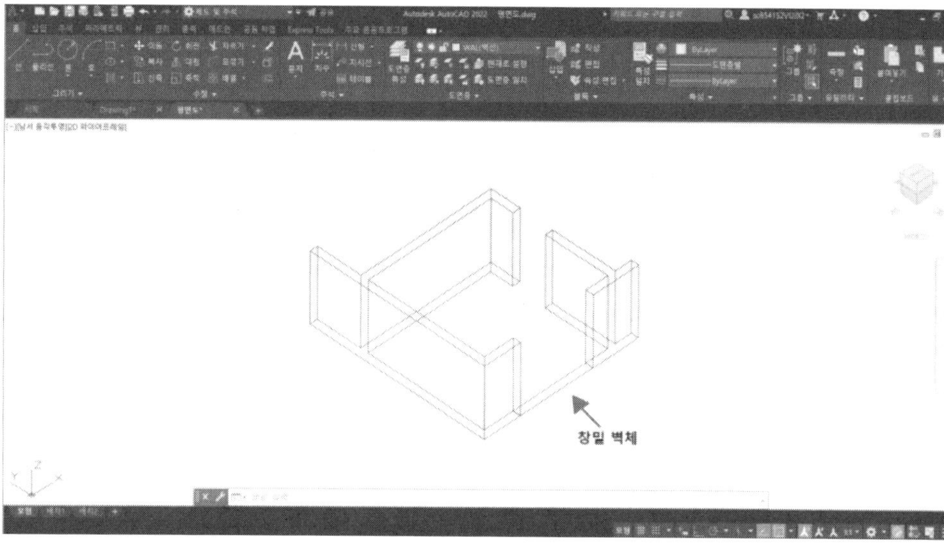

순서① 창밑 벽체 부분

② EXTRUDE 명령어를 사용하여 벽체를 만들어준다.

명령 : EXT Enter↵ (EXTRUDE) 또는 모델링 패널의 (돌출) 아이콘 클릭한다.

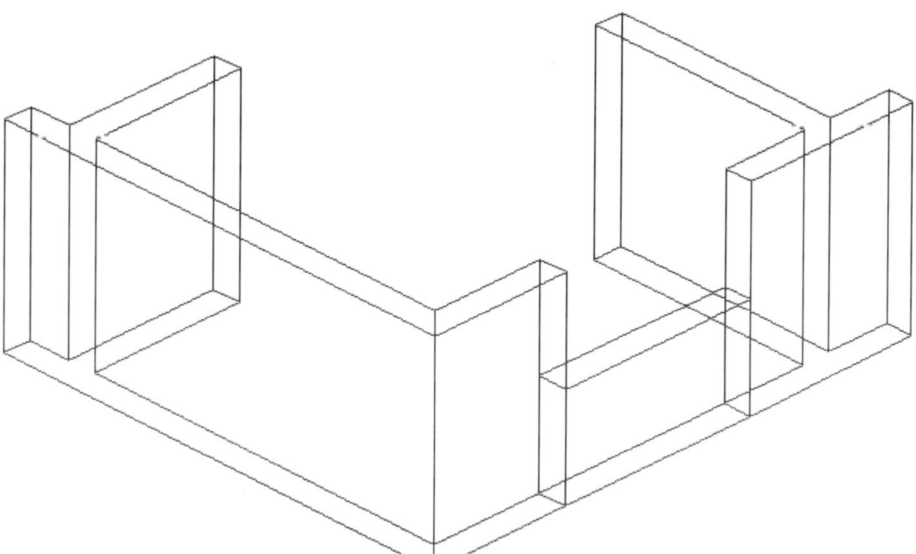

순서② 객체 돌출하기

③ 같은 방법으로 창틀 벽체는 높이 900mm로 벽체를 그려주고, 발코니 벽체는 높이 150mm로 그려준다. 그리고 합집합을 사용하여 솔리드를 합쳐준다.

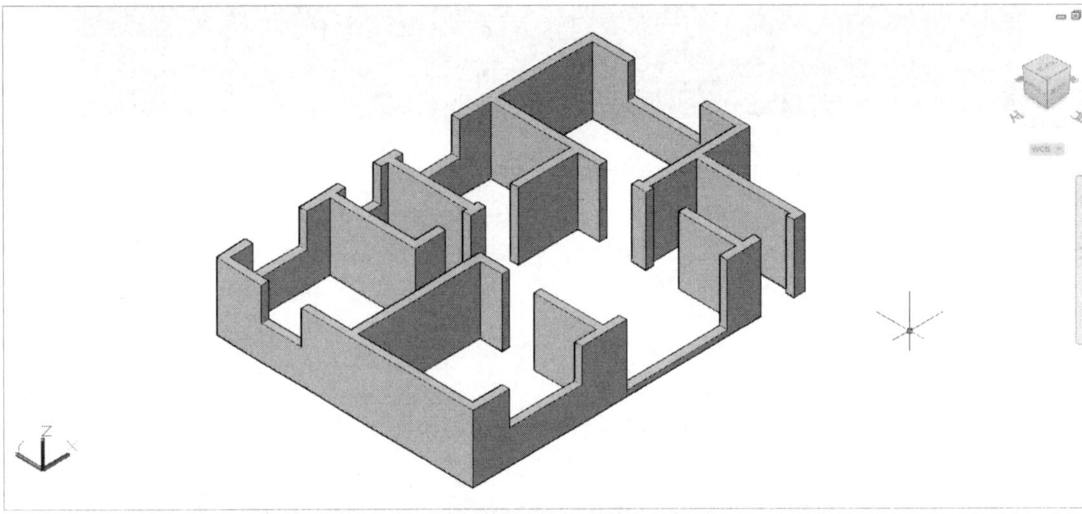

순서③ 창밑 벽체 완성

20.4 바닥 그리기

바닥을 그릴 때는 실내의 바닥과 화장실 및 현관의 바닥은 내부 바닥 마감 등으로 인해 높이가 틀리기 때문에 따로따로 그려준다.

따라해보세요

① 도면층에서 새로운 도면층으로 '바닥'을 만든다.

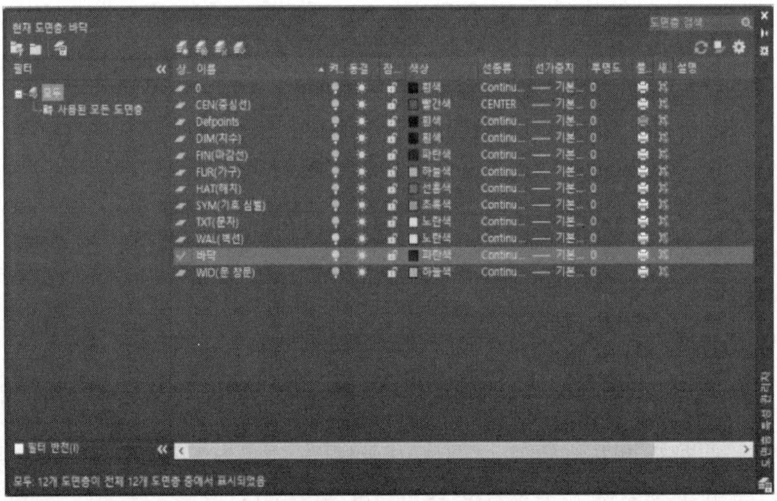

순서① 바닥 도면층 만들기

② 내부 벽선을 따라서 폴리선을 그린다.

명령 : PL Enter↵ (PLINE)

화장실 및 현관과 내부 실내를 구분하여 폴리선으로 그려준다.

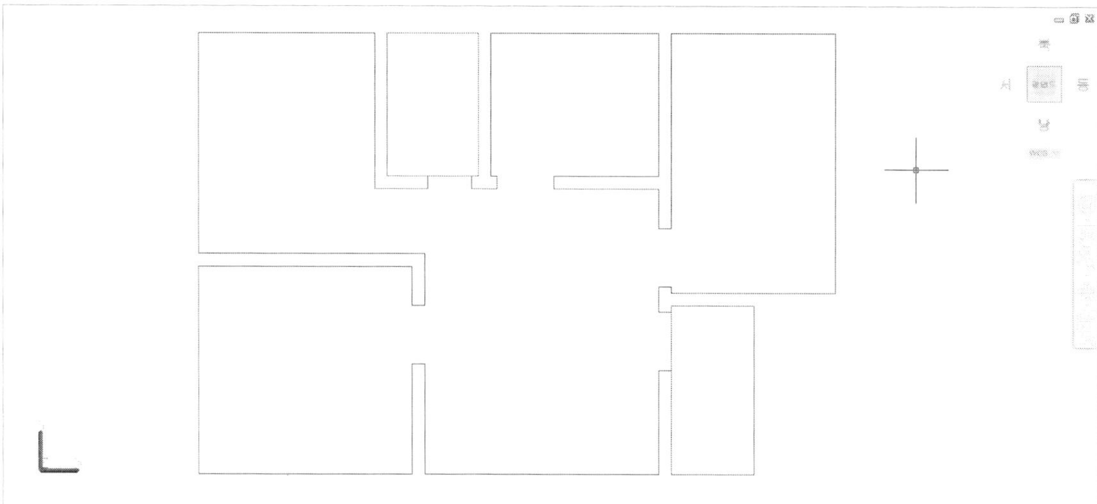

순서② 폴리선으로 범위 지정

③ EXTRUDE 명령을 사용하여 실내 바닥 높이는 50mm 높이고, 화장실과 현관은 높이 50mm만큼 내린다.

명령 : EXT Enter↵ (EXTRUDE) 또는 모델링 패널의 (돌출) 아이콘을 클릭한다.

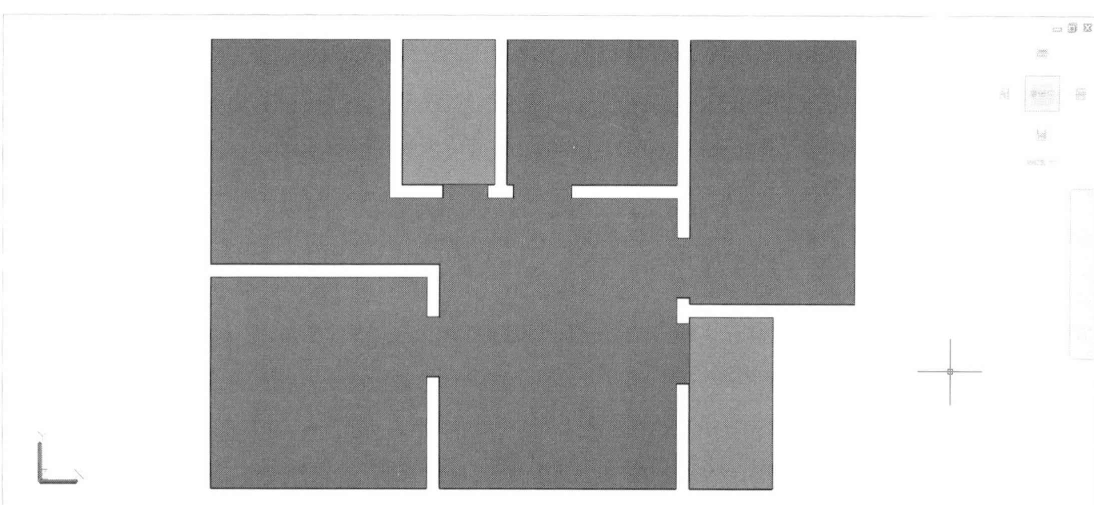

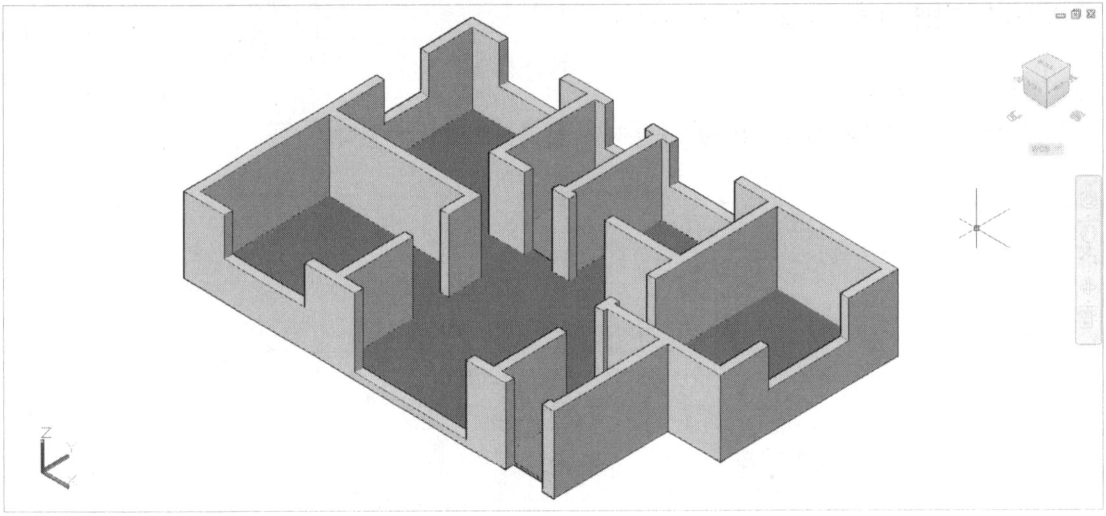

순서③ 바닥 그리기 완료

20.5 걸레받이 그리기

걸레받이는 바닥청소를 할 때 걸레의 면이 벽체를 오염시키는 것을 최소화하기 위해 벽체의 하단 부를 일정 높이로 구분하여 시공하는 실내의 재료를 구성하는 요소이다.

따라해보세요

① 도면층에서 새로운 도면층으로 '걸레받이'를 만들고 선의 색을 갈색으로 선택한다.

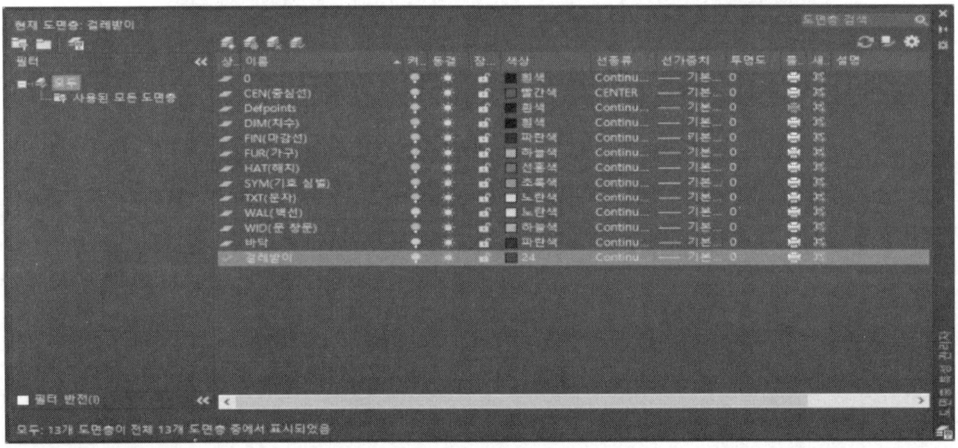

순서① 도면층 만들기

② 실 내벽 안쪽을 따라 폴리선으로 그린다.

명령 : PL Enter↵ (PLINE)

화장실은 걸레받이가 필요 없기 때문에 제외한다.

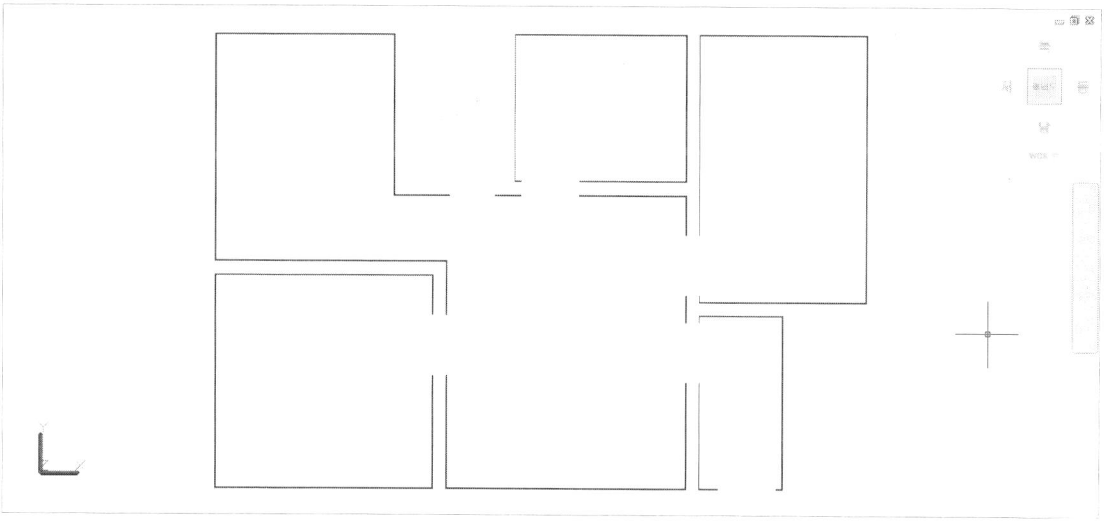

순서② 걸레받이 그리기1

③ 걸레받이 레이어만 남기고 모든 레이어를 끈다. 그 후 걸레받이 선만 OFFSET 명령을 이용하여 10mm 간격으로 복사하고, PEDIT 명령을 이용하여 걸레받이 선을 하나의 폴리선으로 결합해준다.

명령 : O Enter↵ (OFFESET)
명령 : PE Enter↵ (PEDIT)

순서③ 걸레받이 그리기2

④ 실내의 걸레받이는 EXTRUDE 명령을 사용하여 높이 100mm로 올린다.
걸레받이선이 사각형처럼 완벽하게 닫혀져 있지 않으면 EXTRUDE 명령어가 재대로 실행되지 않으니, 다시 한 번 주의하도록 한다.

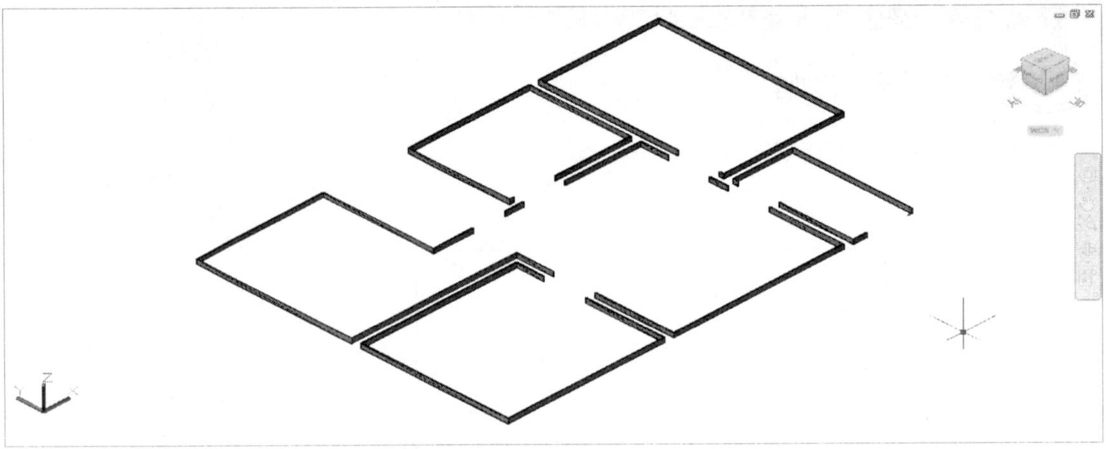

순서④ 걸레받이 그리기3

⑤ 벽과 바닥의 도면층을 켠 후, 걸레받이가 제대로 그려졌는지 확인한다.

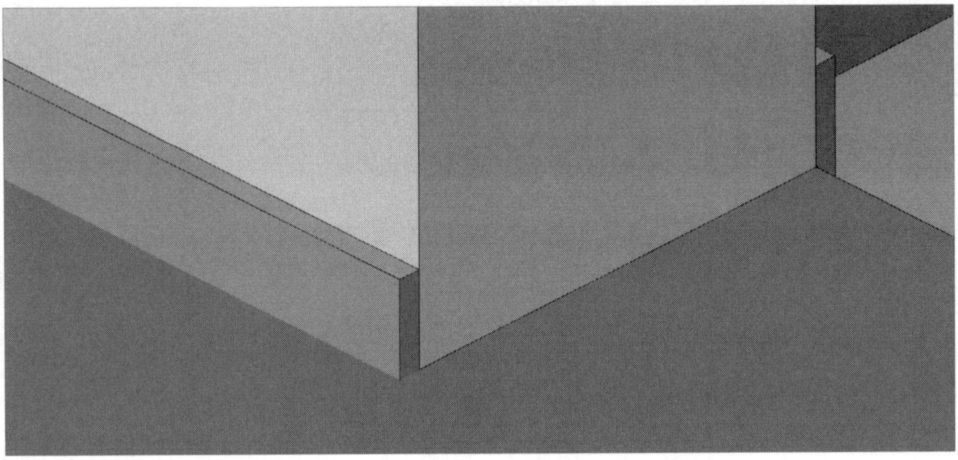

⑤ 걸레받이 확대도

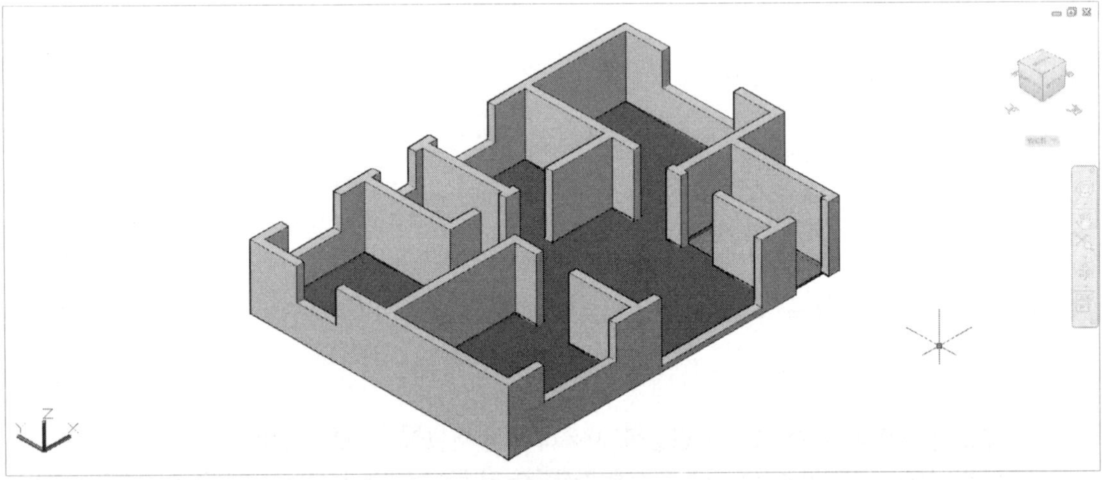

걸레받이 그리기 완성

20.6 문 그리기

3D 모델링에 들어갈 문을 그린다.

따라해보세요

① 폴리선으로 높이 1750, 너비 900의 선을 그린다.

명령 : PL Enter↵ (PLINE)

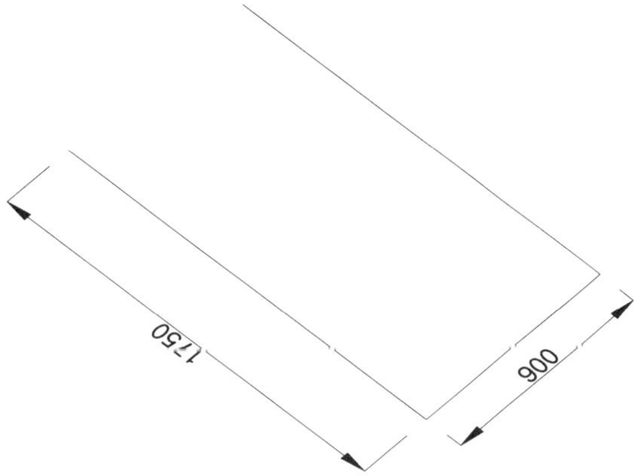

순서① 문틀 그리기1

② OFFSET 명령을 사용하여 안쪽(P1→P2)으로 30mm만큼 간격을 띄운다.

명령 : O Enter↵ (OFFESET)

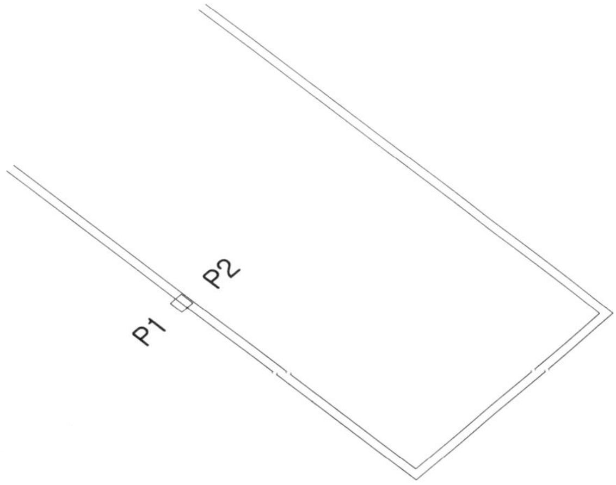

순서② 문틀 그리기2

③ 선의 양끝을 연결하고 PEDIT 명령을 사용하여 하나의 폴리라인으로 만들어준다.

명령 : PE Enter↵ (PEDIT)

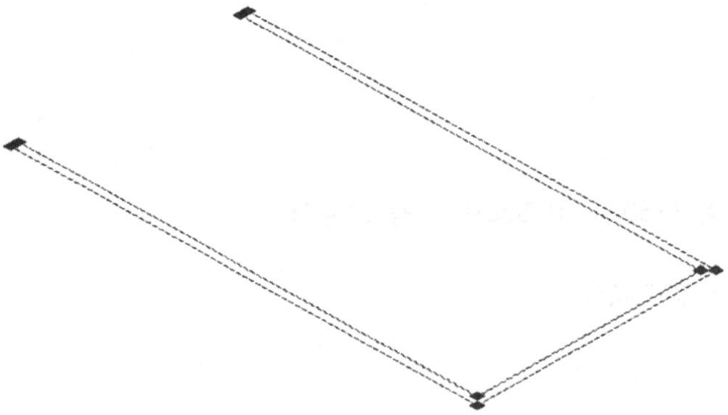

순서③ 문틀 그리기3

④ Extrude 명령어를 사용하여 200높이로 문틀을 만든다.

명령 : EXT Enter↵ (EXTRUDE) 또는 모델링 패널의 (돌출) 아이콘을 클릭한다.

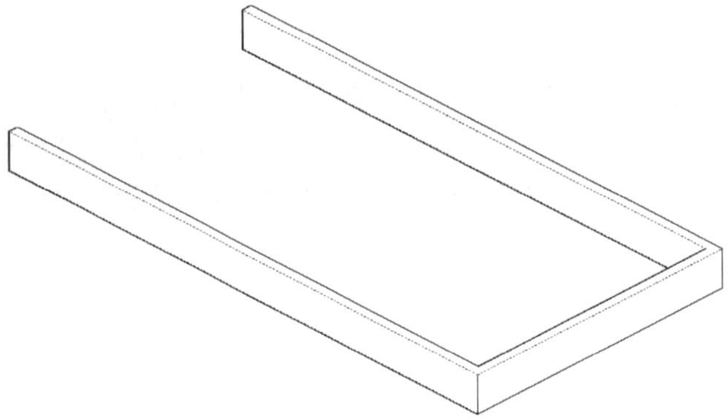

순서④ 문틀 그리기4

⑤ 폴리선을 사용하여 P1부터 P4까지 선을 그린다.

명령 : PL Enter↵ (PLINE)

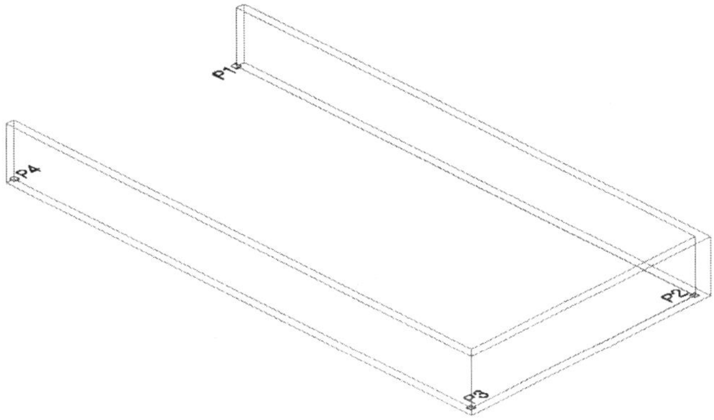

순서⑤ 문틀 그리기5

⑥ 안쪽(P5) 방향으로 10mm만큼 OFFSET한 후, 선 끝을 마무리해준다.

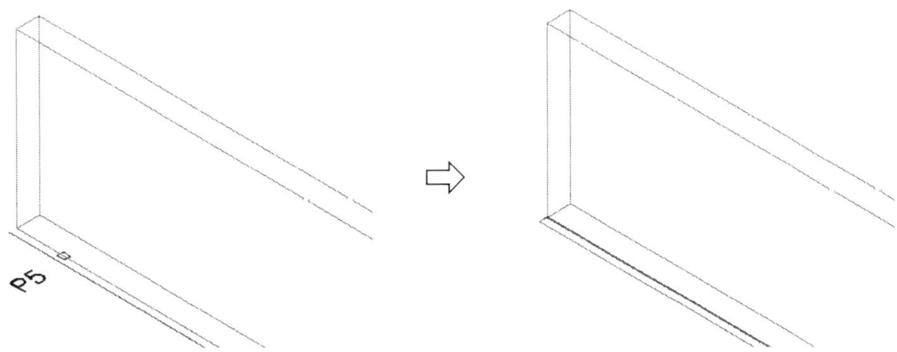

순서⑥ 문틀 그리기6

⑦ 방금 그린 폴리선을 Z축으로 높이 35mm만큼 이동시킨다.

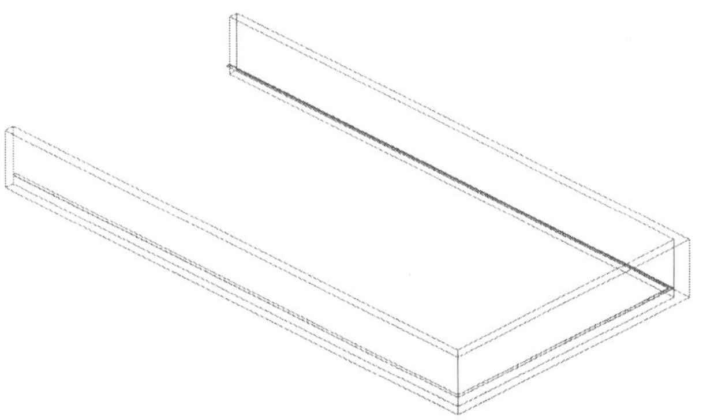

순서⑦ 문틀 그리기7

⑧ Extrude 명령어를 사용하여 130mm 높이로 문틀을 만든다.

명령 : EXT Enter↵ (EXTRUDE) 또는 모델링 패널의  (돌출) 아이콘을 클릭한다.

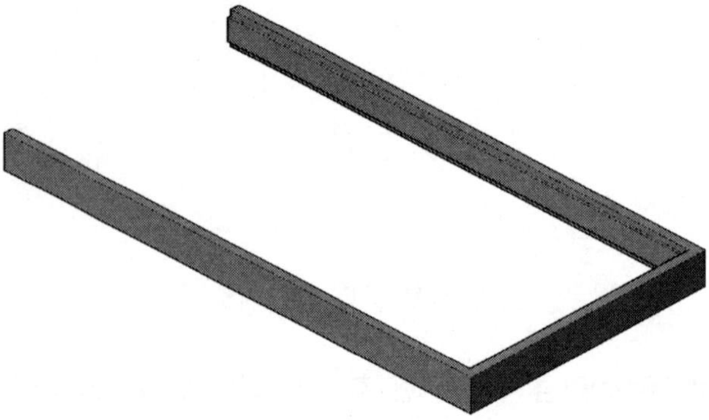

순서⑧ 문틀 완성

⑨ 3D 면 명령을 이용하여 P6→P9 지점을 선택하여 사각형을 만든다.

명령 : 3F Enter↵ (3DFACE)

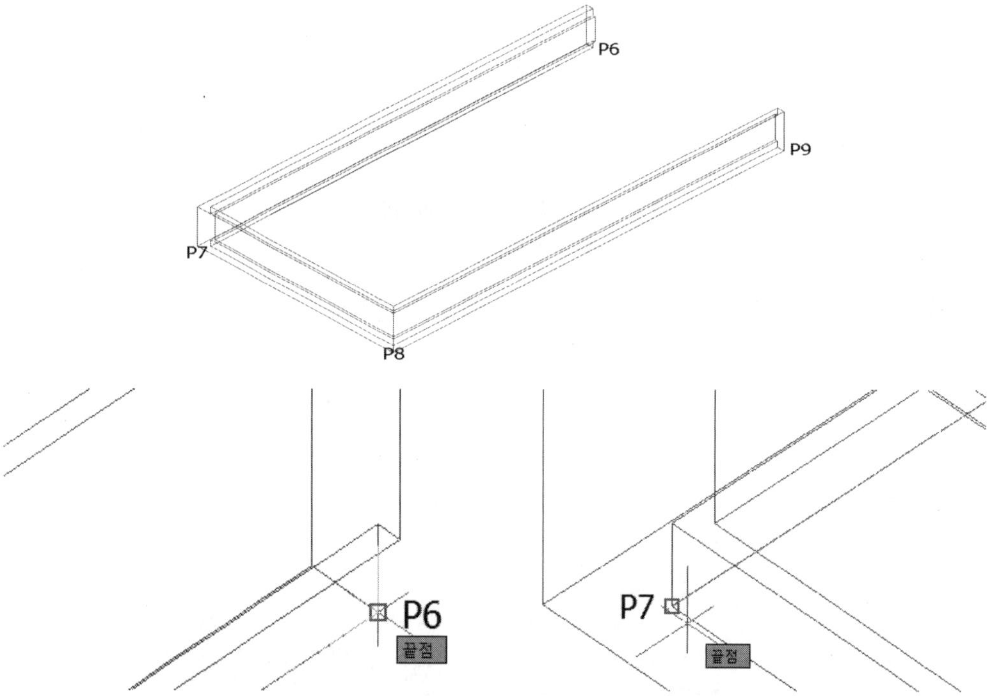

순서⑨ 문 그리기1

⑩ EXTRUDE 명령어를 사용하여 높이 35mm만큼 올린다.

명령 : EXT Enter↵ (EXTRUDE) 또는 모델링 패널의  (돌출) 아이콘을 클릭한다.

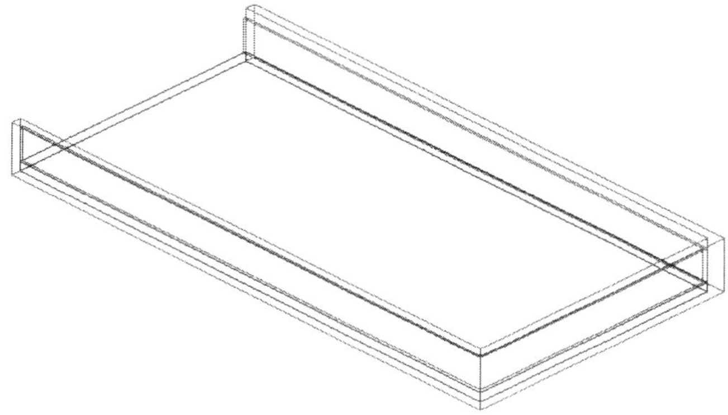

순서⑩ 문 그리기2

⑪ 원통 명령과 구 명령을 사용하여 손잡이를 그려준다.

명령 : CYLINDER Enter↵ 또는

기준 중심점 지정 또는 [3P/2P/Ttr/타원형(E)] : 마우스 클릭
기준 반지름 지정 또는 [지름(D)] : 15 (지름 지정)
높이 지정 또는 [2점(2P)/축 끝점(A)] : 50 (높이 지정)

명령 : SPHERE Enter↵ 또는

중심점 지정 또는 [3점(3P)/2점(2P)/Ttr-접선 접선 반지름(T)] : 원통의 중심점에 지정
반지름 지정 또는 [지름(D)] : 30 (구의 지름 지정)

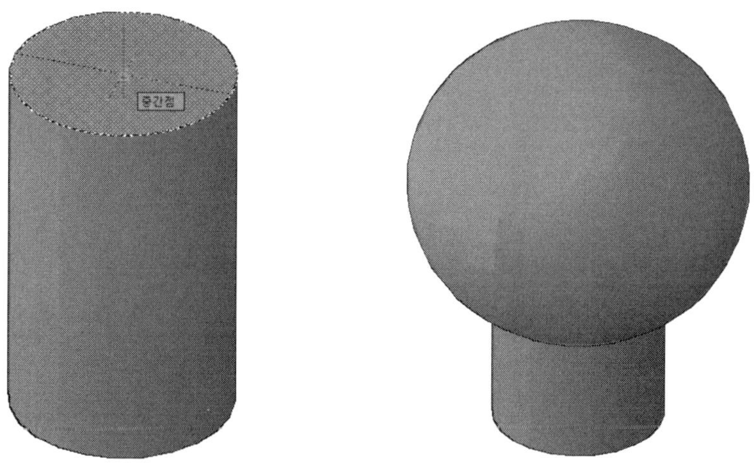

순서⑪ 손잡이 그리기1

⑫ 손잡이를 문에 삽입하기 위해 중간선을 그린 후, 중간지점에 손잡이를 붙인다.

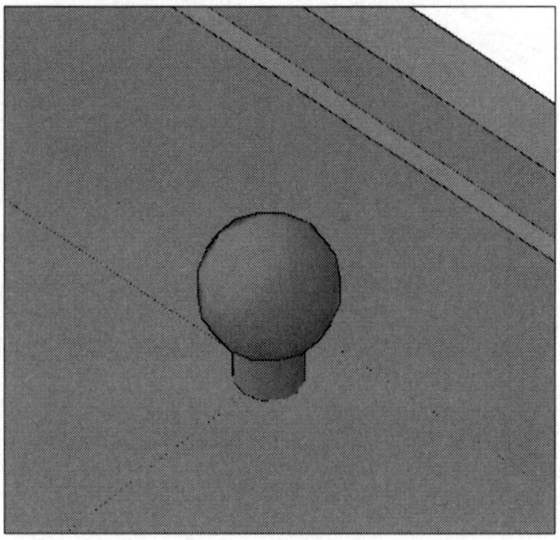

손잡이 확대도

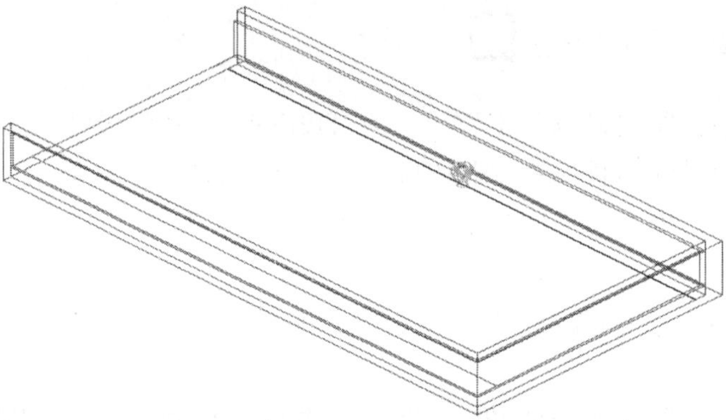

순서⑫ 손잡이 그리기2

⑬ 3DMIRROR 명령을 이용하여 바깥부분에 손잡이를 복사시킨다.

명령 : 3DMIRROR [Enter↵]

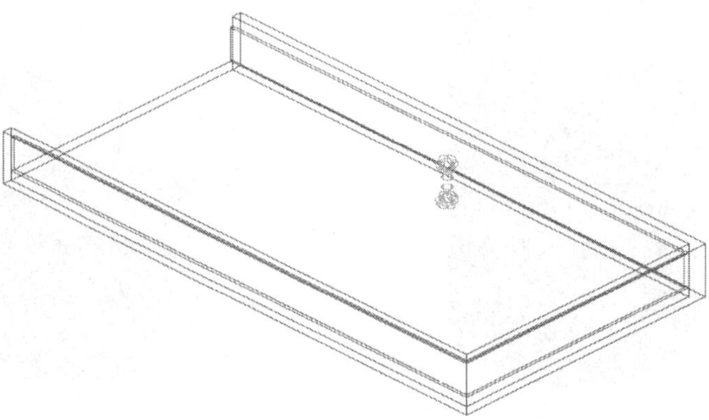

순서⑬ 손잡이 그리기3

⑭ ROTATE3D를 사용하여 문을 세운 후, 다시 ROTATE3D를 이용하여 문부분만 연다.

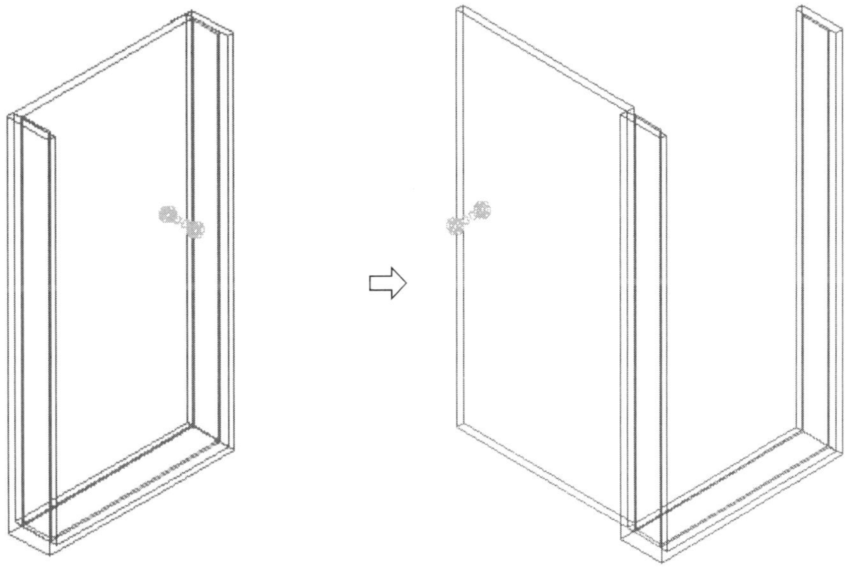

순서⑭ 문 그리기3

⑮ 모델링된 문 표면의 색을 '갈색'으로 변경해주고, 손잡이는 '회색'으로 지정해준다.

⑮ 문 그리기 완성

⑯ ROTATE3D를 이용하여 완성된 문을 삽입한다.

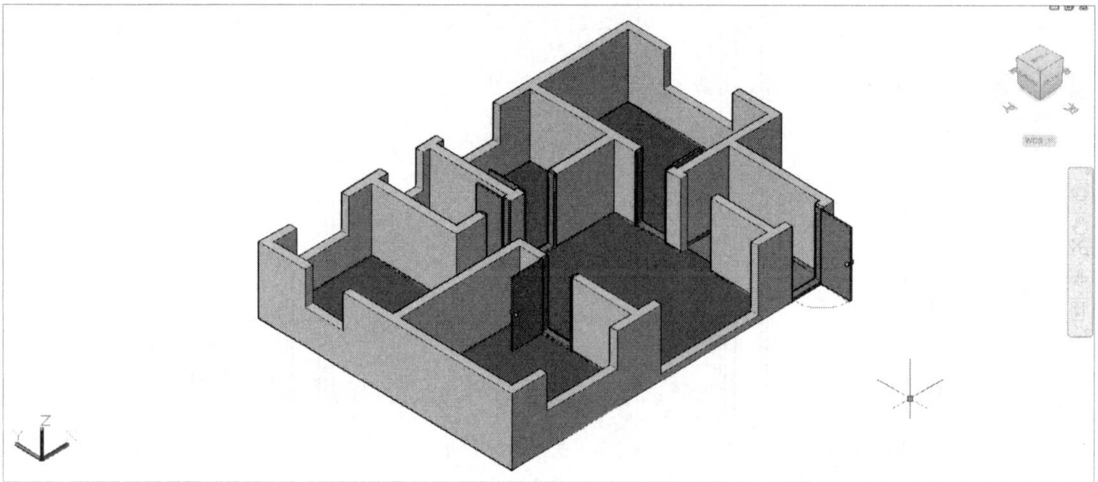

순서⑯ 문 그리기 완성

20.7 창문 그리기

창문은 수치가 각각 다르기 때문에 문과는 달리 여러 개를 동시에 만드는 게 편하다. 지문에는 대표적인 창문을 하나 그렸지만, 직접 그려볼 때는 각 창문을 한 번에 그려보길 권장한다.

따라해보세요

① 폴리선을 이용하여 창문치수(2000mm*900mm)에 맞게 폴리라인을 그린다.
OFFSET 명령을 이용해 안쪽으로 40mm만큼 선을 복사한 후, 선의 양끝을 연결해주고 PEDIT 명령을 이용하여 결합시킨다.

명령 : PL Enter↵ (PLINE)
명령 : O Enter↵ (OFFSET)
명령 : PE Enter↵ (PEDIT)

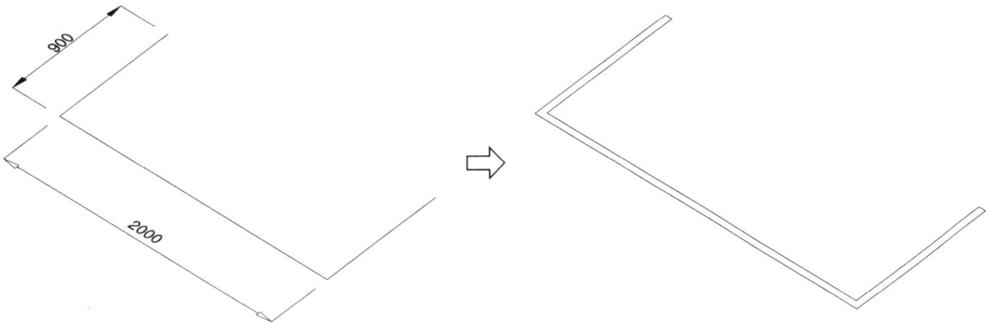

순서① 창틀 그리기1

② 중심에서 860만큼 선을 그은 후 왼쪽으로 50mm만큼 OFFSET시킨다.

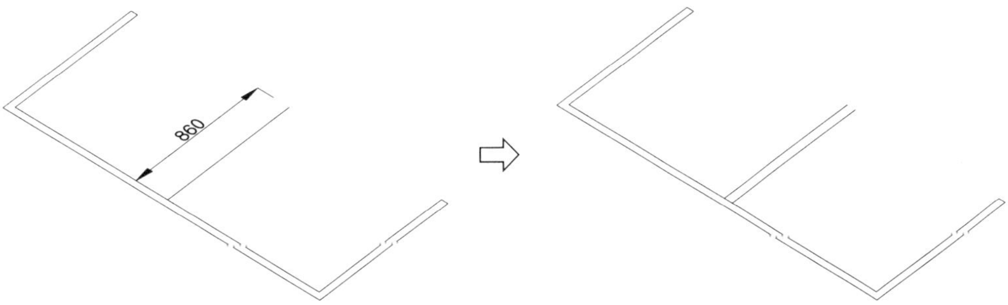

순서② 창틀 그리기2

③ 폴리선을 이용하여 P1→P4까지 선을 그려준 후, OFFEST 명령을 이용하여 창문 안쪽으로 50mm 간격으로 선을 복사한다. 그리고 아래 그림과 같이 양방향 창문을 그리기 위해 선을 정리한다.

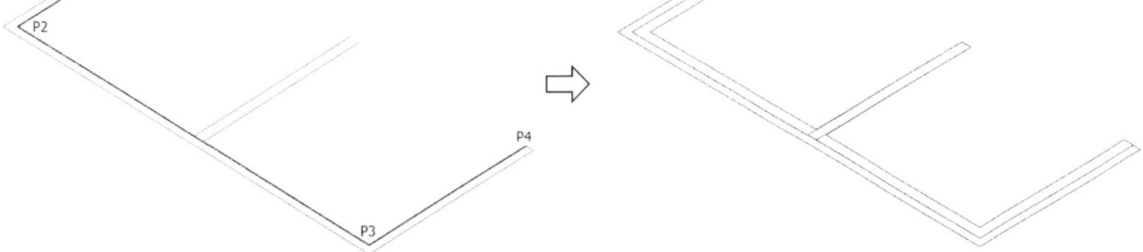

순서③ 창문 그리기1

④ PEDIT 명령을 이용하여 왼쪽 창문 선을 결합해주고, 다시 가운데 창문틀을 폴리선으로 그려 오른쪽 창문 선과 결합한다.

명령 : PE Enter↵ (PEDIT)

가운데 기준의 창문틀은 중첩이 되도록 한다.

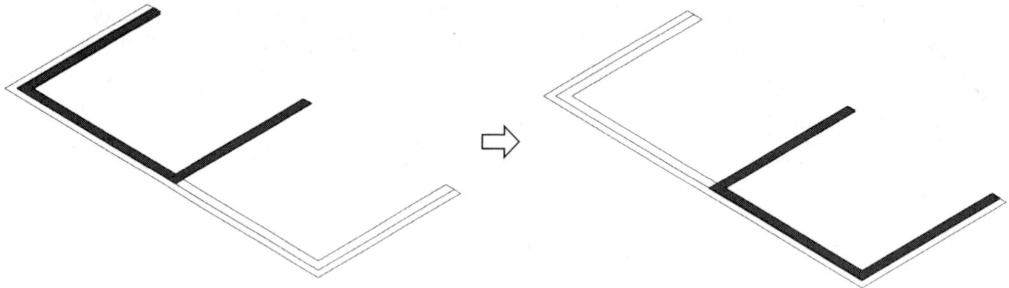

왼쪽창문 결합　　　　　　　　　　　　오른쪽창문 결합

순서④ 창문　그리기2

⑤ EXTRUDE 명령어를 사용하여 양 창문을 높이 35mm만큼 올린 후, MOVE 명령을 이용하여 오른쪽 창문만 Z축 방향으로 35mm 이동시킨다.

명령 : EXT [Enter↵] (EXTRUDE) 또는 모델링 패널의 (돌출) 아이콘을 클릭한다.

가운데 창문틀의 돌출은 중첩이 가능하므로 그대로 진행한다.

명령 : M [Enter↵] (MOVE)

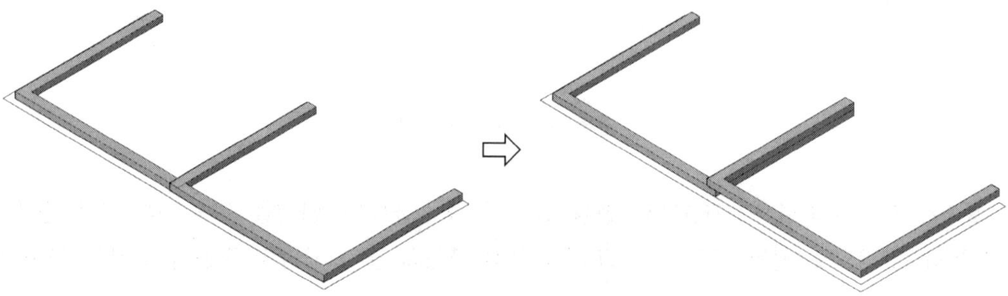

순서⑤ 창문 그리기3

⑥ 3D FACE 명령을 사용하여 중심을 기준으로 유리를 그려준다.

명령 : 3F [Enter↵] (3DFACE)

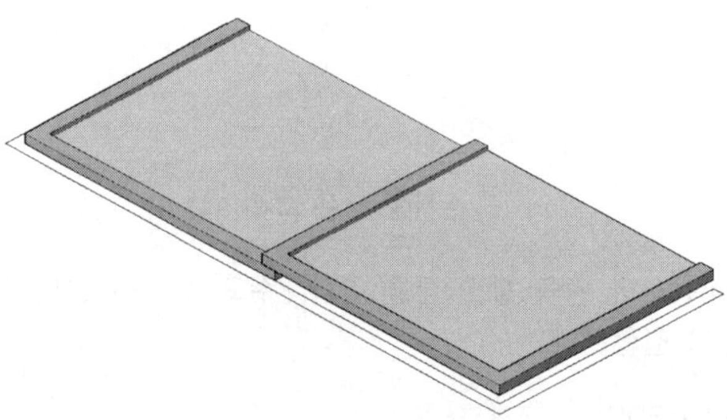

순서⑥ 창문 그리기4

⑦ EXTRUDE 명령어를 사용하여 창문틀을 높이 150mm만큼 올린다. 내부의 창을 창틀의 중심으로 이동시킨다.

명령 : EXT [Enter↵] (EXTRUDE) 또는 모델링 패널의 (돌출) 아이콘을 클릭한다.

명령 : M [Enter↵] (MOVE)

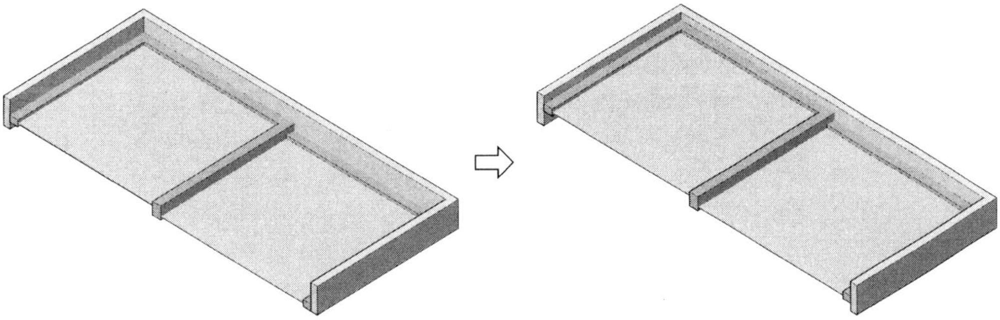

순서⑦ 창문 그리기5

⑧ 특성을 이용하여 창문 표면의 색을 원하는 색으로 바꿔주고, ROTATE3D 명령을 이용하여 창문을 세운다.

명령 : ROTATE3D [Enter↵]

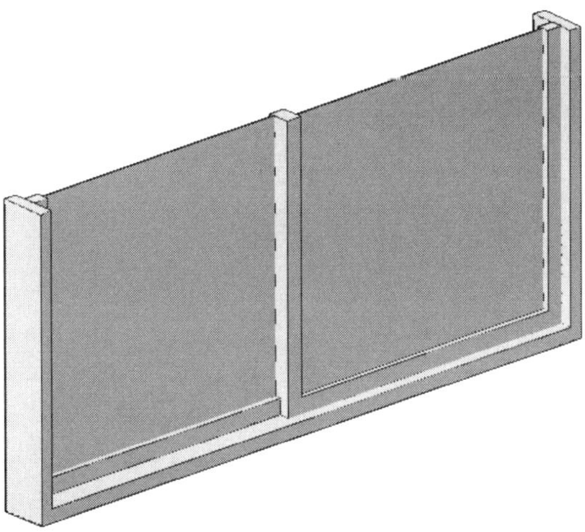

순서⑧ 창문 그리기6

⑨ 그려진 창문을 모델링에 삽입하면 완성된다.

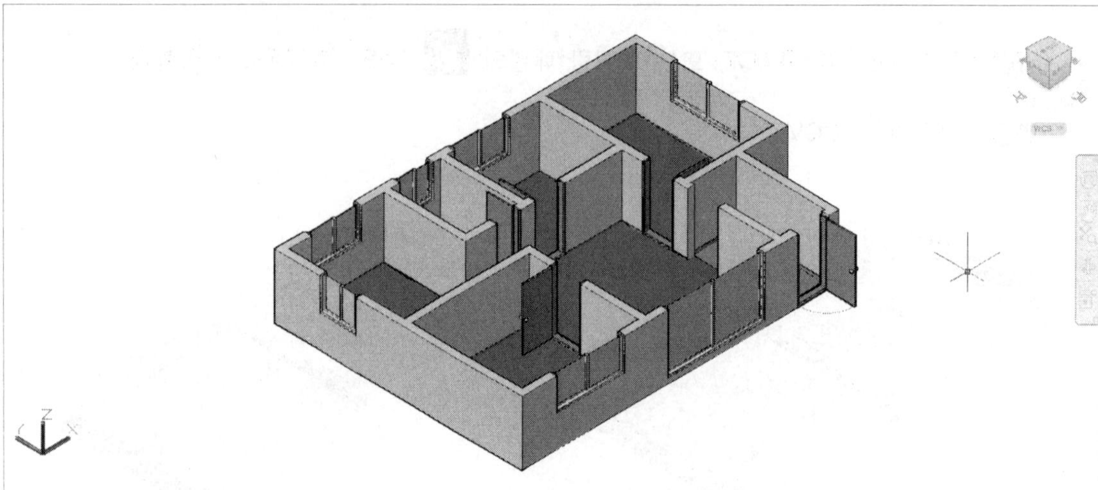

순서⑨ 창문 그리기 완성

⑩ 모델링 완성

Chapter 21

렌더링(Rendering)

21.1 렌더링의 개념

렌더링은 3D 모델을 사진과 같은 사실적인 이미지를 만드는 기능이다. AutoCAD에서는 렌더링의 결과를 조명(Light), 배경(Background), 그림자(Shadow), 재료(Material) 등의 효과를 보여주는 사진 같은 래스터 이미지로 생성된다. 따라서 이미지를 만들기 위해서는 3D 모델에 조명을 추가하고, 사실감을 나타내기 위해 재료 및 Texture를 부여하고, 렌더링을 한 후 이미지를 저장해야 한다. 이러한 렌더링의 순서는 아래와 나온 순서로 진행할 수 있지만 굳이 순서에 상관없이 렌더링을 설정하고 3D 모델에 적용시켜도 무관하다.

▌렌더링의 순서

1. **3D 모델링 만들기**
2. **모델(객체)에 재료 지정**
3. **이미지에 효과(배경 등) 넣기**
4. **조명 설치**
5. **카메라 설치**
6. **렌더링 하기**

▌시각화 리본 메뉴

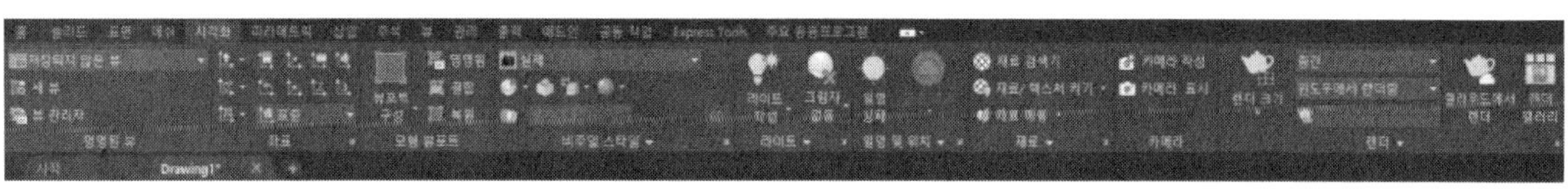

21.2 재료 지정

도면의 객체에 재질을 설정하여 사실적인 효과를 제공할 수 있다.

21.2.1 재료 작성

재료를 검색하여 객체에 재료의 재질을 설정할 수 있다.

· 명령어 : MATBROWSEROPEN

· 리본 : 시각화 탭 → 재료 패널 → (재료 검색기)
· 메뉴 : 뷰 → 렌더 → 재료 검색기

명령을 실행하면 아래와 같은 대화상자가 뜬다. 현재 Autodesk사에서 정의한 견본 재료를 사용해도 좋으며, '재료 편집기'를 이용해 사용자가 원하는 재료를 추가하여 사용해도 된다.

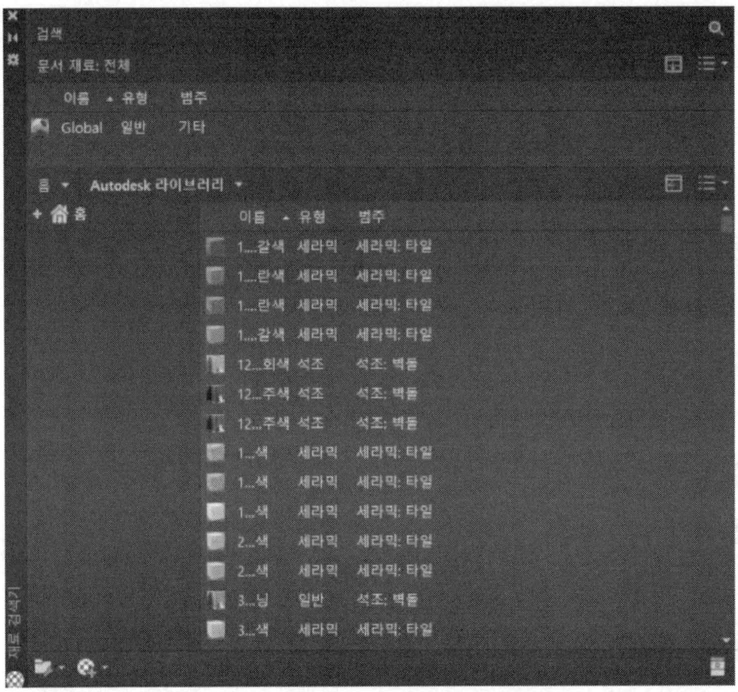

재료작성 대화상자

재료 검색기 설명	
재료작성	: 재료 편집기로 불러와 수정을 할 수 있다.
검색	: 재료를 검색하여 찾을 수 있다.
문서 재료	: 도면에 나타난 재료에 대해 설명을 한다.
정렬	: 재료를 이름별, 유형별, 재료 색상별 정렬하여 나타낸다.
	: 라이브러리 트리를 표시하거나 숨긴다.
관리	: 사용자 정의의 라이브러리를 작성하고 편집, 불러올 수 있다.
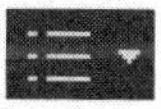	: 라이브러리에 보이는 뷰를 변경한다.
견본크기	: 라이브러리에 보이는 재료의 이미지 크기를 조절한다.
	: 재료 편집기를 열거나 닫습니다.

따라해보세요

다음 그림은 20장에서 진행했던 모델링의 일부를 나타낸 그림이다.
여기에 각각의 알맞은 재류를 적용시켜보자.

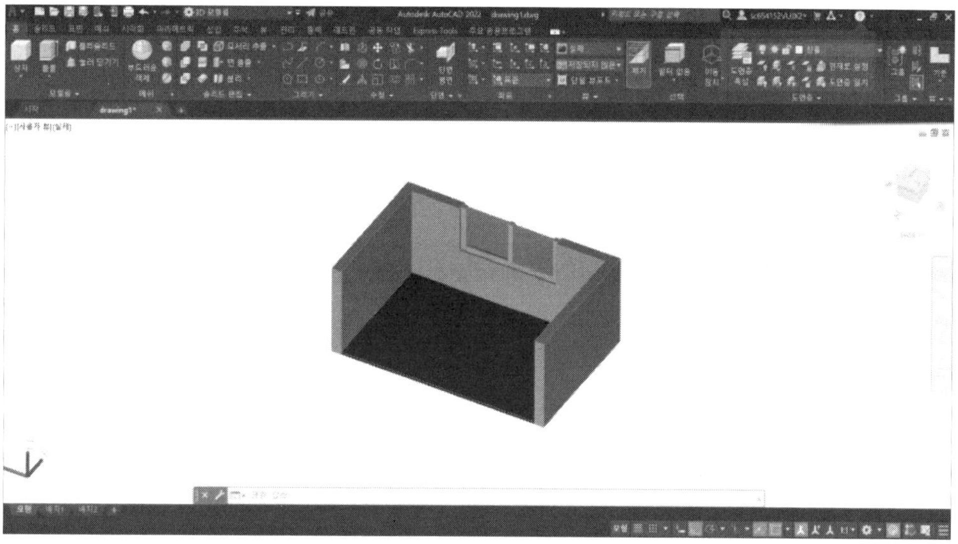

3D 모델링

① 재료 검색기를 실행한 후 워하는 재료를 검색한다.

이때 재료 검색기의 검색을 이용해도 좋고, 다른 방법으로는 라이브러리 카테고리에서 분류별로 찾을 수 있다.

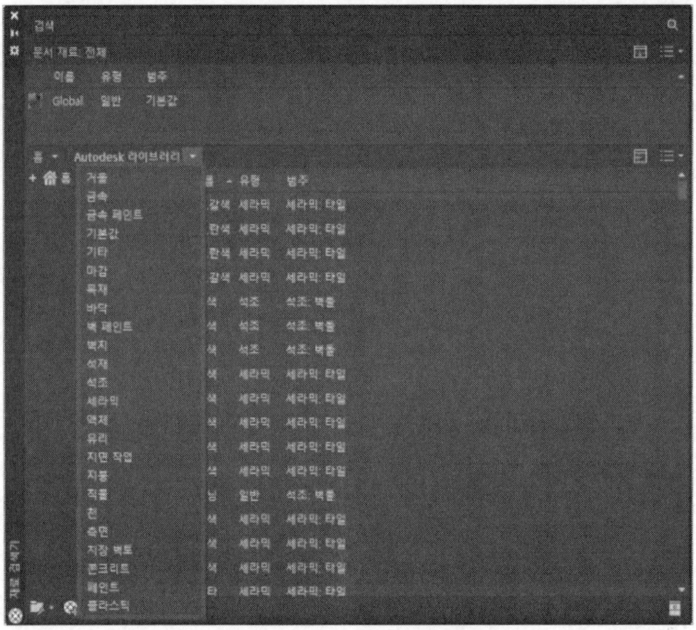

순서① 재료 검색

② 재료를 지정할 객체를 선택하고 재료 검색기에서 원하는 재료를 클릭한다.

벽체는 [벽지 - 빅토리아] 선택
바닥은 [너도밤나무 - 갈리아노] 선택
창유리는 [유리-유리 연한파란색반사] 선택
창틀은 [PVC - 흰색] 선택

재료가 선택되는 즉시, 작업 객체에 바로 적용되어 작업창에 표시된다.

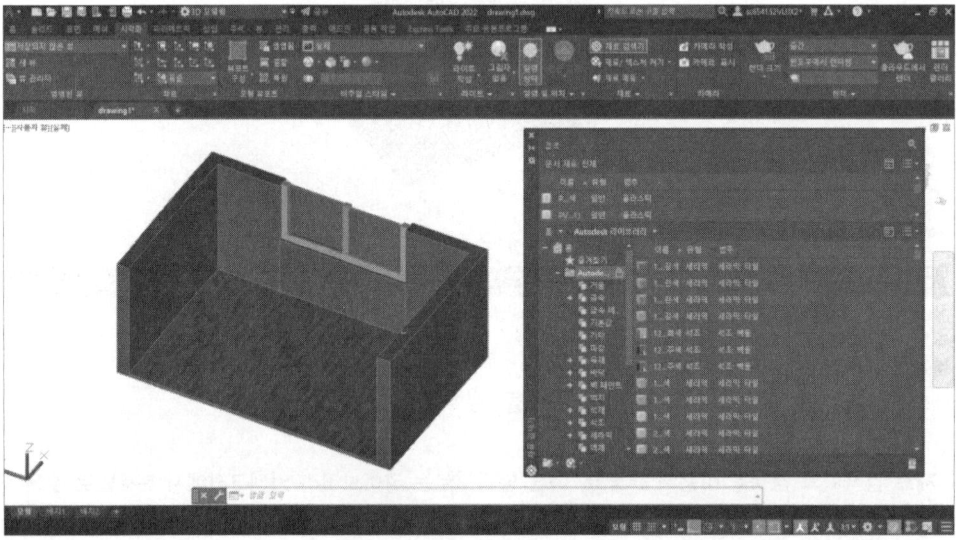

순서② 재료 지정

③ 재료의 적용이 완료되었으며 재료 검색기를 종료한다.

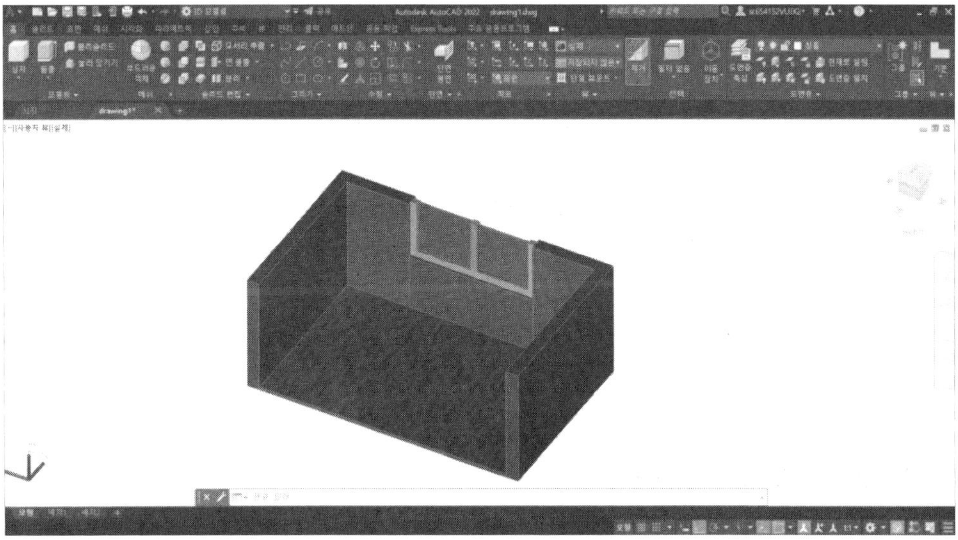

순서③ 재료 지정 완료

21.2.2 재료 편집

재료 편집에서는 재료를 새로 작성하거나 복제할 수 있다.

· 명령어 : MATEDITORPOEN	· 리본 : 시각화 탭 → 재료 패널 → ↘(재료 편집기) · 메뉴 : 뷰 → 렌더 → 재료 편집기

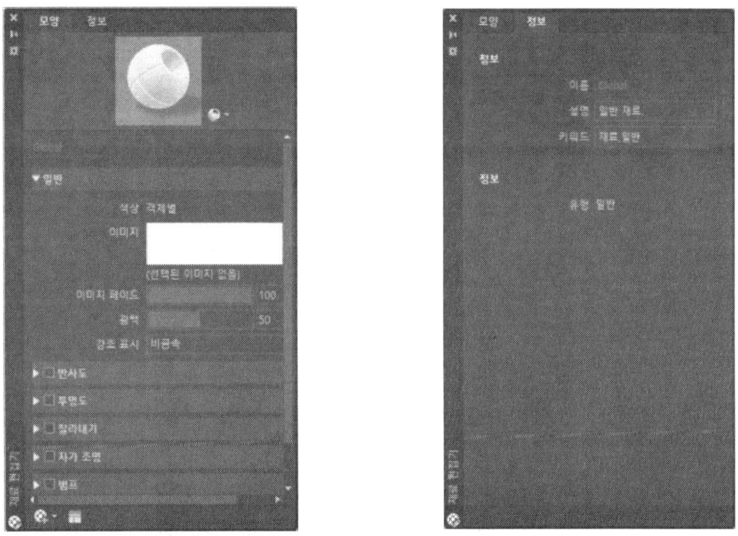

재료 편집기

재료 편집기 설명	
이름	: 현재 작업 중인 재료의 이름을 표시한다.
	: 재료를 복제 또는 작성한다.
일반	: 재료의 일반 특성(이미지 설정, 이미지 페이드, 광택 등)을 설정한다.
반사도	: 재료의 반사 및 기울기 정도를 설정한다.
투명도	: 재료의 투명도를 설정한다.
오려내기	: 적용되는 이미지를 잘라낼 때 사용된다.
자가 조명	: 재료의 색상, 휘도 등을 조절할 수 있다.
범프	: 이미지 범프 특성을 설정한다.
	: 재료 탐색기를 열거나 닫는다.

21.3 렌더 환경 및 배경

렌더 환경에서는 대기 효과 또는 배경 이미지를 설정하기 위해서 환경 특성을 설정하고 배경은 단일 색상, 다중 색상, 비트맵 이미지 등으로 설정할 수 있다.

21.3.1 렌더 환경(Render Environment)

객체와 현재 관측방향 사이의 거리에 대한 시각적 큐를 설정할 수 있다.

· 명령어 : RENDERENVIRONMENT
· 리본 : 시각화 탭 → 렌더 패널 → 렌더 환경 및 노출
· 메뉴 : 뷰 → 렌더 → 렌더 환경

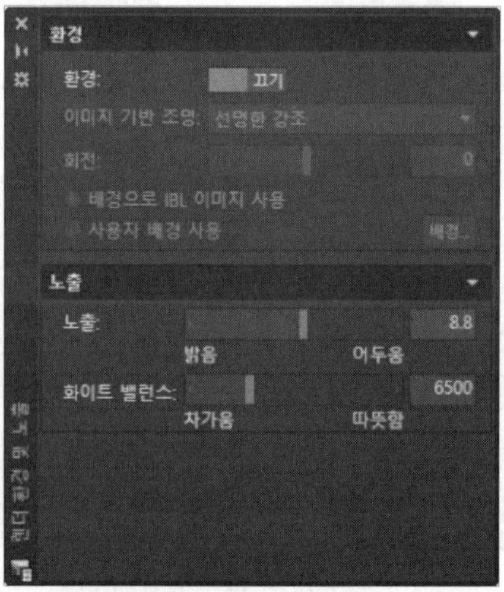

렌더 환경 대화상자

21.3.2 배경(Background)

배경은 모델의 후면에 표시되는 장면으로써 명명된 뷰에서 작성할 수 있다. 설정한 배경은 렌더링을 작성할 때 나타난다.

· 명령어 : VIEW	· 리본 : 시각화 탭 → 뷰 패널 → 뷰 관리자 · 메뉴 : 뷰 → 명명된 뷰

▌솔리드 배경(Solid Background)

따라해보세요

① VIEW 명령을 실행하여 나온 [뷰 관리자] 대화상자에서 새로 만들기(N)... 를 클릭한다.

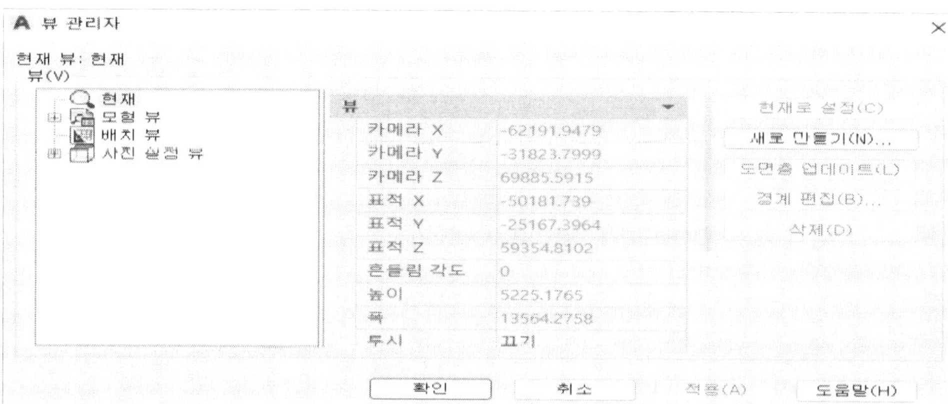

순서① 뷰 관리자 대화상자

② [새 뷰/샷 특성] 대화상자에서 뷰 이름을 'Solid'로 작성하고 배경에서 '솔리드'를 선택한다.

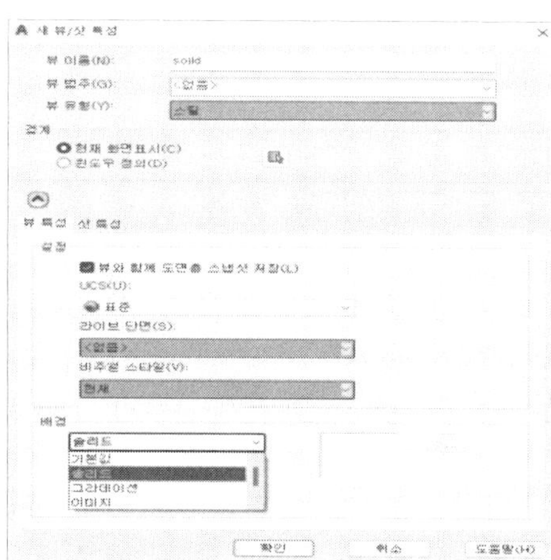
순서② 새 뷰/샷 특성 대화상자

③ [배경] 대화상자에서 사용자가 원하는 색상을 선택하고 확인 버튼을 클릭하여 [뷰 관리자]로 복귀한다. 그 후 [현재로 설정(C)] 버튼을 클릭하고 [확인] 버튼을 눌러준다.

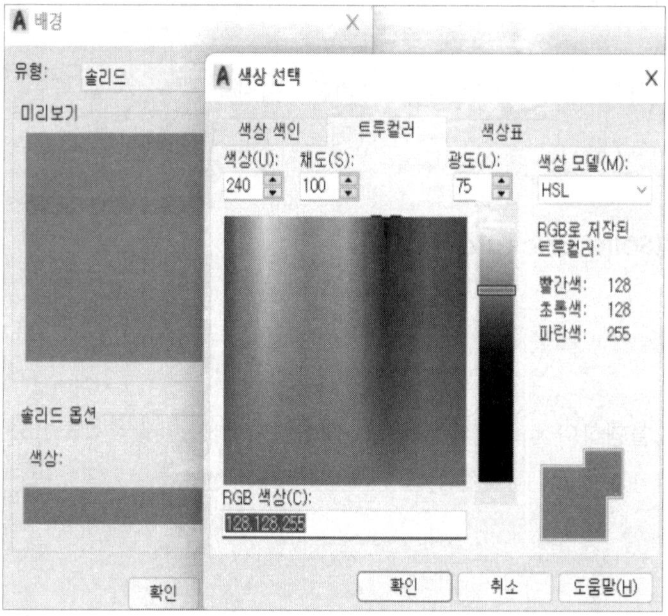

순서③ 솔리드

▌그라데이션 배경(Gradation Background)

따라해보세요

① VIEW 명령을 실행하여 나온 [뷰 관리자] 대화상자에서 [새로 만들기(N)...]를 클릭한다.

② [새 뷰/샷 특성] 대화상자에서 뷰 이름을 'Gradation'으로 작성하고 배경에서 '그라데이션'을 선택한다.

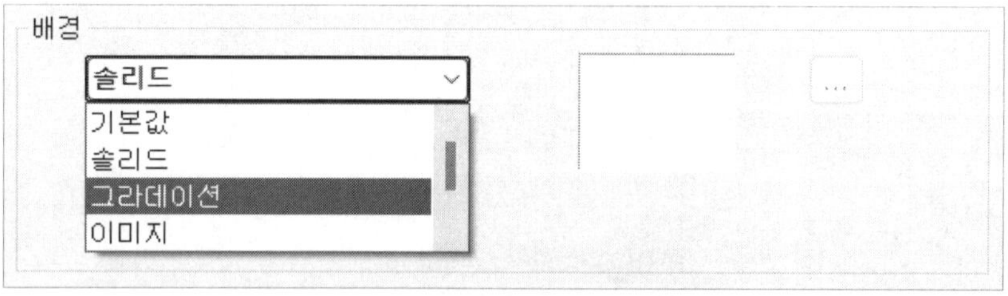

순서② 배경 선택

③ [배경] 대화상자에서 사용자가 원하는 '색상'을 선택하고 [확인] 버튼을 클릭하여 [뷰 관리자]로 복귀한다. 그 후 [현재로 설정(C)] 버튼을 클릭하고 [확인] 버튼을 눌러준다.

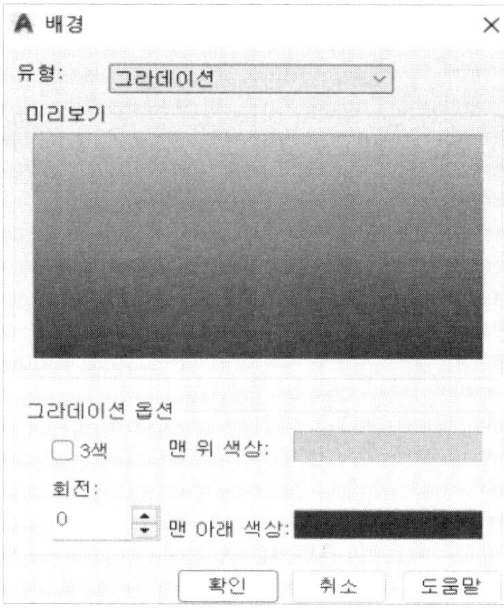

순서③ 그라데이션 설정

▌ 이미지 배경(Gradient Background)

따라해보세요

① VIEW 명령을 실행하여 나온 [뷰 관리자] 대화상자에서 [새로 만들기(N)...]를 클릭한다.

② [새 뷰/샷 특성] 대화상자에서 뷰 이름을 'Image'로 작성하고 배경에서 '이미지'를 선택한다.

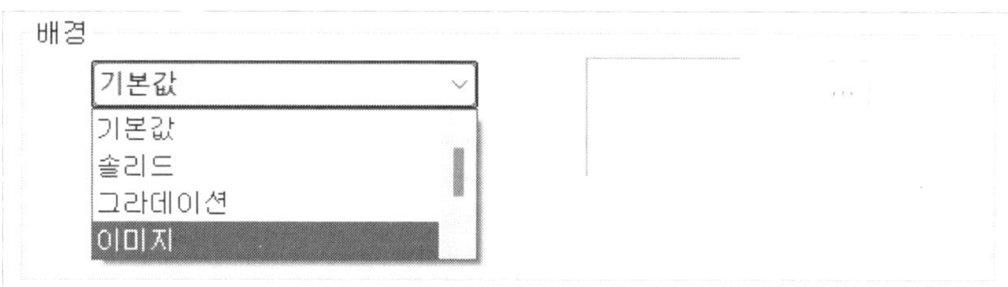

순서② 배경 선택

③ [배경] 대화상지에서 [찾아보기...]을 클릭하여 사용자가 원하는 이미지를 불러온다.

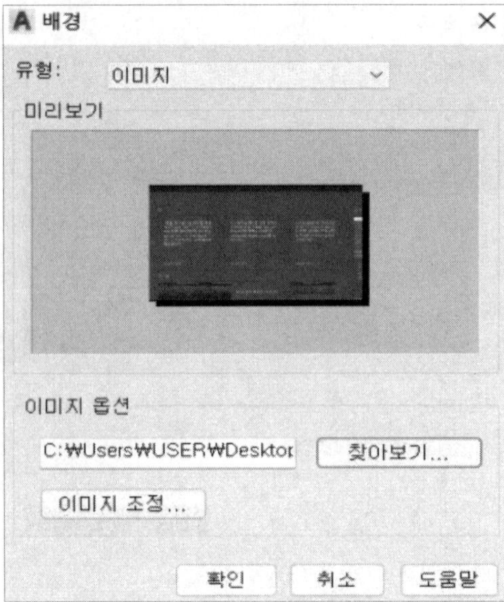

순서③ 이미지 불러오기

④ 이미지 조정 필요시에는 [이미지 조정...] 을 클릭하여 이미지를 조정한다.

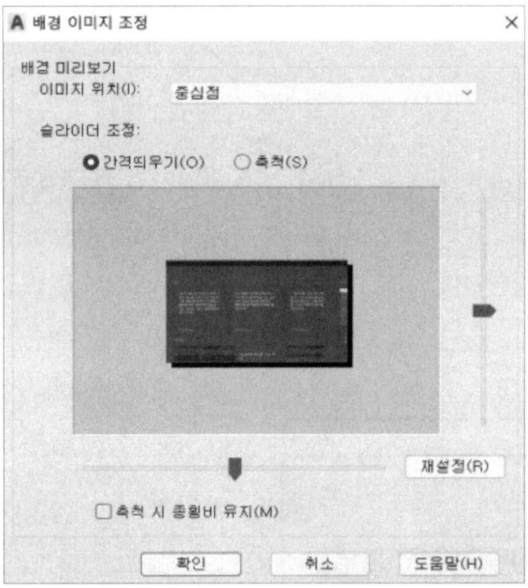

순서④ 배경 이미지 조정

⑤ 조정이 완료됐다면 [확인] 버튼을 클릭하여 [뷰 관리자]로 복귀한다. 그 후 [현재로 설정(C)] 버튼을 클릭하여 설정된 이미지를 적용시켜주고 [확인] 버튼을 눌러준다.

21.4 조명(Lights)

조명은 실제 형상과 같은 장면들의 가장 중요한 요소로써 조명을 이용하는 것은 매우 중요하다. AutoCAD에서는 조명을 포인트, 스폿, 원거리 라이트 등으로 정의해 놓았다.

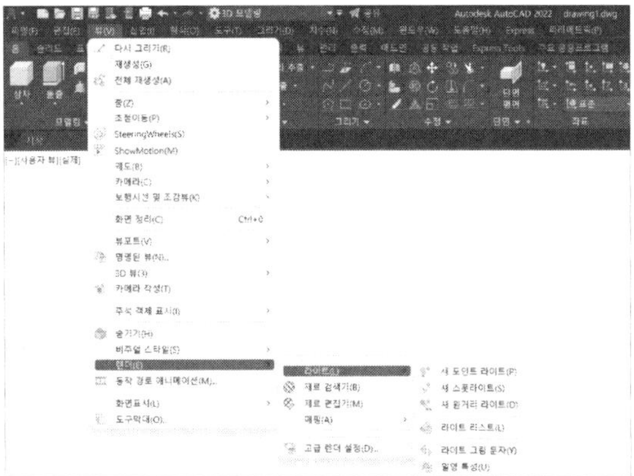

조명 메뉴

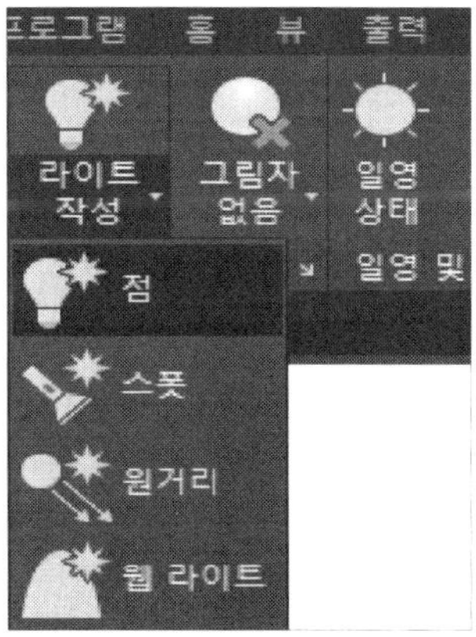

조명 리본 메뉴 (라이트)

21.4.1 기본 조명(Default Light)

모델링을 렌더(Render)했을 경우 조명이 없다면 기본 조명에 의해 렌더링 된다. 이러한 기본 조명은 현재 뷰 포인트를 따르는 두 개의 원격 라이트로부터 유래되는 것으로 작업창에 보이는 모델의 모든 표면들은 시각적으로 인식할 수 있도록 조명을 받게 된다.

· 명령어 : DEFAULTLIGHTING · 리본 : 시각화 탭 → 라이트 패널 → 기본 조명

이러한 기본조명은 [시각화] 탭의 [라이트] 패널에서 밝기와 대비 등을 조절할 수 있다.

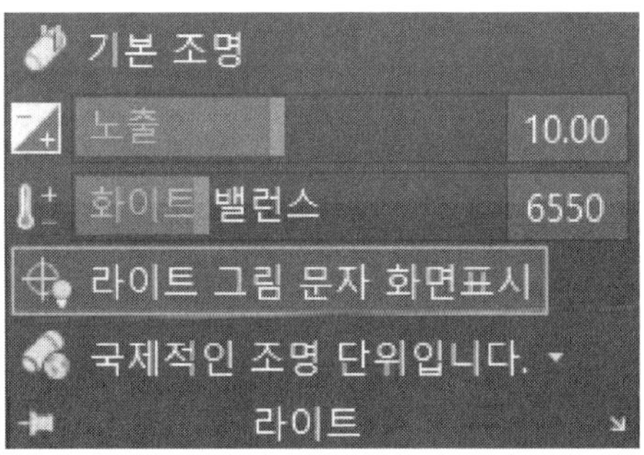

라이트 패널의 기본 조명 설정

사용자가 AutoCAD의 정의된 라이트를 삽입 혹은 일광을 추가할 때는 기본 조명의 사용을 On/Off 할 수 있다.

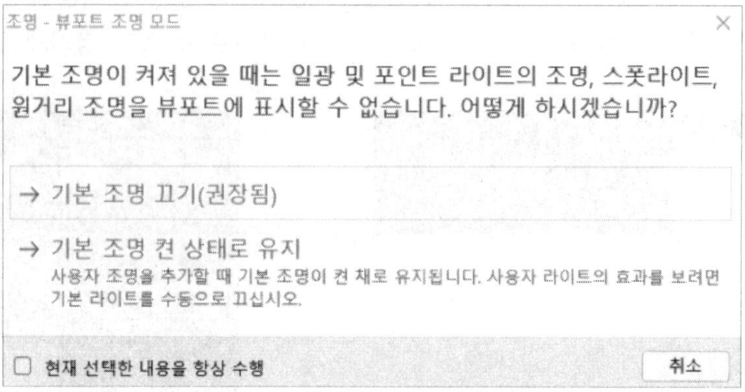

조명 모드 대화상자

따라해보세요

Default Light의 On/Off 방법

명령 : DEFAULTLIGHTING Enter↵

DEFAULTLIGHTING에 대한 새 값 입력 <1> : 0 Enter↵

기본조명이 꺼지면서 모델이 어두워진다.

DEFAULTLIGHTING에 대한 새 값 입력 <0> : 1 Enter↵

기본조명이 켜지면서 모델이 밝아진다.

21.4.2 점 조명(Point Light)

포인트 라이트는 라이트의 위치로부터 모든 방향으로 빛을 방출한다. 따라서 객체를 대상으로 사용하는 것이 아니라 일반적인 조명 효과를 나타낼 때 사용한다.

· 명령어 : POINTLIGHT
· 리본 : 시각화 탭 → 라이트 패널 → 점
· 메뉴 : 뷰 → 렌더 → 라이트 → 새 포인트 라이트

포인트 라이트를 실행하여 도면에 적용시키면 포인트 형태의 아이콘( )이 생성되며 그 포인트를 클릭하여 특성(광도, 램프 색상, 조명의 On/Off 등)을 설정할 수 있다.

따라해보세요

포인트 라이트의 조명 효과를 보기 위해 다음 그림과 같이 방의 모델링 중간에 지름 100mm, 높이 1000mm의 원통을 그린다.

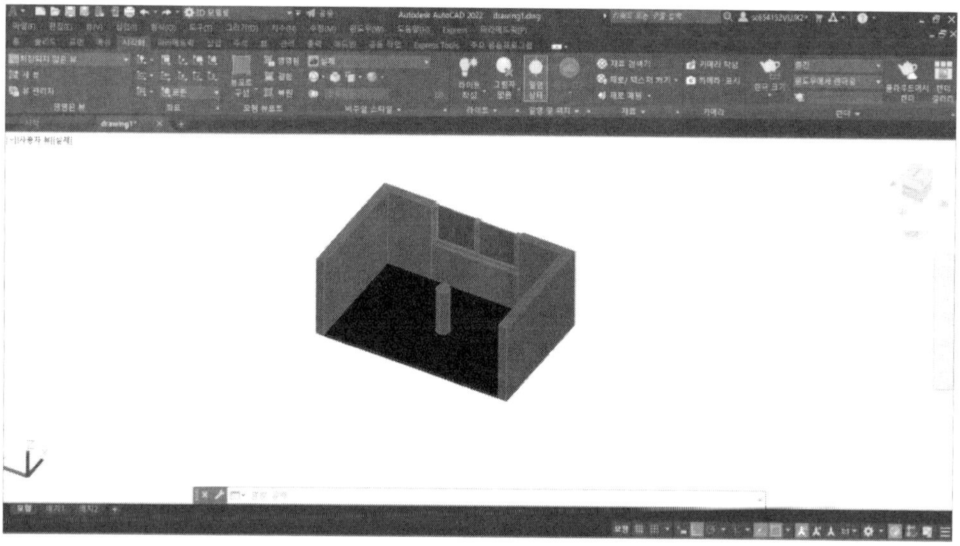

3D 모델링

포인트 라이트 명령을 실행하여 원통의 중심을 기준으로 클릭한다.

명령 : POINTLIGHT Enter↵

포인트 라이트의 광도가 약하여 어둡게 나타날 때는 포인트의 특성에서 광도를 높여주면 된다.

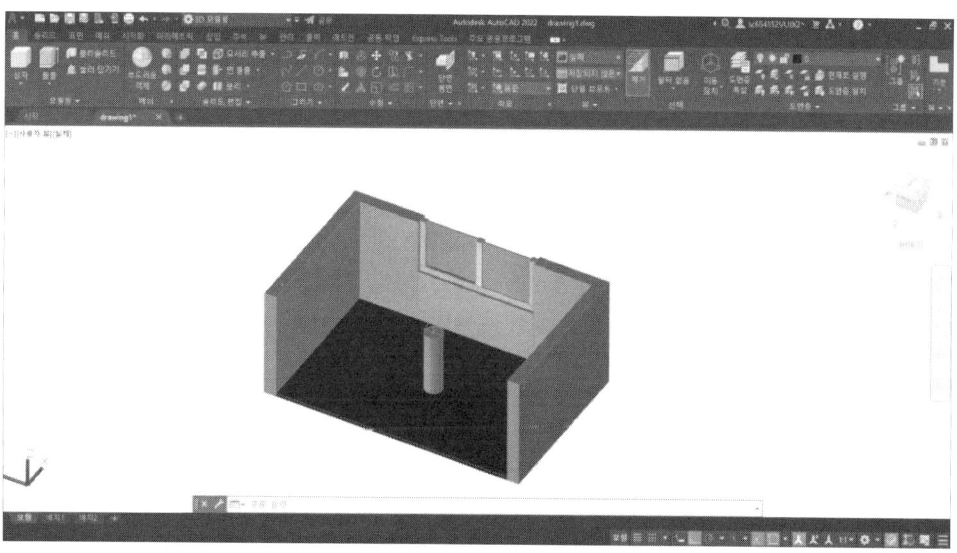

포인트 라이트 적용

21.4.3 스폿 조명(Spot Light)

스폿 조명은 사용자가 원하는 방향으로 원추 형태의 조명을 비출 수 있다.

· 명령어 : SPOTLIGHT

· 리본 : 시각화 탭 → 라이트 패널 → 스폿

· 메뉴 : 뷰 → 렌더 → 라이트 → 새 스폿라이트

스폿 라이트를 실행하여 도면에 적용시키면 손전등 형태의 아이콘( )이 생성된다. 손전등의 방향에 따라 조명의 방향을 조정할 수 있으며, 특성에서 각도 및 광도를 조절할 수 있다.

따라해보세요

① 스폿 명령을 실행한다.

명령 : SPOTLIGHT Enter↵

원본 위치 지정 <0,0,0> : 기준점(P1)을 선택

대상 위치 지정 <0,0,-10>: 방향점(P2)를 선택

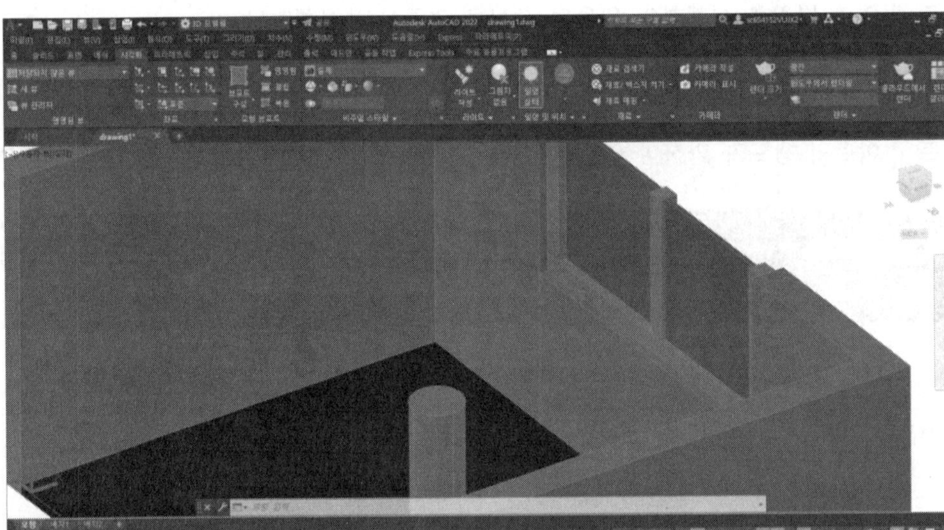

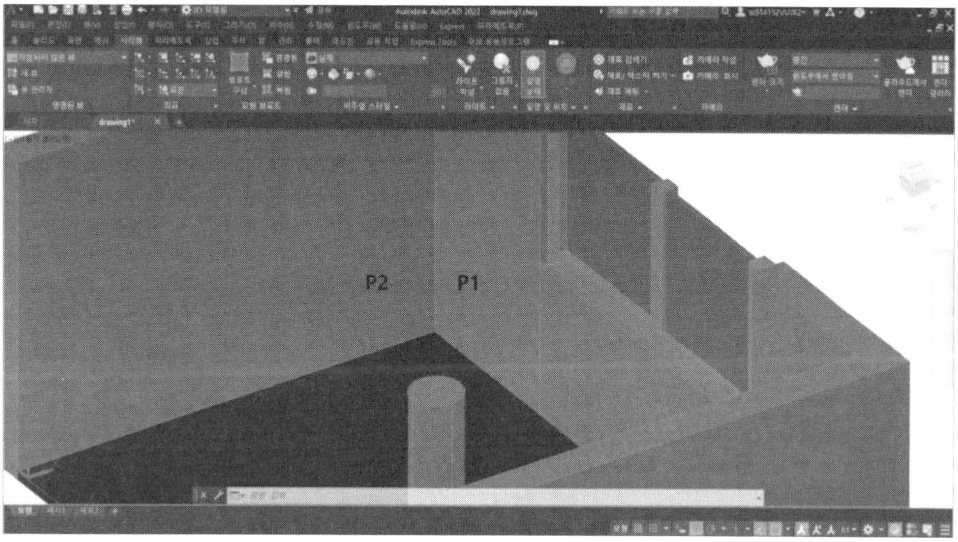

순서① 스폿 방향지정

② 스폿 라이트가 너무 어둡다면 특성에서 광도와 각도를 조절하면 된다.

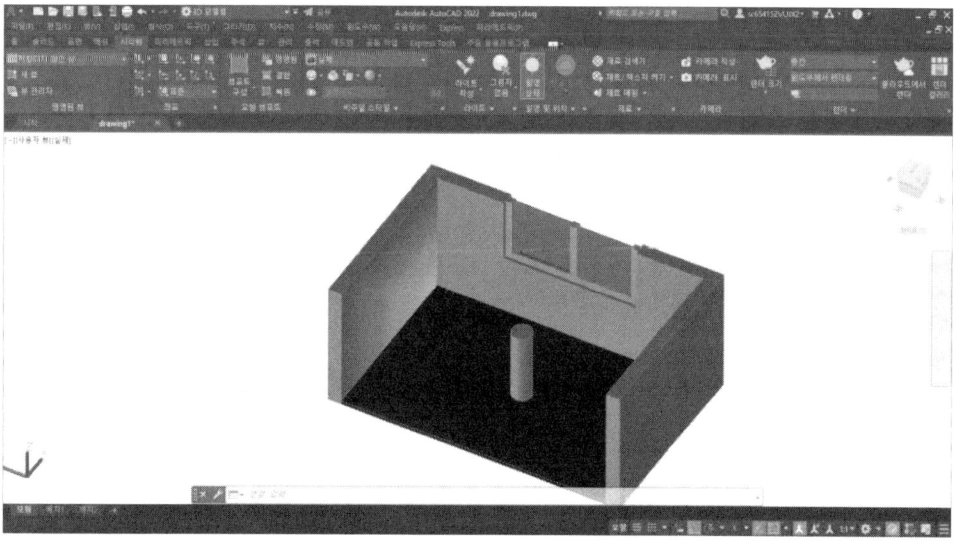

순서② 스폿 라이트 적용 완료

21.4.4 원거리 조명(Distant Light)

원거리 조명은 균일한 평행 광선을 한 방향으로만 방사한다.

· 명령어 : DISTANTLIGHT

· 리본 : 시각화 탭 → 라이트 패널 → 

· 메뉴 : 뷰 → 렌더 → 라이트 → 새 원거리 라이트

이 명령어를 도면에 적용할 경우 아래와 같은 대화상자가 나타난다. 그 때 원거리 조명 허용을 눌러줘야 사용이 가능하다.

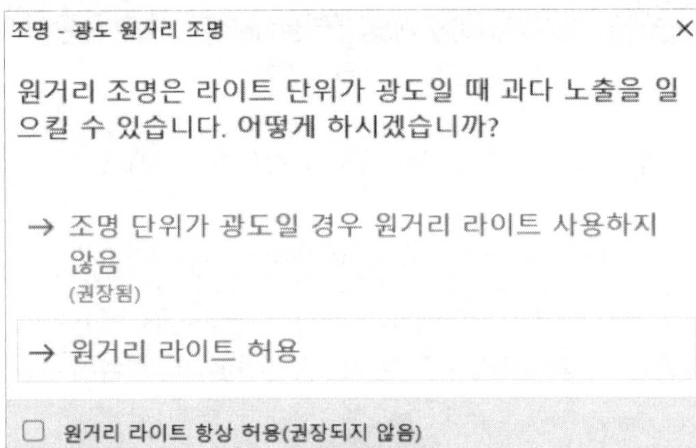

광도 원거리 조명 대화상자

따라해보세요

X축 방향으로 원거리 조명을 실행해보자.

① 원거리 명령을 실행한다.

명령 : DISTANTLIGHT Enter↵

라이트 시작 방향 지정 <0,0,0> 또는 [벡터(V)]: 시작점(P1)을 클릭한다.

라이트 대상 방향 지정 <1,1,1>: 원하는 방향(P2)를 클릭한다.

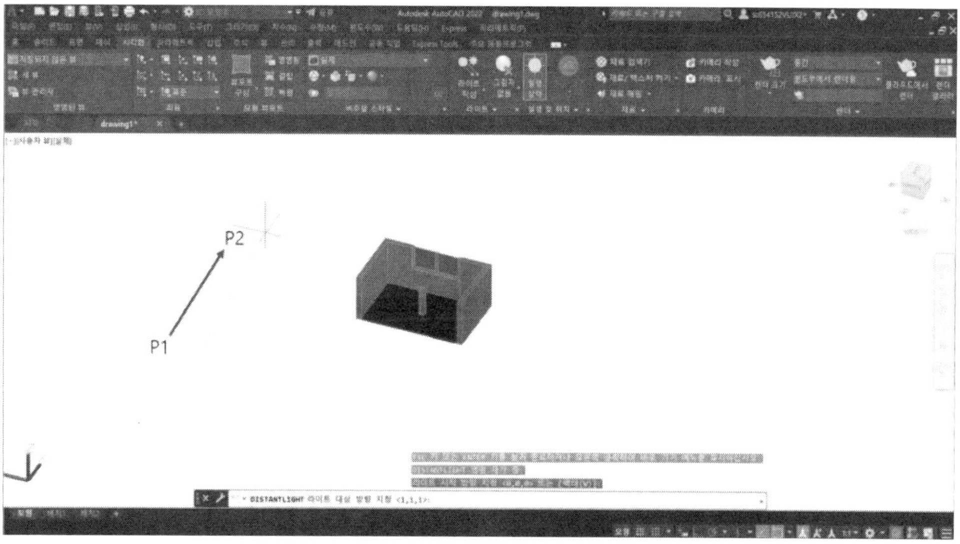

순서① 방향지정

② [조명 - 광도 원거리 조명] 대화상자에서 '원거리 조명 허용'을 클릭한다.

③ X축 방향으로 원거리 라이트 비춰지는 것을 확인할 수 있다.

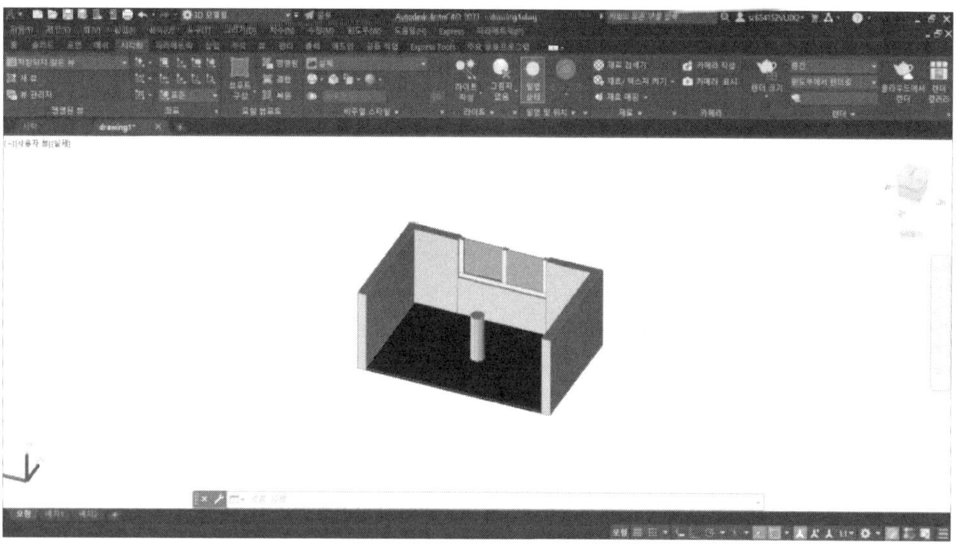

순서③ 원거리 라이트 적용 완료

21.4.5 라이트 리스트(Light List)

현재 도면에서 사용되는 라이트의 종류, 특성 변경, 삭제, 끄기 등을 설정할 수 있다.

· 명령어 : LIGHTLIST	· 리본 : 시각화 탭 → 라이트 패널 → ↘ (모형의 라이트) · 메뉴 : 뷰 → 렌더 → 라이트 → 라이트 리스트

라이트 리스트

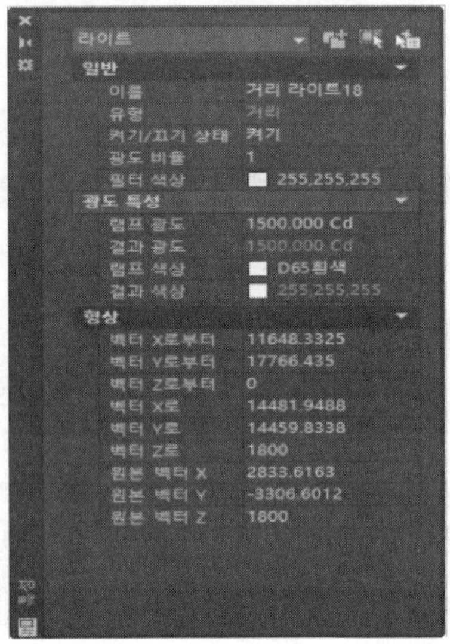

조명 특성

21.5 렌더

렌더는 3D 솔리드 또는 표면 모형의 사실적 이미지 또는 사실적으로 음영 처리된 이미지를 작성한다. AutoCAD 2016에서는 렌더 선택, 렌더 이미지 품질, 렌더 저장 등 렌더에 관련된 설정을 렌더-MentalRay 패널에서 설정했지만, AutoCAD 2017 이후로 렌더-MentalRay 패널이 없어져 AutoCAD 2022에서도 렌더 패널 및 고급 렌더 설정에서 설정해야 한다.

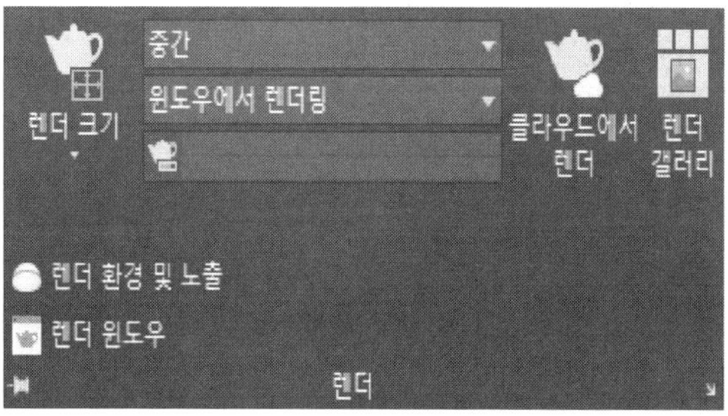

렌더 패널

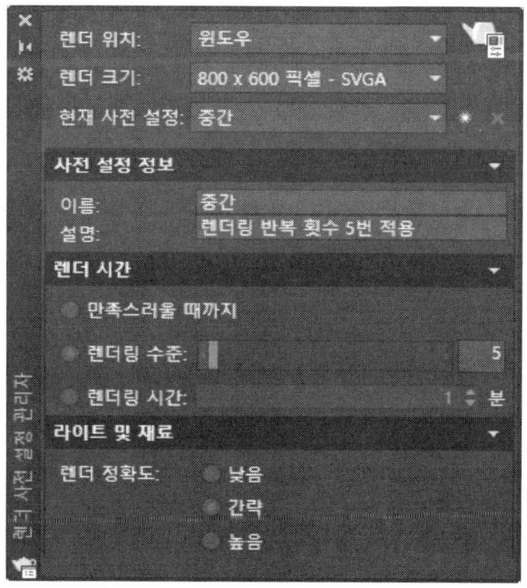

고급 렌더 설정 (렌더 사전 설정 관리자)

21.5.1 고급 렌더 설정(렌더 사전 설정 관리자)

· 명령어 : RPREF	· 리본 : 시각화 탭 → 렌더 패널 → (고급 렌더 설정) · 메뉴 : 뷰 → 렌더 → 고급 렌더 설정

21.5.2 렌더 명령

· 명령어 : RENDER	· 리본 : 시각화 탭 → 렌더 패널 → (렌더) · 메뉴 : 뷰 → 렌더 → 렌더

렌더는 현재 작업창에 나타나는 3D장면에 근거하여 2D 이미지를 작성하기 때문에 렌더 전에 조명, 재료 및 배경, 안개와 같은 환경 설정을 해준다. 렌더 명령을 실행시키면 [렌더] 대화상자가 나타나며, 그 창에서 이미지 크기와 이미지 정보(렌더 통계, 재료, 샘플링, 그림자, 조명, 광선 추적 등)를 확인할 수 있다.

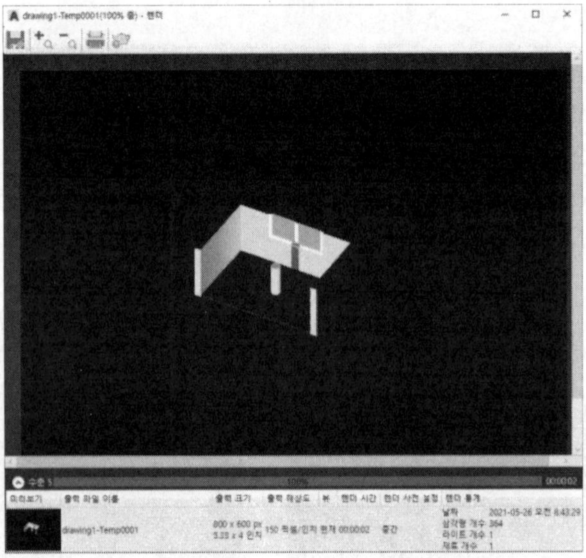

렌더 실행 완료

21.5.3 렌더 환경 및 노출

AutoCad 2022에서는 렌더 패널에 있는 렌더 환경 및 노출을 통해 아래의 사진처럼 화면에 나타나는 렌더 환경을 켜고 끌 수 있으며, 렌더의 노출을 조절할 수 있다.

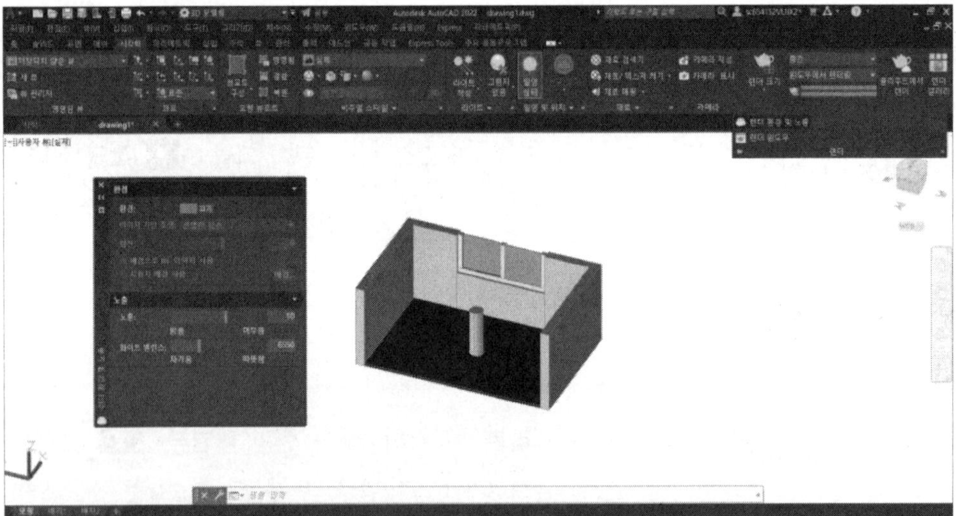

21.5.4 렌더 선택

렌더의 영역을 선택하여 렌더링 할 수 있다. 패널에서는 오리기만 선택이 가능하며, 고급 렌더 설정에서는 선택을 이용하여 렌더의 위치를 선택할 수 있다.

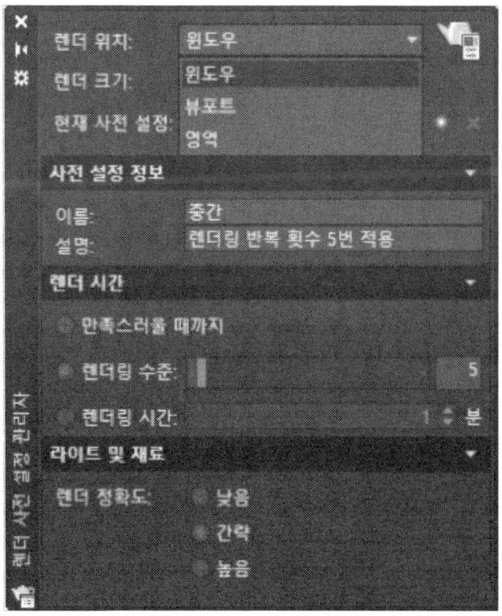

렌더 위치 설정

▌윈도우(Window)

작업창에서 보이는 부분을 그대로 렌더링 하여 창으로 나타낸다.

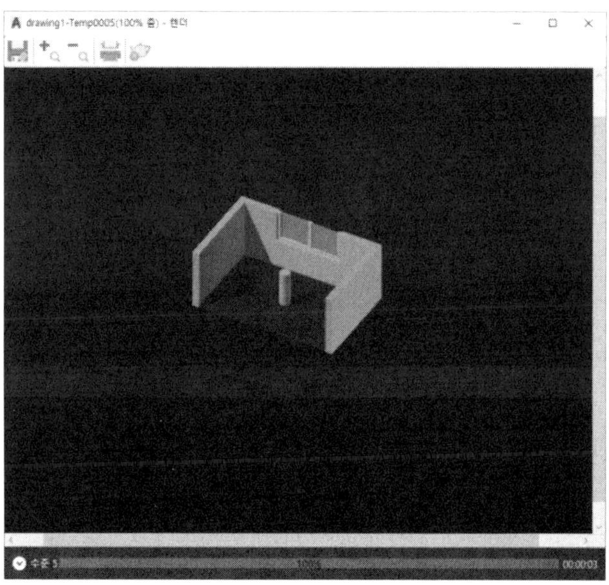

▌뷰포트(Viewport)

작업창에서 보이는 부분을 그대로 렌더링 한다.

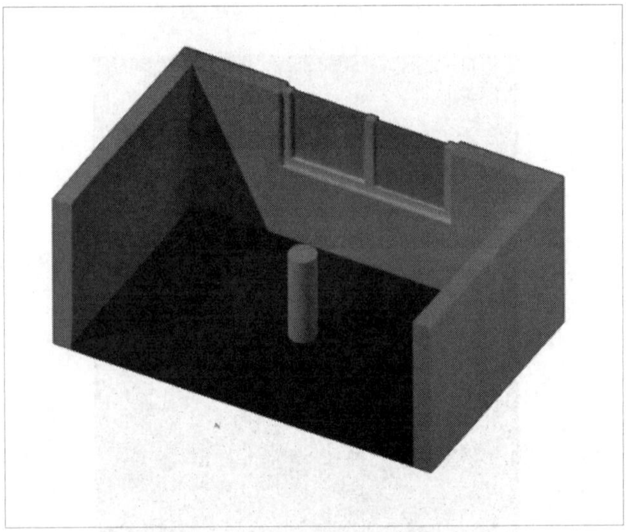

▌영역(Region)

작업창에서 렌더를 할 부분만 영역으로 선택하여 렌더링 한다.

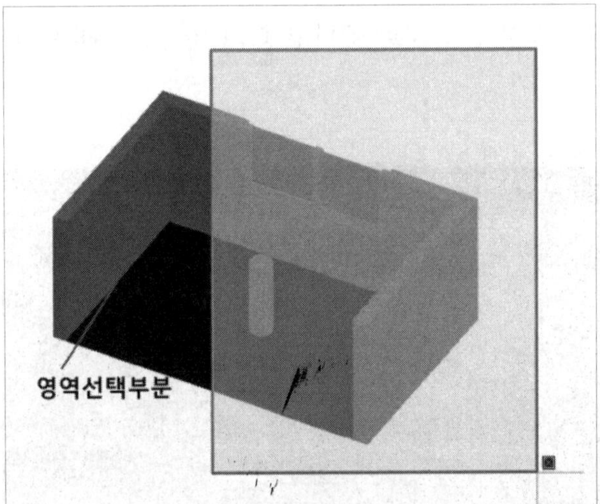

21.5.5 렌더 이미지 품질

렌더의 출력할 이미지 사이즈와 품질을 설정할 수 있다.

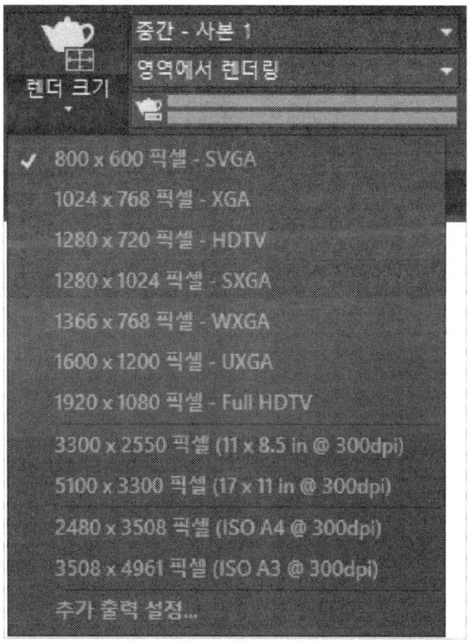

렌더 패널

이전 버전의 AutoCAD에서는 렌더 품질을 총 1~5단계로 나누어 설정할 수 있었지만, AutoCAD 2022에서는 다양한 사이즈와 품질로 설정할 수 있게 되었다. 또한 렌더 크기 출력 설정에서는 사용자가 원하는 사이즈를 설정하여 출력할 수 있다.

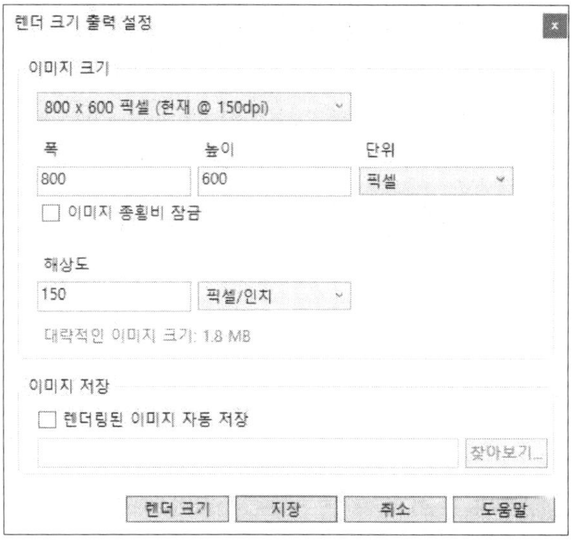

렌더 크기 출력 설정

21.5.6 렌더 파일 저장

AutoCAD 2022에서는 렌더-MentalRay 패널이 없어짐에 따라 렌더 출력파일 아이콘이 없어져 다른 방법으로 렌더 이미지를 파일로 저장하도록 옵션을 지정해야 한다. 다음과 같은 방법으로 렌더 파일을 저장할 수 있다.

따라해보세요

① 렌더 명령을 실행시킨다.

명령 : RENDER [Enter↵]

② 완성된 렌더의 좌측 상단의 렌더링된 이미지를 파일로 저장하는 아이콘( )을 클릭해 [렌더 출력 파일] 대화상자를 불러낸다.

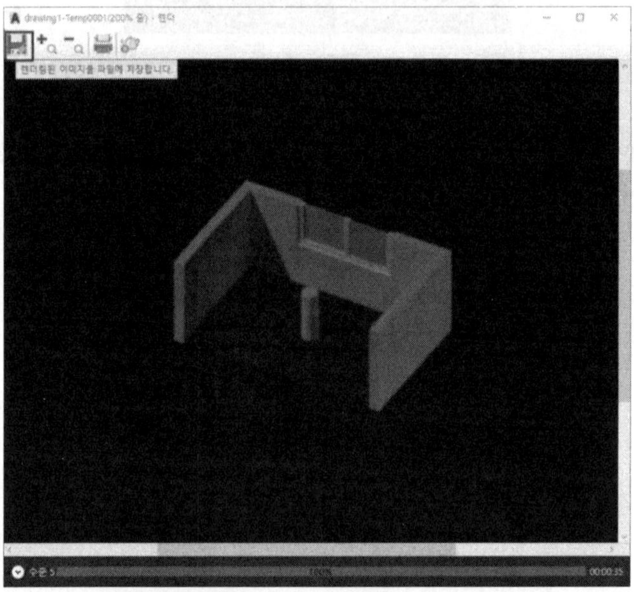

③ 파일 이름을 작성하고 파일 형식을 선택한 후 [저장(S)] 버튼을 누른다.

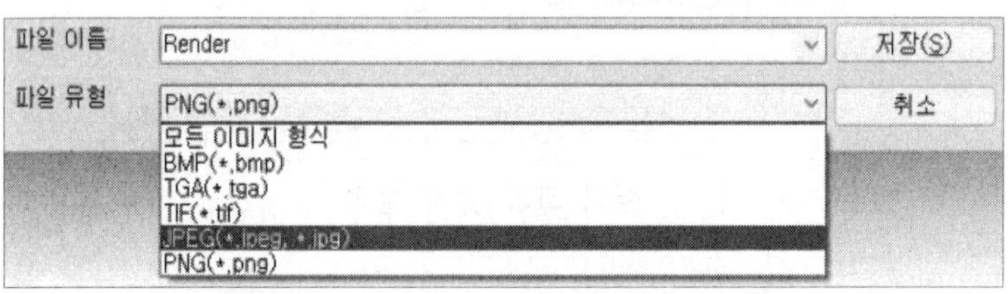

순서③ 이름 작성 및 파일 형식 선택

④ 이미지 옵션 대화상자에서 이미지 품질과 파일 크기를 조정한 후 [확인] 버튼을 눌러 저장을 완료한다.

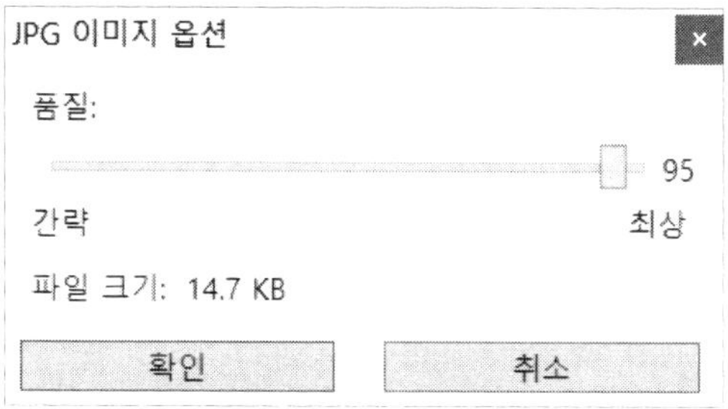

순서④ 이미지 옵션

21.6 CAMERA

카메라를 통해서 3D 모형 공간 내 모델링 형태를 다양한 각도에서 볼 수 있다.

· 명령어 : CAMERA

· 리본 : 시각화 탭 → 카메라 패널 → [카메라 작성]

· 메뉴 : 뷰 → [카메라 작성(T)]

기본 렌더 메뉴에는 카메라 관련 아이콘이 없으므로 마우스 우클릭하여 아래와 같이 카메라 패널을 불러들인다.

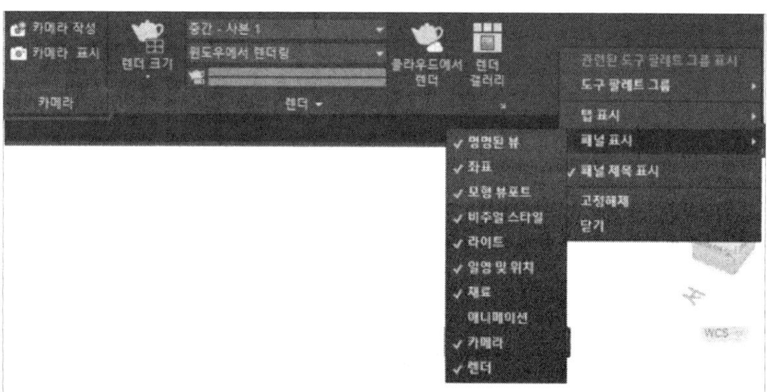

카메라 패널 표시

따라해보세요

21장에서 사용했던 3D 모델링을 대상으로 카메라를 적용시켜보자.

① 카메라 명령을 실행한다.
명령 실행시 선택사항이 첫 번째 '카메라 위치 지정' 두 번째 '카메라 대상(타겟) 위치 지정'이므로 미리 가이드라인이 될 수 있는 선을 그려놓는 것이 좋다.
명령 : CAMERA Enter↵

② 다음 그림과 같이 카메라를 놓을 위치를 지정한다.

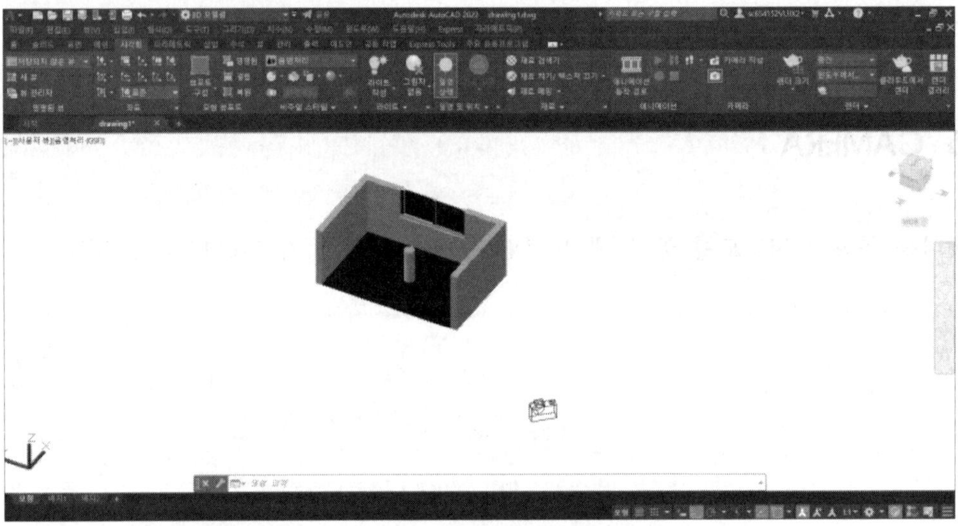

순서② 카메라 위치 지정

③ 다음 그림과 같이 카메라의 타겟이 될 위치를 지정한다.

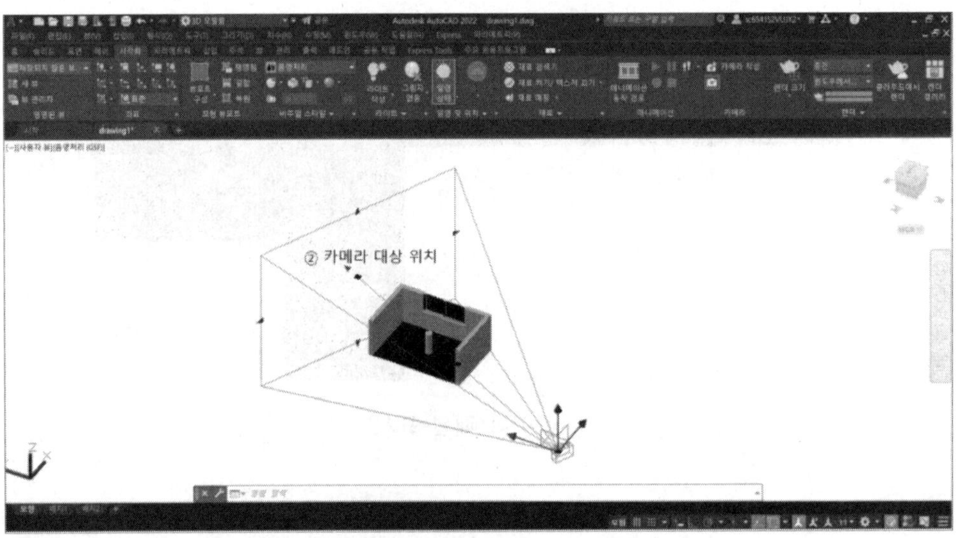

순서③ 카메라 대상(타겟) 위치 지정

④ 위치 지정이 끝난 후 다음의 그림이 뜨면 종료 항목 선택 후 Enter↵

⑤ 카메라를 종료하면 다음 그림과 같은 카메라 아이콘이 생기며 화살표가 가리키는 카메라를 클릭 하면 카메라 미리보기 창이 뜬다. 원하는 위치가 아닐 경우 미리보기를 보면서 카메라나 타겟을 이동하면 된다.

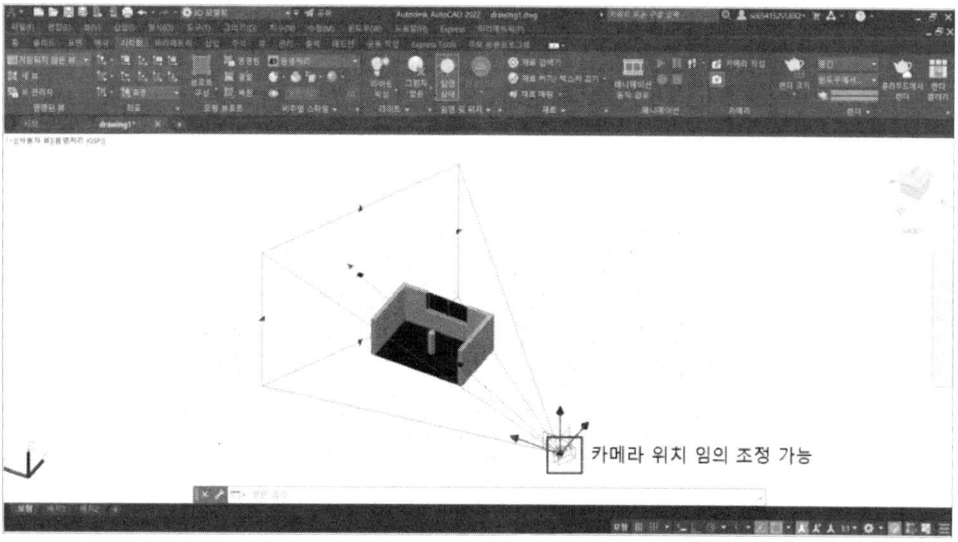

순서⑤ 카메라 미리보기

⑥ 시각화탭 → 뷰 패널 → 카메라1 카메라1 을 선택하면 다음 그림과 같은 화면을 볼 수 있다.

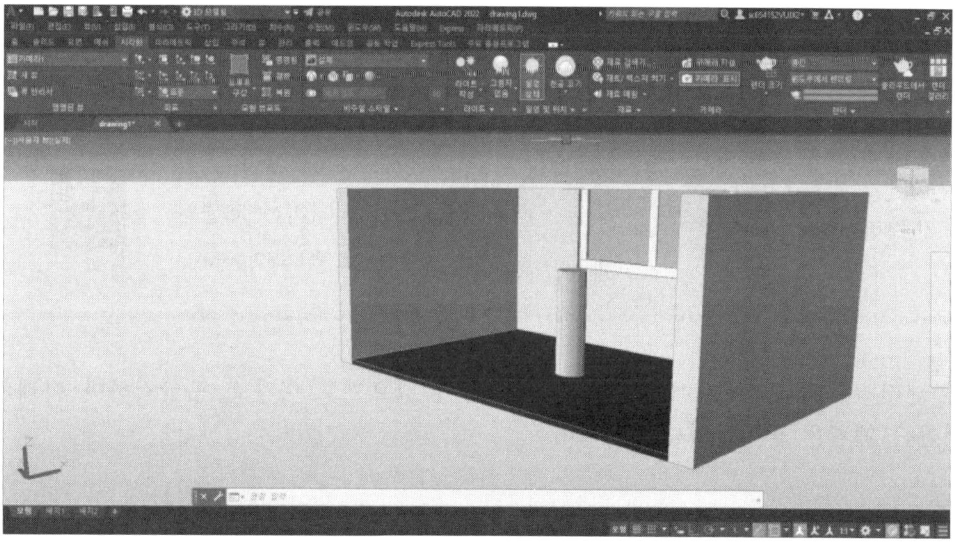

순서⑥ 카메라 뷰

⑦ '21.5.1 렌더 명령'과 같이 시각화 탭 → 렌더 패널 → (렌더)를 클릭하여 실행하면 다음과 같은 창이 실행된다.

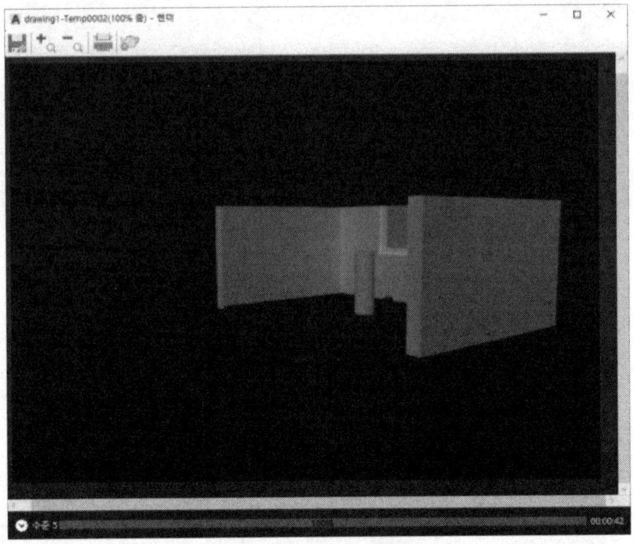

순서⑦ 렌더 실행

21.7 ANIPATH

동작경로를 설정하여 애니메이션(WMV, AVI, MPG)을 만들 수 있다.

· 명령어 : ANIPATH

· 리본 : 시각화 탭 → 애니메이션 패널 → 애니메이션 동작 경로

· 메뉴 : 뷰 → 동작 경로 애니메이션(M)...

기본 렌더 메뉴에는 애니메이션 관련 아이콘이 없으므로 마우스 우클릭하여 아래와 같이 애니메이션 패널을 불러들인다.

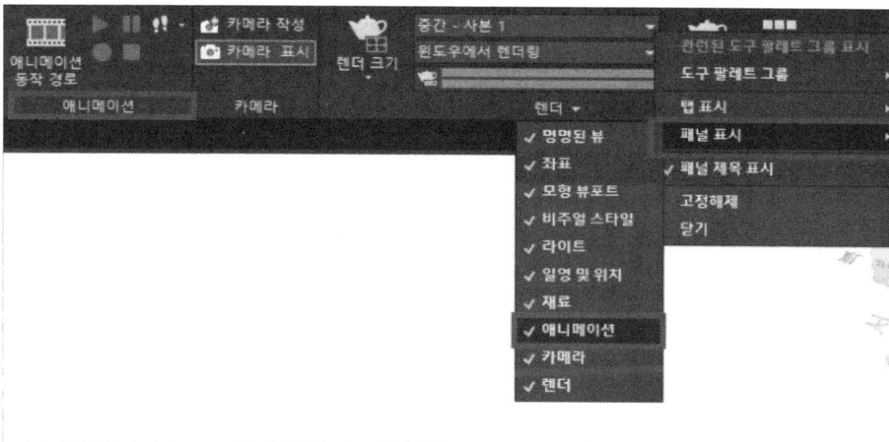

애니메이션 패널 표시

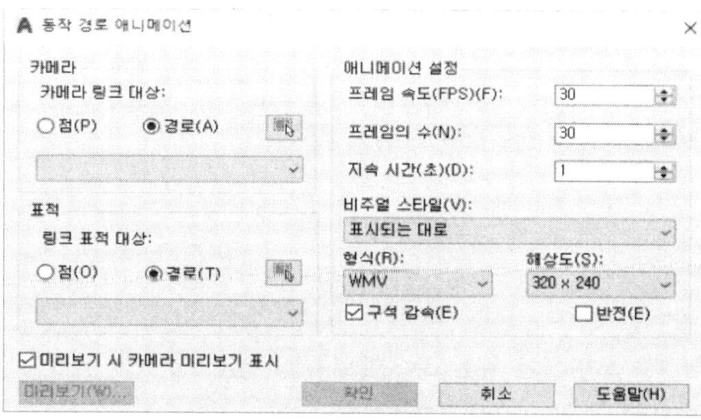

동작 경로 애니메이션 대화창

▌ 카메라 : 카메라의 위치가 이동한다.

카메라 링크 대상	
• 점(P)	: 다음 아이콘을 클릭하여 모형공간에서 카메라의 위치를 정적인 점으로 선택할 수 있다.
• 경로(A)	: 다음 아이콘을 클릭하여 모형공간에서 카메라의 이동 경로를 선택할 수 있다.

▌ 표적 : 카메라는 위치는 고정, 카메라의 시선이 이동한다.

링크 표적 대상	
• 점(O)	: 다음 아이콘을 클릭하여 모형공간에서 링크 표적 대상의 위치를 정적인 점으로 선택할 수 있다. (단, 카메라 링크 대상이 점(P)일 때는 링크 표적 대상은 점(O)는 선택이 불가하고 경로(T)만 선택할 수 있다.)
• 경로(T)	: 다음 아이콘을 클릭하여 모형공간에서 링크 표적 대상의 이동 경로를 선택할 수 있다.

▌ 애니메이션 설정

• 프레임 속도(FPS)(F)	: 애니메이션이 실행되는 속도로써 초당 프레임으로 측정되며 1~60까지의 값을 선택할 수 있다.
• 프레임 수(N)	: 애니메이션의 전체 프레임 수를 선택할 수 있다.
• 지속시간(초)(D)	: 애니메이션의 섹션에서 지속시간을 선택할 수 있다.
• 비주얼 스타일(V)	: 애니메이션에 적용할 수 있는 렌더의 비주얼 스타일을 표기 가능하다.
• 형식(R)	: 애니메이션의 파일형식을 선택 할 수 있다. (AVI, MPV, WMV)
• 구석감속(E)	: 카메라가 구석을 회전할 때 낮은 속도로 이동한다.
• 해상도(S)	: 애니메이션의 폭 및 높이를 화면표시 단위로 선택하여 해상도를 조절할 수 있다.
• 반전(E)	: 애니메이션의 방향을 반전한다.

▌ 미리보기(W) : 애니메이션을 미리보기 할 수 있다.

• 미리보기 시 카메라 미리보기 표시	: 애니메이션 미리보기 시 카메라의 이동경로를 볼 수 있다.

따라해보세요

21장에서 사용했던 3D 모델링을 대상으로 애니메이션을 만들어보자.

① 빨간색 선으로 표기한 부분과 같이 애니메이션 명령 실행 전 카메라 위치의 경로나 점, 표적 위치의 경로나 점을 정해 놓는 것이 좋다. (본 책에서는 애니메이션 제작 시 카메라 위치는 점, 표적의 위치는 경로로 선택하여 애니메이션을 만들어 보았다.)

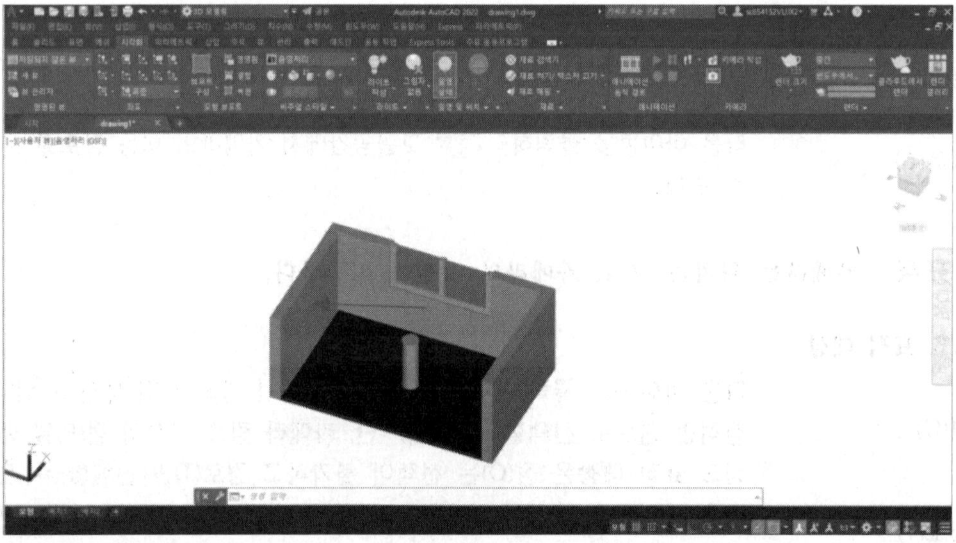

② 애니메이션 명령을 실행한다.

명령 : ANIPATH [Enter↵]

③ 명령을 실행하면 동작 경로 애니메이션 창이 뜨며 카메라는 점(P), 링크표적 대상은 경로(T) 선택 후 아이콘을 이용하여 지정한다. (본 책에서는 애니메이션 제작 시 카메라 위치는 점, 표적의 위치는 경로로 선택하여 애니메이션을 만들어보았다.)

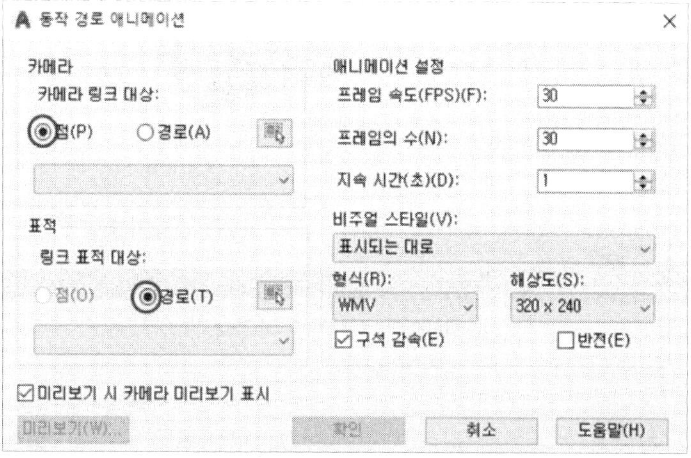

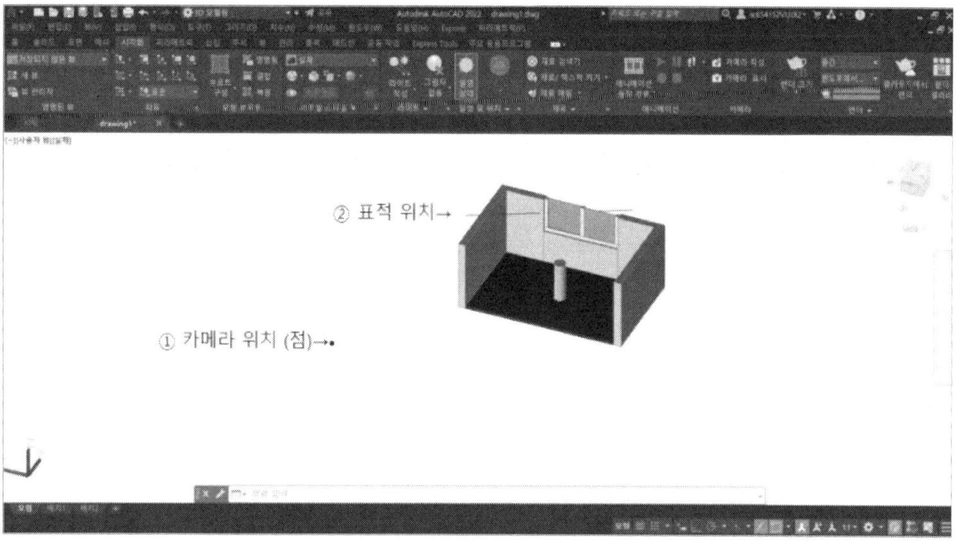

순서③ 카메라 위치, 표적 위치 지정

④ 점과 경로 선택 후 미리보기(W)... 를 클릭하면 다음과 같이 미리보기가 가능한 창이 뜨며 이를 보며 카메라의 선택 점과 표적의 경로를 의도에 맞게 수정한다.

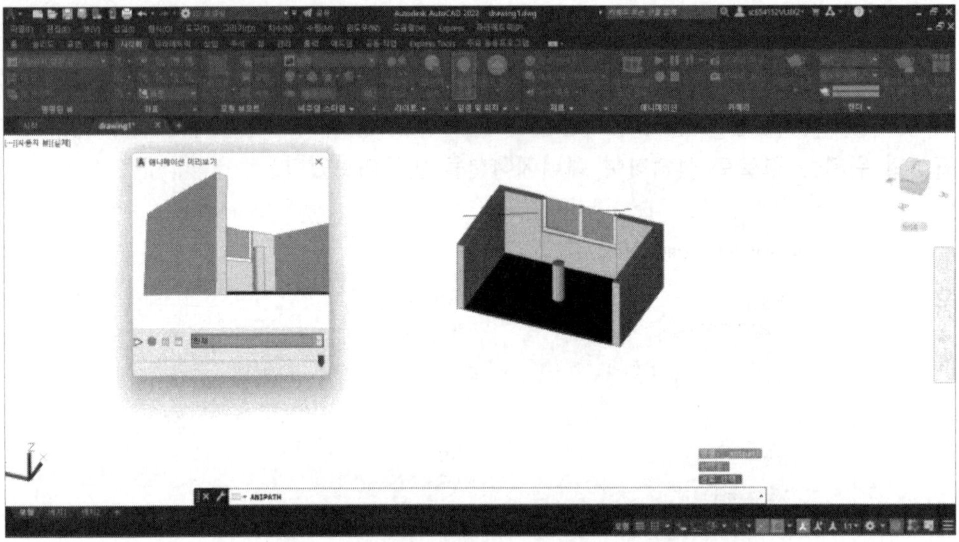

순서④ 애니메이션 미리보기

⑤ 애니메이션 설정에서 프레임의 속도나 수, 지속시간, 비주얼 스타일, 파일 형식, 해상도 등을 변경하여 의도하는 대로 설정한다.

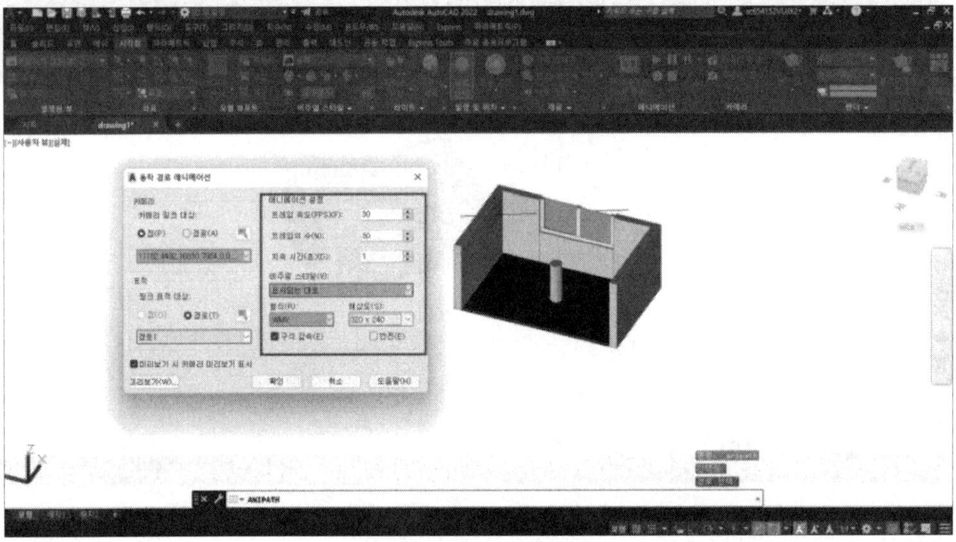

순서⑤ 애니메이션 설정

⑥ 여러 가지 설정 변경 후 [확인] 을 클릭하면 다음 그림과 같이 저장하고자 하는 위치가 나타나며 [저장(S)] 을 클릭한다.

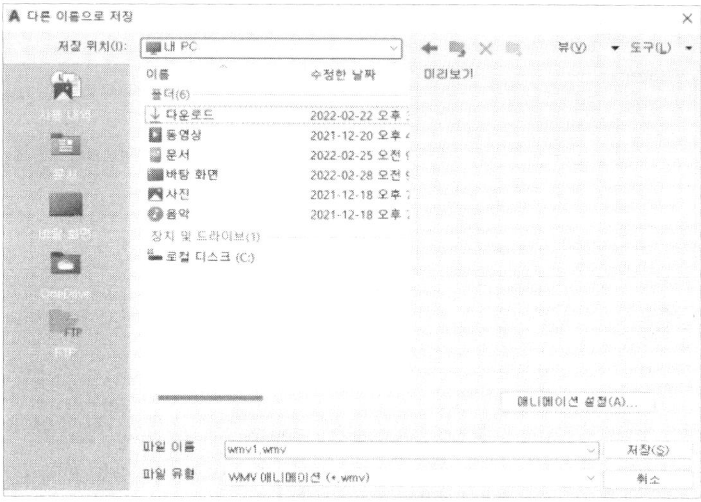

순서⑥ 애니메이션 저장

⑦ 다음 그림과 같이 저장위치에 저장되어 있는 것을 볼 수 있으며 저장된 애니메이션은 영상으로 재생 가능하다.

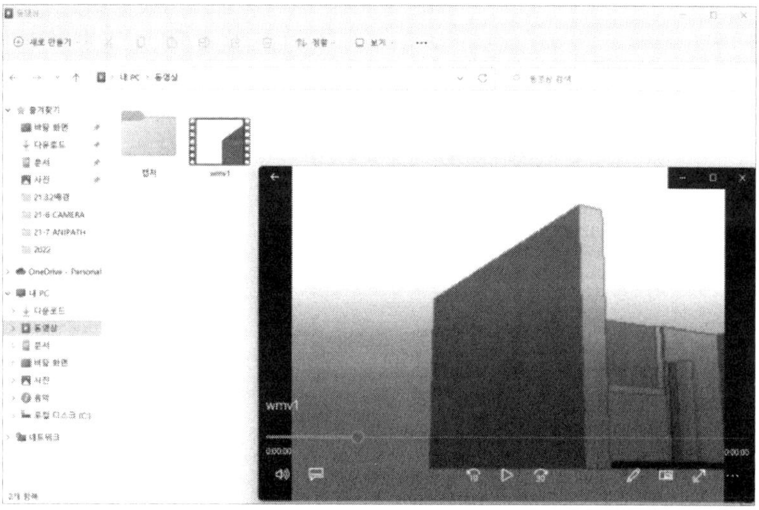

순서⑦ 애니메이션 재생

Chapter 22 라이브 맵

22.1 라이브 맵

구글 맵에서 나온 지도를 AutoCAD상에 불러와 AutoCAD상에서 작업한 디자인을 실제 환경과 연계하여 볼 수 있는 기능이 추가되었다. 이 기능은 Autodesk 360에 가입해야 사용할 수 있으며 로그인 없이 명령어를 입력하면 다음과 같은 창이 뜬다.

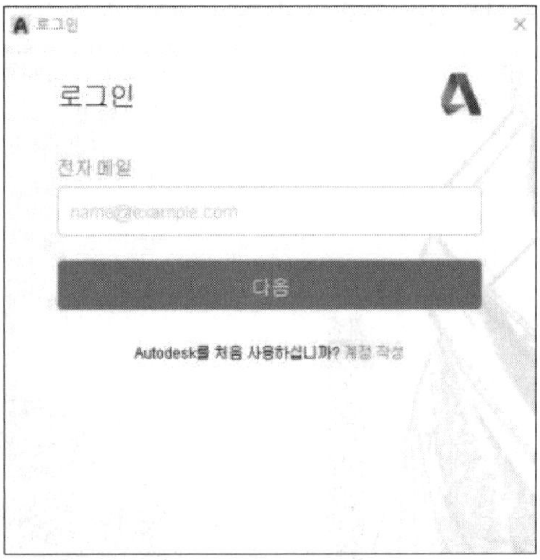

22.1.1 지리적 위치 설정

- 명령어 : GEOGRAPHICLOCATION
- 단축키 : GEO
- 리본 : 시각화 → 일영 및 위치 → 맵에서
- 메뉴 : 도구 → 지리적 위치

GEOGRAPHICLOCATION 명령을 이용하여 불러오고 싶은 위치를 원점으로 하여 AutoCAD에 지도를 불러올 수 있다.

따라해보세요

① 명령 : GEO `Space Bar` (GEOGRAPHICLOCATION)

② GEOGRAPHICLOCATION [맵(M) 파일(F)]에서 위치 설정<>: m `Space Bar`

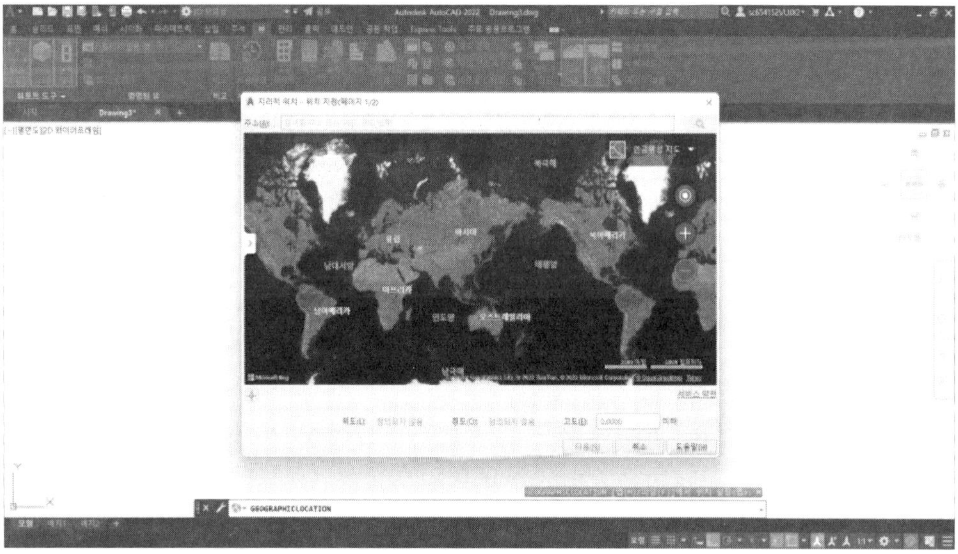

순서② 라이브 맵 설정

③ 검색할 주소 또는 위도, 경도 입력 <서울대공원>

순서③ 라이브 맵 위치 입력

④ 여기에 표식기 놓기를 클릭한다.

순서④ 라이브 맵 위치 표식기

⑤ 설정이 다 됐으면 다음을 클릭해 준다.

순서⑤ 라이브 맵 다음

⑥ 좌표계 설정창이 나오면 GIS 좌표계 : KOREA와 시간대(T) : (GMT+09:00)서울을 설정하고 다음을 눌러준다.

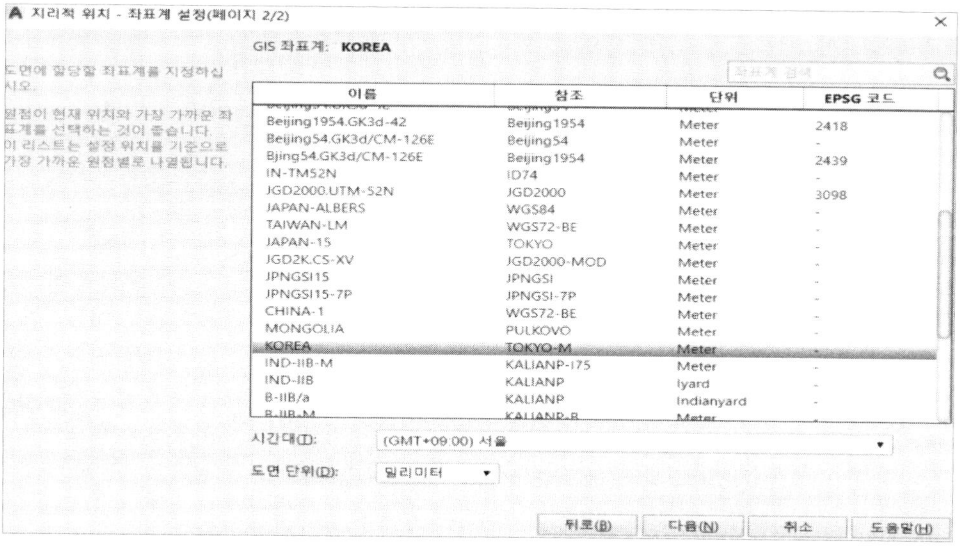

순서⑥ 좌표계 설정

⑦ GEOGRAPHICLOCATION <0, 0, 0> 위치의 점 선택: 0,0,0 [Space Bar]

⑧ GEOGRAPHICLOCATION 북쪽 방향각도 지정 또는 [첫 번째 점 (F)] 90 <90>: [Space Bar]

라이브 맵 완료

이 AutoCAD 상에서 불러온 라이브 맵은 도로만 따로 볼 수도 있고 도로와 위성 지도를 함께 볼 수 있는 하이브리드도 지원하고 있으며 도면에서도 축소와 확대가 가능하다.

따라해보세요

① 리본 메뉴에서 맵 도구에 맵 항공의 맵 하이브리드를 클릭한다.

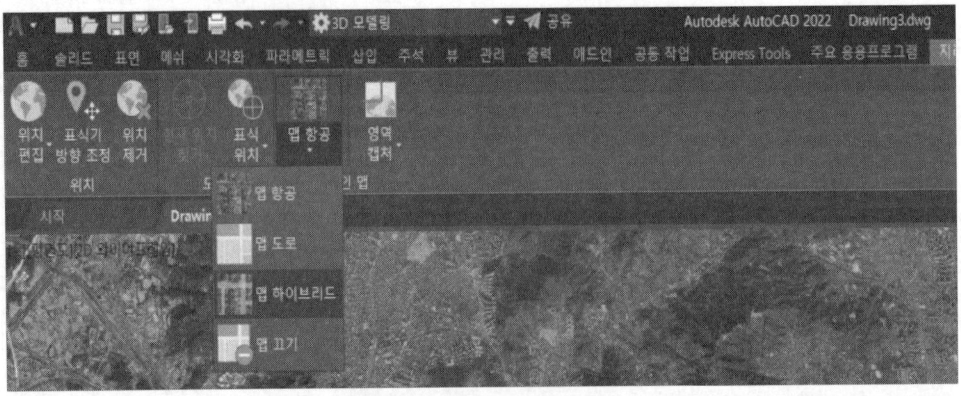

순서① 라이브 맵 수정

② 설정한 맵에 도로와 위성 지도가 함께 나온 것을 확인할 수 있다.

순서② 라이브 맵 수정 완료

이러한 라이브 맵을 이용하여 실제로 설계된 구조물을 미리 비교해 볼 수 있는 점과 주변 환경과 잘 어우러지는지에 대한 것도 미리 확인할 수 있다. 하지만 라이브 맵은 Google에서 지원하므로 업데이트된 것이 최신 것인지 확인할 필요가 있다.

Chapter 23 DWG 비교

DWG 비교는 도면작성을 하면 한 리비전에서 다음 리비전으로 수정된 내용을 기억하기가 어렵다. 이때 DWG 비교 기능을 사용하여 두 도면을 시각적으로 비교해 수정된 내용을 강조시켜 준다.

23.1 DWG 비교

DWG 비교 기능을 사용하여 두 개의 도면을 비교한다. 색상 및 구름형 리비전을 사용하여 차이를 나타낸다.

· 명령어 : COMPARE　　　　· 리본 : 공종작업 탭 → DWG 비교

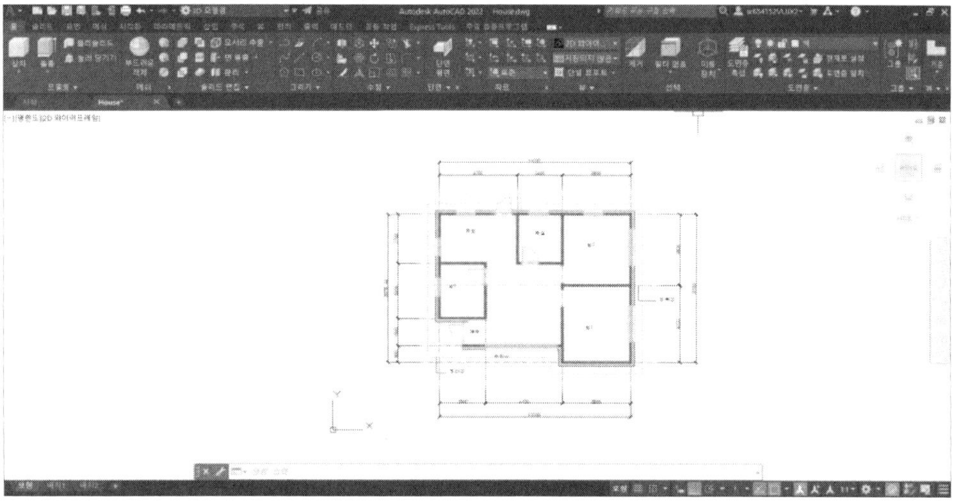

원본 파일

따라해보세요

① 명령 : COMPARE Space Bar

② 비교할 파일을 선택한다.

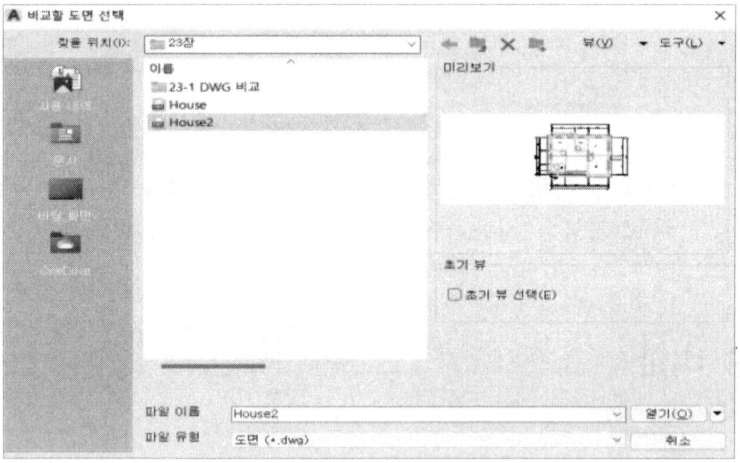

비교 파일 선택

③ 비교할 파일을 선택하였으면 비교 결과를 확인할 수 있다.
(결과 파일은 비교 파일의 이름을 조합한 것이며 저장하여 언제든 다시 볼 수 있다.

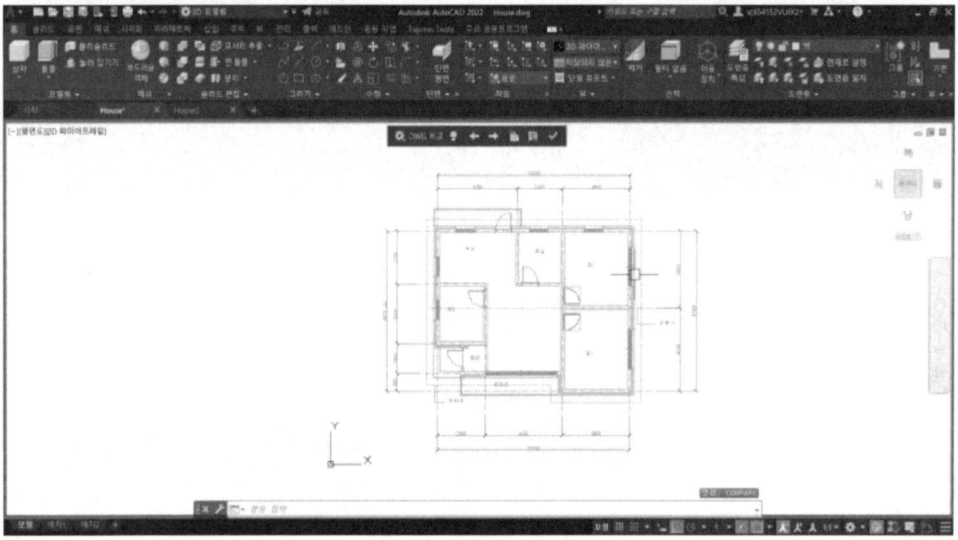

비교 결과

■ 저자약력

김재수

경력

원광대학교 건축공학과 교수

조달청 / LH공사 / 법무부 / 소방청 外 150개 위원회 심의위원

수상

한국주거학회 논문상(2009)

환경부장관 표창장(2010)

한국소음진동공학회 학술상(2010)

원광대학교 학술공로상(2012)

한국환경기술학회 우수논문상(2015)

저서

「전산응용건축제도기능사 실기」(문운당)

「건축전산활용」(문운당)

「AutoCAD와 BIM 입문」(세진사)

「AutoCAD 2006 ~ AutoCAD 2022」(세진사)

논문

「The Proposition of Optimum Reverberation Time Curve for Korean Traditional Music Halls」, International Congress and Exposition on Noise Control Engineering, 2020.8 外 572편

연락처

http://sound.wku.ac.kr

soundpro@wku.ac.kr

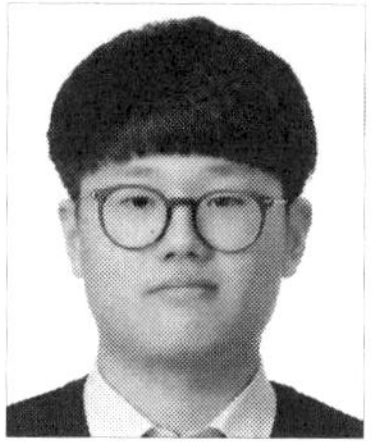

권철현

학력

원광대학교 건축공학과 건축음향연구실(AARL), 연구과정

연락처

sc6541@nate.com

AutoCAD 2022 값 26,000원

저 자	김 재 수 권 철 현
발행인	문 형 진

판권 검인

2022년 8월 30일 제1판 제1쇄 인쇄
2022년 9월 7일 제1판 제1쇄 발행

발행처 세 진 사
㉾02859 서울특별시 성북구 보문로 38 세진빌딩
TEL : 02)922-6371~3, 923-3422 / FAX : 02)927-2462
Homepage : www.sejinbook.com
〈등록. 1976. 9. 21 / 서울 제307-2009-22호〉